胡建淼，1957年11月生于浙江省慈溪市，1989年7月毕业于中国政法大学研究生院行政法专业。现为浙江大学副校长、法学教授、博士生导师。又系国家教育部法学专业教育指导委员会副主任委员，中国法学会常务理事，中国法学会行政法学研究会副会长，中国法学会比较法研究会副会长，中国法学会法学教育研究学会副会长，国际东亚行政法研究会理事，并担任司法部（中国）法制日报社法学专家顾问。从1993年10月起享受国务院“人民政府特殊津贴”，1995年被中国法学会评为首届全国“十大杰出青年法学家”，1997年入选为国家“百千万人才工程”第一、二层次培养人员。自1987年来，共出版《行政法学》(独著，法律出版社1998年1版)、《行政法学原理》（与张焕光合著，劳动人事出版社1989年版）、《比较行政法——20国行政法评述》(独著，法律出版社1998年1版)等著作66本，发表《有关中国行政法理上的行政授权问题》(载《中国法学》1994年第2期)、《“其他行政处罚”若干问题研究》（载《法学研究》2005年第1期）等论文72篇。自1990年以来，曾到美国斯坦福大学（Stanford University, SU）、英国爱丁堡大学（Edinburgh University of UK）、澳大利亚西澳大学（The University of Western Australia）、德国基尔大学（Kiel University of Germany）、法国马赛大学（Université de Provence-Aix-Marseille）、日本关西大学、韩国亚洲大学、中国香港城市大学、中国台湾政治大学和澳门大学等作过访问学者或学术交流。作为行政法学博士生导师，他已培养研究生（含硕士、博士、博士后）80余人。此外，他还兼任浙江泽大律师事务所名誉主任和中国国际经济贸易仲裁委员会仲裁员，以律师和仲裁员身份承办大量知名案件。

中国10大杰出中青年法学家文丛

世界行政法院制度研究

胡建淼 主编

WUHAN UNIVERSITY PRESS
武汉大学出版社

图书在版编目(CIP)数据

世界行政法院制度研究/胡建淼主编.—武汉:武汉大学出版社,
2007.4
中国十大杰出中青年法学家文丛
ISBN 978-7-307-05521-6

Ⅰ.世… Ⅱ.胡… Ⅲ.行政诉讼—审判—司法制度—研究—世界
Ⅳ.D915.4

中国版本图书馆 CIP 数据核字(2007)第 049797 号

责任编辑:胡 荣　　责任校对:刘 欣　　版式设计:支 笛

出版发行:**武汉大学出版社** (430072 武昌 珞珈山)
(电子邮件:wdp4@whu.edu.cn 网址:www.wdp.com.cn)
印刷:武汉中远印务有限公司
开本:720×980 1/16 印张:48.875 字数:702 千字 插页:2
版次:2007 年 4 月第 1 版 2007 年 4 月第 1 次印刷
ISBN 978-7-307-05521-6/D·726 定价:68.00 元

世界行政法院制度研究

主　编： 胡建淼
副主编： 马良骥　宋华琳
撰稿人：（按姓氏笔画排列）
马良骥　王小红　方达成　叶赞平　邢益精　杨登峰
陈海萍　岑剑梅　张淑锵　宋华琳　郑春燕　胡建淼
胡敏洁　侯　宇　高春燕　钱建华　顾建亚　崔　浩
蒋红珍　董秋红　曾　赟

行政法院，作为一个普通法院以外的特别法院，它来到世上的使命不是为了偏护公权力，而是为了规制公权力。

——胡建淼

内容简介

这是一本从行政法院组织系统视角对世界上的各类行政诉讼制度进行研究的学术性理论著作，全书依次介绍了法国、德国、奥地利、瑞士、瑞典、意大利、波兰、芬兰、日本、印尼、巴拿马、哥伦比亚、希腊、葡萄牙、泰国、立陶宛、中国澳门特别行政区和中国台湾地区的行政法院制度。它是目前中国对世界行政法院制度研究最新颖、最完整的著作，可供从事行政法学教学与研究的人员以及政法系统工作人员学习与参考。此书由中国法学会行政法研究会副会长、浙江大学副校长、博士生导师胡建森教授担任主编。全书共分18章，约60万字。

目 录

第六章 意大利行政法院制度

第七章 波兰行政法院制度

第八章 芬兰行政法院制度

第九章 日本行政法院制度

第十章 印尼行政法院制度

第十一章 巴拿马行政法院制度

第十二章 哥伦比亚行政法院制度

第十三章 希腊行政法院制度

第十四章 葡萄牙行政法院制度

第十五章 泰国行政法院制度

第十六章 立陶宛行政法院制度

第十七章 中国澳门特别行政区行政法院制度

第十八章 中国台湾行政法院制度

前　　言

世界上典型的行政诉讼一定与行政法院相联系；世界上最早的行政法院可溯及法国1799年的国家参事院。但当初的行政法院被以英国为代表的势力看成是保护行政特权的“魔鬼”，直到一二百年以后设有行政法院的数十个国家和地区被视做有效规制政府公权力的“女神”，这是人类行政诉讼制度史上的一个可喜飞跃。

以前，我们研究行政审判制度，以行政诉讼程序视角为多，以行政法院制度视角为少。这次，我们正想作一相反的尝试。

中国的行政诉讼制度自1990年《中华人民共和国行政诉讼法》实施以来已有16年的历史，在各级各地行政法官们的努力下，在政府机关的配合下，在公民们的正确理解与对待下，已取得许多成效。但面对16年行政审判中所暴露出来的问题，修改《行政诉讼法》的呼声已越来越高，其中不乏有建立行政法院的提议。

在中国是否应当建立行政法院体制，目前尚未达到简单回答“是”或“否”的时候，但考察与探讨世界上的各种行政法院组织、功能及由此所构成的制度，肯定是一件值得做的益事。

本书是作者们在借鉴了大量的境外资料的基础上所撰，力图做到资料上的直接性、新颖性与完整性。但另一方面，由于时间与资料的限制，本书对世界行政法院的描述肯定还不够全面。

全书分18章依次介绍了法国、德国、奥地利、瑞士、瑞典、意大利、波兰、芬兰、日本、印尼、巴拿马、哥伦比亚、希腊、葡萄牙、泰国、立陶宛、中国澳门特别行政区和中国台湾地区的行政法院制度。

写作分工如下：

第一章　法国行政法院（侯宇撰）

第二章　德国行政法院制度（蒋红珍撰）
第三章　奥地利行政法院制度（杨登峰撰）
第四章　瑞士行政法院制度（陈海萍撰）
第五章　瑞典行政法院制度（马良骥撰）
第六章　意大利行政法院制度（叶赞平撰）
第七章　波兰行政法院制度（岑剑梅撰）
第八章　芬兰行政法院制度（王小红撰）
第九章　日本行政法院制度（张淑锵撰）
第十章　印尼行政法院制度（董秋红撰）
第十一章　巴拿马行政法院制度（胡敏洁撰）
第十二章　哥伦比亚行政法院制度（高春燕撰）
第十三章　希腊行政法院制度（王小红撰）
第十四章　葡萄牙行政法院制度（郑春燕撰）
第十五章　泰国行政法院制度（方达成撰）
第十六章　立陶宛行政法院制度（顾建亚撰）
第十七章　中国澳门特区行政法院制度（崔浩撰）
第十八章　中国台湾行政法院制度（曾赟撰）

附录材料由宋华琳整理。马良骥除了完成其本人的撰写任务外，还协助主编对全书作了形式上的加工。全书由胡建淼统稿。

胡建淼
2006 年 8 月 10 日
于杭州南都德加

第一章 法国行政法院制度

法国是行政法的母国，是现代行政法的发源地。法国行政法的发展是随着行政法院的产生、发展而逐渐成熟的。法国在世界首创了由独立于司法系统的行政法院对行政权予以控制的先河。法国行政法院的设立是为了保护行政权不受法院审判权的非法干预，这有着深刻的理论基础和历史背景。在法国，“行政司法权一经设立，行政法官就创立了专门的行政法。不是由于专门行政法的存在才创造了行政法官，而是行政法官创造了行政法：组织机构创造了职能”。① 因此，对法国行政法院的沿革本章就法国行政法院的创设、发展与演变及职能、审判制度等进行了必要的梳理，有助于更好地理解现代行政法的价值和精神。

第一题 法国行政法院制度概述

一、法国司法体制概述

（一）司法体制的宪法规定

1958 年公布施行的现行法国宪法，对第五共和国的司法体制作了明确规定。根据分权原则，国家权力分别由立法、司法和行政机关行使。这种分权制与美国典型的三权分立相比较，有较大的区别。与美式的司法体制不同，法国独立的司法体制具有某些独特之处。法国宪法上的司法权和通常所讲的司法权有所不同。法国的司法职能不但

---

① ［法］古斯塔夫·佩泽尔著，廖坤明、周杰译：《法国行政法》（第十九版），国家行政学院出版社 2002 年版，第 233 页。

分属于司法和行政两个系统的法院，而且对于涉及宪法和政治事务的管辖权又被授给了专业司法系统以外的特殊机构。宪法上只提到一种置于共和国总统保证之下的“司法机关”，并由总统负责主持它的代表机构，即最高司法会议（法国宪法第65条）。

法国宪法规定，“共和国总统保证司法独立”，“最高司法会议协助总统”，“总统任最高司法会议主席，司法部长任当然副主席”。最高司法会议还包括依照组织法所规定的由总统任命各委员。

最高司法会议对最高法院法官的任命及上诉法院首席法官的任命提出建议。最高司法会议对司法部长有关任命其他法官的建议提出意见。最高司法会议又是法官纪律委员会，在这种情形下，最高司法会议由高等法院首席法官主持。

（二）法国司法体制特点

现代法国司法体系的特点表现在以下三个方面。

首先，法国存在着两个法院系统，即普通法院系统和行政法院系统。普通法院，也叫私法法院，这种法院审理除行政案件以外的所有案件。法国行政法院系统诞生于拿破仑一世统治时期，它自成体系，其司法目的明确，就是对行政活动实行司法监督，专门审理国家机关之间、国家机关或行政官吏在行使公务过程中由于越权、滥用权力而引起的与公民之间的行政纠纷。这两种法院均有各自明确的审级划分和管辖，互相独立，平行存在。虽然，它们都行使着审判机关的职能，但两套法院组织系统各自独立，互不隶属，甚至在体制的归属上，也不具有同一性。普通法院属于司法机关，而行政法院隶属于行政机关。法国双轨制司法体制的建立，有其独特的政治文化背景和深刻的历史原因。

其次，在普通法院系统，法国初审法院具有职能专门化和多样化的特征。最明显的是民事审判和刑事审判之间的紧密联系：刑庭经常要兼审一些涉及民事权利方面的事项；刑事和民事两类法庭也有组织上的联系，如同一法官兼任两类法庭的法官。所以，依据法院对刑事和民事案件的审判管辖，同一所法院拥有刑事法院和民事法院两种称呼。也就是根据其审判职能的划分，在基层法院采用一套机构，两个名称的方式，虽然民事、刑事案件兼理，但是称谓不同。即受理民事案件的初审法院，在受理刑事案件时称违警法院（Tribunal de

Police)；受理民事案件的大审法院（Tribunal de grande instance），在受理刑事案件时称轻罪法院（Tribunaux correctionnels）。由于法国刑法把犯罪的种类依其轻重分为违警罪、轻罪和重罪，在法院设置上也相应设立违警法院、轻罪法院和重罪法院（Cours d'assises，也称巡回法院）。法国的这种法院组织格局，一个多世纪以来没有多大变动。

与初审法院的这种职能划分形成鲜明对比，普通法院在上诉法院的管辖权上实行高度统一。上诉法院（Cour d'appel）受理在它们管辖范围内所有不服初审法院判决的上诉案件。上诉法院设有轻罪上诉庭，受理对违警法院与轻罪法院判决的上诉案件。重罪法院判决为终审判决，不得上诉。上诉法院还设有若干对民事案件的上诉拥有专属管辖权的法庭，受理不太重要的普通民事、商事、社会案件。由于规定了"两审"制原则，因此，上诉法院在整个诉讼程序中，具有特殊的重要性。

享有终审权的法国最高法院（Cour de cassation）是刑事、民事案件的最高审判机关。其主要任务是通过案件的审理保证法律的统一适用，其审判权限仅限于对违背制定法或者违背一般法律原则而引起的各类上诉案件的审理。故最高法院对于上诉案件是法律审而不是事实审。这样保证了最高法院的工作效率，并且重罪法院、国家安全法院审理的第一审案件只能向最高法院上诉，而不能向上诉法院上诉。

最后，法国存在独特的权限争议法庭制度。为了避免和解决由于实行双轨制司法体制而引起的管辖权纠纷，法国专门设立了以司法部长为主席、由最高法院和最高行政法院人数相等法官参加的权限争议法庭，负责裁决行政法院与普通法院之间可能发生的管辖权争议。它包括因双方都认为自己有管辖权而发生的积极争议，还包括因双方互不管辖而产生的消极争议。此外，权限争议法庭还有权撤销普通法院和行政法院对同一案件所作的互相矛盾的判决，径直作出新的判决。

二、法国行政法院概况

在法国，没有对行政法院的统一表述，各级法院都有各自的称谓。如果为了和德国的行政法院及英美国家的行政裁判所相比较，"行政法院"一词用法语可表述为"Cours administifs"，英文表达则

法国司法体制图示

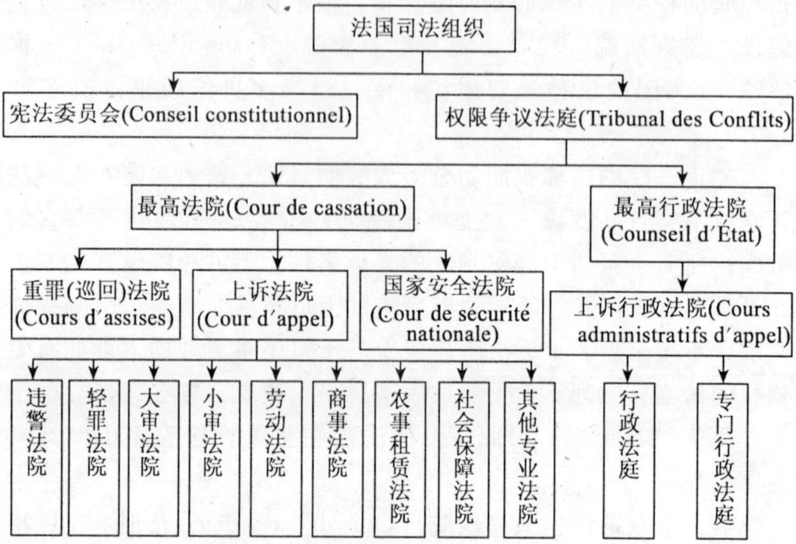

为“Administrative Court”。

法国的行政法院体系主要包括最高行政法院、上诉行政法院、地方行政法庭、行政争议庭和一些专门行政法院，审级分为三级。各级行政法院均有两项重要职能：一是审理行政案件，二是为辖区内同级政府部门提供行政咨询和建议。另外，最高行政法院还有一项重要任务：负责对法律、法令草案的审查。根据法国的立法程序，一切法律、法令草案在提交议会审议通过之前，均要先送最高行政法院审查。最高行政法院要对草案提出意见。虽然最高行政法院的意见并不能阻止草案被提交到议会审议并通过，但是这并不意味着最高行政法院的意见是可有可无的。例如，当某一草案经过行政法院审查后被认为有违宪的条款，该草案未经任何修改即被提交议会审议，最高行政法院的意见可以被反对派议员利用来阻止该案的通过。即使议会通过了该项草案，法国的宪法委员会也可能在经过审查后，采纳最高行政法院的意见宣布该法律或法令因为违宪而无效。

行政法庭（Tribunaux administratifs）。在法国本土和海外省都设有行政法庭，是最普遍的审判行政案件的法院。行政法庭为一般权限法庭，凡法律未规定由其他法院管辖的一切行政案件，都以行政法庭为初审法庭，它可以分为三类：外省行政法庭、巴黎行政法庭和海外行政争议庭。行政法庭和行政争议庭对行政争议有普遍的管辖权，凡不由其他行政法院管辖的行政诉讼，都由它们管辖。

上诉行政法院（Cours administratifs d'appel）是依照 1987 年 12 月 31 日的《行政诉讼改革法》创设的，其目的是为了减轻最高行政法院的上诉审理负担。它没有初审管辖权，只有上诉管辖权，它原则上可以受理地方行政法庭所有的上诉案件，以及法律明文规定的专门行政法院的上诉案件，但由最高行政法院保留上诉审管辖权的除外。

专门行政法院数目繁多，而且还在增加，有永久性的，也有临时设立的。比较重要的有：审计法院、财政和预算纪律法院、补助金和津贴法院、战争损害赔偿法院、各种职业团体的纪委委员会等。

最高行政法院（Counseil d'État，英文表达为 Council of state，有时也以 Counsel of state 表述）。它不仅是最高行政审判机关，也是全部行政法院共同的最高法院，同时具有初审管辖权、上诉审管辖权和复核审管辖权。最高行政法院同时还是中央政府最重要的咨询机关，在立法和行政事务方面给政府提建议。总理是法定的院长，但从不参加最高行政法院的任何活动，最高行政法院实际上是由内阁任命的副院长负责。

三、法国行政法院的性质

行政审判是国家的一种职能。在法国，行使这种职能的机关是行政法院。那么，行政法院的性质是什么，即行政法院究竟是行政机关还是审判机关？在此，我们必须先明确为何区分行政机关和审判机关。

行政机关和审判机关相区别的理由，主要是因为调整行政行为的法律制度和调整审判行为的法律制度大相径庭。①（1）审判行为的决定，必须采取判决的程序和形式。这些程序和形式或者由法律的条文规定，或者由法的一般原则规定。（2）审判行为一旦确定以后，有

---

① 参见王名扬著：《法国行政法》，中国政法大学出版社 1988 年版，第 597～598 页。

既判力。除极少的例外情况外，受一事不再理原则支配，法院和行政机关不能对它再进行审查。行政行为的效力，在很多情况下可以撤销、废止和变更。（3）不服审判行为的救济方式是向法院申诉，而不服行政行为的救济方式，除可以向法院申诉以外，还有行政救济和其他救济方式。（4）行政主体对审判行为和对行政行为所负的责任不一样。公务员本人的责任也因行政行为和审判行为而不同。

法国行政法院不同于实际各国的实践，它是一个独立的法院系统，一方面既不同于一般行政机关又和普通法院不同，另一方面它既和行政机关又和普通法院紧密联系。虽然法国的行政法院数目繁多、种类繁杂，它们在组织上、职权上、程序上和重要性上也异彩纷呈。但是，这些行政法院都具有某些共同的性质：一方面行政法院是一个审判机关；另一方面行政法院是一个行使审判权的行政机关。①

（一）行政法院是审判机关

判定一个机关是否为审判机关，首先应根据立法者的意志决定。在遵守法律规定的前提下，立法者在创设某一机关时，可以通过明示或默示指明该机关是一个审判机关。

在通常情况下，法律在创设某一机关时，可能没有规定这个机关的性质；而且，有时一个机关从事几种性质不同的活动，这些都会增加识别上的困难。在法律没有规定时，行政法院的判例归纳出一些识别标准。这些标准可以分为两个方面：一为实质标准，即以某一机关活动的性质作为识别的标准；二为形式标准，即以某一机关的组织和活动方式作为识别的标准。

从实质标准出发，从事审判活动的机关通常就是审判机关。审判活动包含三个因素：（1）解决争端，这是构成审判活动的必要条件。如果不是解决争端的行为，而是解决其他性质的法律行为或事实行为，不构成审判行为。（2）争端的解决是根据法律，即应按法律设定的争端解决模式来进行，而不是任意而为。（3）判决具有法律效力，即审判行为所作出的决定，一旦确定以后，除极例外的情况以外，不能推翻。如果一个机关所作出的决定，可以任意变更或不遵

---

① 参见王名扬著：《法国行政法》，中国政法大学出版社 1988 年版，第 597 ~ 599 页。

守，这个决定就不是审判行为。

判定审判机关的形式标准有以下几种：（1）机关的组织。根据机关的成员是否为法官，是否有检察官存在，是否全由行政人员组成，决定某一机关是否属于审判机关。（2）机关的地位。根据某一机关的活动是否受其他机关干涉，决定该机关的性质。审判机关必须具备独立地位，活动不受其他机关干涉。（3）机关活动的形式。审判活动必须采取当事人对抗形式，但不限于口头对抗辩论，书面对抗也可以。(4）申诉方法。当事人不服决定，如果是向行政机关申诉，这个决定不是审判行为。当事人不服审判机关的决定，只能向其他审判机关申诉。

以上各种标准，任何一个单独适用，都不能说明审判行为的性质。例如审判活动必须解决争端，但是审计法院的决定，很多时候没有争端存在。又如审判机关必须具有独立地位，但是具有独立地位的机关不一定是审判机关，有些行政机关也具有独立地位。所以，必须结合多个标准，同时适用、综合考察，才能识别某个行为是否属于审判行为，某个机关是否属于审判机关。

通常，从事审判活动的机关，当然是审判机关。但是可能出现这样的情况：有时一个机关既从事审判活动又进行行政活动，这时，只有当该机关从事审判活动时，它才属于审判机关。

（二）行政法院是行使审判权的行政机关

在法国，存在行政审判机关（行政法院）和司法审判机关（普通法院）两大互相独立的系统。判定某一机关属于审判机关以后，还要判断它究竟属于哪一法院系统。其标准是：首先，根据该审判机关的隶属关系决定。若隶属于最高行政法院，即是一行政法院。如果隶属于最高法院，应属一普通法院。其次，若某一审判机关的隶属关系不明确时，则依该机关所受理争端的性质决定。行政法院所受理的争端，不论范围大小如何，必须具有行政争议性质。某一审判机关所受理的争端，如果与行政活动无关，或者虽然属于行政活动，但依照行政审判和司法审判权限划分标准，属于司法审判范围，那么该审判机关不属于行政法院。

四、法国行政法院的种类

行政法院的数目繁多，而且由于行政日趋专门化，行政法院的数量还有增加的趋势。所以，行政法院的分类①没有一个统一标准。法国行政法学中最常采用以下两种标准进行分类。

(一) 以行政法院管辖权限的范围为标准

根据这个标准，可以分为普通行政法院和专门行政法院。前者管辖的行政争端范围广泛，后者只就某类特殊行政争端有管辖权。

普通行政法院有：最高行政法院、上诉行政法院、行政法庭、行政争议庭。行政法庭和行政争议庭对行政争议有普遍的管辖权，凡不由其他行政法院管辖的行政诉讼，都由它们管辖。上诉行政法院，虽然只有部分上诉管辖权限，但是它受理行政法庭的上诉案件，管辖范围不限于某类专门事项，它也是普通行政法院。最高行政法院作为全部行政法院的共同最高法院，同时具有初审管辖权，上诉审管辖权和复核审管辖权。管辖范围包括全部行政事项，当然属于普通行政法院。

除了以上四种行政法院以外，其他行政法院都是专门行政法院。专门行政法院数目很多，而且还在增加。专门行政法院有永久设立的，有临时性质的，变动性大，比较重要的专门行政法院有：审计法院、财政和预算纪律法院、补助金和津贴法院、战争损害赔偿法院、各种职业团体的纪律委员会等。

(二) 以和最高行政法院的关系为标准

根据这个标准，可以分为最高行政法院、以最高行政法院为上诉机关的行政法院和以最高行政法院为复核审的行政法院。最高行政法院是行政审判系统中的最高审判机关，全部行政法院都属于它的管辖，但管辖的方式不同。

有的行政法院的判决可以上诉于最高行政法院，后者对上诉案件可以进行全盘审查，可以撤销或变更原审判决。属于这类的行政法院有：行政法庭、行政争议庭、捕获法庭、战争损害赔偿委员会。

---

① 参见王名扬著：《法国行政法》，中国政法大学出版社 1988 年版，第 599 ~ 600 页。

有的行政法院的判决，不能向最高行政法院上诉，当事人对于判决不服，可就法律问题，请求最高行政法院复核，因为最高行政法院有统一解释行政法的权限。最高行政法院可以撤销法律适用错误的判决，发回原审法院或同级法院重新审判。专门行政法院的数目繁多，组织、权限和活动方式差别很大，它们绝大部分属于这种类型；上诉行政法院也属于这类法院。

五、法国行政法院产生、存续的原因

（一）法国行政法院产生的原因

1. 法国行政法院产生的理论基础

法国行政法院存在的理论基础是启蒙时代的思想家孟德斯鸠的分权思想。它是在启蒙思潮的影响下，出于西方对人性的怵惕加之两千多年对惨痛经验的反思的智慧结晶：要防范政府权力。孟德斯鸠一针见血地指出："一切有权力的人都容易滥用权力，这是万古不易的一条经验。"① 阿克顿勋爵也曾告诫人们："权力导致腐败，绝对的权力绝对导致腐败。"② 还记得美国国父的教诲："政府本身不是对人性的最大侮辱，又是什么呢？如果人都是天使，就不需要任何政府了。如果天使统治人，就不需要对政府有任何外来的内在的控制了。"③

所以，通过必要权力的相互制约，人民的自由才有保障。孟德斯鸠认为，一个自由健全的国家必然是一个权力受到合理、合法限制的国家，因为从事物的性质来说，要防止滥用权力就必须以权力限制权力。他在总结洛克分权理论的基础上，将国家权力分为立法权、行政权和司法权。④ 而且，国家权力是不能在一个人或一个机关手中的，否则公民的权利没有保障。"当立法权和行政权集中在同一个人或同

---

① ［法］孟德斯鸠著，张雁深译：《论法的精神》（上），商务印书馆 1961 年版，第 154 页。

② ［英］阿克顿勋爵著，侯建、范亚峰译：《自由与权力》，商务印书馆 2001 年版，第 342 页。

③ ［美］汉密尔顿等著，程逢如等译：《联邦党人文集》，商务印书馆 1980 年版，第 264 页。

④ ［法］参见孟德斯鸠著，张雁深等译：《论法的精神》（上），商务印书馆 1961 年版，第 155 页。

一个机关之手，自由便不复存在了；因为人们要害怕这个国王或议会制定暴虐的法律，并暴虐地执行这些法律。”“如果司法权不同立法权和行政权分立，自由也就不存在了。如果司法权同立法权合而为一，则将对公民的生命和自由施行专断的权力，因为法官就是立法者。如果司法权同行政权合而为一，法官便将握有压迫者的力量。”①

秉承这种思想的法国，在 1789 年《人权宣言》的第 16 条规定，凡权利无保障和分权来确立的社会就没有宪法。恪守分权思想的法国，自然认为一切行政纠纷必然属于行政的范畴，当然应由行政机关来解决。普通法院不能干涉行政，不能审理由于行政事项而引发的诉讼。否则，司法机关的介入是严重违背分权制衡基本原则的行为。

2. 法国行政法院产生的历史背景

法国历来对司法权就没有太多的好感，法国行政法院的产生也是历史的必然。

（1）大革命前的行政和普通法院的对立情绪

在法国专制王权时期，法院作为专政的工具，实施严刑并有权通过登记程序来审查议会立法。在法国资产阶级革命之前，法国的行政权力掌握在资产阶级手里，而代表司法权的普通法院则掌握在封建贵族手中，两者之间芥蒂颇深，相互抵牾。中央与地方、王权与贵族权力之间的矛盾集中体现在国王、王室顾问团和行政官吏与 12 个高等法院，尤其是巴黎高等法院之间的权力角逐上。代表地方贵族利益的高等法院经常借习惯法的力量来干预行政事务，尤其阻挠王室所欲推行的旨在削弱地方势力的改革。1641 年，国王通过圣热尔曼敕令剥夺了高等法院对涉及王室和行政部门案件的管辖权，而将这一权力交给了王室顾问团。法院的对立给历任政府带来很大的麻烦，大革命时期，法院积极充当专制的帮凶。

（2）大革命时的国际环境

法国大革命的最初阶段，欧洲的封建势力在奥国和俄国皇帝的号召下，组成奥、俄、英、普等国参加的国际联合武力，对法国的资产阶级政权发动侵略战争。法国国内的封建势力和外国的封建势力互相

---

① ［法］孟德斯鸠著，张雁深等译：《论法的精神》（上），商务印书馆 1961 年版，第 156 页。

勾结。资产阶级政府为了自身的安全起见，不得不禁止普通法院受理行政机关的案件，以加强行政机关的权力。

（3）旧制度下的特别行政法庭

法国在旧制度时期，在普通法院以外，已经存在一些专门的行政法庭，受理行政案件，例如审计法庭、森林法庭、河川法庭、租税法庭等。所以，设立行政法院对法国人来说不是一个陌生的制度。此外，在旧制度下，国王派往地方上的总督也受理一些行政诉讼案件。特别是在中央政府中，国王参事院既是行政机关，又是最高的立法和司法审判机关，对拿破仑一世建立国家参事院产生了很大影响。

3. 法国行政法院从法律上的确立

资产阶级革命胜利以后，资产阶级掌握了政府颁布的许多有利于资本主义发展的法律，但这些法律的执行往往受到代表封建势力法院的故意阻挠和破坏。因此，旧制度下的高等法院在大革命后立刻遭到了废除。为规避干涉起见，资产阶级以“三权分立”为理论武器，立宪会议于 1790 年 8 月颁布了《司法组织法典》，其中第 2 章第 10 条规定：“法院不得直接或间接地参与立法活动，不得阻挠或延缓立法机构所颁布法令的执行……违反本规定的相关责任人员将受到处罚。”第 2 章第 13 条规定：“司法职能有别于、并始终独立于行政职能。对于普通司法法院的法官而言，以任何形式干涉行政机构的活动都是一种罪行。”自此，普通法院便丧失了行政审判的权力。这些迄今有效的条款使行政机关获得了很大的独立性，并导致了法国所特有的行政纠纷解决方式的产生。

（二）法国行政法院存续的理由

法国行政法院是在特殊的历史背景下的产物，而今这种政治考虑因素已不复存在；而且两个审判系统的存在，给当事人带来诸多不便。那么，行政法院继续存在的理由是什么？学者认为，现时，行政审判独立存在的理由是出于技术上的考虑。①

第一，法国存在公法和私法两个不同的法律体系，私法适用于地位平等的私人之间，公法适用于政府和私人或政府机关相互之间。两

---

① 参见王名扬著：《法国行政法》，中国政法大学出版社 1988 年版，第 556～557 页。

种法律体系所调整的社会关系不同，追求的目的不同，不可能适用同样的法律原则。在公法关系中，行政机关有时具有比私人更大的特权，有时受到比私人更大的限制，适用公法的法官是在私法以外的另一类法律专家。普通法院法官在大多数情况下，不是公法专家。

第二，行政法官除必须具备公法知识以外，还必须具备行政经验，普通法院法官缺乏这方面的知识和经验。行政法院法官少部分人选自高级文官，绝大部分经过行政学院培训，择优录用。此外，行政法院在组织方面规定有一些措施，使法官同时具有法律知识和行政经验。法官在行政法院任职期间，同时兼任行政组和诉讼组的职务，一切法官都能知晓重要的行政问题。行政法院又规定所有行政法院法官必须外调到实际行政部门，工作一段时间再回法院。因此，法官都有行政官的经验，普通法院法官在录用和培训上，没有这方面的条件。

第三，行政法院的诉讼程序和普通法院不一样。行政诉讼贵在迅速、及时，法官指挥诉讼进行的主动权力较大。当然，法国的行政诉讼在结案的时间方面，还受到不少的批评，但是和普通法院相比，已有改进。

第四，行政法院对于法国法律的贡献，使它成为法国法律制度中不可缺少的部分。行政法院在最初成立时，由于和行政机关的联系过紧，受到一些怀疑，被认为不可能作出公正的判决。特别是英美法系国家，对法国行政法院的批评更多。但是法国行政法院的组织逐步完善，行政法院法官由于具有行政和法律两方面的知识，在行政诉讼的判决中，创造了一些法律规则，一方面能够适应行政上的需要，另一方面能够保障公民的权利和利益，对法国法律作出了重大贡献。法国行政法上的重要原则，几乎都由行政法院判例产生，行政法院由此取得了受尊敬的地位。很多其他国家都是受到法国行政诉讼的启发而设立行政法院的，很难想象法国会取消一种由自己创设而且行之有效的制度。

第二题　法国行政法院的历史沿革

法国行政法院及法国行政法的历史并不久远，它们根植于法国的传统与文化，伴随着法国最高行政法院的产生、发展，从无到有并逐步完善，演变成为当今一种独特而成熟的模式。

一、旧制度时期

法国行政法院的历史，可上溯到封建王朝时代。通常，国王把涉及国家的案件，责令枢密院裁决。从 13 世纪起，枢密院的国务大法官和审查官，就法律和内阁两方面事务向国王提出建议。

最高行政法院的前身是创立于 1799 年的国家参事院（Le Conseil d'État）。国家参事院可以追溯到旧制度时期的国王参事院（Le Conseil du Roi）。13～14 世纪，法国的御前委员会（Curia Regis）由以下部门组成：专门处理争议的法院（Parlement），财政委员会（Chambre des comptes）和国王参事院（Le Conseil du Roi）。法国的国王参事院类似于英国的御前委员会（Curia Regis），其功能是辅助国王统治，就法律和行政事务向国王提出建议。虽然国王参事院和法院都可分别处理争议，但是它们本质上是有区别的。国王参事院行使的是保留审判权（La justice retenue），而法院行使的却是委任审判权（La justice déléguée）。① 国王参事院没有什么实际的权力，它仅仅充当裁决贵族们纷争的一个政治性的仲裁机构。② 法国封建王朝内部矛盾重重，中央与地方、王权与贵族权力之间的矛盾集中体现在国王、王室顾问团和行政官吏与 12 个高等法院，尤其是巴黎高等法院之间的权力角逐上。代表地方贵族利益的高等法院经常借习惯法的力量来干预行政事务，尤其阻挠王室所欲推行的旨在削弱地方势力的改革。于是，律师的地位和作用远非国王参事院能比拟，尤其在 18 世纪——路易十五（Louis XV）和路易十六（Louis XVI）时期，律师不仅在相当程度上干预行政，而且还阻挠君主所倡导的改革。而普通法院一心想对所有的争讼行使审判权，于是它们尽一切可能阻挠人们向国王参事院提起请求。

旧制度时期，国王参事院由多个机构组成，它们各司其职。1578 年，亨利三世（Henri III）基于处理皇家内务和行政争议的需要，设

---

① See http：//www. conseil-etat. fr/ce/histoi/index_ hp_ ne00. shtml.

② See L. Neville Brown, J. F. Garner, Jean-Michel Galabert, *French Administrative Law*, 3rd. edn. , London：Butterworths, 1983, p. 28.

立了一个专门机构，于是肇始了国家参事院（Le Conseil d'État）的称谓。到了路易十四（Louis XIV）的执政时期，国家参事院的性质发生了变化，它成了一个秘密机构，主要对行政和争讼提供指导。从13世纪开始，国家参事院都是由争议处理审查官和国家参事院顾问组成。国家参事院的基本任务是就行政和司法事务向国王汇报、进行磋商与提出建议。直到17世纪时，国家参事院才逐步演变成了一个正式的机构。① 1641年，国王通过圣热尔曼敕令剥夺了高等法院对涉及王室和行政部门案件的管辖权，而将这一权力交给了王室顾问团。

在旧制度时期，存在着有关裁决行政事务的法院（审理间接税案件的最高法院，即货币法院），但是它们并不构成真正的司法权。由于国王可以对所有事务行使管辖权，所以整个法国只有普通司法权的存在，行政司法实质上并不存在。②

二、大革命时期（1790～1799）

在法国大革命之前的专制王权时期，法院作为专政工具，实施严刑并有权通过登记程序来审查议会立法。16、17世纪，资产阶级势力日渐强大，其利益开始反映到行政部门，法国的行政权掌握在资产阶级手里，而代表司法权的普通法院则掌握在封建贵族手中，于是出现司法权干涉行政权的局面。所以，在法国大革命前夕，行政权和司法权两者之间芥蒂颇深，相互抵牾。

大革命时期，法院积极充当专制的帮凶。直到法国大革命取得初步胜利后，革命者以三权分立原则反对司法对行政的干预。1790年8月16日至8月24日，制宪会议制定了《司法组织法典》，其中第2章第10条规定："法院不得直接或间接地参与立法活动，不得阻挠或延缓立法机构所颁布法令的执行……违反本规定的相关责任人员将受到处罚。"其中第2章第13条规定："司法职能和行政职能不同，现在和将来永远分离，法官不得以任何方式干扰行政机关活动，也不能

---

① See *Des origines à l'an VIII*, http://www.conseil-etat.fr/ce/histoi/index_ne_00.shtml.

② 参见［法］古斯塔夫·佩泽尔著，廖坤明、周杰译：《法国行政法》（第十九版），国家行政学院出版社2002年版，第233页。

因职务上的原因，将行政官员传唤到庭，违者以渎职罪论。”这些迄今有效的条款使行政机关获得了很大的独立性，并导致了法国所特有的行政纠纷解决方式的产生。从此，普通法院丧失行政审判权，法国独特的“双轨制”司法体制由此发端。其后，行政法作为一个独立的法律部门，随着行政审判的发展而发展，随着行政判例的积累而完善。共和三年果月 16 日（1796 年 9 月 4 日）的一项法令规定：“严格禁止法院审理任何行政活动。”这个规定对 1790 年的法律没有增加任何内容，只是提醒人们注意，禁止法院受理行政案件的举措，不是临时性的行为，而是继续性的行为。① 革命者对司法权的不信任与排斥可见一斑。

虽然在大革命时期，制宪会议禁止了普通法院受理行政案件的权力。但是在禁止以后的 10 年内，并没有考虑设立一个行政法院来专门管辖行政诉讼。在这一时期，有关的行政争讼实际上是由行政机关自己进行裁决的：国王、大臣、省级长官行使司法权。等级权和司法权相混淆。② 法国公民对于行政行为的申诉，主要由被诉行政主体的上级机关受理，而最终的裁判权属于国家元首。此时，裁决行政争议的权限属于行政机关本身，行政官员同时也是法官，行政机关是本身案件的裁决者，这种裁决的理论依据是：“裁决行政，本身就是行政。”这个阶段称为行政法官时期（L'administrateur-juge）。这个时期严格地说，只有行政救济，没有行政诉讼。③

三、执政府和帝国（第一帝国）时期（1799～1804）

资产阶级革命胜利以后，资产阶级掌握了政府颁布的许多有利于资本主义发展的法律，但这些法律的执行往往受到代表封建势力法院的故意阻挠和破坏。

由于法国大革命有效遏制了王权，国王参事院（Le Conseil du

① 参见王名扬著：《法国行政法》，中国政法大学出版社 1988 年版，第 553 页。

② 参见［法］古斯塔夫·佩泽尔著，廖坤明、周杰译：《法国行政法》（第十九版），国家行政学院出版社 2002 年版，第 234 页。

③ 参见王名扬著：《法国行政法》，中国政法大学出版社 1988 年版，第 554 页。

Roi）也被废除了，革命者禁止司法权介入行政争议，而新的解决行政争议的机制迟迟未建立。现实中，无人胆敢通过行政救济渠道对遭到的行政侵权进行指控。

拿破仑上台后，深知大革命所创设的这种制度的弊端，在法国最高法院诞生9年后，一个类似于"旧制度"下的王室顾问团的机构——法国国家参事院（Le Conseil d'État）（即现在的最高行政法院）便产生了。拿破仑为了加强中央集权，于法兰西共和八年霜月22日（1799年12月13日）颁布宪法。1799年宪法第52条规定："在执政的领导下，国家参事院负责草拟法律提案和公共行政管理条例，解决行政方面所发生的困难。"据此，共和八年雪月5日制定了国家参事院条例，共和11年芽月13日的命令对上述条例作了些补充。这两个条例是国家参事院最初的组织规则。1799年12月25日，国家参事院在卢森堡宫举行了第一届全体会议。从此，国家参事院正式确立并开始运作。国家参事院设立了5个组，国家元首任国家参事院主席，最初该职位由首席执政官（First Consul）担任，后来由皇帝（拿破仑）亲自担当此任。

国家参事院建立几个月以后，依据共和八年雨月28日（1800年2月17日）颁布的法律，设立了省参事院。法国的行政司法体系由此初步建立起来了。

拿破仑设国家参事院的初衷是打算让它"为国家元首提供政策和立法建议、起草法律和行政规章草案，并解决行政管理过程中可能出现的棘手问题"。而其中的"解决棘手问题"这一功能后来演变成了行政审判权。① 国家参事院除了起草和审查法律外，还受理公民对行政机关的申诉案件。但是，由于国家参事院的裁决在法律上必须以国家元首名义作出，此时行政裁判权仍由国家元首保留着。在实践中，国家元首总是遵循国家参事院的意见。

为了免于坠入行政专制的深渊，拿破仑建立的新帝国作出了非凡的尝试，但并未超越当时的历史与现实。根据1799年的法律，当事人应首先向有关的部长提出诉求，若对部长裁决仍不服，才能通过该

① 参见王名扬著：《法国行政法》，中国政法大学出版社1988年版，第601～605页。

部长转而交由国家参事院作出最终处理。此即所谓“部长法官制”(Ministrer-juge)。因此，国家参事院此时还不是一个真正的法院，因为委托审判权（Justice retenue）和部长法官（Ministrer-juge）间的界限尚未消除。

四、复辟和七月王朝时期（1805～1848）

自拿破仑上台以来，国家参事院实际上是帝制下的产物，这种新制度在民众中很不受欢迎，因而其作用被淡化了。于是，为了适应社会发展、迎合民众需求，国家参事院越来越注重强化其行政争议裁决职能。

根据1806年的一项政令，在国家参事院内部设立了一个专门审查诉讼申请的诉讼委员会，专门负责处理行政争议。这是在诉讼程序公平保障方面，法国行政司法首次作出的尝试和努力。① 从此，国家参事院的行政争议裁决职能与行政咨询职能正式分开，分别被赋予不同的内设机构来承担。诉讼委员会就行政争议作出裁决，由国家参事院大会批准，作为建议向国家元首提出。诉讼委员会的成立是行政审判专业化和独立化的开端，它在法国行政法院发展史上意义重大。

复辟王朝时期，国家参事院受到强烈攻击，因为它的成立和拿破仑一世的联系太紧密。但是其功能是不可否认的，所以仍然被保留下来，未被撤销。

七月王朝时期，国家参事院进行了重大改革。1830年后的诉讼程序得到了重大改进：诉讼委员会得到加强，公务员被排除在裁决争议的大会之外。② 根据1831年2月2日和3月2日的法令，规定诉讼组的审判公开，允许律师出庭陈述意见；同时设立一个检察处，代表政府的观点。这个检察处后来发展成为政府专员，就诉讼案件的判决，根据法律的规定提出建议，完全不受政府意见的限制。

---

① 参见［法］古斯塔夫·佩泽尔著，廖坤明、周杰译：《法国行政法》（第十九版），国家行政学院出版社2002年版，第234页。

② 参见［法］古斯塔夫·佩泽尔著，廖坤明、周杰译：《法国行政法》（第十九版），国家行政学院出版社2002年版，第235页。

五、第二共和国和第二帝国时期（1848～1872）

第二共和国时期，人们普遍认为议会采取两院制是一种贵族式的制度，因而法国在1848年采用了一院制。这种制度从一开始就受到有志之士的忠告："只要一院制，它既可成就一切，但也可摧毁一切。"（"Partout ou il y a un corps unique, il pousse tout, il écrase tout", "everywhere that there is a single body, it pushes all, it crushes all"）于是，法国寻求利用国家参事院来灵活协调政府和议会间的关系。为了有效担当此任，国家参事院的人员组成明显发生了变化，共和八年以来所贯彻的录用标准已成为了历史。就委员会的提案和强化专业技术人员构成的比例方面，1849年的议会就选任了40名国家参事院参事（Conseillers d'État）。①

诉讼委员会于1849年被改成诉讼组，该称谓一直沿用至今。第二共和国在事实上认可了国家参事院具有司法特征：第一次给予国家参事院委任的审判权，并且成立了一个权限争议法庭。但到了1852年，这两项改革都被第二帝国取消。于是，国家参事院又回到了它在执政府和第一帝国时期的地位。

第二帝国时期，国家参事院的职权有了很大的扩张。1862年11月2日的法令，规定当事人提起越权之诉时，可以免除律师代理，免除登记费用的缴纳。因此，提起越权之诉费用极为低廉，大大扩张了国家参事院的作用。

六、1872～1889年的委任审判时期

普法战争后，国家参事院于1870年被国防政府取消。但1872年5月24日法律恢复国家参事院，同时规定，国家参事院以法国人民的名义行使行政审判的权力。据此，行政审判权不再是国家元首保留的权力，国家参事院成为法律上的最高行政法院。这次改革，是法国行政法院发展史上的一个重要里程碑。根据1872年的法律，在赋予最高行政法院独立审判权的同时，又规定设立一个权限争议法庭，由最高行政法院和普通法院同等人数的代表组成，专门裁决行政法院与

① See http://www.conseil-etat.fr/ce/rappor/index_ ra_ ta089.shtml.

普通法院之间的权限争议。

1872 年，国家参事院虽然取得独立审判的权力而成为真正的最高行政法院，但是它在行政诉讼的管辖方面，受到一定的限制。当事人在向最高行政法院起诉以前，必须先向部长申诉，不服部长的决定才能向最高行政法院起诉。这个阶段仍然保留以前的部长法官制（Ministrer-juge）。

根据 1872 年 5 月 24 日法律第 3 条的规定，最高行政法院普通职法官的选任受到法国议会的干预，这种干预可能是强烈的，但多是政治式的而不具有法律意义。但现实中有时也不予干预，如法国议会于 1875 年就一致通过了共和国总统关于最高行政法院普通职法官的任命。据此条规定，最高行政法院不再仅仅是一个行政司法组织。正是在这一时期，它或多或少是出于人们有意识地被赋予了真正的行政司法管辖权，也从此形成了行政法法官独立的传统。①

从 1872 ~ 1880 年间，最高行政法院以全体大会决议的形式宣布撤销了 122 项支持共和政体的普通职法官的裁决，因为政府认为这些裁决不合法。尽管当时法国盛行分权主义，在行政司法领域强调法官独立，但是最高行政法院还是行使了政府赋予它依据多数作出决定的权力。由此，最高行政法院确立了对 1871 年 8 月的法律如何作出解释的先例：最高行政法院普通职法官的权力应受到（全体大会）限制。②

从 1879 ~ 1914 年间，由于最高行政法院的人员录用方法强调应考虑不同社会、政治或宗教背景，因此其人员组成异彩纷呈。尽管最高行政法院以全体大会是以职务级别和隶属部门来区分组讨论，但这并没有阻碍其团结一致的品质。最高行政法院的这种品质主要源自其由中立和公正所塑造的传统和其服务于公众的本质。③

七、一般权限时期（1889 ~ 1953）

1889 ~ 1953 年期间，在最高行政法院判例的推动下，法国的行

---

① See http：//www. conseil-etat. fr/ce/rappor/index_ ra_ ta084. shtml.

② See http：//www. conseil-etat. fr/ce/rappor/index_ ra_ ta054. shtml.

③ See http：//www. conseil-etat. fr/ce/rappor/index_ ra_ ta047. shtml.

政法有很大的发展。行政法中的很多重要原则，都是在这时期确立的。在这期间，法国的行政法学也取得了极大的进展。在先后出台的各部宪法中，行政法院始终保持着政府参谋和最高行政法官的双重地位。

1889 年 12 月 13 日，最高行政法院在卡多案件的判决中，否定了部长法官制。当事人不服行政机关的决定，可以直接向最高行政法院起诉，无须先向部长申诉。从此以后，最高行政法院对于行政诉讼案件，取得了普遍的管辖权限，即行政上的一切争议，凡是法律没有规定由其他法院受理的争议，都可向最高行政法院提出。最高行政法院对行政诉讼有一般的管辖权，这个制度一直维持到 1953 年。自此，总体意义上的法国行政法院制度才正式形成，从而奠定了世界上最为典型的普通法院与行政法院并立的二元司法制度。

最高行政法院成为行政诉讼的一般权限法院以后，受理的行政案件太多，积压现象严重。1926 年，省参事院被改为行政法庭，而且将每省一个行政法庭改为数省一个行政法庭，省长不再兼任行政法庭的院长。于是，行政法庭拥有行政诉讼的普通管辖权。最高行政法院成了上诉审法院，仅保留初审（同时也是终审）的分配权。1934 年，为了减轻最高行政法院的负担，将一部分地方性的行政争议规定由省级行政法庭管辖。1934 年的法律规定，行政法庭的管辖权扩大到有关地方团体及公务法人的诉讼。但这次改革没有达到预期的目的。

1945 年 7 月 31 日临时政府的法令，汇集以前关于最高行政法院组织的条文，成为法典。这个法典及以后的补充规定，是现行最高行政法院的组织规则。根据法国政府 1945 年 10 月 9 日政令，成立了法国国立行政学院（Ecole de Nationale d'Administration，英文为 The national school of administration，简称 ENA，它隶属于总理府，对最高行政法院法官的培训和质量的提高起了极大的促进作用。

八、特定权限时期（1953～）

1953 年 9 月 30 日的《行政审判组织条例》和 11 月 28 日作为补充规则的《公共行政条例》，对最高行政法院和地方行政法庭权限的划分，作了一次重大的变动。一切行政诉讼案件，法律没有规定由其他法院受理时，都由地方行政法庭管辖。地方行政法庭代替最高行政法院，成为行政诉讼的一般权限法院。最高行政法院受理行政诉讼的权限，以法律所规定为限，成为特定权限的法院。

最高行政法院的组织，在 1963 年时又有一次较大的改革。这次改革是由 Canal 案件的判决①引起的。改革的目的在于使行政法官更了解实际行政的需要。改革的内容涉及四个方面。

第一，沟通最高行政法院内部诉讼组和行政组的工作。诉讼组的成员必须参加行政组的工作，以便了解实际行政问题。另一方面，行政组的成员也参加诉讼组的工作，使最高行政法院的判决更能够符合实际行政的需要。

第二，减少诉讼大会成员，以便加快判决程序。

第三，规定一些行政诉讼判决的执行方法。

第四，在最高行政法院内部成立一个报告委员会，就最高行政法院的活动，每年向政府提出一份报告，并建议应当采取的改革措施。

1963 年，最高行政法院又进行了一次较大的改革，主要是加强最高行政法院内部诉讼组和行政组内部的沟通；加强行政判决的执行；在最高法院内部成立报告委员会，每年向政府提出有关行政改革的报告。1963 年以后，最高行政法院的组织继续有些改进，其中最重要的改革为：1980 年 7 月 16 日的法律，改进了行政法院判决的执行；1987 年 12 月 31 日颁布的法律，设立了在行政法庭和行政法院之间一级的行政上诉法院，减轻最高行政法院受理上诉审的负担。尤其是后者使法国行政诉讼进行了重大改革，创设了上诉行政法院，使之成为行政法庭裁决的上诉审法院。至此，法国的行政法院系统形成完善的三级制：最高行政法院、上诉行政法院、地方行政法院（包括行政法庭和行政争议庭）。这一范畴的法院还包括四十几个特别法庭，对它们的上诉，均由最高行政法院进行终审裁决。这些法庭在不同领域行使司法权，主要包括：难民（难民救援委员会）、纪律（医生、牙外科医生和药剂师纪律惩戒最高委员会）和社会行动（社会救助中央委员会）。金融领域的审计法院、预算纪律法院和大区级及地方的审计法庭与行政法院不属于同一系统。

---

① 参见王名扬著：《法国行政法》，中国政法大学出版社 1988 年版，第 604 页注［1］。

第三题　法国行政法院的构造

法国行政法院由普通行政法院和数量众多的专门行政法院组成。最高行政法院、上诉行政法院、地方行政法庭、行政争议庭共同组成了法国的普通行政法院系统。在人员录用与内部组织等方面，法国行政法院有许多独特之处。

一、法国行政法院法官的录用

在法国，两种法院系统的法官有各自的来源。普通法院的法官来自各法学院的毕业生。行政法院的法官则有两个来源：一是毕业于国家行政学院（ENA）的名列前茅的优秀毕业生，他们在毕业后被分配到各基层行政法院，开始其行政法官生涯。他们的晋升以资历为准，经过一定年限可以成为行政上诉法院法官，最终可能进入国家行政法院（审级相当于最高法院）任法官。另一个来源是由政府任命的国家行政法院担任国务顾问的法官，他们大约占全部国家最高行政法院法官的1/3。行政法院的法官可谓由法国精英构成。

（一）行政法院法官的录用

根据法国行政法院法（Code Justice Administratif，简称 CJA）L. 233-2 的规定，行政法院法官来自于国立行政学院的毕业生。然而，根据法国行政法院法 L. 233-2 及以下条款的规定，行政法院的法官也可以由其他渠道产生。

1. 通过外调而任命（见 CJA L. 233-3 和 CJA L. 233-4）

任命的对象是公务员或军队文职人员，像普通公务人员一样，他们须在当年 12 月 31 日选举前，满足所任职的级别、年限和文凭的特定要求。

候选人须接受以最高行政法院副院长主持的由各行政法庭和上诉行政法院组成的遴选委员会的审查。

2. 通过录用选任（见 CJA L. 233-5）

行政法庭和上诉行政法院的人员为公务员，在国立行政学院（ENA）的毕业生中录用。查案官（Magistrats de l'ordre judiciaire）可以从大学教授、具有头衔的协会会员及法国本土的行政人员中选入。

上述人员的录用必须先向行政法庭和上诉行政法院的人事管理部门提出申请。

3. 补充录用（见 CJA L. 233-6）

人员的录用必须以竞争（笔试或口试）的方式进行。参加考试的人员的在考试当年的 12 月 31 日前的年龄不低于 25 岁，须持有国家行政学院 ENA 入学考试证书。

无论文职或军事公务员，属于 A 类文职或其他从事公共服务的公务员，只要符合特定的条件，就可以被录用为查案官。

考试的难度与水平由国家行政学院 ENA 决定。

考试的主考官是由一个具有行政司法权的永久性监督委员会主席担任。对于主考官的相关规定，见法国行政法院法（CJA）R. 233-8 条的规定。

（二）最高行政法院的人员录用

最高行政法院大约有 300 多人，其中 2/3 在院内工作，1/3 在院外兼职。最高行政法院的人员录用通过两种方式进行：

1. 竞争

每年都有 5～7 名国家行政学院名列前茅的毕业生被录为助理办案员（Auditeurs）。他们通过晋级，大约 3 年后出任查案官（Maîtresdes requêtes），约 12 年后可任普通职行政法官（Conseillers d'État）。

2. 外调

1/4 的查案官是由政府任命。被任命人员必须年满 30 周岁，至少有 10 年的从事公职经验。被任命的人员中的 1/4，出任行政法庭和上诉行政法院的查案官。

普通职行政法官中的 1/3，采用上述任命方式录用。其任命条件是须年满 45 周岁以上。被任命的人员中的 1/6，出任行政法庭和上诉行政法院的查案官。

通过外调方式录用的人员，须经最高行政法院副院长的同意。

二、最高行政法院（Counseil d'État）

（一）最高行政法院的成员

法国最高行政法院在法国行政制度中，占有极为重要的地位，它一方面是最高行政审判机关，对行政法院系统的审判享有终审权；另一方面，它又是中央政府中最重要的咨询机关。

最高行政法院对法国行政法的发展，能够作出卓越的贡献，其中一个重要原因是其组成人员质量优越。最高行政法院的人事制度受两个基本原则指导：一是人员要稳定，同时要避免僵化；二是人员要独立，同时要保持和外界接触，以了解实际行政情况。这两个观念，表现在人员的录用、职务的调动和地位的保障各方面。

最高行政法院由300多人的公务员组成，其中2/3的人员在法院工作，100多人是专职的行政审判人员；1/3的人员被派往其他行政机构，在政府各部、委员会巡回，为各部长的助手。

最高行政法院由下列人员组成：院长、副院长、组长、普通职最高行政法官、查案官、助理办案员。除永久职位外，还有少数临时人员。他们包括特别职最高行政法官（共11人）、政府特派员、部长等。

最高行政法院的成员以不同年龄、不同政见和不同经历为特征。自1945年起，在行政法院任职的妇女，占法院成员的20%。

最高行政法院实有人数约为350人。以2005年为例，最高行政法院成员的分配如下：助理办案员21人，查案官67人，普通职最高行政法官99人，组长6人，副院长1人。以上数字不包括外调人员（109人）和停职人员在内。

1. 人员组成

最高行政法院成员，按其职位高低，责任大小，由下向上排列如下：

（1）助理办案员（Auditeurs）

这是初任工作的成员，帮助查案官对案件进行准备工作，以供法官讨论和决定。对于简单的案件也可担任报告员，提出解决意见。

助理办案员分为二级助理办案员和一级助理办案员。二级助理办案员在1945年以前，通过竞争考试录用。自从国家行政学院成立以后，全部二级助理办案员，由国家行政学院学员，在毕业时根据考试成绩，择优进入最高行政法院。一级助理办案员全部由二级助理办案员晋升。

（2）查案官（Maîtres des requêtes）

对案件的准备工作负主要责任，进行调查和预审，可以充当案件的报告员。查案官中一人担任秘书长，领导法院的书记官和处理一般行政事务。一部分查案官担任政府专员，对案件的判决提出建议，政府专员并不代表政府的意见，而是根据法律的规定和自己的判断提出建议。

查案官中3/4由一级助理办案员晋升，1/4选自外界人士，但必须年满30岁，有10年以上行政经验才有当选资格。

（3）普通职最高行政法官（Conseillers d'État）

对案件进行讨论和决定，也常担任案件的报告员。2/3由查案官晋升，1/3选自外界人士，大都为高级文官和专家，但必须年满45岁才有当选资格。

1953年以后，为了保持最高行政法院和地方行政法庭的联系，最高行政法院的查案官中，必须有3人来自地方行政法庭，普通职最高行政法官中必须有2人来自地方行政法庭。

（4）组长（Président de Section）

最高行政法院分设6个组，每组设组长1人。组长领导全组工作，参加最高行政法院重要会议，可以就该组所管辖的事务担任报告员。组长一般由普通职最高行政法官担任。

（5）副院长（Vice-Président）

副院长1人，由普通职最高行政法官担任，领导最高行政法院全部行政工作。行政法院副院长是法国第一公务员。

（6）院长（Président）

总理是法定的院长，司法部长为候补院长，院长从不参加最高行政法院的任何活动。最高行政法院举行重要典礼时，由司法部长代表总理出席。司法部长除参加重要典礼以外，也不参加最高行政法院的其他活动。最高行政法院的领导工作，实际上由副院长负责。

以上各类人员都是永久职位，大约200人左右。

除永久职位以外，最高行政法院还包括少数临时人员。

（1）特别职最高行政法官（Conseillers d'État en service extraordinaire）

特别职最高行政法官共11人，从高级文官和各界专家中任命。任期4年，期满后不能连任，经过2年后，可以重新任命。特别职最高行政法官只参加行政组的工作，不参加诉讼组的工作。

（2）政府特派员（Commissaire du gouvemement）及最高行政法院推荐的大学教授（Fonctionnaires et professeurs des universités accueillis au Conseil d'État）

最高行政法院行政组讨论某一问题时，有关部长可以派一位高级代表参加，陈述意见，以保持和最高行政法院的联系。大学教授也可对诉讼案件的判决提出自己的观点。

（3）部长（Ministre）

部长只能参加最高行政法院大会，不能参加各组会议，而且只能在大会讨论和与该部有关的问题时才参加，实际上部长从未参加过会议。

法国最高行政法院的人员组成①

	在院内工作的人员	在院外兼职的人员	合 计
副院长 Vice-président	1		1
组长 Présidents de Section	6		6
普通职行政法院法官 Conseillers d'État	102 *	45	147
查案官 Maîtres des requêtes	67	64	131
助理办案员 Auditeurs	21	—	21
最高行政法院推荐的公务员及大学教授 Fonctionnaires et professeurs des universités accueillis au Conseil d'État	16		16
总　　计	213	109	322
实有人数	350		

* 该数字包括3位在各组进行工作的组长及11位最高行政法院特别职法官。

① 统计数字截至2005年4月1日。See http：//www. conseil-etat. fr/ce/organi/index_ or_ me01. shtml.

（二）录用方式

如前述，最高行政法院的初级成员来自国家行政学院优秀毕业生，高级成员主要由内部晋升，极少部分在外界高级行政官中和专家中选任。

（三）职业保障

最高行政法院成员必须了解实际行政的情况和需要，为此目的，必须和外界保持接触，接触的方法有以下几种：

1. 录用

通过国家行政学院（ENA）会考及政府任命方式招聘最高行政法院的法官，于是使有各种不同经历的人和来自行政机关、熟悉行政业务的专家进入行政法院，使行政法院持续保持活力、始终掌握社会发展的脉动。

2. 外调

最高法院成员任职4年以后，可以请求外调到实际行政部门工作，经过一段时期再回原单位。外调人员名额，不能超过全体成员的1/5，以免妨碍最高行政法院工作。通过内部遴选，最高行政法院的成员可以在法院内担任政府特派员，同时也可以短时间离开法院，到一家行政单位任职 。外调任职工作单位一般为部长办公室、总理府、省政府办公厅，也有去企业或法国所参加的国际机构中工作的，外调人员往往担任重要职务。

3. 临时兼职

最高行政法院成员，除可担任较长时期的教学兼职工作以外，还可担任外界临时工作。各部在起草行政规章时，往往请最高行政法院成员参加。最高行政法院成员，有时也被邀请参加职业团体的纪律处分工作、调查工作、竞争考试的评审工作，有时任某个委员会主席团成员、国营企业董事会成员或者报告起草人等。

（四）法律地位

最高行政法院成员，属于司法部领导，但不是司法审判官，不享有司法法官所具有的特别保障。行政法官的地位，在理论上说，和其他文职行政官员相同，受公务员一般地位法的支配，但行政法官又受该职系特别地位法的支配，在职业保障方面，比一般行政官员优越。

行政法官是不能被罢免职的。他们的地位很有保障，这种保障的基础是由于习惯传统和行政法官的威信。这种传统习惯，今天已被承认具有宪法规则效力。宪法委员会在1980年7月22日的一个判决中宣称行政法官独立的原则是共和国法律所承认的基本原则之一。

行政法官地位独立。为了保障行政法官的独立、避免外界压力，最高行政法院成员的晋升采年资制，其地位的提高不受主管长官好恶的影响。一级助理办案员晋升为查案官，必须服务满8年以后，查案官晋升为普通职最高行政法官，必须在最高行政法院服务时间超过12年以上。但重要职位的任用例外，由政府选择，例如政府专员、组长的任命，由副院长或司法部长推荐，由总理或部长会议的命令任用。

最高行政法院成员的纪律处分，必须由纪律委员会讨论，提出意见。纪律委员会的成员，包括组长、秘书长、普通职最高行政法官、查案官和助理办案员的各级代表。纪律处分必须说明理由，被处分人有陈述意见的权利。

（五）最高行政法院的组织

最高行政法院的组织，根据最高行政法院的任务而决定。按职能划分，最高行政法院的组织分为三类：一为向行政机关提供咨询意见，行使行政职能的部门；二为裁判行政诉讼，行使审判职能的部门；三为辅助日常工作的部门。行使行政职能的组织包括财政组、内政组、公共工程组、社会组4个部门。审判职能是由诉讼组行使，它是最高行政法院中人数最多，作用最重要的组织。辅助日常工作的部门由报告和研究组、内部事务协调中心与法律文献中心组成。

1. 行使行政职能的部门

行政组的任务是向政府提供咨询意见，对地方行政实施有效的监督。最高行政法院原设4个行政组：财政组（Section des finances）、内政组（Section de l'intérieur）、公共工程组（Section des travaux）、社会组（Section sociale）。每组设组长（Président）、秘书（Secrétaire）各1人。每组受理和其有关的几个部的事务。如内政组受理的事务的范围包括：总理府、司法部、内政部、教育部、文化部、交通部以及主管大学、青年、体育、娱乐的机构等。

最高行政法院的意见，通常由有关的组和内设机构、通过特定的程序作出。① 以下将详述之。

（1）报告人（Rapporteur）程序

4 个行政组关于立法建议和咨询请求的处理程序是相同的。每组都交由一个报告人（Rapporteur）负责，和争讼组的要求不同的是，不仅资深的而且资历较浅的成员都可出任报告人。报告人的任务是对申请进行初步审查，其主要审查以下三方面：首先，合法性。主要审查是否有委任立法权，而且是否符合宪法第 37 条关于政府固有法令制定权的规定。其次，适当性（Opportunité）。即行政部门的立法解释须满足普遍性和适当性的品质，而该解释对其所属部长来说是一种政治选择（Option politique）——是一种政治上的选择，而非最高行政法院可能作出的建议。最后，满足作为问题而草拟成公文的纯技术性要求（Rédaction）。

报告人在审查遇到困难和阻力时，会求助于相关的部长。相关的政府官员（们）可应邀至最高行政法院讨论其提案。这是一种非正式程序，有时是通过电话来完成。通常，即使在议案提交到最高行政法院前，报告人有足够的权威和丰富的经验通过劝说已使大部分难题消解。在讨论时，报告人先作简要的评述，其中附带自己对提案的修正意见，鲜有提案不被行为谨慎的报告人所修改的。

接着，提案提交至由组长和其他成员共约 35 人组成的行政组去审议。在审议时，政府官员应邀至会议室（Salle de Séance）中在为他们专设的座位处落座，参与整个审议活动。这些政府官员被称为政府特派员（Commissaires du gouvemement）。② 通常有 3～4 名正副特派员参加审议，但遇到涉及多个行政部门的复杂提案时，人数相应增加。每次会议的规模都较大，到会审议的人数为所涉行政组的 20 人左右，其组长以其丰富的经验和资历亲自主持会议。

审议时，报告人首先介绍提案的法律背景，在适当的时候也会介

---

① See L. Neville Brown, J. F. Garner, Jean-Michel Galabert, *French Administrative Law*, 3rd. edn., London: Butterworths, 1983, pp. 44-48.

② 政府特派员和政府专员，在法文中都用 Commissaires du gouvemement，但两者的作用完全不同。前者为临时参加行政组工作，代表政府观点的人员，后者为诉讼组中固定成员，对诉讼案件的判决提出自己的观点，不受政府观点拘束。另参见王名扬著：《法国行政法》，中国政法大学出版社 1988 年版，第 607 页注［2］。

绍提案的社会或经济意义。接下来，报告人提出该政府提案所涉及的问题供大家讨论。随后，组长请全体与会人员就此问题进行广泛深入的讨论，包括政府特派员在内的全体与会人员进行自由辩论，其间会议主席适时予以引导。在提案的基本情况都已基本了解之后，行政组要求报告人提出详细的修正案。行政组对修正案逐条讨论无异议后，就其中条款进行再次修正。遇到意见不能达成一致时，由组长以其丰富的经验在关键时刻行使决定权。

（2）普通大会（Assemblée Générale Ordinaire）程序

经上述审议后，除非提案在报告人和政府特派员之间存在分歧而需进一步磋商，通常审议活动已告完结。但是，许多较为重要的提案仍需交由普通大会审议后方能通过。普通大会（Assemblée Générale Ordinaire）不同于全体大会（Assemblée Générale Pléniérre）。① 普通大会仅能由普通职最高法院法官参加，通常由来自 4 个行政组和诉讼组（必须参加）的 28 名普通职最高法院法官组成，每月一般召开 3 次会议。每次会议，上述 5 个组的组长和最高行政法院副院长均须亲临会议。

相比较而言，普通大会的审议程序较为正式，辩论时间较短且切中问题的关键。尽管如此，该程序和前述程序十分相像。为了使审议简短有效，普通大会的审议程序已经作出了部分改革：所有的审议过程都记录在案；审议时如有异议，以举手表决的方式解决。

审议结束时，最高行政法院通常会作出一份与相关政府最初提案大相径庭的修正案。尽管政府仍会拒绝而钟情于自己原始的提案，但是最高行政法院的修正案是以合法的行政裁定形式作出的，所以政府一般不能另外再提出一项新修正案。因为如果这样做的话，新修正案仍需按上述程序提交审议，这显然会带来不必要的麻烦。如果政府违背此项不成文的原则，而向最高行政法院提出审查最高行政法院修正案的合法性，那么，最高行政法院作为审理诉讼案件的行政法院将依

---

① 全体大会由全体最高行政法官参加。全体大会每年必须至少开会 12 次，以副院长为主席，受理普通大会所移送的特别重要事项。最高行政法院的选举，例如选举权限争议法庭成员，也由全体大会决定。

职权撤销其行政裁定。①

然而，该原则在运用时允许有一定的灵活性。例如，当最高行政法院修正案包括有许多条款时（通常如此），政府在具体操作时，可将符合其原始提案的一些条款和其他被最高行政法院取消的条款结合起来。但是，只有两类条款看似不相关联或者它们各自自成体系时，这种灵活性才被认可。②

实践中，政府很少选择将法律上不需提交最高行政法院审查的法案交由最高行政法院审查。因为这样做会使政府有权自由决定是否采纳最高行政法院的建议。而现实中，政府经常就行政问题向最高行政法院提出法律咨询。

（3）常务会议（Commission permanente）程序

正常的程序通常耗时。常务会议则是一个变通的、就紧急事务提供建议的内设机构。

只有政府总理才能判断某一法案或法令是否为紧急法案或法令。尽管从理论上，常务会议可以向普通大会提交议案，但实际上它从未这样做过。由于常务会议处理的是紧急事务，因此没有必要对提交审议的法案或法令进行全面的审查。

常务会议由 10 名普通职最高行政法院法官组成，其名单每年确定一次。4 个行政组中的一个组的组长出任主席（实践中，都是由财政组的组长担任）。自从 1963 年后，低级别的最高行政法院法官（助理办案员和查案官）都可以进入常务会议。现在，常务会议大约有一半的成员是助理办案员和查案官，因为他们可以担任案件的报

---

① 该原则是在 Lacoste 案（CE 20 Januanry 1968）中确立的，后来因宪法第 37 条而引起纠纷的关于 Beau et Girard 经济部长案（CE 7 February 1968）得到了适用。See L. Neville Brown, J. F. Garner, Jean-Michel Galabert, *French Administrative Law*, 3rd. edn., London: Butterworths, 1983, p. 47，注［8］.

② 判例法已发展了这种高度复杂的“不严格遵守”（*point sans rapport*）的可行性原则，使行政部门的最终决定是在结合其原始提案部分条款或修正后的条款而形成的。但适用该原则时须慎重。参见法国联合制药厂案（Union des Grands Pharmacies de France, CE 16 October 1968）. See L. Neville Brown, J. F. Garner, Jean-Michel Galabert, *French Administrative Law*, 3rd. edn., London: Butterworths, 1983, p. 47，注［9］.

告人。

在咨询职能方面，常务会议和普通大会不仅仅提供法律咨询，它们还经常对立法提案或其他行政活动提供咨询。如果它们的咨询建议从法律上被认为是错的，该如何处理？此时，诉讼组就会出面撤销常务会议的该法规或条例（Réglement），或宣布行政组（或普通大会）的行政决定不合法。换言之，在最高行政法院内部的这两个组织间，不适用禁止翻供原则。如上所述，对最高行政法院来说，不存在政治选择问题；但在公众面前，这种最高行政法院内部行政判断的不一致会引发政治困境。因此，作为一项原则，最高行政法院的建议仅能由政府或相关的部长对外公布。基于同样的考虑，各行政组或普通大会的会议不公开、秘密进行审议。

2. 行使审判职能的部门——诉讼组（Section du contentieux）

诉讼组是最高行政法院中人数最多（约有100多人），作用最重要的组织。其成员由组长（Président）、组长助理（Président adjoint）、秘书（Secrétaire）、秘书助理（Secrétaire adjoint）各1人、各小组组长（Présidents du Sous-section）和各职别的法官组成。诉讼组分为10个小组（Sous-section），每小组设组长1人（通常是普通职最高行政法院法官）、复核助理（Assesseurs-réviseurs，通常是普通职最高行政法院法官）2人、6~7名助理办案员或查案官（每个案件中，其中一个将任案件报告人）。各小组根据最高行政法院立案部门的规定收案，诉讼组组长负责将案件具体分配给某一小组。通常，第7、8、9小组负责财经类案件（Le contentieux fiscal）；第1~6小组负责普通案件（Le contentieux général）；第10小组作为机动小组（Troupe de hoc）帮助其他小组，但它也可以独立审理案件。

判决的机构根据案件的重要程度，分别属于3个不同的机构：一般性案件由两个小组，即报告员所属小组和政府专员所属小组联合判决。根据1980年1月10日的政令，对于简单的案件，可以由1个小组作出判决，这时不分预审机构和判决机构。每个小组都可以以整个最高行政法院的名义审理案件。困难的案件或涉及重要原则的案件，由诉讼组判决庭（La Section）或判决大会（L'Assemblée）审理。

案件的审理程序分为预审程序（开庭前的准备工作）和判决程序两个阶段，分别由不同的机构进行。预审由一个小组负责，进行调查和提出判决建议。为了使判决符合实际行政的需要，根据 1963 年的改革，必须有一个行政组的普通职最高行政法官参加讨论。特别职的最高行政法官不能参加诉讼组的工作。有的案件可以由 3 个小组联合判决。

一般案件由两个小组联合审理，其中一个单独进行预审，另一个小组在审理的最后阶段参加审理活动。联合审理时，通常每组各出 3 名普通职最高行政法官来共同审理：其中一人代表其行政组，一人出任案件报告人，另一人是小组组长（或三位副组长中的一人）。如果需要的话，为了达到法律所规定的人员须为奇数的要求，高级查案官也可能参加审理。于是，一个案件就可能由 9 名法官来审理。但是，通常情况下不超过 5 人。

对于重要的案件，需要由扩大的法庭来审理。这样的机构有两个：诉讼组判决庭（La Section）和审判大会（L'Assemblée du Contentieux，简称 L'Assemblée）。前者代表整个诉讼组，后者代表的是诉讼组和 4 个行政组。当案件由诉讼组判决庭和审判大会审理时，法庭的人员构成随之发生变化：由诉讼组组长、3 个副组长、10 个小组的组长和 2 个来自行政组的普通职最高行政法官和 1 个报告人共 17 人组成；只有在极少的情况下，审判大会的人数从 17 人降为 10 人，此时由诉讼组组长、3 个副组长中的 2 人、小组的组长和报告人各 1 人、4 个来自行政组的组长及最高行政法院副院长，其中最高行政法院副院长支持审判并拥有对案件的最终决定权。政府专员参加各种判决会议，但无权表决。有权要求把案件提交上述两个机构的人员是：最高行政法院副院长、诉讼组组长、联合小组组长、预审小组组长、政府专员。

这种审理组织的特点在于：每一个裁决都是最高行政法院集体智慧的结晶；法官对最终判决的作出须承担连带责任，这是由秘密审议（Secret du délibéré）来保证的，即最高行政法院的任何成员都不得对最高行政法院的任何裁决发表个人意见，或对其他参与审理案件的人员的观点发表评论。

需要特别说明的是，行政组和诉讼组成员拥有双重职位。为了防止最高行政法院成员或者专门从事咨询工作，或者专门从事审判工作，缺乏全盘观点，导致最高行政法院的判决脱离实际行政需要起见，1963 年的改革规定最高行政法院的助理办案员和查案官，必须同时分配在诉讼组和一个行政组中。刚参加工作的二级助理办案员和刚从外界调来的查案官,只分配在诉讼组中培训,3 年以后才能同时分配到一个行政组中去。双重职位规则也可以适用于最高行政法官,但无强制性。

3. 辅助日常工作的部门——报告和研究组、内部事务协调中心与法律文献中心

（1）报告和研究组（Section du rapport et des études）

1963 年 7 月 30 日关于改革最高行政法院组织的公共行政条例，在最高行政法院中设立一个报告委员会，1975 年改称报告和研究委员会。1985 年改变成为报告和研究组，报告和研究组设组长（Président）、总报告人（Rapporteur généraux）、总报告人助理（Rapporteur général adjoint）、秘书（Secrétaire）各 1 人，行政法官 10 ~ 12 人。该组拟定每年向总统提出的报告，总结最高行政法院的活动，并以最高行政法院名义对法律、行政条例和一般行政提出改革意见，也负责提出行政法院裁判的执行措施。

报告和研究组，除了拥有传统的行政和司法两项职能外，最高行政法院对其新增了第三项职能：准立法建议权。① 因为通过报告和研究组，最高行政法院不再消极被动地对政府立法建议作出反应或事后才对其实施司法控制。

报告和研究组有三项职能:② 第一，对政府和行政管理中遇到的问题作出分析、研究。第二，通过《研究和资料》刊物每年对最高行政法院的工作进行量化分析，并提供较为规范的信息。《研究和资料》（Etudes et Documents）和年度报告有所不同，前者是以面向大众的可卖刊物，而后者是不公开的报告，仅在有限范围内传阅。第三，较为实际的功能是监督行政部门对行政法院裁判的执行（见 1963 年 7 月 10 日的政令第 58 条的规定）。1963 年的改革是为了解决法国没有有效针对行政部门的裁判执行模式的弊端，因为对当事人来

---

① Letourneur, Bauchet et Méric, *Le Conseil d'État et les Tribunaux Administratifs* (1970), p. 68. See L. Neville Brown, J. F. Garner, Jean-Michel Galabert, *French Administrative Law*, 3rd. edn., London: Butterworths, 1983, p. 50, 注 [10].

② See L. Neville Brown, J. F. Garner, Jean-Michel Galabert, *French Administrative Law*, 3rd. edn., London: Butterworths, 1983, p. 50.

说，作出了令公众满意的裁判仅仅意味着一种宣示性的胜诉，而行政机关事后不予履行或不能履行将令当事人感到得不偿失。

（2）内部事务协调中心（Cellule de cooperation internationale）

内部事务协调中心辅助副院长，负责处理内部事务的协调工作。中心设负责人（Responsable）1 人处理日常工作。而最高行政法院的行政管理是由秘书长负责，秘书长在一般行政管理事项方面，可以代替副院长签名。

（3）法律文献中心（Cellule de droit communautaire）

法律文献中心设立于 1953 年，负责向最高行政法院成员提供信息，同时兼任编印最高行政法院判决。中心汇集最高行政法院判决，每月编印活页分册，每年出版最高行政法院判决汇编（Reueil I. ebon），是研究行政法的有益资料。中心也负责搜集杂志论文，制成资料供研究学习。因此，行政法院成员能够迅速掌握行政法判例和理论的发展。中心设负责人（Responsable）1 人处理日常工作。

附最高行政法院案件审理情况，如图表所示：①

最高行政法院争讼组立案及受案情况

年份	1998	1999	2000	2001	2002	2003	2004
受理案件	8 427	12 330	12 274	12 642	11 281	9 905	12 074
立案	(10 232)	(12 747)	(12 800)	(12 793)	(11 471)	(10 213)	(12 868)
裁决	9 450	10 988	12 236	12 553	11 402	11 135	11 001
提交裁决	(10 540)	(13 551)	(13 837)	(13 155)	(11 739)	(11 209)	(11 528)

这些数字包括集团诉讼，也包括那些对于提交到最高行政法院裁决、由争讼组组长命令的案件在内。而争讼组组长的命令是依据行政

① 统计数字截至 2005 年 4 月 1 日。See http：//www. conseil-etat. fr/ce/organi/index_ or_ me01. shtml.

司法管辖权的内部分配作出的，它对具体的案件不产生决定性的效力。

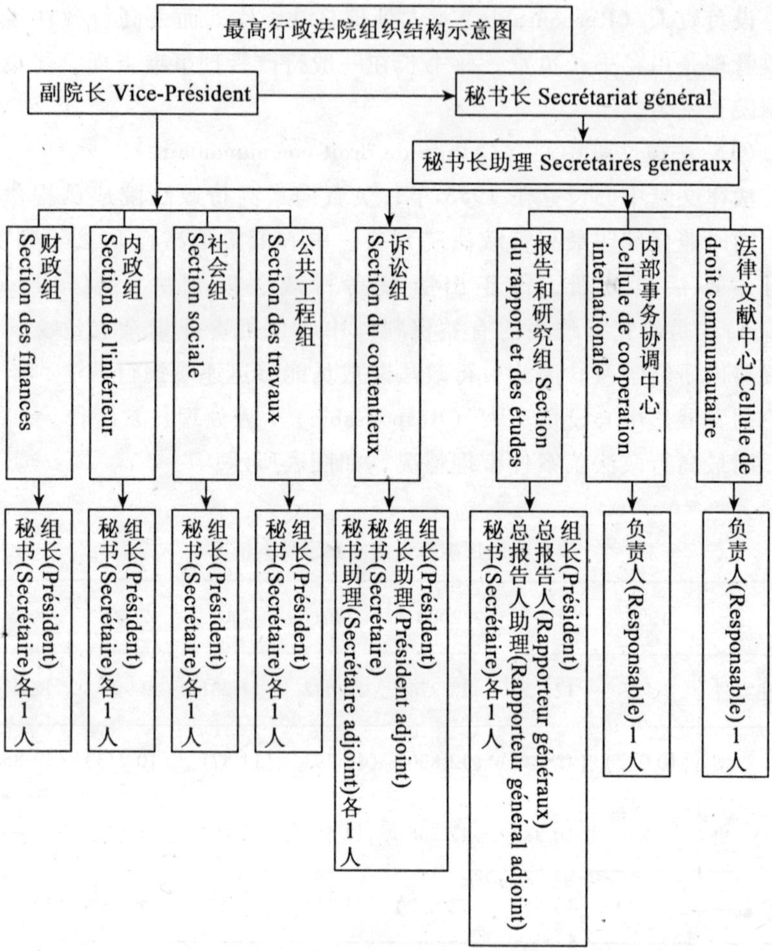

最高行政法院行政组各庭受理案件详情

年 份	1998	1999	2000	2001	2002	2003	2004
内务组	355	350	429	394	392	347	410
财政组	555	361	435	384	346	350	369
公共工程组	210	176	206	205	211	184	193
社会组	322	306	268	287	316	269	320
常务大会	2	2	3	4	3		
总 计	1444	1195	1341	1274	1268	1142	1292
普通大会	127	104	115	107	105	139	195

依据最高行政法院受理案件的性质统计情况

年 份	1998	1999	2000	2001	2002	2003	2004
各省的法律及法令*	125	97	112	117	111	131	194
合法的裁决	547	557	617	587	727	587	669
行政决定、个人决定及行政裁决	758	523	583	562	408	405	417
通知、通告	14	18	29	8	22	19	12
总 计	1444	1195	1341	1274	1268	1142	1292

*所涉各省的法律及法令统计到 1999 年。

报告和研究组工作情况统计

年 份	1999	2000	2001	2002	2003	2004
请求行政主体承担责任之诉	90	63	43	50	54	37
请求行政行为执行之诉	126	139	98	149	125	166
请求解释之诉	10	6	10	7	4	21
总 计	226	208	151	206	183	224
已完成	203	196	189	245	193	208

（六）最高行政法院的职能①

最高行政法院既是政府的咨询机关，又是行政诉讼的审判机关，

---

① 参见王名扬著：《法国行政法》，中国政法大学出版社 1988 年版，第 613～616 页。

同时还是全部行政法院的最高法院。它主要有咨询和审判两项职能。

1. 咨询职能

最高行政法院的咨询职能，分别规定在各种法律之中。主要适用于政府提出法律草案和制定行政条例的行为，也包括某些具体的行政处理。

最高行政法院的咨询职能在很多法律中都有所规定，主要包括以下几项。

（1）根据宪法第 39 条规定，政府向议会提出的法律草案，必须征求最高行政法院的意见。

（2）根据宪法第 38 条规定，政府依议会授权，以法令(L'ordonnance)形式规定属于法律范围内的事务，必须征求最高行政法院的意见。

（3）根据宪法第 37 条规定，属于条例范围内的事项，政府自由决定是否征求最高行政法院的意见。但如果这些事项在 1958 年颁布的宪法实施以前已由法律规定，政府要用条例改变这项法律，必须征求最高行政法院的意见。

（4）政府为补充法律或执行法律而制定的条例，不必征求最高行政法院的意见，但法律明文规定必须征求意见的除外。

（5）有些法律规定政府在采取某些具体行政行为时，必须征求最高行政法院的意见。

（6）除法律规定的事项外，政府制定任何条例、任何具体决定或任何疑难条文的解释，可以自愿地征求最高行政法院的意见。

（7）除答复政府的咨询意见外，最高行政法院还可以主动地向政府建议关于法律和行政条例的改进。为了促进最高行政法院行使这种权力，1963 年的最高行政法院组织改革条例规定，最高行政法院每年必须向政府提出一份报告。为此，最高行政法院内部专门设立了一个报告和研究委员组，对行政司法机构进行经常性的监督。

在咨询的方式上，并不限于某个决定已经作出以后再提交最高行政法院讨论。政府可以在制定某一条例或讨论某一决定时，请求最高行政法院派人参加起草工作或参加讨论，然后再向最高行政法院提出并征求意见。这种方式能够加快制定行政条例和决定的过程。

咨询的效果依咨询的性质而不同。任意的咨询不影响行政行为的效力，但行政机关不进行必须进行的咨询而作出的决定无效。这种无效，根据最高行政法院的判例，不是程序上的缺陷所引起，而是缺乏权限的缘故。法院可以依职权宣告这个行为无效。

对待行政法院的咨询意见，行政机关只能要么采纳，要么坚持原有意见，不能采纳其他意见。若采纳其他意见，最高行政法院认为是没有进行咨询。只有在极例外的情况下，法律规定行政机关必须遵守最高行政法院的咨询意见。

2. 审判职能

最高行政法院的审判职权包括 3 个方面：即对具体案件的管辖权，裁决行政法院系统内部管辖权，指导下级行政法院的工作。

（1）对具体案件的管辖权

最高行政法院对具体案件的管辖权有三种：第一，初审管辖权。依法对重大特殊行政案件进行初审（也是终审）。这些重大或特殊案件已有明文规定，如撤销总统和部长会议的命令的诉讼、总统任命的高级公务员个人地位有关的诉讼、撤销部长制定的行政条例的某些诉讼、不在行政法庭土地管辖权范围内的事项、超过一个行政法庭管辖范围的事项等。第二，上诉审管辖权。审理对地方行政法庭的判决不服而上诉的案件是最高行政法院最繁重的任务。此外，还有行政争议庭、捕获法庭等的判决，都上诉于最高行政法院。1987 年创设上诉行政法院后，部分任务转移到上诉行政法院，减轻了最高行政法院上诉审的负担。第三，复核审管辖权。当事人对终审判决认为其适用法律有错误时，可以请求最高行政法院，就法律问题进行复核。最高行政法院可根据情况作出撤销的判决、发回重新审理的判决。

（2）裁决行政法院系统内部的管辖权

最高行政法院是全部行政法院的共同最高法院，因而也是行政法院系统内部管辖权的调整者，管辖权的调整有三种方式：管辖的合并、管辖的指定、管辖的移送。

（3）指导下级行政法院的工作

最高行政法院作为全部行政法院的上级法院，负有指导后者工作的经常性任务。实际上这种指导只对普通行政法院，即行政法庭和行政争议庭执行。由最高行政法院派遣一个代表团，在 1 名最高行政法官的率领下，视察地方行政法庭，指导它们改进工作，但不干预它们的审判事务。代表团可向有关的部长提出报告，建议关于地方行政法庭的组织活动和人员方面的改革措施。代表团的视察对于沟通上下级法院之间的情况很有帮助。最高行政法院有时召集地方行政法庭庭长会议，使后者了解最高行政法院判例发展趋势，同时使最高行政法院法官了解行政法庭工作中所遇到的困难及其反应，上诉行政法院遇到严重困难的新法律问题，而且出现于大量案件中时，也可请求最高行政法院提出指示意见。

三、上诉行政法院（Cours administratifs d'appel）

上诉行政法院是法国行政法院系统中的上诉审级法院，对不服普通地方行政法庭判决的上诉案件有一般管辖权。它是依照1987年12月31日的《行政诉讼改革法》（1988年2月15日、5月9日、9月2日政令）创设的，目的是为了减轻最高行政法院的上诉审理负担。它没有初审管辖权，只有上诉管辖权，它原则上可以受理地方行政法庭所有的上诉案件，以及法律明文规定的专门行政法院的上诉案件，但由最高行政法院保留上诉审管辖权的除外。

（一）创设上诉行政法院的理由①

创设上诉行政法院的目的，是为了减轻最高行政法院的负担，加速行政诉讼的进程。最高行政法院由于积压的案件太多，诉讼最终解决所需的时间太长，法国曾在1953年进行了一次重大的行政诉讼改革，扩大了地方行政法庭的职权。最高行政法院由原来的一般管辖权法院，成为特定管辖权法院。地方行政法庭由原来的特定管辖权法院，成为一般管辖权法院。1953年改革以后，最高行政法院的积压现象，短时期内曾有好转。由于行政职务的不断扩张，行政诉讼案件继续增加，不久以后最高行政法院的积压现象又加剧，为了应付这种情况，法国曾经对最高行政法院进行了一些小规模的改革。例如在1980年时，在最高行政法院的诉讼组内增设一个小组，由原来的9个小组改为10个小组，而且简单的诉讼案件可由一个小组判决，不

---

① 参见王名扬著：《法国行政法》，中国政法大学出版社1988年版，第619页。

必经过联组讨论。1981 年的一个条例规定当事人在预审过程中必须严格遵守法院所规定的时间。这些改革，虽然也有一定的作用，但仍然不能应付最高行政法院所面临的困难。因此，为了减轻最高行政法院的工作负担，加速行政诉讼的进程，1987 年 12 月 31 日制定了《行政诉讼改革法》再次对行政诉讼制度进行改革。

根据 1987 年法律的规定，上诉行政法院的权限为受理地方行政法庭的上诉案件。但有些地方行政法庭的上诉案件也由最高行政法院管辖。除地方行政法庭外，专门行政法院的上诉案件，只在法律有明文规定时，上诉行政法院才有管辖权。

（二）上诉行政法院的组织

上诉行政法院分设在全国各地区，首先在巴黎、南锡、里昂、南特、波尔多 5 个大城市设立，而后又在马赛、凡尔赛和杜埃设立。有关法律于 1989 年 1 月 1 日起实施。

上诉行政法院包括一些分庭，其数量由政令确定（见行政法院法 R221-8）。现有一部适用于所有行政法庭和行政上诉法院的法典——行政法院法（Code Justice Administratif，简称 CJA），该法典对诉讼程序作出了规定，它混合了适用于最高行政法院的诉讼程序和适用于各行政法庭的诉讼程序。

（三）上诉行政法院的成员

上诉行政法院法官，至少必须具备地方行政法庭一级法官资格，而且还需要有 6 年的工作经验，其中 4 年必须是从事审判工作（行政法院法 R227-1）。上诉行政法院院长，由最高行政法院的 1 名普通职最高行政法官担任。地方行政法官被任命主持上诉行政法院时，也任命为最高行政法院的普通职最高行政法官，后面这种情况，被任命者在 5 年内，除担任上诉行政法院院长以外，不能担任其他职务（行政法院法 L231-6）。

上诉行政法院初成立时，由于需要大量法官，法律规定了资格限制较宽的由外界录用方式。在 1989 年 12 月 31 日以前，A 职类的公务员以及司法法官可以被任命为上诉行政法院法官，享有一级地方行政法官或特级地方行政法官的地位。上述人员在任命前必须具有 10

年以上A职类公务员的经验。如果是国家行政学院毕业生，只要求6年以上的工作经验。最高法院和最高行政法院律师，具有6年以上的工作经验，也可以任命为上诉行政法院法官，上述人员的录用由一个以总统命令任命的遴选委员会提名。遴选委员会以最高行政法院诉讼组组长为主席，成员包括最高行政法院视察团团长，以及总理根据最高行政法院副院长提名和地方行政法庭及上诉行政法院全国委员会提名所指定的人员，依遴选委员会提名而任命的上诉行政法院法官，人数不能超过上诉行政法院法官人数的1/3。

1995年12月31日以前，作为补充录用方式，地方行政法庭的一级和二级行政法官，可以通过竞争考试录用为上诉行政法院法官。

以前，内务部长负责管理所有行政法院的成员，这项权力现已被取消。目前，最高行政法院的秘书长负责管理各法院成员。每个法院由一位最高行政法院的普通职行政法官掌管。当行政法庭和上诉行政法院的某位成员行使这些职能时，他就被任命为最高行政法院的普通职行政法官。

（四）上诉行政法院的职能

上诉行政法院是专门为解决最高行政法院审判工作繁重而专门设立的，因此与其他行政法院不同，它仅拥有审判（上诉审）这一种职能。上诉行政法院是地方行政法庭的上诉法院，没有初审管辖权。专门行政法院对上诉案件只在法律有规定的时候才有管辖权。法律规定地方行政法庭的上诉法院为最高行政法院的除外。

四、地方行政法庭（Tribunaux administratifs）

法国的地方行政法庭称为行政法庭，它们是法国本土和海外省的地方行政审判机构。在1953年行政法院改革中，确立“行政法庭”（Tribunaux administratifs）名称。它们对于初审行政案件有一般管辖权，凡法律未规定由其他法院管辖的一切行政案件，都以行政法庭为初审法庭。行政法庭在法国本土和海外省都设有行政法庭，是最普遍的审判行政案件的法院。它可以分为三类：外省行政法庭、巴黎行政法庭和海外行政争议庭。

行政法庭的判决根据性质的不同，分别上诉于上诉行政法院和最高行政法院。

（一）行政法庭的产生和发展①

行政法庭在1953年以前称为省际参事院，省际参事院在1926年以前称为省参事院（Conseil de Préfecture），省参事院由共和八年雨月28日法律所创设，是省长的咨询机关，它在省内的地位和国家参事院在中央政府的地位一样。

省参事院的渊源可追溯到旧制度时代。法国在1789年大革命以前，国王委派于各省的总督，同时行使行政职能和行政审判职能。从路易十三统治时期起，总督在其管辖区域内拥有行政诉讼的一般管辖权，受理有关直接税、间接税、关税、公共工程、道路、招募士兵、清理市镇债务及警察等方面的行政案件。当事人不服总督的裁决，可向国王参事院上诉，各省总督由国王的亲信担任，他们的存在保证了行使审判权的统一。

1789年大革命后建立共和国，国王参事院和总督不再存在。大革命初年，行政上的争议由行政机关受理。拿破仑一世于共和八年在中央政府创设国家参事院的同时，也在各省创设省参事院，作为省长的咨询机关，同时受理行政诉讼，范围限于法律所明确规定的事项，主要是关于公共工程和直接税的争议以及处罚破坏道路保管规则的行为。

省参事院在受理行政诉讼方面，和国家参事院有极大的不同，国家参事院在1872年以前，只有保留的审判权，省参事院从其成立时起，就具有委任的审判权。省参事院不是向省长建议行政争议的解决，而是直接判决行政争议，因为省参事院由省长担任院长。

省参事院经过几次重大的改革，发展成为今日的行政法庭。

第一，1865年6月21日法律和1889年7月22日法律，规定省参事院的审理公开、口头辩论、政府专员参与诉讼、判决要说明理由等程序方面的原则。

第二，1914～1918年的普法战争后，众多关于省参事院的改革建议被提出。这些建议中有的建议用一个参事院取代除巴黎外的所有参事院，并将其司法管辖权移交给普通民事法院。1926年9月6日和9月26日的法律采取了较为温和的态度，将原先全国86个参事

① 参见王名扬著：《法国行政法》，中国政法大学出版社1988年版，第627～628页。

院，通过合并改为数省设立一个省参事院，称为省际参事院，全国共设立 26 个省际参事院。省长不再兼任省际参事院院长，省政府秘书长也不再兼任政府专员。参事院院长由参事院内专职参事（Conseil）担任。但省际参事院法官的质量，直到 1953 年改革以前，未能提高。①

第三，1934 年 5 月 5 日的法律命令和 1938 年 6 月 17 日的法律命令，扩大了省际参事院的职权，包括受理关于地方公务员地位的诉讼案件。

第四，1953 年 9 月 30 日的条例，对省际参事院的地位做了极大的改变。在此之前，省际参事院受理诉讼的范围，以法律所明确规定的为限，是一个特定权限（Jurisdiction d'attribution）的法院。1953 年的改革为了减轻最高行政法院的负担，加速行政诉讼的进程，规定省际参事院为一般权限（Jurisdiction de droit commun）法院，一切行政诉讼案件，凡法律未规定由其他法院管辖，都以省际参事院为初审法院，并改变名称为行政法庭。不服行政法庭的判决可向最高行政法院上诉。这次改革确定了法国行政审判权限的内部职权分配。1953 年以后，关于行政法庭的改革，主要着眼于提高行政法官的质量，其他方面没有重大变化。关于行政法庭的法律和法规，概括在 1973 年的行政法庭法典中，这个法典在 20 世纪 70 年代和 80 年代只有一些小的补充。

（二）行政法庭成员

1. 成员的等级

行政法庭成员共分 7 级，由低向高排列如下：二级行政法官、一级行政法官、特级行政法官、行政法庭庭长、行政法庭特级庭长、巴黎行政法庭副庭长、巴黎行政法庭庭长。行政法庭的组成成员，主要受最高行政法院的秘书长管理。

2. 录用、晋升

行政法庭成员主要受内政部的管理。二级行政法官由国家行政学院学员按毕业成绩分配，先在最高行政法院实习 6 个月，然后到行政法庭工作。由于国家行政学院不能满足法庭全部需要，也有少数其他

---

① See L. Neville Brown, J. F. Garner, Jean-Michel Galabert, *French Administrative Law*, 3rd. edn., London: Butterworths, 1983, p. 33.

来源。一级行政法官及其以上成员主要由下级晋升，小部分选自外界人员，比例比最高行政法院录用外界人员大。等级的晋升一般根据年资条件，职称的晋升由内政部长从晋升名单中选择任命。重要的任命和晋升需要司法部长部署。行政法官工作 2 年以后，可以保留原职，暂时外调行政机关工作。

（三）行政法庭的组织

法国本土共设 28 个行政法庭，以所在地城市命名。海外省和海外领地 9 个，各设 1 个行政法庭，全国共设 37 个行政法庭。据政令列出的行政法庭情况，它们中的一部分拥有两个或数个分庭，由一位特级庭长和一位或数名副庭长领导。其组成人员按等级划分：第二等级的行政法官中 3/4 在法国国立行政学院的毕业生中招聘，其他的职位主要留给晋升者；另有一些法律条文规定了通过其他渠道录用的条件。1986 年 1 月 6 日的重要法律保证了行政法庭成员的独立性：其任命和晋升由共和国总统令决定；在没有得到他们同意的情况下不能调离其职位；设立行政法庭最高委员会，由最高行政法院的副院长管理，该委员会在晋升和纪律措施方面提出建议；设立行政法庭秘书长。

行政法庭因工作繁简不同，组织不完全一样，可以分 3 类：法兰西岛（Ile-de-France）的行政法庭、外省行政法庭及海外省和海外领地（Départments d'Outre-Mer et Territoires d'Outre-Mer，简称 DOM TOM）行政法庭。行政法庭的名称和所管辖的区域，见后列附表。

1. 法兰西岛（Ile-de-France）的行政法庭

法兰西岛（Ile-de-France），是指赛纳（Seine）、瓦兹（Oise）和马恩（Marne）河及其流域所围成的区域，是法国第一个政治中心。该地区政治、经济发达，人口密集，是法国的心脏地区。因此，该地区行政法庭的工作量比外省行政法庭大，行政法庭的组织也比较大。尤其是巴黎，作为法国首都，人口众多，行政机构集中，其行政法庭的工作量和行政法庭的组织都十分庞大。

巴黎行政庭由 1 名庭长、1 名副庭长、7 名组长、7 名副组长及 29 名特级行政法官（其中 12 名行使政府专员职能）组成。法庭共设 7 个组，每组包括 2 个审判庭，每庭设 3 名法官，构成一个独立的审判单位。重大案件需要举行判决大会时，由庭长、组长和报告员参加，巴黎行政法庭的书记处只有中心办公室，没有附属办公室。

2. 外省行政法庭①

外省行政法庭指法国本土除法兰西岛行政法庭以外的其他 24 个行政法庭。每一个法庭管辖两个以上的省。它们的组织结构基本相同。但由于各法庭的工作量不同，在组织规模上有所差异。有的行政法庭，例如马赛行政法庭设立 8 个审判庭。波尔多、里昂等几个大城市的行政法庭设 2 个或 3 个审判庭。大部分行政法庭只设一个审判庭。

在行政法庭内根据不同情况设若干个审判庭。每个审判庭设审判长 1 名，3 名行政法官（其中 1 名行使政府专员的职能）。对行政案件的判决原则上由 3 名行政法官（包括审判长在内）合议作出，对于某些简单的行政案件可由 1 名行政法官代表单独裁决。行政法官代表由行政法庭庭长指派，驻在法庭辖区内各省的首府，目的在于向行政诉讼的当事人提供便利条件，但行政诉讼当事人仍可直接向行政法庭起诉。

行政法庭庭长全面负责法庭的各项工作。他在行政方面的职责是：领导法庭的书记室和图书室，维持法庭内部的秩序和纪律，拟定鉴定人的名单，对政府专员的任命、行政法官的晋升、书记室和附属办公室人员的任命和晋升提出建议，决定审判官的人选和分配案件，指派行政法官代表，负责和内政部部长、最高行政法院视察署、其他行政法庭庭长及普通法院院长等进行联系，每年度向内政部部长递交一份工作报告，对法庭成员给予年度鉴定。如果省长要任命行政法庭成员担任行政职务，或委托他们承担某项行政任务，必须得到庭长的同意。

在审判工作方面，庭长有权决定是否受理诉讼案件，决定诉讼的合并，决定紧急程序等。庭长缺席或不能履行职务时，由副庭长代行职责，副庭长亦缺席或不能履行职务时，由级别最高、资历最深的法官充任。

行政法庭的书记处由两部分机构组成：一为中心办公室，同行政法庭设在一处，由省长指派 1 名书记长负责，1 名或数名书记官协助工作；他们的编制不属于地方行政法官职系，而属于省公务员职系，在工作上受所属行政法庭庭长领导。二为附属办公室，设在行政法庭辖区内各省的首府，由省长指派的 1 名书记官负责，在工作上直接受

① 参见王名扬著：《法国行政法》，中国政法大学出版社 1988 年版，第 629 ~ 630 页。

行政法庭庭长领导。

3. 海外省和海外领地（DOM-TOM）行政法庭

法国目前共有 9 个海外省和海外领地，它们分为三类：（1）海外省（Départments d'Outre-Mer 简称 DOM）。包括瓜德罗普岛（Guadeloupe）、马提尼克岛（Martinique）和留尼汪岛（Réunion）。（2）海外领地（Territoires d'Outre-Mer 简称 TOM）。包括法属波利尼西亚（Polynésie française）、新喀里多尼亚埃松（Nouvelle-Calédonie）和法属圭亚那（Guyane）。（3）海外地方团体（Collectivités Territoires）。包括法属圣皮埃尔岛和密克隆岛（Saint-Pierre-et-Miquelon）、马约特岛（Mayotte）、法属瓦利斯群岛和富图纳群岛（Wallis et Futuna）。

法国在海外省和海外领地按辖区划分共设 9 个行政法庭。由于诉讼案件较少，而且情况特殊，所以行政法庭的组织比较简单。每个行政法庭设 1 名庭长，2 名行政法官，2 名候补行政法官。庭长属于地方行政法官职系，1 名行政法官和候补法官在本省的普通法院的在职法官中任命；另 1 名行政法官和候补法官在本省的在职公务员中任命。任期均为 4 年，均不属于地方行政法官集团，政府专员由省政府秘书长兼任。另外，巴斯特尔、卡赛、法兰西堡三个行政法庭共有一个庭长。

此外，在法国海外设有建省的领地，即海外地方团体（Collectivités Territoires），还设立行政争议庭（法文都以 Tribunaux administratifs 表示），作为当地受理行政诉讼的机构。

在审判的独立性和职权方面，行政争议庭都不如行政法庭。① 行政争议庭的前身是 1825 年成立的总督枢密院。枢密院包括领地上行政部门的负责人，以总督为主席，是辅助总督进行统治的行政机构，同时受理行政诉讼。1881 年改称行政争议庭，增加 2 名法官成员，仍以总督为主席。1921 年的改革减少行政争议庭的成员，总督不再担任主席，由 1 名高级法官担任主席。

行政争议庭目前的组织包括庭长 1 人，由上诉法院院长或当地最高法官担任，2 名法官，2 名候补法官，1 名政府专员，都由行政官员

---

① 关于行政争议庭的历史和组织结构，参见王名扬著：《法国行政法》，中国政法大学出版社 1988 年版，第 634 页。

担任，但尽可能在大学法律系毕业生中选任。

行政争议庭对其管辖区域内的地方行政诉讼案件有一般的管辖权。对管辖区域内的国家行政诉讼案件，只有特定的管辖权，而最高行政法院仍具有一般的管辖权。所谓特定的管辖权，是指依法律规定对下列几种案件有权进行管辖：国家行政机关与其供应商或承包人之间的行政合同争议，有关公共工程的损害赔偿案件，公产特许利用案件，道路保护违警案件等。除上述案件外，行政争议庭无权受理以国家为一方当事人的行政案件。

不服行政争议庭的裁判，可上诉于最高行政法院。

（四）行政法庭的职能

行政法庭具有审判职能、咨询职能，此外还有个别的行政职能。

1. 审判职能

行政法庭的审判职能，主要根据事物管辖和地域管辖两个方面来确定。（1）事物管辖，也就是根据案件争议的性质、重要程度和影响大小等，将案件分配于不同等级的行政法院。所以，又称级别管辖。根据法律规定，一切行政案件除法定由其他法院受理外，均以行政法庭为第一审法院。通常，不服行政法庭的判决，可以向上诉行政法院和最高行政法院上诉。（2）地域管辖，行政法庭原则上对其管辖区内行政机关的决定和行政合同的诉讼有管辖权。但有不少例外情况。如不动产的诉讼由不动产所在地法庭管辖，行政合同的诉讼由合同履行地法庭管辖，行政侵权赔偿之诉由侵权行为地法庭管辖，等等。

2. 咨询职能

法国行政法院法 L211-4 明文规定，“行政法庭具有咨询职能”。法律对咨询问题的性质没有限制，但前提是咨询的问题不能是已成为争端的问题。行政法庭的咨询意见仅是参考性的，即使行政机关必须征求其意见时，它也没有义务一定要采纳这种意见。实际上，地方行政部门很少咨询行政法庭的意见。行政法庭的咨询职务不占重要地位。法庭也没有设立专门的咨询机构。咨询职务和审判职务由同一机构执行。被咨询的行政决定以后被诉于行政法庭时，法庭的判决不受咨询意见的拘束。

3. 行政职能

行政法庭直接行使行政职权，是一种例外现象。纳税人认为应由市镇提起的行政诉讼，经申请市镇起诉而遭到拒绝时，可以请求行政庭批准纳税人以市镇名义提起行政诉讼。这个批准是行政法庭执行的行政职务。

行政法庭成员个别地执行行政职务的情况较多，省长在取得行政法庭庭长同意时，可以任命行政法庭成员担任行政委员会的主席或委员。行政法庭成员也可要求庭长同意，参加某些公共行政工作。

五、专门行政法院

上述最高行政法院、上诉行政法院、地方行政法庭、行政争议庭共同组成了法国的普通行政法院系统。与之相对应的为专门行政法院，专门行政法院数目繁多，有永久性的，也有临时设立的。比较重要的有审计法院、财政和预算纪律法院、战争赔偿法院、各种职业团体的纪委委员会。不服专门行政法院的裁判，可上诉至最高行政法院。

审计法院历史最悠久，建立于 1807 年。它具有行政和司法双重职能。它的职责包括审理对中央审核各省财务作出的结论持有异议的案件、审查国家机关的开支、对不合法开支的做法提出改进意见以及根据宪法第 47 条的规定，“协同政府和议会监督财政法令的执行”等。作为司法机构，审计法院不审判个人，它审查的对象是所有的会计账目。由 1982 年 3 月 2 日和 7 月 10 日的法律设立的大区审计法庭在预算方面有咨询权，它们审查地方行政机构的账目。

预算纪律法院建立于 1948 年，它负责惩治有损行政机构的管理过错。但其管辖范围十分有限，有些政府成员不在监督范围内。

行政司法委员会，多是临时性的机构，它们在任务完成时就自行解散，如有关战争时期的交易、肃清等事务的委员会。①

---

① 参见〔法〕古斯塔夫·佩泽尔著，廖坤明、周杰译：《法国行政法》（第十九版），国家行政学院出版社 2002 年版，第 244 页。

法国行政法庭的名称和管辖区域

	各行政法庭所在城市	各行政法庭的辖区
法兰西岛行政法庭 Ressorts Ile-de-France	巴黎 Paris	巴黎市 Paris
	蓬图瓦兹 Cergy-Pontoise	赛纳－圣但尼 Seine-Saint-Denis
	默伦 Melun	瓦尔德瓦兹 Val-d'Oise 赛纳马恩省 Seine-et-Marne 瓦尔德马恩 Val-de-Marne
	凡尔赛 Versailles	埃松 Essonne 伊夫林和上赛纳省 Yvelines et Hauts-de-Seine
普通地方行政法庭(Cours de administrtives)	亚眠 Amiens	埃纳 Aisne，瓦兹 Oise，索姆 Somme
	巴斯蒂亚 Bastia	南科西嘉 Corse-du Sud，上科西嘉 Haute-Corse
	贝藏松 Besançon	杜省 Doubs，汝拉 Jura，上索恩 Haute-Saône，贝尔富尔 Territoire de Belfort
	波尔多 Bordeaux	多尔多涅 Dordogne，纪隆德 Gironde，洛特－加龙 Lot-et-Garonne
	冈城 Caen	卡尔瓦多斯 Calvados，芒什 Manche，奥恩 Orne
	夏龙 Châlons-en-Champagne	阿登 Ardennes，奥布 Aube，马恩 Marne，上马恩 Haute-Marne
	克莱蒙费朗 Clermont-Ferrand	阿利埃 Allier，康塔尔 Cantal，上卢瓦尔 Haute-Loire，多姆山省 Puy-de-Dôme
	第戎 Dijon	黄金海岸 Côte-d'Or，涅夫勒 Nièvre，索恩－卢瓦尔 Saône-et-Loire，荣纳 Yonne
	格尔诺布尔 Grenoble	德龙 Drôme，伊泽尔 Isère，萨瓦 Savoie，上萨瓦 Haute-Savoie
	里尔 Lille	诺尔 Nord，加来海峡 Pas-de-Calais
	里摩日 Limoges	科雷兹 Corrèze，克勒兹 Creuse，上维也纳 Haute-Vienne，安德尔 Indre
	里昂 Lyon	安省 Ain，阿尔代希 Ardèche，卢瓦尔 Loire，罗纳 Rhône
	马赛 Marseille	上普罗旺斯阿尔卑斯 Alpes-de-Haute-Provence，上阿尔卑斯 Hautes-Alpes，罗纳河口省 Bouches-du-Rhône，沃克吕兹 Vaucluse

续表

	各行政法庭所在城市	各行政法庭的辖区
普通地方行政法庭(Cours de administrtives)	蒙彼利埃 Montpellier	奥德 Aude，加尔 Gard，埃罗 Hérault，洛泽尔 Lozère，东比利牛斯 Pyrénées-Orientales
	南锡 Nancy	默尔特－摩泽尔 Meurthe-et-Moselle，默兹 Meuse，孚日 Vosges
	南特 Nantes	大西洋岸卢瓦尔 Loire-Atlantique，曼恩－卢瓦尔 Maine-et-Loire，马延 Mayenne，萨尔特 Sarthe，旺代 Vendée
	尼斯 Nice	阿尔卑斯滨海省 Alpes-Maritimes，瓦尔 Var
	奥尔良 Orléans	歇尔 Cher，厄尔－卢瓦尔 Eure-et-Loir，安德尔－卢瓦尔 Indre-et-Loire，卢瓦尔－歇尔 Loir-et-Cher、卢瓦雷 Loiret
	波城 Pau	热尔 Gers，朗德 Landes，大西洋岸比利牛斯 Pyrénées-Atlantiques，上比利牛斯 Hautes-Pyrénées
	普瓦提埃 Poitiers	夏朗德 Charente，夏朗德滨海省 Charente-Maritime，双塞夫勒 Deux-Sèvres，维也纳 Vienne
	雷恩 Rennes	北滨海省 Côtes-d'Armor，菲尼斯太尔 Finistère，伊尔－维兰 Ille-et-Vilaine，莫尔比昂 Morbihan
	鲁昂 Rouen	厄尔 Eure、塞纳滨海省 Seine-Maritime
	斯特拉斯堡 Strasbourg	莫泽尔 Moselle，下莱茵 Bas-Rhin，上莱茵 Haut-Rhin
	图卢兹 Toulouse	阿里埃日 Ariège，阿韦龙 Aveyron，上加龙 Haute-Garonne，洛特 Lot，塔尔纳 Tarn，塔尔纳－加龙 Tarn-et-Garonne

续表

	各行政法庭所在城市	各行政法庭的辖区
海外行政法庭及行政争议庭 (Ressorts DOM-TOM)	巴斯特尔 Basse-Terre	瓜德罗普岛 Guadeloupe
	卡宴 Cayenne	法属圭亚那 Guyane
	法兰西堡 Fort-de-France	马提尼克岛 Martinique
	马木 Mamoudzou	马约特岛 Mayotte
	马塔乌图 Mata-Utu	法属瓦利斯群岛和富图纳群岛 Wallis et Futuna
	圣德尼 Saint-Denis	留尼汪岛 Réunion
	圣皮埃尔 Saint-Pierre	法属圣皮埃尔岛和密克隆岛 Saint-Pierre-et-Miquelon
	柏皮提 Papeete	法属波利尼西亚 Polynésie française
	努美阿 Nouméa	新喀里多尼亚埃松 Nouvelle-Calédonie

资料来源：http://www.conseil-etat.fr/ce/tricou/tricou/index_tc_taol.shtml.

第四题　法国行政法院的审判权(一)——权限划分的标准

在法国，成文法没有对划分行政审判权限和司法审判权限的一般性标准作出规定，许多关于司法审判范围和行政审判范围的具体规定散见于法国法律之中。而这个一般性标准主要由行政法院和权限争议法庭在判决中确定，并随时代发展而不断变化。根据判例中的原则和法律中的某些规定，划分行政审判权限的标准有两方面：一方面是实质的或积极的标准。即在行政机关范围之内，进一步确定哪些行为属于行政审判范围，哪些行为属于司法审判范围。另一方面是形式的或机关的标准，根据这个标准，行政审判只限于行政机关的行为，不属于行政机关的行为，不在行政审判范围之内。

一、法国行政审判权限划分的实质标准

（一）采取实质性标准的必要性①

行政审判的产生，目的在于防止普通法院干涉行政机关的行为。

---

① 参见王名扬著：《法国行政法》，中国政法大学出版社 1988 年版，第 573 页。

1790年8月16-24律明确规定："法官不得以任何形式干扰行政机关的行为。"这是一个形式的或机关的标准，规定行政审判只限于行政机关的行为，不是行政机关的行为，不属于行政审判范围。这是行政审判权限的消极标准。

根据机关的标准，可以确定不是行政机关的行为不在行政审判范围之内。但是这个标准并不表示行政机关的全部行为都在行政审判范围之内。首先，因为行政机关的任务复杂，有些活动在性质上和私人活动相同，有些活动在性质上和私人活动不同。因此，行政机关的活动在性质上不一定都属于行政审判的范围。其次，行政机关有时站在与私人同等的地位从事活动，有时采取特殊手段从事活动。前一种活动在性质上也不属于行政审判权限范围。再次，分权原则不是支配行政机关活动的唯一原则。法律还规定有其他原则，根据这些原则，普通法院对于某些行政事务具有管辖权力。最后，有些行政公务委托私人管理，这些管理行为虽然不是行政机关的行为，由此而产生的诉讼可能由行政法院管辖。机关的标准不能说明行政机关的内部哪些行为属于行政审判范围，哪些行为属于司法审判范围，也不能说明行政机关以外哪些行为属于行政审判的事项。为了确定行政审判的范围，必须在机关范围以外，有一个实质的标准，按照行政活动的性质，确定行政审判的范围。

（二）1873年以前的标准

法国没有设立权限争议法庭以前，行政法院自己决定其管辖权限。由于最初建立行政审判制度的目的在于保护行政机关的独立。大革命后的很长一段时间内，政府发布16号令排斥普通法院涉足任何与行政有关的事务（甚至有些与行政几乎无关）。所以在最初，行政审判权限的范围采取机关的标准，凡是关于行政机关的诉讼，都由行政法院管辖。这个标准遭到普通法院的抵制和自由主义思想的攻击。直到19世纪，最高行政法院开始对政府16号令进行理性解释时，情况才逐步好转，于是行政法院开始采取实质的标准。在行政机关的活动之中，区别属于行政审判的事项和属于司法审判的事项，最初采取了以下的标准：①

---

① See L. Neville Brown, J. F. Garner, Jean-Michel Galabert, *French Administrative Law* , 3rd. edn. , London: Butterworths, 1983, pp. 79-80.

第一个标准是国家债务人标准（L'État débiteur）。国家参事院（最高行政法院）根据制宪会议1790年7月17日的法律，以及国民公会1793年9月26日的一个命令，认为只有行政法院有权判决国家负担金钱给付义务，普通法院不能受理国家作为债务人的诉讼。这个特权属于国家，地方团体不能享有。实际上，这个标准的法律依据并不正确，因为上述的法律和命令只规定立法机关有权自由处理国家金钱，以及私法上的强制执行不适用于国家，没有涉及普通法院不能判决国家负担债务问题。

第二个标准是公共权力标准（Acte de la puissance pubique 或 Acte d'autorité）。该标准由拉费里埃（Laferrière）法官创立，它对公共权力行为（Acte d'autorité）和管理行为（Acte de gestion）作了区分。据此标准，行政机关行使公共权力的行为属于行政审判的范围，不行使公共权力的管理行为，属于司法审判范围。

公共权力标准以主权观念为基础，认为行政法是规定主权行使的法律，普通法院不能妨碍行政机关权力的行使，所以，这类行为属于行政审判的范围。地方团体没有主权，所以它们的活动受普通法院的管辖。

第三个标准是公共管理标准（Gestion pubique）。公共管理是和私人管理相对而言，该标准备受普通法院的欢迎。虽然公共管理和私人管理的程序相同，但前者属于行政审判的范围。

在19世纪上半期，以上标准大致符合当时的情况。当时国家的职务不多，主要限于司法、警察、国防、税收事项，都是行使权力的行为，受行政法院的管辖。那些不行使权力的行为，主要是私产管理行为，受普通法院管辖。

（三）1873年以后公务标准的确立与发展

19世纪下半期以后，国家的职务增加，除了行使传统的公共权力的职务以外，还为公共利益而进行了一系列的公务活动，例如文化、教育、交通、卫生等。这类活动的特征不是行使公共权力，而是提供服务，直接以满足公共利益为目的，和私人活动的性质不同。继续采取公共权力作为决定行政审判权限标准，必然缩小行政审判的范围。权限争议法庭1873年2月8日在布朗戈（Blanco，TC，08，2，

1873）案件①中，确立了公务作为划分行政审判权限的标准。这个判决的重要意义在于放弃国家债务人和公共权力两个标准，而以公务观念作为确定行政审判权限的标准。

公务标准一经确立，立刻受到法国学界泰斗狄骥、惹内和霍兰德等人的推崇。其实，公务观念不是由权限争议法庭首先提出来的，1855 年 12 月 6 日国家参事院在 Rothschield 案件中，已经提出公务观念作为划分行政审判权限标准。由于是行政法院单方面的意见，没有引起注意。1873 年的公务标准由权限争议法庭提出，这个法庭的任务是划分行政审判和司法审判的权限，所以布朗戈案件具有很大的权威性。而且在 1873 年时，行政机关公务的范围比 19 世纪 50 年代更为广泛，公务标准比以往更符合时代需要。

权限争议法庭在布朗戈案的判决中写道："公务是旨在满足公共需要而行使公共权力的行为。"据此，公务标准须满足两个要件：行使公共权力的行为；为了满足公共需要。在布朗戈案之后，行政法院不断发展该标准的两个要件，使之成为判断行政审判权限的基准。②

对于公共需要要件予以发展的经典判例是 1903 年 Trenrier 案（CE，06，2，1903）。在该案中，省参议院（Counseil départemental）宣布，以后每接受一名毒贩的服务，应受到 1/4 法郎的惩罚。这项旨在彻底清除毒品的行动非常成功，很快那些准备用于购买毒品的钱财都告罄。由于一些向自己贩毒的毒贩已死去，Trenrier 拒绝支付因接受他们的服务而受到的惩罚，并将该省（Départemental）告上了最高行政法院。最高行政法院认为此案涉及公共服务，属于行政审判的范围，因为地方政府是以公共利益的名义进行毒品打击活动的。1910 年的 Therond 案（CE，04，3，1910）也作出了类似的判决，该案是关于某市状告 Therond 领养流浪狗并四处收集死狗。现在，对于公共需要的理解已扩展至建立牙科诊所、提供宿营地或在法国国庆日举行

---

① 案情如下：布朗戈的女儿被国营制烟厂的运输车撞伤，布朗戈向普通法院起诉，要求国家按照民法上侵权行为的规定负赔偿责任。法院认为该案和国家行使公共权力无关受理了这个案件。省长认为该案涉及国家作为债务人问题，属于行政审判范围，普通法院无权受理，提起权限争议。

② See L. Neville Brown, J. F. Garner, Jean-Michel Galabert, *French Administrative Law*, 3rd. edn., London: Butterworths, 1983, pp. 80-83.

焰火表演等事项。

对于公共权力行为要件的理解已扩展至无所不包的地步。如在Caise Primaire "Aide et Protection"（CE, 13, 5, 1938）一案中，最高行政法院不得不面对如何界定作为管理地方保险制度的基本组织的社会保障（Caisses）（或我们所说的可持续发展的社会）的功能。传统上，这些社团被认为属于私法调整的对象，最高行政法院在该案中并未偏离此立场，但它认为这些私法团体从事了提供公共服务的职能，因此行政法院有管辖权。于是，在Montpeurt（CE, 31, 7, 1942）一案中，这种判断标准被扩张了，最高行政法院认为：1940年德国占领后，出于解决物资极度匮乏而由法令设立旨在协调大规模生产的制造业"组织委员会"的行为是行使公共权力的行为，行政法院有管辖权。在Bouguen（CE, 02, 4, 1943）案中，最高行政法院认为，尽管管理医疗行业的组织——最高医疗委员会——本身不是一个公共组织，但它的职能却是提供公共服务，因此行政法院有管辖权。基于同样的理由，在Peschaud c. Groupement Football Professional（TC, 07, 7, 1980）案中，最高行政法院认为，法国足球协会对于某俱乐部副主席停职的纪律处分，属于行政法院管辖。同样，在体育界，法国乒乓球联合会和环法自行车赛联合会由于是以公共服务为宗旨，因而最高行政法院认为，它们的行为也应由行政法院管辖（参见Federation des Industustries Françaises d'Articles de Sport, CE, 22, 10, 1976; Federation des Françaises de Cyclism, CE, 26, 10, 1976）。

另外，判断公共服务时，不能将以上两个要件割裂，还须同时满足两者，才能判断是否属于公共服务行为。即要求行政机关必须运用公共权力满足公共需要所采取的方法和手段，不应和私法主体发生联系。

即使某些行为从表面上看似提供公共服务，但是由于行政法上特殊制度的要求，不适用公务判断标准，因此这些行为不受行政法院管辖。这种不适用的规则是由法令明示或默示作出，因为所涉及的利益属于传统上普通法院管辖的范围，或者是由于行政机关自愿放弃特权而甘愿被作为私法主体对待，如Societe Commerciale de l'Ouest Africain（TC, 22, 1, 1921）。

第一次世界大战后，由于众多经济部门要么被国有化，要么被置于同样的公共调控之下，国家开始大量涌入工商业领域，于是出现了对公共服务的新认识：具有工商性质的公共服务。根据权限争议法庭的判例，这些具有工商性质的公共服务组织与私人企业的运作理念和服务对象都一样，所以由普通法院管辖。在 Bac d'Eloka（TC，22，1，1921）案中，法国象牙海岸殖民地政府用“法国象牙海岸殖民地”的字号经营轮渡业务，为穿梭于海岸湖区的人们提供运输服务。开业的当晚，其搭载的一个摩托车主就向当地的民事法院诉求殖民地政府赔偿他因乘船时遭受的损害，而殖民地政府认为该法院无权管辖。权限争议法庭认为，由于殖民地当局是和普通商人一样提供运输服务，民事法院有权管辖。

Naliato（TC，22，1，1955）案对此判断标准作了进一步的发展。在该案中，在由政府为特定国营工厂的工人及其家属提供福利服务的疗养地，一个叫 Naliato 的小男孩身体受伤。权限争议法庭将该行为列为“社会公共服务”之列，认为它和有私人公司提供的类似的服务没有区别，应属于普通法院管辖。但在后来的上诉法院和最高行政法院的判决（如 Commune d'Arcueil，CE，22，4，1964）中，都否认了具有工商性质的公共服务的判断标准。其原因在于，最初法院想通过让国家成为私法人而遵循私法原则而去限制国家介入本应由私法人涉足的领域。但是事与愿违，国家通过适用私法规则而掩盖其真正动机。所以，法院适用此标准是小心翼翼的。

最近，对于公共服务的观念又有所拓展。在 Effimief（TC，22，3，1955）案中，权限法院认为，受雇于政府从事旧城改造的某私人集团公司的行为属于行政法院管辖。

从上我们可以看出，至今不存在判断公务的统一标准，公务标准仅仅提供了一个在各种不同条件下灵活适用的准则而已。

（四）当今划分标准的多元化

公务标准和其他标准一样，都有一定的作用，都受到一定的限制。因此，没有任何一个标准能够单独说明行政审判的范围。法国行政法院的判例，有时适用这个标准，有时适用另一个标准，有时同时适用几个标准来划分行政审判的权限范围。

行政法院在适用各种标准时，没有区别哪一个是主要标准，哪一个是次要标准，而是采取经验主义的态度，根据具体情况采取符合案情的标准。法国学术界在这方面也表现出很大的分歧。

总之，单一标准时代已经结束，多元标准已经来临。

二、法国行政审判权限划分的形式标准

法国行政审判权限划分的形式标准是通过排除法来确定行政审判的范围。

（一）排斥所有司法管辖的行为

1. 议会的行为

国会作为立法机关，除受宪法委员会的审查之外，原则上不受其他法院管辖。国会的豁免权在1958年以后，已经受到一些限制，但应区分不同的情况：

（1）立法行为本身

法律和与制定法律直接有关的行为，例如国会及其委员会关于法律案的提出、讨论、表决，委员会的组织和活动，即使它们在宪法第34条规定的领域以外发生效力，都不受行政法院管辖。得到批准后的宪法第38条规定的法令，权限混同时期的立法性文件（Rubin de Servens，CE，02，3，1962），也不受行政法院管辖。①

法律案在议会通过后未颁布前，如有争议，只受宪法委员会的审查，行政法院无管辖权。只在例外的情况下，行政法院才判决国家对法律所产生的损害负补偿责任。这种责任不是立法行为的责任，而是执行法律的责任（Compagine Generale d'Aassurances，CE，15，10，1952）。②

但是，行政法院可以对没有得到批准或批准前的法令进行监督。

（2）全民公决

全民公决所通过的法律，也不受行政法院管辖，否则，行政法院将取得审查法律的权力。这种审查属于宪法委员会的职权。但行政机关在进行全民投票以前的准备行为，可受行政法院的审查。因为这时

---

① 参见［法］古斯塔夫·佩泽尔著，廖坤明、周杰译：《法国行政法》（第十九版），国家行政学院出版社2002年版，第246页。

② See L. Neville Brown, J. F. Garner, Jean-Michel Galabert, *French Administrative Law*, 3rd. edn., London: Butterworths, 1983, p. 85.

法律草案是否通过尚不确定，行政法院的判决，不影响法律的效力。一旦法律草案经全民投票通过以后，行政法院不能再审查全民投票过程中的行为。但是，行政法院可以全民公决法所规定的授权决定进行监督（Canal，CE，19，10，1962）。①

（3）议会中的行政管理行为

议会中的行政管理行为，是指议会的办公厅、秘书处、财务处、保卫处等行政机关所采取的管理行为。这种行为法国称为议会行为，以和立法行为相区别。这些行为原来也不受法院管辖。1958 年 11 月 17 日的法令减少了议会行为的豁免范围。议会行政机关所缔结的合同，以及由于公务过失所造成的损害，国家应负赔偿责任。议会行政机关职员关于个人地位所提起的诉讼，由行政法院管辖。

2. 政府行为（Actes du government）

那些属于政府保留事项，不受法院的监督的行为，称为政府行为。政府行为的存在是无奈之举，它在一定程度上违背了法治的精神。

（1）政府行为不受法院管辖的理由②

行政法院不能审判政府行为，因为这类行为不完全属于行政机关的行为。行政审判权的范围，只限于行政机关的行为。而政府行为，或者是行政机关和国会双方面的行为，或者是法国政府和外国政府双方面的行为，超过行政法院管辖权之外。其次，政府行为在性质上不宜由行政法院审查。例如总统作出实施紧急权力条款的决定，或提交公民复决某项法律草案的决定，是一个重大的政治问题。对于这类问题的监督，只能通过政治方式。

（2）政府行为的范围

政府行为的概念，完全由行政法院的判例产生，它所包括的范围限制在一个狭小的领域内。最初阶段，行政法院认为一切由政治动机而采取的行为是政府行为。这个范围太宽，不利于法院对于行政机关

---

① 参见［法］古斯塔夫·佩泽尔著，廖坤明、周杰译：《法国行政法》（第十九版），国家行政学院出版社 2002 年版，第 246 页。

② 参见王名扬著：《法国行政法》，中国政法大学出版社 1988 年版，第 572 页。

的监督。后来认为政府行为是统治行为，不是行政行为，所以不受法院的监督。这个理论最后也被抛弃。因为统治行为和行政行为的界限无法确定，而且政府行为在性质上不是统治者和被统治者的关系。总之，对于政府行为的判断不存在一个通用的理论标准。行政法院采取经验主义态度，根据实际情况来确定政府行为的范围。在当代，政府行为限于三个方面：

第一，政府和议会关系中的行为。包括召集和解散议会以及提出法律案和公布法律的各种行为、议会员的选举行为，总统认为出现紧急情况而作出实施宪法第 16 条的决定，总统根据宪法第 11 条规定而作出将法律草案提交公民复决的决定（Rubin de Servens，CE，02，3，1962）。

议会选举争议，不属行政法院管辖，由宪法委员会受理。原先行政法院对所有选举前的有关行为都无管辖权，但 1993 年的判例作出了改变，最高行政法院认为行政法院对议会选举的准备工作拥有管辖权（Un. Nat. ecology，R. F. D. A.，1993）。①

第二，政府在国际关系中所采取的行为。包括条约的谈判、签署、实施与解释，战争行为和战争事实，以及通常所说的外交行为等。

但是，如果某一行为可与这些行为分离，行政法院就有权管辖。也就是说，如果政府所采取的决策对国际关系没有影响，行政法院就拥有管辖权。如行政法院无权对国际条约或协议的效力或解释作出判断，但是在适用条约或协议时，一旦条约或协议的内容成了法国国内法的一部分时，法院就有权管辖。较为经典的判例是 Kirkwood 案（CE，30，5，1952），此案中，根据 1909 年法美关系条约而从法国引渡了一个法国公民，最高行政法院承认了执行权（Recours pour excés de pouvoir）的存在，于是根据法国宪法的规定，该条约具有法国国内法的效力，因此行政法院有管辖权。通常，行政法院运用政府行为（Actes du government）理论来判断是否对政府在国际关系中所

---

① 参见［法］古斯塔夫·佩泽尔著，廖坤明、周杰译：《法国行政法》（第十九版），国家行政学院出版社 2002 年版，第 247 页。

采取的行为有管辖权。①

第三，有关的法律制度。② 如政府行为原则上享有司法豁免权，所以行政法院既不能撤销它，也不能要求其予以赔偿。

但是，最高行政法院近来却同意政府可以对条约、公约造成的损害承担赔偿责任（如 Cie générale d'énergie radio-électrique，CE，20，3，1966；Sieur Letourneur et dame Loiseau，CE ，29，10，1976）。因此，政府行为理论的适用仅局限于有关合法性争议的范围内。

3. 外国政府的行为

法国的行政审判是法国主权的一种表现，只对服从法国主权的行政机关行使。外国国家行政机关不受法国主权的支配，除商业行为以外，具有司法豁免特权。行政法院无权审查外国行政机关的行为是否合法和外国的国家责任。外国政府的行为包括以下两个方面：

第一，法国行政机关为外国或国际机构所作的行为。例如法国总统作为安道尔公国共同君主时所采取的行为。1945 年以后，在德国被占领期间，法国驻德军队统帅为德国的利益所采取的行为。这些行为不是法国行政机关的行为，不受法国行政法院管辖。

第二，驻在法国的外国机关或国际机构所采取的行为。例如在第二次世界大战期间及战后初期，盟国驻法国的军队，或联合国驻法国的专门机构，这些机构享有司法豁免权，它们的行为也不受法国行政法院的管辖。但法国通常和有关的国家或机构订有国际条约。根据条约，法国取得一定的管辖权。在法国有管辖权的时候，管辖权的行使依法国法律的规定。

（二）普通法院不能管辖的行为

这类行为主要是司法机关的行为，普通法院对其无权管辖，而行政法院只是有条件地对其中的某些行为有管辖权。

根据分权原则，为了保障行政的独立，普通法院不能审判行政机关的活动。这个原则同样要求行政法院不能审判司法机关的活动，以

---

① See L. Neville Brown, J. F. Garner, Jean-Michel Galabert, *French Administrative Law*, 3rd. edn. , London: Butterworths, 1983, p. 85.

② 参见［法］古斯塔夫·佩泽尔著，廖坤明、周杰译：《法国行政法》（第十九版），国家行政学院出版社 2002 年版，第 249 页。

保障司法机关的独立。司法机关的活动，原则上属于司法审判的范围。但司法机关的活动，可以分为司法行政和司法审判两大类型。前一类活动是司法机关的组织工作，后一类活动是司法机关的诉讼活动，这两类活动应当分别对待。严格意义的司法机关行为，限于第二类活动。①

（1）司法行政行为

司法机关的组织活动，包括法院的设立、合并、停止、废除，法官的任命、晋升、纪律处分等行为。这些活动不是审判行为，和一般的行政活动完全相同。这类活动受行政法院管辖。在法国，这类活动由司法部执行。司法部是政府的一个行政部门，和其他各部相同，所有的诉讼都属于行政审判的范围。但法院本身所采取的内部组织措施，例如法官的轮流值班制、请假制度，适用内部行政措施原则，不受行政法院管辖。

需注意的是，必须区别司法警察行为（Police judicaire 或 PJ）和行政警察行为（Police administrive），行政法院对于行政警察行为有管辖权。法国的警察机关和中国的公安机关情况相似，其性质是双重的，即既行使司法职能又行使行政职能。从理论上说，司法警察的任务是发现犯罪，收集犯罪证据，捕拿犯人。行政警察的任务是保护公共安全、公共安宁和公共卫生。司法警察的性质属于惩戒，行政警察的性质属于预防。实践中，很难区分这两类行为，法国的做法是倾向于由行政法院对他们采取严厉的控制，以防止滋扰民众。如在 Societe Frampar（CE，24，6，1960）案中，某警察局认为它完全根据刑事审判法典（Code d'instrution criminelle）所赋予的权力进行司法调查，于是查封 Societe Frampar 报，但最高行政法院认为其行为是指在防止引起公共秩序混乱的行政警察行为，属于行政法院的管辖范围。②

（2）司法机关的审判行为

司法机关的审判行为，包括审判活动本身，审判前的准备程序和

---

① 参见王名扬著：《法国行政法》，中国政法大学出版社 1988 年版，第 570 页。

② See L. Neville Brown，J. F. Garner，Jean-Michel Galabert，*French Administrative Law*，3rd. edn.，London：Butterworths，1983，p. 84.

审判后的执行程序在内。这些行为，有的是司法机关本身的行为，有的是其他辅助机关的行为，都不受行政法院管辖。

第一，司法机关的审判活动，不论起诉、预审、判决各种程序，完全不受行政法院管辖。

第二，司法判决的执行，不论是民事或刑事判决的执行，例如扣押财产、执行刑罚，都不受行政法院的管辖。行政机关有义务帮助司法判决的执行而不履行义务时，对于这种拒绝行为所提起的诉讼，属于行政审判范围。

当司法机关的行为不受行政法院管辖时，有时可能由普通法院依据行政法的原则处理这类案件。例如国家由于司法警察活动应负赔偿责任时，由普通法院依国家对行政警察的责任原则处理。

（三）普通法院管辖的行为

1. 传统上属于普通法院管辖的行为

（1）私人的行为①

私人之间的诉讼受普通法院管辖，不属于行政审判的范围。但依法律的规定和行政法院的判例，下列几种诉讼虽然发生在私人之间，仍受行政法院管辖：第一，法兰西银行（私法人）和职工之间的诉讼。第二，矿业受特许人和矿藏发现者之间，因报酬问题的诉讼。第三，公共工程承包人，因施工而对私人所造成的损害赔偿诉讼；公务受特许人以及公务受委托的私人团体的某些行为，如行使法律所给予的公共特权时的诉讼。例如公务受特许人制定人事管理规则的行为；同业工会拒绝批准某一会员资格的行为，是行使公共特权的行为；私人作为公法人的代理人和其他私人所订立的行政合同。

（2）法律规定的司法审判保留事项

在法国，司法机关是个人的身份、个人自由、私有财产的守护者，这是在作为一项原则来对待的，所以由此产生的相关争议由普通法院管辖。

法国对行政法院能力的怀疑渊源已久，可上溯至行政法院成立之时。因此，对于和公民生活极为密切的身份、个人自由和财产的诉

① 参见王名扬著：《法国行政法》，中国政法大学出版社 1988 年版，第 568 页。

讼，一般认为应由普通法院管辖。如果在行政诉讼中遇到这类问题，必须作为审判前提问题，由普通法院裁决。

然而，随着历史的发展，行政法院经过一系列的演变以后，对于公民权益的保护不亚于普通法院，而且大胆果断，作出普通法院所不敢作出的判决。所以，目前判例发展趋势是逐渐限制司法审判保留事项的适用范围。

首先，关于个人的身份。个人的身份专属于普通法院管辖，明文规定在民法典中，《拿破仑法典》第 326 条规定："民事法院对于有关身份的诉讼，有专属管辖权。"此外，选举法和国籍法中，也有同样规定。

因此，有关个人的身份和国籍的争端属于普通司法法院的管辖范围，除非涉及可分离的行政决定（如有关取得国籍的行政行为的诉讼）。行政法院对于外国法人国籍的诉讼，可以管辖。关于归化的行政决定，允许变更姓名的行政决定的诉讼管辖权属于行政法院，这是对于身份管辖一般原则的例外。

其次，关于个人自由。行政机关侵犯个人自由的案件，由普通法院管辖，这是法国的传统。这个传统得到宪法的确认。1958 年宪法第 66 条规定："任何人不得无故而被拘留。司法机关是个人自由的保护者，按照法律规定的条件，确保该原则得到遵守。"为了强调这个原则，根据刑事诉讼法第 136 条，对于禁止侵害公民个人自由和居住的案件，普通法院享有排他的管辖权。

普通法院对于自由的保护，受到两个重大的限制：①

第一，这种保护只在平常时期实行，一旦出现社会动乱状态，政府处于危机时期，成文法中给予政府应变能力，可以实施戒严法和紧急状态法。这时，行政机关的警察权力加强。一部分刑事案件，可能不由普通法院管辖，而由军事法庭审理。除成文法的规定以外，根据行政法院的判例，政府在特殊时期，具有比平常时期更大的权力。在平常时期认为是违法的行为，在特殊时期可以是合法行为。至低限度，可以减轻政府的责任。

---

① 参见王名扬著：《法国行政法》，中国政法大学出版社 1988 年版，第 583 ~ 584 页。

第二，普通法院的管辖权，限于行政主体侵害个人自由而产生的赔偿责任。行政机关的行为是否违法，这个问题，除暴力行为情况以外，普通法院不能判断，必须作为审判前提问题，由行政法院裁决。但这种限制不适用于附属问题的管辖权，也不适用于公务员的违法责任问题。

第三，关于私人财产。法国法律在规定行政机关可以强迫公民转让财产的所有权或使用权时，同时规定，由普通法院裁决补偿金额和所有权的转移。在法律没有明文规定，也没有下面所述判例法的根据时，普通法院对于行政活动涉及财产方面的管辖权，只限于划分行政审判和司法审判的一般标准。

2. 判例产生的司法审判保留事项

除了法律的规定以外，法院的判例根据司法机关是自由和权利的保护者这个原则和宪法第66条的规定，又创造两种由普通法院管辖的司法审判保留事项：非法侵占不动产和粗暴行为（Voies de fait）。

（1）非法侵占不动产①

非法侵占不动产，是指行政机关没有合法根据，或者违反合法程序而侵占私人不动产的行为，包括永久性的或暂时性的侵占在内，它的构成包括下列因素：

第一，私有的不动产。非法侵占的对象，限于不动产，不包括动产在内。这是因为在这种判例产生的时候，法律对于不动产的保护超过动产。

第二，侵占行为。侵占行为是指剥夺不动产的占有或所有，不是单纯对不动产的损害，或妨碍不动产物权的行使，如截取水源、载重汽车在私人通道上通行。剥夺不动产的占有或所有，不论是永久性的或临时性的，都是侵占行为。

第三，非法性质。非法性质是指没有合法权利，或不按照正当程序而剥夺私人不动产的占有或所有。例如违法的公用征收和公用征调，或把私人不动产划入公产范围内，是典型的非法侵占不动产。

关于非法侵占不动产的诉讼由普通法院管辖，但没有完全排除行

① 参见王名扬著：《法国行政法》，中国政法大学出版社1988年版，第584～585页。

政法院的管辖权，划分行政审判权限的一般标准，仍然可以部分地适用。

第一，只有在非法侵占不动产的情况下所进行的损害赔偿诉讼，才由普通法院管辖（Werquin, CE, 1961）。实际上，合法侵占的情况经常发生。此时，合法占有不动产的补偿诉讼，原则上由行政法院管辖（Nogier, TC, 30, 6, 1949），普通法院的管辖权，只有在法律规定时为限。例如公用征收的补偿金额，法律规定由普通法院管辖。

第二，行政机关的行为是否违法，由行政法院裁决，普通法院在受理损害赔偿的诉讼中，应把这个问题作为审判前提问题，由行政法院裁决。

第三，因普通法院无权对侵占的合法性作出判断，所以它无权命令行政机关停止非法侵占行为，也不能判决拆除违法设立的公共建筑物。普通法院仅有权确定对所遭受的损害的经济赔偿（Nogier, TC, 30, 6, 1949）。但普通法院赔偿的范围较行政法院广泛，普通法院可对全部损害予以赔偿。

(2) 粗暴行为（Voies de fait）①

粗暴行为（Voies de fait）是指行政机关在某项具体活动中，以特别明显的违法行为损害公民的财产和基本自由的行为。

粗暴行为理论基础是：一般违法的行政行为并不丧失其行政特征；但当行政机关超越其授权范围活动，越权行为如此严重以致完全改变了其行为的性质，已不再具有行政行为的特征。此时不必再遵循权力分立原则，普通法院对粗暴行为具有广泛的管辖权。

粗暴行为归普通法院管辖的理由是：该行为违法的严重性已构成了刑法上的“暴力行为”，为了不使行政机关在行政法院受审而享受到某些特权（赔偿的规则原则与赔偿范围等与民事法院有较大差

---

① 对 voies de fait 的译法不一，有的译为“暴力行为”（参见王名扬著：《法国行政法》，中国政法大学出版社 1988 年版，第 585～589 页）。虽然 voies de fait 行为大多触犯了刑法，构成了刑法上的“暴力行为”，但它不属于刑法调控，而且由于该行为易和行政行为的不存在相混淆，所以本书认为将其理解为“粗暴行为”为宜。

别），于是将其作为私法主体对待。①

粗暴行为须具备下列要件：②

第一，必须是某项具体的行政行为。没有实施的行政行为不能构成粗暴行为。粗暴行为多发生在物质的执行行为领域。物质的执行行为是指行政机关的决定，开始处于执行状态或即将处于执行状态。③单纯的决定，没有发生实际效果，或者没有发生实际效果的威胁，处于精神状态时，不是物质的执行行为。物质的执行行为包括一切执行形式，不限于强制执行行为。

第二，侵害公民的财产权或基本自由。财产权的范围包括不动产和动产；基本自由限于身体自由、居住自由以及法律所特别保护的其他自由，不包括全部自由在内，例如侵害职业自由的行为，属于一般违法的行为，不构成粗暴行为。在这方面，粗暴行为的概念比非法侵占的概念含义更广。

第三，严重地违反法律。不是一切违法行为都构成粗暴行为，行政机关一般的违法行为，只受行政法院管辖。只有违法行为十分严重，法官不需要作精细的判断和分析，显而易见的违法，才可以由普通法院管辖。这种违法性首先应存在于法律行为本身，无论实施条件如何，只要已经产生。这样的行为若要成为粗暴行为，它应当“明显地不能与行政机关行使权力相联系”（Carlier，CE，11，11，1949）。严重的违法行为可分为两种情况：一是被执行的决定本身违法（Flavigny，TC，27，11，1952）；二是被执行的决定本身合法，而执行的行为违法。

被执行的决定本身违法，必须是行政机关所执行的或要执行的决定，没有任何法律根据，明显地不能和任何法律规定有联系，或者行使根本不属于行政机关的权力。这种行为，表面上是行政机关的行为，实质上不具备行政行为的性质，所以不受分权原则的保护，普通

---

① See L. Neville Brown, J. F. Garner, Jean-Michel Galabert, *French Administrative Law*, 3rd. edn., London: Butterworths, 1983, p. 86.

② 参见［法］古斯塔夫·佩泽尔著，廖坤明、周杰译：《法国行政法》（第十九版），国家行政学院出版社 2002 年版，第 259～260 页。

③ 参见王名扬著：《法国行政法》，中国政法大学出版社 1988 年版，第 585 页。

法院具有管辖权力。粗暴行为出现最多的情况，不是被执行的决定本身违法，往往是被执行的决定本身合法，然而采取强制执行的程序和条件违法。采取强制执行的条件，一般限于情况紧急，法律有明文规定但是没有规定其他执行方法的时候。行政机关在不能采取强制执行手段时而采取强制执行，这种执行行为构成暴力行为。

正常情况下，行政机关的行为如果具备上述三种构成要素，就构成粗暴行为。但如果行政机关是在社会动乱、政治危机等特殊情况下采取这种行为时，行政机关的行为或者合法，或者构成一般的违法行为，不构成粗暴行为（见 Dame de la Murette，TC，27，3，1952）。

须注意的是，粗暴行为和行政行为的不存在产生交叉。由于粗暴行为性质为行政行为严重越权以至于完全不在行政职权范围内的活动，所以行政法院可据此宣布行政行为不存在。但是，如果这个不存在的行政行为的执行侵犯了公民基本权利时，普通法院就可用粗暴行为的原则行使管辖权（见 Guigon，TC，27，6，1966）。①

粗暴行为的法律效果，扩大了普通法院的管辖权，使之可以对暴力行为行使全部权力，如同对私人的诉讼一样。普通法院有以下几种权力：②

第一，可以审查行为的合法性。在一般情况下，普通法院受分权原则的限制，不能审查行政机关行为的合法性。这种审查属于行政法院的权限。粗暴行为由于和行政机关权力的行使没有联系，已经丧失行政行为的性质，不受分权原则的保护。普通法院可以审查它的法律性质，是否构成粗暴行为。另一方面，这种审查不是专属于普通法院的权力，行政法院可以对粗暴行为的性质作出判断（见 Guigon，TC，27，6，1966）。

第二，判决行政机关赔偿。这种权力专属于普通法院，行政法院只能判决行政机关一般违法行为的赔偿责任，不能判决粗暴行为的赔偿责任。

---

① See L. Neville Brown, J. F. Garner, Jean-Michel Galabert, *French Administrative Law*, 3rd. edn., London: Butterworths, 1983, p. 86.

② 参见王名扬著：《法国行政法》，中国政法大学出版社 1988 年版，第 588 页。

第三，可以向行政机关发出禁令以阻止粗暴行为。普通法院可命令行政机关恢复侵害行为发生以前的原状，排除违法的侵占。这种权力专属普通法院，行政法院不能享有。但普通法院判决恢复原状的权力，受到保护公共建筑物之原则的限制。普通法院对于违法侵占私人不动产的公共建筑物，只能判决行政机关赔偿，不能判决拆除。

随着行政法院通过高质量的判决出色地担当了公民自由和财产的守护神，行政法院在人民心中的地位与日俱增。相反，普通法院在私人财产和人身自由方面的管辖权目前受到严厉的批评；权限争议法庭也指责它滥用粗暴行为，普通法院不但没有更好地保护个人的自由和财产，相反使之复杂化。

尽管受到了攻击，粗暴行为理论仍富有活力，至今它仍是司法审判保留的事项。

（3）关于粗暴行为和非法侵占不动产的区别①

粗暴行为和非法侵占私人不动产的行为，都是行政机关侵害私人权利的行为，但两者在侵害的标的、违法的程度和法律效果方面不同：

第一，侵害标的不同。非法侵占不动产的标的限于私人的不动产，不包括动产在内。粗暴行为的标的比较广泛，包括不动产、动产和个人的基本自由在内。

第二，违法的程度不同。非法侵占不动产属于一般的违法，违法的行为仍然具有行政行为性质，粗暴行为的违法程度必须非常严重，而且行政机关权力的行使没有任何法律根据，完全丧失行政行为的性质。但非法侵占不动产的行为，如果超过一般违法程度，可以成为粗暴行为。换句话说，粗暴行为可以包括非法侵占不动产，而非法侵占不动产不能包括粗暴行为。

第三，违法的效果不同。行政机关非法侵占不动产的行为，仍然部分地受到分权原则的保护。普通法院只有判决行政机关损害赔偿的权力，没有其他管辖权力。普通法院对于粗暴行为取得全部管辖权力，行政机关不再享受分权原则的保护。行政法院除对粗暴行为的法

---

① 参见王名扬著：《法国行政法》，中国政法大学出版社 1988 年版，第 588～589 页。

律性质有管辖权外，没有其他管辖权力。

3. 私人的管理行为①

（1）私产管理行为

私产是行政主体以财政收入为目的而享有的财产。这种财产存在的目的是满足行政活动的需要，不能说和公共利益无关。但是，这种财产的管理活动和公共利益无关，而和私人的财产管理活动相同。因此，法国的法律认为私产的管理活动不是公务活动，不在行政审判范围之内。

私产的管理活动的诉讼受普通法院管辖，这是原则。但下列几种情况例外，受行政法院管辖：第一，行政机关制定私产管理的法规和规章的行为。第二，在私产上面所进行的公共工程和建造的公共建筑物所产生的损害，由于公共工程诉讼管辖权的特殊制度，受行政法院管辖。第三，私产管理所缔结的合同，原则上假定是一般的民事合同，但法律不禁止行政机关在私产管理中签订行政合同。如果合同中确实包含有不同于一般民事合同的特殊条款，可以认为是行政合同时，由于行政合同而产生的诉讼属于行政审判范围。第四，国有不动私产的出卖，依共和八年雨月 28 日法律规定，由行政法院管辖。这个规定是由于大革命时的特殊情况所产生的。大革命时期没收了教会和逃亡贵族的财产，这些财产在出卖时，为了保障买主的权利，防止原财产主的争夺，法律规定这种诉讼，不由普通法院管辖。大革命时的情况以后不再存在，但法律的规定没有改变。

（2）公务活动的私管理方式

公务活动的私管理方式是采用私法上的手段管理公务。这种公务管理活动和私人活动相同，当然属于普通法院管辖。根据公务的性质不同，私管理的范围也不一样。

首先，关于私管理的行为。公务整体受行政法的支配和行政法院管辖，但实施公务中的某些行为，采取私法上的手段，受普通法院管辖。这是公务实施中的私管理行为，私管理行为主要发生在行政公务中。如国家对森林的管理。但是，森林消防服务却仍以其公共服务的

---

① 参见王名扬著：《法国行政法》，中国政法大学出版社 1988 年版，第 580～582 页。

性质而属于普通法院管辖（见 Giudicelli，CE，03，11，1950）。①

行政合同属于普通法院管辖，但是，是否属于行政合同却较难判断。通常认为，行政合同的构成须满足三个要件：② 第一，只要一方是公共权力机关；或无论是地方团体还是公法人或政府部门，只要有一些代表公共权力的中间行为存在即可（见 Société Entreprise Peyrot，TC，08，7，1963）。第二，与私人订立合同的目的是出于公共需要。第三，合同中存在责任不合理分配条款（Clause exorbitantes）。这是最常用的判断标准。如果合同中责任分配从性质上不同于民法上的责任分配，出现了责任不合理分配条款（见 Société Combustiblse et Carburants Nationaux，TC，19，6，1952）；或合同的内容在性质上不同于自由缔结的民事合同，出现了赋予权力和承担义务的条款（见 Stein，CE，20，10，1950），则属于行政合同。

其次，关于私管理的公务。自从第一次世界大战开始，特别是从第二次世界大战以后，出现许多工商业公务。这种公务的法律制度和传统的行政公务性质不同，原则上受私法支配，只在少数情况下受行政法的支配。关于这种公务的诉讼，原则上受普通法院管辖，只在少数情况下属于行政审判范围。社会公务的诉讼，也在很大程度上受普通法院管辖。

4. 法律特别规定属于普通法院管辖的事项

司法审判保留事项，是根据司法官是自由和权利的保护者原则，限制分权原则，扩大普通法院管辖权的制度。除了司法审判保留事项以外，还有一些行政机关的活动，按照划分行政审判和司法审判权限的标准，本来应当属于行政法院管辖，但是由于历史原因或者由于实际方便起见，法院特别规定由普通法院管辖，这类事项的数目很多，没有一个共同的指导原则，以下举出几种事项，作为例证：

第一，间接税。包括间接税管理局征收的各种捐税以及登记费、印花税、公产收费、关税和视为间接税的收费。如根据 1987 年 7 月 6

---

① See L. Neville Brown, J. F. Garner, Jean-Michel Galabert, *French Administrative Law*, 3rd. edn., London: Butterworths, 1983, p. 87.

② See L. Neville Brown, J. F. Garner, Jean-Michel Galabert, *French Administrative Law*, 3rd. edn., London: Butterworths, 1983, pp. 87-88.

日的法律，巴黎上诉法院有权受理不服竞争委员会决定的上诉；根据1989年8月2日的法律，巴黎上诉法院有权裁决不服证券交易委员会决定的上诉；根据1996年7月12日的法律，巴黎上诉法院有权裁决不服通信管理当局决定的上诉。

第二，公共责任。根据1937年的法律，国家的责任取代了公共教育机构成员的责任。1957年12月31日法律，统一运输工具事故责任，一律由普通法院管辖。由于运输工具事故而产生的赔偿责任，不论该运输工具属于私人所有或属于公务机关所有，它们性质相同，应适用同样的原则。因此，对由公法人的运输工具引起的各种性质的损害的赔偿，包括邮政运输在内（包括保价邮件、挂号邮件、包裹），由普通法院管辖。运输工具所指的范围很广，包括陆地、水面和空中的各种交通和运输工具在内。1986年9月9日法律设立了恐怖主义行为和其他犯罪行为的受害者的保证基金。1991年12月31日的法律设立了对输血后感染艾滋病的人的赔偿基金，赔偿委员会的决定可被起诉至巴黎上诉法院。

此外，法律规定由普通法院管辖的重要事项还有：市镇由于社会骚乱而产生的赔偿责任，军队驻扎、宿营、演习、射击而产生的赔偿责任，原子能造成损害的赔偿责任等。

第三，雇主责任。自从1898年以来的立法无一例外地都规定，无论受雇于私人还是国家，由于雇佣发生的赔偿争议一律由普通法院管辖。

第四，社会保障。社会保障的个别争议事项，例如受保障资格的登记、缴费和给付等争议，由特别的民事法庭管辖。关于社会保障的组织和监督的争议，由行政法院管辖。

第五，发明专利证。发明专利证是否有效，由普通法院管辖，不服行政机关拒绝专利申请的决定和拒绝延长专利的申请的决定，由行政法院管辖。

5. 在普通法院被提出合法性抗辩的行政行为①

由于法国法院采取二元制，所以当事人有可能在民事法院或刑事

---

① See L. Neville Brown, J. F. Garner, Jean-Michel Galabert, *French Administrative Law*, 3rd. edn., London: Butterworths, 1983, pp. 90-91.

法院就所涉及的行政行为提出质疑，这称为行政行为的“合法性抗辩”（Exception d'illégalité），它往往使受诉法院陷入困境。一方面，为了避免诉讼程序繁琐耗时，法国法谚曰“审理案件的法官就是受理抗辩事由的法官”（Le juge de l'action est juge de l'exception），因此在普通法院被提起的对行政行为合法性的抗辩应由其管辖。另一方面，行政法的一般原则却要求对行政行为合法性的判断由行政法院来管辖，普通法院无权管辖；从技术角度而言，这是一个审判前提问题（Question préjudicielle），应由受理主要案件的不同法院来决定。实践中，普通法院可以对行政行为的合法性进行审查，但是刑事法院的审查范围比民事法院大（见第五题中附属问题与审判前提问题）。

“合法性抗辩”原则的价值在于，它打破了行政法院垄断司法审查权的做法，使普通法院拥有部分司法审查权，有利于分权制衡。

三、法国行政审判权限划分的指导性标准

虽然，试图对行政审判权限的划分提出一个统一标准的期望只是一种奢望，但只要依据不同的问题采取不同的方法，仍会找到一些具有普遍性的指导意见。属于行政法院管辖的行为包括以下几个方面：①

1. 行政机关的法律行为

即行政机关单方面作出旨在产生、变更、消灭某种行政法律关系的行为，这是一种行政机关寻求效果的自愿行为。

当涉及有执行力的决定时，那些主要是被行政当局使用的公共权力特权行为，原则上属于行政法院管辖，除非它涉及司法活动（省长以司法警察长官的身份行动）、私产的管理或私法的个别情况；相反，私人组织也可能采取具有行政特征的决定，对此由普通法院管辖。

当涉及契约时，根据契约的行政或私人性质进行区分是否属于行政机关的法律行为。而该性质本身则由直接参与执行公务或是否存在超出普通法的条款来决定。

---

① 参见［法］古斯塔夫·佩泽尔著，廖坤明、周杰译：《法国行政法》（第十九版），国家行政学院出版社2002年版，第256页。

2. 行政机关的具体行为

应将行为与其背景相联系来判断它们是否属于行政法院管辖。如果是行政服务，原则上属于行政法院管辖。涉及工商业公共服务时，原则上由普通法院管辖。至于社会性公共服务，则适用于不同的标准。

3. 行政机关使用的物品

管辖权依照使用物品的机构的性质或该物品属于公产还是私产而定。

第五题 法国行政法院的审判权(二)——管辖权冲突

一、管辖权冲突的原因及其解决

管辖权冲突（从管辖权这一宏观的角度来称谓），又可称为管辖权争议（从当事人一方的立场来称谓），既可以发生在同一系统内部两个法院之间，也可以发生在不同系统的两个法院之间。两个民事法院之间、两个行政法院之间的管辖权争议，属于同系统内部的权限争议。普通法院和行政法院之间的管辖权争议，属于不同系统的权限争议。

产生管辖权冲突的原因在于，同一系统内部或不同系统的两个法院间的管辖权没有清晰的界定或不同系统的两个法院对已确立管辖权的理解存在分歧。

管辖权冲突通常有三种表现形式：第一，两个法院都宣布自己享有管辖权，都积极争取由自己来审理；第二，两个法院都宣布自己无管辖权，都认为案件应由对方审理；第三，两个法院对某一案件有管辖权，且都进行了相应的审理，但它们的判决相互冲突，令当事人无所适从。在以上这些情形中，如果冲突得不到妥善解决，当事人将得不到应有的司法救济，其权利有失去保护之虞。1960 年法国的司法改革又增加了一种情形，即普通法院或行政法院为了防止将来发生管辖权冲突，而将自己认为无法判断管辖权归属的案件交由权限争议法庭裁决。

解决此问题无外乎有两种途径。一种是在各自系统内部解决。即同系统内部法院的管辖权冲突，由双方共同的上级法院决定。另一种是在两个系统之外建立以裁决机构来解决不同系统法院的权限争议。此时，双方没有共同的上级法院，在这种情况下，解决争议最合理的方式，是由一个独立于双方的第三方机构决定，或者由双方的代表组成一个联合的机构决定。在实际制度中，各国并不都是采取这两种方式，例如在比利时和意大利，行政法院和普通法院管辖权的争议，由普通法院中的最高法院决定。

另外，还有一种较为特别的管辖权冲突——附属问题的管辖权，即一个诉讼的解决依赖于一个属于另一系统法院管辖的问题的解决，而这个问题不构成诉讼的主要标的，但是决定判决的内容。附属问题，可以发生在两个不同系统的法院之间，也可以发生在同一系统内部两个法院之间。判断附属问题管辖权的标准，是通过权限争议法庭的判例积累形成的。

二、法国权限争议法庭的产生

法国由于存在两个法院系统，普通法院不能行使行政审判权力，但是法国法律除规定行政审判和司法审判独立以外，对两个法院系统的权限范围没有作出规定。对于管辖权冲突，法国是通过建立一个权限争议法庭来解决的。

法国在 1872 年以前，除第二共和国所处的短暂岁月外，行政法院和普通法院管辖权的争议，由国家元首咨询国家参事院的意见决定，实际上是由最高行政法院决定。究竟选择哪个系统中的最高法院决定双方的争议，取决于不同的政治观点。

法国关于解决行政法院和普通法院权限争议的方式，和行政审判权的地位密切联系。在行政审判属于国家元首保留的权力时，行政法院和普通法院管辖权的争议由国家元首决定。从 1799 年到 1848 年间，权限争议先后由拿破仑一世和国王决定。第二共和时期，曾经一度实行委任的行政审判权，权限争议改由两个法院系统共同建立的机构决定。因此，第二共和时期，第一次建立了法国的权限争议法庭。1848 年 11 月 4 日，宪法第 89 条规定，建立一个由最高法院和最高行政法院双方同等代表组成的权限争议法庭，裁决两个系统法院之间的权限争议。① 第二帝国时期，拿破仑三世取消了委任的行政审判权，同时也取消了权限争议法庭，恢复了1848年以前的权限争议裁决制度。1872年5月24日，法律建立委任的行政审判权，同时建立一个权限争议法庭，由最高法院和最高行政法院同等人数的代表组成，裁决两个系统法院之间的管辖权争议，这是法国的现行制度。

1872年设立的这种司法机构有仲裁的特点。管辖权争议是否可由权限争议法庭受理有时会受到政治因素的干扰：如果行政当局认为提交给司法法庭的争议不属于该法庭管辖，它可使其放弃审理。由于审理管辖权争议是权限争议法庭不可推卸的职责，所以不可能发生相反的情况。

三、权限争议法庭的组织与职能

1872年建立了一个具有仲裁法庭性质的权限争议法庭，由9名正式法官组成，最高法院和最高行政法院各选3名法官（其中，最高行政法院选出的是3位普通职行政法官。）任期3年，可以连选连任；以上6名法官联合再选出2名正式法官；由正式任职者选出2名候补法官。司法部部长为法庭的当然主席，通常只在第一届法庭开始时参加典礼以及在法庭表决票数相等时投最后一票。9名正式法官以秘密投票方式，选举其中一人为副主席，领导法庭的工作。除法官以外，另有一个检察处，由两名正式政府专员、两名候补政府专员组成，由共和国总统每年任命，任期1年，两个法院系统人数相等（最高行政法院的两位查案官，最高法院的两位检察官）。政府专员完全不是政府的代表，对案件的判决提出自己的法律观点，不受政府观点的约束。

法庭的活动程序，由专门的法律规定，不受民事诉讼程序的约束，例如法庭没有法官回避制度，书记处接受案件以后，指定一名法

---

① 这种“势均力敌势”的法院（Tribunal paritaire）的设计是法国的独创。劳动争议法庭（Conseils paritaires de Proud'hommes，由雇主和被雇佣人双方相等人数组成）和农事租赁法庭（Tribunaux paritaires des baux ruraux，由雇主和佃农双方相等人数组成）都采取这种模式。其优点在于能充分考虑利害双方的利益，其缺点在于双方有可能达不成一致而形成对峙。于是，为避免出现僵局，权限法庭设一主席，由司法部长担任，主席拥有最终决定权。

官作为报告员，负责调查案件，提出判决意见。报告员的书面报告必须送交政府专员，后者就案件进行研究，提出判决意见。报告员和政府专员不能属于同一法院系统。案件庭审的法定人数为5名法官，法庭根据报告员的书面报告，律师的诉状和政府专员的口头结论作出裁决。庭审后的讨论秘密进行。判决必须说明理由，送司法部长一份副本，后者负责判决的执行。在案件的讨论中，如果赞成票数和反对票数相等时，即将该案移交另一次会议讨论，由司法部长主席再作决定，这种情况不多。

权限争议法庭的职权有两方面：解决两个系统法院之间的权限争议；解决两个系统法院之间的判决冲突。

权限争议法庭的主要作用，是通过判例确立行政法上决定行政法院管辖权的一般性规则。即权限争议法庭在某个具体案件中判定应属于哪个法院系统管辖，其影响往往超过该案件本身，它为其他类似案件提供了判断标准。确定某个案件属于行政法院管辖，或不属于行政法院管辖，实际上是划分行政审判的权限和确定行政法的适用范围。

四、管辖权积极冲突

当普通法院认为自己有权审理某项争端，而行政当局则坚持该争端不属于司法法庭管辖范围时，产生管辖权积极冲突。

（一）管辖权积极冲突的意义和性质

管辖权积极冲突不是两个系统的法院在权限问题上互相争议，而是行政机关对普通法院的管辖权提出异议。发生在普通法院受理一个案件，行政机关认为该案件不在普通法院管辖范围之内的时候，其原因或者由于该案属于政府行为，不受任何法院管辖，或者由于该案属于行政审判权的范围，不能由普通法院管辖，这个争议发生在行政部门和司法部门之间，为了保护行政机关免受司法机关的过度干预，所以由权限争议法庭作出最终裁决。

管辖权积极冲突具有下列性质：①

（1）片面性

---

① 参见王名扬著：《法国行政法》，中国政法大学出版社1988年版，第561页。

只有行政机关对于普通法院的管辖权，可以提出争议。普通法院对于行政法院所受理的案件，认为应由普通法院管辖，而不属于审判范围时，不能提起争议。这是历史痕迹的遗留。法国行政审判制度的建立，原来的目的是保护行政机关的权力不受普通法院干涉，所以只有行政机关可以提起争议，防止普通法院受理应由行政法院或行政机关决定的问题。

（2）宪法性

积极争议的目的在于保障行政机关和法院分离的宪法原则不被破坏，着眼于保护行政机关的权力，不是保护私人的利益。只有行政机关才能提起积极争议，诉讼当事人不能向权限争议法庭提起积极争议，行政法院也无权提起积极争议。

（3）规定性

行政机关不能自由提起积极争议，破坏法院的正当作用，为此，法律对提起争议的事项和程序，作出了严格的限制性规定。

（二）提起管辖权积极争议的条件①

（1）有权提起争议的人

有权提起争议的人，只有受理诉讼的第一审法院所在地的省长。案件上诉到第二审法院时，如果上诉法院和第一审法院不在同省，仍由原第一审法院所在地的省长提起争议。由于历史传统，海外省长就其管辖区域内的海事行政事项，有权提起争议，但省长具有共同的提起争议权。

（2）提起争议的时间

在普通法院不再对案件进行审理，且对诉讼内容或管辖权已作出最终判决时，才可提起管辖权积极争议。因此，对最高法院发回复审的案件，也可提起争议。

（3）可以接受争议的法院

提起积极争议受到三方面的限制，不是对一切法院都可提起。其一，有些法院由于管辖权的性质，不能接受争议，例如对于刑事法院，只在极少数的情况下可以提起争议。其二，有些法院不设检察

---

① 参见王名扬著：《法国行政法》，中国政法大学出版社 1988 年版，第 562 - 563 页。

官，不能接受争议，因为检察官是省长和法院之间必需的传递机构。因此，对于初审法庭、商事法庭、警察法庭、劳资协调委员会受理的案件，1970 年以前，由于没有检察官，不能提出争议。1970 年 7 月 10 日法律，允许大审法院检察官，在其管辖区域内，执行第一审法院检察官的职务。现在对于这些法院受理的案件，也可以提起争议。对军事法院受理的案件不能提起争议，因为军事法院检察官不属于一般检察官系统。其三，对于侵害个人自由和居住的案件，不能提起争议。在法国，这类案件专属普通法院管辖。但这类案件涉及行政处理的合法性的判断和理解时，应作为审判前提的问题，由行政法院决定。

根据以上所述，可以概括如下：对最高法院和重罪法院的案件，不能提起争议。对轻罪法院受理的刑事案件原则上不能提起争议，但有两个例外：一为案件本身属于行政法院管辖事项，这类案件限于某些公产保护的违警处罚。二为审判前提问题。对轻罪法院附带审理的民事案件，可以提起争议。实际上可以接受争议的法庭有：大审法庭、商事法庭、上诉法院和轻罪法院的少数案件，当这些法院所受理的案件涉及个人自由和侵害居住时，不能提起争议。

（三）解决管辖权积极冲突的程序

在法院受理案件以后，省长通过检察官，向受诉法院提出“不服管辖书”，说明法律根据，要求受诉法院裁决自己无管辖权。提交不服管辖书后，争议程序正式开始。受诉法院如果接受省长的结论，作出裁定，案件即告结束。受诉法院不同意省长意见时，应作出有管辖权的裁决，通过检察官在 5 日内转交省长。并在 15 天内，停止诉讼程序进行，等待省长的决定。如果省长同意法院裁决，案件也告结束。如果省长不同意法院裁决而向权限争议法庭提交“争议决定书”，此时法庭就必须延缓裁定。省共和国专员不同意法院的裁决时，应在接到裁决后 15 天内向权限争议法庭提出“争议决定书”。此时，受诉法院必须停止诉讼程序的进行，等待权限争议法庭的判决。

（四）对管辖权积极冲突的裁决

权限争议法庭在收到“争议决定书”后，应在 3 个月内作出判决。3 个月期满未作出判决时，1 个月以后（即 4 个月后），受诉法院可以继续进行诉讼程序。

权限争议法庭认为“争议决定书”有理由时，判决普通法院无管辖权。普通法院于是必须移交案件，但是是由起诉人诉诸行政法院。这个判决并不一定表示行政法院有管辖权，因为诉讼事项可能属于政府行为，行政法院同样没有管辖权。权限争议法庭认为“争议决定书”部分有理由时，普通法院对于“争议决定书”中未被接受的部分，仍有管辖权。

权限争议法庭认为“争议决定书”无理由或程序违法时，撤销“争议决定书”，这实际上认可了普通法院的管辖权。这时，普通法院可以继续进行诉讼程序。但“争议决定书”因程序违法而被撤销时，在普通法院没有作出确定判决前，省长可以改正程序，再次提出权限争议。

五、管辖权消极冲突

当行政法院和普通法院对同一问题都宣称无权管辖时，产生管辖权消极冲突。

（一）管辖权消极冲突的意义和性质

管辖权消极冲突是指一个应受行政法院或普通法院管辖的案件，而行政法院和普通法院互相认为应由对方管辖，不在自己管辖范围以内，因而无法院受理这个案件。

管辖权消极冲突，必须具备四个条件：第一，两个法院系统都裁定自己无管辖权。第二，双方认定无管辖的原因是认为案件属于对方管辖范围。第三，限于同一案件。所谓同一案件是指诉讼的当事人，诉讼的原因，诉讼的内容完全相同。若不是同一案件，不发生权限争议。第四，案件必须属于其中一方管辖范围以内。如果案件不在任何一方管辖范围以内，例如政府行为，或者审查法律是否违宪问题，双方都不能管辖，不发生消极争议。

消极争议的性质和积极争议不同，在消极争议中，行政机关的权力和地位没有受到法院的侵害，而是当事人申诉无门，诉讼权利受到侵害。提起消极争议的目的是保护诉讼人，防止司法机构拒绝履行职能。因此，解决消极争议和解决积极争议的程序有所不同。

（二）提起管辖权消极争议的条件

提起管辖权消极争议须满足以下三个条件：

第一，行政法院和普通法院双方均宣称无管辖权，其中一方是错误的。

第二，存在两份判决，一个由行政法院作出，一个由普通法院作出。

第三，当第二个受理的法院判决时，第一次被判无管辖权的法院仍可上诉；否则，适用1960年7月25日政令（即适用移送程序）。

（三）对管辖权消极冲突的裁决

解决消极争议的诉讼，不由行政机关提起，而是由利害关系的诉讼当事人向权限法庭起诉，没有诉讼时效的限制，辩护律师必须出庭。

权限争议法庭经审理后撤销错误一方的法院判决，将案件发回该法院审理。

由于这种解决消极争议的程序，旷日持久，对诉讼当事人不利，现在基本上不再适用，已被移送程序替代。

（四）解决管辖权消极冲突的移送程序（Renvoi）

为了消除消极冲突和积极冲突的某些弊端。1960年7月25日的政令，建立了两种解决争议的移送程序：一种程序的目的在于防止消极争议的发生，另一种程序的目的在于解决管辖的疑难。在这两种程序中，不是由行政机关或当事人请求权限争议法庭裁决两种法院的管辖权限，而是允许或强制由普通法院或行政法院在传统意义上的争议发生之前，就自己请求权限争议法庭裁决他们的管辖权限，从而简化和加速了解决争议的过程、防止争议的发生。

1. 强制性移送程序

当行政法院或普通法院认为某一案件属于对方法院管辖，而裁定自己无管辖权，如果这个裁决已经确定，当事人向对方法院起诉。对方法院如果同样认为自己无管辖权而应由原来的法院管辖时，且这个裁定不能再上诉时，在这种情况下，后受理案件的法院应延缓裁定，并将管辖权之争移送权限争议法庭。这种移送是强制性的，不能请求救济。权限争议法庭受理移送案件以后，如果认为案件属于第一次受理的法院管辖时，应判决撤销原来的裁决，案件发回该法院审理，同时撤销第二次受理法院移送程序以外的其他诉讼行为。如果认为案件属于第二次受理的法院管辖时，应判决发回该法院继续受理。

在这个程序中，第二次受理的法院由于不立即进行判决，由权限争议法庭裁决有管辖权的法院，防止了消极争议的发生。这个程序建立以后，原来解决消极争议的程序，虽说没有被废除，实际上已很少应用。当然可以设想第二次受理的法院不进行移送，而作出判决，这种判决虽然违法，仍然可以产生消极争议。也可以设想在当事人第二次向法院起诉时，第一次法院的判决还没有确定，因而第二次法院不能移送，结果导致产生消极争议。在这两种情况下，仍然要适用解决消极争议的程序，但是这两种假想的情况，实际很少可能发生。

2. 任意性移送（解决管辖权重大疑难的移送程序）

最高法院或最高行政法院所受理的案件，究竟属于哪一法院系统管辖，遇到重大疑难时，可以把这个案件移送到权限争议法庭，由其裁决管辖权问题。这种移送是为了避免产生大量的消极冲突，它也是双方的最高法院为了慎重起见，不单方面决定困难的管辖权问题，而由权限争议法庭裁决，防止以后出现同样案件时，双方法院由于观点不同，引起管辖权的争议。

六、判决冲突

判决冲突是指对于同一案件，两个法院系统都有管辖权，而普通法院和行政法院所作出的判决互相矛盾，以致受害人得不到救济。为了避免当事人受到被拒绝提供司法救济的危险，由权限争议法庭对判决的冲突作出最终裁决。

根据1932年4月20日法律，受害人在最后判决确定以后2个月内，向权限争议法庭起诉，请求撤销原来的两个判决，由权限争议法庭就本案的实体法问题，作出最终判决。

该法律的制定是由于罗泽案（Rosay，CE，08，5，1933）引起的。此案中，原告罗泽因所乘私人汽车和一辆军用汽车相撞受伤。他先向民事法院控告私车司机，要求赔偿。民事法院拒绝赔偿，认为相撞是由于军车驾驶过错所引起，应由国家赔偿。他向行政法院起诉，要求国家赔偿，行政法院也拒绝赔偿，认为相撞是由私车驾驶过错所引起，国家不负赔偿责任。在该案中，两个不同系统的法院都有管辖权，它们都是在其权限范围内进行审理并作出判决的。然而两个判决互相矛盾，受害人得不到救济。这是典型的判决冲突。

七、行政审判权限附属问题的管辖权

（一）附属问题的意义

在法国由于存在两个不同的审判系统，有时出现这样的情况：一个诉讼的解决，依赖于另一个法院系统管辖的问题的解决。

因此，一个案件本身的判决，依赖于另一个问题，后面这个问题不构成诉讼的主要标的，但是构成决定判决的内容，称为附属问题。附属问题，可以发生在两个不同系统的法院之间，也可以发生在同一系统内部两个法院之间。

判断附属问题管辖权的原则，是通过权限争议法庭的判例积累形成的，为法国法学界多数人所赞成。

（二）附属问题管辖权的原则①

附属问题的管辖权，受两个原则支配：

1. 先决问题原则（La question préalable）

这个原则是把附属问题作为先决问题，由受理诉讼案件的法院决定。法国诉讼法中有句格言："审理案件的法官就是受理抗辩事由的法官"（Le juge de l'action est juge de l'exception）。据此，有权管辖主要诉讼的法官，也有权管辖附属问题。对附属问题的管辖，没有独立的存在，应合并到诉讼案件本身管辖内，由对诉讼主要标的有管辖权的法院决定，以保持诉讼案件管辖权的完整。这个原则适用同一系统内部两个法院之间。

2. 审判前提问题（Question préjudicielle）

审判前提问题，是把附属问题作为诉讼案件的前提，由按照正常管辖规则对附属问题有管辖权的法院决定，不由受理主要诉讼案件的法院决定。该原则是适用行政审判和司法审判独立原则的结果，是分权原则的一种表现。按照这个原则，普通法院或行政法院在审判中遇到附属问题时，应把这个问题交由另一个审判系统中有管辖权的法院

---

① 参见王名扬著：《法国行政法》，中国政法大学出版社 1988 年版，第 591～592 页。

决定。

在同一审判系统内部法院之间的前提问题，都是先决问题。不同审判系统法院之间的附属问题，才可以构成审判前提，这是决定附属问题管辖权的两个原则。

但是法国法律对于行政审判中的附属问题和司法审判中的附属问题加以区别。行政审判中的附属问题，全属审判前提问题，由普通法院决定。司法审判中的前提问题，有时是审判前提问题，由行政法院决定。有时是先决问题，由受理该诉讼案件的普通法院决定。这种做法的理由在于，行政审判仅仅只是一种司法审查权，它无权对普通法院管辖的事项进行审理；而行政法院垄断司法审查权的做法可能导致行政特权现象，因此普通法院拥有部分司法审查权既可打破这种垄断，又可起到推动司法审查的良性发展。

（三）审判前提问题存在的条件和效果①

1. 存在条件

审判前提问题的存在，会妨碍诉讼案件的顺利进行，所以不是一切应由其他审判系统法院决定的附属问题，都是审判前提问题，审判前提问题的存在，必须符合两个条件：

第一，问题确实困难。审判前提问题，必须是这个附属问题的法律解释，或者合法性的认定真正发生困难。如果问题的意义明确，法律的适用清楚，受诉法院本身就可决定，不成为审判前提问题。

第二，附属问题的解决对诉讼案件的判决必不可少。审判前提问题的存在，不仅要求附属问题具有困难性质，而且要求这个困难的解决，是案件判决必不可少的条件，构成判决的前提，如果虽然有困难的附属问题存在，而困难的解决对于案件的判决无关，这类附属问题也不构成审判前提问题。有时法院作出一个判决，可以同时根据几项理由，如果根据其中一项或几项理由，已经可以作出判决中的结论，其他可以作为判决理由的附属问题，也不构成审判前提问题。

2. 效果

审判前提问题的法律效果是，受诉法院必须停止诉讼的进行，有

---

① 参见王名扬著：《法国行政法》，中国政法大学出版社 1988 年版，第 593～595 页。

利害关系人就附属问题向有管辖权的法院起诉。原来受诉的法院根据其他法院对附属问题的判决，作出案件本身的判决。

对附属问题有管辖权的法院，必须就原审法院所提问题，作出明确的决定。答复的范围不超过原审法院所指定的审判前提问题，如果被请求作决定的法院认为自己无管辖权时，可能出现消极的权限争议，由权限争议法庭裁决有管辖权的法院。

（四）普通法院对附属问题的管辖权

司法审判中的附属问题，有时作为先决问题，由受诉法院决定。在这种情况下，普通法院根据先决问题原则，扩张了自己对行政事务的管辖权。有时作为审判前提问题，根据分权原则，由行政法院决定。这是一个比较复杂的问题。法国判例并没有提供一个统一的标准。

根据权限争议法庭的判决，普通法院对于附属问题的管辖权，应当根据附属问题的性质，区别三种不同的情况：第一，区别对行政行为意义的解释和判断其合法性问题；第二，区别具体的行政处理和行政条例；第三，区别民事诉讼中的附属问题和刑事诉讼中的附属问题。这三种区别在适用时互相结合。

1. 民事法院的管辖权

（1）对行政行为的解释

民事法院对于一切行政行为，不论其为具体的行政处理，或为普遍性的行政条例，都无权判断它的合法性，必须作为审判前提问题，由行政法院裁决。根据权限争议法庭的判例，民事法院仅能解释行政规范性文件，不能解释具体决定，必须作为审判前提问题（见 Sepfonds，TC，16，6，1923）。但如果这个具体问题的意义明确，没有争议时，普通法院可以解释，不构成审判前提问题。

（2）对行政规范性文件合法性的评判

民事法院仅能解释行政规范性文件，但有一个例外，即对于侵犯公民个人自由和财产权的案件，根据司法官是个人自由和财产的保护者原则，在防止粗暴行为发生的限度内，民事法院可以判断行政规范性文件的合法性（见 Barnsste，TC，30，10，1923）。

2. 刑事法院的管辖权

（1）对行政行为的解释

和民事法院一样，刑事法院仅能解释行政规范性文件，不能解释具体决定。但是，刑事法院关于判断行政行为合法性的权力，比民事法院大，刑事法院有权判断行政条例的合法性。这是因为为了社会的安全和被告人的利益，刑事案件应当迅速解决，所以刑事法院有完整的管辖权，大部分附属问题都作为先决问题解决，不作为审判前提问题。但刑事法官不能判断具体行政处理的合法性。行政处理的合法性问题，必须作为审判前提问题，由行政法院决定。

（2）对行政规范性文件合法性的评判

在这方面，刑事法院的权力将比民事法院大得多。权限争议法庭曾允许刑事法官评判行政法规的合法性而非具体决定的合法性。但最高法院的刑事庭采取另外一个标准决定附属问题的管辖权。最高法院认为在行政行为作为刑事追诉的根据时，由刑事法院决定其合法性，不论其为普遍性的条例或具体的行政处理。在行政行为作为防卫手段时，不问其为普遍性行为或具体行为，必须作为审判前提问题，由行政法院决定其合法性问题。

阿弗兰奇和德玛雷判例（Avranches et Desmarets，TC，05，7，1951）的最终结果是新刑法典第 111-5 条（原则上 1994 年 3 月生效）的出台，该条规定："刑事法庭有权解释规范性行政文件或具体文件以判断其合法性，当提交给它的案件的解决取决于这种审查时。"①

第六题　法国行政法院的管辖

一、法国行政审判权分配的历史沿革

在法国，从行政审判权与普通法院的分离，再到行政审判权与行政法院的结合，大致经历了以下几个阶段：

（1）行政救济时期

1790 年 10 月，制宪会议发布有关行政救济的法令，规定对行政机关的越权行为，应向作为政府首脑的国王提出诉愿。公民对于行政机关不法行为的申诉，由其上级机关受理，最终裁判权属于国家元

① 转引自［法］古斯塔夫·佩泽尔著，廖坤明、周杰译：《法国行政法》（第十九版），国家行政学院出版社 2002 年版，第 262～263 页。

首。可见，这一时期只有行政救济而无行政诉讼。

(2) 国家元首保留行政审判权时期

拿破仑政变上台后，大力改组国家机构，于1799年通过宪法设立了国家参事院，其职能之一即为公民对于行政机关的申诉案件进行裁决，实际上成为行政争讼的专门裁决机构，但名义上行政裁决是以国家元首的名义作出的。这种情况一直延续到法兰西第三共和国前夕。

(3) 委托审判权时期

1872年5月，国家参事院依法开始以人民的名义行使审判权力，从而在法律上成为法国最高行政法院。行政审判成为法国人民委托给国家参事院的权力，而不再属于国家元首保留的权力。同时成立一个权限争议法庭专门裁决行政法院和普通法院之间的权限争议。与此同时，一切行政案件，除依法向国家参事院提起的外，必须先由部长裁决，如果不服部长裁决，才可上诉至国家参事院，即所谓的“部长法官制”(Ministrer-juge)。

(4) 取消部长法官制

1889年12月，最高行政法院对卡多案件(Cadot, CE, 13, 12, 1889)的判决正式否定了部长法官制。自此，行政案件的审判权由行政法院独立行使，法国行政法院制度由此形成，法国产生世界上典型的普通法院与行政法院并存的二元司法制度。

(5) 作为普通法法官的最高行政法院

起初由司法判例确认，随后由法律明文规定的这种解决方法显示出一些缺陷：它将极其沉重的诉讼负担集中到一个司法机构。

(6) 作为普通法法官的行政法庭

根据1953年9月30日的政令和1953年11月28日的公共行政条例，全国各地建立行政法庭。行政法庭为一般权限法庭，凡法律未规定由其他法院管辖的一切行政案件，都以行政法庭为初审法庭。为了减轻最高行政法院的上诉审理负担，依照1987年12月31日的《行政诉讼改革法》创设了上诉行政法院。它没有初审管辖权，只有上诉管辖权，它原则上可以受理地方行政法庭所有的上诉案件，以及法律明文规定的专门行政法院的上诉案件，但由最高行政法院保留上诉审管辖权的除外。

由于法国行政法院系统是由普通行政法院和专门行政法院构成，

所以普通行政法院原则上受理所有争议，除非那些法律明确规定不由其管辖，而专门行政法院仅在法律授权的范围内行使管辖权。

二、法国最高行政法院的管辖

最高行政法院的管辖包括以下四个方面：初审管辖权，上诉审管辖权，复核审管辖权，裁决行政法院系统内部管辖权。

（一）初审管辖权

在1953年9月30日的行政审判组织条例制定以前，最高行政法院是行政诉讼的一般管辖权限法院。法律没有规定由其他法院受理的行政诉讼，初审管辖权属于最高行政法院。1953年的改革以后，最高行政法院成为特定管辖权限的法院，初审管辖权以法律所明文规定为限。除未设行政法庭的海外领地以外，法律只对特别重大或情况特殊的案件，才规定由最高行政法院作为第一审法院。最高行政法院作为初审法院时，也是终审法院。

最高行政法院初审管辖的重大行政案件包括：（1）撤销总统和部长会议的命令的诉讼，包括普遍性的条例和具体性的处理在内。（2）与总统任命的高级公务员个人地位有关的诉讼（如大学区区长、大学教授等）。（3）撤销部长作出的规范性文件的诉讼（即使其适用范围没有超出某个行政法庭的管辖范围）。但由该条例所产生的损害赔偿之诉的初审管辖权，属于行政法庭。（4）对部长在听取最高行政法院的意见后作出的行政决定的上诉。（5）欧洲议会选举（1977年7月7日的法律）和大区议会选举（1985年7月10日的法律）的诉讼。（6）对国家级组织作出的行政决定的越权之诉（如全国竞争考试评审团、独立行政机关，等等），但法律规定了某些例外，如在法国本土以外发生的某些争议。（7）从领土范围上讲，不在一审法院管辖范围内的行政争议（如在外国发生的争议）。（8）不服某些行政决定的上诉，这些行政决定的适用范围超出单个行政法庭的管辖范围，如撤销职业团体全国委员会作出的决定。（9）其他法律规定应由最高行政法院管辖的事项。①

---

① 参见［法］古斯塔夫·佩泽尔著，廖坤明、周杰译：《法国行政法》（第十九版），国家行政学院出版社2002年版，第268～269页。

（二）上诉审管辖权

最高行政法院在行政诉讼方面最重要的和最繁重的职务，是作为非终审法院尤其是行政法庭的裁定提交的上诉审法院。此外，还有行政争议庭，捕获法院等专门法院的判决，都上诉于最高行政法院。1987年法律创设上诉行政法院、1989年1月1日行政上诉法院正式接替最高行政法院的部分职能后，行政法庭的上诉案件，部分由上诉行政法院管辖，减轻了最高行政法院上诉审的负担。

但最高行政法院也管辖某些方面或某些类型的上诉，如评判合法性的上诉、有关市镇和区选举方面的上诉等。

（三）复核审管辖权

复核审是指行政法院已经作出终审判决而不能再上诉的案件，当事人认为其适用法律有错误时，可以请求最高行政法院，就法律问题进行复核。最高行政法院撤销法律适用错误的判决，发回原审法院或同级法院重新判决，最高行政法院复核审管辖权的根据是法的一般原则，不用法律明文规定（见 d'Aillièbres，CE，07，2，1947）。相反，排除最高行政法院复核审的管辖权，必须有法律的明文规定（见 Deyfus-Schmidt，CE，08，6，1951）。复核审适用于全部不以最高行政法院为上诉审的行政法院。

（四）裁决行政法院系统内部管辖权①

最高行政法院是全部行政法院的共同最高法院，因而也是行政法院系统内部管辖权的调整者，管辖权的调整有三种方式：管辖的合并、管辖的指定、管辖的移送。

1. 管辖的合并

管辖的合并是指两个行政诉讼案件分别属于两个行政法院管辖，然而这两个诉讼互相牵连，其中一个诉讼的解决取决于另一个诉讼的结果。在这种情况下，把两个诉讼合并由一个法院受理：

第一，如果两个诉讼案件分别属于最高行政法院和地方行政法庭管辖时，最高行政法院诉讼组组长，可以命令行政法庭把案件移送给最高行政法院，合并审理。行政法庭也可主动把案件移送给最高行政

---

① 参见王名扬著：《法国行政法》，中国政法大学出版社1988年版，第617～618页。

法院，合并审理。

第二，如果两个诉讼案件分别属于两个地方行政法庭管辖时，最高行政法院诉讼组组长，根据其中一个行政法庭的请求，将案件合并由一个行政法庭审理。

2. 管辖的指定

前文已述，普通法院和行政法院之间的管辖权的争议或判决的冲突，由权限争议法庭裁判。如果这种冲突发生在行政法院系统内部时，则由最高行政法院裁决有管辖权的法院。例如两个行政法庭对于同一案件都宣告无管辖权时，由最高行政法庭撤销其中错误的裁决。又如地方行政法庭对某一案件宣告无管辖权，当事人并未上诉，而直接向最高行政法院起诉。最高行政法院认为应属原裁决法庭管辖时，不论该裁决是否已经发生既判力，都可以撤销原裁决，将案件发回原裁决的行政法庭审理。再者，某一地方行政法庭对所受理的案件应回避时，由最高行政法院诉讼组组长指定另一地方行政法庭受理。此外，在两个行政法庭的判决发生冲突可能导致对当事人拒绝司法时，最高行政法院可以撤销其中错误的判决。

3. 管辖的移送

1972 年 2 月 22 日的条例，建立移送管辖制度，避免管辖的错误和无益的诉讼。

第一，最高行政法院受理一件属于地方行政法庭管辖的案件时，诉讼组组长以命令将案件移送给有管辖权的地方行政法庭审理。如果这个案件不属于地方行政法庭，而属于某个专门行政法院管辖时，由最高行政法院以命令将案件移送给有管辖权的法院审理。

第二，地方行政法庭受理一件属于其他行政法庭管辖的案件时，应将案件移送给最高行政法院。如果这个案件属于其他地方行政法庭管辖时，由最高行政法院诉讼组组长将案件移送给有管辖权的行政法庭。如果这个案件属于最高行政法院或专门行政法院管辖时，由最高行政法院移送给有管辖权的法院审理。

在以上两种情况中，为了防止案件在移送中诉讼时效届满，以案件在向无管辖权法院提出时为起诉的期日。

第三，最高行政法院受理一件属于地方行政法庭管辖的案件，或者地方行政法庭受理一件属于最高行政法院管辖的案件，如果这个案件表现出明显的不能受理的缺陷，而且不能在以后的程序中补正时（例如起诉的时效已过），受诉法院不必将案件移送给有管辖权法院，而直接裁决案件不能受理，以避免当事人多耗时间和金钱。

三、法国上诉行政法院的管辖①

根据 1987 年法律第 1 条的规定，上诉行政法院的管辖范围是受理地方行政法庭的上诉案件，该法律没有对它是否有初审管辖权及其他方面的职权作出规定。上诉法院是否拥有这些权力，还待以后的法律规定。

除地方行政法庭的上诉外，对于专门行政法院的上诉案件，只在法律有明文规定时，上诉行政法院才有管辖权。目前有这种规定的专门行政法院数目不多。因此，法国行政诉讼的上诉机关，没有因为上诉行政法院的创设而趋于统一。专门行政法院的上诉案件，基本不由上诉行政法院管辖。在这方面，行政审判的组织和司法审判的组织不同，后者的上诉管辖权基本统一。尽管如此，由于上诉行政法院的创设，行政审判的组织进一步和司法审判的组织接近。

上诉行政法院对于地方行政法庭的上诉案件，也不是全部都有管辖权。地方行政法庭的上诉案件，仍有一部分由最高行政法院管辖。在目前阶段，上诉行政法院的管辖权，实际上只是原来属于最高行政法院上诉案件中的一部分，最高行政法院本身仍然保留有上诉审的管辖权。1978 年法律第 1 条第 1 款规定，下列三类案件的上诉，不由上诉行政法院管辖：

第一，关于解释及审查行政决定的意义及合法性的上诉案件。

这类案件主要发生在普通法院受理一般诉讼的过程中，案件的判决依赖于某一行政行为的意义或其合法性，而普通法院无权决定必须作为审判前提问题由行政法庭决定的时候。这类案件的特点是诉讼的标的明确，对于行政法庭的裁判是否正确，不需要进行事实调查，最高行政法院的上诉审管辖权有统一解释行政法的任务。此外，由于普通法院等待行政法院的决定才能作出判决，这类上诉必须迅速确定，

---

① 参见王名扬著：《法国行政法》，中国政法大学出版社 1988 年版，第 621 ~ 623 页。

不宜增加更多的审级。如果由上诉行政法院受理这类上诉案件，当事人不服上诉行政法院的判决，势必请求最高行政法院复核，延长了诉讼的时间，因此法律规定直接由最高行政法院受理这类案件的上诉。

第二，关于规范性文件越权和非规范性文件越权之诉的上诉案件。

最高行政法院暂时拥有对于规范性文件越权和非规范性文件越权之诉的上诉管辖权。然而，政令规定最高行政法院将逐步转移这些管辖权。1992 年 3 月 17 日法令规定，上诉行政法院逐渐转变为在有关非规范性文件方面受理越权上诉的法院。自 1995 年 10 月起这种转变完全实现。在规范性文件方面，1995 年 2 月 8 日的法律将受理上诉权转交给了上诉行政法院。

在正式管辖权转移之前，上诉行政法院虽然不能直接受理关于行政规范性文件的上诉案件，但在上诉行政法院所受理的其他案件中，如果行政规范性文件的合法性成为附属问题，上诉行政法院对于这类行政规范性文件的合法性有审查权。

第三，关于市议会和省议会选举诉讼的上诉案件。

法国的选举诉讼极为复杂，关于选举资格的诉讼由普通法院管辖。关于政治性选举例如国会议员的选举的诉讼，由宪法委员会管辖。关于行政性选举，例如市议会和省议会选举的诉讼，由行政法庭管辖。选举诉讼是比较重要的诉讼，除涉及选举本身的合法性以外，也还可能涉及和选举活动有关的条例的合法性问题。由于上诉行政法院无权受理关于行政条例的越权之诉的上诉，如果由上诉行政法院受理选举案件的上诉，势必只能受理选举活动本身的诉讼，而关于行政条例的诉讼属于最高行政法院管辖。为了保持行政性选举上诉管辖权的统一起见，法律规定行政性选举的上诉由最高行政法院管辖。此外，选举诉讼由于需要迅速判决，所以直接由最高行政法院受理上诉。若由上诉行政法院管辖，势必拖延最后决定期间。

除了上述三种情况以外，地方行政法庭判决的一切案件的上诉管辖权，属于上诉行政法院。但上诉行政法院必须按照由行政条例所规定的条件和方式行使管辖权，上诉行政法院管辖权限的大小，在很大程度上取决于行政条例中的规定。

四、法国行政法庭的管辖①

法国行政法庭的审判职务包括两个方面：一为事物管辖，一般按案件的重要程度和影响的大小，分配在最高行政法院和行政法庭之间，所以又称级别管辖；二为地域管辖，每一个行政法庭只对一定地域内的案件有管辖权，便于当事人提起诉讼以及法庭进行调查和审理。法国行政法庭这两方面的管辖权，规定在行政法庭法典和其他法律中，法典规定了管辖的原则，也规定了不适用原则的例外。关于管辖权的规定属于公共秩序的范畴，法庭对于有无管辖权的问题，应依职权进行调查。

（一）级别管辖

行政法庭是行政诉讼的一般管辖权法院。一切行政诉讼案件，法律没有规定由其他法院受理时，都以行政法庭为初审法院。1982 年以后，中央政府对于地方自治行政的监督，也通过行政法庭进行。

不服行政法庭的判决，可以向上诉行政法院和最高行政法院上诉，但有几种例外情况：

第一，选举法典第 159 条和第 160 条规定，在国会议员和参议员的选举中，候选人的提名不符合法律规定的条件时，省长可向行政法庭起诉，后者应在 3 日内作出裁决，当事人不服裁决，可向宪法委员会上诉，不得向最高行政法院上诉。

第二，当事人不服行政法庭拒绝批准纳税人请求以市镇名义提起行政诉讼的决定，不能向最高行政法院上诉，但可以向最高行政法院的行政组请求行政救济。因为行政法庭的决定是执行行政职务，不是一个审判行为。

第三，租税法典第 1954 条规定，请求免税或减税的要求，若导致纳税无理地过期时，法庭对于不正当的争执可以判决增税。当事人不服判决，不得向最高行政法院上诉。只能请求后者就法律适用问题复核。

---

① 参见王名扬著：《法国行政法》，中国政法大学出版社 1988 年版，第 631 ~ 633 页。

（二）地域管辖

行政法庭原则上对其管辖区域内行政机关的决定和行政合同的诉讼有管辖权。由于法国是中央集权国家，很多行政机关设在巴黎，严格执行上述原则必然导致巴黎的行政法庭案件积压。所以行政法典在第 41 条到第 50 条中规定了一些例外，主要的例外如下：

第一，关于不动产的诉讼，例如关于不动产公产、公用征收、城市规划、建筑许可等所发生的诉讼，由不动产所在地法庭管辖，而不由作出该决定的行政机关所在地法庭管辖。

第二，关于行政合同的诉讼，由合同履行地法庭管辖，如果合同的履行地超过一个行政法庭管辖区域，或者不能确定时，由合同缔结地的行政法庭管辖。此外，行政合同的当事人，在不违反公共利益的限度内，可以在争议发生以前，约定有管辖权的法庭。

第三，关于行政机关侵权行为的损害赔偿之诉，由侵权行为发生地的行政法庭管辖。

第四，关于公务员个人地位的诉讼，由公务员工作地的行政法庭管辖。关于工作调动的诉讼，由新工作地的行政法庭管辖。

第五，关于和一定的身份有关的诉讼，例如关于退伍军人，被敌人关押的人，关于勋章，关于享受保留职位的诉讼，由原告居所地的行政法庭管辖。

第六，关于职业立法的诉讼，由职业执行地的行政法庭管辖；普遍性的条例，由条例适用地的行政法庭管辖。

第七，具有公法地位的职业团体选举的诉讼，由团体所在地的行政法庭管辖。

第七题　法国行政法院的审理程序

一、法国行政诉讼的特点

在法国，行政法院的法官在开庭时不穿法袍，这从一个侧面反映出行政法院的法官在本质上是公务员，而不是一般意义上的法官。这也从一个侧面反映出，法国行政法院在审理行政案件时同普通法院不太一样。法国行政诉讼程序的主要特点如下：

1. 行政诉讼采取审问式程序

审问式程序，是和控诉式程序相对而言的。在控诉式程序中，诉讼的发展由当事人主导。当事人负责调查证据，双方律师交叉盘问对方当事人和证人以查明事实和证据材料。法官不主动参加讯问，法官的作用相当于双方当事人诉讼行为的公正仲裁人。在审问式程序中，法官在诉讼的发展中起领导作用，当事人和律师在诉讼过程中地位很低。法官负责查明事实，调查证据，不论对原告或被告有利或不利的证据都要调查，不受当事人提供材料的限制。法官讯问证人，当事人没有得到法官的允许，不能盘问对方。在这种程序下，必须有一个预审程序，由一位法官在预审阶段进行调查、研究、收集证据。预审结束后才正式开庭审理。公开审理往往只是一种形式，听取政府专员对案件的结论。全部案件已在预审阶段澄清。

法国的行政诉讼采取审问式程序，有其历史原因和实际理由。法国在大革命时期，混淆实际行政和行政诉讼。因此在行政诉讼中适用实际行政的程序，行政法官必须主动查明事实，不能只充当当事人诉讼活动的仲裁人。法国行政诉讼后来的发展，已经分开实际行政和行政诉讼，然而仍然在行政诉讼中采取审问式程序是由于实际的需要。行政诉讼的当事人处于不平等的地位。行政机关凭借优越地位，可以拖延诉讼时间，扣留重要证据，采取消极抵抗态度。法官主动调查事实和证据，可以加速诉讼程序的进展。特别当行政诉讼涉及公共利益时，需要迅速解决，不能受当事人诉讼行为的限制。

2. 实行两审终审制

法国原则上实行两审终审制，对终审判决的复核审不是诉讼的必经程序。两审制是行政诉讼程序的一般原则，只在法律另有规定时才不适用。这个原则的作用不仅保护当事人的利益，是当事人的上诉权利，同时也保证行政审判的正确行使，符合公共利益。

实际两审制，必须在法院组织上具备两个审级的法院。就普通行政法院而言，由于存在最高行政法院、上诉行政法院和行政法庭以及行政争议庭三级法院，当然可以实行两审制。很多专门行政法院也具有两个审级。例如职业团体的纪律处分，有地区委员会和全国委员会两级，不服地区委员会的裁决，可以向全国委员会上诉。如果某个专门行政法院设立上诉机构，也没限制上诉权利时，当事人对于它的判决不服，可向最高行政法院上诉。因为最高行政法院是全国行政法院的共同上级法院，在当事人具有上诉权利而没有其他上诉法院时，根据两审终审制的原则，当然可向最高行政法院上诉。法国最高行政法院的判例认为，两审终审制是法国行政诉讼的一般原则，只有法律才能限制，不能用条例限制。设有上诉机构的专门行政法院，不能向最高行政法院上诉。当事人只能请求最高行政法院复核上诉法院的判决。

当事人具有上诉的权利，没有必须实行上诉权的义务，可以放弃上诉权的行使。但只能在上诉权产生以后才能放弃，不能事先放弃上诉权利。

1953 年行政诉讼改革以前，最高行政法院是行政诉讼的一般管辖权限法院。大部分行政诉讼以最高行政法院为初审法院，没有上诉法院。1953 年以后，行政法庭成为行政诉讼的一般管辖权限法院。行政法庭的判决，除极少的例外情况以外，以上诉行政法院和最高行政法院为上诉法院，都贯彻两审终审制度。

3. 行政诉讼采取书面审理

法国行政诉讼以书面审为原则，当事人和律师在开庭中陈述内容不得超出诉状的内容范围。口头辩论相对罕见，即使存在，律师（并不总是必需的）也仅仅是进行书面辩论。诉讼效果不取决于律师的辩护效果，而主要决定于书面审查结果。

4. 行政诉讼程序具有半秘密性质

行政诉讼调查事实和证据，主要在预审阶段进行，预审阶段不是公开审理程序，只有和案件有关的人才能参加调查和阅读有关的材料。所以行政诉讼的大部分程序是在不公开的程序中进行的。

5. 行政诉讼实行合议制

审理行政案件一律采取合议制，不能由法官单个审理案件。唯一的例外是行政法庭可以在所管辖的各省内，委派一名行政法官代表，单独判决简单的诉讼案件。但行政法官代表只是对当事人提供便利条件，当事人仍然可以直接向行政法庭起诉。

6. 行政诉讼费用比较低廉

原则上行政诉讼的费用很少（除可能发生的鉴定费或律师费外），1994 年的财政法重新恢复了 100 法郎的印花税。

在法国，提起行政诉讼，原则上必须由律师代理。他们是具有正式资格的司法援助人员，由“最高行政法院和最高法院的律师”垄断。但某些行政诉讼不要求律师代理，最主要的是越权之诉及养老金、选举方面的诉讼可以免除律师代理，方便当事人起诉。

律师费用原则上由聘请律师的当事人一方支付。然而1988年9月2日的政令将民事诉讼法典第700条、1991年7月10日的法律和1991年9月19日的政令推广至行政诉讼：“在所有的诉讼中，法官判处须付责任的一方支付诉讼费，或者判处败诉方支付给另一方由他确定的、不包括在诉讼费中的陈诉费。法官会考虑公平或败诉方的情况。他甚至也可因为出于同样考虑的理由而强行宣判免于处罚。”①

7. 行政参与行政审判活动

各国的行政诉讼一般强调诉讼的独立性，要求行政机关不要干涉法官判案。但法国行政诉讼有明显的政府参与特点。对于行政诉讼案件，政府专员就事实问题和法律问题进行全面审查，提出自己的判决意见。因此在法国，一个行政诉讼案件的判决，实际上经过三次审查：报告员小组的讨论，政府专员的审查，判决法庭的讨论。而且在判决法庭中，除诉讼组的法官以外，还有行政组的法官参加，一个案件是在经过几次调查研究，结合法律专家和行政专家的意见才作出判决，所以能够保证质量。这种明显的行政参与，其根源在于法国人从来都把行政诉讼看成是行政活动，而不是司法活动。他们只把普通法院的活动看成是司法活动。

8. 诉讼不中止执行

在法国，民事经常会导致决定中止执行的后果。而在公法中，诉讼（除了极少的例外）没有使决定暂停执行的效力。这是行政机关享有先决特权的后果，但它也明显地暴露了许多弊端，可能对当事人的权益造成无法挽回的后果。

9. 对经过复议的行政行为只能以复议机关为被告

凡是经过复议的案件，即使维持原行政行为，仍以复议机关为被告。某些领域是否复议前置，须由法律专门规定。

---

① 参见［法］古斯塔夫·佩泽尔著，廖坤明、周杰译：《法国行政法》（第十九版），国家行政学院出版社2002年版，第272页。

10. 不注重也不禁止和解

1986 年法国某地方行政法庭的判例认为，当事人可以和解。但实践中，和解的案件非常罕见。最高行政法院最近认为，双方可以和解，但要对和解协议进行审查后，作出是否同意的决定。在起诉前，可以由共和国调解员进行调解，但在起诉之后，他们就不能介入。共和国调解员的调解没有强制力。

11. 不受“先取证，后裁决”原则的束缚

在法国，行政机关作出决定后，仍可以调查取证，不受“先取证，后裁决”原则的限制。其理由是，法院判决撤销行政行为后，因此作出不正确行为的原因就容易找到，于是可以重新作出决定以纠正原错误。所以，法国更注重实体审查，允许行政机关在作出决定后仍然可以调查取证。

二、提起行政诉讼的前提条件

法国的行政诉讼实质是由具有准司法权的行政法院对行政院予以控制，因此，法国的行政诉讼实际上践行着司法审查的职能。行政法院的案件必须具有可诉性（Recevabilité），所以提起行政诉讼（司法审查）须满足以下条件（Conditions de recevabilité）：①

（一）诉讼标的适格

提起任何诉讼，必须具有一个诉讼标的，即当事人请求法院审查的对象。行政诉讼中被审查的行为首先应是行政行为（Actes administratifs），行政行为的最大特点在于其单方性，即不考虑相对人是否同意而改变公民的法律地位。行政法院作出的任何裁决都不是行政行为而是司法行为（Acte juridictionnel）它可以被上诉至最高法院进行审查。行政机关的内部措施（Measures d'ordre intérieur）不属于审查对象，但当这些措施严重侵犯公民基本权利时，此时性质变为行政行为而接受审查。对政府行为（Actes du government）亦可排斥司法审查。其理由在于该行为和法国议会或外国国家相联系，政治性较强，但根据行为分离（Acte détachable）理论，如果从政府行为中可分离出某

---

① See L. Neville Brown, J. F. Garner, Jean-Michel Galabert, *French Administrative Law*, 3rd. edn., London: Butterworths, 1983, pp. 98-108.

些行政行为，这些行政行为即可被审查。

当事人诉讼的对象是行政决定。没有行政机关的决定或决定尚未作出，不能提起行政诉讼。法国行政法学称这个规则为行政决定前置规则（La règle de la decision préalable），是法国行政法的一个重要规则。该规则是在部长法官制时期创立的，其目的在于在诉讼前为相对人提供解决问题的机会。自从部长法官制不存在以后，这个规则继续存在的理由，是出于实际的需要。这个规则的作用，首先可明确争议的对象，其次，使行政机关对于自己的行为有一个考虑的机会，避免对簿公堂。行政机关可放弃援引该规则，此时不受行政决定限制规则的束缚。

行政决定前置规则，从理论上说提起一切行政诉讼都必须适用，但实际上法律规定了很多例外。关于公共工程的损害赔偿之诉，法律规定不适用行政决定前置规则。这个规则适用最多的情况是由于行政活动所产生的损害赔偿之诉。产生损害的行为往往不是一个行政决定，当事人在向行政法院请求损害赔偿之前，必须先向行政机关请求赔偿，只可在行政机关拒绝赔偿，或不能全部满足请求时，才能向行政法院起诉。请求撤销行政决定的诉讼（越权之诉），由于已经有一个行政决定存在，不必再请求作出决定。行政决定前置规则，不要求当事人提起行政诉讼以前，必须先请求行政救济，当事人可以对违法的行政决定直接起诉。

行政决定一般是行政机关明确的表示，判例对行政决定的理解十分宽泛，口头决定、部长对上诉的意见都视为行政决定。如果行政机关对当事人的请求不作答复，根据 1900 年 7 月 17 日及 1965 年 1 月 11 日法律的规定，从提起请求后经过 4 个月，即视为默示的拒绝决定。有时，法律可能规定行政机关不作答复是默示的承认，这是例外的情况，只在法律或条例有规定时才存在。

（二）当事人适格

提起行政诉讼必须有合格的当事人，最主要的诉讼当事人为原告和被告，有时可能还有和案件有利害关系的其他人参加。在法国，当事人必须对作为诉讼标的的行政决定具有某种利害关系，才能提起行政诉讼。

国家作为当事人时，通常由有关的部长代表，省作为当事人时由省议会主席代表，市镇作为当事人时由市长代表。尽管国家在法律上说是一个整体，然而一个部长可以对另一个部长的决定提起行政诉讼。地方行政机关由它们的被国会正式授权的行政执行机构（省议会议长，市长）代表；国家由相关的部长代表（有时由省长代表）。

（三）管辖正确

法国诉讼法上有句格言，“利益之所在，诉讼之所在”（Pas d'intérêt, pas d'action）。因此，由原告所在地（Locus atandi）法院管辖，有利于保护原告方的利益。

但是，如何判断原告对所诉对象具有利益，法国并不存在某一标准而是通过判例来确定。

（四）不存在平行救济

不存在平行救济（Le recours parallèle）本是判断越权之诉的要件。即当事人的合法权益受到非法行政决定侵害时，如果根据法律规定具有越权之诉以外的其他诉讼救济手段时，不能提起越权之诉，而只能选择其他途径，但其他诉讼救济手段必须是直接的救济手段。如果上述平行的诉讼救济途径和越权之诉由同一法院管辖时，则不受此限制。

在1953年行政改革前，为了防止滥诉而使最高法院不堪重负，开始引入平行救济（Le recours parallèle），即行政争议不能直接向最高法院提起，而是首先向其他行政法院提出。尽管如此，由于特别例外原则（Specialia generalibus derogant）的存在，不存在平行救济原则仍被少量使用。如1955年的Society Morai案（Society Morai，CE，06，5，1955），最高法院对某部长关于关闭危险或不健康场所的命令无管辖权，而上诉行政法院对此类行政命令有特别管辖权。

（五）符合起诉期间的要求

1956年6月7日的法律制定了统一的期间（Les délais）制度。行政诉讼通常应在被诉行政决定作出2个月内提起。某些特别的期限已由法律条文规定，如在公共工程方面，不存在诉讼期限。

1. 期间的起算

期间自行政决定以公告或通知形式告知相关人之日起算。自1983年11月28日的政令以来，行政机关应当在通知中注明期限和寻求救济的途径，否则期限将不予起算。如果所采取的措施并没有被公布，期间将不予起算。对于个别决定，期间起算仅根据对最终相关人的通知而不是对第三方的通知。在行政机关沉默或拒绝的情况下，期间为自行政决定作出之日起4个月结束之日。然而对此存在两项例外：第一，在完全管辖权之诉方面，在默示的拒绝决定之后，期限停止起算。直至后来作出明文决定之日起再开始计算。第二，在默示的拒绝决定后，如所采用的措施只能由集体决定或依据集体组织机构的意见来实施，期限停止起算。

根据1983年11月28日的政令，行政机关应当通知请求已收到，否则期限不予起算。收讫通知中应当含有某些明确的指示。

2. 期间的延长

由于起诉的期间很短，为了保护当事人的利益起见，法律规定在下述情况下可以延长起诉期间：

第一，原告在行政决定后，2个月内请求行政救济，如其申请被拒绝时，在接到拒绝通知后，2个月内仍可对原来的行政决定提起行政诉讼。这个规定的目的在于便利当事人申请行政救济，减少行政诉讼案件。

第二，原告在行政决定后2个月内向无管辖权的法院申诉，在其申诉被拒绝受理后2个月内，仍可向有管辖权的法院提起行政诉讼。

以上两种延长只在申请行政救济和提起诉讼管辖错误发生在可以提起诉讼的期间以内，而且只能对一次行政救济和诉讼错误给予延长。然而，即使向无管辖权的法院提出诉讼发生在行政复议之后，仍可延长期限。此外，原告请求司法援助或居住在国外时，也可适当延长起诉的期间。

期间届满后，并非任何情形都不能得到救济。如果由于未履行行政决定而遭受非难，或该行政决定违背公序良俗（Moyen d'ordre public），当事人可在任何时候提起行政行为不合法之诉。

3. 期间完成的法律效果

起诉期间经过以后，发生两种效果：首先，当事人不能对不服的行政决定直接提起行政诉讼。其次，提起行政诉讼后，如果在诉讼进行中起诉时间已经超过，当事人不能再提出新的诉讼请求和诉讼根据，起诉人对于同一诉讼请求不能修改其理由或提出与原理由所依据的法律不同的新理由（Sté Intercopie，CE，1953），但可补充和原来诉讼根据同类的事实。

在越权之诉方面，即使在期限失效后，某项规范性决定的不合法性仍可通过抗辩方式（不再是诉讼行为）起诉后来制定的实施该决定的文件。相反地，具体决定的不合法性不能在期限失效后提起撤销之诉。根据 1983 年 11 月 28 日的政令规定，在某些条件下重新起算救济期限。

当数个决定促成了一个最终决定时，起诉人可以或者在诉讼期限内起诉每一个决定或者依据其中一个决定的不合法性起诉最终决定，即使这个中间决定已不处在诉讼期限之内（只要其他决定有满足期间要求的即可）。

（六）满足诉讼形式要求

起诉状必须用书状指明各方当事人的姓名、住址，陈明事实、理由、请求内容，并附被诉行政决定，由本人或其代理律师签名，亲自递交或邮寄行政法院。同时附有副本，以便由法院转交被告。以上事项若有欠缺，应在法院所定期限内补正，否则不予受理。

行政法官受理的诉讼原则上费用很少。1977 年 12 月 30 日的法律取消了诉讼费，但是 1994 年的财政法重新规定了每份诉状需付 100 法郎的印花税。起诉人仍要支付鉴定费和律师费（但这两项并不总是必需的）。

三、法国行政法院一审程序

这里所说的行政诉讼程序是普通行政法院中的程序规则。即最高行政法院、上诉行政法院和行政法庭中的诉讼程序。专门行政法院数目很多，在程序方面没有一致的规则。

法国的行政诉讼的程序主要由法律和行政法规规定。在成文法没有规定时，由判例所创造的规则补充。最高行政法院的程序规则，规定在 1945 年 7 月 31 日关于最高行政法院的法令条例及以后对于该条例的补充法规中。行政法庭的程序规定在 1973 年的行政法庭法典及以后的补充法规中，上诉行政法院原则上适用行政法庭的程序规则。1953 年以前，最高行政法院和行政法庭在诉讼程序上的差别较大。1953 年的行政诉讼改革以后，行政法庭的作用增加、地位提高，诉讼程序基本上和最高行政法院相同。行政法院的审理程序可分为起诉、预审、审理、判决和执行五个阶段。

下面以最高行政法院为例来说明法国行政诉讼的一审程序。①

（一）起诉

起诉是当事人主张行政机关的行为违法侵害了自己的权利或利益，请求行政法院通过审判程序给予救济的行为。起诉必须符合一定的条件，法院才会进一步审查当事人的实质请求。

当事人一般由代理人雇佣的律师出庭，雇佣的律师须来自由60名特别成员组成的特别律师协会（L'Ordre des Avocats aux Conseils），该律师协会专门代理最高法院和上诉法院的案件。

（二）预审（Instruction）

预审是指在正式开庭审理以前，由预审法官认真阅读诉讼材料，进行调查研究，查明案件的事实情况和法律问题，使案件处于可以判决状态的诉讼程序。

诉状交由法庭的书记室或最高行政法院的秘书处登记。在最高行政法院，由诉讼组组长将案件分配到一个小组，小组组长指定一名组员作为报告员（Rapporteur），承办预审的各项活动。诉讼组组长同时分配另一小组指定一名政府专员，对案件的解决提出政府专员结论。在外省行政法庭未设小组时，由庭长指定一名报告员。报告员对案件进行初步审查，决定应当采取的预审措施。缺乏经验的报告员在这时往往和组长或其他有经验的人商量。报告员首先审查法院是否有管辖权，是否符合起诉条件。如果案件的解决已经确定时，即无须进行预审。例如法院无管辖权，或起诉时效已过，这时根据情况由法院裁定不予受理，或移送有管辖权的法院受理。

法院受理诉讼后，预审小组将原告起诉状副本发送到被告行政机关，限期提出答辩。原告就被告的答辩状可再次提出辩驳状。一般情况下，双方诉状的交换到此结束。如果有必要澄清事实和观点时，双方可再交换一次答辩状和辩驳状。预审法官（即报告员）可以在原告请求的范围内，向双方当事人提出问题。预审小组可以自己或根据报告员的建议面对双方当事人提问。提问除非涉及公序良俗，否则提

---

① See L. Neville Brown, J. F. Garner, Jean-Michel Galabert, *French Administrative Law*, 3rd. edn., London: Butterworths, 1983, pp. 58-71.

问限定在原告请求范围之内。当事人不按预审法官规定期限提出书状或不回答问题，经催告一次仍不遵照时，法院可以对原告的不作为视为撤回起诉。对被告的不作为视为承认原告的主张。

报告员在认真审查诉讼材料以后，认为必须进一步调查研究时，可以就地调查、勘验或核实情况，也可建议法院委托其他法院或单位进行调查。认为有鉴定必要时，可建议法院委托专家鉴定。

当事人就其所主张的事实负有举证责任，也可要求法官进行某项调查或鉴定。由于行政诉讼程序采取纠问式，法官根据双方当事人实力不平等的情况，如原告就其所主张的事实，所持论证显然可信时，或导致可以怀疑行政决定时，法官可将举证责任移转于被告。被告必须就其行为的事实和法律方面负证明责任。

报告员调查结束后应提出一个报告，陈述事实情况、当事人的主张、法律观点和建议解决方案，他将在报告中引用法律、法规、判例、法学论文和专著中的观点。报告员的报告任务目的在于减轻小组组长的工作压力，另外使政府特派员就报告而形成看法。报告人在提出报告时，还要以他认为最高法院将对此案件作出的判决起草一份决定，这份判决草稿（Projet d'arrêt）必须包括当事人的所有法律争议问题（Moyens）。小组组长在阅读报告后，提交小组预审会议（Séance d'instruction）讨论。

在预审过程中可能会发生某些意外事件，如与争议的解决有利害关系者的介入，关于对方文件系属伪造的声明，附带诉讼，等等。报告员应及时妥善处理。

预审会议由小组全体成员参加，每周开会一次，每次讨论几个到十几个案件。以小组组长为主席，性质相同的案件通常安排在同一次会议中讨论。当讨论到某个报告员所承办的案件时，由报告员宣读调查报告和建议解决意见并经全体讨论。如有批评意见，由报告员改正或补充调查。调查报告经报告员小组通过后，即作为小组意见，以小组名义将全部案卷送交政府专员。政府专员在小组开会时可以列席，不参加表决。在最高行政法院，政府专员必须为另一小组成员。在未设小组的行政法庭，审判组中有一名法官专门担任政府专员职务。政府专员认为有必要时，可以对案件中的事项作进一步的调查，然后草拟政府专员结论。政府专员结论对案件事实作出清楚扼要的概括，根据自己的法律意见提出解决办法，不受政府意见的影响。

（三）审理

政府专员的结论书写好以后，案件就登记在法院的判决会议日程表上。每次判决会议同时处理几个到十几个案件。审理是由审判会议（Séance de jugement）进行。它包括两种形式：一种是公开审议（Audience pubique），一种是秘密审议（Audience privée，或Délibéré）。无论公开审议还是秘密审议，都采取以下3种形式中的一个（但是，重要案件的判决和带有原则性的判决，只能由判决大会和诉讼组大会作出。变更以前的判例，必须由和前一判决相同的机构作出。外省的行政法庭如果只有一个审判组时，判决和预审在同组进行。）：

（1）两小组联合审理或一个小组单独审议

一般由两个小组联合审议，此时诉讼的3个副组长中1人出任主席，其他两个审议小组出3个普通职行政法官，最高法院行政组代表1人及报告员共9人。政府特派员列席，不是成员无表决权。

（2）诉讼组大会审议（Section du Contentieux）

此时诉讼组组长任主席，3个副主席和10个小组的组长，最高法院行政组2名普通职行政法官和1名报告员共17人参加。同时政府特派员列席，不是成员无权表决。

（3）判决大会审议（Assemblée du Contentieux）

1963年的改革后，诉讼组大会和最高法院副院长任主席，5个组的组长和诉讼组3名组长中的2人，相关小组的组长及报告人员共10人参加。政府特派员列席，无表决权。巴黎行政法庭的判决大会，只由庭长、各组组长、报告员和政府专员参加。

1. 公开审议（Séance de jugement）

开庭审理阶段，除法律另有规定外，公开举行。

在开庭审理阶段，公众可以旁听。审理重要案件时，旁听席中多为国家行政学院学员、巴黎法律学生和新闻记者。当事人的律师出席，穿律师制服。行政法官不是司法官员，不穿法官制服。每个案件的审理以书记官宣布案件的名称和编号而开始。首先由报告员宣读预审报告中的事实，双方论点摘要及预审的调查和分析，审判长然后要求双方律师发表意见。律师就其诉状进行口头陈述，不能增加新的诉讼请求和诉讼理由。在最高行政法院中，律师很少进行辩论。因为诉讼程序原则上采取书面审理，当事人也常作口头陈述。但在行政法庭中，律师发表辩护讲演的情况较多,当事人也不作口头陈述。最后,审判长请政府专员宣读他的结论。政府专员宣读结论书后,关于这个案件的开庭审理就已结束。法庭依次进行其他案件的公开审理。如果案情复杂,一次庭审不能结束,可以举行第二次庭审,或再进行预审。

2. 秘密审议（Délibéré）

公开审理结束以后，法庭进入秘密评议阶段。

判决会议的机构如果是诉讼组审判庭时，诉讼组的其他法官和实习人员可以出席旁听，如果是诉讼大会时，全体普通职行政法官可以出席旁听，年轻的助理办案员可以利用旁听机会学习。在评议阶段，合议庭的全体成员都可发表意见。首先由报告员说明他在报告书中的观点，法庭主要讨论政府专员的结论。政府专员参加会议，但不是法庭成员，不再发表意见，不能参加表决，可以答复法庭所提问题。法庭经过讨论以后作出决定。

（四）判决

法庭的决议采取判决形式，最后由报告员根据法庭的决议拟成法庭判决草案，交审判长批准。判决通常在秘密审理后15天内作出。

判决的内容往往采取政府专员的结论，但也可以和政府专员的结论不同。判决书必须记载法庭的成员、当事人的名称、案由、案件的事实、当事人的请求和理由，法庭判决的根据和理由，最后为判决的主文。判决书由审判长、报告员和书记官签名。每份行政法院的判决书上写着“以法国人民的名义”（Au nom du Peuple Français），因为行使的是最高委任司法权（La justice déléguée），它以人民的名义作出判决，判决于是具有了既判力（Res judicata，或用法文表示为 L'autorité de la chose jugée）。

法庭的判决必须公开宣布，通常在判决书作成后下次开庭时宣读。法庭的判决书和政府专员的结论同时发表，报纸上也可以登载。判决书送达于当事人，以法院的名义发表，通常非常简短，不记载讨论中的不同意见。政府专员的结论在法国行政诉讼中非常重要，法院的判决往往根据他的结论。法国行政法的很多重要原则，首先是由政府专员提出来的。法国行政法院的判决书一般比较简略，法国的法学工作者们也因此必须求助于政府特派员（尤其是行政法哲学形成时期的经典政府特派员）作的最终结论进行判例研究，于是这些报告中有许多已成为法学经典文献。

（五）判决的执行

行政机关必须遵守法院的判决，这不限于消极方面，即不作任何行为违反法院的判决。例如行政机关的决定已被撤销以后，行政机关不能再次作出同样的决定和说明。对于行政机关来说，由于行政机关掌握实质力量，而且法院不能命令行政机关，因而会产生一些困难。行政法院判决的执行是指对行政机关的执行而言。

在法国，行政法院的判决一般都会得到执行，很少会求助于强制执行措施，这不能不说是奇迹。但是在个别情况下行政机关不愿履行法院的判决。此时，最初对此的解决方法是由受到影响的当事人（通常是胜诉的原告）自己决定是否重新起诉。这是 1925 年的 Rodiere 案（CE，26，12，1925）确立的原则。此案中，原告 Rodiere 不服他所在的政府部门给予他晋职的决定，而在此前其部长已对他作出升迁安排。最高法院宣布决定无效，但未作任何变化，在重新起诉后，最高法院撤销了这一新的工作安排决定。该案创立了一个原则：行政法院只对如何履行其判决拥有绝对的监督权。

1. 执行的障碍①

行政法院的判决对于公务法人不能强制执行。国家、地方团体和公务法人的财产不能扣押。对此，没有充足理论根据，它仅是一惯例。

行政法院判决对行政机关执行的另一障碍是行政法院不能对行政机关发布命令，不能命令行政机关为一定行为或不为一定行为。法国没有任何法律限制行政法院享有这种权力。行政法院不对行政机关发布命令是由于尊重行政机关的特权而对自己所加的限制。最高行政法院认为这种限制属于公共秩序范畴，必须严格遵守。由于行政法院不能命令行政机关采取或不采取一定行为，所以行政法院的判决只能或者撤销行政机关的决定，或者判决行政机关负赔偿责任，不能有强制

① 参见王名扬著：《法国行政法》，中国政法大学出版社 1988 年版，第 660～661 页。

命令规定。

2. 实际执行措施

行政法院不能命令行政机关为一定行为，或不为一定的行为，为了保障行政法院的判决执行起见，行政法院对于国家行政机关，有时采取间接强制方式：

（1）行政法院在判决的主文中，撤销行政机关的决定。在说明理由部分指出行政机关违法的原因和合法行为本来应当采取的方式。行政机关为使自己的行为合法起见，只能作出遵守行政法院指示的决定。

（2）判决的撤销和赔偿。行政法院在判决的主文中，判决行政机关负赔偿责任，同时规定行政机关如果自动恢复原状，或者停止某种行为，免除赔偿责任。如果行政机关不执行法院判决而作出另外的行为，当事人可以向行政法院起诉。行政法院可以行政机关违背既判力为理由，判决撤销行政机关违反判决的行为，并同时判决行政机关赔偿由此而产生的一切损害。

（3）列入经营预算。地方团体或公务法人不执行行政法院判决时，有监督权的国家机关，可以根据当事人的申请，或依职权把必要的经费列入地方团体和公务法人的预算中，以保证执行。

（4）判决的不执行不一定由于行政机关缺乏诚实，而可能由于执行行政法院的判决，会引起很多法律问题，行政机关不知道如何处理。1963 年的条例规定，有关的部长可以请求最高行政法院解释执行这个判决所遇到的法律问题以及正确执行这个判决的方式。

（5）当事人在收到最高行政法院判决 3 个月后，行政机关没有开始执行时，可以把不执行的情况报告最高行政法院，如果行政机关不执行最高行政法院暂停执行的裁定，可以立即向最高行政法院报告，不需要等待 3 个月时间。

（6）向总统报告。行政机关不执行最高行政法院的判决时，最高行政法院副院长，或者诉讼组组长可以提起行政机关注意，要求行政机关说明打算采取何种执行措施。最高行政法院在每年向总统提出的报告中，可以反映不执行判决的情况，以施加间接的行政压力。

（7）诉诸舆论压力。1976 年的调解员法规定，行政机关拒不执行法院判决，当事人可以通过国会议员向调解员申诉。调解员有权命令行政机关执行法院判决。行政机关不执行调解员命令时，调解员可以写一个特别报告，公开发表，对其施加舆论上的压力。

以上措施，均是间接手段，并非直接有效。保障行政法院判决执行最有力的措施，规定在1980年7月16日对于行政机关迟延罚款和判决执行法中，以及1981年5月12日关于执行上述法律的条例中。该法律目前还不适用于地方行政法庭的判决，它增设了3项强制执行措施：

（1）判决确定行政机关赔偿责任以后，行政机关必须在4个月内签发支付命令。4个月期间经过以后，会计员有义务根据判决书的正本付款，不需支付命令。如果赔偿主体是地方团体或公务法人，国家行使监督的机关，可依职权命令支付。必要时，可以规定经费来源。

（2）行政法院判决行政机关负责赔偿，金额由行政机关和当事人协商确定时，或者行政法院在越权之诉中，撤销行政机关的决定时，如果行政机关对上述两种情况不采取必要的措施，当事人可以在6个月后向最高行政法院申诉。如果情况紧急可以不受时间限制，立即向最高行政法院申诉。诉讼组组长、诉讼组、报告和研究组根据申诉，可以对行政机关宣布迟延罚款。规定行政机关不执行判决时，每天罚款若干。最高行政法院还可以在当事人未申诉时，依职权宣布迟延罚款。迟延罚款通常是临时性的强制措施，可以暂不执行。宣布迟延罚款以后，行政机关仍然不执行判决时，迟延罚款成为确定的措施。当事人由于行政机关不执行判决而受到损害时，可请求损害赔偿。迟延罚款不能代替损害赔偿。

（3）必要时，行政法院可以对引起迟延罚款的负责人处以罚款，罚款金额可以达到公务员的全年薪俸。

1995年2月8日的法律规定行政法庭、行政上诉法院、最高行政法院可以在它们的裁决中将禁令和逾期罚款配合使用，它扩大了上述惩罚性罚款的适用范围，即可对不执行行政上诉法院和行政法庭裁定的行政机关实施惩戒性逾期罚款。

此外，法国的法律规定对不执行判决负有责任的人员将由预算纪律法院处以罚款。

（六）上诉行政法院的审理程序

上诉行政法院的诉讼程序和最高行政法院的审理程序基本相同。但需要特别指出的是，法国行政法院体制规定，不服上诉行政法院终审判决的还可以向最高行政法院提起复核审程序，这时上诉行政法院的判决就有可能被撤销。所以，法国上诉行政法院在审理上诉案件时一般采取审慎的态度。遇到新的法律问题难以把握，而且这个问题在其他案件中也屡屡出现时，它就暂时停止审判，请求最高行政法院给予指示，即适用请求指示程序。

为了提高上诉行政法院的效率和缩短诉讼的时间起见，1987 年创设上诉行政法院的法律第 12 条规定一个请求指示程序。①

上诉行政法院在其受理的上诉案件中，遇到一个严重困难的新法律问题，而且这个问题出现在很多案件中时，可以暂时停止判决，请求最高行政法院就这个法律问题的解决提出指示意见。请求指示是上诉行政法院的一种特权，上诉行政法院没有请求指示的义务。最高行政法院应在 3 个月期间以内，对这个法律问题的解决提出意见。如果最高行政法院在 3 个月以内没有作出指示意见，上诉行政法院在此期间经过以后，可以自己作出判决，不再等待最高行政法院的指示。

最高行政法院的指示意见对上诉行政法院仅有参考价值，上诉行政法院没有必要遵循。但上诉行政法院没有遵循最高行政法院的意见时，如果当事人对上诉行政法院的判决不服，可以就该法律问题向最高行政法院提起复核审诉讼，从而使上诉行政法院的判决，在复核审诉讼中很可能被撤销。因此最高行政法院的指示意见，实际上具有很大的权威，请求指示意见的程序是 1987 年法律的新创，这个程序的实施，可以保证上诉行政法院和最高行政法院判例的统一，减少对上诉行政法院判决提起复核审的机会。

（七）地方行政法庭的审理程序②

地方行政法庭和最高行政法院的审理程序基本相似。但由于地处

---

① 参见王名扬著：《法国行政法》，中国政法大学出版社 1988 年版，第 623 ~ 624 页。

② See L. Neville Brown, J. F. Garner, Jean-Michel Galabert, *French Administrative Law*, 3rd. edn., London: Butterworths, 1983, pp. 72-74.

经济政治中心的巴黎、马赛和地处偏僻的法庭受案量不同，所以它们审理程序繁简有所差别。业务量大的法庭，将分为多个组或分庭，如巴黎庭设7个组（每组下设两个分庭），马赛设8个分庭，里昂设3个分庭。

地方行政法庭比最高行政法院更加面向公众，于是讯问调查（Enquête）和紧急查证（Expertise）程序更多地被运用。尽管从理论上由法庭主席主持工作，但是，实际上由报告人承担大部分预审工作。

行政法庭的庭长可以从外部录用，如警察。由于在审判业务繁重的法庭（如巴黎和马赛）录用国家行政学院的毕业生较为困难，近年来越来越多地从公共行政管理部门和大学中录用行政法庭庭长。行政法庭每个法庭中有一位成员始终是政府特派员。行政法庭的审议活动气氛较最高行政法院和谐轻松、显得非正式。

行政法庭的三名法官组成1个合议小组负责对案件审理。在极少情况下，可由1名法官独任审理。和其他行政法院的审理不同的还有，当事人不必雇用诉讼代理人出庭诉讼。

最高法院5~6名高级职别的法官被任命为督察员，不定期地在法国各地巡回监督行政法庭的工作并向他们提出建议和意见。

四、对不服判决的救济程序①

当事人如果不服行政法院判决，其救济途径有两种：一种是向原审法院以外的其他法院提出申诉，称为变更途径（Les vioes de reformation）；另一种是向原审法院提出申诉，称为改正途径（Les vioes de retraction）。

（一）变更途径

变更途径为请求上级法院撤销或者改变下级法院判决的程序，有提起上诉和申请复核两种方式。

1. 上诉

当事人不服第一审法院的判决，在法定期间以内，请求上级法院

① 参见王名扬著：《法国行政法》，中国政法大学出版社1988年版，第650~659页。

对原判决的事实问题和法律问题重新审查，撤销和变更原判的程序称为上诉。上诉除适用于下级法院的判决以外，也可以适用于下级法院的裁定。一方当事人提起上诉后，被上诉人可就第一审判决提起附带上诉。

（1）上诉的条件

上诉人限于第一审诉讼中的当事人。第一审诉讼中的原告或被告，共同原告或共同被告中任何一人，以及由法院指定参加诉讼的人都具有上诉人的资格。上诉人必须具有上诉利益才能提起上诉。上诉利益是指由于第一审判决受到了不利影响。这种不利影响是判决主文所产生的结果。如果仅仅对于第一审判决的理由进行批评，不能提起上诉，因为该理由不能损害当事人的利益。因此第一审法院驳回当事人起诉时，行政机关不能由于对第一审判决的理由不同意而提起上诉。但作为判决的主文所必不可少的支持理由例外。第一审诉讼中的第三人，由于判决而使权利受到不利影响，是否可以提起上诉，因第三人地位而不同，应当根据诉讼的性质和第三人是否参加诉讼而定。

提起上诉的期间，在法律没有其他规定时，为收到第一审判决以后的2个月以内。附带上诉可以在主要上诉判决以前提出。法定期间经过以后的上诉不能受理。提起上诉须用书状，内容记载参看上文所述的起诉的形式。

上诉的请求不能超过原审判决的范围，上诉法院不接受新的请求，但可以扩大原请求的范围，例如包括第一审判决后所产生的利息、租金、已到期的付款和其他已到期的附属权利，也可以请求从第一审判决后所产生的损害赔偿。在第一审判决和上诉期间由于新的事件而引起的变更，不包括在上诉请求的范围之内。上诉的理由也以第一审诉讼中的理由为限，但可以补充和第一审诉讼中同类理由的事实。有关税收诉讼存在例外，税收机关在上诉中可以提出任何理由以支持被争议的税收负担。

（2）上诉的法律效果

在行政诉讼中，上诉不发生暂时停止判决执行的效力。当事人的利益由于判决的执行，而产生不可弥补的损害时，可以请求受理上诉的法院裁定暂时停止执行。上诉法院根据公共利益，考虑是否裁定暂时停止第一审判决的执行。

行政诉讼的上诉和其他诉讼的上诉一样，产生移审的效果。移审是指上诉法官具有第一审法官同样的权力，可以在当事人请求的范围内，对案件的事实问题和法律问题进行全面审查。包括第一审中提出的问题、第一审判决后到上诉期间所发生和当事人的请求有关的问题以及第二审中提出的问题在内。上诉法官认为原审判决的事实清楚，法律适用正确时，应驳回上诉，维持原审判决。如果原审的事实问题或法律问题有错误时，上诉法院根据移审原则，必须进行预审阶段的分析和调查，撤销原判，作出正确的判决，或者用新理由改正原判。在一般情况下，上诉法院在案件的事实未全部澄清时，往往不亲自进行调查，而是发回原审法院进行补充调查，根据上诉法院对法律问题的指示，对案件重新作出判决，这是移审的正常效果。

法国的行政诉讼采用两审终审制，诉讼案件原则上要经过两次审判。移审效果发生在下级法院已就案件的实质问题按照合法程序审查以后，当事人不服，请求上级法院重新判决的时候。如果下级法院由于错误地没有对案件的实质问题进行审查，这种上诉案件不发生移审效果，必须发回第一审法院重判，否则剥夺了当事人依法享有的两审权利；如果下级法院在判决程序上有严重缺陷，这种情况下的上诉也不发生移审的效果，因为第一审法院对于案件的实质没有按照正当程序进行审查。以上各种情况按照两审终审制的原则，上诉法官只能撤销原判，将案件发回第一审重判，以维护两审终审制原则。这种解决办法必然要延长诉讼的时间，而且如果原审法院不按上诉法院的法律指示判决时，当事人必须进行第二次上诉，导致案件持久不决。上诉法院为了加速诉讼的进程起见，在下级法院的判决撤销以后，如果案件的事实已经基本澄清时，往往不发回下级法院重判，而由上诉法院在当事人请求范围内自己判决，或依职权移送有管辖权的法院。在上诉案件不产生移审效果时，上诉法院可以根据上诉法官的提审权进行判决。提审制度起源于法国旧制时期，当时国王对重大案件不按一般的审级规则，而是命令移送国王参事院判决，目的在于保护国王的利益。在当代的情况下，提审的作用是上诉法官优越于下级法官的表现，同时也是为了加速案件的最终判决。

2. 复核

复核是指当事人认为终审行政法院的判决违法，请求最高行政法院撤销的诉讼程序。复核和上诉一样，是当事人不服行政法院判决申请变更的途径。但复核不产生移审的法律效果，复核审法官的权力不如上诉法官广泛。

对于权限争议问题，权限争议法庭可通过复核撤销最高法院的判决。

（1）复核的意义和适用范围

复核审的适用范围限于：第一，只对行政法院的判决提起，不能对行政机关的行政行为提起。请求撤销行政机关的行为应当提起越权之诉。过去曾经混淆复核审诉讼和越权之诉，从19世纪末期起，已经区别这两种诉讼。第二，复核只对终审行政法院的判决提起，行政法院的判决可以上诉时，不是终审判决，不能申请复核。因此不服行政法庭和行政争议庭的判决，不能申请最高行政法院复核，只能提起上诉。复核审的诉讼，实际上只适用于专门行政法院和上诉行政法院。最高行政法院虽然也是终审行政法院，但最高行政法院不能对自己的判决进行复核。最高行政法院的判决如有错误，只能按改正途径审查。第三，复核当然适用于一切不能向最高行政法院上诉的终审行政法院的判决，不用法律明文规定。最高行政法院是全部行政法院的共同上级法院，行政法院的判决没有上诉的可能时，都可向最高行政法院申请复核，这是法的一般原则。限制最高行政法院的复核权力，必须有法律明文规定。第四，复核的对象是审查行政法院的判决是否违法，不包括事实问题在内，在这方面和上诉不同。但不能因此认为复核审中完全不审查事实问题。因为法律和事实不能截然分开。这个问题在以后越权之诉中另有说明。

（2）申诉的条件

申诉人必须是终审判决的当事人。原判决中的法官不能因为不同意判决中的观点，而申请最高行政法院撤销这个判决。当事人必须对于判决具有直接的利害关系，才能提起复核审的诉讼。

复核审的起诉期间与形式和上诉审相同。但复核审诉讼必须由律师代理。当事人由于误向无管辖权的法院申诉，可以延长起诉的时效。当事人由于误向行政机关申诉，不能延长起诉的时效。因为复核审的对象是终审行政法院的判决，不能向行政机关申诉。

（3）申诉的理由

复核审的诉讼是请求撤销违法的判决，属于撤销之诉，和越权之诉相同。两者的区别在于适用的对象不同。复核审的对象是撤销违法的行政法院判决，越权之诉的对象是撤销违法的行政行为，但作为撤销的理由而言，基本相同。唯一的区别在于权力滥用是越权之诉的一个撤销理由，而不能作为复核审诉讼的理由，其他撤销理由相同。

(4) 最高行政法院的审理

最高行政法院收到复核审的起诉书后，首先审查是否符合起诉条件和有无正当的申诉理由。如果法院认为当事人的请求不符合起诉条件，或者没有任何申诉理由时，可以拒绝受理。由于法院对申诉的受理只是形式审查，当事人的申诉是否具备理由，只能在调查和审问以后才能确定。所以法院拒绝当事人的申诉，必须特别慎重，只有当当事人的申诉缺乏任何实质性的理由，而且不按规定的时间提出补充性的证明时，法院才能拒绝受理，同时必须说明拒绝的理由。法律对拒绝受理的裁决没有规定补正措施，但法律称这种裁决是一种诉讼决定。既然是一种诉讼决定，应当认为当事人不服时可以声明异议，请求复议一次。

最高行政法院受理起诉以后，只就法律问题进行审查。如果认为起诉无理由错误时，应驳回起诉；如果认为原判决法律正确，其中某项理由错误时，不撤销原判决，而以正确的理由代替错误的理由，但如果错误的理由对判决具有决定性意义时，应撤销原判决；如果认为原判决的法律适用错误，应撤销原判决，指出正确的法律观点，发回原审法院或同级法院重新判决。有时，原判决撤销后，可能不需要发回重新判决，因为已经没有可以判决的诉讼存在。例如原审判决的事项，根本不属于行政审判的范围，撤销原判决后，不能发回重判。最高行政法院为了诉讼的良好进行起见，可以自己进行判决，不发回重审，对于第二次提起的复核审诉讼，最高行政法院必须自己判决。

(二) 改正途径

改正途径是当事人请求原审行政法院改正其判决的违法或错误的程序。对于最高行政法院的判决不服，只能采取这种程序。这个程序中的某些形式也能适用于其他行政法院。改正的途径有以下几种形式：异议；第三人异议；再审；判决中物质错误的纠正。

1. 异议 (Opposition)

被告在诉讼程序中具有某些权利，以便和原告的请求互相抗衡。法院在被告缺席的情况下所作出的判决，被告向原审法院提出申诉，请求撤销这个判决，称为异议。提起异议的时间为收到判决通知后2个月以内。适用异议程序的法院为最高行政法院、行政争议庭和某些专门行政法院。被告缺席是指被告没有提出答辩状，不是指被告没有作出口头陈述。因为行政诉讼采取书面审理，不需要当事人口头陈述。

法院受理被告异议以后，应对案件重新审查。最高行政法院很少由于被告提出异议而修改判决。为了防止被告拖延诉讼时间，1959年4月10日的命令取消了行政法中的异议程序。被告对于行政法庭的缺席判决，可以向最高行政法院提起上诉。

2. 第三人异议

第三人由于行政法院判决而使权利受到损害，在诉讼的审理过程中没有出席，也没有代表出席时，因此没有享受到在诉讼程序上所可能享有的保护。对于这个判决可以向原审法院提出异议。如果只是利益受到侵害，不能提出异议。法院只在第三人请求的范围内，而不是就原判决的全部进行审查。如果第三人的异议能够成立，即能够证明原判决确实损害了他的权利时，法院应对第三人的争议点作出决定，原判决在损害第三人权利的范围内受到修正。如果第三人的异议不能成立，原判决对第三人也有既判力。第三人滥用异议程序时，法院可以自由规定罚款数额。

第三人的异议和被告异议不同，也适用于行政法庭。行政法庭的判决如果已经通知第三人时，后者只能在收到通知后2个月内提出异议。对于最高行政法院的判决提出异议，不受时间限制。

3. 再审（Révision）

再审是一方当事人在法院判决确定以后，发现新的情况，足以推翻原来的判决，因而请求原审法院撤销原判决，重新作出判决的诉讼程序。再审只在法律有规定时才存在。实际上只适用于最高行政法院的判决，对于行政法庭的判决不适用再审程序。

再审之诉的申诉人限于对抗程序中的当事人。缺席判决中的当事人不能提起再审之诉。提出再审上诉限于下述四种情况：一是原判决所根据的证据是伪造的。但如果根据其他证据也可以得到同样结果时，不能提出再审请求。二是一方当事人发现其败诉原因，是由于一项有决定性的证据在对方掌握之下，未曾透露。如果败诉人在法院判决以前已经知道这项证据，而未曾请求法院调查时，就不能作为请求再审的理由。三是原判决在程序上有严重的违法情况。四是主张再审的当事人如果能证明存在类似的再审案件。

再审之诉必须在接到通知后 2 个月内，由律师代理提出。对于同一案件，不能提起两次再审的请求。

最高行政法院受理再审之诉以后，认为请求有理由时，应撤销原判决，重新判决，否则驳回当事人的申诉。法院对于不是出于诚实的申请再审，可以对当事人及其律师处以罚款。对方当事人可以在反诉中请求损害赔偿。对于屡犯的律师，最高行政法院可以作出停止执业的处罚。

4. 补正判决中的技术错误

判决中的技术错误是指法律错误以外，能够影响判决的意义的错误，包括的范围很广，例如判决书的误写、误算、无关重要的日期错误，对已经判决的事项作出判决，对于当事人请求的一部分遗漏判决，对于事实的遗漏等，都是物质的错误。物质的错误由于能够影响判决的意义或结果，必须补正。法国行政诉讼程序中，对再审之诉限制很严，物质错误的补正程序，在一定程度上，可以补救对再审的限制。

当事人在接到判决通知后 2 个月内，可以通过律师代理，向原判决法院申请补正技术错误。这是一种例外的诉讼程序，适用于不能上诉和复核的判决，因此只适用于终审行政法院判决的技术错误。不是终审行政法院的判决，可用上诉程序申诉。对于终审行政法院判决中的法律错误，可用复核程序申诉，都不适用技术错误补正程序。

补正错误的方法，可以是以裁定改正错误而不必作出新的判决。例如对误写、误算的改正。有时必须作出新的判决补充原来的判决，例如对当事人请求的某一部分遗漏判决，或对于作为判决理由的事实遗漏，必须作出补充判决。

五、法国行政诉讼中的特别程序

在法国，行政机关的决定具有执行效力，不因当事人起诉而停止。在行政决定侵犯当事人的权利或利益时，当事人必须在判决确定以后才能取得确定的保障。行政诉讼从起诉到判决往往经过很长时间，在此期间若无临时的补救办法，当事人的利益可能遭受不可弥补的损害。另一方面，不能为了保障一方当事人的利益而损害他方当事人的利益。为了在判决以前平衡双方当事人的利益起见，法律规定两种临时措施：紧急程序和暂停执行。

（一）紧急程序（Le référé administratif）①

紧急程序，是在案件判决以前，行政法院在紧急情况下，为了保护当事人的利益和审判能够进行，根据当事人的申请或依职权而采取的临时措施，有行政诉讼中的紧急裁定和紧急查证两种紧急程序。这种程序一度受到限制，但最近有所发展。

在传统上，紧急程序的启动条件由法律规定。在所有紧急情况下，庭长可在对主诉方无损害和无碍行政决定执行的情况下命令采取一切有效措施（Pieton-Guibout，CE，13，7，1956）。另外，庭长仅能在措施紧急而有效的情况下满足紧急审理的请求。但自 1988 年 9 月 2 日的政令以后，紧急条件被取消，以便在紧急审理时能够下令采取有利于鉴定或预审的措施。

对紧急程序处理的结果，法官的权力受到很大的限制：法官不能宣判撤销，不能对某项决定的合法性问题或法律问题发表看法，而且紧急审理的请求不应当引起重大争议。②

1. 紧急裁定

行政诉讼中的紧急裁定，是当事人为了避免权利和利益在诉讼进行中，或甚至在诉讼以前遭受不可弥补的损害，请求行政法院采取临时措施，以保障这些利益或保全证据材料。行政法院也可以依职权采取临时性的保护措施。采取紧急裁定的条件是：情况紧急；可能导致不能弥补的损害，例如税收机关扣押易腐烂变质的物品，受害人被剥夺正常谋生的工具等。

---

① 参见王名扬著：《法国行政法》，中国政法大学出版社 1988 年版，第 645～646 页。

② 参见［法］古斯塔夫·佩泽尔著，廖坤明、周杰译：《法国行政法》（第十九版），国家行政学院出版社 2002 年版，第 280 页。

有权作出紧急裁定的法院为有权受理主要诉讼案件的法院，由最高行政法院诉讼组组长及其所指定的其他判决机构，或者由地方行政法庭庭长及其所指定的法官用简单的程序裁定应当采取的措施。法院在裁定采取紧急措施以前，必须通知对方当事人陈述意见。

紧急裁定所采取的措施属于保护和保全行为性质，不是停止行政决定的执行。这些措施只有临时性质，不影响案件的最后判决。当事人不服行政法庭所裁定的紧急措施，可上诉于有管辖权的上诉法院。上诉不影响紧急措施的执行，但最高行政法院诉讼组组长认为有必要时，可以命令停止执行。

最重要的紧急裁定有两种情形：一种是预付款的紧急审理。根据1988年9月2日的政令，行政法庭庭长可以应请求或按规定在义务的存在没有受到重大争议时，预先判给向法院提出实体诉讼的债权人部分款项。该审理与普通法庭的此类紧急审理相似。另一种是合同前紧急审理。这项根本性革新由1992年1月4日的法律确立，仅存在于契约和交易方面。所有与缔结合同有关的人均可诉诸合同法官，以预防的方式，在合同签订前处罚无视合同成立规则的行为（Commune de Cabourg，CE，10，6，1994；A. J. D. A.，1994，p. 502）。①

2. 紧急查证

紧急查证，是行政法庭庭长或其所指定的人，根据当事人的申请，在紧急情况下指派一名专家迅速确定事实的存在及其变更的临时措施。

有权进行紧急查证的法院为产生诉讼的事实所在地的行政法庭，但必须通知对方当事人陈述意见。由于情况紧急，当事人申请紧急查证，不需要先向行政机关提出请求。只有行政法庭能够进行紧急查证，最高行政法院没有紧急查证的权限。紧急查证程序除确定事实的存在或变更外，不能采取其他措施。

（二）暂时停止执行（Le sursis à exécution）

暂时停止执行，是行政法院在作出判决以前，根据当事人的申请，裁定暂时停止执行受攻击的行政决定的程序，也是一种临时措

---

① 参见［法］古斯塔夫·佩泽尔著，廖坤明、周杰译：《法国行政法》（第十九版），国家行政学院出版社2002年版，第280页。

施，不影响行政法院的判决。

在法国，诉讼没有停止执行行政决定的效力。即使没有明文规定，这也是行政法上普遍适用的原则。行政决定除法律另有规定以外，不因当事人的起诉而停止执行，否则当事人可以任意提起诉讼而妨碍行政决定的执行。但有时行政决定一旦执行以后，当事人所蒙受的损失将无法弥补。遇到行政决定的执行可能产生不能弥补的后果时，当事人可向最高行政法院、上诉行政法院和行政法庭，请求在诉讼判决以前停止行政决定的执行。停止执行的对象原则上是积极的行政决定，即规定采取一定行为的行政决定，由于行政法院不能命令行政机关为一定的行为，对于消极的行政决定和当事人申请的行政决定，不能停止执行。但消极的行政决定对原来的事实状态和法律状态能够引起变更时，也可裁定暂时停止执行。

1. 暂时停止执行的条件①

行政法院对于请求停止执行的申请，审查极为严格，只有符合以下条件，才能作出暂停执行的裁定：

（1）只有具有执行力的决定才能成为暂停执行的对象。但对此难以把握，最高行政法院于1970年1月23日，在国家社会事务部与阿莫罗一案中，曾认为，"一项拒绝的决定仅在维持该决定会引起以前的法律或事实状况发生改变时才能延缓执行"。审理该案的法官认为，部长维持拒绝阿莫罗进入法国领土的决定不会使其处境发生变化（A. J. D. A.，1970，p. 174）。此外，在法庭受理以延缓为目的的申诉之日时已完全执行的决定不能作为延缓的对象，如已建成的楼房的建筑许可证（Ferecetaus，CE，25，5，1983）。

（2）暂停执行只有在提出的理由十分重要，且足以证明撤销原行政决定是正当的时候才能给予。当事人在预审阶段提出暂停执行的理由，必须有充足理由证明撤销原决定是正当的。这在实际操作中十分棘手，主要取决于法官的自由裁量。法官可根据公共利益考虑是否暂时停止行政决定的执行，而且对于已经作出的暂停执行的裁定，随时可以终止，但省长对于地方团体自治行政的监督所提起的行政诉

① 参见［法］古斯塔夫·佩泽尔著，廖坤明、周杰译：《法国行政法》（第十九版），国家行政学院出版社2002年版，第277~278页。

讼，附有暂停执行的请求时，如果理由相当充足，行政法庭必须作出暂停执行的裁定。

(3) 行政决定的执行应当会给起诉人带来难以弥补的后果或至少是十分严重的后果。

即使都具备了上述条件，并不意味着必然暂时停止执行，法官仍有自由裁量权来决定接受或不接受延缓执行的要求（Assoc. de Sauvegarde du Quartier Notre Dame de VerSailles, CE, 13, 2, 1976）。当涉及对下级法院作出的一项司法判决的暂停执行而非对行政决定的暂停执行时，条件有时并非如此严格：当第一审的判决有导致上诉人最终损失一笔钱的危险时（如行政机关被处罚支付一笔钱给某个有可能失去偿付能力的人），可给予暂停；只要所提出的理由是重要的，就可以命令暂停执行对越权之诉所作的撤销判决。

最近，法国立法机构制定了一系列专门制度旨在放宽事关公共领域事项暂停执行的限制，如在保护大自然方面，在缺乏对后果的研究的情况下可暂停执行；对权力下放机构的决定可暂停执行；对在进行公共调查获得反对意见后采取的决定可暂停执行。

2. 暂时停止执行的程序和法律效果①

暂时停止执行必须依附于某一具体的诉讼，如果没有具体的诉讼存在，就不可以提出暂停执行的申请。而当该具体的诉讼属于要求有律师代理的诉讼类型时，律师就必须介入。

暂停执行的裁定可由不同的法院作出。自 1990 年以来，行政法庭的庭长和行政上诉法院的院长们可“驳回要求延缓的理由”；根据 1994 年 2 月 10 日的法律，他们甚至可以对城市规划事项拥有暂停执行管辖权。此外，自 1995 年 2 月 8 日法律以来，行政法庭的庭长在人们提出申请的情况下，可宣布暂停执行一项措施。这种暂停执行的最高期限为 3 个月。

1995 年 2 月 8 日的法律是一次极其重要的革新。它规定，行政法庭的庭长或审判长可以临时中止被申请延缓执行的行政决定的执行，中止期最多为 3 个月。

① 参见［法］古斯塔夫·佩泽尔著，廖坤明、周杰译：《法国行政法》（第十九版），国家行政学院出版社 2002 年版，第 278～279 页。

暂停执行的裁决没有既判力。当事人不服行政法庭和上诉行政法院暂停执行的裁定，或对拒绝暂停执行的裁定，可向有管辖权的上级法院上诉，甚至还可以向最高行政法院上诉。

第八题　法国行政法院的诉讼类型

在法国，不同种类的诉讼有不同的法律制度。当事人提起诉讼，必须归属于不同的诉讼类型，适用相应的诉讼法。因此，对法国诉讼类型的了解与认识意义重大。

一、法国行政诉讼的分类

（一）传统的分类

传统的分类主要是根据法官判决时权力的大小来进行的，行政诉讼分为完全管辖权之诉、撤销之诉、解释及审查行政决定的意义和合法性之诉、处罚之诉。这种分类方法，优点是简单明确，缺点是只根据一个外部标准分类，而没有根据案件本身的性质进行分类。

1. 完全管辖权之诉（Le Contentiuex de Pleine Juridiction）

即当事人通过行政诉讼主张某项权利，法官对被诉行政行为具有广泛的裁决权力，可以撤销、变更、重作行政主体的行为，还可以判决行政主体赔偿损失，但不可命令行政主体为一定行为或者不为一定行为。此种类型的诉讼主要是契约和责任方面的诉讼。

2. 撤销之诉（Le Contentiuex de l'Annulation）

即当事人认为行政主体决定违法，并损害其合法权益，向行政法院提起诉讼，要求行政法院审查被诉行政决定违法，并请求撤销行政决定。撤销之诉的主要类型是越权之诉。行政法院撤销越权行政行为的判决具有溯及力，被撤销行为自始无效。撤销之诉的主要类型是越权之诉。

3. 解释及审查行政决定的意义和合法性之诉（Le Contentiuex de l'Interprétion）

在行政审判中，法院面临先决问题或原告对某行政决定的意义和合法性与行政机关有不同看法时，而这种看法又损害原告的权益，原告为此提起行政诉讼，要求行政法院对被诉行政决定的意义和合法性作出解释或确认其违法无效。行政法院的判决意义不明确时，当事人也可申请原判法院作出解释判决。

对此类诉讼，行政法官只有解释和确认权，没有对行政决定产生直接法律实质效果的裁判权。

4. 处罚之诉（Le Contentiuex de La Répression）

在法国，行政法官有行政处罚权。行政法庭根据省长的请求，对违反不动产公产保管规则的行为进行处罚。这是一种例外行政诉讼，仅包括破坏不动产公产保管规则的行为（如违反公共领域道路管理）。

（二）新的分类

现在法国有些学者根据行政诉讼标的的性质进行分类，把行政诉讼案件分为客观的行政诉讼和主观的行政诉讼两类。

这种分类方式的优点在于，它是基于法官对所要解决的问题的性质来划分的，因此能够清晰地表示出两种诉讼当事人资格和判决的效果的区别来。主观诉讼和客观诉讼的划分的另一个优点在于它可以解释撤销之诉和完全管辖之诉的不同：首先，尽管撤销之诉仅针对合同的当事人或因行政侵权而主张损害赔偿的受害人，但是其所要求的由当事人所在地（Locus standi）来管辖呈现出更加开放和自由，对当事人极为有利；其次，尽管在主张损害赔偿的程序中，法院的判决仅在当事人之间有约束力，但是法院的撤销判决具有完全的效力（Erga omnes），即起既判力是绝对的。① 而且，客观诉讼仅在争议使客观状态出现问题时使用。

主观诉讼和客观诉讼的划分的缺点在于这种分类方法难以区别全部行政诉讼案件，特别是对那些有时是客观诉讼、有时是主观诉讼的案件难以解释清楚，不同的人对主观诉讼和客观诉讼的认识也不可能完全一致。所以，至今尚未被法国大部分法学家和行政法院所接受。

1. 主观诉讼（Contentiuex objectif）

主观诉讼是指，对行政机关主管的法律规则和法律地位所提起的诉讼，即当事人请求法官查证某个文件或某项行为是否给一个主观的

---

① See L. Neville Brown, J. F. Garner, Jean-Michel Galabert, *French Administrative Law*, 3rd. edn., London: Butterworths, 1983, p. 113.

法律地位（如合同）带来损害。

主观诉讼包括：契约或准契约诉讼，赔偿诉讼（责任）等。

2. 客观诉讼（Contentiuex subjectif）

客观诉讼是指，当事人请求法官解决一个客观法律问题，即请求他查证一个法律规则是否被违反或是否对普遍的而非个人的权利造成损害。

客观诉讼包括：撤销之诉，审查合法性之诉，大部分请求复核的诉讼，税务诉讼，选举诉讼等。

解释性诉讼有时是主观的有时又是客观的，依所解释的文件的性质而定。

二、完全管辖权之诉（Le Contentiuex de Pleine Juridiction）①

（一）完全管辖之诉的概述

完全管辖之诉是指，行政法官可以行使全部审判权力的诉讼，可以撤销、变更行政机关的决定，也可以判决行政主体负赔偿责任，可以审判行政机关的单方行为、双方行为、法律行为和事实行为。在这种诉讼中，行政法官的权力近似于普通法院法官的权力，诉讼程序也和普通法院的程序相似。

完全管辖之诉包括的范围很广，其共同的特点是当事人在诉讼中主张某种权利，以及法官有全部审判权。最典型的完全管辖之诉是关于行政合同和行政主体赔偿责任的诉讼，这两项诉讼称为严格意义的完全管辖之诉。除此之外，完全管辖之诉还包括选举诉讼、直接税务诉讼、命令拆除或维修有倒塌危险的建筑物的诉讼和不服省长对于产生公害的工商业的监督的诉讼。在这些诉讼中，选举诉讼属于客观诉讼，其他诉讼属于主观诉讼，它们之间有很大的区别。

（二）完全管辖之诉的诉讼程序

完全管辖之诉的诉讼程序，使用通常的行政诉讼程序，但它有些特殊要求：

（1）行政决定前置原则。当事人在提起完全管辖之诉时，必须

---

① 参见王名扬著：《法国行政法》，中国政法大学出版社 1988 年版，第 706 ~ 708 页。

先向行政机关提出处理请求，只有在不服行政机关的处理或行政机关不作答复时才可起诉。这一原则是为了给行政机关自我纠正错误的机会。

（2）起诉期间。此类诉讼的起诉期间根据当事人是否已向行政机关请求救济而不同。当事人已向行政机关请求救济时，必须在行政机关作出决定后 2 个月内起诉。行政机关若对当事人的请求不作答复时，当事人可在请求提出满 4 个月后的 2 个月内起诉。当事人未向行政机关请求时，诉讼期间按一般的规定为 3 年。关于公共工程的诉讼期间没有限制，但当事人对于国家的债权，只在 4 年期间内有请求权。

（3）诉讼代理人。提起完全管辖权之诉，除法律另有规定外，必须由律师代理，否则法院不受理。

（三）完全管辖之诉的判决

在完全管辖之诉中，法官可以撤销、变更行政机关的决定，判决行政主体赔偿，也可以先由当事人和行政机关谈判，由行政机关根据法院判决的精神重新决定。完全管辖之诉是主观的行政诉讼，其判决的效力仅限于当事人之间。

三、撤销之诉（Le Contentiuex de l'Annulation）

（一）撤销之诉的概念

撤销之诉是指，当事人请求法官撤销一个损害其利益的违法行政决定，法官的权力仅限审查该行政决定是否合法，并作出是否撤销该行政决定的判决。法官不能变更或重新作出行政决定，也不能判决行政主体赔偿损失。在撤销之诉以外的其他诉讼中，可能也包含撤销的内容，但是由于法官所行使的权力已超出了撤销的范围，不再属于撤销之诉。撤销之诉是法国行政法中最重要、最著名、最独特的诉讼，在法律明文认可之前就已存在这种诉讼类型，它一度是最高行政法院的主要审理业务。

撤销之诉中最主要的是越权之诉，而且大部分的撤销之诉都是属于越权之诉。

（二）越权之诉概述

越权之诉是指，当事人认为其合法权益因行政机关的单方面决定而受到侵害，依法诉请行政法院审查并撤销该行政决定的诉讼。

越权之诉起到两方面的作用：首先，它是保障法治的最有效的手段之一。根据行政法治原则，不仅需要制定各种行政法律，更重要的是建立各种制度保障法律得到遵守。最有效的保障就是撤销违法的行政决定，使之不发生效力。于是，越权之诉责无旁贷担当此任。其次，由于越权之诉是在当事人利益受到损害时才能提起，也具有保护当事人利益的作用，能够起到巩固统治基础、缓和政府和人民的矛盾的作用。

1. 越权之诉的历史发展①

法国越权之诉是经过漫长的历史发展演变而成的，其范围呈逐步扩大的趋势。

1799 年的法国国家参事院，实际上最初是旧制度下国王参事院的继续，所以它认为当然有权撤销行政机关的决定，完全不用考虑成文法的依据问题。1832 年的两个判例重新发现了 1790 年 10 月 7 日至 14 日的法律规定，于是，该法第 3 条成了国家参事院受理越权之诉的法律依据。不久，滥用权力也被添加进越权之诉的范围中（Lesbats，CE，1864）。到 1864 年时，国家参事院原则上仅监督行政决定的外部形式。

在 1864 年至 1900 年这段时期，越权之诉得到了大大的发展。1864 年 11 月 2 日的政令免除了律师协助的必要性和司法费用诉讼，程序得到了简化。1872 年 5 月 24 日，法律同时授予最高行政法院委任审判权和能够应请求撤销各类行政机关的越权决定的独立裁定权，于是诉讼的基础受到成文法保证。撤销的理由越来越宽泛：法官可受理对违法和侵犯既得权利的诉讼，他因此也监督内部合法性。不过，这需要存在某种对权利的侵害。

从 1900 年至今，越权之诉的范围曾大幅扩大，行政机关受到法官越来越多的监督。首先，合法性概念得到延伸。它不仅仅包括法律条文，还包括法的普遍原则和最高行政法院的司法判例。其次，扩大了管辖范围。放弃了侵犯既得权利的必要性，只要简单的违法即可成

---

① 参见［法］古斯塔夫·佩泽尔著，廖坤明、周杰译：《法国行政法》（第十九版），国家行政学院出版社 2002 年版，第 290～291 页。

为越权之诉的对象（Alcinor，CE，1906）。最后，放松了受理条件。自1900年起，人们可以对默示的拒绝决定提起诉讼；期限的条件放宽；对所有单方面决定的起诉成为可能；政府行为概念和平行诉讼概念的适用范围大幅缩小。诉讼所需的既得利益的概念放宽。在此阶段，法官的权力得到增强，法官拥有越来越广泛的审查权。

1953年的行政诉讼改革条例形成了两审终审制度，于是原则上越权之诉一审属于行政法庭，上诉则到最高行政法院。1987年12月31日的法律创设了上诉法院后，对其所受理的越权之诉，可以到最高行政法院复核。

1972年5月24日的最高行政法院组织法第9条规定："最高行政法院对于请求撤销行政机关行为的越权之诉，作出最后的决定。"于是，从法律上明确了越权之诉的法律地位。

2. 越权之诉的特点

（1）当事人只能针对行政机关的单方面行政决定提出起诉，而不能对行政合同或行政机关的事实行为提出起诉，也不能对行政合同或行政机关的事实行为提出起诉。行政机关单方面行政决定的客观存在是越权之诉的前提。行政机关的决定，不论是口头的，或是书面的，或者是默示的，都可起诉。

（2）越权之诉是一种一般诉讼手段，即使当法律条文作出笼统地排除"一切申诉"的规定时，仍可以提起越权之诉（参见CE，dame Lamotte，17，2，1950）。即除非法律明文限制越权之诉，否则当事人就可提起该诉讼。

（3）因越权之诉是根据个人请求撤销这一事实，在实践中行政给付的完成结果并不重要，所以当事人只能请求行政法院撤销行政决定，而不能请求法院变更该行政决定，也不能提出赔偿要求。

（4）越权之诉是客观诉讼的一部分，它是对行为而非对人的诉讼，其目的在于保护法律规则而非保护主观权利。不过，这理念目前受到了严厉的批评。

（三）越权之诉和完全管辖权之诉的区别与联系

1. 越权之诉和完全管辖权之诉的区别

（1）诉讼的作用不同

越权之诉的主要目的在于保证行政行为的合法性，是行政法治原则的重要保障，是对事不对人的诉讼。完全管辖权之诉的目的在于保护受害人的权利，是主观的诉讼。

（2）诉讼范围不同

越权之诉范围很广（只需存在应撤销的行政决定），对完全管辖权之诉而言，则需要有违法现象的存在。

（3）法官的作用不同

在越权之诉中，法官只能决定撤销或不撤销行政决定，而在完全管辖权之诉中，法官可判决撤销、变更行政决定，也可判决行政机关负赔偿责任。

（4）当事人的资格不同

越权之诉的当事人为利益直接受到侵害的人，在完全管辖权之诉中，当事人为权益受到侵害的人。

（5）争议的标的不同

在越权之诉中，当事人认为行政决定非法且违反了普遍的法律规则，他请求法官撤销该行政决定。而在完全管辖权之诉中，当事人主要是请求法官认定某项权利的存在和范围等，他是对某项法律文件（契约）或具体实施的后果提出异议。

（6）诉讼的手段不同

在越权之诉中，当事人只能利用法律上的理由，事实问题只在构成法律的基础时才被涉及。而在完全管辖权之诉中，当事人既可用法律的手段，也可用事实的手段。

（7）诉讼的程序不同

当事人提起越权之诉，可以免除律师代理，事先不需交诉讼费，败诉时按规定缴纳较低廉的诉讼费。而完全管辖权之诉，当事人必须请律师代理，并按正常的规定收费。

（8）判决的效力不同

越权之诉的判决具有普遍效力，如判决撤销某一行政决定，则对该行政决定所涉及的人或事都有效力。而完全管辖权之诉的判决具有特定性，效力只及于当事人。

（9）两者的相互融入程度不同

可以将撤销的判决加入完全管辖权之诉中，反之则不可能。

2. 越权之诉和完全管辖权之诉的联系①

越权之诉和完全管辖权之诉之间的区别明显，无论当事人还是法官都不能改越权之诉为完全管辖权之诉，也不能改完全管辖权之诉为越权之诉。然而不能过分强调越权之诉和完全管辖权之诉之间的区别，因为存在某些事项，根据其本身性质或法律规定，不一定属于哪类诉讼，当事人可以选择提起越权之诉或完全管辖权之诉。

最高行政法院1912年3月8日对Lafage案和后来的Schlemmer案的判决，使得越权之诉和完全管辖权之诉开始接近。这两个判例使当事人可以选择提起越权之诉或完全管辖权之诉成为可能。在这两个案件的判决中，最高行政法院认为公务员对于薪俸和法定津贴金额的争议，可以提起越权之诉，当事人既可以主张行政决定违法，请求撤销，也可以提起完全管辖权之诉，要求给付金额或津贴。如果当事人提出越权之诉，必须适用越权之诉的制度，行政法院只撤销不合法的决定，不判决给付。不合法的决定撤销以后，当事人实际上会得到给付，效果和完全管辖权之诉相同。如果当事人选择完全管辖权之诉，行政法院可以判决给付，但必须由律师代理，缴纳诉讼费用，只能以权利被侵犯作为起诉理由。Lafage案的用意，完全是着眼于公务员的利益，公务员可以利用越权之诉得到完全管辖权之诉的同样效果。后来这种解决方式的适用范围扩张，适用于一切公职人员，最后扩张到适用于薪俸和津贴以外的其他金钱诉讼。由于当事人就同一诉讼事项，可以在两类诉讼之间进行选择，从而在这两类主要诉讼之间产生了接近趋势。目前这类事项的范围还受到限制，最高行政法院的判例表现出扩大这种选择的趋势。

（四）提起越权之诉的条件②

提起越权之诉应满足以下条件：

（1）限于法国行政机关对于行政审判权限范围的事项所作出的

---

① 参见王名扬著：《法国行政法》，中国政法大学出版社1988年版，第670～671页。

② 参见［法］古斯塔夫·佩泽尔著，廖坤明、周杰译：《法国行政法》（第十九版），国家行政学院出版社2002年版，第292～299页。

决定

首先，能够被提起诉讼的必须是行政行为。即不包括外国政府的行为、立法行为和国会行为，也不包括私人行为，除非是负责履行某种公共服务的私人组织的决定和含有使用公共法人特权的决定（参见 Monpeurt，CE，1942；Magnier，CE，1961）。

其次，能够提起该诉的行政决定不包括下列行政决定：政府决定、具有纯粹个人性质的有关私产的决定、由行政机关适用有关私法的司法判例而作出的决定（参见 El Hamidia，CE，1954）、行政契约（除了可与之相分离的文件以外，参见 MartinEl，CE，04，8，1954）。

最后，能够提起该诉的行政决定具有可诉性。一般而言，原则上不具可诉性的行政决定有：非规范性的机关通报和指示，不重要的内部措施，纯粹的咨询意见、计划草案、建议、准备措施（如通报信息的措施），没有增加任何新意的执行措施和对以前措施的提醒。催告原则上没有可诉性，但某些类似于真正决定的催告可以导致诉讼（Conf. nat. Assoc. Familiaes catholiques，05，1，CE，1991）。

（2）起诉人必须和所起诉的行政决定有某种利益关系

越权之诉的目的是确认非法性，在理论上，它应在任何时候对所有人开放，因此如不加限制可能会演变为“全民之诉”（Actio popularis）。因此，不能让所有与行政决定无关的人都去起诉。只有当事人的利益受到行政决定侵害时才可提起，这种利益包括物质和精神两种。如果利益是集体的，或是公共利益时，其中的某一人可提起，代表该利益的团体、组织也可提起。

这种利益既可以是物质或精神的，但单纯感情上的利益，不能提起越权之诉。当事人的利益必须达到一定的重要程度，才能提起越权之诉。例如机关内部的纪律处分，一般不能提起越权之诉。但如果处分的后果涉及公务员的重大利益时，可以提起越权之诉。当事人的利益必须已经发生和存在，才能提起越权之诉。假定的利益不能提起越权之诉。当事人在起诉时具有可以请求撤销的利益，如果在判决时，受攻击的行政决定已经改变或废止，不再损害申诉人的利益时，这种改变不妨碍越权之诉的受理。行政法院这时应以裁定终止越权之诉。将来的利益如果确实存在，也可提起越权之诉。

起诉人和所起诉的行政决定所具有的这种利益，可以是个人的、集体的或公共的利益。

首先，对于个人利益。最初，个人利益的范围十分狭窄，仅限于行政行为所指向的人。现在，只要有和被诉行政行为有利害关系，个人利益即可存在。但也有所限制：如电影院的业主不能以影院业主的身份反对授予另一电影院业主建筑许可证（Sté albigoise de spectacles，CE，18，3，1987；A. J. D. A.，1987，p. 366）。通常，公务员有资格起诉他们所在行政机关的非法任命，只要这些任命会给他们的职业生涯带来损害。个人利益只能由个人自己提起，但是，该个人所属的团体也可以参与诉讼。

其次，对于集体利益。个人可以通过提起越权之诉来捍卫集体利益，例如纳税人可以起诉对他们的课税额有不利影响的措施（关于地方纳税人的判例可参见 Casanova，CE，29，3，1901，关于省级纳税人的判例可参见 Richemond，CE，27，1，1911）；野营者可以起诉市镇有关野营方面的规章制度（Abisset，CE，14，2，1958）；选民有权起诉有关组织全民公决的决定（Brocas，CE，19，10，1967）。当然，也受到一些限制：如国家纳税人不能起诉中央政府作出的财政决策，不动产代理人不能以代理人的身份起诉建筑许可证，国会议员不能以议员的身份起诉政府采取的措施（Noir，CE，27，2，1987；A. J. D. A.，1987，p. 364）。

团体也可以通过提起越权之诉来捍卫集体利益。在公职方面，法规允许工会组织就公务人员地位的规范性文件和给公务员的集体权利带来损害的个别决定向有管辖权的司法机构起诉。更常见的情形是，团体（工会和协会）可以起诉损害全体利益的行政决定（Syndicats des patrons coiffeurs de Limoge，CE，18，12，1906），甚至只是起诉损害其部分成员利益的行政决定（如警察工会自治总会可以起诉有关军士和治安警察特殊地位的政令，参见 Union interfédèrale des Syndicats，CE，21，7，1972）。但原则上，当只涉及某一个工会的利益时，该工会所隶属的全国总会不能提起越权之诉。对集体利益的损害可以是对它们财产、地位及团体的目标的损害。团体也可以对给团体整体带来损害的个别决定（对某个公务员的任命或晋级措施损害了所有有机会受益者的利益，团体可以起诉此措施，但不能起诉拒绝任命或撤职的措施）提起越权之诉。但司法判例仍十分谨慎：如工会不能起诉对法国广播电视局局长的撤职决定（Synd. nat. des journalistes, CE, 4, 11, 1977; A. J. D. A., 1978, p. 111）；消费者协会不能起诉任命竞争委员会主席的命令（Schwartz et Martin, CE, 20, 11, 1981; A. J. D. A., 1981, p. 102）。

司法判例对集体利益的判定态度令人难以捉摸，但从整体上说却越来越有利于起诉人；它试图对“无人通过检察官诉讼”的原则与协会、工会的重要性越来越强大以致可以保护其成员的事实进行调和（Cté central d'entreprise, CE, 22, 12, 1982）。

此外，一些团体还可以以集体利益为由介入由起诉人提起的诉讼中。

最后，对于公共利益。一个行政机关在其利益受到其他行政机关决定的侵害，而其本身不能撤销或改变这个决定时，可以向行政法院提起越权之诉，请求撤销这个违法的决定。这种情况可以发生在同一行政主体内部机关之间，也可以发生在不同的行政主体之间。

其一，同一行政主体内部机关之间的越权之诉。一个部长可以向行政法院提起越权之诉，请求撤销另一部长的决定。上级机关原则上不能对下级机关提起越权之诉，因为上级机关可以根据层级监督权力撤销下级机关的决定。当下级机关具有某些独立的权限，上级机关不具备撤销权时，可向行政法院对下级机关的决定提起越权之诉。下级机关不能向行政法院提起越权之诉，要求撤销上级机关的决定，这是违背上级领导下级的组织原则。但有例外，公务员对于行政长官影响其个人地位的一切决定，有权提起越权之诉。公务员对于行政长官关于行政组织和管理的一切决定，和其个人地位无关时，不能提起越权之诉。地方议会议员对于议会不合法的决定，可以向行政法院提起越权之诉。

其二，不同行政主体之间的越权之诉。地方团体对于国家行政监督权的决定不服，可向行政法院提起越权之诉，不仅地方团体本身有作为当事人的资格，而且地方团体的代表例如市长，以及地方议会的议员个人，也有权对违法的行政监督提起越权之诉。但市长在执行国家公务时，受省长的层级监督，对后者的监督不服时，不能提起越权之诉。

国家对地方团体的违法决定，在不能依行政监督权撤销时，也可向行政法院提起越权之诉，请求法院撤销这个决定。

（3）起诉的期限和形式

越权之诉必须在法定期间内，按法定的形式起诉。

（4）当没有其他平行的诉讼救济途径可供选择时才可提起越权之诉

当事人的权益受到非法行政决定侵害时，如果根据法律规定具有越权之诉以外的其他诉讼救济手段时，不能提起越权之诉，而只能选择其他途径。这些其他途径包括：向普通法院起诉；向行政法院提起其他类型的诉讼（如完全管辖权之诉）。但其他诉讼救济手段必须是直接的救济手段，不是间接的救济手段。如果上述平行的诉讼救济途径和越权之诉由同一法院管辖时，则不受此限制。之所以如此，主要是为了保障和尊重平行诉讼救济手段的管辖权。

长期以来，人们认为越权之诉具有补充特点，是受法院管辖者的最后的法律途径。但是，滥用越权之诉有扰乱各级法院管辖权的危险。越权之诉原来主要属于最高行政法院管辖，行政法官水平高、诉讼费用低廉。如果不尊重平行的诉讼救济手段，会导致最高行政法院案件拥挤，削弱其他法院的管辖权。现在，出于尊重行政审判体系内部管辖权，平行救济仍是必需的。

在同一法院，不牵涉管辖权的分配，平行的诉讼救济和越权之诉由同一法院管辖时，越权之诉并不扰乱平行的诉讼救济的管辖权，法官可以受理越权之诉，不受平行的诉讼救济的限制。但不能混淆各种不同的诉讼救济制度。越权之诉必须遵守其本身的制度，不能适用平行诉讼的制度。如不可能在完全管辖权之诉方面提起越权之诉，如就契约、选举、危房等问题提起越权之诉。

即使在同一法院管辖之下，越权之诉也不是任何时候都能代替平行的诉讼救济的。首先，当事人只能在行政机关破坏客观的法律规则时，才能提起越权之诉。其次，越权之诉只能撤销违法的行政决定，不能判决行政主体赔偿。当撤销的效果不能达到平行的诉讼救济的目的时，当事人就不能利用越权之诉，而必须利用平行的诉讼救济。

平行的诉讼救济和越权之诉受不同的法院管辖时，申诉人只能提起平行的诉讼救济，不能提起越权之诉，因为越权之诉可能扰乱其他法院的管辖权。但在这种情况下有两个例外，申诉人可以提起越权之诉，不受平行诉讼救济的限制：首先，平行的诉讼救济不能产生越权之诉同样的效果时，可以提起越权之诉。其次，对可分离的行为可以提起越权之诉。这在契约和选举方面尤为突出。在契约方面，即使不能对契约本身提起越权之诉，也可对准备行为（如市议会决定签订合同的决议，Martin，CE，04，8，1905）或禁止参与招标的决定提起越权之诉。此外，如果契约事实上拥有“规范性”，法官仍可受理诉讼（Cayzeele，CE，10，7，1996；A. J. D. A.，1996，p. 807）。在选举方面，当涉及行政选举时（如市议会，省议会，等等），预备性的行政规范决定都可被视为可分离行为（Chabot，CE，07，8，1903）。

（五）越权之诉的撤销理由①

越权之诉是撤销之诉，因此，主要应探讨撤销行政决定的根据和理由。法国行政法院传统上把行政决定的违法形式划分为四种：无管辖权、形式上的缺陷、违反法律、滥用权力。这种分类的缺点在于，它没有考虑行政决定的不同因素，如管辖权、形式、动机、对象、目的等。

新近的分类有两种：第一种分类将行政决定的因素分为：有关主体的非法（无管辖权）、有关形式和程序的非法（形式上的缺陷）、所追求目的的非法（滥用权力）、有关决定的标的的违法、有关决定动机的违法；第二种分类分为：外部非法性（无管辖权和形式上的缺陷）和内部非法性。新的分类模式依然存在弊端，我们在此保留传统的分类。

1. 无权限的行为

也称行政行为主体违法，即指行政机关没有任何法律根据的行为，超越其权限范围以外的行为，行使根本不可能属于行政机关权限的行为。但在天灾、社会动乱等特殊情况下，行政机关采取的行为可不受此限制。这是最严重的违法行为。

无权限的行为，按其严重程度可分为权限篡夺行为（L'usurpation de fonction）和一般的无权限行为。权限篡夺行为，是指一个没有行

---

① 参见王名扬著：《法国行政法》，中国政法大学出版社 1988 年版，第 687 ~ 701 页。

政人员资格的人行使行政机关的权力；或者行政机关行使了不属于行政机关的权力（如行政官员介入司法或立法方面事项）。权限篡夺行为有时构成行政行为不存在，有时构成粗暴行为，任何人在任何时候都可主张这种行为无效。一般的无权限，是指一个行政机关侵犯其他行政机关权力；或行政机关宣称无管辖权而实际上它有管辖权。但在公共利益和事实上的公务员情形下，可以不受无权的约束。

对于无权限的行为应当予以撤销。由于行政机关的权限属于公共秩序范畴，不论申诉人是否提出，行政法院都应依职权调查，无权限行为不因为有权限机关的批准而有效。因为批准的行为不能发生溯及既往的效力，但有权限的机关可以自己采取这个行为。如果无权限机关所作出的决定，属于羁束权限的行为，而决定的内容符合法律的规定时，其他有权限的机关在同样情况下只能作出同样的决定，行政法院对于这种行为不撤销，因为撤销这种行为并不影响行政决定的结果和当事人的利益，只是浪费诉讼时间。

2. 形式上的缺陷

形式上的缺陷是指行政行为欠缺必要的形式或程序，或者不符合规定的形式和程序。这些形式和程序由法律、法规或者法的一般原则所规定。形式上的缺陷主要指要式行为而言，行政行为凡是法律规定了一定形式的，行政机关必须遵守。对于非要式行为，行政机关有权自主决定，例如，对羁束权限的行政行为，只要内容合法即可，形式上不发生撤销效果。此类违法性通常要比无管辖权的违法性严重程度轻一些。

对于形式上存在缺陷的行政行为的制裁，应区别情况：第一，要区别主要形式和次要形式。只有违反主要形式才构成撤销的理由，而违反次要形式则不影响行政行为的效力。但这种区分一般很困难，法官对此拥有很大的自由裁量权。第二，区别形式是保护当事人的利益还是保护行政机关的利益。违反前者构成撤销的理由，违反后者当事人无权控诉，而保护当事人利益的形式都是主要的形式。第三，区别不同的情况，在紧急情况或特殊情况下，行政机关为了公共利益的需要，可以不遵守法定的形式和程序。有时，某种主要的形式，根据情况的不同，可以成为次要的形式。第四，区别能否补正的形式。原则上，在法律没有规定时，行政行为形式上的违法不能事后补正，因为补正行为的效力不能溯及既往。但除法律规定的以外，行政法院的判例，允许在某些情况下，行政行为形式上的违法可以补正：首先，物质上的遗漏和错误可以补正。例如会议讨论的记录，事后补上负责人的签名；行政决定中条文引证的错误可以改正，但不能修改决定的内容。其次，在某些情况下，相对人的同意，可以消除形式上的违法。最后，如果行政机关处于无法履行规定手续的状态下，也不予撤销。

3. 权力滥用

权力滥用是指行政机关的决定虽然是在其权限内作出的，但违背了公共利益和法律规定的目标。因为行政机关即使在其职权内行使公共权力，也不能随意，必须服务于公共利益，不能背离法律规定的宗旨。

权力滥用的表现形式主要有：一是为了私人利益或所属团体利益而行使权力，即假公济私，以权谋私等；二是权力的行使不符合法律授予该权力的特定目的；三是在程序上滥用权力。

判断行政决定是否权力滥用一般从法律目的和行政决定的目的来综合考虑，但具体操作比较难，主观色彩太浓，因为这种决定是行政机关在其权限内作出的，而公共利益和法律宗旨等标准又比较抽象。所以，行政法院通过各种解释和判例来具体确定。比如，行政法官为了弄清法律的目的，便查阅立法的记录，制定法律时的情况，以及权力本身的性质等。

4. 违反法律

违反法律是指行政机关没有遵守有关文件内容（对象）的规则和制定该文件的事实和法律动机的规则。这是越权之诉中最主要的撤销理由，包括除了无权限、形式上违法、权力滥用以外的一切违法行为在内，范围非常广泛。当然，上述无权限等三种情形也是违反法律的，但由于历史原因，把违反法律作为独立于前三种情形以外的一种独立情形。

违反法律不仅只包括违反成文法，还包括违反不成文法；不仅指违反法律规定，还包括违反法律的精神。违反法律包括以下三种情况：一是行政决定的标的（内容）直接违反法律；二是行政决定的法律根据错误；三是行政决定的事实根据不符合法律的规定。对违反法律的行为应予以撤销，但对于羁束行政行为违反法律，法院予以维持并要求补充正确的理由。

越权之诉中，法官还可以对事实作出审查，根据法官监督的强度不同，可分为三种情形：

（1）一般程度的监督，也称正常监督。在这种监督下，行政法官审查行政决定的权限、形式、权力滥用、法律根据、事实根据。如果法律规定行政决定必须以具备某种性质的事实存在为前提条件时，行政法院不仅审查事实的实际存在，而且审查事实的性质是否符合法律的规定。但不能审查行政决定是否必要，是否妥当。正常监督是越权之诉中最通常的方式。

（2）最低程度的监督。这种监督，是根据明显的错误判断来审查行政决定的权限、形式、权力滥用、法律根据、事实根据。所谓的明显的错误判断，是指不需要专门知识，任何通情达理的人根据一般社会常理都能判断出是否存在错误。

（3）最大程度的监督。在这种监督下，行政法院除根据一般程度的监督审查行政决定的合法性外，还根据实际的情况审查行政决定是否必要，是否超过正当范围，是否符合公共利益。这种审查接近于审查行政决定的妥当性，只适用于行政决定涉及公民的重大利益，且法律有规定时。

（六）越权之诉的审理和判决①

越权之诉除了适用行政诉讼的一般规定外，还有以下特点：

（1）不适用行政决定前置。既可以向行政机关申请复议，也可以直接向法院起诉，行政复议不是此类诉讼的必经程序。

（2）起诉人必须就其请求事项负举证责任，这是诉讼程序的一般规定。但如果起诉人所述理由相当充分，足以导致怀疑行政决定的合法性时，法官可以命令行政机关负责证明行政决定的合法性，改变一般的举证责任原则。

（3）在越权之诉中，第三人参加诉讼的情况很多，凡是对行政决定的撤销或维持有利害关系的第三人，都有权参加诉讼。

对于越权之诉案件，法官的权力仅限于作出不受理（因不符合

---

① 参见王名扬著：《法国行政法》，中国政法大学出版社 1988 年版，第 701 ~ 706 页。

越权之诉的受理条件)、驳回起诉(因起诉理由不成立或法院在当事人所述理由之外在应依职权调查事项中,没有发现违法事由)、撤销违法行政决定三种判决。法官不能判决行政机关负担赔偿责任,也不能代替行政机关改变违法的行政决定,更不能命令行政机关为一定行为或不为一定的行为。但在特定情况下,法官可以判决部分撤销行政决定,或判决补充法律根据和理由,或作出间接强制的判决。

法院驳回判决具有相对既判力;撤销判决具有绝对既判力,具有追溯的效力,被撤销的行政决定被视为从未存在过。然而,尽管撤销判决具有绝对既判力,第三人仍可提出异议(Boussuge,CE,11,29,1912)。①

根据1980年7月16日的法律,当撤销的判决或完全诉讼的判决在6个月后没有被执行时,起诉人可以上诉至最高行政法院,后者可以判处行政机关逾期罚款。根据1995年2月8日的法律,当行政机关拒不履行判决时,根据当事人的申请,法官有权在以下两种情况中将禁令和逾期罚款配合使用:一种情况是,判决意味着应采取某项特定的措施(行政机关没有任何选择的自由);另一种情况是,判决意味着在新的指令后应作出一项新的决定。在第一种情况下,法官规定执行措施,并在必要时给予一个期限;在第二种情况下,法官给予一个期限以作出新的决定。②

四、解释之诉(Le Contentiuex de l'Interprétion)

(一)解释之诉概述

解释之诉是指,行政法院解释一个行政行为的意义或审查其合法性的诉讼,有时也可能是解释行政法院自己判决的意义的诉讼。该诉讼的特点是法官无权就某一行政争议作出裁断,而只能决定一个行政行为的意义,或审查其合法性。在这类诉讼中,行政法院的法官不能作出直接产生法律效果的判决,他只能为其他法官的判决提供基础,

---

① 参见[法]古斯塔夫·佩泽尔著,廖坤明、周杰译:《法国行政法》(第十九版),国家行政学院出版社2002年版,第306页。

② 参见[法]古斯塔夫·佩泽尔著,廖坤明、周杰译:《法国行政法》(第十九版),国家行政学院出版社2002年版,第305~306页。

或者对自己先前的判决确定范围。行政法院在受理案件中，如果该案件的判决依赖于某一行政行为的意义或其合法性时，应作为审判前提问题，该行政法院除了解释和审查此行政行为的意义和合法性外，没有其他权力。它不能撤销或变更这个行政行为，也不能判决行政主体负赔偿责任。

行政法院的判决意义不明确时，当事人也可申请原判法院作出解释判决。

解释之诉可分为两种类型：根据普通法院的移送裁决而提起的诉讼和当事人直接向行政法院提起的诉讼。

（二）根据移送裁决而提起的解释之诉①

在法国，行政审判和普通司法审判是各自独立、互不干涉的。有时，某一行政行为的意义或合法与否，会成为普通法院处理某一案件的前提或基础。由于行政审判独立，普通法院不能对该行政行为的含义或合法与否作出决定，便把此问题裁决给行政法院，请行政法院就此作出说明。

普通法院裁决移送给行政法院的解释之诉案件分为两类，一是审查行政行为合法性的案件，二是解释行政行为意义的案件。

1. 审查行政行为的合法性之诉

从内容上看，此诉似乎与越权之诉相同，因为它们都是决定行政行为是否合法。但实际上它们区别很大。首先，两者提起诉讼的方式不同。越权之诉是当事人提起的，而移送审查之诉是普通法院移送的，并且必须有普通法院的移送裁决。否则行政法院不能受理。其次，越权之诉的提起有时间限制，超过时限就不能起诉了，而提起移送审查之诉没有时间限制。再次，从判决权限上看，对越权之诉，法院在认定行政决定违法时，可以判决撤销该行政决定，而在移送审查之诉中，法院的判决仅限于宣告受审查的行为是否合法，不能判决撤销不合法的行政决定。最后，从效力上看，越权之诉的判决具有对世的普遍效力，而移送审查之诉的效力具有相对性，只限于对移送案件有拘束力。

① 参见姜明安主编：《外国行政法教程》法律出版社 1993 年版，第 89 ~ 90 页。

2. 解释行政行为的意义之诉

当普通法院对具体行政行为的意义遇到解释困难时，可裁定移送至行政法院，由行政法院作出解释。

解释行政行为意义的诉讼，适用完全管辖权诉讼的程序规则，必须由律师代理，预交诉讼费用。行政法院受理此类解释之诉后，必须通知有关的行政机关和利害关系人参加诉讼。行政法院的判决不能超过普通法院移送需要解释的问题之外，判决的效力仅限于本案之内。

（三）当事人直接提起的解释之诉①

当事人在没有普通法院裁决移送的情况下，直接请求行政法院解释某一行政行为或行政判决的意义的诉讼，即为当事人直接提起的解释之诉。这是一种特殊性质的诉讼，因为法院本不应为某一当事人提供咨询或当法律顾问。而之所以会有此类诉讼，是因为在没有依照诉讼程序提起正常诉讼时，对于某一行政行为的意义，利害关系人之间存在重大的意见分歧。法官及时解决这种分歧，可以避免日后发生更加复杂的诉讼。所以，行政法院的判例确认，在一定条件下，当事人对于行政行为意义的争议，可以作为独立诉讼，请求行政法院解释。

当事人直接提起解释行政行为意义的诉讼，必须符合以下条件：

（1）当事人必须和请求解释行政行为的意义事件间具有某种利益关系。

（2）当事人在请求解释的行政行为的意义问题上必须存在现实的争议。但若部长提起此诉，不受这一限制。

（3）必须符合行政诉讼管辖权限的规定。

（4）被解释的行政行为应是意义模糊的。

（5）符合起诉的形式。直接提起解释之诉，必须由律师代理。

如果当事人是请求行政法院解释行政法院判决的意义的诉讼，则只需符合上述第（4）、（5）两项条件即可。此类案件，只能由作出原行政判决的法院管辖。

直接提起的解释之诉的判决，只限于解释行政行为和行政判决的意义，不能有其他内容的判决，且判决的效力具有相对性，只限于某

---

① 参见姜明安主编：《外国行政法教程》，法律出版社 1993 年版，第 90～91 页。

个具体案件本身。

五、处罚之诉（Le Contentiuex de La Répression）

（一）处罚之诉概述

处罚之诉是指，行政法庭根据省长的请求，对于违反不动产保管规则的行为，直接判决处罚的诉讼。行政诉讼的作用是纠正行政机关的违法行为，而不是直接行使行政管理权。所以，行政法院管辖的处罚之诉，也不是纯粹的行政处罚，而只是包含处罚的因素。法国行政法上的处罚之诉仅限于重要道路的违警处罚，这种处罚的主要内容是恢复被破坏的公产，只有法律有规定时才予以制裁。

（二）重要道路违警处罚概述①

行政主体的财产分为公产和私产，公产是指行政主体用于公众使用或公务使用的财产，负有公共使用的使命。为了保护公共利益和公务利益不受侵害，法律给予公产特别保护。警察权力对公产的保护是一种特殊的保护，需要法律的特别规定，法国法律称这种具有专门警察权力保护的公产为道路公产。这里所谓“道路”的意义是从公产的作用而言的，而不是指公产的形式是道路。道路公产的范围很广，包括许多在形式上不是道路的公产在内。

道路违警处罚分为两类，一是次要道路的违警处罚，适用于违反保护公共道路的专门警察权力的行为，这类案件由普通法院管辖。二是重要道路的违警处罚，不包括公共道路的违警在内，适用于海洋公产、河川公产、陆地公产中除公共道路以外由法律规定的其他公产，包括铁路、军事工程、供水供气设施、排水工程、筑堤工程等。受理重要道路违警处罚的是地方行政法庭。

重要道路的违警处罚适用以下行为：

（1）侵占公产的行为，例如在公产上非法树立建筑物，种植物或其他工程的行为等。

（2）损害公产的行为，如对于铁路设施、港口设施等的损害，船舶沉没阻塞港口等。

---

① 参见王名扬著：《法国行政法》，中国政法大学出版社 1988 年版，第 338 ~ 339 页。

（3）私人在要塞周围或飞机场附近、铁路附近的建筑物等。

（4）法律特别规定享受重要道路违警保护的事项，例如向公产水流排放污水、废水的行为等。

道路的违警处罚的追溯时效为1年。请求赔偿公产损害的诉讼没有期间限制，不适用时效规则，这是对公产的一种特别保护。

（三）重要道路违警处罚的诉讼程序①

该诉讼程序包括以下三个步骤：

（1）制作违警笔录

有权制作违警笔录的限于以下三种人：一是司法警察官，包括市长、市长助理、宪兵队官员、有一定资历的宪兵、警察视察长官、警察局长等。二是司法警察。三是根据法律规定对于某些具体事项享有警察权力的人，例如道路桥梁监督工程师、领航人员、港口管理人员等。

笔录主要是记载违警的行为。

（2）追诉

即追究违警人的责任。有权提起追诉的人为省长。省长收到违警笔录后，移送至行政法庭追诉，并在10天内将笔录送达违警人，传唤后者在1个月期间内到指定的行政法庭出席审讯。违警人应在收到笔录后15天内提出答辩书状。如果违警人没有要求口头陈述，法庭不必通知违警人公开审讯的日期，否则必须通知。此诉讼不收诉讼费用，可以免除律师代理。

违警人不服行政法庭的判决可以上诉，行政机关对判决不服也可以上诉。违警人提起上诉的判决，不能加重第一审的处罚。

（3）判决处罚

可以判决三种处罚：一是罚款。只有当法律有明文规定时法官才可判决罚款。罚款数额由法官在法律规定的限度以内，根据案件的情况决定，不受行政机关所表示的意见的影响，且罚款可以多次进行。二是恢复原状，方式由行政法院决定，不受行政机关意思表示的限制，也不受时效的限制和大赦的影响。三是支付制作违警笔录的费

① 参见姜明安主编：《外国行政法教程》，法律出版社1993年版，第92～93页。

用，它可以和罚款、恢复原状并用，是一种附加的处罚，但在没有前两种处罚时，它也可独立处罚。

第九题　对法国行政法院制度的理性评析

法国人对分权理论的独特理解，以及法国大革命时期普通法院的保守促成了行政法院的最终建立。法国资产阶级革命为法国行政法的产生提供了政治、经济、思想准备，罗马法公私法划分的传统为法国行政法的产生提供了法理基础，行政法院的建立是法国行政法产生的现实基础。

从法国行政法院的演变过程来看，其前身最初是行政机关的一个内部机构，一个完全依附于行政机关的咨询机构，后来发展成为运用行政审判程序受理行政诉讼案件的准司法机构，同时又保留了相应的咨询职能，从而在行政系统内部以其自身具有制度保障的相对独立地位，对行政权构成有效的监督和平衡。就其所承担的审判职能而言，法国行政法院通过完善的审判程序和判决公开等制度设置所营造的社会舆论来制约行政法官，确保行政法官公平地对待双方当事人并公正地进行裁判。法国行政法院在法国政治体制中发挥着双重作用："一方面作为法国行政系统的'良心守护人'和智囊而不断发掘和维护一套系统的和内部逻辑一致的行政管理和行政规则，从而维护行政部门的权威性和正当性；另一方面，又通过惩戒违反行政伦理与行政规则的行政行为而'训练和教育'法国公务员的严格守法精神。通过将这两种职能完美地结合到一起，法国行政法院作为行政部门的一分子而为本部门赢得了声誉和尊重。"①

一、法国行政法院制度的优点

法国行政法院的优点和长处在于：

1. 法国行政诉讼制度的审查范围广泛

法国行政诉讼制度的审查范围十分广泛，几乎涵盖了所有的行政

---

①　应松年、袁曙宏主编：《走向法治政府》，法律出版社2001年版，第92～93页。

行为，不像我国有诸多的限制。普通公民不仅可对行政规范性文件提起诉讼，公务员也可以就所有涉及自己权益的行政行为提起诉讼，而且公立学校、医院等都可以成为行政诉讼的被告。司法审查范围的宽泛，使司法对行政的制约更为充分。这对我国行政诉讼法的修改，有重要的参考价值。

2. 独特的法官录用机制

行政法院的法官由法国精英构成。在法国，行政法院的法官则有两个来源：一是毕业于国家行政学院（ENA）的名列前茅的优秀毕业生，他们在毕业后被分配到各基层行政法院，开始其行政法官生涯。他们的晋升以资历为准，经过一定年限可以到行政上诉法院任法官。最终可能进入国家行政法院（审级相当于最高法院）任法官。另一个来源是由政府任命的国家行政法院担任国务顾问的法官，他们大约占全部国家最高行政法院法官的1/3。法国行政法官由于在正式担任行政法官职务前都须到基层行政部门锻炼，因此他们都谙熟行政业务，在进行行政审判时能准确把握。

3. 行政参与行政审判活动

各国的行政诉讼一般强调诉讼的独立性，要求行政机关不要干涉法官判案。但法国行政诉讼有明显的政府参与特点。政府专员对于行政诉讼案件，就事实问题和法律问题，进行全面审查，提出自己的判决意见。因此在法国，一个行政诉讼案件的判决，实际上经过三次审查：报告员小组的讨论，政府专员的审查，判决法庭的讨论。而且在判决法庭中，除诉讼组的法官以外，还有行政组的法官参加，一个案件是在经过几次调查研究，结合法律专家和行政专家的意见才作出判决的，所以能够保证质量。这种明显的行政参与，其根源在于法国人从来都把行政诉讼看成是行政活动，而不是司法活动。他们只把普通法院的活动看成是司法活动。

法国的这种做法可以使行政机关认真领悟法律的真正含义，从另一方面也可弥补由于法院对行政业务欠缺深入了解而不能正确裁判的弊端。这对我国的行政审判无疑具有巨大的参考价值。

4. 法国行政法学与行政法院相得益彰

法国行政法学的出现与发展，自始至终都与法国行政法院存在千丝万缕的关系。法国行政法学与“行政法院的建立和发展紧密相连，它源自对行政法院活动的学理阐述和对行政法院判决的注释、解说”。①

法国行政法学的产生是以法学研究者对于行政法院判决的注释、解说而产生的。众所周知，法国行政法以判例居于主宰地位，而判例的产生是以法国行政法院的判决作为原始材料的。在对于行政法研究的过程之中，法国行政法学与行政法院形成了互动的关系：一方面，行政法院的判决成为行政法学研究的主要素材，成为行政法学的研究对象，从而被注释、被评论，甚至是被批判、被否定；而另一方面，行政法学对于行政法院判决的理论评价与分析，对判例规律的总结，对行政法原则的提取，都无疑促成了法国行政法实践的良性循环。可以说，法国行政法学是法国对行政法院实践经验的理论总结和现实运作过程的理论反思。

5. 行政法院的咨询职能在实践中发挥了良好的作用

从最高行政法院和地方行政法庭所具备的咨询职能来看，它们似乎只发挥着无足轻重的作用。在大部分情况下，行政机关并非一定要向其咨询，即使咨询了也不需要一定采纳其意见，因此，这一职能表面上看来并没有什么实际价值。但是在法国，人们历来认为在行政执行机关之外另设咨询机关，以向政府提供意见参考并接受政府提出的行政咨询是对执行部门的一种必不可少的补充。其目的是使行政措施在其中接受权威人士的讨论，而行政管理人员又不因此受到束缚。换句话说，既要享受协商的益处，又要避免由此产生的政出多门、议而不决的弊病。② 因此，咨询机关不是摆设品，它们也是行政管理时不可缺少的重要一环。正因为如此，最高行政法院和地方行政法庭历经改革，但其咨询职能却一直保持到今天。尽管咨询意见并不总是为政府所接受，也不总是能公诸于众，但与行政部门必需的效率相比，这些缺憾或许是不可避免的。

---

① 何勤华著：《西方法学史》，中国政法大学出版社 1996 年版，第 172 ~ 173 页。

② 参见［法］莫里斯·奥里乌著：《行政法与公法精要》，辽海出版社、春风文艺出版社 1999 年版，第 282 页。

二、法国行政法院制度的不足

法国行政法院制度的缺点和弊端在于：

第一，法院包揽一切，负担过重。双方当事人尽管也负举证责任，但法院可以补充调查取证，而且法院承担大量的庭前调查取证责任，以“查明案件的事实”。法国行政审判的职权主义色彩十分浓厚，法院不堪重负。

第二，办案周期过长，效率不高。法国整个行政审判程序不够紧凑，审理周期过长，造成案件久拖不结的局面，有的案件长达几年甚至十几年不能结案，这显然不符合现代社会生活的节奏和要求，客观上造成漠视当事人权益的不良后果，极不利于维护行政法院在公众中形成的公平正义守护神的形象。

第三，行政诉讼贯彻不停止执行原则，不利于对当事人权益的切实保护。在法国，民事诉讼经常会导致决定中止执行的后果。而在公法中，诉讼（除了极少的例外）没有使决定暂停执行的效力。这是行政机关享有先决特权的后果，但它也明显地暴露了许多弊端，可能对当事人的权益造成无法挽回的后果。

三、法国行政法院制度的启示

“一切有权力的人都容易滥用权力，这是万古不易的一条经验。”① 人类社会从未停止过遏制权力的追求，历经无数次的惨痛教训后，人们才认识到：通过必要权力的相互制约，人民的自由才有保障。

法国行政法院的产生历程给了我们一个启示：制约的力量并不一定要来自外部。即使不适用分权学说，我们仍然可以通过在内部建立一些分立的机构，在政府内部造成利益的分殊、造成内部相互制约，这样同样可以起到遏制行政权的效果。因此，发展中国家对控权模式的选择，不应先入为主的以某种模式为基准，而应具体考察国情等因素，使控权制度的设置顺其自然。

---

① ［法］孟德斯鸠著，张雁深等译：《论法的精神》（上），商务印书馆 1961 年版，第 154 页。

法国行政法院的产生历程给了我们另一个启示：注重对司法实践中出现问题的反馈与思辨。法国行政法学比较注重对司法实践中出现问题的反馈与思辨，而不太注重行政法学理论的完善与体系构建，这是其区别于德国行政法学的主要方面之一。法国最先建立了行政法院，正是行政法院的存在与现实运作，才促成了行政法可以作为独立的一个法律部门观念的形成，也最终导致了法国行政法的产生，从而带动了专门研究这一法现象的行政法学的诞生。法国行政法学从其诞生之日起，就注定了其要随实践而动，为实践服务。而德国行政法学产生之时，行政法院没有完善地建立，实际行政诉讼的经验也比较欠缺，而德国学者首先是从学理的角度来看待行政法的，先着手行政法学理论体系的完善与构建，然后才把行政法学的相关理论运用到实践当中去的。

四、行政法院在中国的可行性探讨

行政诉讼的基础是立法权和司法权尤其是后者对行政权的制约，权力分立或分工和司法独立构成其制度基石。西方国家的行政审判体制主要有行政法院型与普通法院型，分别以法、德和英、美为代表。而日本的行政审判体制较为例外。

在法国，设立行政法院的特殊历史原因时过境迁，但行政法院却基于其崇高的历史声誉和行政审判的专业性继续存在。德国行政法院设立的最初缘由，也是出于行政审判的专业性与对分权学说的理解，① 其目的均在兼顾增进行政效率与解决行政合法性问题。

英美两国强调司法权不应割裂，不设立专门的行政法院审理行政争议，其司法审查依循着一条完全不同于法国、德国行政诉讼的道路发展，形成了另外一种模式：在行政裁判机构基础上的普通法院型行政审判体制，行政裁判机构主要负责解决行政争议中的技术性问题，普通法院主要负责合法性审查。

日本可作为折中模式。在美国的强制性改造下，日本废除了战前的行政法院，同时设立了较多的行政委员会作为行政裁判机构，司法

---

① 参见［德］拉德布鲁赫著，米健、朱林译：《法学导论》，中国大百科全书出版社 1997 年版，第 134 页。

制度采取英美法系的单轨制；但同时又针对行政诉讼程序制定行政事件诉讼法，其行政审判可以说是糅合德国的行政法理与诉讼思想，而凭借英美的普通法院系统来进行。这是一种“新瓶装旧酒”式的改制。①

行政审判不同于民事和刑事审判，其特殊性主要表现为：行政争议所蕴含的问题有时具有专业性与技术性，且往往涉及行政裁量权的行使，其性质并非纯粹的法律争议；而行政审判就其运行机制而言是司法权对行政权的制约，这种制约不可避免地在一定程度上要影响行政的效率，并可能影响行政权运行的自主性。实践中，这两方面往往交织在一起。如果法院不具备对行政争议专业性问题的审查能力，审查不仅是不必要的，而且会阻碍行政的效率与自主运行；即使法院具备对行政争议的审查能力，也往往需要注意所审查问题的性质与审查的强度，否则同样会对行政的运行有不利影响。不过后一问题在前一问题解决后更多地表现为司法的自我克制，通过一系列具体制度加以保证，如事实问题与法律问题的区分、合法性审查与合理性审查等。②

正是基于行政审判特殊性的考虑，有的学者主张建立独立的行政法院。③ 其理由是：行政法院独立设置，监督政府行政行为的合法性，这种地位与性质使其依法独立审判的要求与实际上屡遭干涉的矛盾在实践中不可避免地凸显出来。独立性要求的彰显，一方面会使立法机关加强对行政法院履行职务的保障，从而使行政法院在制度上确有能力排除行政非法干预；另一方面也会引起社会对行政审判的重视，社会舆论对行政审判的监督与评价，有利于防止司法腐败，客观上也可遏制行政机关干预审判的冲动，有利于行政法院借助公众的力量与行政机关的干涉抗衡；最后，行政法院作为独立主体会增强审判

① 参见陈新民著：《中国行政法学原理》，中国政法大学出版社 2002 年版，第 310 页。

② 参见马怀德：《行政审判体制重构与司法体制改革》，载《国家行政学院学报》2004 年第 1 期。

③ 参见段书臣、杨成：《试论我国行政法院制度建构》，载《广东行政学院学报》2003 年第 12 期；马怀德、解志勇：《行政诉讼案件执行难的原因及对策》，载《法商研究》1999 年第 6 期。

人员的自身凝聚力，从而在整体上加强排除行政干预维护独立审判的意识。①

笔者认为，对于是否建立独立的行政法院应慎重考虑。首先从司法体制的角度出发，行政审判体制固然是一国司法体制的组成部分，但从行政争议的解决看，则又是行政救济或监督体系中最为重要的部分，正是后者所具有的特别意义使得不同国家的司法体制在原初状况的基础上发生了或大或小的变化。无论法德的行政法院体制还是英美在行政裁判基础上的普通法院体制，都是行政审判的特殊性在各国既定历史条件下对司法体制发生影响的结果。18 世纪的法国为保护行政权不受法院审判权的非法干预而设立行政法院，它有着深刻的理论基础和历史背景。究其本质，无论是法国的行政法院还是英国的行政裁判所、美国的普通法院制度，其功效都是要有效地控制行政权，可谓是殊途同归。

其次，从功能比较的角度看，法德行政法院体制与英美普通法院体制并不代表它们有多大的实质区别，在行政裁判基础上的普通法院体制可能是行政法院的功能性替代物或对应物；两者的区别可能仅仅在于，各国根据本国现实的政制、法律、社会需要以及法律文化传统，以不同的手段和方式弥合了现存制度与客观需要之间的差距与裂痕，即出于对解决行政争议客观要求的考虑，在本国既有制度的基础上建立适合国情的科学协调的行政争端解决体系。

而我国法院长期依附于行政，无法对行政实施有效的司法审查。我们应结合自身的国情，在现行司法体制下，增强法院尤其是法官的独立性，强化法官对行政业务的了解与认识，扩大行政诉讼的受案范围，增强司法审查的深度。不应片面追求形式、机械模仿，否则会造成“邯郸学步”的后果。

---

① 参见高树德：《设立行政法院应该是最佳选择》，中国法学会行政法学研究会 1999 年年会提交的论文；张步洪编著：《中国行政法学前沿问题报告》，中国法制出版社 1999 年版，第 278～280 页。

附：法国行政法院经典判例选①

一、拿破仑亲王案（Prince Napoléon）②

19 février 1875 - Prince Napoléon - Rec. Lebon p. 155

【该案认为基于政治因素而作出的行政决定不构成政府行为，而政府行为不属于行政法院的管辖（此案推翻了以前确立的原则）。】

拿破仑亲王案的判决对于确立行政审判权意义重大，堪称是里程碑式的判例。在此案之前，最高行政法院无权对主要基于政治动机所作出的行为管辖。正是拿破仑亲王案放弃了政治动机（Mobile potique）的概念。从此，行政决定不再基于政治考虑而否认行政法官对其合法性的审查。

约瑟夫·波拿巴·拿破仑是拿破仑三世皇帝的侄子，他被任命为一名将军。在第二帝国衰亡后，共和国政府将其名字从将军名册上删除。战争部长认为此举并无不当，因为对约瑟夫·拿破仑的任命“是在未消失的政体的特定条件下作出的，现在有必要予以废除”。于是，拿破仑亲王最高行政法院撤销此决定，其理由是该决定侵犯了他的权利，该权利是基于皇帝任命他为将军的决定而获得的。最高行政法院认为，他有权对政府撤销拿破仑亲王将军职位的决定的合法性进行审查。但是，最高行政法院拒绝了拿破仑亲王基于1852年11月7日元老院法令的第6条的请求，而据此条，皇帝对其家庭成员的奖励总是可撤销的。

拿破仑亲王案的判决标志着在此前盛行的“政治动机”理论寿终正寝［Laffitte，CE，01，5，1822；Duke of Aumal（奥马尔公爵案），CE，09，5，1867］：从此，行政法官认为自己有权对一个即使完全基于纯粹政治因素作出的行为进行合法性审查。

然而，尽管政府行为的适用范围被大大削减，但本案并未完全抛弃政府行为的概念。行政法官仍认为，不应对政府行为的合法性进行

① 此经典判例选均译自 http：//www. conseil-etat. fr。

② See http：//www. conseil-etat. fr/ce/jurisp/index_ ju_ la03. shtml.

审查。直至今天，仍残留有部分政府行为，它们可包括两方面：有关政府和议会的报告与法国对外关系行为。

对于第一种情况，最高行政法院认为包括以下情形：

1. 政府总理废止或拒绝废止法案的决定，或撤回法案的决定（Tallagrand，CE，29，11，1968，p. 607）；

2. 政府总理就宪法修改事项拒绝向共和国总统提出建议（Allian，CE，26，2，1992，p. 659）；

3. 颁布法律的政令（Desreum，CE，03，11，1933，p. 993）；

4. 将法案提交全民公决的政令（Brocas，CE，19，10，1962，p. 553）；

5. 解散国民议会的政令（Allain，CE，20，2，1989，p. 60）；

6. 根据宪法第16条的特别授权作出的决定；但是对共和国总统根据宪法第16条作出的决定可向最高行政法院提起诉讼，因为这不属于宪法第34条所规定的法律的范畴（Rubin de Servens，CE，02，3，1962，p. 143）。

对第二种情形而言，法理上将那些不可与法国外交行为分离的行为视为政府行为，如：开发行为；条约或国际协议的签字和批准（Sté indochinoise d'électricité，CE，23，7，1961，p. 519）；搁置行为（Préfet de la Gironde c/ Mahmedi，CE，18，12，1992，p. 446）；再次进行临时核试验的决定，因为该决定被认为是单方延期核试验决定的中止，如法国在1992年在禁止核试验的国际协议的磋商中作出的决定（Association Greenpeace France，CE，29，9，1995，p. 347）。同样，那些不能与法国和其他国际团体发生对外关系时行使否决权的行为（Association "Les Verts"，CE，23，11，1984，p. 82），或在海湾战争期间中止任何与伊拉克的科技往来，包括伊拉克籍学生在法国大学注册（GISTI，CE，23，9，1992，p. 346）等也视为政府行为。最后，政府行为还包括：拒绝向国际法院提起诉讼的决定（Gény，CE，09，6，1952，p. 19），对法国人民和法国海外财产的保护行为（Dame Cramencel，CE，02，3，1966，p. 157），核试验期间在国际水域设立安全区的行为（Paris de la Bollardière，CE，11，7，1975，p. 423），外交部长拒绝国外外交人员滞留法国的决定（Lombo，CE，16，11，1998）。

二、巴雷尔案（Barel）（公务员表达自由案）①

28 mai 1954 - Barel - Rec. Lebon p. 308

【行政机关不能由于政治立场的不同，而将一些人排斥在公务员服务的岗位之外（如法国国家行政学院曾拒收共产党人士）。】

通过1953年8月3日和7日的判决，最高行政法院院长秘书拒绝了五位考生要求参加国立行政学院入学考试的请求。几天后，根据最高行政法院秘书组一名人员的透露，媒体披露了内情：政府不愿在国立行政学院接受任何共产党派学员。于是这五名利害相关人起诉至最高行政法院，要求撤销拒绝参加考试的决定。他们认为，最高行政法院仅仅因所持的政治立场拒绝他们，他们对此不服。

在传统上，行政法官认为，就担任公职而言，即使满足了法定条件，也并不意味着完全符合法律，因为这是由部长根据是否符合所制定的法律的精神和目的作出的判断。部长的这种权力仅受到最小程度的监督，即仅对技术错误和滥用权力的行为予以监督。

通过巴雷尔案，最高行政法院判决认为，如果考生满足了国立行政学院的要求，为了确立是否可担任公职，行政机关可提出事实和证据来证明这些考生不被录取。但是，根据1789年人民和公民权利宣言所确立的平等就业和担任公职的原则，不能因这些考生所持的政治立场而使之受到不同对待，于是，最高行政法院拒绝将共产主义和其他政治观念区别对待，并且认为共产党员的身份和公职身份不相容，这和当时西方其他国家的民主观念相悖。通过该案，最高行政法院明确宣布了担任公职自由的法理传统，这是1946年宪法序言第5段的特别适用，其具体规定为："任何人不能在其工作或雇佣中，由于其种族、观点和信仰的不同而受到侵害。"

因此，通过审查任何合法性错误这一正常的监督方式，最高行政法院加强了对拒绝采取决定的监督（Section，10，6，1983，Raoult，p. 251）。

1954年5月28日的判决也是一个经典的判例，因为它对有关举证责任和行政法官在预审时的权力的规则作出了准确界定。行政诉讼

---

① See http：//www. conseil-etat. fr/ce/jurisp/index_ ju_ la35. shtml.

中的举证具有质问的特征，起诉人不负举证责任，但他必须对自己的主张提供足够的证明材料，法官可以驳回没有充足事实支持的请求，但如果当事人的请求构成诉讼所需解决的重要事项，法官可命令他予以补充。在这种情况下，最高行政法院认为，当事人应就其主张提供事实和背景材料，行政机关应提供所有相关的证明材料以使法官对每个当事人的主张作出判定。于是，对行政机关的拒绝来说，行政机关需提交当事人请求和整个事实的背景材料及拒绝的理由。

三、卡纳尔、罗比和戈多案（Canal Robin et Godot）①
19 octobre 1962-Canal, Robin et Godot - Rec. Lebon p. 552

【行政机关只能在法律授权的限定范围内，通过法令的形式作出决定。行政机关不能决定法院的产生，而法院的程序和对其不予救济，不属于刑法一般原则。该判决使最高行政法院与戴高乐总统关系十分紧张。】

通过卡纳尔案，最高行政法院撤销了设立军事法庭的经全民公决通过的法律。根据该法，对军事法庭的判决不服，不能得到救济，这和刑法的基本原则相悖。卡纳尔案的判决导致最高行政法院和戴高乐总统间的关系异常紧张，最高行政法院的地位和职能都面临着极其危险的处境。

1962 年 4 月 8 日，法国以全民公决的方式通过了旨在结束阿尔及利亚战争的埃维昂（Evian）协议。根据法国的制度，进行全民公决的法律也须交部长会议，由总统以法令或政令的方式公布那些“与该协议相关的合法措施”。于是，1962 年 6 月 1 日，戴高乐总统通过特别授权而组建了军事法庭，其任务是审判那些与阿尔及利亚事业有关的人员，该法庭适用特殊的审理程序，当事人不能对军事法庭的判决提出救济。卡纳尔（Canal）、罗比（Robin）和戈多（Godot）三位将军被军事法庭判处死刑，他们不服，于是向最高行政法院提起诉讼，要求撤销组建军事法庭的政令。最高行政法院判决撤销了该政令，其理由是“考虑到当事人主张的重要性和问题的严重性，当事人主张撤销的政令适用刑法的基本原则，而其规定的程序却排除了当

---

① See http：//www. conseil-etat. fr/ce/jurisp/index_ ju_ la39. shtml.

事人的任何上诉机会”，于是，总统根据特别授权组建军事法庭的行为，并不仅仅是因履行全民公决通过的埃维昂协议作出的。

最高行政法院作出这种判决，势必会引起戴高乐总统的强烈反应，所以最高行政法院必须越过第一道障碍，即对根据全民公决直接授权而作出的政令仍然是可诉的，这体现了法律的价值。应由行政法官判断这种行为是否越权。最高行政法院对此采取积极的态度，它认为经全民公决的法律的“目的不是授权共和国总统行使立法权，而仅仅是要求他在该法律限定的框架内去行使其合法的权力，通过政令采取和该法律相关的正常措施”。于是，最高行政法院认为，这种授权不是立法权的分配，而仅仅是在授权的严格限定范围内，赋予总统介入该法的执行这一合法权力。尽管可以对法律文本的内容作出某些修正，但是政令仍保留授权法所要求的法的品质。基于同样的理由，最高行政法院认为它有权对政府根据宪法第 38 条对议会权限作出的规定提出救济管辖［Fédération nationale des syndicats de police（全国警察联合会案），Ass.，24，11，1961，p. 658］。此外，对于政府行为（参见拿破仑亲王案）而言，只有共和国总统根据宪法第 16 条的授权而作出的行为由最高行政法院管辖（Robin de Servens Ass，02，3，1962，p. 143）。但是，如果这些决定不具备法应有的品质，行政法官可对其审查。

政令的合法性取决于以下两个问题。首先，国家元首通过全民公决的法律而得到的授权范围有多大。最高行政法院对此作出了严格的解释。依据其扮演咨询职能的角色，如果组建军事法庭的行为是在授权的范围内，虽然全民公决法未对此作出明确的规定，但是并不能据此认为该法授权共和国总统可违背法律的基本原则。其次，涉及如何使用例外的法理（参见 Heyriès 案）。最高行政法院对此的适用十分严格，它认为如果“当时的背景”能从法律上证明当事人的请求是合法的，那么在履行埃维昂协议中，这些背景必须是同一事件下的背景。最高行政法院推断，根据刑法的基本原则，当事人争讼的问题并未严重到要适用例外来解决，在刑法基本原则框架内完全可以解决。

四、阿里塔利亚公司案（Alitalia）①

3 février 1989-Compagnie Alitalia - Rec. Lebon p. 44

【行政机关有义务撤销不合法的规章，即使这些规章最初是合法的。规章必须符合过渡期已届满的欧共体的有关法律。】

通过阿里塔利亚（Alitalia）案，最高行政法院有权受理以下起诉行政机关的案件：在任何时候，当事人要求撤销在一开始不合法或在法律事实发生变化的情况下变得不合法的行政规章。

阿里塔利亚公司的诉讼起因于其增值税纠纷，行政机关拒绝公司按照普通税法典附件二的规定课税。公司认为，上述规定是和欧共体委员会 1977 年 5 月 17 日关于各成员国对增值税的立法权范围的第 6 号指令相违背的。于是，公司向最高行政法院提起诉讼，要求行政机关撤销拒绝对普通税法典附件二条款的合法性作出审查的决定。对最高行政法院来说，这恰是千载难逢的时机，它可借此案确立行政责任和撤销不合法行政规章的行政法规则。具体如何解决此案十分有趣，因为它同时涉及两个法令，一个先前的政令和一个过渡期已届满的政令，用何种标准去审查确实很棘手。

为了证明其主张，阿里塔利亚公司提出 1983 年 11 月 28 日政令的第 3 条规定，由各方行政机关应处理当事人提出的要求撤销不合法规定的请求，该规定不合法是因为事后的事实或法律发生了变化，或在该法颁布之日业已不合法。

首先，从 1930 年普通税法典实施以来并未遇到麻烦（Section，10，1，1930，Despujol，p. 30）。尽管法律规定主张撤销的请求应在 2 个月内提起。其次，法律亦有例外规定。于是，最高行政法院认为从各方面对不合法规章的请求有期间的限制（Poulin，29，5，1908，p. 580）；另一方面，行政机关不能因超过救济期间而认为不能撤销不合法的规定（Section，30，1，1981，Ministre du travail et de la participation c/ société Afrique France Europe transaction，p. 32）。

1983 年政令的第 3 条试图产生这样的法律效果：对撤销的请求不受期间的限制；对不合法的规章的出现恰恰也是如此，自该规定签

---

① See http：//www. conseil-etat. fr/ce/jurisp/index_ ju_ la43. shtml.

字之时起即可主张撤销。该条款的合法性令人质疑：政令是否可宣布撤销那些合乎规章要求的行为，这是否也适用于地方团体的行为，尽管从理论上讲只有立法机关才可对此作出规定，而且这需由最高行政法院根据法律原则作出判断。

为了解决上述两个棘手问题，最高行政法院将1983年政令第3条确立为行政权力公开原则，并且并不果断地认为1983年的政令就是该原则开始实施的标志。于是，最高行政法院认为自己对任何人主张撤销行政机关不合法的规章有管辖权，且该主张不受期间限制，无论该不合法是自始还是事后由于法律和事实发生变化而不合法，而本案是由于欧共体的指令而使之不合法。

阿里塔利亚一案的判决备受瞩目，其原因在于确立了行政机关有义务遵守欧共体指令。实际上，在作出政府不能制定过渡期已届满的欧共体政令的规章条例［Confédération nationale des sociétés de protection des animaux de France et des pays de d'expression française（法国本土及法语国家动物保护协会），28，9，1984］，最高行政法院认为，经过一定期间后，当规章的内容不再符合有关立法目的时，行政机关不能再继续使之有效。

该案件引起了政府极大震动，1963年7月30日，政府发布四个命令，对最高行政法院的组织进行改革，加强审判人员和行政的联系。①

五、奥日河畔莫桑镇案（Commune de Morsang-sur-Orge）（投掷侏儒案）②

27 octobre 1995-Commune de Morsang-sur-Orge - Rec. Lebon p. 372

【通过奥日河畔莫桑镇（Commune de Morsang-sur-Orge）一案，最高行政法院认为，人性尊严应视为公共秩序的内涵之一。】

奥日河畔莫桑镇镇长曾经下令，禁止在该镇各个Disco舞厅举行"投掷侏儒"的表演，镇长此举并非根据1945年10月13日关于表演的法令所确立的警察特别权利，而是根据市镇自治法L.131-2的规

---

① 参见王明扬著：《法国行政法》，中国政法大学出版社1988年版，第604页注［1］。

② See http：//www.conseil-etat.fr/ce/jurisp/index_ ju_ la47.shtml.

定，所授予他的普通警察权力作出的。

上述条款的内容都是世人共知的，当适用于表演方面时，其作用是保障公共安全或防止引发公共秩序的混乱，但是在本案中，镇长禁止此类表演不是基于此立法目的而作出，而是认为此类表演有损于人性尊严。

在行使市镇警察（治安）权力方面，市长、镇长们可采取必要的措施以维护公共秩序。所谓的公共秩序，在传统上被认为包括安全、和平和公共健康等内容。然而，法理上早已认为公共秩序不应仅仅拘泥于此，在特定情形下还应将公共道德包含在内。例如，关闭色情场所［Chambre syndicale de la corporation des marchands de vins et liquoristes de Paris（巴黎酒业联合会案），17，12，1909，p. 990；Dames Hubert et Crepell，11，12，1946，p. 300］；对海滩洗浴行业行为的管理（Beauge，30，5，1930，p. 582）；对纪念性建筑有损其庄严的涂鸦行为（Dame Venuve Moulis，Ass.，04，2，1949，p. 52）；检验公共道路的命令是否符合善良风俗（Siewr Broutin，19，6，1974，p. 346）；禁止内容不健康（有伤风化）的电影在特定地域上演（Societe“Les Films Lutetia”，18，11，1959，p. 693）。

通过 1995 年 10 月 27 日对本案的判决，最高行政法院首次明确认为，人性尊严是公共秩序的内容之一。保障人性尊严免受任何形式的贬损早已是宪法委员会确立的宪法价值（Décision n° 94-343/344 DC，27，7，1994，p. 100）。这也是 1950 年 11 月 4 日通过的欧洲《保护人权与基本自由公约》第 3 条所确立的宗旨。第 3 条规定禁止“酷刑或非人道的对待或贬损人格”的行为。于是，最高行政法院认为，人性尊严是法律和秩序的内容之一，即使在欠缺特殊地域要求的情形下，被授权行使市镇警察权力的机关可以禁止贬损人性尊严的表演。

在本案的审理中，最高行政法院诉讼全体大会（L'Assemblée du contentieux）认为，“投掷侏儒”表演是由观众将身体缺陷的侏儒作为投掷物来投掷而从中取乐，这种表演的目的已违背对人性尊严这一基本道德底线。所以，即使不考虑特殊地域的因素，对这种表演的禁止亦是合法的。

最高行政法院认为，行使警察权的市镇当局因表演违背人性尊严有权予以禁止。通过这种做法，最高行政法院向世人表明：公共秩序不应仅限定在“具体的和外在的”狭小领域内，对人性尊严也应包含在其中，而公共权力机关必须对人性给予应有的尊重。但是，这并不是将公共道德纳入到公共秩序的内涵中去，否则会使行政机关对其享有的警察权作扩大解释。

六、石棉粉尘污染案（Lamiante）①
3 mars 2004-Lamiante

【根据现代科技知识，即使工人受雇于私人雇主，国家应对没有采取必要防护措施保护工人的健康（防止石棉污染）的行为承担责任。】

通过2004年3月3日的判决，最高行政法院认为，由于国家过失而没有对暴露于石棉粉尘污染中的工人采取必要的防护措施，国家应对此承担国家责任。

针对首都劳动部长不服马赛上诉行政法庭的上诉请求，最高行政法院作出了里程碑式的判决。在本案中，有四位工人在其工作期间因吸入石棉粉尘而致病。最高行政法院已于2001年10月18日通过多起判决确认了国家应对此承担责任。最高行政法院上诉行政法庭已使这些判决生效。

两级行政法院都首先确认了一个原则，即如果雇主对其雇员的健康尽了保护义务，从事职业保护的有关公共机关仍应对工人在其职业范围内遭受的危险承担责任。据此，有关行政机关应在现有科技知识范围内，采取必要措施，最大限度地消除危险的发生。

根据上述原则，最高行政法院认为，上诉行政法庭并未歪曲事实，上诉行政法庭所须判断的事实是：石棉粉尘具有危害性，在受害人到50多岁时，其肺部才出现明显的结核症状；而在1977年之前，公共行政当局没有对工人暴露于石棉粉尘中工作的危险性进行调查评估，也没有准备采取措施以消除这些危险。

基于上述考虑，最高行政法院判决认为，由于国家不负责任而没有对暴露于石棉粉尘工作环境中的工人提供保护措施，这构成过错，

---

① See http：//www. conseil-etat. fr/ce/actual/index_ ac_ lc0405. shtml.

而该过错致使国家应对此承担责任。但是，最高行政法院在本案中并没有涉及将来很可能遇到的两个主要问题：一方面，在国家和雇主间如何进行合理的责任分担；另一方面，如何处理国家和补偿石棉粉尘受害者基金会间的关系，即在补偿机关存在的前提下，国家到底在多大范围内承担责任。

第二章　德国行政法院制度

第一题　德国司法制度概述

行政法院是德意志联邦共和国整个司法制度的一个组成部分，因此有必要对德国的司法系统作一个大致的介绍。按照《德意志联邦共和国基本法》（以下简称《基本法》）第92条规定，司法权由联邦宪法法院（Bundesverfass- ungsgericht）、按《基本法》规定的各联邦法院（Bundesgerichte）及各州法院（Gerichte der Lander）分别行使。由此观之，德国的司法系统由两大类法院组成。

一、宪法法院

德国的宪法法院由联邦宪法法院（Bundesverfassungs gericht）和州（邦）宪法法院（Landesverfassungsgerichte）构成。联邦宪法法院负责解释《基本法》，并负责裁决联邦的法律和与联邦基本法有关的各州法律的效力。联邦宪法法院地位超越其他各类联邦法院，是德国最高司法机关和最具权威的宪法机构，不从属任何权力机关；各州设有自己的宪法法院，德国16个州中有14个州有自己的联邦宪法法院，① 负责裁决本州在宪法范围内所产生的宪法性问题。从这个意义上说，联邦和各州有着相互不同的法院体系。此外，宪法法院诉讼程序不同于一般法院，其审理案件实行一审终审制。②

---

① 参见宋冰著：《美国与德国的司法制度及司法程序》，中国政法大学出版社1998年版，第123页。

② 参见方立新著：《西方五国司法通论》，人民法院出版社2000年版，第123页。

二、一般法院

一般法院由五类法院构成，行政法院是其中一种。这五类法院分别是：①

（一）普通法院②（民事法院与刑事法院）

普通法院包括民事法院与刑事法院，它们由一个最高法院及几个下级法院构成。联邦德国《基本法》规定其最高法院为联邦法院（Bundesgerichtsshofe），其下级法院分别为州高等法院（Oberlandesgerichte）、州法院（Landegerichte）和初等法院（Amtsgerichte）。全国有初等法院700个、州法院116个、州高等法院25个，联邦最高法院包括分设在全国5个地区的12个民事审判合议庭、5个刑事审判合议庭、8个专业委员会及联邦司法部长在联邦最高法院所在地外设立的民事、刑事审判机构。③ 普通法院审理案件实行四级三审终审制。

（二）行政法院④

行政法院也是由一个最高法院和几个下级法院构成。联邦德国《基本法》规定其最高法院为联邦行政法院（Bundesverwaltungsericht），它是行政审判的最高审级。联邦行政法院下还有两个审级，分别是州高等行政法院（Oberverwaltungsgerichte）或者行政法院（Verwaltungsgerichtshofe）和初等行政法院（Verwaltungsgerichte）。行政法院审理案件实行三审终审制。

---

① 除这五类法院外，有学者还提到纪律法院，作为相并列的法院体系。参见顾俊礼著：《德国政府与政治》，台湾扬智文化事业股份有限公司，第213页。转引自张鹏飞：《简述德国司法制度》，载《中国司法》2004年第2期。

② 也有学者称之为“一般法院”，例如姜明安主编：《外国行政法教程》，法律出版社1993年版，第125页。由于考虑到普通法院更能体现与行政法院系统的分离，本文沿用［印］M·P·赛夫《德国行政法——普通法的分析》一书中的译法，将民事法院与刑事法院合称为普通法院。

③ 参见张鹏飞：《简述德国司法制度》，载《中国司法》2004年第2期。

④ 这里的行政法院确切而言应被称为普通行政法院（allgemeine Verwaltungsgerichtsbarkeit），因为除此之外还有财政法院、社会法院两个独立的特别行政法院系统（besondere Verwaltungsgerichte）。参见刘飞：《中德行政诉讼制度比较分析概述》，［德］弗里德赫尔穆·胡芬著，莫光华译：《行政诉讼法》，法律出版社2003年版，中文版导读。这里所言的行政法院，指的仅是普通行政法院。

（三）劳动法院

德国劳动法院系统由三级法院构成。最高法院为联邦劳动法院（Bundesarbeitsgericht），下级法院分别为州劳动法院（Landesarbeitsgerichte）和初等劳动法院（Aubeitsgerichte）。德国有 124 个劳动法院，审理劳动纠纷和工会纠纷，且仅受理双方有书面合同的争议，否则该争议归普通法院管辖。劳动法院审理案件实行三级终审制。

（四）财政法院

德国财政法院系统是审级最少的一个法院系统，只由两级法院构成。按照《基本法》规定，最高法院为联邦财政法院（Bundesfinanzhof）。另一个审级为州财政法院（Finanzgerichte）。德国共有财政法院 19 个，审理纳税人状告国家财政税务局的案件，一般归财政法院审理，但触犯刑法时由普通法院管辖。财政法院审理案件实行二级二审制。①

（五）社会法院

德国的社会法院系统也是由一个最高法院和几个下级法院构成。最高法院为联邦社会法院（Bundessozialgericht）。下级法院分别为州社会法院（Landessozialgerichte）和初等社会法院（Sozialgerichte）。德国有社会法院 69 个，负责审理保险、事故、失业金、退休金、社会救济等由政府负责的赔偿以及国家法律规定的福利费等。企业福利发放产生的纠纷由普通法院管辖。

联邦政府还建有一个联邦专利法院。但是，联邦专利法院服从于联邦法院（即普通法院的最高法院）之上诉裁判权。② 在此意义上，联邦专利法院并不构成国家司法体系中的一个独立的部门。

在了解这五类一般法院的体系构成之外，有必要了解以下几个方面的特点。

（1）从这五种法院的体系看，它们都是由联邦法院和州法院构成。其中，由《基本法》规定的所有这五种最高法院都是联邦法院。

---

① 参见张鹏飞：《简述德国司法制度》，载《中国司法》2004 年第 2 期。

② 在联邦专利法院被确立为普通法院系统的法院以前，受理专利行政争议的法院是（普通）行政法院，参见 Gerhard Herbst, Festschrift 25 Jahre Bundespatentgericht, S. 47 ff.。转引自刘飞：《中德行政诉讼制度比较分析概述》，［德］弗里德赫尔穆·胡芬著，莫光华译：《行政诉讼法》，法律出版社 2003 年版，中文版导读。

联邦法院之下的法院都属于州的法院。这很容易令人联想到另一个典型的联邦制国家美国，它具有联邦法律和各州法律的双重法律体系。然而，德意志联邦共和国与美国不同，它没有实施联邦法律和各州的法律的双重的法律体系，而只存在着一元化的司法制度。简言之，在这种司法制度中，同一个法院不仅负责实施联邦的法律，而且也实施各州的法律。

（2）在这种复杂的法律体制中，不可能消除不同司法部门之间具有其各自独立审级的法院之间在管辖权方面之冲突。① 为此，《基本法》规定建立一个联邦最高法院（Oberstes Bundesgericht），负责解决各种法院之间司法管辖权的冲突，以利于统一地适用法律。但是，联邦德国与法国不同，各种法院之间管辖冲突的情形很少出现，因此根据1968年的一个《基本法》修正案，建立联邦最高法院的规定被建立一个属于这五种最高法院类型的联合参议院（Gemein samer senat）的决定所取代。联合参议院由联邦法院、联邦行政法院、联邦劳动法院、联邦财政法院和联邦社会法院的院长和其他一些法官组成。② 如同联邦宪法明确规定的那样，联合参议院不是一个正式的法院，仅仅是召集各法院来共同研究一些法律问题，其中包括管辖权争议以及下议院决定的法律问题。

（3）在解决不同类型的基层法院即一审法院之间管辖权冲突的问题上，联邦德国确立了各种类型法院管辖权的一致准则。这种准则在两个方面发生效力。第一，最先受理案件的法院有管辖决定权。因此，如果最先受理此案的某一种法院认为本院具有或者不具有涉及某个纠纷的管辖权，其他四种法院都受该法院判决的拘束。第二，最先受理案件的法院根据原告的要求，可以将此案移送由其他任何一种适当的法院审理。该院作出的移送案件的决定对被移送的法院具有约束力。因此，即使被移送的法院认为移送案件的法院的决定是错误的，也不能拒绝受理。对于最先受理案件的法院作出的这种决定，唯一的

---

① 参见［印］M·P·赛夫著，周伟译：《德国行政法——普通法的分析》，台湾五南图书出版公司1991年版，第245页。

② See Rolf Sturner, *The United States Court Of Federal Claims 20th Anniversary Conference: Suing The Sovereign in Europe and German*, 35 Geo. Wash. Int'l L. Rev. 663.

补救办法是，向该法院同一类型的上级法院提起上诉或者要求变更，但是，不得向其他任何一种法院提出。

值得注意的是，关于解决管辖权冲突的这些规定，不适用于宪法性事项，所以，宪法法院不受其他法院就某一宪法性事项管辖权承认或者不承认的决定的拘束，其他法院如果认为被移送于本院的案件具有宪法的性质，也不受移送决定本身的拘束。在前一种情况下，宪法法院可以作出自己的决定，在后一种情况下，其他的法院必须将案件移送于宪法法院。

(4) 法院制度在联邦德国的法律制度中占有重要的地位。联邦德国法院的独立性及其权威，一直受到人民的尊重，德国人民普遍地认为，法院的独立性和权威是维护和实现建立在法治原则基础之上的宪法国家的必要条件。因此，联邦德国根据《基本法》制定了详尽的条款，以便实现和维护司法制度之独立性，并且制定了一些详细的普通立法使之具体化，例如1960年德国《行政法院法》、① 1972年《德意志联邦共和国法官法》,② 这些普通立法将在后文行政法院的背景中被提及。

第二题 德国行政法院的历史沿革

由于德国国体采取联邦制结构，其历史一直呈现出高度的多样性，而且不少州之间拥有互不相同的发展脉络，直到最近时期才部分地有所趋同，因此德国行政法院的发展历史也不可避免地受到这一规律的支配。当然，尽管发展是多样化的，但是决定这段历史的基本方向却体现出一致性。

一、早期的帝国法院与行政司法

(一) 早期帝国法院和行政司法的实质

中世纪末和近代之初的德意志民族，从分封制国家中逐步产生了

---

① 该法于1960年4月1日公布实施，其后被频频修改。

② 德国法官法（Deutsches Richtergesetz; DRiG）于1972年4月19日公布，它统一了联邦法院及邦法院法官的一般资格、法律关系、权利义务等。

以对抗中央集权的多元主义地区或者地方权力为标志的等级制国家。它赋予君主以至高无上的权力，采用严格的行政管理制度，实行有条不紊的财政制度和建立常备军。当时的统治和司法如同公法与司法一样，区别甚微。那时的法庭只不过是君主统治的部分，也是这种统治的重要标志。帝国法院的职责要么由君主自己行使，要么由邦国法庭和司法委员会代行其职。它们既是现代意义上的司法机构，又是行政机构的前身。① 因此，这一阶段被耶里内克称为“早期的法治国”。② 这种最初的“行政司法”（Administrativjustiz），或者称为“司法行政”（Jusitzadministration），与“财政司法”（Kameraljustiz）意思有些相同，它最初的含义是财务管理，后来完全被用于指称行政管理。从而，最早的“帝国法院”（Kameralgerichte）同时也就是一些行政机关。

尽管我们可以置疑当时这种行政司法是否符合近现代意义上的“行政法”内涵，但是，当时的君主或者贵族的行政活动已经受到因地而异的法律的一般约束，并且受司法监督，特别是帝国法院的监督。帝国法院③的建立，不仅市民控告君主的权利得到了保障，而且在君主及三个社会等级④内部发生纠纷时，甚至还有部分合法权益受到侵害的臣民，都可以向帝国法院（Reichsgerichten）和各邦国法院（Landgerichte）寻求法律保护。当时的帝国法院已经具有审级的区分，最高级审级为帝国最高法院（Reichskammergericht）和帝国枢密院（Reichshofrat）。

但是，随着那些版图较大的德意志邦国实力逐渐增强并成为现代意义上的国家，君主们日益试图摆脱帝国司法机构的控制，并将其对

---

① 参见［德］弗里德赫尔穆·胡芬著，莫光华译：《行政诉讼法》，法律出版社 2003 年版，第 21 页。

② 当然从另一种角度看，这种建立于等级制度之上的国家并不存在真正的行政法。因为当时既没有公法和私法的划分，也没有超越国家权力之上的统一的、普遍认可的法律。参见［德］汉斯·J·沃尔夫等著，高家伟译：《行政法》，商务印书馆 2002 年版，第 67 页。

③ 1415 年罗马帝国设立帝国宫廷法院，1459 年设立帝国皇家法院，1501 年以后是维也纳帝国参事院。

④ 指中世纪的贵族、僧侣和市民阶层。

行政的监督，限制在隶属于他们自己的那些行政法院以内。这种努力符合追求不受法律约束之统治的专制主义和公权独立理论的目的。① 在“开明的专制主义”（Aufgeklärter Absolutismus）统治下，君主有义务致力于实现公共福利和形式上的理性（Formale Vernunft）以及社会救济事务。君主代表这种“好政策”（Gute Policey）的功能，为君主摆脱普遍的司法监督提供了理由。因为，既然君主关心臣民们的广泛利益，其“政治”措施也就不会对臣民们产生侵害，因此“国王不可能做错事”（The kan do no wrong）。因此，也就不允许法官们充当公共利益的守护者，凌驾于行政之上。

因此，对日益增长的行政活动进行监督的，只有君主自己的行政司法。它以多种形式和关系监督行政管理的合法性与最高权力的运用，以保障市民的各种经合法取得的权利不受侵害。然而这样的监督，实质上部分地属于行政行为。因此可以说，行政法院的第一种形式，也就是行政司法，可以被视为是通过财政机关、执政内阁，以及枢密顾问和国务参事等进行的行政自我监督。也正是这种早期行政司法形式的存在和缺陷所在，它促使司法与行政的分离成为日后德国行政法院发展的一个主轴之一。

（二）1849年保罗教堂宪法对行政法院制度的推动

冲塌德意志帝国大厦的力量来自西方。1789年法国爆发了资产阶级革命。在资产阶级的压力下，从中世纪早期延续至今的封建社会制度受到冲击。三权分立和人权理论推动了所有公民对自由和平等的追求。19世纪中叶，按司法和行政分离的原则，通过独立的法院（Unabhängige Gerichtsbarkeit）有效监督国家行政活动的呼声日益高涨。在此背景下，德国产生了1849年的保罗教堂宪法②（Paulskirch-

---

① ［德］弗里德赫尔穆·胡芬著，莫光华译：《行政诉讼法》，法律出版社2003年第版，第22页。

② 一般认为，德意志民族神圣的罗马帝国寿终正寝于1806年，它受到法国大革命的冲击很大。1814～1815年的维也纳会议建立了欧洲的新秩序。然而，许多德国人梦想建立一个自由统一的民族国家的希望还是落了空，取老帝国而代之的是各主权国家的松散联合。邦联认为其主要任务是压制一切争取统一与自由的努力，这显然已难以符合历史的趋势，于是最终爆发了1848年革命，1848年革命产生了1849年的保罗教堂宪法。

enverfassung）的第 182 条。它要求将行政置于由法院进行的监督之下，“停止行政司法；一切违法行为均由法院裁判”（Die Verwaltungsrechtspflege hört auf; über alle Rechtsverletzungen entscheiden die Gerichte），它明确要求取消早期那种（行政内部的）行政司法。当时，法院监督意味着由普通法院（Ordentlich Gerichtsbarkeit）进行监督，除要求陪审法庭和普通教徒参加审判外，它还开启了普通市民参加审判的先河。同时，要求法院从此以后不再承担真正的行政任务。

（三）这一阶段对后来行政法院制度建设的意义

从严格意义上看，帝国法院和当时行政司法的本质都不符合近代意义上确立于民主制、权力分立之上的行政法的要求，然而它对于以后德国行政法院的走向发生了重大的影响。我们习惯于将德国与法国作比较。它们都属于大陆法系，并且都以公法和私法的区分为特征，为什么同样是行政法院，法国的行政法院作为行政系统的一个分支，而德国的行政法院却始终强调法院与行政的分离，这段历史多少可以提供一些解释。1849 年保罗教堂宪法对于有关司法和行政的规定，首先强调的就是司法与行政的分离。德国行政法院后来的发展远远地超越了单纯司法与行政的分界，并且确立起独立的行政法院系统，作为与普通法院并行的法院系统，这构成与英美法系国家司法救济系统的最大不同。然而，行政与司法分离这一至关重要的一步却是从帝国法院和行政司法的过程中获得迈开的可能的。

二、俾斯麦帝国结束以前的发展情况

由于种种原因，1849 年保罗教堂宪法这种通过“自下而上”方式确立宪法秩序的尝试并没有成功，1850 年德意志邦联重新建立。之后，随着普鲁士的兴起和俾斯麦首相致力于统一德国的努力，德国于 1871 年实现了统一。这段历史，在德国历史中占据重要地位，被称为“俾斯麦帝国”时期。在这段时期里，德国有关行政和法院的情况发生了变化，我们可以认为行政法院制度的雏形是在这一阶段出现的，然而，正是由于它处于雏形阶段并且居于帝制国家的大背景中，其局限性是不可避免的。

虽然保罗教堂宪法很快失败了，但是通过独立法官实施行政监督的呼声并没有因此而沉寂。保罗教堂宪法第 182 条所确立的“消极要求”（Negativforderung），即“停止行政司法”，团结了改革者们。①但是，就保罗教堂宪法那一个旨在将行政置于普通法院监督之下的“积极要求”（Positivforderung），② 却未能达成共识。作为妥协方案，出现了单独的行政法庭，它们虽然并没有作为陪审法庭（Geschworenengerichte）被建构，但已经明显不同于最初的行政司法。它们从行政机构脱离出来，以法院形式进行组织，并由独立法官任职。相对独立的法官和组织体系，使现代意义上的行政法院的发展成为可能。

1871年帝国建立之后，行政法院的发展并不统一，主要还是由各州根据各自的特点来进行不同的发展。在那些最重要的邦国里，已经开始形成一种由高等行政法院（Oberverwaltungsgerichte）和（初等）行政法院（Verwaltungsgerichte）组成的特别行政法院；同时在低级层次上，又保留了通过具有或多或少独立性的复议程序实行行政自我监督的情况。在司法系统中，在普通法院之外设置不同于普通法院的行政法院已经基本成形。③ 1863年，在当时的独立邦国之一巴登（Banden），建立了第一个真正同行政相分离的法院。随后，普鲁士（PreuBen）于1872年设立了自己的高等行政法院，黑森－达姆斯塔特（Hessen-Darmstadt）、符腾堡（Württemberg）以及拜恩（Bayern）等邦国也分别在1875年、1876年和1879年相继建立了类似机构，到20世纪初，设立州高等行政法院的州共有18个。④

帝国建立之后不久，就有建议认为应该设立一个最高级别的帝国行政法院（Reichsverwaltungsgericht），或者干脆就在帝国法院层次上

---

① 尽管也有少数保守分子，例如尤利乌斯·斯塔尔（Julius Stahl，1802～1861），看到了国家及其行政有因此而被瓦解的危险。参见［德］弗里德赫尔穆·胡芬著，莫光华译：《行政诉讼法》，法律出版社2003年版，第24页。

② 有学者称这种“积极要求”为“司法国家”（Juristizstaat）要求，指的是由一般的（普通或者司法）法院而不是专门的行政法院解决国家与公民之间的争端从而对公权力进行监督的体制。参见［德］汉斯·J·沃尔夫等著，高家伟译：《行政法》，商务印书馆2002年版，第69页引注3、第77页。

③ 参见胡建淼著：《比较行政法》，法律出版社1998年版，第299页。

④ 参见刘诚：《德国法院体系探析》，载《西南政法大学学报》2004年第11期。

设立最高级别的法官，统一实施监督。但这一建议最终由于职权划分方面的原因而未能实现。并且，当时在低级层次（Untere Ebene）上对行政进行的监督，至少在有一些邦国内，其实还只不过是上述早期行政司法的延续，或者是当今复议程序的前身。参与其事的那些法庭、参事会和委员会，在组织上，甚至常常在人事上也介入行政。虽然如此，在法律问题方面，已经存在了部分的独立性，同时还吸纳局外人事参与决策，这甚至能比在行政法院中更多地对裁量决定产生影响。①

这一阶段的行政法院，除了没有确立最高层级的联邦行政法院，并且设置也不具有广泛性外，对行政的监督也带有局限性。这种局限性主要体现在两个方面。第一，由于通行于几乎所有邦国的列举原则（Enumerationsprinzip）的限制，行政法律保护只能针对特定的行政决定形式，主要是不利行政行为（Belastender Verwaltungsakt）。第二，行政司法救济必须要求主观权利侵害的存在（Subjektive Rechtsverletzung），从而排除了客观诉讼等救济的可能性。此外，在19世纪，除行政内部领域外，“特别权力关系”（Besonderes Gewaltverhältnis）理论也确保部分行政行为不受任何法律监督，似乎在此范围内不会发生国家侵犯公民主观权利的事情，这种观念直到在联邦宪法法院对基本权利的解释影响下才逐渐消除。

当然，尽管这一阶段的行政法院具有很大的局限性，其进步之处依然非常明显。首先，司法与行政的分离在这个阶段已经被基本确立，独立的法官和独立的司法组织开始出现。其次，它基本上突破了1849年宪法第182条第1款确立的司法国家目标，大多数州确立了行政法院，负责裁判针对行政行为的起诉。就这层意义看，与普通法院并行分立的行政法院系统的雏形就此确立了。再次，尽管1871年确立的依然是帝制的国家结构，从而使近现代民主意义上的行政法院色彩有所折扣，但是，在俾斯麦帝国时期，公共行政的福利风格和公民的法律地位都已经得到很大彰显。1871年的德意志帝国宪法绪言明确将“促进德国人民的福利”作为国家的目的。尽管“公权力”占

---

① 参见［德］弗里德赫尔穆·胡芬著，莫光华译：《行政诉讼法》，法律出版社2003年版，第25页。

据优先地位，但是通过立法的发展，公共行政主体和公民之间确立起了真正的法律关系，例如人格权和主观公权利，这对于促使行政诉讼的发展至关重要。

三、魏玛时期的行政法院情况

紧跟着德国一战军事失败的是政治上的崩溃。1918 年 11 月德国变成了共和国。1919 年 1 月选举产生、在魏玛召开的会议上通过了帝国新宪法，这就是著名的《魏玛宪法》。但是，由于共和国的政治基础极其不稳定，加上战后的经济困境以及德国在 1919 年被迫签字的《凡尔赛和约》的苛刻条件引起了人们对共和国的重重怀疑，魏玛共和国不久就成为历史。

虽然魏玛时期历时短暂，但这一短暂的历史和它制定的《魏玛宪法》却在德国乃至人类历史上留下了重要价值。对于行政法院而言，也是如此。《魏玛宪法》第 107 条规定："在联邦和各州内，必须依法设立行政法院，以保护个人不受行政机关之命令与处分的侵害。"（Im Reiche und in den Ländern müssen anch MaBgabe der Gesetze Verwaltungsgerichte zum Schutze der Einzelnen gegen Anordnungen und Verfügungen der Verwaltungsbehörde bestehen）它成为德国设立联邦行政法院的第一个明确的宪法性依据，尽管，从 1919 年的实际情况来看，这一规定仍然只不过是一句纲领性的表述。

但是，《魏玛宪法》对行政法院的规范依然极大地推动了德国行政法院制度和理论的确立和完善。遵循法规范的思路，魏玛时代出现了一些著名的法学家和实践家，要求实现宪法规定的任务，即在所有层次上设立行政法院，并且提出了一些具体的建议。① 但是，当时依然没能建立起联邦行政法院。

为什么在有宪法规定的情况下，联邦行政法院还是无法付诸实施，这有很多原因。最重要的是，由于长期以来各州存在的巨大差别覆盖了文化、制度和法理念的各个领域，行政法院在整个魏玛时期的发展可谓是花样繁多、各行其道，并且很有局限。差距越大，突破这

---

① 例如当时的普鲁士高等行政法院院长比尔·德雷夫斯（Bill Drews）和国家法学的代表人物瓦尔特·耶里内克（Walter Jellinek）。

种差距的阻力也就越大。既存法律保护体系的惯性和在法律方面的显著不统一，使得建构作为超越州法律保护体系的联邦行政法院困难重重。此外，百废待兴的战后和通货膨胀时期盛行的那种以效率为先的思维导向更注重的是因地制宜、灵活变动的公共行政，人民担心行政法院对于立法者民主合法的设计意志会产生抑制效应，司法利益与当时任重道远的行政利益相比只能被搁置一边。加上魏玛共和国原本脆弱的政治形式，根本也无力构筑能真正独立行使职权的联邦行政法院。因此，尽管宪法规范的设计很令学者们振奋，但在现实背景中，实施广泛的行政法律保护和实现《魏玛宪法》第 107 条规定的使命还是没能实现。

四、纳粹时期的行政法院

颇值得玩味的是，在魏玛时期确立起宪法规范、却无力付诸实施的联邦行政法院，最后是在纳粹独裁时期获得形式上的确立的。1941 年 4 月 3 日，帝国行政法院通过元首公告的形式获得确立。于是，在形式上，一个向往已久却备受挫折的改革愿望，终于得以实现。① 甚至有学者认为，行政法院在纳粹独裁时期，能够实行一种相对不受干扰的、甚至部分地同行政利益相抵触的监督。②

的确，从形式上说，当时已有的行政法院依然继续存在，而且在其司法活动上也没有受到很大的妨害。但是，一个真正独立的行政法院，在没有实行权力分立、无法确保基本权利的前提下，是不可想象的。并且，当司法审判带着自然法方法论式的思维倾向，③ 实证法又缺乏必要的价值审视的情况下，行政法院在形式上再完善发达，都形

---

① 参见［德］弗里德赫尔穆·胡芬著，莫光华译：《行政诉讼法》，法律出版社 2003 年版，第 28 页。

② See Scholz, *Die Verwaltungsgerichtsbarkeit im Dritten Reich*, 1936; Kroellreutter, *Deutsches Verwaltungsrecht*, 1936. 转引自 Rudolf E. Uhlman and Hans G. Rupp, *The German system of Administrative courts: A Contribution to the Discussion of the Proposed Federal Administrative Court*, 31 ILL. L. Rev. 847 (1936 ~ 1937).

③ 参见陈林林：《“正义科学”之道德祭品——极权统治阴影下的法实证主义》，载《中外法学》2003 年第 4 期。

同虚设，甚至可能成为极权主义的帮凶。极端民族共同体和元首原则的纳粹主义意识形态与自由主义和主体公法权利的思想是格格不入的。当时行政法院的作用实际上转变为：要用具有“民族性”的行政法院，去更好地实现法律以及元首的意志。虽然在既有的法院框架内，法官们能够相对保持清白，但他们所依照的实证主义传统，所严格恪守的法律，正是在恪守纳粹主义那些不公正的法律。此外，法官们的许多职能，主要是在安全法和警察法，以及所有具有政治意义的法律领域，均被剥夺。

因此，无论纳粹时期的行政法院是否建立起联邦行政法院，行政法院的法官们是否还在行使审判权，在那种不公正的特殊体制下，对个人的法律保护是无法得到真正实行的。战争开始之后，个人几乎就再也不可能到行政法院起诉。所以，1941 年建立帝国行政法院这一事件，充其量不过是桩笑料而已。① 普通法官可以随时更换，那些名誉法官则是清一色的纳粹要员。不仅如此，在纳粹时期，诸如列举原则、有限的裁量监督和诉权等既有规则，得到空前严格的运用，从而极大地限制了对个人的法律保护。

五、“二战”以后的行政法院

近代意义上行政法院的历史转折，是在 1945 年“二战”结束后才真正开始的。在“二战”结束后的德国历史中，行政法院的发展可以从以下几个方面来看待。

（一）占领区和它们的行政法院情况

德国在“二战”战败以后，美国、英国、苏联和法国掌握了实地管辖权，以致德国后来被人为分割为德意志联邦共和国（联邦德国）和德意志民主共和国（民主德国）。在暂时关闭所有行政法院和撤销一切元首公告以及纳粹政权的大多数法律渊源之后，盟国对德管制委员会在战争结束后迅速实现盟国意志，建立起独立的行政法院。占领区各自发布行政法院法，以概况原则取代列举原则，允许针对行

---

① 参见［德］弗里德赫尔穆·胡芬著，莫光华译：《行政诉讼法》，法律出版社 2003 年版，第 28 页。

政机关不作为或者拒绝作出行政行为向法院起诉，这些都体现了进步的发展方向。早在 1946 年 10 月 10 日第 36 号法律文件颁布之前，美占区和柏林就已经成功建立了行政法院。① 而在第一批的州宪法中，也部分规划了独立的行政法院。具有指导意义的是美占区内的发展，那里在州法律的基础之上，引入了一种两级行政法院，并克服了列举原则的限制。同时，英法占领区内也以军事条例为基础，建立了行政法院和高级或高等行政法院，尽管它们还部分地沿用了列举原则。

（二）《基本法》对行政法院的推动

1949 年 5 月 23 日，《基本法》② 生效。由来已久围绕行政法院之独立性及行政自我监督的争议，终于有了结论。《基本法》第 19 条第 4 款规定了公民在受到公权力的侵害时，享有受到法律保护的基本权利，从而排除了列举原则（Enumerationsprinzip）对公民权利保护的限制，而转变为概况条款（Generalklausel）。③《基本法》第 92 条规定司法权委托于法官，并由法院来行使；第 97 条规定法官的独立性，实际上就排除了行政内部监督的制约。此外，根据《基本法》第 74 条第 4 项关于“法庭程序”的规定，《基本法》为行政法院确立了同各州立法相竞争的联邦立法管辖权，尽管此项权力直到 1960 年随着《行政法院法》的颁布，才得到完全意义上的运用。

《基本法》的颁布实施为行政法的活跃发挥了巨大的推动作用。司法和学理，与《基本法》的实施和解释过程很好地融合起来。尤其是司法的作用获得空前的发挥，例如联邦宪法法院提出废除特别权力关系，联邦行政法院提出的授益行政行为撤销的限制。《基本法》支配之下的行政法开始真正走向实质意义上的法律控制行政的道路。

---

① 参见［德］汉斯·J·沃尔夫等著，高家伟译：《行政法》，商务印书馆 2002 年版，第 85 页。

② 基本法的制定在德国现代宪政历史上具有重要意义。为了突出强调临时的性质，制定的宪法有意识地被称为“基本法”。基本法于 1945 年 5 月 23 日公布、1955 年 3 月 15 日施行，后于 1995 年 11 月 3 日、1997 年 10 月 20 日、1998 年 3 月 26 日、1998 年 7 月 16 日、2000 年 11 月 29 日、2001 年 11 月 26 日被多次修订。

③ 基本法及其所确立的基本权利、其他宪法规范和有关的宪法原则（法治国家原则，社会国家原则等），约束所有的国家权力及其行使，不承认有法律例外空间的存在，如特别权力关系、不受法律约束的主权行为、特赦行为等。

（三）行政法院立法的进展

在《基本法》确立建立联邦行政法院的规范后，制定行政法院法的工作开始提上日程。自1952年提交政府草案第一稿之后，行政法院法直到1959年底才正式通过，再到1960年4月1日颁布实施，整整经历了8年时间。① 随着行政法院法的颁布，行政法院的法律和行政法院的预备程序第一次获得了统一的基础。统一的三级审判结构、个体法律保护和拒绝列举原则等方面的规定，都被最终落实为法律条款。它体现出的特点：彻底实现对人民公权利的保障；确保行政权合法及合目的地行使；重视公益的维护；特设声名异议制度以减轻行政法院的负担。②

行政法院法于1960年颁布实施后，被频频修改。修改后的行政法院法共分五章195条，分别对法院组织、诉讼程序、法律诉讼和救济、费用和执行以及过渡条款作出了规定。大部分的修改常常是因为与之相关的其他程序法或者实体法被修订的原因。行政法院法的制定实施再次确立了行政法院的独立地位，对德国行政法院制度的确立和完善起到了巨大的推动作用。随着行政诉讼审查范围的逐步扩大和1976年德国《行政程序法》的生效，行政法院在行政诉讼与行政程序的关系上也碰到新的问题。并且，随着现代行政事务的发展，错综复杂的机会和政策性决定的司法判断也面临挑战，以致正如德国胡芬教授所说的，行政法院的历史已转向对现实问题的处理。③

---

① 其最初草案于1949～1951年由联合小组起草，但是未能经联邦众院审议，1954年第二次草案的第一读会也没有结果，1957年再交付评议，应征各界的听证和评定意见，1959年秋由联邦众院公布综合意见，其后再邀请协调委员会进行统一建议，最终于1959年12月通过，1960年元月21日公布，同年4月1日生效，并废止1952年9月23日的联邦行政法院法及各邦关于行政诉讼及行政法院的法令，全国各级行政法院统一适用该法，从而结束了以往混乱局面。该法尽管后来经过多次修改，但其基本思想及架构均未大变，足见当初法案的缜密周延。参见蔡志方著：《行政救济与行政法学》，台湾三民书局1993年版，第51～52页。

② 参见城仲模著：《行政法之基础理论》，台湾三民书局1984年版，第137～139页。

③ 参见［德］弗里德赫尔穆·胡芬著，莫光华译：《行政诉讼法》，法律出版社2003年版，第31页。

（四）法官法对行政法官有关规定的确立

行政法院的地位与状况取决于行政法官的地位与状况。《基本法》和其他的法律均保证德国一切法官的独立性。《基本法》第97条规定，法官独立，只服从法律。还规定，在既定的职位上被认为是永久性的专业法官，不得违背其本人之意志而解除其职务，也不得长期或暂时中止其职务。除非根据一个司法判决，并且只能根据法律规定的理由，按照法律规定的程序解除和终止法官的职务。第98条规定，法官的法律地位受特别法的调整，一个弹劾法官的最终决定须由联邦宪法法院作出。

1972年的《德意志联邦共和国法官法》使联邦《基本法》的这条规定具体化并且有了补充。1972年联邦法官法第25条重申，法官独立并且只服从于法律，该法还进一步地规定了有关法官的任职、职能、转职、免职、监督等问题。这个法律既适用于一切联邦法官，也适用于各州的法官。既适用于一切普通法院的法官，也适用于行政法院的法官。

（五）原德意志民主共和国（Die vormalige，DDR）的行政法院情况

这里再简要说明原德意志民主共和国的行政法院情况。一开始，苏占区恢复了行政法院，在图林根甚至还以概括性条款规定了受案范围，而且1949年的原民主德国第一部宪法也设计了行政法院。然而，到1952年州的建制被废除时，行政法院也随之被忽略不顾。继而，行政法院被视为资本主义法律制度的残余而成为“社会主义合法性”的障碍，因此，在1968年的原民主德国宪法中，再也没有提到它。① 基本上，在原德意志民主共和国时期，行政法院制度的建设是一片空白。

第三题 德国行政法院的组织结构

一、行政法院的外部结构

行政法院法第2条决定了行政法院的机构，同时也确定了法院的

---

① 参见[德]弗里德赫尔穆·胡芬著，莫光华译：《行政诉讼法》，法律出版社2003年版，第30页。

名称。据此，行政法院原则上具有三级（Dreistufig）结构。此外还明确规定，初等行政法院（VG）和高级行政法院（OVG）为州法院，并且规定每个州必须设立多个初等行政法院和一个高级行政法院。以下依次介绍这三个层级的行政法院。

（一）初等行政法院（Verwaltungsgerichte，即 VG）

初等行政法院设在各州，数目因州的大小而异。较小的州，如石勒苏益格－荷尔斯泰因（Schleswig-Holstein）、汉堡（Hamburg）、不来梅（Bremen）、萨尔布兰（Saarland）、柏林（Berlin），每州只设一个初等行政法院。而一些较大的州，如北莱茵－威斯特法伦（Nordrhein-Westfalen）、巴威略（Bayern），设立了多达 6 至 7 个初等行政法院。① 对于初等行政法院的具体地区分布，一般在大城市和行政法上的中级结构（区政府、政府主席驻地等）所在地，设立初等行政法院。根据各法院管辖大小和居民数量的差别，法院规模也相应有所不同。通常，初等法院都是第一审法院，具有初审管辖权。

（二）高级行政法院（Oberverwaltungsgericht，即 OVG）

各高级行政法院共同组成行政法院系统的“中级机构”。它们和初等行政法院一样是州法院。每一个州都设立了一个高级行政法院。根据行政法院法第 184 条的规定，各州可以自行决定，是否仍然沿用其原有名称“高等行政法院”（Verwaltungsgerichtshof，即 VGH）。巴登－符腾堡州、拜恩和黑森州就是仍然沿用原有名称的。高级行政法院②是受理对各初等行政法院之裁判提出的普通上诉的法院。根据行政法院法第 48 条的规定，它们也开始越来越多地受理第一审案件。由于州的执行权原则和在统一趋势中仍然存在着的各州行政法上的差异，这些高级行政法院的司法实践构成了各州行政最重要的标准性决定基础，对于行政法的统一完善具有极其重要的作用。

各高级行政法院和高等行政法院的分布分别为：巴登－符腾堡高等行政法院设在曼海姆；拜恩高等行政法院设在慕尼黑；柏林高级行政法院；布兰登堡高级行政法院设在法兰克福；自由汉萨市不来梅高

---

① 参见胡建淼著：《比较行政法》，法律出版社 1998 年版，第 300 页。

② 为了行文的需要，后文除了巴登－符腾堡州、拜恩和黑林州沿用“高等行政法院”名称外，其余统一称为“高级行政法院”。

级行政法院；汉堡高级行政法院；黑森高等行政法院设在卡赛尔；梅克伦堡－前波莫瑞高级行政法院设在格莱丝瓦尔德；下萨克森高级行政法院设在吕内堡；北莱茵－威斯特法伦高级行政法院设在明斯特；莱茵兰－法尔次高级行政法院设在科布伦次；萨尔高级行政法院设在萨尔路易斯；萨克森高级行政法院设在鲍岑；萨克森－安哈特高级行政法院设在马格德堡；石勒苏益格－荷尔斯泰因高级行政法院设在石勒苏益格；图林根高级行政法院设在魏玛。①

（三）联邦行政法院（Bundesverwaltungsgericht）

联邦行政法院是德意志联邦共和国的最高行政法院。它是基于1952年关于联邦行政法院的法律建立的，和联邦最高法院、联邦财政法院、联邦劳动法院和联邦社会法院一样，是《基本法》第95条第1款意义上的最高级别的一般法院，跟它们具有同等地位。联邦行政法院的驻地已于1997年从柏林迁至莱比锡。②

从行政法院的历史沿革看，联邦行政法院的设置经历是一个十分曲折的过程。然而后来的历史证明，它对形成和维护德国行政法的统一性，具有极其重要的意义。法官法的一些基本原则，以及后来法典化的行政法规则，都可以到联邦行政法院的司法实践中去追根溯源。

二、行政法院的内部结构

在行政法院的内部结构方面，需要区分三个方面，一是有关行政法院的人员构成，二是裁判机关（法庭）的组成和划分问题，三是关于院委会和“法院内部组织”问题。对于前两个问题，行政法院法已经作出特别规定；就院委会的任务、业务划分等事宜，行政法院法第4条规定准用行政组织法第2章的规定。

（一）行政法院的内部人员构成

总体说来，没有一个初等行政法院、高级行政法院或联邦行政法院法官的具体数目是固定的。初等行政法院一般是由院长一人和其他

① 参见［德］弗里德赫尔穆·胡芬著，莫光华译：《行政诉讼法》，法律出版社2003年版，第46页。

② 1960年的行政法院法第2条规定，联邦设立的联邦行政法院位于柏林。经修改的1997年行政法院法第2条规定，联邦在莱比锡市设联邦行政法院。

需要的专业法官若干人组成。除了其职责是负责审理案件和撰写判决书的职业法官之外，每一个初等行政法院也需要与专业法官数量相同的非专业法官，以便协助专业法官处理事实问题。高级行政法院由院长一人、法庭庭长数人和其他必需的行政法官若干人所组成，可以有若干名誉法官。联邦行政法院由院长一人，法庭庭长若干人和其他必需的行政法官若干人所组成。

（二）裁判机关的组成和划分

1. 普通合议庭

行政法院的判决通常是通过合议庭作出的。合议庭的形式有两种，一是法庭（Kammer），二是大审判庭（Senat）。初等行政法院的裁判机关被称为法庭。在没有适用独任法官的案件中，它通常由3名专职法官和2位名誉法官组成并审理案件。名誉法官不可能否决职业法官的意见。在口头审理以外作出裁定以及适用简易程序作出判决时，名誉法官不参与判决的作出。① 资历最长的专业法官负责主持法庭工作。根据工作量的状况，初等行政法院可以设立多至10个或10个以上的法庭。每个法庭的成员并不是固定不变的。每个法庭负责处理一些特定的事项，例如，法律、秩序、商业、收容所、土地、建设、教育、公共设施等问题。在每个法庭工作年度开始之前，行政法院成立一些法庭。除法律明确规定的条件外，在法院工作年度期间不得改变某一个法庭法官的组成状况和受案范围。②

初等行政法院的人员构成以及任务的分配，均向社会公开，任何人都可以在该法庭所在的行政法院处所的办案日期内旁听。行政法院的这种安排具有两个目的：第一，由于特定法庭的法官负责处理某一特定类型的纠纷，因此，保证了行政法院内部的专业化；第二，保证平等地对待同一类型的一切诉讼当事人，贯彻《基本法》第101条第1项所保障的内容："不得剥夺任何人由合法的法官审判的权利。"只有在没有了解各方当事人的观点，而是根据该纠纷的内容事先有理由地指定的某一个法官或者法庭，才能够受理和判决这个纠纷，而不

① 参见行政法院法第5条。

② 参见［印］M·P·赛夫著，周伟译：《德国行政法——普通法的分析》，台湾五南图书出版公司1991年版，第250～251页。

能够由可能偶然地接受该案的法官或法庭受理并作出判决。①

在高级行政法院的结构和组织方面，各州拥有相对宽松的余地。它们的裁判机关，原则上都叫做审判庭（Senat）。审判庭由庭长、首席法官和相应数额的法官组成。根据行政法院法第9条第3款的规定，高级行政法院的大法庭由3名职业法官组成并行使审判权，但州的有关法律也可规定增加2名法官，这2名法官也可以是名誉法官。② 在行政法院法第48条第1款中列举的，须由高级行政法院以第一审对特定大型案件作出判决的，其法庭原则上必须由5名法官组成；各州也可以在立法中规定，其中2人为名誉法官。高级行政法院的审判庭按照与初等行政法院法庭同样的原则设立。一些较大的州，如巴登－符腾堡，根据工作量的需要，设立了多至15个审判庭。

联邦行政法院的审判庭由5名法官组成并行使审判权。鉴于联邦行政法院受理的主要是法律审上诉案件，所以没有规定需有名誉法官参加法庭审判。在那些无需举行口头听审的案件中，可以由一个由3名法官组成的审判庭作出。这种审判庭的数目是不固定的。但是，通常有8个或者9个审判庭受理正式的变更之诉。此外，还有2个审判庭负责纪律方面和国防方面的案件。

2. 联邦行政法院和高级行政法院的大审判庭（Großer Senat）

随着法律争议多样化和法庭专业化趋势的日益发展，已经有必要保证各普通上诉和法律审上诉法庭的司法活动的一致性。这项任务在联邦行政法院层面，根据行政法院法第11条，由联邦行政法院的大审判庭（Großer Senat）执行，在各州内，则根据行政法院法第12条，由高级行政法院的大审判庭执行。

联邦行政法院大审判庭（Großer Senat des BVerwG）与联邦最高法院联合审判庭（Gemeinsamer Senat der obersten Gerichtchöfe des

---

① 参见［印］M·P·赛夫著，周伟译：《德国行政法——普通法的分析》，台湾五南图书出版公司1991年版，第251页。

② 例如巴登－符腾堡高等行政法院、巴威略、不来梅和萨尔布兰邦高级行政法院的审判庭有3名法官，而柏林、汉堡、下萨克森、北莱茵－威斯特法伦、莱茵兰－法尔次和石勒苏益格－荷尔斯泰因的高级行政法院审判庭，则由5名法官所组成——3个专业法官和2个名誉法官。

Bundes/GSOBG）不同，后者负责审判各联邦最高法院之间在法律观点上的意见分歧。而联邦行政法院大审判庭的职能是负责裁判行政法院内具体法律问题的意见分歧。根据行政法院法第11条规定，大审判庭由院长和院长不兼任庭长的各复审审判庭的一名法官组成。复审审判庭以外的另一审判庭移送案件时或欲偏离该审判庭的裁判时，也可由其派一名代表参加大审判庭。院长因故不能出席时由其所在的审判庭一名法官代表。大审判庭的成员和代表人由院长委员会在每一业务年度指定。大审判庭由院长担任庭长，院长因故不能出席时由最年长的成员代任庭长。大审判庭只就法律问题作出裁判，可以不进行口头审理即作出裁判，其裁判对负责现复审案的审判庭有约束力。

根据行政法院法的规定，由联邦行政法院大审判庭审判的案件可以是：某一审判庭需要作出一个在法律上偏离另一审判庭或大审判庭有关裁判的决定时；经负责审理现复审案的审判庭的询问，另一审判庭答复申明坚持其原来的法律意见时；负责审理现复审案的审判庭如认为某项问题对司法的延续和统一意义重大时也可送交大审判庭。

相应地，高级行政法院在涉及州法律某一问题的最终裁判时，可以适用行政法院法第11条，由大审判庭介入。但如果一个法庭对某个问题所作的裁决，是可以通过联邦行政法院的法律审的，大审判庭则不得介入。如果高级行政法院只由两个上诉审判庭组成，则由联合审判庭代替大审判庭。

3. 独任法官审判制

在德国行政诉讼中，采用独任法官的方式进行审判在过去是受到严格限制的，但自从1993年以来，根据行政法院法第6条第1款的规定，独任法官审判制获得法律明确规范，采取这一审判方式进行审判的案件数目也逐渐上升。

根据行政法院法第6条规定，诉讼案件在事实和法律方面不是特别复杂的，且不具备基本原则上的意义，法庭“一般”应将案件交由它指定的独任法官（Einzelrichter）处理。但是，见习法官在任命后第一年内不得作为独任法官独立审案。并且，如果诉讼案件事先经过法庭口头审理，则不得再将之移交独任法官，但已作出保留判决、局部判决和临时判决的除外。如果在独任法官审判过程中发现案情发生重大变化，或者诉讼案件具有原则意义，或者案件事实或法律方面较为复杂的，独任法官可以将案件交回法庭，之后不得再将该案移交给独任法官审理了。

但是独任法官审判也引发了一些忧虑。首先是因为行政诉讼很少是“简单的”，并且，所预期的通过独任法官来达到的减负效果，也是微乎其微。采用独任法官、法院判决书和普通上诉认可制，反而使得有待处理的判决堆积如山，特别令人担忧。①

（三）法院内部组织：法官自治与业务分配

法官自治（Richterliche Selbstverwaltung）和业务分配（Geschäftsverteilung）具有重要意义。《基本法》第101条不仅确定法官法定，而且表明，对法院内部事务进行分配是一种责任。因此立法者通过修正涉及行政法院院委会及其选举的规定，强化法官和法庭的独立性。经选举产生的每一个行政法院的院委会相对于“法院机关”的院长，具有重要的制衡意义。依照法院组织法第21e条的规定，行政法院院委会负责决定法庭组成人选，确定出庭代理人和业务分配。法院组织法第21b条和第21c条对院委会的选举以及成员代理，作了相应的规定。

在法庭内部，庭长负责向法庭成员分配任务，决定必须符合法定法官（Gesetzlicher Richer）原则，并且其分配计划原则上应于每个业务年度之初确立。法院的业务分配计划（Geschäftsverteilungsplan）对于普通公民不产生外部效力，但如果涉及损害法定法官原则的情况时，则可以考虑对业务分配计划进行附带审查。

（四）法院办事处

为了执行行政法院的业务工作，依照行政法院法第13条规定，每个行政法院必须设立一个办事处（Geschäftsstelle），并配备必要数量的书记官。除了例行的整理与登记卷宗、传唤与送达、制作文书等日常协助工作外，书记官还应独立承担一系列事务，例如：确定应缴

---

① 参见［德］弗里德赫尔穆·胡芬著，莫光华译：《行政诉讼法》，法律出版社2003年版，第47页。

费用、确定诉讼参加人的必要支出、① 对证人和鉴定人支付补偿，以及涉及诉讼费用救助时支付律师费用等。② 书记官独立履行以上职责时，不受任何指示的约束。

三、行政法官

（一）概况

行政法院的地位与状况在很大程度上取决于行政法官的地位和状况。行政法官的法律地位首先是由法官独立原则（Grundsatz richtlicher Unabhängigkeit）确定的。《基本法》第 97 条规定，法官独立，只服从法律。还规定，在既定的职位上被任命为永久性的专业法官，不得违背其本人的意志而解除其职务，也不得长期地或暂时中止其职务。除非根据一个司法判决，并且只能根据法律规定的理由，按照法律规定的程序解除和中止法官的职务。第 98 条规定，法官的法律地位受特别法的调整，一个弹劾法官的最终决定须由联邦宪法法院作出。

1972 年的法官法已经使基本法的这些规定具体化并且进行了补充。法官法第 25 条重申，法官独立并且只服从法律。该法还进一步地规定了有关法官的任职、职能、转职、免职、监督等问题。这个法律既适用于一切联邦法官，也适用于各州的法官。1960 年的行政法院法也规定了关于行政法院法官独立的某些内容。关于法官独立这种普遍的要求同样地适用于非专业法官和专业法官。但是，非专业法官与专业法官也存在着一些重要的区别，即在有关任职资格、任命方式、任职期限等方面都存在区别。

（二）专业法官

凡是已经通过一个德国大学和州司法部组织的两次法律考试的人，都具有被任命为一个法官的资格。第一次考试至少是在大学学习 3 年以上才能参加。第二次考试是在各种不同的法院、行政机构、法律机构和律师事务所实习两年半之后参加。③

---

① 参见行政法院法第 164 条。

② 参见行政法院法第 166 条，准用民事诉讼法有关规定。

③ 有关德国司法考试的情况，可以参见殷明胜：《法德两国的司法行政体制》，载《中国司法》2004 年第 2 期。

联邦行政法院的法官经联邦行政法院法官选举委员会选举产生之后，由联邦总统任命，必须年满 35 周岁。联邦法官选举委员会由 11 个州的部长和联邦德国的联邦议院、下议院选举的 11 名议员组成。该选举委员会由联邦司法部长主持工作，但是，联邦司法部长在选举过程中没有投票表决的权利。根据各州宪法的规定，高级行政法院和初等行政法院法官，经该州的法官选举委员会选举产生之后，由该州的政府或者该州有权任命的部长任命。在选举法官之前，必须获得本州总统的法官选举顾问委员会关于担任某一个法官职位的候选人的个人品质和专业能力的书面意见。各州总统法官选举委员会的结构是互不相同的。在巴威略州，总统法官选举委员会由高级行政法院院长与直接从本州高级行政法院和初等行政法院的法官中间选举产生的其他 4 名法官所组成。除联邦行政法院的法官和高级行政法院院长之外，一切空额的法官职位都必须公开地发布通告。

一般来说，行政法院的法官被任命为终身的职务，例如，联邦行政法院的法官直到年满 68 岁。如前所述，除非有理由明确符合法律规定的程序，一个终身任职的法官不得违背其意志而被解职、免职、退休或者转职。此外，《基本法》第 98 条第 2 项规定，如果一个联邦法官违背了《基本法》规定的这些原则，违反了一个州的宪法规定，那么，联邦宪法法院则可以应联邦议院、下议院的请求，经 2/3 的多数决定，赋予该法官另一种不同的职务或者决定其退休。如果该法官是故意地违反这些规定，则可以命令解除其法官职务。《基本法》第 98 条第 5 项授权各州制定类似的有关本州法官的规定，即专门授权各州制定关于本州高级行政法院和初等行政法院的类似的规定。如果控告是关于一个州的法官的决定，也取决于联邦宪法法院的意见。此外，1972 年的法官法还规定了可以解除一个法官职务所依据的理由与程序。该法还特别规定，非经司法程序，任何一种法官都不得违背其意志解除其职务。控告联邦法官的司法程序，由联邦法院一个专门的审判庭即法官纪律法院受理。控告州的法官的司法程序，由本州的法官纪律法院处理，州法官纪律法院的决定可被联邦纪律法院变更。因此，联邦德国已经充分地保障了法官的任期并排除行政机关和立法机关的干涉。法官只服从法律和司法判决。

每个法官在任职之前，都要举行这种宣誓：捍卫法律和基本法，不徇私情、凭良心办事，忠于真理和正义。法官必须按照宣誓的内容工作，其独立性才不会受到任何危害。法官必须避免作出法律咨询，除非是关于一个法官的问题。法官不得参与任何业余活动，除非是司法、法院管理或者法律教学工作。法官只有在不违背法官的职责，并且这类事情既不属于未决案，也不可能是今后在自己的法院中出现的事项时，才可以担任一个仲裁员。

法官受本院院长的监督。高级行政法院院长是初等行政法院最重要的监督机构。只有在不损害法官独立性的条件下，才允许对法官进行监督。对法官的监督包括告诫一个无秩序执行业务工作的法官，但不包括有关执行该工作的内容与法律意义。如果一个法官怀疑任何一种监督活动损害了自己的独立性，那么，该法官可以申请法官纪律法院作出评价。

（三）兼职法官

高级行政法院和初等行政法院的法官，可以由其他法院终身委任的法官兼任，也可以由法学正职教授兼任，时间最短不少于两年，最长不超过其担任专职的年限。此处需要指明，大学教授在高级行政法院及初等行政法院领域内的兼职活动，具有重要的实践意义。这种兼职行为，一方面体现了从单纯的“知识传授”领域，转入职业实践的一种重要形式；另一方面，这种做法也保证了高校教师把他们源于实践的经验传授给他们的学生及晚辈学者。① 兼职法官的人数，不得超过本法院法官总人数的1/3。因为兼职法官每次参加一个法庭或审判庭只能不超过1人，同时，他们也不得主持法庭或者审判庭的工作。

（四）试用期法官和受委托法官

初等行政法院（不包括高级行政法院和联邦行政法院）可以任

① 参见［德］弗里德赫尔穆·胡芬著，莫光华译：《行政诉讼法》，法律出版社2003年版，第51页。

命试用期法官或受委托法官。① 试用期法官（Richter auf Probe）大都是刚刚开始职业生涯的比较年轻的行政法官，其“试用期”的表现，将决定他们是否具备作为终身法官或担任检察官的资质（德国法官法第 12 条）。试用期法官与受委托法官（Richter kraft Auftrags）的唯一区别在于，后者已经是终身任命的公职人员，或者尚未终身任命但以后将被任命为终身法官（德国法官法第 14 条）。此处，存在作出终身任命之前考察人选的必要性。因此，这两种职能对于行政法院而言，都是绝不可少的。对于这两类法官需要注意的是，一方面，由于其在资格认定和审判经验方面的相对缺乏，行政法院法规定，在任命后的第一年里，他们不可以作为独任法官受理案件。另一方面是由于他们在法律上尚未获得确切地位，因此其独立性需要受到特别的保护。与兼职法官相同，试用期法官和受委托法官的人数，不得超过本法院法官总人数的 1/3。

（五）名誉法官

行政法院法用了相当笔墨对“外行法官”（Laieinrichter），即名誉法官（Ehrenamtlicher Richter）作了规定。这些法官虽不从事法官职业，却在言词审理和判决形成中，享有与其他法官相同的权利（Gleichberechtigter）。名誉法官作为社会力量共同参与法庭裁判的形式，其历史根源可以追溯到早期的市民阶层借助陪审法庭以实现民主的司法活动的要求。

与职业法官的要求相比，名誉法官的要求相对较低，因此行政法院法用大幅篇章就相应的法律规范作了详细规定。从任命的积极条件看，名誉法官须为年满 30 周岁的德国人，并于选任前一年在有关法院管辖区内拥有住所。从任命的消极条件看，行政法院法第 19～24 条分别采用列举的方式规定了名誉法官任命人选的排除范围、② 排除

---

① “试用期法官”也被译为“见习法官”，“受委托法官”也被译为“代理法官”，参见［印］M·P·赛夫著，周伟译：《德国行政法——普通法的分析》，台湾五南图书出版公司 1991 年版，第 258 页。

② 下列人员应排除在名誉法官职位之外：1. 依法官裁判不具备担任公职能力的或被判决处以 6 个月以上有期徒刑的；2. 受到刑事起诉并导致有可能丧失担任公职能力的；3. 依据法院命令其财产处分权利受到限制的；4. 不具备邦立法机构选举权的。

理由①和可以拒绝任命的人员②以及免职条件。此外，行政法院法还就名誉法官的选任、人数、人选、补偿、违纪金的确定等作了规定。

尽管在行政法院实践中，这些“外行法官”可谓是久经考验。然而，由于行政法律事务的实际复杂性和专业性，名誉法官还是有被过高要求的危险。正因为如此，虽然行政法院法明确规定高级行政法院可以设立名誉法官参与审理，现实中只有少数几个州在高级行政法院或高级行政法院的层次上，任用了名誉法官。

（六）公益代表

在行政法院的诉讼中，由于诉讼除涉及当事人的私人利益之外，还关系到公共利益和社会利益，因此，由某些人负责代表和捍卫公共利益也是必不可少的。行政法院法第36条规定，按照州政府法规规定或者经过指定，高级行政法院及初等行政法院内各设1名公益代表（Vertreter des öffentlichen Interesses），在一般或特定情况下代表州或州行政机关。在联邦行政法院中，公益代表人可以由高级联邦检察员担任，为维护公共利益参加联邦法院的任一诉讼程序。公益代表人和高级联邦检察员及其专职人员，必须具有担任法官职务的能力（行政法院法第37条）。根据行政法院法第63条第4项的规定，只要属于其参与权限范围内的事务，公益代表人可以作为相应案件的诉讼参加人。

迄今为止，只有巴登－符腾堡、拜恩、梅克伦堡－前波莫瑞、北莱茵－威斯特法伦、莱茵兰－法尔次和石勒苏益格－荷尔斯泰因州，运用授权设立了公益代表人。必须注意的是，公益代表只能代表州或州机关，而对于乡镇及其他利益实体的代表，却尚未引起重视。此

① 下列人员不能被任命为名誉法官：1. 联邦议会、欧洲议会、邦立法机构、联邦政府或邦政府的成员；2. 法官；3. 公共部门非以名誉职务担任公务员和职员的；4. 职业士兵和服役士兵；5. 律师、公证员及接受处理他人法律事务的人员。

② （一）下列人员准许拒绝接受任命为名誉法官：1. 神职人员和宗教人员；2. 刑事陪审员和其他名誉法官；3. 担任行政法院名誉法官已年满8年的；4. 医生、医护人员和助产师；5. 未雇佣其他药剂师的药店主；6. 年满65周岁以上的。

（二）在特殊情形下亦可依申请免予担任名誉法官。

外，从理论上说，是否真的存在统一的“公共利益”也不无疑问。①

公益代表人并不是任何一个行政法院诉讼中的一个必不可少的当事人。但是，必须告知公益代表人已经提交到某个行政法院的一切诉讼，并且由他自己决定是否参加诉讼代理。如果公益代表人决定此案应当参与代理，那么，行政法院必须将已经安排的诉讼日期告诉该公益代表人。在公益代表人已经参与的任何案件中，如果公益代表人不同意初等行政法院或者高级行政法院的判决，可以提出上诉和变更要求。如果认为行政法院的判决与自己所代表的公共利益相冲突，也可以提起上诉或变更之诉。即使是诉讼的主要当事人对行政法院的判决表示满意，公益代表人也可以提起上诉或变更之诉。

第四题 德国行政法院的受案范围和管辖

一、行政法院的受案范围

德国行政诉讼也存在受案范围的问题。行政法院法第 40 条集中规定了行政诉讼的受案范围：发生非宪法性质的公法争议且争议依法不由其他法院明确受理的，则由行政法院受理。这一条款被称为“一般条款”（Generalklasel）。

它首先表明，对于一切未被法律划归其他法院管辖的非宪法性质的公法争议，都由行政法院管辖。其宪法基础在于《基本法》第 19 条第 4 款，《基本法》该条规范既是法治国的重要原则，本身又是对基本权利的规定，它规定：对于任何一个其权利受到公权力侵害的人而言，法律救济途径都是敞开的。可以说，行政法院法第 40 条的规定是实现这一基本法规定的具体规范。其中所表达的对列举原则的拒绝（Absage an das Enumerationsprinzip）意味着，法律保护不依赖于国家行为的具体形式，尤其不依赖于某个行政行为的实际存在与否，

① 参见［德］弗里德赫尔穆·胡芬著，莫光华译：《行政诉讼法》，法律出版社 2003 年版，第 53 页。

每一个具有国家权利性质的活动，都在法律的保护范围之内。由法治国原则所确立的周延的法律保护原则还意味着，即使要在《基本法》第19条第4款的范围内修改宪法，从而使特定的国家行为能完全成为法律保护的例外，这种修改也会由于《基本法》第79条第3款①和第20条②的存在而失败。

其次，行政法院法第40条的规定内在地包含了以下的界限：(1) 它作为法院组织法第13条的特殊规定，在行政法院与普通法院之间划清了界限，实现了在《基本法》第95条第1款中规定的行政法院的独立性；(2) 它通过排除宪法上的争议，包含了一条与宪法法院的界限（Abgrenzung zur Verfassungsgerichtsbarkeit）。宪法法院并不当然为公民提供针对国家的法律保护，而是为国家机关之间发生法律纠纷时提供法律保护，即属于宪法法院作为"国家法院"的传统功能。

再次，作为一般条款的行政法院法第40条之规定，也影响到采取特定国家措施时，法律途径原则上是否可以被排除这一问题。在以往那种"特别权利关系"（Besonderes Gewaltverhältnis）结束之后，被提到的还有两类情形：

其一是不受司法制约的权力行为。"不受司法制约的权力行为"（Juristizfreie Hoheitsakte）在19世纪的君主立宪制中，标志着那些专门属于国家的领域，这些领域不包含在法律保留之内，也就不受法律的约束。然而，在当代的民主与法治国秩序中，对于以前立法时期的各种残余思想和任何"特别权力关系"都没有留下任何余地。"不受

---

① 该款规定：本基本法之修正案凡影响联邦之体制、各邦共同参与立法或第1条与第20条之基本原则者，不得成立。

② 该条规定：（一）德意志联邦共和国（Bundesrepublik Deutschland）为民主、社会之联邦国家。

（二）所有国家权力来自人民。国家权力，由人民选举及公民投票，并由彼此分立之立法、行政及司法机关行使之。

（三）立法权应受宪法之限制，行政权与司法权应受立法权与法律之限制。

（四）凡从事排除上述秩序者，如别无其他救济方法，任何德国人皆有权反抗之。

司法制约的权力行为”的思想已经变得可有可无，因为那些决定要么涉及宪法上的争议，要么就不产生对公民的外部效力。①

其二是特赦行为。“特赦行为”（Gnadenakte）直接涉及公民权益。这类情形对法律保护的排除，更没有充足的理由。但是就涉及特赦性的惩罚减免（Gnadenweiser Erlaß von Strafen）而言，这个问题领域对于行政法院不可能变得很重要。由联邦总统或者由各州总理实施的这些最重要的特赦形式，作为司法性的行政行为，退出了法院领域。所以，对于行政法院而言，只有在公务员法或者类似的公共职业审判的领域中，才可以考虑赦免决定。

可见，在德国，行政诉讼受案范围基本条款的规定，可以被视为一个公民法律救济权利的兜底条款。其含义实际上为：一切非宪法性的公法争议，如果没有法律规定由其他法院受理，则由行政法院受理。这里确定的行政诉讼受案范围一方面区别于应由宪法法院受理的宪法性争议，一方面又明确了行政诉讼的受案范围仅限于法律没有规定由其他法院受理的非宪法性公法争议。事实上，法律规定由其他法院受理的非宪法性公法争议是大量的，例如财政法院法第 33 条和社会法院法第 51 条列举的受案范围。此外还应注意的是，普通法院系统也同时受理大量的非宪法性公法争议，例如设置在州高级法院的卡特尔审判庭（Kartellsenate）受理卡特尔行政争议、律师法院（Anwaltsgerichtshöfe）受理关于律师管理方面的行政争议、设置在联邦最高法院的联邦专利法院（Bundespatentgericht）受理专利行政争议等。但是，行政法院法第 40 条概况性的受案范围的规定，使得在公法领域，公民司法救济权利已经不存在什么真空的状态。

因此，同中国相比，德国非宪法性的公法争议接受法院审查的范围无疑宽泛得多，这一点也体现在了审理案件的总数上。1999 年全德普通行政法院一审审结案件共 211 479 件（其中 1 379 件由高级行政法院审结），52 个初等行政法院平均年审结案数在 4 000 件左右。另外不可忽视的是，特别行政法院审结的案件往往也数目惊人，例如

---

① 参见［德］弗里德赫尔穆·胡芬著，莫光华译：《行政诉讼法》，法律出版社 2003 年版，第 143 页。

社会法院和财政法院在1999年一审审结案件的总数分别为249 069件和67 288件。如果再算上普通法院系统每年受理的实质上的行政案件的话，德国全年非宪法性公法争议受到司法审查的数目应当在50万件以上。作为一个仅有八千多万人口的国家而言，这一数目是十分惊人的。①

二、行政法院的管辖

行政法院中的管辖权规则虽然比较简单，但却是十分严格的。尤其重要的是，行政诉讼法认可的只是专有管辖（Nur ausschließliche Zuständigkeit），而不存在管辖约定（Gerichtsvereinbarung）。按照中国行政法的习惯思路，以下将区分级别管辖与地域管辖来说明德国行政法院的管辖问题。除此以外，指定管辖和移送管辖也是相当重要的问题。

（一）级别管辖

级别管辖指的是诉讼程序在同一种审判机关内部相应法院的分配，即初等行政法院、高级行政法院和联邦行政法院对行政诉讼案件受理的分工和权限。

1. 按照行政法院法第45条规定，只要法律未作其他不同规定，初等行政法院总是具有第一审管辖权。该条款确立了行政诉讼管辖的基本规则（Grundregel）。

2. 高级行政法院的管辖权，是根据行政法院法第46条和第47条尤其是第48条确定的。根据行政法院法第46条，高级行政法院作为上诉审级（Rechtsmittelinstanz），审理对初等行政法院判决不服的普通上诉、抗告以及第145条中所指情况下的法律审上诉。根据行政法院法第47条规定，高级行政法院可以针对规范效力予以审查。

在实践中尤其重要的是，根据行政法院法第48条规定，高级行政法院具有第一审管辖权（Erstinstantliche Zuständigkeit）。此条规定，高级行政法院对涉及核能设施、发电站、架空电线、发电站垃圾处理，以及机场、铁路、有轨电车和联邦长途公路的所有争议、都具有

① 参见刘飞：《中德行政诉讼制度比较分析概述》，［德］弗里德赫尔穆·胡芬著，莫光华译：《行政诉讼法》，法律出版社2003年版，中文版导读。

第一审管辖权。自从1993年以来，立法者多次发现，有必要在行政法院法第48条的适用范围内进行解释和扩展。于是，根据行政法院法第48条第1款第2项，高级行政法院也可以审理取代计划确认的审批，以及一个计划所必要的各种审批和许可。此外，各州还可以通过法律规定：涉及上述情况中的财产安置的争议，也可以由高级行政法院第一审管辖。

高级行政法院对上述争议的第一审管辖权，在本质上是为了缩短诉讼周期。但是，人们试图追求的“减负效果”实际上并没有实现。因为，事实上，这时的负担只不过是由从前具有管辖权的初等行政法院，被转嫁给了高级行政法院而已。

3. 根据行政法院法第49条，联邦行政法院作为上诉审法院，审理对高级行政法院判决不服的法律审上诉，或者根据行政法院法第134条和第135条，对初等行政法院判决不服的法律审上诉，它包括越级的法律审上诉以及普通上诉途径被排除时的法律审上诉。

联邦行政法院同样具有第一审管辖的权力。根据行政法院法第50条规定，联邦与州之间发生的非宪法性质的公法争议、针对联邦内政部长宣布社团第3条第2款第2项所指社团禁止令以及社团法第8条第2款第1句所指处分令提起的诉讼、以及因涉及联邦情报署事务针对联邦提起的诉讼，联邦行政法院具有进行一审和终审裁判的权力。

（二）地域管辖

地域管辖权是确定同一审级内部的法院审理诉讼案件分工和权限的问题。地域管辖权由行政法院法第52条调整，该条款建立了一个复杂的“规则—例外—系统”体系。

1. 对于涉及不动产（Unbewegliches Vermögen），或者涉及某种与地域相关的权利或法律关系的争议，按照行政法院法第52条第1款的规定，由财产所处地区或该区域所在地区的初等行政法院管辖。该条同样适用于涉及某一块土地上产生的环境污染或不利影响的案件。

2. 对于针对联邦机关（Bundesbehörden），联邦直属的公法团体、机构或者财团的行政行为的撤销之诉，管辖权确定的依据是该联邦机关、公法团体、机构或者财团的驻地（Sitz）。但在避难案件中，根据行政法院法第52条第2款的规定，应根据避难程序法由外国人暂居地法院享有管辖权。因涉及联邦德国外交和领事代表机构主管事务引起争议的，由联邦政府所在地区的地方行政法院管辖。

3. 对因公职关系或者其他职务关系提起的诉讼，按照行政法院法第52条第4款的规定，由原告任职时的住所所在地的初等行政法院管辖。如果没有该公务住址，则由行政机关住所的所在地区的初等行政法院管辖。

4. 除了第52条第1款涉及土地的争议以及按照第4款因职务关系产生的争议外，对于所有撤销之诉（作为补充也包括继续确认之诉），作出行政行为时所在辖区的初等行政法院享有管辖权。如果作出行政行为的行政管辖地区涉及多个初等行政法院管辖区或者行政行为由多个州或所有州的某一共同行政机关作出的，则由起诉人所在住所或住址的初等行政法院管辖。如果没有住所或住址的，则根据第52条第5款的规定，由被告住所、居住地行政法院管辖，或被告无住所和住址时，由其滞留地或其以前最后一次住址或滞留地所在地区的初等行政法院管辖。

5. 对于所有其他诉讼，按照行政法院法第52条第2款的规定，由被告住所、居住地的行政法院管辖。

（三）指定管辖

指定管辖是指上级法院根据规定，指定下级法院对某一行政案件行使管辖权。按照行政法院法第53条第1款的规定，高一级法院对管辖法院的指定可能发生以下情况：（1）本应管辖的法院在个别情况下因故在法律上和事实上不能行使其司法权的；（2）因不同法院管辖地区界限不明而不能确定某一个诉讼案件的管辖法院的；（3）管辖法院依据行政法院法第52条确定地域管辖时有多个法院可以管辖的；（4）多个不同法院申明对某一诉讼案件要予以管辖的；（5）多个不同法院申明对某一诉讼案件不进行管辖的。

在这些情况下，由直接上级法院（Nächsthöheres Gericht）确定管辖权的归属。如果依据行政法院法第52条不能产生地域管辖权的，由联邦行政法院指定有管辖权的法院。此外，行政法院法第 53 条第 3 款还规定了管辖权转移①的情形，即法律争议案的参与各方以及处理争议案的法院可以向上一级法院或联邦行政法院要求审判案件，被请求法院可以不经口头审理而进行裁判。

（四）移送管辖

移送管辖是指法院对已经受理的行政案件，发现自己对该行政案件没有管辖权，从而依法将该行政案件移送给有管辖权的法院管辖。在德国行政诉讼中，如果原告向客观上无管辖权的法院提起诉讼从而在管辖权方面产生疑问时，按照行政法院法第 83 条规定，可以类推适用法院组织法第 17～17b 条。按此规定，无管辖权的法院必须依职务将案件移送给有管辖权的法院，也可以根据行政组织法第 17a 条第 3 款作出认可决定。但是，被移送案件的法院可以因为自己没有级别管辖权而“继续移送”该案件。② 例如，如果甲城的行政法院将关于一条长途公路的一次重要改建的争议，移送给本身具有地域管辖权的乙城行政法院，该法院仍然可以按行政法院法第 48 条规定的第一审管辖权，将案件继续移交给有管辖权的高级行政法院。

第五题　德国行政法院受理案件的主要程序

为了便于对德国行政法院的审判工作有个大致的认识轮廓，这里介绍行政法院受理行政案件的一些程序。但是，由于本章的写作侧重于行政法院的制度介绍，而非行政诉讼制度本身，因此，本题对于行政法院受理案件的程序介绍是很粗略的，省略了很多也许对于诉讼制

---

① 管辖权转移与移送管辖的理论区别是：（1）管辖权的基础不同，前者是对行政案件有管辖权的法院将管辖权进行转移，而后者是对自己没有管辖权的案件转移给有管辖权的法院；（2）管辖权移交和接受之间的法院关系不同，前者往往是上下级法院之间，而后者一般是在同级法院之间进行；（3）管辖权移交的条件不同，前者须经上级法院同意或决定，后者不受该限制；（4）管辖权移交的作用不同，前者是级别管辖的一种变通形式，而后者则主要是对地域管辖的一种补充。参见胡建淼主编：《行政诉讼法学》，高等教育出版社 2003 年版，第 68 页。

② 参见［德］弗里德赫尔穆·胡芬著，莫光华译：《行政诉讼法》，法律出版社 2003 年版，第 182 页。

度来说是比较重要的有关内容。

一、第一审诉讼程序

(一) 起诉和受理

在行政法院进行的第一审诉讼程序 (Verfahren im ersten Rechtszug), 以诉的提起 (Erhebung der Klage) 作为开始。诉的提起的方式可以分为两种, 按照行政法院法第 81 条规定, 诉讼必须以书面方式向法院提起。此外, 起诉也可以通过在法院办事处书记官面前作出记录的方式提起。起诉状及其他书状应当附上为其他参与人所准备的复印件。起诉状中必须列明原告、被告及诉讼请求的标的。起诉的请求必须明确。同时, 起诉状必须指出其所依据的事实和证据, 并且附上其所争执的处分及复议决定的原件或复印件。起诉状不符合上述要求的, 主审法院或由其指定的法官必须要求原告在一定期限内作出相应的补充。法官可以为原告定出具有排除效力的补充期间, 如果起诉状中不具备原告、被告及诉讼请求的标的要求的, 法院可以不予受理(行政法院法第 82 条)。

当事人提起诉状之后, 行政法院立即对该诉状是否符合本行政法院受理的一切条件进行审查。除了对起诉状内容是否符合规定予以审查外, 对管辖权的确定也是一个重要的内容。如果本院对于该案件无地域管辖权或不符合级别管辖, 那么, 行政法院则根据原告的请求, 把诉状移送给有权受理的法院。如果行政法院认为不能受理此案, 或者此案明显无理由, 那么, 行政法院则可以在确定诉讼的日期之前, 以一个初审裁决的方式驳回诉讼请求。当事人在初审裁决作出后的 1 个月之内, 可以申请进行言词审理, 否则, 该初审裁决就成为一个最终的判决。如果行政法院认为该诉讼案应予以受理, 并且有充分的理由, 那么, 法庭庭长将起诉书的内容通知被告, 并且要求被告在一个规定的时间之内提出其书面的答辩意见。然后, 法院在有当事人双方参加的情况下审理争议的内容, 但不受当事人的诉状和答辩状的拘束, 也不受当事人提出的证据的拘束。在进行言词审理时, 当事人双方应当提交一些法院可以确定一个时间限制的书面的案情摘要。法庭庭长或者由法庭庭长所指定的其他任何一个法院, 都可以在言词审理进行的日期采取处理该案所必需的一切措施, 也可以缔结一个全面和解的书面协议。法院一旦确定言词审理的日期之后，至少应当提前两周通知到双方当事人。如果在联邦行政法院，则必须提前四周通知到双方当事人。在紧急情况下，法庭庭长可以发布一个简单的通知。在通知中，告知当事人可以不参加诉讼程序，但其结果由他们自己负责。因为即使当事人不参加诉讼程序，行政法院也可以作出判决。

（二）言词审理前的程序

从诉讼到法院，到进行言词审理之间，法院开始受“职权进行”原则（Maxime des“Amtsbetriebs”）的约束。为此，法院必须按照必要的步骤，向前推进程序，同时积极为言词审理作准备。

1. 法院内部业务分配。这是一项实践中确定第一审程序法院内部“工作分配”（Arbeitsteilung）的重要环节。为了审理案件的需要，行政法院法为首席法官（Vorsitzender）、主办法官（Berichterstatter）和独任法官（Einzelrichter）指派了重要的任务。首席法官在行政诉讼中具有双重任务。首先，他必须为法院自己的决定做准备，凡是涉及这类决定的问题，以及那些依法应由法院本身决定和采取的措施方面的问题，都得请示他。此外，首席法官在程序指挥方面也具有重要的功能。主办法官，也称为制作报告的法官，虽然由首席法官所指定，但是职能远远超过报告人。独任法官单独裁判，而不仅仅是为法院裁判做准备。在第一审程序中，从被委任直到程序结束期间，它本身就是“诉讼法院”（Das Prozeßgericht）。

2. 预备程序。根据行政法院法第 87 条第 1 款的规定，在言词审理之前，首席法官和主办法官可以作出所有必要的命令（Anordnungen），以便案件尽可能在一次言词审理中就得到解决。这些措施包括：（1）传唤参与人商议案情及争执，促使诉讼的解决，达成和解；（2）促请参与人对已提交的书状作补充或对已呈交证明文件及其他需在法院展示的物品予以说明，尤其定出澄清疑点所需的期限；（3）收集资料；（4）命令呈交证明文件；（5）命令参与人到场；（6）传唤证人及鉴定人参与言词审理；（7）要求行政机关在不超过 3 个月的期间内，补正其程序上或形式上的瑕疵，只要法官根据其自由心证，该补正不会影响诉讼按期终结。此外，根据第 87 条第 2 款、第 3 款的规定，所有命令均须通知参与人。首席法官和主办法官可以搜集各种证据，但仅适用于对法院简化审理程序有实际作用，属必须立即采取，并且即使未经过直接取证的过程，该证据结果亦须予以考虑的情况。

3. 法院进行的事实调查。行政法院法第 86 条第 1 款规定，法院依职权调查案件，调查中应传唤参与人。调查不受参与人提供的陈述及查证申请的约束。依实际情况看，言词审理之前所做的一切，已不仅是在为案件调查做准备，而且在很大程度上甚至已经是在进行调查了。由于实际情况的多样性，对言词审理前的事实调查范围（Umfang der Sachaufklärung vor der mündlichen Verhandlung），现在几乎已经无法作出具体性的描述了。

4. 查阅卷宗。行政法院中的程序对参与人是公开的。因此，行政法院法第 100 条规定，参与人在原则上有权查阅法院卷宗和呈交给法院的文卷。这项权利是基本法第 103 条规定的法定听证和程序平等原则的重要组成部分。参与人也可以通过向法院办事处支付费用，要求得到有关的节选摘要和复印件。法院案卷被制成微缩卷的，准用民事诉讼法第 299a 条的规定，主审法院也可根据其个人材料，允许全权代理的律师将案卷带到其住处、工作地点查阅。但是有关判决、裁决以及作为这两者准备工作的草拟本，以及涉及任何表决的书面资料，不允许展示或以书面通知其他人。

（三）言词审理

1. 言词审理前的准备

从广义上说，言词审理阶段还包括审理前的一些准备情况，它由首席法官采取如下措施：

（1）指定日期。日期的指定（Terminbestimmung）适用行政法院法第 173 条，结合民事诉讼法第 216 条。应依职权（Von Amts wegen）指定言词审理日期。安排日期的顺序时，除了考虑诉讼到达的时间因素以外，也应考虑案件的重要性和难度。

（2）传唤参与人。一旦指定言词审理的日期，就应依照行政法院法第 102 条传唤参与人。传唤（Ladung）期限至少为 2 个星期，联邦行政法院的传唤期限至少为 4 个星期。在紧急情况下，该期限可由首席法官缩短。传达应依照行政法院法第 56 条送达。根据行政法院法第 102 条第 2 款的规定，在传唤时必须说明，参与人缺席不影响案件的审理和判决。然而在行政诉讼中不存在缺席判决（Kein Versäumnisruteil）。缺席的参与人所放弃的，仅仅是他在言词审理中的参与权。①

（3）必要时命令本人到场。如果对于案件的澄清是有必要的，应当命令参与人本人到场（行政法院法第 173 条结合民事诉讼法第 141 条）。

（4）必要时指定审理地点。根据行政法院法第 102 条第 3 款，行政法院的审理也可以不在法院驻地举行，前提是这样做对案件的处理有实际意义。它尤其适用于有必要进行现场勘验的案件。与此相关，就有必要在传唤中向参与人提示相应地点。在这种情况下，对审理提出的特殊要求是对公开性的要求（Gebot der Öffentlichkeit）。为此，必须及时公布有关事宜。即使在法院院内举行的审理中，传唤内容也必须包含地点、时间、审判场所等事项。

2. 言词审理的进行

在规定的开庭日期，法庭庭长在其他法官出庭的情况下，宣布言词审理开始。在言词审理实际开始之前，根据行政法院法第 103 条的规定，首先应宣布在审案件的名称。在宣布审理案件的名称之后，主审法官公布诉讼当事人的姓名。然后，法庭庭长或者一名助理法官，通常是被分配处理该案的法官，根据起诉书介绍案件的主要内容。法官介绍案情结束之后，当事人双方开始发表意见和进行辩论。法庭庭长就有关的法律与事实问题和当事人双方对纠纷的主体展开讨论，也可以请其他法官提出问题。法庭庭长与当事人的讨论和其他法官提出问题结束之后，法庭庭长宣布言词审理结束。

接受证据实行直接证据原则。因此，只有在例外的情况下，证人和专家提供的书面证据才予以承认。行政法院可以约请目击证人、专家和当事人出庭，并要求提供有关的文件。此外，行政法院可以展开司法调查和收集其他方面的官方资料。只要其他的一些证据有效，当事人双方极少地被作为证人进行审查，因为行政法院不得依靠当事人提供的证据。法院通知当事人有关获得证据的日期，当事人有权到场。当事人可以对证人和专家提出各种问题。行政法院决定反对某个

---

① 参见［德］弗里德赫尔穆·胡芬著，莫光华译：《行政诉讼法》，法律出版社 2003 年版，第 570 页。

问题的异议的效力。

行政法院可以强制行政机关提供任何材料、文件和与处理某一个争议有关的诉讼证据。但是，如果泄露某一个文件、诉讼记录或其他任何材料的内容将损害联邦的利益或者损害一个州的利益；如果根据法律的规定和这些内容的性质，要求某些类型的诉讼秘密地进行，那么，有关机关就可以拒绝提供这些资料，但是，该行政机关的决定不是最后的决定，行政法院仍然可以根据当事人一方的申请，审查行政机关拒绝提供某一个文件、诉讼记录或某一种材料的法律要件是否有根据。行政法院在审查的时候可以邀请有关的行政机关参加。如果行政法院认为行政机关拒绝提供某个文件或者拒绝提供某种材料有其重要的理由，那么，他就可以支持行政机关的要求。否则，行政法院可以拒绝行政机关的要求，要求其提供案件可能涉及的文件或公布资料。行政法院作出的这个命令须经上诉方可生效。因此，在德国法律中，已经从法律上制定了在普通法中经过普通法院的长期法律战斗才获得制定文件的内容。①

言词审理结束之后，法院就进入评议（Beratung）阶段并为最终裁判作准备。评议和表决（Abstimmung）原则上应秘密进行。

（四）判决及其他裁判

行政法院在结束诉讼的当日，或者在结束言词审理不迟于两周的任何一日，宣布本院对该案所作出的判决。除法律另有规定，通常用一个判决的方式对某一个诉讼作出判决之外，行政法院可以作出多达五种类型的判决。② 行政法院的判决在经法庭的所有法官、包括名誉法官的讨论和咨询之后作出。但是，只有专业法官才能够书写判决书并且在判决书上签名。只有那些已经参加了言词审理的法官，才能够

---

① 参见［印］M·P·赛夫著，周伟译：《德国行政法——普通法的分析》，台湾五南图书出版公司 1991 年版，第 304～305 页。

② 这五种类型的判决是：判决（Urteile）、决议（Beschusse）、预先裁决（Vorbscheide）、法院裁决（Gerichtsbscheide）和规定（Anordnungen or Verfugungen）。前四种由法院或者法院内部的办案小组决定，第五种由法庭庭长决定。一般说来，判决通常是处理那些最后处理的案件；决议是在诉讼期间作出的；预先裁决适用于受理某一个诉讼；一致地给予法院裁决是为了决定是否需要一个口头听审；规定一般由首席法官在言词审理期间内作出决定。

参与判决书的制定。然而，如果法庭成员在言词审理与制定判决书期间已经发生了变化，那么，这个新组成的法庭可以根据所记录的证据作出自己的判决。法院的判决既可以由法庭庭长在公开法庭上宣读，也可以以与法院反对的意见的副本同时发送当事人。如果作出的判决未经过言词审理的程序，那么，则不能在法院宣读，而只能够送达给当事人。判决书一旦在法院宣布或者被送达给当事人，就开始产生效力。在反对该判决的时限届满之后，判决也成为最终的判决。

判决必须采用规定的形式，其内容包括首部（Rubrum）、判决主文（Urteilsformel）、事实陈述（Tatbestand）、判决的理由（Entscheidungsgründe）、不服判决的法律救济（Rechtsmittelbelehrung），包括救济法院的名称、法院的地址以及提起法律救济必须遵守的时限。判决主文的制定，取决于起诉的类型以及是否受理或驳回该起诉。如果起诉被驳回，那么，行政法院简单地写明该起诉被驳回。如果起诉被受理，那么，行政法院必须提到被行政法院取消的这种受攻击的最初的行政行为和行政决定。如果受攻击的行政行为已经被实施或者被执行，而原告又请求撤销该行政行为，那么，行政法院也可以规定，该行政机关有义务以一种特定的方式撤销执行该行政行为。如果允许一个强制禁令之诉，而且申请人主张的事项是成熟的，那么，判决主文则说明强制作为被告的行政机关实施这个被申请的行政行为。如果所主张的内容不成熟，那么，判决主文就应当说明作为被告的行政机关有义务作出一个与行政法院的意见一致的决定。如果允许一个确认救济之诉，那么，行政法院将提到被告有义务支付赔偿金的总金额。判决主文一般也规定由谁承担诉讼费用。

行政法院可以不经任何口头听审来纠正判决中出现的任何打字、计算及其他类似的错误。在判决作出的两周之内，可以根据行政法院的一个命令消除判决书中出现的其他任何形式的事实错误和不确切的内容。如果判决书忽略了案件参与人关于事实与费用问题的请求，那么，在判决书作出的两周之内，行政法院可以依据一个申请，通过一个补充的决定增补这些内容。

一旦反对某一个判决的法律救济手段已经被用尽，或者在规定的时间之内没有利用法律救济的手段和放弃了法律救济的手段，那么，这个判决则成为当事人与他们的法定代理人之间的既判案件。在普通法院、劳动法院、财政法院和社会法院中，既判案件不利于该案件有关的任何诉讼。在一个判决变更了法律关系的意义上说，该判决即使对第三人和其他的人员也具有拘束力。

二、行政诉讼中的法律救济手段

（一）普通上诉

普通上诉（Berufung）针对第一审判决，它是行政诉讼中的首要法律救济手段（Rechtsmittel）。普通上诉不同于法律审上诉，它包括完整的法律和事实审查。也就是说，诉讼在上一级法院重新全面进行。部分判决、中间判决和法院裁决，都有可能成为普通上诉标的（Gegenstand der Berufung），但是，不可以仅将这些判决中的裁判理由或者理由中的部分，作为上诉标的。

根据行政法院法第124a条的规定，对普通上诉有管辖权的，总是高级行政法院。由于在每一个联邦州都只有唯一一个高等行政法院或高级行政法院，此时的地域管辖权就不再是问题。根据行政法院法第124a条的规定，对普通上诉的准许，须在判决送达之后1个月内提出申请。申请应向行政法院提起。申请中必须指明其针对的判决。申请还必须指出准许普通上诉的理由。申请的提出阻却判决既判力的产生。高级行政法院以裁定的方式对申请作出决定。同意给予普通上诉准许的，或一致同意不准许的，可无需说明理由。伴随着申请的被拒绝，判决即时产生既判力。高级行政法院准许上诉的，审理申请程序即作为普通上诉程序的开始，不需要再提起普通上诉。在作出准许普通上诉的裁定送达之后1个月内须对普通上诉说明理由。理由的说明应呈送高级行政法院。说明理由的期限届满之前，可向主审法院请求将之延长。理由说明中必须包含一个请求，以及对争执理由详加说明。缺乏其中一项的，普通上诉即不被接受。

根据行政法院法第124条第2款，仅当符合下列条件时，普通上诉才会被认可：（1）对判决的正确性存在严重疑问（Ernstliche Zweifel an der Richtigkeit）；（2）案件显示出在事实或法律上的特殊困难（Besondere tatsächliche oder rechtliche Schwierigkeiten）；（3）诉讼具有基本权利上的意义（Grundsätzliche Bedeutung）；（4）该判决偏离（Abweicht）高级行政法院、联邦行政法院、联邦最高法院联合审判庭或者联邦宪法法院的某一判例，并以该偏离为基础；（5）存在可影响普通上诉法院之评判的一个程序缺陷（Verfahrensmangel），对此可形成新的判决。

对于普通上诉的程序，根据行政法院法第125条第1款的规定，准用行政法院法第2章（程序）的有关规定，只要第124条及其以下的条款中没有另作规定。据此，普通上诉程序原则上与第一审程序相同，包括预备程序和言词审理。

（二）法律审上诉

法律审上诉（Revision）是对高级行政法院的判决进行法律上的审查。① 在行政诉讼中，法律审上诉也需要经过特殊认可（Besondere Zulassung），并且受理法律审上诉的法院始终是联邦行政法院。

法律审上诉首先须向高级行政法院提起，提起法律审上诉需要符合的条件是：（1）诉讼具有基本原则上的意义；（2）该判决偏离高级行政法院、联邦行政法院、联邦最高法院大审判庭或联邦宪法法院的一个判决，以该偏离作为判决基础的；（3）指出存在可能影响上诉审法院判断的一个程序瑕疵，对此可构成新的判决。②

由于法律审上诉需要高级行政法院的认可，因此，如果高级行政法院否认法律审上诉条件的存在，就可能导致法律审上诉救济方式的封闭，因此，行政法院法第133条就不允许法律审上诉的抗告作了规定。在高级行政法院否认法律审上诉条件的存在时，普通上诉审参与人，可以提起针对不认可法律审上诉的抗告（Nichtzulassungsbescherde）。抗告应向作出被提起法律审上诉判决的法院提出，在送达完整判决书之日起1个月内提起，抗告中须指明其针对的具体判决。对于抗告须在送达完整判决中之后2个月内说明其理由。理由之说明应呈交给作出被提起法律审上诉判决的法院。理由说明中必须陈述具

① 只有在例外情况下才是对初等行政法院的判决进行法律上的审查。根据行政法院法第134条的规定，如果原告和被告达成书面同意，并由初等行政法院在判决中准许，或者根据申请法院以裁定表示认可的，参与人可以越过普通上诉审级，而直接向联邦行政法院提起法律审上诉。该申请应在送达完整判决书1个月内以书面方式提出。在申请中，或法律审上诉经判决准许的，在法律审上诉文书中，应附具有关的同意。

② 参见行政法院法第132条第2款。

有的基本原则性之意义，或者判决所偏离的裁决，或指出程序上的瑕疵。

根据行政法院法第37条的规定，仅当有争议的判决违反联邦法律，或者违反与联邦行政程序法条文一致的州行政程序法规定时，针对该判决的法律审上诉才是具备理由的。尽管是一种纯粹的“法律检查”（Rechtsprüfung），法律审上诉法院也可以同时注意那些明显的和不再需要证明的事实。① 行政法院法第138条把一些特定的程序作为“绝对的法律审上诉理由”（Dbsolute Revisionsgründe）予以强调。凡属于以下情况之一的，原判决始终可以被视为“基于对联邦法律的违背”（Auf der Verletzung von Bunderecht beruhend）：（1）作出判决法庭的人员组成不合法；（2）1名参与裁判的法官已经被依法解除法官职务，或因有偏袒嫌疑本应回避；（3）拒绝1名参与人的法定听证要求的；（4）1名参与人未依法在诉讼中得到代理，除非他明确或漠视对诉讼进行表示同意的；（5）判决所依据的言词审理中，违反了诉讼程序公开原则；（6）判决书未附理由说明。

根据行政法院法第141条规定，法律审上诉准用普通上诉的规定。由于普通上诉的基本程序准用第一审程序，因此，法律审上诉程序部分地参照了第一审程序。只是有几个条文规范是不适用的，分别是：行政法院法第87a条（由首席法院裁判）、第130a条（通过裁定予以驳回）和第130b条（简化的普通上诉判决理由）。结合行政法院法第141条和第127条，也可以考虑进行附带法律审上诉（AnschluBrevision）。

（三）抗告

抗告（Beschwerde）是针对由法院、首席法官或者主办法官作出的不属于判决或法院裁决书所提起的法律救济手段。其重要的运用领域就是所谓的裁判争议的裁定（Streitentscheidende Beschlüsse）。而对具有诉讼指挥性质的处分（ProzeBleitende Verfügungen），澄清事实的命令，限期延长或确定的裁定，证据裁定，拒绝证据申请的裁定，有关诉讼和请求合并与分立，对法院职员回避作出的裁定，就不能适用

① 参见［德］弗里德赫尔穆·胡芬著，莫光华译：《行政诉讼法》，法律出版社2003年版，第620页。

抗告。

对抗告具有管辖权的是高级行政法院，除非是针对高等行政法院的特定裁判，抗告的管辖权才是联邦行政法院。抗告的准许应在公布有关裁决2个星期内向行政法院申请。申请中必须指出具体针对的裁决，必须陈述其得到抗告准许的理由。高级行政法院以裁定对抗告作出决定。

对于抗告，行政法院法并没有规定特别的程序。一般的理解是，只要合适，就可以适用关于法律救济手段的其他规定。这既适用于撤回、变更、提出新的事实和法律依据的可能性，也适用于“附带抗告”（Abnschlubeschwere）。至于言词审理的形式，既没有被排除，也没有作出规定，但在大多数时候，都不被考虑。

（四）再审

再审（Wiederaufnahme des Verfahrens）是一种非正式的法律救济（Ein auBerordentlicher Rechtsbehelf），其目的在于：在特定条件下，通过无效之诉（Nichtigkeitsklage）或者恢复原状之诉（Restitutionsklage）撤销一个已经确定的决定，并重新开始诉讼程序。因此，从一个已经终结的程序再没有法律救济手段可言的意义上说，再审与前述的普通上诉、法律审上诉以及抗告有所不同。

行政法院法对再审基本没有专门的规定。第153条指示参照民事诉讼法第4编的再审程序。公益代表人也有权提起无效之诉和恢复原状之诉，在联邦行政法院作为一审及终审法院时，联邦行政法院检察官也拥有该权限。一般来说，如果有特别重大的程序瑕疵，可以考虑采用无效之诉，但实践中更为重要的则是恢复原状之诉。

第六题 对德国行政法院制度的评析

一、德国行政法院制度的优缺：基于对其地位与功能的介绍

（一）行政法院的地位

要了解行政法院在德国司法体系中的地位，就不能回避行政法院与其他法院的关系问题。

首先，从行政法院与宪法法院的关系看，宪法法院并不是行政法院的“再上诉”法院，因为普通行政法院遵循自我系统内的三审终审制度，其作出的终审判决只有在极其例外的情况下才会被宪法法院审理并进行审查。①

其次，在行政法院与其他一般法院的关系上，需要明确的有两个方面。一是这里所谓的行政法院可以是普通行政法院，因为在行政法院之外，还有财税法院和社会法院在同时实施状告国家有关机关的法律救济功能，因此财税法院和社会法院构成特殊行政法院。二是在地位上，德国的行政法院既不同于法国的最高行政法院（Conseil d'Etat）也与普通法世界的行政裁判所（The administrative tribunal）迥然有异。它是联邦德国司法制度中五种一般法院体系的一个重要组成部分。在德国司法制度中，五种类型的一般法院都享有相同的地位。尽管普通法院的历史最悠久、数量最多，并承担着大部分诉讼案件。但是，这并不意味着普通法院比其他类型的法院地位优越。行政法院与其他任何一种法院同样地具有相同的独立性和法律地位。

德国行政法院的独立地位可以说是德国行政法院的一大特色。除了表现在与其他一般法院一样享有相同的独立性和法律地位外，还具体表现在：

1. 德国行政法院与行政机关的分离。与法国从行政机关内部体系中形成法律救济机构相比，德国的行政法院表现出与行政机关相分离的独立性。1960 年德国《行政法院法》开宗明义地规定了行政法院的这种地位。该条规定，行政审判权由与行政机关相互独立并与行政机关分离的法院行使。行政法院与行政机关的分离，是根据德国《基本法》第 20 条第 2 项所确立的三权分立学说所确定的。根据这个规定，国家权力必须由专门的立法机关、行政机关和司法机关行使。《基本法》第 92 条也强化了第 20 条的这一规定，其规定，将司法权

---

① 例如联邦宪法法院法第 90 条第 1 款和第 2 款第 1 句规定，任何人认为其基本权利和其依据基本法第 20 条第 4 款、第 33 条、第 38 条、第 101 条、第 103 条以及第 104 条取得的权利受到公权力侵害时都可以在联邦宪法法院提起宪法诉愿，前提是可能的法律救济途径已经用尽。

力赋予法官，必须由法院行使。

2. 德国各级行政法院与其他任何一种法院一样，有其独立的组织。除了行政法院的内部管理和自身事务，法律特别禁止行政法院执行任何行政职能。法律还禁止行政法院的法官从事任何立法工作和行政工作。任何法官都不得成为行政机关或者立法机关的一个成员。同时，法律禁止行政机关或者立法机关的成员担任法官的职务。

3. 行政法院审判独立。德国《基本法》第 101 条第 1 项进一步保证法院的审判独立性，保证不干涉法院的审判。依该条规定，禁止剥夺任何人受合法的法官审判的权利。《基本法》第 101 条第 1 项不仅排除行政机关或者其他机关对行政法院的干涉，而且也排除对法院内部各审判庭的机构和案件分配的内部操纵。法院内部各审判庭的结构和法院内部案件的分配，完全是根据本院选举产生的一个委员会事先决定的，而不是只由本院的院长或者由本院之外的其他任何人所决定的。

4. 行政法官独立。法官独立原则（Unabhängigkeit der Richter）毫无限制地适用于行政法官。法官独立行使审判权，只服从于法律。对于按编制任命的终身专职法官，只有在《基本法》第 97 条第 2 款所规定的前提下，才可违背其个人意志将其解雇、免职或调离。法官的独立性还表现在事务上的独立，从而在此意义上排除一切国家机关的指令的约束，同时也意味着一定程度上防止个人和社会的影响。①

（二）行政法院的功能

讨论德国行政法院的功能，不能离开德国行政法院设置的独特性来谈。

1. 德国行政法院属于独立的司法体系确保了公民司法救济权利的落实。德国行政法院的独立体系与法国不同。从历史上看，由于厌恶作为保守势力的法院对公共行政的干涉，法国大革命时期并不信赖

---

① 参见［德］弗里德赫尔穆·胡芬著，莫光华译：《行政诉讼法》，法律出版社 2003 年版，第 43 页。有关德国行政法院在组织、人事及事务上的独立性，可以参考刘飞：《建立独立的行政法院可为实现司法独立之首要步骤——从德国行政法院之独立性谈起》，载《行政法学研究》2002 年第 3 期。

法院能够承担起对公民权利的保护，甚至还担心保守势力会对革命成果构成阻碍，其结果是，法国法律救济的发展是从行政机关内部体系中形成起来的。法国的最高行政机关也是一个行政机构，至少是国家行政机关的一个机构。而德国行政法院制度的设置，却没有这些考虑和担心。因此它确保一切具有司法性质的争议，无论是产生于两个私人之间的纠纷，还是公民与国家之间所形成的纠纷，都属于司法院的管辖范围。如果一个人的权利受到任何公共机关的侵犯，《基本法》都赋予公民向法院起诉的基本权利。

2. 德国将行政法院与普通法院相分离的做法，在一定程度上确保了行政审判的独特性和专业性。① 与英美法系一元的司法体系相比，德国行政法院具有单列性②的特征。区分普通法院和行政法院可以看做是德国法律长期形成的公法与私法二元对立观念在制度上的一个体现。这种观念最先来自古罗马的法律思想，认为由普通法院处理公法方面的事务是不适当的。这种二元分离的司法体系，在一定程度上确保了行政审判对专业性的要求。

3. 在具体功能定位上，德国行政法院的功能定位与法国也有很大不同。法国的行政法院被主要认为是监督行政机关的活动和将行政机关的活动纳入法律范围之内的一个机构，由于行政的性质比较明显，因此对于行政活动的监督并不局限于单纯的合法性，还有很多具有行政思维特点的考虑在其中，例如行政的效率。而德国行政法院则

---

① 当然这也有一定问题。如果主权行为是采用那种与私人间的同样方式进行的，那么国家与公民的诉讼就由民事法院管辖。只有那些特别公权力案件才受到行政法院的管辖。这种区分有时很繁琐并难以确定。例如，在要求纠正诽谤的案件中，如果公共官员在国家与一个军火商的协商过程中作出诽谤，则由民事法院予以管辖。如果同样的诽谤发生在一个对军火商非法质询的过程中，则由行政法院来予以裁决。如果是一个官员或者有任期的公务员作为一方提起诉讼，由行政法院受理，而一个争议发生在普通公共雇员和国家或公权力主体间，则由劳动法院受理。See Rolf Sturner, *The United States Court Of Federal Claims 20th Anniversary Conference: Suing The Sovereign in Europe and German*, 35 Geo. Wash. Int'l L. Rev. 663.

② 德国行政法院单列性的归纳，参见胡建淼著：《比较行政法》，法律出版社1998年版，第303页。

主要是保障个人，反对行政越权，可以说是权利的保护人和捍卫者，① 这使得行政法院在审理案件时合法性的要求更为明显和集中。

4. 行政法院对于德国行政法的理论和实践发展意义十分重大。许多至今仍然执行的行政法的基本原则都是由行政审判特别是普鲁士行政法院的裁判创立和实行的。② 此外，行政法院在法律规定的范围内享有独立权力，这种权力之大超出我们的想象，行政法院对行政机关的监督可以说是全方位的。③

当然，对德国行政法院功能的论述，并不说明它比大陆法系的法国或者普通法系的英美国家具有更强的合理性和实效性。每个国家根据其自身的特殊性所确立的特殊的行政法院和行政审判制度，都有其合理性，甚至在某种意义上具有彼此难以替代的价值和作用。

（三）德国行政法院面临的问题

1. 程序繁琐、办案周期过长和案件积压。由于程序之繁琐和持续时间之久，德国行政法院已显示出危机征兆。这种情况不仅造成在暂时法律保护领域内，依法解决行政纠纷在时间上受到严重迟误，而且从宪法上讲，也值得忧虑，因为有效的法律保护必须在适当时间内实现，所谓"迟到的正义为非正义"。为了减负和加快程序，德国于1996年9月12日颁布了《审批程序加快法》（Gesetz zur Beschleunigung von Genehmigungsverfahren）和1996年11月颁布了行政法院法第六次修正案（Sechste Gesetz zur Änderung der Verwanltungsgerichtsordnung），还有些其他法律也都试图为此作出努力。但是，这些尝试在那些据称已被"减负"的行政法官那里，部分地遭到了强烈的批评。这些批评主要针对其片面的程序加速指导思想、"行动主义"及其学理基础的缺乏。因此，可以说，德国行政法院诉讼程序繁琐、办案周期过长以致大量案件积压的问题依然没能得到很好的解决。

---

① See Rudolf E. Uhlman and Hans G. Rupp, *The German system of Administrative courts: A Contribution to the Discussion of the Proposed Federal Administrative Court*, 31 ILL. L. Rev. 847 (1936～1937).

② 参见［德］哈特穆特·毛雷尔著，高家伟译：《行政法学总论》，法律出版社2000年版，第20页。

③ 参见贺卫方：《法律职业化的方法基础》，http://www.nwupl.edu.cn/xwfb/subSite2487/program4053/12561.htm。

2. 立法形成、专家行政与行政法院的司法困境。在德国，行政法院遵守一直以来无可争议的调查原则，对受争议的行政行为合法性进行判断。然而，随着现代行政的发展，行政法院在行使极其广泛的裁判职权的同时，要对各种高度复杂的技术、经济和社会等方面的实际情况作出决定。这种宽泛的审判职权和调查职权，使德国的行政法官们肩负着“不可承受之重”。在高度技术性、复杂性的行政争议中，即使是形式立法形成权的立法者自身，也常常不得不借助于一般条款和开辟权衡与裁量空间。其本意是将这些高度技术性和复杂性的判断交由行政部门决定。德国行政法院对行政争议事项事无巨细的调查和判决，实际上有僭越立法形成权的危险。同时，它对专家行政也构成威胁。行政部门不得不在“外行”的法官们面前解释大量专业性数据、技术标准形成的科学性与精确性，这对于有限和稀缺的行政资源亦是一种浪费。有鉴于此，有学者对行政法院的建议是：不要被“彻底裁判”每个案件的冲动所支配，而是要善于把一些复杂的实际问题，在他们涉及法律问题的裁判之前，以行政程序的方式，转回到他们必须在相应的具体工作中被“完成”的那些地方去。①

二、对我国建立独立之行政法院制度的借鉴意义

我国虽与德国国家制度不同、历史和现实情况不同，但是在建设法治国家的目标上是一致的，而且这一发展目标已经成为我国法制进程中具有根本性地位的宪法性目标。② 德国的行政法和行政法院的发展历史较为漫长，尤其在“二战”后，其“法治国”建设的实践不断稳步向前推进，但其成功经验似乎没能受到我国学术界的足够重视。我国的司法改革任重而道远，在行政诉讼制度上，问题比较突出，主要可以归结为行政审判受到外部干扰太多，尤其是行政保护主义的困扰。这从行政诉讼中受案数目有限、居高不下的撤诉率和不尽理想的胜诉率上就可见一斑。行政法学者也大多抱有行政诉讼“步

---

① 参见［德］弗里德赫尔穆·胡芬著，莫光华译：《行政诉讼法》，法律出版社 2003 年版，第 39 页。

② 参见 1999 年 3 月 15 日修正后的宪法第 5 条第 1 款。

履维艰”的忧虑。① 可见，同民事、刑事诉讼相比，行政诉讼更需要法院独立、公正作为制度保证。

我国建立独立之行政法院制度不仅具有必要性，而且也具备可能性。首先，从比较法视角看，许多国家包括很多发达的法治国家所建立的独立的行政法院制度，可以为我国在设置行政法院制度过程中提供很多技术操作上的借鉴。其次，从理论基础看，近几年我国对司法改革、司法独立等理念的倡导，对完善我们行政诉讼制度的理论探索已经大致能够胜任奠基独立行政法院制度的理论基础。再次，我国经过十余年的行政审判实践，不仅积累了相当的行政审判经验，而且培养了一批专业的行政审判人员，因此，从组织上和专业人员两方面考虑，建立独立的行政法院的困难并不大。此外，建立独立的行政法院制度，与我国当下的宪政体制并不一定就形成冲突。②

既然我国具备建立独立之行政法院制度的必要性与可能性，德国行政法院制度对我国行政法院制度的建立就具有相当的借鉴价值。从上述对德国行政法院制度的功能介绍中我们可以发现，德国行政法院制度之所以在整个德国的司法系统中具有如此重要的意义，甚至对于国民对司法的信赖发挥重要的影响，这与德国行政法院制度所赖以依存的“独立性”是分不开的。而这正是我国当下行政诉讼的软肋所在。因此，德国行政法院制度对我国建立独立之行政法院制度的借鉴意义，首当其冲的就是借鉴德国行政法院在司法体系中以及自身组织结构、行政法官人事、行政审判事务等方面的独立性及其一系列制度保证。此外，扬长避短，是比较法的要义之一。面对德国行政法院制度当下的困境，在建立我国行政法院制度时也必须给予足够的考虑，以期在制度设置上能够避免遭遇与德国行政法院制度相同的问题。如何既确保行政诉讼权利的同时，及时准确地作出司法判断，将诉讼过程置于一个“看得见的正义之中”，又能够使行政法院适当避免对过度专业性与技术性的问题作出判断，都是值得探讨的问题。

---

① 参见杨海坤、朱中一：《我国行政诉讼制度步履维艰的原因探索》，载《行政法学研究》1999 年第 4 期；刘莘：《论摆脱行政诉讼的困境》，载《行政法学研究》1999 年第 4 期。

② 参见刘飞：《建立独立的行政法院可为实现司法独立之首要步骤——从德国行政法院之独立性谈起》，载《行政法学研究》2002 年第 3 期。

第三章　奥地利行政法院制度

第一题　奥地利行政法院的历史沿革

奥地利行政法院（Verwaltungsgerichtsof）的发展，可分为君政时期（1919 年以前）、共和时期（1919～1938 年）、德国占领期（1938～1945 年）及战后时期四个阶段。

一、君政时期（1919 年以前）

17 世纪到 18 世纪，奥地利为哈布斯堡家族统治，称哈布斯堡王朝。哈布斯堡王朝统治下的奥地利帝国是一个封建专制的多民族国家，经济落后，封建经济关系占统治地位。奥地利当时施行的司法制度起源于 1684 年创立的委任司法制度（Judicium delegatum）。1737 年在波希米创设了“民间法律事件和解”（Consenssus in causis）制度，学者一般称之为“和解裁判权”（Consessualgerchtsbarkeit）、司法代办（Justizbancodeputation）及关务特别法院。18 世纪中期，奥地利女王玛丽亚·特里萨（Maria Theresia）执政后实行“开明专制”，推行改革，改革内容包括司法改革。1751 年先在执政部（Direktorium）设立司法单位，后在 Schlesien、Graz、Triest、Galizien 等普遍设置，后来因为司法与行政分立，其权限移转给了司法法院。1782 年玛丽亚·特里萨（Marea Thersia）的儿子约瑟夫（Josef）二世，废除了全部和解裁判，采用了司法国家的模式。1790 年，约瑟夫二世死后，玛丽·特里萨推行的改革被封建贵族取消。1848 年奥地利发生了资产阶级革命，于同年 4 月 23 日新政府公布了帝国宪法，5 月 11 日公布了选举法，7 月 22 日成立了帝国议会，但这次革命于该年年底就被镇压了。1866年，奥地利在普奥战争中失败，于1867年与匈牙利国会签订协定，建立了奥匈二元帝国。1848年的资产阶级革命和1867年以后政治上出现的自由主义对奥地利社会的发展产生了深刻的影响，也推动了司法制度的改革。1875年10月22日奥地利参考法国的咨政院、巴登高等行政法院的制度以及当时的普鲁士草案，制定了“行政法院设置法”（Gesetz betteffend die Errichtung eines Verwaltungsgerichtshofes），并在维也纳建立了行政法院（Verwaltungsgerichtsof）。1876年10月，奥地利行政法院正式运作，承担行政诉讼职责。根据1875年10月22日“行政法院设置法”的规定，行政法院的成员半数必须具有法官资格，另半数应具有高等行政官的资格，历史上也曾任命多名律师为行政法院的成员。1867年12月21日的奥地利国家基本法（Staatsgrundgesetz）第14条规定了权力分立的原则，规定各级司法与行政分立；第15条进一步规定：“依现行法或将来颁布的法律，行政官署就私人间彼此有争议之请求须为裁判所有案件，凡因该裁判致私权受损者，对于他造的自由循普通诉讼途径谋求协助。凡主张其权利因行政官署之判定或处分受侵害者，得自由于行政法院以公开言词程序向行政官署之代表主张其请求。行政法院必须裁判之事件，其组成及其程序以特别之法律予定之。”① 从而确立了行政法院的宪法地位。

二、共和时期（1919～1938年）

第一次世界大战后，德奥二元帝国的历史终结。1918年10月21日，帝国议会232名讲德语的议员会聚在奥地利的乡村别墅里，共同商讨奥地利未来的命运。10月30日，这个临时国民议会选举出了一个由22人组成的国家议会。11月12日，临时国民议会召开会议，宣布奥地利为民主共和国。1919年2月6日德奥共和国设置了德奥行政法院，接管君政时期行政法院的权限，并对人事制度进行改革：行政法院成员的任命，必须由该院院长及6名投票员所组成的人士评议会提议。不久，1920年奥地利联邦宪法（B-VG）制定。根据这一

---

① 转引自蔡志方著：《行政救济与行政法学》，台湾三民书局1993年版，第64～65页。

宪法，奥地利是一个代议制的共和国。制定法律的权力属于相对强势的国会，内阁负责执行法律；内阁成员由总统任命，但总统却由国会选举。这一宪法也就司法制度特别是行政法院和宪法法院作了相应的规定。该宪法第135条（强调议会民主）规定：政府所提名的半数行政法院院长及行政法院的成员，需要得到联邦国民议会的同意，行政法院副院长及另外半数成员，则需要得到联邦参议院的核准。1929年，奥地利宪法作了较大修改。这一修宪扩大了总统的权力，并规定总统由民众直接选举产生，不再由议会选举；总统可以解散议会，这是代议制共和国中行政首长不可能拥有的权力。所以，奥地利的政治架构具有一些总统制的因素。修改前政府由具有相当规模、不同派别进行政治协商的主体控制，修改后对于政府的统治权转移到了集权的总统手中。这主要是为了迎合当时活跃在奥地利的法西斯主义潮流。在1929年宪法中有8个条文（第129～136条）就行政法院的性质、职责、管辖、组织及其活动程序作了原则性规定。根据1929年宪法，除院长、副院长的任命外，其他行政法院成员的任命由院长提名后任命。在行政法院权限方面，1920年联邦宪法不再排除对行政裁量的审查；1925年联邦宪法赋予行政法院对行政处罚的幅度、事实认定及法律适用等加以变更的权力，称为变更的裁判权（Reformatorische Verwaltungsgerichtsbarkeit）；此外，还建立了联邦部长的职务诉讼（Amtsbeschwerde）。1929年宪法赋予对区域法人主张财产上请求的诉讼裁判权，并建立教育法上的“指示诉讼”（Weisungsbeschwerde），该院就违宪法律有权请求宪法法院予以撤销。1934年宪法再次修改。这一宪法规定，凡行政的违法不作为，申诉到最高行政机关，于6个月内不作出决定，拟制为驳回的裁定，行政法院可以做变更性裁判，如果涉及自由裁量，还可以如同行政机关一样行使自由裁量性决定，后来将此称为“怠慢诉讼”裁判权，或称为“原始的裁判权”。

三、德国占领期（1938～1945年）

1938年3月12日，奥地利被德国吞并，1934年宪法被废弃。1941年4月3日，德国设帝国行政法院（Reichsverwaltungsgericht），同年3月29日奥地利行政法院被改为帝国行政法院维也纳分院，同时联邦宪法法院也被废弃，权限被改变。

四、战后时期

1945 年 5 月 1 日战后的奥地利制定了宪法的过渡法，恢复了 1933 年 5 月 5 日前的法律状态，同年 10 月 12 日颁布了有关行政法院的设置、任务范围及程序的法律，恢复了奥地利自己的行政诉讼制度。但初期，战后的奥地利百废待新，行政法院不得不借助德国法规来处理行政诉讼。此外，为进一步保证行政法院的独立性，1946 年 10 月 9 日宪法及行政审判权新法，重新规定其人事制度，行政法院成员的提名，从行政法院全院大会三人提名单中选出，并禁止选任政府或一般代表团体的成员为该院成员，该院院长及副院长也不得从最近 4 年内曾在上述机关任职者中任命。该院成员享有完全的独立裁判权；正副院长及所有成员，享有与一般法官相同的独立地位，不得随意被调离或解职。1948 年设立了审计法院，1965 年增设专利法庭及商标法庭，均具组织中央化。1974 年及 1975 年宪法增加规定行政法院对惩戒事件享有裁判权，1975 年宪法赋予行政法院对行政机关行使命令及强制权提起的“措施诉讼”的裁判权；1982 年为减轻法院负担及加速诉讼程序，简化了行政法院的裁判组织，扩大了三人庭的权限，减少了加强庭（九人庭）的权限并对言词审理的程序作了限制。1985 年奥地利制定了新的《行政法院法》（Administrative Court Act）。该法总共 74 条，涉及行政法院的组织机构、业务及人员管理、行政诉讼程序、法律援助、诉讼费用及判决的执行等方面，对行政诉讼活动作了比较全面的规范，是了解和研究当今奥地利行政法院制度主要的法律文献。1988 年 11 月 29 日，奥地利对联邦宪法进行了修订，为了进一步疏解诉讼压力、加速程序及改善审级救济，增设了独立行政裁判庭（Unabhängige Verwaltungssenate，简称 UVS）。

第二题 奥地利宪法的基本原则与对政府的监督机制

一、宪法原则

奥地利的宪法并不仅仅是宪法文本（B-VG），还包括从将近 400 个零散颁布的宪法法令中通过解释筛选出的一系列基本原则，即所谓的“结构法令”。民主制，共和制，联邦制和法治国原则被看做是奥地利联邦宪法不可争议的原则：

民主制原则是由奥地利宪法（B-VG）第1条纲领性地规定的：“奥地利是一个民主共和国。她的权力就是以全民为出发点。”从根本上说，民主制原则表明，实施普遍有义务的准则原则上必须得到全民赞同。这种决定程序大部分是间接实施的，也就是说，被选出的代表团体代表全体联邦人民实施决定权。当然奥地利宪法也规定了一系列直接民主手段，如民意测验，公民投票和全民公决。从其产生的历史来看，首先是为拒绝君主制国家形式而构想的。

共和制原则规定了被选出的国家首脑是国家最高代表。

联邦制原则在联邦宪法第1章第2条中纲领性地规定的：“奥地利是一个联邦国家。”这个原则表明，国家的功能由作为国家整体的联邦和作为国家部分的联邦州分工承担。

法治国原则在B-VG的第1章第18条中得到纲领性的确立：“整个国家的管理只有在法律基础上才可以实施。”

除了上述四个原则以外，还有一系列其他宪法内容，也构成了奥地利政治和法律制度的基础，如三权分立原则，1955年国家条约第3、4条中确立的独立自主和禁止合并的原则，多党民主制以及永远禁止法西斯和国家社会主义行为的法令。

二、政府所承担的人权保护义务

在奥地利宪法里，基本权和自由权无论在历史上还是当今都占有很重要的地位。1920年制定共和国宪法时，采用了1867年奥地利国家基本法（Staatsgrundgesetz）规定的基本权和自由权，迄今依然是宪法的组成部分。直到今天，奥地利民主共和国没有能够制定出一个现代的，自成体系的基本权法律，因为各政治党派之间存在着很大的价值认识分歧。绝大多数基本权不仅是国家公民，而且也是外国人和无国籍的人应该享受的权利，是人权。属于基本权的有：财产不可侵犯权，个人自由权，私人住宅不受侵犯权，通信保密权，自由发表言论权，新闻自由权，信仰和凭良心行动权以及科学和传授科学权。维护这些宪法上的基本权和自由权成为奥地利法律制度的目标。

在国际组织范围内，尤其在联合国和欧洲委员会里，奥地利卓有成效地参与了继续发展人权的工作。从1958年以来，欧洲的人权公约就开始在奥地利具有法律效力；1964年，这个人权公约又完全被提高到宪法高度，其中包括生存权，禁止刑讯以及非人道和侮辱性惩罚，禁止强迫工作，禁止驱逐奥地利公民，移居国外自由，尊重个人和家庭生活，尊重结婚和组建家庭权。在基本权范围内，1919年圣日耳曼国家条约和维也纳国家条约（1955年）里确立的少数民族保护法具有特殊的政治作用。奥地利的社会基本权只是以单一的法律形式规定而存在的，并没有达到宪法高度。奥地利于1995年1月1日加入了欧盟。它因此成为一个超国家组织的一员。联盟权具有自律的作用，可以直接适用。相对于民族权以及除了宪法权的基本原则以外的民族宪法权而言，联盟权拥有优先地位。奥地利积极参与欧洲人权运动，使国内政治承担了一定的国际人权保护义务，这也极大地推动了国内的宪政发展。独立行政裁判庭的建立，就是一个鲜明的例证。

三、对政府的监督机制

基于上述宪法基本原则和政府所承担的国内及国际上人权保护义务，奥地利建立了多元的、多层的对政府活动的监督机制。这些监督机制包括社会舆论的监督，议会政党的监督即政治监督，此外还有经济监督、所谓的“弊端监督”、行政监督和司法监督等。

政治监督由议会，尤其是在野党负责执行。

经济监督是指联邦会计署（The Court of Audit，Rechnungshof）进行的监督，即对联邦政府、州政府、市政府以及其他公共权力机关的管理所进行的监督。

所谓的“弊端监督”是指国家律师机构实施的监督。国家律师机构（Volksanwaltschaft）是根据2003年修订2004年元月1日施行的奥地利宪法第148a条至第148j条确立的，专门负责处理个人对于公共行政机关暴政的投诉。这个独立的机构由三名律师组成，他们由奥地利议会三个最大的政党提名，然后由下院（National Council）选举产生。每年国家律师必须向下院（National Council）提交年度报告，就其工作进行汇报和说明。根据公民的投诉，国家律师有权查阅相关的档案并向公共机关提出采取必要行为的建议。根据第148j条的规定，奥地利各州也可以在其州宪法中规定相应的机关在其州行政管理的范围内从事同样的活动。

行政监督分行政诉愿制度和独立行政裁判庭制度。行政诉愿制度由行政程序法第63条至第67条作了较为详细的规定。诉愿由当事人于行政决定作出后的两周内“向第一级为裁判之官署，或向应对诉愿为裁判之官署提起之”。①独立行政裁判庭在建立之初，从本质上讲并不是一个严格意义上的法院，而是一个行政机关，但它是一个对行政机关的行政活动专门进行监督的机关。根据法律的授权，这类机关享有对以下案件的管辖权：第一，管辖对于行政刑事案件不服的上诉；第二，对于未根据行政程序法提供一个正式的决定或直接运用行政权侵犯公民权利的决定不服的上诉；第三，对于法律所授权的对于其他行政案件的决定不服的上诉；第四，对于可能作出行政决定，但是由于行政机关违反了义务而未能作出决定的控告。②从其管辖可以看出，它和行政法院之间有着紧密的联系，从奥地利法律界和学术界的看法可看出，由于该国行政法院没有初审法院和上诉法院，所以独立行政裁判庭在一定程度上发挥着初审法院的功能。从奥地利司法改革的趋势看，有可能在将来将独立行政裁判庭发展成为地道的初审法院，所以在后面将予以专门的介绍。

司法监督是由国家司法机关对政府活动所进行的监督，司法监督任务由宪法法院和行政法院分别承担。关于宪法法院与行政法院在监督政府活动中的关系及其职能分工我们在第三题中将予以介绍。

第三题　奥地利行政法院在司法体系中的地位

首先需要说明的是，奥地利虽然是一个联邦制国家，但奥地利的司法权力由联邦独享，各州并没有自己的司法系统来独立行使州的司法权，这一点是奥地利不同于其他联邦制国家的地方，如美国和德国联邦和州都各自有其司法系统。奥地利联邦的司法系统由普通法院、

---

① 应松年主编：《外国行政程序法汇编》，中国法制出版社2004年版，第139页。

② 参见张吉人、席建生、徐伟、杨玉林：《奥地利的司法制度》，载《人民法院报》“国际副刊”，2003年9月11日。

行政法院和宪法法院构成，三者都是司法机关。前者可以看做是“私法法院”，后两者可看做是“公法法院”。作为欧盟的成员国，奥地利也承认欧洲人权法院和欧洲法院的判决对其具有约束力。

一、奥地利的普通法院

奥地利的普通法院由民事法院和刑事法院组成。民事法院审理所有公民和法人之间的“私人”纠纷，包括但不限于合同纠纷和侵权纠纷。由于奥地利的法律制度导源于古罗马法，属于民法法系，所以其法律制度没有普通法与衡平法的区分。如果在针对联邦和州的起诉中，将联邦和州视做一个行政主体的话，任何民事法院都不得审理；但如果在案件中，该联邦和州仅仅是一个“私法”主体的话，民事法院则享有管辖权。

普通法院由 191 个地方法院、4 个地区法院、4 个地区高级法院和 1 个最高法院组成。实行三审终审制。大多数一审案件（一般是不超过 130 000 先令的损害赔偿案件，处以罚金或者羁押期限不超过一年的处罚性案件，以及法律规定的其他民事纠纷，特别是涉及家庭法和租赁法的案件）由地方法院审理，地区法院是地方法院的上诉审法院，而最高法院则是最后申诉法院。一些特别严重的或者技术性比较强的案件（这些案件是不属于地方法院管辖的民事和刑事案件），则由地区法院担任第一审法院，由特别的地区高级法院负责第二审，最高法院依然是最后的申诉法院。奥地利的上诉制度不像美国，当事人享有法定的上诉权。当当事人提出上诉请求时，上级法院不得拒绝对下级法院判决的审理。在这一点上，最高法院与宪法法院有明显差别。另外，4 个地区高级法院的院长也是各该辖区的司法行政首长，负责各自辖区的司法行政管理事务，他们只向联邦司法大臣负责。

二、奥地利的“公法法院”

“公法法院”这一术语在奥地利的司法系统中是和“普通法院”这一术语并称的。与后者主要审理民商事、刑事等案件不同的是，“公法法院”是行政权（行使）的守护者，即只审理涉及公法（主要是包含行政法和宪法）的案件。根据奥地利 1920 年宪法在 1929 年修订后的文本，公法法院系统主要包括宪法法院和行政法院，当然，在这个文件中，还提到了独立行政裁判庭，并把这一独立的行政裁判机构作为对于传统意义上公法法院的补充，之所以设立独立行政裁判庭，同样是为了防止行政权侵害公民的权利。所以，严格地讲，“公法法院”应该包括独立行政裁判庭在内。

奥地利只有一个行政法院和一个宪法法院，由于共同担负着对公共权力机关的司法监督职责，具有很多共同的特点。国内有人将两者的共同点总结为以下几点：1. 行政法院和宪法法院是真正的法院，因为这些法院中的成员同样享受法官不得被随意解除和转换职务的独立权利和豁免特权；2. 行政法院和宪法法院都是“最高法院”，因为他们在全国仅仅只有一级，并无上级法院和下级相类似的法院存在；3. 全国仅仅只有一个行政法院，也只有一个宪法法院，他们的管辖权都是及于全国，其院址都设在维也纳。①

尽管行政法院和宪法法院有着以上共同之处，两者在奥地利的司法制度中还是各自承担着不同的角色，发挥着不同的功能。宪法法院主要审理宪法诉讼案件，具体包括：第一，对于州的及其他的地方行政机构提出经济权利主张的案件，这些案件是不能够通过正当的法律程序或者是通过行政决定作出的；第二，解决管辖权和权限的争议问题，这主要是为了解决在案件中可能出现的司法管辖权的冲突而设立的；第三，判断州等地方行政单位之间的协议存在与否以及是否得到遵守的争议；第四，对于命令的违宪审查权，举例而言，宪法法院可以应联邦政府诉请来解决地方行政机关颁布的命令是否合法；第五，对于法律的审查权，如应私利害关系人诉请，来判断联邦或者州等地方政府针对其颁布的法律是否违宪的问题；第六，对于国际条约的审查权；第七，对于选举事项的审查权。除此之外，宪法法院还担负以下职能：对于州等地方行政机构的日常活动，相对人认为行政行为侵犯了其根据宪法享有的基本权利，宪法法院对于此类案件有管辖

---

① 参见张吉人、席建生、徐伟、杨玉林：《奥地利的司法制度》，载《人民法院报》“国际副刊”，2003 年 9 月 11 日。

权。① 其中最主要是：审查议会制定法律的合宪性，处理联邦共和国和州之间的争议，行政法院与普通法院及普通法院相互之间因管辖权发生的争议，弹劾总统案件，牵涉行政机关侵害公民宪法上的基本权利的宪法诉讼案件。

行政法院审理所有涉及行政机关及其公职人员依职权作出决定的案件，当然这些案件首先应当不属于宪法法院管辖（由于后文还将对行政法院管辖权作详细说明，这里不再介绍）。需要说明的是，在奥地利，唯有宪法法院享有对法律合宪性进行审查的权利，所以行政法院在审理案件的过程中，认为将要适用的法律法规可能与宪法或者上位法发生抵触时，并不能直接拒绝适用，而只能将该有疑义的法律规定提请宪法法院进行裁决，然后根据宪法法院的裁决结果进行判决。其宪法第 89 条规定：“（1）对正式颁布的法律、法令和国家条约合法性的审查权，除本条另有规定外，不属于法院。（2）任何法院如果对某项与法律相抵触的法令的适用发生怀疑，应向宪法法院提出要求取消该法令的申请。如果最高法院或拥有司法审判权的下级法院对某项与宪法相抵触的法律的适用发生怀疑，应向宪法法院提出要求取消该法律的申请。（3）如果将为法院应用的法律规定已经不再生效，法院应向宪法法院提出的申请，应要求作出该项法律规定是违法或违宪的裁决。”

三、普通法院与行政法院、宪法法院的关系

三个法院之间在管辖权上的分工，并没有把他们彻底的分割开来。在一些案件中，相互之间又存在一定的联系。比如，如果普通法院审理的关于公务人员职务责任请求权案件与行政机关裁决的违法性有关联，而普通法院对其合法性有异议时，普通法院就要停止诉讼程序，申请行政法院对该行政裁决进行审查。再如，就宪法法院和普通法院相互之间的关系而言，宪法（B-VG）第 89 条的规定同样适用于普通法院。即当普通法院和行政法院遇到法律与宪法相抵触、法令与宪法和法律相抵触，必须以宪法法院的判决为前提，方可适用

---

① 参见张吉人、席建生、徐伟、杨玉林：《奥地利的司法制度》，载《人民法院报》“国际副刊”，2003 年 9 月 11 日。

法律。

第四题　奥地利行政法院的内部机构及其职能

奥地利行政法院的内部工作机构主要有：院长和副院长，行政法院全体会议，合议庭和法院办事处，下面将分别予以介绍。

一、院长和副院长

行政法院院长的职责，由联邦法律规定，另外，行政法院管理规则也有所规定。除了一般业务管理之外，行政法院院长同时负责监督全体行政法院成员的工作。所谓监督，主要是监督法官的判决与先前的判决保持一致，其他方面的监督必须限制在充分保证法官的独立性的范围内，即不得因此而损害法官独立审判的原则。如果发生特定的事由致使院长无法履行管理职责，则由副院长代行管理。如果副院长也无法履行职责，则由行政法院中职务最高者负责工作。当行政法院院长和副院长职位空缺的时候，也是如此。

二、行政法院全体会议的组成及其职能

行政法院全体会议由法院院长、副院长和全体其他成员组成。出席法院全体会议的法定人数不得低于应出席人数的2/3。全体会议首先是一个对于行政法院成员的惩戒法庭，但除此功能之外，它还负责就以下事务作出决定：

（一）在行政法院成员职位出现空缺时，在有三个提名的候选人的基础上，作出新的任命；

（二）业务分配；

（三）职务任命；

（四）工作报告。

三、合议庭的组成及其主要职能

合议庭一般由5名成员组成，称为5人合议庭，其中一人主持合议庭，另一人负责起草审判报告。通常，配有一名书记员协助合议庭工作。合议庭负责审理分配给他们的各种行政案件。

根据奥地利联邦相关法律的规定，合议庭成员的构成必须符合如下特殊要求。主要为：合议庭至少应有一名行政法院成员参加，该成员必须有资格主持审理工作；在涉及财政管理事务的行政案件中，合议庭成员中至少需要有一名具备高级财政业务管理资格的成员来处理此类案件；在其他类型的合议庭中，一名成员应具备处理一般市政管理业务的能力。

合议庭一年组建一次。每一年度年终前，由行政法院全体会议召开会议按照行政法院法第1条的规定，组建下一年度合议庭，明确合议庭成员，任命合议庭审判长。同时，全体会议还要确定合议庭的候补成员和替补成员，并明确相应的增补顺序以及在各合议庭预先分配业务的顺序。组建合议庭时，一个合议庭的成员也可以成为另外一个合议庭的成员。

在日常的工作中，如果某一个合议庭的成员因故无法参加审理工作，则由院长任命替补成员参加合议庭。如果替补成员参加合议庭后，使得合议庭的构成不符合上述关于合议庭构成的要求，应该再任命一名替补成员进入合议庭以使合议庭的构成符合法定要求。

每年年末，在正常工作许可的范围内，全体会议可以根据人员变动情况调整案件的分配。如果某一合议庭或某位法官所承担的工作量太大，这种调整会被认为是必要的。

并非全部有关案件的事宜都由5人合议庭讨论决定，为提高审判效率，在5人庭内可以设立由审判长、主审法官和合议庭其他成员中职位最高的法官组成的“3人合议庭”。下列事项可由“3人合议庭”负责决定：

（一）不能由主审法官单独决定的起诉或申请的驳回；

（二）诉讼程序的中止；

（三）拟重开3人庭所裁决的案件（A motion to reopen a case）；

（四）诉讼程序的恢复；

（五）关于诉讼终止后发生诉讼费用的返还请求；

（六）特定情形下针对执行行政法院裁决的申请所提出的抗辩；

（七）如果案件的法律问题非常简单，或者该类法律问题已为以前的判决所澄清，在审判长或主审员的要求下就此类案件进行的裁决。

在 3 人庭讨论上述案件的过程中，认为所讨论问题应该交由 5 人合议庭处理的，应当由 5 人合议庭继续审理该案。5 人合议庭恢复审理后，在此前其曾经对该案所进行的讨论依然有效。

遇到一些特殊的比较复杂的案件，奥地利行政法院法规定，必须在 5 人合议庭的基础上再增加 4 个以上的新成员，组成大合议庭（又称 9 人庭）共同审理。所谓的特殊案件主要是：

（一）如果该案的判决有可能和行政法院的以前判决相背离；

（二）如果拟裁决的法律问题行政法院已有判决，但与以前的判决相互之间有冲突。

同时，行政法院法明确规定，不能仅因为费用补偿问题而设立大合议庭。

四、主审法官

主审法官由行政法院院长任命。当一个案件按照业务分配规程被分配给一个可以胜任该案审理工作的合议庭后，院长也就同时任命该合议庭一名成员担任主审法官。如果由于案件需要，合议庭成员得到增补，建立了大合议庭的话，法院院长还要任命第二主审、甚至第三主审作为共同主审。主审法官主要负责处理如下事务：

（一）审前准备阶段有关诉讼事宜的处理；

（二）为判决作好准备工作；

（三）与法律援助有关的决定与命令；

（四）诉讼期限的延长。

主审法官就上述事项作出决定，无需合议庭同意。主审法官可以由受过法律教育的法官助理来协助工作。主审法官只有在因故不能亲自完成工作时，才可以由他人接替。

五、全体会议、合议庭的合议与表决

行政法院全体会议和合议庭的讨论和表决程序是不公开的。合议庭的讨论和表决程序由审判长主持。首先由主审法官投票，如果有共同主审法官的话，依次为第二、第三共同主审法官。合议庭审判长在表决程序中的地位和其他合议庭成员的地位相同，他在最后投票。在职时间长者比在职时间短者先投票，不允许任何人就讨论问题拒绝投票，即便是在待裁决问题上他的意见是少数也不得拒绝。

行政法院法规定，如果法律没有另行规定，在全体会议和合议庭讨论的问题，一种意见得到半数以上的赞成票方能通过。如果没有一种意见能获得法定票数，应当重新进行表决；重新表决时，如果有必要，可以将所讨论的问题分割成几个小问题，分别进行表决；如果投票数形成平局，主持人的投票便为决定票。

六、法院书记办公室

行政法院设有一个法院书记办公室，负责登记行政法院的判决，必要时也登记最高法院的判决和相关文献。书记办公室由主任负责管理，他由行政法院院长从行政法院成员中任命。书记办公室主任负责监督法院新判决与以前判决保持一致，任何裁决如果和法院以前的判决相背离，办公室主任都应向院长汇报。每年年终，行政法院都应准备一份工作总结报告，呈报联邦总理。该工作总结报告由书记办公室负责起草。

第五题　奥地利行政法院成员任聘与管理

一、行政法院的主要职位与等级

奥地利行政法院设有一名院长，一名副院长和必要数目的其他成员（包括参议院主席和顾问）。行政法院院长、副院长以及其他成员，均由联邦总统根据联邦政府的建议任命。除法院院长和副院长的任命外，联邦政府根据法院院长提出的由行政法院全体会议决定的名单向联邦总统提出推荐，每一职位都必须推荐三名候选人。如果院长、副院长或者参议院主席和顾问中的任意一个职位发生空缺，都必须在维也纳的官方公报和专门用于发布政府公告的媒体上发布公告，以便广泛招聘新的人员。院长和副院长的聘任由联邦总理负责，参议院主席和法院顾问的任命由行政法院院长在联邦总理的协调下任命。①

行政法院的法官分为以下几个等级：

（一）院长（The president）；

（二）副院长（The vice president）；

（三）审判长（仅在任职期间）；

（四）任职期间的法院顾问。

如果不能根据上列顺序确定具体的等级的话，则在考虑下列因素的情况下加以确定：

（一）作为法院顾问的审判长；

（二）年龄。

二、任职条件

奥地利宪法对行政法院成员的任职条件也作了明确规定。它要求行政法院的所有成员必须具备修完法学和政治学课程的学历，并且担任要求上述学历的专业职务至少满 10 年。至少有 1/3 的成员必须具备担任司法职务的资格；至少 1/4 的成员应从州行政机构的专职官员中选拔任命。

另外奥地利宪法对于行政法院的成员的任职条件还作了禁止性规定：联邦政府、州政府或普遍性代表机构的成员均不得担任行政法院成员；按照法定任期当选的普遍性代表机构的成员，即使提前放弃委托（辞职），在法定任期届满以前不得兼任的限制仍继续有效；凡在最近 4 年内曾在联邦政府、州政府或普遍性代表机构任职的人员，均不得被任命为行政法院院长或副院长。

三、对成员的保护与管理

为确保法官切实地、独立地履行法定职责，奥地利在宪法和行政

---

① 参见奥地利《宪法》第 134 条和奥地利《行政法院法》第 1 条。该《宪法》汉译本参见姜世林主编：《世界宪法全书》，青岛出版社 1997 年版，第 709 页以下。但需要说明的是，奥地利《宪法》在 1988 年又作了修改，本文引用的宪法内容，除了参照《世界宪法全书》的汉译本外，主要还参照了修订后的英文本。本文引用的奥地利《行政法院法》为 1985 年制定的英文本。

法院法中确立了相应的对行政法院成员进行有效法律保护的制度。宪法规定，行政法院的所有成员均为根据专业资格聘任的法官。除非根据正式的司法决议并按照法定情况和法定手续，不得免除法官职务或者违反本人意愿调任其他职务或辞退。只有因法院组织结构的改变而使调离和辞退成为必要，方可以在法律规定的期限内，可以不需要其他规定的手续调离或辞退法官。依法委任的行政法院成员，凡年满65岁的一律在当年12月31日永久退休。如果根据奥地利宪法第134条关于职业禁止的规定，行政法院法官离职的话，他们的行政法院成员资格依然予以保留，并按最后支付给该法官的工资额支付工资。在此期间，工资和福利待遇也会相应地予以增加。

行政法院的成员必须依照法律规定独立行使法律职责。执业之前，他们要庄严地宣誓：无条件地遵守奥地利共和国的法律，并勤勉地履行他们的职责。院长和副院长的宣誓仪式在总统府举行，他们必须面对联邦总统及其他所有联邦政府成员宣誓。开庭审理和宣布判决时，行政法院的成员要穿上法袍，具体要求与最高法院的要求相同，但法袍的颜色不一样。行政法院法官的法袍是紫色的，而最高法院的法袍是紫罗兰色的。

上到院长下到一般法院成员有事必须履行请假手续。院长请假由联邦总理批准，法院其他成员请假由院长批准，但如果假期超过两个月，则应征得联邦总理的同意。行政法院对其法官业务的管理，采用最高法院的法官业务管理规则，除非法律另有规定。对行政法院的成员进行惩戒，或者勒令他们非自愿地退休，都应当遵守该规则。当然，如果该规定是专门针对法官的，则另当别论。法院全员大会是其惩戒法庭。检察长有责任对该惩戒过程进行监督，就如同他在最高法院的惩戒程序中所享有的监督权力一样。辞退行政法院成员的惩处只有在惩戒法庭上获得至少2/3的多数票时才能实施。

第六题 奥地利行政法院受理案件的范围

一、概述

奥地利宪法第129条规定，在维也纳设立行政法院的目的在于保障全国公共行政的合法性。对此，《行政法院法》第6条作了重述："行政法院应促使行政机关，于其做成行政处分时，遵守程序之重要形式。"为了使行政法院有效地实现这一目的，奥地利宪法采取概括规定、列举规定和禁止规定三种方式界定了行政法院的受案范围。

二、可受理的案件范围

概括地讲，奥地利行政法院受理所有对行政机关的违法裁定与越权行为所提出的指控。具体包括：①

（一）指控行政机关的裁决违法；

（二）指控行政机关不履行法定职责；

（三）教育局对侵犯（教育）委员会职权的指控。②

三、不得受理的案件范围

行政法院不得受理下列事项：③

（一）属于宪法法院管辖范围的事项；

---

① 需要说明的是，奥地利1929年宪法第130条规定的受案范围为："行政法院受理对行政机构的违法裁定与越权行为所提出的指控并作出裁决。行政法院还受理对第81条（甲）所说明的指令提出的指控并作出裁决。"1975年该条修改为："甲、指控行政机关的裁定违法；乙、对任何个人行使直接长官命令或强制权力的违法行为；丙、侵犯行政机关作决定的职责。此外行政法院还审理第81条（甲）第4款所说明的指控。"参见姜世林主编：《世界宪法全书》，青岛出版社1997年版，第709页以下。后来该宪法被多次修订，这里所引奥地利现行宪法第130条的规定。

② 奥地利宪法第130条规定：行政法院还受理第81条（甲）第4款所说明的指控。该宪法第81条（甲）第4款规定，"凡属于（教育）委员会职权范围的事项，不得颁布指令（第20条第1款），但上述规定不适用于这类指令：因违法而禁止执行委员会决议，或命令撤销委员会所颁布的命令。此类指令必须提供充分的法律根据。此类指令所涉及的教育局，可以根据委员会的决议，并依照第129条以下各条的规定，立即向行政法院起诉"。前条中所引宪法第20条第1款规定："在联邦和州的最高机关指导下，选举产生的有一定任期的机关，或被任命的专业机关，根据法律规定实施行政管理。除宪法另有规定者外，它们受各自上级机关的指令的约束，并且就执行职务时的活动对上级机关负责。凡不是主管机关发布的指令，或者其后果将会违反刑法规定的，下级机关有权拒绝执行。"

③ 参见奥地利联邦宪法第133条。

（二）涉及专利权的事项；

（三）最高决定权属于联合机构的事项，即如果根据对此等机构的组织作出规定的联邦法律或州法律的规定，联合机构的组成人员中至少有一名是法官，而其他成员在履行职务时，不受任何命令约束，并且，此等机构的裁定不受行政程序中的撤销或更改，以及不顾上述前提向行政法院提出的指控并没有被明确宣布为可以受理。

第七题　奥利地行政法院的诉讼程序

奥地利行政法院的诉讼程序主要包括起诉、立案审查程序、预审程序、庭审程序（言词辩论程序）和判决等几个阶段。

一、起诉

有资格提起行政诉讼的一般是其合法权利因行政机关的行政裁决或者因行政机关不作为而使其合法权利受到侵害或者可能受到侵害的行政相对人，但特定的行政机关也可以在法律规定的条件下，提起行政诉讼。从现有的法律规定看，可提起行政诉讼的行政机关主要是教育局。依据奥地利宪法第 81 条（甲）第 4 款的规定，教育局委员会土管范围内的事项，其他行政机关不得颁布指令，如果行政机关违反这一规定，该指令涉及的教育局，可以根据教育局委员会的决议，提起行政诉讼。（我们的理解，在这种情况下，教育局委员会依然是一个行政机关，并不是以一个行政相对人的身份提起行政诉讼。）另外，如果某人的合法权利会受到行政诉讼结果的影响，也可以参加到行政诉讼中来，成为行政诉讼的当事人。作为行政法院，如果发现案件涉及第三人，即便在原告的诉状中没有列明，也必须通知他们参加到诉讼中来，以便使他们有机会维护其权利。

起诉状一般要求应当写明：

（1）案件争议的行政裁决；

（2）作出争议行政裁决的行政机关；

（3）案件的事实；

（4）主张的受到侵害的权利；

（5）行政行为违法的理由；

（6）有关证明在法定期限内起诉的信息。

如果是行政不作为之诉或者是教育局依据宪法第 81 条所提起的诉讼，起诉状的内容要作相应的调整。

奥地利实行“律师签署”制度，即起诉状、重开案件申请书、恢复法律地位申请书，应当由律师签署，租税案件则由会计师签署。但有些案件则属例外，它们是：

（1）该起诉是由联邦政府、某州政府、有自己代理人的城市、基金组织、地方公共机关管理的或者由他们委托的人管理的机构提起的；

（2）该诉讼是涉及熟悉法律知识的在职或退休的公务人员雇佣合同法律事宜，或涉及联邦机关、某州政府、某城市或自治机构用人合同事宜。

起诉必须在法定的期限内提起，方为有效。根据宪法第 131 条和第 81a 条第 4 款的规定，针对行政机关裁决提起诉讼的期限是 6 周。在行政机关送达该行政裁决之前，如果行政相对人知道了行政裁决的内容，就可以视为已经送达并允许他提起诉讼。法定的起诉期限可以因当事人申请法律援助等法定情节而中断，法定中断情节结束后，起诉期限重新起算。比如，当事人申请法律援助，则该申请人的起诉期间从任命承担法律援助的律师的通知送达给申请人之日起算；如果在诉讼期间内提出的法律援助请求被驳回，起诉期间从驳回请求裁定送达给申请人之日起算。

提起行政诉讼，必先穷尽行政救济程序，即在提起行政诉讼之前，必须已经经过了行政诉愿程序和经过独立行政裁判庭处理。当然，如果行政机关（包括独立行政裁判庭）违反法定义务，不作出行政裁决，在行政程序中有资格请求行政机关（包括独立行政裁判庭）履行行政裁决职责的当事人，可以向法院起诉；但如果是请求行政法院判决行政机关作出行政处罚决定的申请或起诉，行政法院不予受理。为了使行政机关尽快作出行政决定，行政法院法第 27 条第 1 款规定，关于行政不作为之诉只有在下列情况下提出：

（1）申请人已经在行政程序中，通过申请行政申诉或通过申请职权移转，向可以请求的最高行政机关提出过请求，但最高行政机关在法定的期限内未予裁决；

（2）申请人在穷尽行政救济程序后，通过申诉或者通过申请职权移转，请求独立行政裁判庭裁决，但独立行政裁判庭在法定期限内未予裁决。

按照行政法院法第 27 条的规定，上述所言法定期限一般为 6 个月，如果法律对一些特殊的行政行为另有规定，就按该特别规定执行。

起诉状由原告直接送交给行政法院。起诉状及其附件要求附复印件。所提交的复印件份数应足够行政法院存档和送交给每位相关的当事人。如果附件比较多，还要求分开袋装呈交。

二、当事人的主要诉讼权利及其制度保障

（一）委托代理

当事人可以在行政法院亲自参加诉讼，处理诉讼事宜，也可以聘请律师（但只能是律师）代理；对于涉及税收以及税务处罚的案件，当事人还可以聘请会计师为其代理人。联邦政府、州政府、基金会等可以由联邦律师协会办公室代理，也可以由能胜任该事务的联邦政府机构代理。只有在联邦政府、州政府或联邦政府机关自身没有参加诉讼时，联邦律师办公室或联邦内政部可以为非联邦政府的法律实体代理。在有代理人的情况下，代理人可以发表诉讼意见，当事人自己也可以发表意见。这些因律师介入而产生的律师费用，由当事人自己负担，只有胜诉方可以向另一方请求支付文印费及言词辩论补偿费。

（二）档案查阅

当事人可以在行政法院查阅关涉他们诉讼的诉讼文件，也可以复印该文件。对于档案内已经有的为法院所搜集的文件材料，当事人也可以查阅复印。但行政法院的裁判底稿以及讨论案件和投票表决的会议记录不得查阅和复印，这一点和我国的制度相同。

当然，上述当事人的权利在一定情况下，也会受到限制。在给行政法院呈送案卷资料的过程中，出于公共利益的考虑，行政当局可以要求某些文件或文件的某些部分不予查阅和复印。如果主审法官认为该要求过于严格，他有权应当就该疑问听取行政机关的意见，必要时，可以由合议庭讨论决定。然而，如果行政法院认为行政当局根据可适用的法律规定有权力排除当事人在行政诉讼程序中查阅该文件或

该文件的某些部分，未经该行政当局同意，行政法院不得允许当事人查阅或复制该文件或该文件的某些部分。

（三）中止执行的申请

当事人提起行政诉讼，并不必然地可以使原行政裁决中止执行，也就是说，提起行政诉讼行为本身不具有中止执行效力或者所谓的“悬置效力”。然而，如果执行会损害法定的公共利益，行政法院可以根据申请人的要求，作出中止执行的法庭命令。尤其是，考虑到政府给第三人颁发的许可，可能会给申请人造成不当的或难以弥补的损失时，更是这样。从这个角度讲，请求法院命令原行政裁决的中止执行也是当事人的一项权利。如果原行政裁决的执行会影响第三人的利益，申请中止执行的理由只需向法院陈述就可以了，行政法院可以借此理由作出中止执行的决定。上述决定，一旦作出即应送达当事人。送达后，即发生效力：行政机关应停止执行，许可证持有人也不得实施所许可的行为。

中止执行的法院命令，在情势发生显著变化后，可以根据当事人的要求重新考虑并予以变更。

（四）回避

当事人享有申请回避的权利，相应地，依法回避就是法院法官的义务。根据行政法院法第 31 条的规定，在可能导致偏见发生时，法官和书记员应自行回避，退出以前的职位。当事人可以基于以下理由提出回避申请：

1. 如果案件涉及他本人、配偶、直系血亲和姻亲、兄弟姐妹、兄弟姐妹的子女或者配偶以及其他有密切关系的人；

2. 案件的当事人是养父母、养子女，或是涉案的当事人的监护人或者与其有监护关系；

3. 法官或书记员是该案件一方当事人的代理人或被任命为该案件一方当事人的代理人；

4. 法官或书记员如果在该案进入行政诉讼之前就涉足该案；

5. 其他影响公正审理的情形。

上述情形当然也是法官和书记员自行回避的法定情形。当事人申请回避，最迟应在庭审开始前提出。如果回避申请是根据“其他影响公正审理的情形”提出的，就必须说明理由并提供相应的证据予以证明。关于回避申请的审查与决定权属于负责审理该案的合议庭。合议庭在讨论时被质疑的法官和书记员不得参加。如果合议庭的表决意见持平，根据审判长的意见决定。如果审判长或合议庭的数名成员受到质疑，以致审议人数不足3人，院长应当将审议回避申请的事宜分配给其他合议庭来处理。如果回避申请的理由成立，院长应当任命替补成员参加合议庭审理该案。

三、受案、撤诉与驳回起诉

在诉讼的任何阶段，法院对已经受理的诉讼案件，在经过不公开的讯问后，如果认为起诉是与法律问题无关的，都可以宣布起诉是与法律问题无关的并停止诉讼。

撤诉有两种情况，一种是原告主动撤回诉讼；另一种为“拟制”撤诉。在诉讼的任何阶段，如果原告撤诉，法院都可以根据其申请而停止诉讼。需要特别说明的是，奥地利虽然属于大陆法系，是一个成文法国家。但在行政诉讼中，判例有着特殊的法律约束力。如果起诉状中所依据的法律观点与行政法院的判例相矛盾，主审法官在审判长的同意下可以要求原告在给定的期限内参考行政法院相关判例或命令对起诉状进行修改和补充，说明他认为行政法院判例的法律意见不正确的理由。如果逾期不做补正说明，就会被按撤诉处理。

如果起诉是针对独立行政裁判庭的裁决提起的，或者是针对联邦采购局（The Federal Procurement Authority）的裁决提起的，而独立行政裁判庭的裁决和联邦采购局的裁决涉及的问题不具有明显的法律意义，尤其是，当起诉偏离了行政法院以前的惯例，或者行政法院对该问题尚没有以一贯之地处理过，则行政法院可以通过命令的方式将该起诉予以驳回。在行政处罚程序中，如果行政罚款不超过750欧元，行政法院也可以按照这一程序处理。

在超过诉讼期限，行政法院无管辖权等情况下，行政法院也可以直接以命令的方式驳回诉讼，而不需要经过其他程序。即便是原告的起诉没有超过诉讼期限，行政法院对该案也享有管辖权，但因为诉状存在瑕疵，即存在与行政法院判例相抵触以外的其他情形，法院要求原告修改诉状，但在给定的期限内没有按要求对诉状进行修补，或者超过修补期限修补，行政法院可以按照撤诉处理，驳回起诉。奥地利行政法院法对诉状修补的规定，比较宽松。只要符合修正的要求，原告修正诉状可以自由进行，甚至可以废弃原来的诉状提交一份新的。裁定驳回起诉的命令可以在诉讼的任何一个阶段作出。

四、预审程序

预审程序是正式庭审程序的准备阶段。但不是所有的案件都必须进入预审程序，有两类案件可不经预审程序而予以处理：第一，如果诉状中没有写明违法的具体内容，可因其无审理价值，不必进一步审理，直接裁定驳回；第二，如果诉争的行政裁决中已经表明诉状所声明的违法行为确实存在，而且无第三人参加诉讼或作为被告的行政机关在法院给定的合理期限内没有提交证明该违法行为不存在的证据及理由，该行政裁决可不经进一步庭审而被宣布无效或撤销。除此两类情形，其他任何适于听证的案件，都应当及时做好准备，安排进入正式审理程序。

预审程序的首要工作是送达起诉状和通知答辩，即将正式的诉状复印件以及作为证据出示的文件送达给相应的行政机关和涉案的第三人；在给作为被告的行政机关和有关第三人送达诉讼文书的同时，应当在文书中明确要求他们在 8 周内作出书面答辩。同时应通知作为被告的行政机关提交在行政程序阶段建立的档案。

对于行政不作为之诉，在送达起诉状时，奥地利行政法院法第 36 条第 2 款规定，应通知相应的行政机关最长在 3 个月内作出行政决定并将该行政裁决的副本提交给行政法院，或者向行政法院说明其没有作出行政决定的行为不违法的理由。如果行政机关由于提供涉案事实证据方面的原因不能在该期限内作出裁决，行政法院可以将该期限延长一次。如果在行政诉讼的主要程序启动之前，行政裁决已经作出，则进一步的诉讼程序可以予以终止。

如果在一个涉及联邦行政事务的案件中，被诉行政机关不是联邦政府大臣，或者在一个涉及州政府行政事务的案件中，被诉行政机关不是州政府，行政法院在送达前述诉讼文书的同时，给联邦政府负责的大臣和州政府也要送达一份，并通知他们提出答辩的期限。

在接到被告人和第三人的答辩状后，行政法院要及时地将答辩状及其附件送给原告。行政法院法规定，在任何案件中，最迟在送达庭审通知的同时要将答辩状送达给原告。

如果在行政程序的案卷中，反映出争讼的行政裁决所依据的法律见解与行政法院以前的判决相矛盾，但在行政裁决、答辩状中没有就其认为该行政法院判例错误的理由进行说明的，行政法院的主审法官可以就该判例和决定要求被诉行政机关和涉案第三人在给定的合理期限内另行提交说明理由书。

对于行政不作为之诉，如果被告行政机关作出了书面答辩，行政法院应将答辩状送达原告，通知原告最长在6周内对行政机关的答辩作出反答辩。如果原告在该期限内未予答辩，将视为撤诉。原告适时作出反答辩的，反答辩状应送达给相应的被告和涉案的第三人。对于行政不作为之诉，行政法院有权力安排必要的调查程序对涉案的事实进行调查。

如果当事人在行政机关尚未送达行政裁决之前就提起行政诉讼，而把关于行政裁决违法的理由陈述保留到了诉后基本程序中，行政法院应当先将包括附件在内的起诉状送达给被告，并通知原告可以到被告处查阅和复印有关文档。同时要求原告最长在6周内就行政裁决违法的理由予以补正；如果原告逾期不补，则按撤诉处理。如果原告在正当期限内就诉讼理由予以补正的，诉讼程序就正常进行。

行政法院还可以要求当事人在适当的期限内就案件作进一步的书面陈述和答辩，当事人也有权利主动地就案件作进一步的书面陈述和答辩。

为了便捷诉讼，行政法院法第38a条规定，对于奥地利宪法第131条第1款规定的“在上诉程序结束后，声称其权利受到侵害的”案件，如果案件数量大，或者有理由认为大量的此类案件将会发生，行政法院可以发布处理此类案件的法院规则，法院规则应包括：

（1）该程序可适用的法律规定；

（2）基于该法律规定拟解决的法律问题；

（2）行政法院审理的案件种类。

法院规则中可引用的法律包括依宪法批准的国际条约，修订法律的条约。法院规则可通过联邦和州的最高行政主管机关公布，联邦和州的最高行政主管机关有义务立即公布行政法院的法院规则。

五、庭审程序（言词辩论程序）

庭审程序又称言词辩论程序，指审前准备程序结束后，在法定情形下，由行政法院主持，在各方当事人参与下，对案件相关问题进行公开辩论的程序。并不是所有的案件都进入庭审程序，按照行政法院法第 39 条第 1 项的规定，仅在下列情况下进行言词辩论审理：

（1）原告在起诉状中提出申请的；

（2）被告或其他诉讼参加人在答辩状中提出申请的；

（3）主审法官或审判长认为必要的；

（4）合议庭裁定举行的。

不论当事人是否提出申请，在下列情况下，都不举行庭审程序：

（1）经过不公开的询问，行政法院依据行政法院法第 33 条的规定认为申诉与法律问题无关而裁决终止诉讼，或者依据第 34 条规定认为起诉超过起诉期间、抵触既判力、欠缺正当起诉权或法院显然没有管辖权而应当驳回诉讼的；

（2）因行政机关没有管辖权的；

（3）行政裁决违反法定程序规定，按照以前的判决判断应当撤销的；

（4）行政裁决内容违法，按照以前的判决判断应当撤销的；

（5）作为被告的行政机关及第三人没有提交答辩状，行政裁决因此被撤销的；

（6）从诉状及行政机关的卷宗可以得知，言词辩论对更进一步了解诉讼事实没有帮助，而且不举行公开听证与欧洲人权公约第 6 条第 1 项不相抵触的。

如果案件已经在 5 人庭举行了庭审程序，但根据行政法院法第 13 条的规定，增加了合议庭的人员，组成大合议庭时，只有在大合议庭作出决定的情况下才可以重新举行庭审程序。

庭审的召开由审判长决定。庭审程序进行前，应当通知所有的当事人出席。当然，如果某一当事人拒不出席庭审程序，也不影响庭审程序的正常进行。合议庭成员必须参加庭审。庭审程序一般应公开进行，但出于道德、人格尊严或者公共秩序的考虑，合议庭可决定不公开进行。庭审不公开进行时，当事人各方有权利要求 3 名至亲参加诉讼。

庭审程序由审判长支持，并负责庭审程序的维持。首先由主审法官报告，然后由审判长依职权指挥讨论，尽量使所有争议的问题能够得到详尽讨论。其他合议庭成员也可以就相关问题提问。

对于庭审指令的不同意见，以及在庭审中提出的一些问题，按照法院规则以法院令进行裁决。庭审中，必须制作庭审笔录，庭审笔录应当包括合议庭成员的姓名、笔录制作人的姓名、当事人及其顾问的姓名、庭审的主要内容、特别是当事人的主要观点，最后审判长和书记员应当在笔录上签名。

庭审只有在具备特别重要的理由时，才可以延期；在庭审过程中，庭审的延期由合议庭决定，其他情况下，由审判长决定。

六、审理与判决

根据行政法院法第 41 条第 1 款的规定，如果行政裁决不是因为行政机关超越职权范围或者违反法定程序而违法，行政法院就应当以行政机关认定的案件事实为基础对系争行政裁决进行司法审查，审查的范围应当局限于当事人在行政程序中上诉的范围或者在行政诉讼中主张的范围内。因此，行政法院采取的是法律审。

除非法律另有规定，行政法院必须对所有的案件作出判决。除了对于行政不作为之诉，对于其他诉讼，行政法院要么以原告理由不足驳回起诉，要么撤销系争的行政裁决。下列情况下，系争行政裁决可以被撤销。

1. 行政裁决的内容违法；

2. 作为被告的行政机关没有管辖权；

3. 行政裁决的程序违法，主要为：

（1）行政机关主张的案件基本事实与卷宗中的记载相矛盾；

（2）案件的基本事实有必要予以修正；

（3）行政机关没有考虑程序规则，而如果这些程序规则得到遵守的话，它们可能会得出不同的行政决定。

一旦行政裁决被撤销，案件恢复到初始状态，就如同该行政裁决不曾作出一样。

对于行政不作为之诉，行政法院可以首先就一些相关的法律问题作出裁决，要求不作为的行政机关在给定的期限内（一般不超过8周）根据行政机关的法律见解作出行政裁决。如果行政机关不服从行政法院的命令，行政法院可以根据诉讼请求和案件属性，作出判决；在这种情况下，行政法院可以站在行政机关的立场上，对案件行使裁量权。当然，要求行政机关在给定期限内作出行政裁决，并不是必经的程序，行政法院也可以径直判决。

判决作出后，要以奥地利共和国的名义公开宣判和发布。判决要说明理由，如果案件涉及的法律问题根据行政法院以前的判决是清楚的，在判决中作一说明就足够了。判决书的原件由审判长和卷宗保管人签名，判决书的复印件应经核对与原件保持一致。如果各方当事人都出席了庭审程序，一般情况下，审判长应当立即宣读判决，包括判决的主要理由。如果有些当事人在宣读判决前离开法庭，或者对于案件的讨论要延期举行，判决就应当以书面的形式分别送达相关当事人。当然，在当事人在场且口头宣读判决的情况下，也应当给当事人送达书面的判决文书。对于判决书中明显的由于疏忽大意造成的打印错误、计算错误或者其他错误，行政法院可以随时以职权予以纠正。与个人隐私有关的资料（比如个人状况、家庭生活、课税资料等），在保护当事人正当利益的所必需程度内及在不影响对于判决的理解的前提下，在判决中可以不予写入。此类问题，由合议庭来决定。

第八题　奥地利行政法院制度的改革与简单评述

一、奥地利行政法院改革的趋势

前面已经述及，奥地利虽然是一个联邦制国家，但全国却只设立了一个行政法院，实行一审终审制。这样一来，行政法院不堪重负，为了减轻负担，不少人倡导进行改革。改革的方案是：在各州设立第一审行政法院；各州行政法院，只能撤销行政裁决，但不能代替行政机关作出裁决；对州法院的判决不服可以上诉至联邦行政法院；行政法院只能进行法律审。由于州行政法院的设立，涉及宪法的修改，但宪法的修改还没有完成。在这种情况下，奥地利2001年通过了行政改革法，扩大了独立行政裁判庭的管辖权，使独立行政裁判庭更多地承担了行政审判的职能，从而使独立行政裁判庭更加具有过渡的性质。有学者将其称之为“宁静的革命”。2001 年奥地利行政法院的年度工作报告再次提出对行政法院进行结构改造，建立具有完全“事实审查”权限的“第一审行政法院”，将现在的行政法院改造为具有完全“拒绝权限”的“法律审上诉法院”，以充分发挥行政法院身为最高法院的功能。

二、值得借鉴之处

奥地利国家与我国的国情有较大的差异，在对该国的历史、政治文化和法律制度缺乏全面了解的情况下，要对其行政法院制度进行公允的评价，确实很困难。简单地说来，以下几个方面是值得我们借鉴的：

（一）受案范围的规定，采用概括规定加反面排除的方式，有利于更好地明确行政诉讼的受案范围。

（二）规定了“行政机关裁决违法确认诉讼”，即规定：当普通法院审理的关于公务人员职务责任请求权案件与行政机关裁决的违法性有关联，而普通法院对其合法性有异议时，普通法院停止诉讼程序，申请行政法院对该行政裁决进行审查，较好地处理了普通法院与行政法院之间的关系，此类问题在我国法院民事案件的审理中，可以借鉴。

（三）有限的公开言词辩论制度，有利于节约诉讼资源。行政诉讼公开审理有利于遏制司法恣意，更好地保护当事人合法权利，但是否意味着所有的案件都必须公开审理有进一步思考的余地。奥地利有六种案件不进行公开言词辩论审理：

1. 经过不公开的询问，行政法院依据行政法院法第 33 条的规定认为申诉与法律问题无关而裁决终止诉讼，或者依据第 34 条规定认为起诉超过起诉期间、抵触既判力、欠缺正当起诉权或法院显然没有管辖权而应当驳回诉讼的；

2. 因行政机关没有管辖权的；

3. 行政裁决违反法定程序规定，按照以前的判决判断应当撤销的；

4. 行政裁决内容违法，按照以前的判决判断应当撤销的；

5. 作为被告的行政机关及第三人没有提交答辩状，行政裁决因此被撤销的；

6. 从诉状及行政机关的卷宗可以得知，言词辩论对更进一步了解诉讼事实没有帮助，而且不举行公开听证与欧洲人权公约第6条第1项不相抵触的。

当然，我国的行政诉讼是否采取这种有限的公开言词辩论，还需考虑我国的实际情况。但上述第1种、第2种、第5种情形应该可以采取直接书面审理的方式判决，至于第3种、第4种情形，由于我国司法判决不具有法源的地位，所以，自然不适合于我国的国情。第6种情形，从我国的法治实际情况看，应当开庭公开审理，以确保判决的公正性。

（四）关于促成行政机关自行裁决制度。前述奥地利行政法院在实务上对于请求行政机关履行义务的诉讼，首先采取命令的方式，促成作为被告的行政机关在3个月内作出裁决，满足法律规定的条件，还可以延长一次。① 通过这样的方式，大量此类案件都由行政机关自行作出裁决，大大减轻了法院裁判的负担。

（五）关于行政法院代替行政机关裁决。在请求履行行政义务之诉（请求做成裁决之诉或行政不作为之诉）中，如果行政机关无视法院的命令，则行政法院在就此案作出判决时，可以代替行政机关行使裁量权。尤其是，当行政法院判决行政机关最多在8周内，依照行政法院的法律意见作出裁决，而行政机关没有在期限内作出，行政法院就可以代替该行政机关，自己作出裁决。这一点在我国的行政诉讼制度改革中也可以借鉴。

三、不足之处

奥地利行政法院制度，也存在一些弊端，受到奥地利国内外学者和司法工作者的批评。比如，全国只有一级唯一的行政法院，当事人对判决即使不服，也没有上诉的程序，这对当事人的诉权保护不够；行政法院的负担也太重。但这些问题，并不是我们介绍奥地利行政法院制度的主要目的，所以这里不再妄加评论。值得注意的是，奥地利国内对其行政法院制度所存在的问题，已有很多反省，并在制度上不

---

① 参见奥地利《行政法院法》第36条第2项。

断革新，以补不足。其中最值得了解的就是前文已经多次提到的独立行政裁判庭。尽管本书所研究的“行政法院”，限指不仅在于实质内容上以审理行政案件为己任，而且在名义上也被称为“行政法院”的组织；普通法院中的行政法庭、不被称为“行政法院”的行政性专门法院（如参议院、税务法院等）不属于本章研究范围，但由于独立行政裁判庭在奥地利司法制度中所具有的独特地位和独特属性，本章将对其作一些简单的介绍附在文尾，以方便想对此有所了解的读者。

附：奥地利独立行政裁判庭简介

一、独立行政裁判庭的建立

独立行政裁判庭的德文为“Unabhängige Verwaltungssenate”，简称 UVS。奥地利的独立行政裁判庭建立于 1991 年，它的建立基于两个原因：首先，与《欧洲人权公约》有关。该公约第 6 条第 1 项规定：“有关行政罚案件，及关于民事请求权或义务的行政程序，也应该公开地在相当期限内，由独立而且中立的法庭判决，此判决必须公开宣示。”公约第 5 条第 1 项规定：“任何因逮捕或拘禁，而自由受到剥夺的人，有权请求法庭，就拘禁合法性做成裁判，并在违法时释放。”这些对于人权的程序性保护，奥地利行政法院没有充分地履行。

其次，是为了减轻行政法院的负担。奥地利只设立了一个联邦行政法院，随着社会的发展，行政案件越来越多，行政法院难以应付。由于上述原因，在 1989 年修正宪法时规定，各州建立独立行政裁判庭，该修正案自 1991 年 1 月 1 日生效。

二、独立行政裁判庭产生与存在的宪法和法律依据

独立行政裁判庭产生的宪法依据是奥地利联邦宪法第 129 条。该条规定，独立行政裁判庭及行政法院，保障全国公共行政的合法性，其权限和其成员的职务，由州法律加以规定，其程序由联邦法律规范（见第 129 条第 2 款第 6 项）。但截至目前，联邦并没有按照宪法的规

定，单独制定程序法律，而是在一般行政程序法第 67 条第 1 款至第 67 条第 8 款、行政处罚法第 51 条中加以规定。各州则自行制定法律，规定独立行政裁判庭的组织和其成员的职权。

三、受理案件的范围

依据奥地利联邦宪法第 129 条之一第 1 项的规定，下列情形，在穷尽行政层次的救济途径后，由独立行政裁判庭裁决（联邦宪法第 129 条之一第 1 项）：

（一）不服行政处罚的，但联邦财务处罚事件除外；

（二）认为权利受到行政官员直接行政命令及即时强制所侵害的，但联邦财务处罚事件除外；

（三）其他规范个别行政领域的联邦或州法律所规定的案件；

（四）对在第 1 款有关私人追诉的案件，与州法律上租税处罚事件，及第 3 款事件中违反裁决义务不服的。

实践中，独立行政裁判庭受理的案件，90% 是行政处罚事件。另外，第 3 项规定的由立法决定的事项，包括州法和联邦法。2001 年 8 月 1 日公布的行政改革法，就增加了 20 多种管辖。可见，独立行政裁判庭所管辖的案件会越来越广。

四、独立行政裁判庭的程序与手段

前述独立行政裁判庭管辖的四类案件，其中第 1 项“不服行政处罚的”及与其有关的请求做成裁决的案件，适用的程序为行政处罚法，其余的则适用一般行政程序法。① 下面选择比较重要的不同点分别予以介绍。

（一）一般行政程序法上的独立行政裁判庭程序

一般行政程序法规定的独立行政裁判庭的审理程序包括：提起诉

---

① 《奥地利行政程序法》（1991 年 1 月 1 日生效）第 67 条之一也作了规定，1. 独立行政评议庭会议裁决下列事项：（1）行政法规所规定诉愿事项；（2）当事人主张因行政官属之下命与强制力之直接行使，致其权利遭受异议。但与联邦有关财务法锾事项，不在此限。参见应松年主编：《外国行政程序法汇编》，中国法制出版社 2004 年版，第 121 页。

讼，公开言词审理，判决，宣判等四个阶段。其中公开言词审理程序是整个审理程序的核心，另外，其判决所坚持的“程序的直接性”也很值得关注。

1. 诉讼的提起

根据行政程序法第67条之三第1项的规定，起诉人自知道行政机关直接命令及即时强制执行时起，或者如果其起诉权的行使因此而受到妨碍的，在妨碍的事由消失起6个月内，向作出行政（处分）决定的行政区内的独立行政裁判庭提起诉讼。

申请书应当包括以下内容：

（1）表明不服的行政决定（或者行政处分）；

（2）在可能的范围内，说明作出所不服的行政决定的机关，并说明哪些机关具有可归责性；

（3）具体事实；

（4）主张行政决定违法的理由；

（5）申明要求将不服的行政决定宣告为违法；

（6）为了裁决的目的，如果有必要，应当说明异议是否及时提起的。

2. 公开言词审理程序

独立行政裁判庭工作程序的核心是公开言词审理程序。根据奥地利行政程序法第67条之四的规定，如果当事人提起的诉愿（或异议）没有被驳回，或者已无法根据诉讼卷宗明显地判断被声明不服的裁决应该予以废弃，或者被声明的不服的行政处分（即相当于我国的具体行政行为）应宣告违法时，应指定日期进行公开言词审理。如果全体当事人明确表示放弃言词审理时，言词审理可以不进行。当事人放弃言词审理的表示，可以在言词审理开始前作出。但如果独立行政裁判庭认为有必要的话，即便当事人已经作出了放弃的表示，仍然可以进行言词审理。言词审理程序的日期确定后，应通知当事人及其他应出席旁听的人，尤其应传唤证人与鉴定人。

根据行政程序法第67条之五的规定并根据该条之四进行推定，下列情况可不公开审理：

（1）基于善良风俗、公共秩序、国家安全的考虑；

（2）或者为了保护商业秘密以及保护少年或当事人的隐私；

（3）为了保障证人的安全；

（4）当事人的诉愿（或异议）被驳回；

（5）依据卷内资料，可以根据诉讼卷宗判断被声明不服的裁决应该予以废弃；

（6）可以根据诉讼卷宗明显地判断被声明的不服的行政处分（即相当于我国的具体行政行为）应宣告违法时。

3. 程序的直接性与判决

根据行政程序法第 67 条之六规定，言词审理程序如果已经开始，只能由亲自参与本案审理程序的独立行政裁判庭成员进行判决。如果合议庭成员的组合发生变动，应该重新进行审理。独立行政裁判庭合议庭的评议内容和表决，都不公开。判决和判决的重要理由，应根据审理做成；在可能的情形下，应该在审理程序终结后立即制作完成并宣判。

4. 宣判

判决应以书面做成，宣判一般应公开进行并应送达所有当事人。如果没有举行公开言词审理，并且在确保任何人都可以查阅裁决内容的情况下，可以不公开宣判。

（二）行政处罚法上的独立行政裁判庭的程序

由于独立行政裁判庭受理的案件中，90% 是行政处罚案件，所以行政处罚法所规定的独立行政裁判庭的审理程序也是独立行政裁判庭极为重要的组成部分。行政处罚法的程序属于行政程序，所以行政处罚法第 24 条前段便规定，除联邦法律另有规定外，一般行政程序法的规定适用于行政处罚程序；行政处罚法第 24 条后段列举了不适用于独立行政裁判庭的条文。因此，如果没有行政处罚法第 24 条后段的排除性规定，或者没有第 51 条之一到第 51 条之九的修正性条文的规定，则独立行政裁判庭对于行政处罚类案件的处理程序就和其他案件的处理程序没有区别。下面，主要介绍一下行政处罚类案件程序的特殊之处，主要依据为行政处罚法第 51 条之一到第 51 条之九。

1. 诉愿的提起

按照行政处罚法，向独立行政裁判庭寻求法律救济，称诉愿。和一般行政程序相比较有两处不同：一是起诉应向被告提出，而不是向行政独立评议会提出；二是可以口头提出起诉，由第一级官署制作笔录确定，而不必一定采用书面的方式。

2. 程序辩护人

受行政处罚的当事人符合一定条件的，如果经济困难无力负担辩护人费用，独立行政裁判庭根据行政司法的必要，可以根据其申请（或者书面或者口头），为他指定辩护人，免费为他提供法律援助。

3. 公开言词辩论

行政处罚法第 51 条之五第 1 项规定，一般必须进行公开言词审理，除非：

（1）申请或诉愿被不合法驳回；

（2）根据案卷情形，被请求撤销的行政裁决应撤销；

（3）移审申请，被不合法或无理由地驳回；

（4）程序法上的裁决，从案卷中可以查清，无法期待通过言词审理对案情获得更多的澄清，而不公开审理又不抵触欧洲人权公约第 6 条第 1 项；

（5）在诉讼程序上，仅主张对处罚行为进行法律上的判断；

（6）起诉只是针对罚款金额提起的；

（7）原行政处罚为不超过 500 欧元的罚款；

（8）起诉只是针对程序法上的裁决提起。

上述（1）至（4）为行政处罚法第 51 条之五第 2 项至第 4 项的规定，与一般程序法的规定相似；（5）至（8）为同条第 3 项的独有规定。

如果当事人请求放弃言词辩论，可以不进行公开言词审理程序（同条第 5 项）；但如果独立行政裁判庭认为有必要，仍然需要进行。进行言词辩论而传唤当事人，应给予至少两周时间的准备。言词辩论的进行，行政处罚法第 51 条之六作了规定，这是一般程序法所没有的。开始，首先由当事人朗读案由（当事人经合法传唤不到庭的，不影响审理地进行，也不影响做成判决）；其次，应当指明辩论对象，并说明目前的程序经过；第三，当事人表明意见，然后进行举证调查。

4. 调查程序

根据行政处罚法第 51 条之九规定，独立行政裁判庭可以依职权调查证据。调查程序有两个方面的规定比较严格。第一，如果按照公开言词审理程序审理案件，最后只能根据在言词辩论程序中出现的资料来判决；而卷宗资料，除了放弃言词辩论的以外，应当在言词辩论程序中朗读并接受讯（询）问，才能作为判决的斟酌的依据。第二，受行政处罚人或者证人的笔录、鉴定人的鉴定意见，只有在下列情况下，才能以朗读代替讯（询）问（行政处罚法第51条之七第3项）：

（1）因受处罚人、证人或鉴定人死亡、下落不明，或年老、疾病、体衰、处所太远无法亲自到场，或其他理由无法到场接受质询；

（2）言词辩论质询的结果，重要内容和以前的陈述不同；

（3）无权拒绝证言的证人或受处罚人，拒绝陈述；

（4）在场当事人的同意。

违反直接审理原则，所获得的证据，不能作为判决的依据；否则可依构成行政法院法第42条第2项第3款第3目规定的“重大程序瑕疵”，予以撤销。当事人拥有发问权，发问时间，由审判长决定；审判长可以驳回与发现事实无关的发问（行政处罚法第51条之七第2项)。另外，在调查中，应当提醒受处罚人对相关证据发表意见，让他有充分表达意见的机会；证据调查结束后，当事人有最后发表意见的机会（行政处罚法第51条之七第4项)。

5. 费用

受处罚人除了行政处罚决定的罚款外，在第一级官署会另加记20%的费用。向独立行政裁判庭起诉，如果败诉，另加计20%；如果起诉部分理由成立，则不用支付起诉程序费用（该法第65条)。证人费用由国库支付；鉴定费用，如果原告败诉，由原告支付。

（三）小结

总体来看，行政处罚案件的程序规定比较周全细密，也比一般程序严格。表现有：第一，公开言词审理程序在行政处罚案件审理中，是一种义务性的、原则性的程序，以当事人不申请为原则，以申请为例外，而在一般程序中，却正好相反。第二，判决只能以经过言词辩论的资料作为定案依据。第三，调查采取直接审理原则，相关证人等必须到庭接受质询。第四，提起救济的方式比较便捷，可以以口头方式起诉。第五，败诉者要交纳程序费用，以防止滥诉，但在一定程度上限制了当事人起诉的积极性。

五、性质与评价

我国台湾学者吴庚认为，独立行政裁判庭是行政程序与行政诉讼的中介途径。① 独立行政裁判庭虽然具有一定程度的独立性和中立性，但仍然属于行政机关，其成员也不属于法官。从行政争讼的角度看，它是一种“非通常的诉愿机关”。但它享有几乎与法院相同的人员与物资保障，成员享有高度自治权，类似法院组织。有些奥地利学者将它定性为“联邦宪法上第二级法院”、“具有司法色彩不受指令拘束的合议制机关”，其成员是“第二级法官”。通说认为，它并不是奥地利法律上所称的法院，但属于欧洲人权公约第 6 条第 1 项的“法庭”。

关于独立行政裁判庭所发挥的功能，吴庚作了这样的评价：“此独立的裁决机关，乃作为行政手续与行政诉讼间的中介层级，具有矫正奥地利一审制行政法院缺点的功能，又不必如德国设置三级制行政法院，颇合小国寡民的情况。”②

① 转引自翁岳生编：《行政法》（下册），中国法制出版社 2002 年版，第 976 页。

② 吴庚著：《行政法之理论与适用》，台湾三民书局 2003 年版，第 530 页。

第四章 瑞士行政法院制度

瑞士是世界上第三个典型的联邦制国家，属“双重主权型”联邦制。境内共有26个州，每州各有自州宪法至地方市镇法律规范在内的自成系统的一套法律体系。就政治制度而言，瑞士联邦以其直接民主制和委员会制而闻名于世，但若评价该国的司法制度，英国学者詹姆斯·布赖斯在其著作中描述道：“瑞士的司法机关，相比美国和澳大利亚联邦（的司法机关）而言，是整个联邦政府机构中地位较低的一个部门，因此，司法机关是可以被简单安排处理的（一个部门）。”① 从字面含义来分析，詹姆斯·布赖斯的评价确实不为过，因为瑞士宪法赋予司法机关很少的权力，“这些很少的权力既没有意外地被扩张过，也没有因法律的灵巧（或弹性）而被扩张过”。② 这无疑为本章探讨瑞士行政法院制度奠定了基调。

第一题 瑞士行政法院的历史沿革、现状及其改革趋势

一、瑞士行政法院的历史沿革

瑞士“行政法院”一词的原文为“Verwaltungsgericht”（德语）。若探究瑞士行政法院产生之源头，则可追溯至法国拿破仑执政之时。自1803年始，瑞士受拿破仑的权力控制，行政纠纷赋予由四名普通

---

① Gregory A. Fossedal, *Direct Democracy in Switzerland*, New Brunswick, New Jersey: Transaction Publishers, 2002, p. 69.

② Gregory A. Fossedal, *Direct Democracy in Switzerland*, New Brunswick, New Jersey: Transaction Publishers, 2002, p. 69.

上诉法院法官所组成而以政府的成员为审判长的行政法院来处理，当然这时的行政法院只在几个州而存在。1813 年，废弃了全部上述行政法院，各州改由民事法院或仿效法国的“Kleiner Rat”来行使，此时行政诉讼开始与民事诉讼相分离。19 世纪 30 年代受国库说以及既得权保护思潮之影响，由民事法院控制行政，同时由具有行政司法功能的刑事法院来辅助行使。到了 19 世纪中叶，因担心司法权过度扩张，几乎剥夺了全部民事法院及部分刑事法院的行政裁判功能，也未设立独立的行政法院。①

1848 年，颁布了瑞士联邦宪法，② 至此，“瑞士以此宪法而成联邦国家”。③ 联邦宪法规定设立联邦法院，有权受理民事和刑事案件（第 110 条、第 112 条）。同时在公法方面，凡联邦政府机关与各州政府机关权限争议，各州之间关于公法方面的争议，以及公民因宪法权利被侵犯以及个人关于国际条约及契约被破坏的控告，均归其审判（第 113 条）。于此观之，1848 年联邦宪法并未明文规定联邦法院是否可受理行政案件。在 1914 年之前，行政诉讼一直归联邦委员会裁判，1914 年宪法进行修改时增补了第 114 条，规定设立联邦行政法院，但在组织上不独立于联邦法院，其性质为联邦法院下的一个法庭，联邦法院行政法庭直到 1928 年才正式开庭。④ 1943 年 12 月瑞士《联邦司法法》（Bundesgesetz uber die Organisation der Bundesrechtspflege）颁布，联邦法院的行政管辖权才有了明确的法律规定。

由于当时受国库说的影响较深，联邦法院行政法庭受理的案件范围并不宽，对于政府行为的侵犯，相对人并没有多少权利可以获得救济。为了填补这个空白，立法机关制定了一系列旨在更好保护相对人

---

① 参见蔡志方著：《行政救济与行政法学（一）》，台湾三民书局 1993 年版，第 90 页。

② 1999 年 4 月 18 日瑞士联邦通过了新宪法，该宪法于 2000 年 1 月 1 日生效，新宪法对原来的政治制度进行了确认，并根据形势发展作了一些补充和完善，但并未对联邦行政法院制度作出任何规定。

③ 《费巩文集》编委会编：《费巩文集》，浙江大学出版社 2005 年版，第 181 页。

④ 参见吴志成著：《当代各国政治体制——德国和瑞士》，兰州大学出版社 1998 年版，第 268 页。

对抗政府行为的法律。首先它规定了相对人若对行政行为不服可以请求上一级行政机关对该行政行为进行审查，即发展了行政司法程序。但行政司法程序并不有利于行政行为获得公众的信赖，因为它并不能保证上一级行政机关有足够的独立性可以对自己下属机关的不合法行为作出撤销决定。于是立法机关就又设置了可以审查特殊领域行政争议案件（例如税收、海关）的特别行政法院。这些特别行政法院所发展起来的行政法基本原则甚至是当今新的行政法发展的重要来源。

由于各个特别行政法院的体系是相当复杂的，其作用也并不能完全填补被保护与未保护权利间的空白。于是律师和政治家们就要求行政法院拥有审查行政行为的普遍资格和能力。① 在此背景下，1968 年修改《联邦司法法》时又进一步扩大了行政法庭的权限，联邦法院行政法庭享有列举剩余的概括权限。现瑞士联邦法院行政法庭的主要法律依据即为此法。

二、瑞士联邦法院行政法庭的现状

当前瑞士的行政诉讼制度，依然充满着多元化和复杂化的特征。从实质意义上而言，在瑞士可以接受行政诉讼裁判的机关，在联邦一级就包括了联邦法院行政法庭，专门审理有关社会保险纠纷的独立于联邦法院的联邦保险法院，以诉讼委员会的形式设置的专门处理在电影、外人置产、军人、民防、关税、酒类、钟表业、征收等事项的联邦特别行政法院。因此从一般行政诉讼法的角度而言，联邦法院行政法庭实质上是联邦的一般行政法院。②

在州一级，可以接受行政诉讼裁判的机关就更复杂多样，分五大类，即独立的州行政法院、州最高法院、州高等法院或州高等法院行政法庭、州特别行政法院以及并未设立州自己的行政诉讼裁判机关而委托联邦法院行使者。当前由于联邦法院负担过重，在司法改革上采取了多种措施，其中之一就是要求各州有职权设置行政法院。“直到

---

① See F. Dessemontet and T. Ansay, *Introduction to Swiss Law*, Netherlands: Kluwerlaw and Taxation Publishers, 1983, p. 33.

② 参见蔡志方著：《行政救济与行政法学（一）》，台湾三民书局 1993 年版，第 92 页。

20世纪下半叶各州才创设独立的行政法院，仅自1997年始，各州才被要求至少在可以起诉到联邦最高法院的行政纠纷领域赋予（当事人）起诉到州行政法院的权利。"①

在审判制度上，瑞士行政诉讼原则上采取单一审级，联邦法院行政法庭并不是州行政法院的上诉审。② 联邦法院行政法庭与各个州行政法院之间没有上下隶属关系。因为州行政法院是州一级的最终审的法院。但也不排除当事人若对州行政法院的判决不服，根据《联邦司法法》的规定也可以直接向联邦法院行政法庭上诉。1985年5月修改后的《联邦司法法》规定，只要对州的行政行为有权直接向联邦法院起诉的，各州就有义务把联邦法院行政法庭的判决作为终审判决。③

（一）联邦法院行政法庭的组织机构及其职能

作为瑞士联邦法院的一个法庭，行政法庭共有5名成员组成，行政法庭内设有一个分庭，专门审理指控州行政当局的案件。根据《联邦司法法》第1、2、3条和第5条的规定，联邦法院行政法庭的法官与其他联邦法院各个法庭的法官一样，由联邦议会选举产生，任期6年，凡瑞士公民年满20周岁，具有选举权者，均可以被选做法官。法官不得担任联邦议会和联邦委员会的任何职务，也不得兼任其他职务。理论上被选举为联邦法院的法官不必受过法学教育，但实际上只从法院、律师及大学法律学者中甄选。联邦法院（包括行政法庭）受联邦议会监督，每年向联邦议会报告工作。当然联邦法院在执行它的司法权力过程中，其地位是独立的，仅仅服从法律（联邦新宪法第191条）。

瑞士行政法院制度的发展，深受其国家政治体制以及传统司法国家思想的影响，由于直接民主制度的盛行，公民频繁地直接参与行政，形成了"行政法院并非最有效，而为必要之权利保护机关"的

---

① Jan-Erik Lane, *The Swiss Labyrinth*, London: Frank Cass Publishers, 2001, p. 88.

② 参见蔡志方著：《行政救济与行政法学（一）》，台湾三民书局1993年版，第89页。

③ 参见蔡志方著：《行政救济与行政法学（一）》，台湾三民书局1993年版，第201页。

想法。① 有学者指出："曾经认为在确保个人利益上，相比联邦最高法院对联邦法律的溯及既往的审查而言，公民直接投票是一个更加有价值的工具。"② "作为具有妥协内涵的政治文化的效果来说，议会至上的法律传统，违宪审查的限制致使政治冲突有可能在传统的政治论坛和舞台上产生并得到解决，而不是在法院。"③ 正因如此，瑞士联邦法院行政法庭的职能并非如欧洲其他大陆法系国家那样，被寄予厚望，相反其职能较弱，仅在于督促行政机关遵守宪法、法律，维护公益并妥善保障人民合法权益，免受公权力的侵害。当然，随着近几年司法改革的深入，联邦法院行政法庭和各州行政法院的职能正在得到扩大并加强，后将述之。

（二）联邦法院行政法庭与其他法庭、法院的关系

目前，设在洛桑的联邦最高法院和设在琉森的独立于联邦最高法院的联邦保险法院组成了瑞士的最高级法院。为了减轻联邦法院的过重负担，联邦最高法院下的刑事法庭自 2004 年 4 月 1 日起已被设在贝林佐纳的新的联邦刑事法院所代替，其性质为管辖刑事案件的联邦一级的初审法院。联邦法院除下设行政法庭外，还下设了两个公法法庭和两个民事法庭。因此下文将在联邦层面上分别论述联邦法院行政法庭和其他与行政诉讼案件有紧密关联的公法法庭和联邦特别行政法院的关系。

1. 联邦法院行政法庭与联邦法院公法法庭的关系

根据《联邦司法法》第 83、84 条的规定，联邦法院公法法庭有权审理以联邦当局与州当局之间的关于职权的争议以及各州之间的关于公法方面的争议而又没有其他法律途径的，因此从联邦法院公法法庭所能受理的上述列举权限而言，公法法庭的性质类似于保障宪法实施的机关，虽然瑞士并没有设置专门的保障宪法实施的机关。

很显然，联邦与州之间的职权争议主要是它们之间的权力与义务

---

① 参见蔡志方著：《行政救济与行政法学（一）》，台湾三民书局 1993 年版，第 88 页。

② Jan-Erik Lane, *The Swiss Labyrinth*, London: Frank Cass Publishers, 2001, p. 80.

③ Jan-Erik Lane, *The Swiss Labyrinth*, London: Frank Cass Publishers, 2001, p. 84.

之争，特别是指各州执行联邦法律时和联邦在行使联邦监督时所发生的争议。这种争议案的性质则是属于高层次的宪法性争议案。这是因为，各州必须执行联邦法律，联邦对各州具有联邦监督权，各州的各种行政执行行为必须符合联邦宪法秩序和法律秩序；各州的宪法秩序和法律秩序必须符合联邦宪法原则。所以，如果因州执行联邦法律和联邦行使联邦监督权而产生争议，必然是属于是否违背联邦宪法原则这一最高原则的宪法争议案。而因对联邦政府的行为不服而向联邦法院行政法庭起诉的行政案件则属于较低层次的部门法诉讼。

各州关于公法上的争议，主要是指对于宪法和行政法方面产生的争议案。一般地说，行政法方面的争议案应由行政法庭管辖，但是有的争议案直接涉及宪法方面的问题而又不能由行政法庭管辖，即所谓“没有其他法律途径”时，则由公法法庭管辖。

2. 联邦法院行政法庭与特别行政法院的关系

在联邦这一层次，原则上由联邦最高法院对司法事项拥有管辖权，但是，以诉讼委员会的形式设置的特别行政法院对涉及联邦各机关的行为的起诉也有权作出裁决。绝大部分涉及与联邦行政法适用相关的争议首先由联邦仲裁委员会和特别行政法院来作出裁决。例如，联邦特别行政法院可以对联邦税收领域的争议和联邦与它的雇员间的争议作出裁决。

在社会分工日益细密化的今天，各个特别行政法院的存在加强了行政法院的专业化，有助于正确裁判，但由于联邦法院行政法庭与联邦特别行政法院各自权限的划分与认定经常会发生困难，这也是实践中的一大不足。于是在当前的联邦司法机关改革过程中，于2006年启动的设在圣加林伦的联邦行政法院将代替这30个特别行政法院而起作用。

三、联邦法院行政法庭的改革措施

如前所述，为了减轻联邦最高法院的沉重负担，近年来瑞士的司法改革之一是要求各州有义务创设行政法院，同时联邦最高法院自身也进行了积极的改革。与新设的联邦刑事法院的性质相似，计划设在圣加林伦的联邦行政法院作为联邦一级初审法院，其工作范围既包括了原先30个特别行政法院的工作，也包括了当前的一般行政诉讼工作。①

一般来说，联邦行政法院将受理对联邦行政机关行为不服的案件。联邦行政法院的设立本质上将起到三个作用："第一，它将统一30个特别行政法院和隶属于联邦最高法院的行政法庭这两者的工作，或者像受理庇护案件的特别行政法院一样，成为一个终审法院。第二，它将填补迄今为止还没有建立起任何一个更低一级法院的空白。联邦行政机关现在平均每年发布的将近3 000个命令却不能被起诉到特别行政法院。第三，它将保证实现对由目前联邦委员会和联邦行政机关各部门作出的最终裁决不服而起诉到独立法院的基本权利的行使。"②

第二题　瑞士联邦行政法院制度的一般介绍

目前瑞士联邦各州共有26部不同的行政诉讼法，难以提纲挈领地予以说明，只有联邦有统一的诉讼法即《联邦司法法》，因此本文以此为依据，在联邦这一层次上，对瑞士联邦行政法院制度有重点地予以介绍。

一、联邦法院行政法庭的受案范围

（一）确立受案范围的方式

行政诉讼的受案范围是指法院受理并审理行政争议的范围。而行政争议的范围和种类极其广泛，法院不可能受理并审理所有的行政争议。受案范围的确立方式决定着受案范围的宽窄。若对《联邦司法法》第97条至第102条的规定进行分析，瑞士联邦法院行政法庭的受案范围采取了概括式和列举式相结合的确立方式。即对法院的受案范围先作概括规定，在此前提下，再作列举式规定，而列举式的规定又采取了肯定式列举和否定式列举两种方式。

---

① See http：//www. snl. admin. ch/swissinfodesk/e/lawe. html#juris.

② See http：//www. admin. ch/ch/e/bk/buku/buku2005/32. pdf.

（二）联邦法院行政法庭受理的行政案件

1. 总的概括规定

根据《联邦司法法》第97条的规定，联邦法院行政法庭的概括权限有两方面。

一是《联邦行政程序法》（Bundesgesetz uber das Verwaltungsverfahren）（1968年12月20日通过）第5条所规定的行政行为均可纳入联邦法院行政法庭的管辖权限内。而《联邦行政程序法》第5条规定，行政机关在个案中所作出的命令，如果以联邦公法为依据，并以下列事项为目的，乃是行政行为：（1）权利和义务的创设、变更或废止。（2）权利和义务的存在、不存在或范围的确认；或确认权利或义务的驳回，或对这些请求不作处理；执行的行为、中间行为、异议的决定、复议的决定、再审范围内的决定及说明，也是行政行为。（3）行政机关对请求创设、变更或废止的说明以及对以诉讼途径所为请求的拒绝或调查的说明，不是行政行为。①

二是行政机关的不作为（包括无权拒绝作出和延迟作出）也被纳入受案范围。

从联邦法院行政法庭受案范围的概括条款来看，是以行政行为作为行政争议的形式及诉讼属性，因此，仅就此概括条款而言，表面上联邦法院行政法庭的受案范围仍十分宽泛。

2. 肯定式列举

《联邦司法法》第98条规定了八类行政机关的行政行为可以被起诉的情形。

（三）联邦法院行政法庭不予受理的事项

《联邦司法法》第99条至第102条列举了联邦法院行政法庭的排除性事项。其中第99条第1款第1项明确规定了制定立法的行为（即一般所谓的抽象行政行为）不在受案范围之列。对当前瑞士联邦最高法院的司法改革而言，“对于抽象之规范审查，特别是联邦法律及条约之合宪性，不许行政法院审查，对于法规命令之合法性及

---

① 参见蔡志方著：《行政救济与行政法学（一）》，台湾三民书局1993年版，第164页。

（一定条件下）合宪性审查则许可”。① 排除联邦法院行政法庭审查的事项，还有：政治与外交事务（统治行为）、民防及国防、与联邦政府成员雇佣问题有关的行为（例如晋升、任命等）、技术性行为、地方交通法规的措施、专门及能力考试结果的行为以及行政机关的程序性质的行为等。总体而言，瑞士联邦法院行政法庭虽享有对受案范围的总的概括权限，但从诸多列举的排除事项观之，联邦法院行政法庭的受案范围其实甚为狭隘，并不宽泛。

二、联邦法院行政法庭处理案件的程序

（一）起诉

起诉有两种类型：

1. 直接向联邦法院行政法庭起诉。例如根据《联邦司法法》第116条规定，对联邦与州之间和州与州之间的基于联邦行政法的规定而产生的争议，当事人只能直接向联邦法院行政法庭起诉，联邦法院行政法庭是唯一对此类争议具有管辖权的法院。

2. 经行政裁决机关（在联邦一级往往指联邦委员会）复议后向联邦法院行政法庭起诉。

《联邦司法法》对起诉设定了以下条件：第一，原告是受到有争议的行为伤害的并且对该行为的撤销或者变更可以使其获得利益的任何个人，也可以是有诉权的部门（因为瑞士行政诉讼中设有职务诉讼这一类型，《联邦司法法》第103条）；第二，有起诉理由(《联邦司法法》第104条)；第三，有具体的诉讼请求和事实根据(《联邦司法法》第90条第1款)；第四，有表明受争议的行政行为的执行副本(《联邦司法法》第90条第2款)；第五，在规定的起诉时限内(《联邦司法法》第106条)。

（二）行政诉讼证据的举证

行政诉讼证据来源有三个方面：一是被告（行政机关）举证；二是原告举证；三是法院依职权收集和保全证据。《联邦司法法》并没有明确规定举证责任的承担者在谁一方，行政诉讼的举证责任与民

① 蔡志方著：《行政救济与行政法学（一）》，台湾三民书局1993年版，第95页。

事诉讼举证责任没有区别，实行“谁主张，谁举证”的举证责任原则。而在行政诉讼证据的提供过程中，最显著的特点是法官的“职权主义”立场。根据《联邦司法法》第 95 条和第 110 条的规定，承办案件的法官有职责收集为确定事实所需要的证据，收集的方式既可以是自己主动调查收集，也可以要求有能力的联邦和州机关去搜集提供，还可以要求被告一方在规定的时限内提供。事实上，法院承担了大量的庭前调查取证之责，职权主义色彩十分浓厚，法院不堪重负。

（三）判决

1. 判决方式

《联邦司法法》没有明文规定行政诉讼的类型，从法律条文的字面含义分析，包括了撤销之诉、变更之诉和赔偿之诉这三种。其中以撤销之诉为主，变更之诉和赔偿之诉为辅。因此行政诉讼的判决方式可分为：一是驳回原告的诉讼请求；二是撤销行政行为并作出实质性判决，或撤销行政行为并责成被告重新作出行政行为；三是变更判决，法院对违法被诉行政行为，并不作出撤销判决，而是在所认定的事实基础上，在法定要件内径行改变行政行为的判决；四是赔偿判决，赔偿判决一般附属于撤销判决或变更判决之中，其中在联邦雇员与联邦政府之间关于纪律处分性解雇的争议案件中，行政法庭可以不用考虑原告的请求，直接作出要求联邦政府赔偿原告恰当赔偿金的判决（《联邦司法法》第 114 条第 3 款）。

2. 判决范围与判决理由是否受当事人的约束

联邦法院行政法庭的判决一般不会超出当事人请求的范围，但是涉及公共征用争议的案件例外，当公共征用被认为是侵犯了联邦法律或者是确认的事实不正确或者是不完整的情况下，行政法庭作出的判决就可以超出当事人请求解决争议的范围之外。一般情况下，联邦法院行政法庭在作出判决时判决的理由可以不受原告所陈述理由的限制，换言之，如果原告控告行政行为的理由不当，法院发现的理由可以直接作为判决撤销行政行为的理由。

三、联邦法院行政法庭处理案件可采取的手段

（一）诉讼保全措施

根据《联邦司法法》第 94 条的规定，应当事人一方的请求，法

院院长在收到起诉状后，可以命令采取为维持既有地位或者是保护有关利益所需要的临时性措施，即采取保全措施。保全措施的采取一般发生在代表公共利益的行政行为有可能损害个人合法权益的情形下。

（二）停止执行行政行为之手段

根据《联邦司法法》第111条的规定，对课以金钱给付义务的行政行为提起行政诉讼的，应当具有停止执行的效力，反之，其他行政诉讼只有在法律无特别规定下，由行政法庭庭长依职权或基于当事人一方的申请，才可停止执行行政行为。法庭在决定是否给予停止执行行政行为的命令时，必须在公共利益与私人利益之间进行斟酌，权衡其轻重利害关系。停止执行行政行为的内容，不只在停止执行，行政行为的效力也发生停止。

（三）有限度的和解

为追求公民合法权益的保护和法律法规的彻底执行，原则上行政争议的事实不容歪曲，行政争议的标的不容任意妥协及处理，但在今天以公民权益保护为主要目的的行政诉讼制度也已开始改变某些制度。根据《联邦司法法》第120条的规定，瑞士联邦仅有限度地承认和解。虽然法律允许改变，但在行政诉讼实践中却仍较少采用此手段。①

第三题　有关联邦行政法院的学说与理论

一国的行政法都会受到本国的宪法原则和国家机构设置的影响，瑞士的行政法完全是该国联邦主义和直接民主原理与民事、行政法院组织体系相综合的一个产物。同时该国又是由26个相对独立的州所组成的联邦制国家，因此对瑞士行政法的复杂多样作出一个真实清楚的描绘简直是不可能的，我们在这里只能对瑞士的最重要的学说与理论作一解释。

---

① 参见蔡志方著：《行政救济与行政法学（一）》，台湾三民书局1993年版，第207页。

一、合法性原则

合法性原则是指行政机关只有在提供充足合法理由的情形下才能对相对人施加义务。而行政机关可以对相对人施加义务的这一权限基于这一理由，即每一行政行为都来源于议会或人民通过的法律的授权。而法律的正当性则来源于人民的同意。正是这一民主正当性理论，行政机关才能对公民授予权利和施加义务。因此，只有在拥有法定基础，即要以拥有调整该行政活动和行政行为的一部法律为基础，具有外部影响的该行政活动和行政行为才具有合法性。为了保证具有合法性，行政行为不仅不能违反现行法律（越权无效），还必须得到现行法律的授权。

（一）合法性原则的两种情况

一般而言，行政行为的合法性原则包含以下两种情况：

一是行政行为的作出必须基于法律的授权。即使由议会授权作出行政行为，但如果没有法律授权的基础，那么联邦法院行政法庭就有权撤销该行政行为。但是立法机关有作出授权的绝对权力，它能够授权政府拥有制定和颁布法令的权力。因此某种行政行为的立法基础可能是非常概略的，法律仅以笼统方式规定了目的和个人的基本义务。只有在政府颁布的法令里才能发现具体的法律授权。这种情况几乎对所有的行政行为来说都是如此，但对涉及征税的行政行为而言就有区别了。根据瑞士民主原理和三权分立原则，有关涉及征税的权利义务关系必须由任意的或必要的公民投票表决通过的法律来调整和规定，法律必须明确规定谁必须缴税，必须缴税的数额等。①

二是行政行为的作出即使没有明确的法律授权，也是合法的。例如，各州和市镇都拥有传统的警察权力，如果他们为了阻止一个清楚而即刻的危险使用了此项权力，那么即使没有法律的授权，行使这项权力的行为也是合法的。如果行政行为是基于法规授权的自由裁量权而作出的，只要此行为遵循了比例原则，那么任何法院都不能对此行为进行合法性审查。因为这个行为代表公共利益，而且在符合法律的

---

① See F. Dessemontet and T. Ansay, *Introduction to Swiss Law*, Netherlands: Kluwerlaw and Taxation Publishers, 1983, pp. 37-38.

框架内。

另外，特别权力关系中的行政行为也属于此类。

（二）合法性原则与合宪性原则

从广义而言，合法性原则也包含了合宪性原则。但若从宪法层次来推论的话，瑞士联邦法院是无权审查联邦立法机关颁布的法律的。尽管如此，当必须对法律进行解释的时候，宪法权利仍然要得到保护，即意味着，必须根据宪法对法律进行解释。当然联邦宪法是拘束各州行政机关和各州法律的，因为各州法律是可以受到违宪审查的。

（三）合法性原则的三个内涵

某种程度上，合法性原则与普通法上的传统概念“越权无效”并不相同，合法性原则有以下三方面的内涵：

1. 行政行为不仅在违反了法律的情形下被认为是不合法的，而且在没有法律授权的情形下也被认为是不合法的；

2. 若在一段时期内，不合法的行政行为没有引起争议，则行政行为的不合法性状态将消失，不合法的行政行为将成为合法的且不能被附属地提起审查；

3. 大多数违法的行为是可撤销的而不是没有法律效力的。

二、正当程序原则

正当程序原则是联邦法院根据宪法第 4 条（每个瑞士公民拥有平等权）而发展起来的。如果行政行为在作出过程中没有遵循正当程序且没有以正当形式作出时，相对人对其不服可以以平等权受到侵犯的理由起诉到有权机构。①

就正当程序这个原则而言，联邦法院要求各州行政机关至少有职责关注行政行为的正当程序。最重要的是，各州有职责告诉相对人关于限制其权利和施加其义务的某个行政行为的准备情况，提供相对人在行政机关面前辩论的机会和让相对人提供新的证据的机会，相对人有权被告知争议的焦点、事实发现和由第三方或公务员提供给行政机关的证据。换言之，受行政行为支配的相对人拥有由行政机关提供的

---

① See F. Dessemontet and T. Ansay, *Introduction to Swiss Law*, Netherlands: Kluwerlaw and Taxation Publishers, 1983, pp. 38-39.

听证的权利（不是意味着拥有得到一正式听证的权利）。①

自从联邦法院认为相对人在行政程序中应享有听证的权利后，一些州制定了调整所有不同行政程序的法规。联邦也于1968年通过了《联邦行政程序法》，《联邦行政程序法》描述了行政行为的概念，规范了作出行政行为的各机构的资格，表明了在行政程序中谁是双方当事人，规定了行政程序中当事人的权利和义务，包括了涉及行政行为作出的正当形式的规范以及公民若不履行义务的情形下，行政机关可以采取的强制执行的适当措施。

正当程序的概念不仅关涉到作出行政行为的程序，而且关涉到当事人若对行政行为不服可以申请上级行政机关审查的复议权和起诉到司法机关的诉权。《联邦司法法》不仅规定了相对人的这些权利和程序，还规定了这些机关审查行政行为或者作出新的行政行为的资格。②

在瑞士，正当程序理念的基本指导原则有以下三个方面：③

（一）行政机关必须保证对个人公平而平等的对待；

（二）行政程序的可信性；

（三）行政机关必须保证法律和公共利益的客观公正的实施。

三、比例原则

比例原则是瑞士行政法主要原则之一。在法律法规授权行政机关行使自由裁量权的领域，公共征收征用领域以及其他的公用事业收费领域等，比例原则必须得到遵守和运用。比例原则不仅指导警察权力的行使，也指导行政行为的准备程序和为了保护重要公益甚至是私益而采取的必要的预防措施的执行。④

---

① See F. Dessemontet and T. Ansay, *Introduction to Swiss Law*, Netherlands: Kluwerlaw and Taxation Publishers, 1983, p. 39.

② See F. Dessemontet and T. Ansay, *Introduction to Swiss Law*, Netherlands: Kluwerlaw and Taxation Publishers, 1983, p. 39.

③ See F. Dessemontet and T. Ansay, *Introduction to Swiss Law*, Netherlands: Kluwerlaw and Taxation Publishers, 1983, p. 40.

④ See F. Dessemontet and T. Ansay, *Introduction to Swiss Law*, Netherlands: Kluwerlaw and Taxation Publishers, 1983, p. 41.

在瑞士，由于行政法往往容纳了大量的授权行政机关巨大裁量权的模糊条款，因此裁量权的行使必须受到限制，而比例原则则发挥了很重要的作用。行政法上比例原则的含义是指，当行政行为所追求的利益比起公共利益或者该行政行为所侵犯的私人利益更不重要时，那么该行政行为就违反了比例原则。

例如，若行政机关计划建造一条重要马路，而这条马路的建设将改变自然环境，那么两个公共利益（良好交通和自然保护）就必须相互权衡。根据比例原则，为了使受保护环境的损毁具有正当性，建造新马路所带来的利益必须具有压倒一切的重要性。

又如，若某地方政府机关仅为了财政目的（例如，为了在以后以更高的价格出售土地）而征用私人土地，那么（征用私人土地所代表的）公共利益并不比私人利益更重要；但是，若市政当局征用私人土地是为了建公共游泳池，则（征用私人土地所代表的）公共利益是可以让人接受并受到保护的。

比例原则不仅仅是一个平衡不同利益的问题，它也必须保证手段和目标之间的相互一致。例如，在上述建马路的案例中，若行政机关必须征用私人土地来建马路，那么行政机关仅能征用建马路所必需的一部分土地，也就意味着，私人土地主仅需付出一小部分土地，而行政机关不能征用整块土地。比例原则要求行政机关仅能运用为完成目标所必需的那些手段。①

四、行政信赖原则

当行政机关对相对人发布一些通告时，相对人必须能够信赖这些通告。这就是约束行政机关的信赖原则。根据案例法，相对人信赖行政机关相关通告须具备以下几个条件：相关通告必须由负责具体事项的行政机关来发布；行政机关发布的是书面通告；通告内容没有任何附加条件；信赖相关通告的相对人已经采取了一些措施。

行政机关发布的通告即使是违反法律的，行政机关亦有可能受其发布的通告的约束。但这仅仅当相对人对通告的合法性没有任何怀疑

---

① See F. Dessemontet and T. Ansay, *Introduction to Swiss Law*, Netherlands: Kluwerlaw and Taxation Publishers, 1983, pp. 41-42.

而且受其约束的行政机关没有侵犯重要的公共利益时才能发生。①

行政信赖原则赋予了相对人面对行政机关时的某种安全感。它能防止行政机关作出违反先前保证的行为。这种法律安全感对以民主和尊重人们自由方式行事的行政机关来说是非常重要的。因为它保证了行政活动是可预见的，相对人能够计划和期待行政机关发挥作用的情形、手段和目标。

根据法院的判决，若行政机关曾保证过一许可，那么行政机关有职责颁发这一许可；若市长承诺允许建房，只要市长有资格作这承诺，而且相对人根据这承诺已经采取了措施，那么这个城市须受这承诺的约束。但是若这市长承诺将不可避免地损害公共利益，那么行政机关对这案件具有“持续性的管辖权”，有权撤销或批准这一行政行为。

相对人信赖行政行为或承诺时有一个重要的例外，那就是社会福利保险。若某相对人获得了比他应得的更多的社会福利款项，那么他必须返还这多出来的款项，即使他已经花光了这笔钱。但若返还这多出来的款项将给相对人带来极度困苦，那么行政机关就无权要求返还这笔款项。②

第四题　对瑞士联邦行政法院制度的评价

瑞士行政法院制度虽然建立得很早，但其发展并不顺利，相比周边国家法国和德国令世人瞩目的行政法院制度而言，则显得较为暗淡，不惹人注目。接下来，通过有限的资料，结合我国行政诉讼制度的理论与实践，对瑞士行政法院制度的三个方面逐一进行考察与评价。

一、行政法院设置艰难的制度考察

如前所述，在瑞士，可以对行政行为进行审查的权力主体欠缺统

---

① See F. Dessemontet and T. Ansay, *Introduction to Swiss Law*, Netherlands: Kluwerlaw and Taxation Publishers, 1983, p. 42.

② See F. Dessemontet and T. Ansay, *Introduction to Swiss Law*, Netherlands: Kluwerlaw and Taxation Publishers, 1983, pp. 42-43.

一，在州一级分别由各州之行政法院、州最高法院、州特别行政法院、州高等法院等来行使；而在联邦一级，可以审查行政行为的权力主体甚至广泛到了包括联邦一级所有国家权力机关：联邦议会、联邦政府、联邦法院行政法庭、联邦保险法院和其他特别行政法院。①

这些复杂多样的权力主体的存在有其深刻的历史原因，这在本章第一题中已有所述。当前，在联邦这一层次，联邦最高法院已决心设立联邦行政法院，至少努力在司法系统统一有权审查行政行为的权力主体。而在各州，设立独立行政法院的认识过程所经历的时间比联邦更长。直到20世纪下半叶各州才开始陆续设置独立的行政法院，直至现在，也并不是每个州都设置了具有普遍审查资格的独立行政法院。在瑞士，行政法院的设置为何如此艰难？笔者认为，若从制度角度考察，则主要有两方面的原因：

一是缺乏统一及完整的行政法院组织法。26个州有26部不同的行政诉讼法，统一行政法院组织法的缺乏使得各州在对待行政法院的设置上态度各一。就联邦这一层次而言，虽在1943年就颁布了《联邦司法法》，并在后来的岁月中陆续进行了修改补充，但涉及联邦法院行政管辖权的条款仅有自第97条至第121条的共25条，内容单薄，缺乏大量必要的诉讼程序。尤其是作为一门独特的诉讼法，行政诉讼法有其自身的要求和特点，与其他诉讼法存在着明显的差异。而《联邦司法法》的性质是有关司法问题的一揽子规定，② 无法对各部门的独特诉讼程序作出面面俱到的规定，因此这是瑞士行政法院设置艰难的一个硬伤。

二是盛行瑞士的直接民主制度。在瑞士人眼里，在诸多保护个人利益的手段中，设置一个独立的行政法院并不是最有效的手段。因为他们认为由任意的或必要的公民直接投票方式而通过的法律足以保护他们的个人利益。

瑞士的直接民主制度对行政法有很大的影响。在联邦、州和地方

---

① 参见蔡志方著：《行政救济与行政法学（一）》，台湾三民书局1993年版，第89页。

② 参见胡建淼主编：《外国宪法：法规及评述》，北京大学出版社2004年版，第52页。

当局三个环节上，法律是通过民主投票表决而通过的。若联邦制定的法律需要州和地方来执行的话，它往往把具体化法律的重要立法权力授权给各州，自己有重要立法权力的各州再授权给地方市镇一些规范制定功能，因此一个联邦法律的法律过程，往往从联邦这个环节开始，再传向各州和地方当局。在每一个环节上，它都要接受一个直接民主的过程，即人民投票表决的过程。法律需由人民直接投票表决的事实赋予每部法律由行政机关执行的正当性，公民遵守法律是因为他们相信法律是民主通过的，因此是公正的。相比其他国家而言，瑞士行政机关在执行法律时无需很多强制执行人员，政府受雇的公务员是相当少的，许多公共事务由私人组成的委员会或理事会来准备甚至作出决定。

因此各州行政机关被整合在民主政治共同体内的事实赋予了个人一种民主潜能以防止自身受到政府专断行为的侵犯。政治上对人民负责的政府不想屈服在某一个由律师们组成而不是由人民选举产生的政治家们所组成的行政法院之下。这就是在各州法院体系内设立行政法院艰难的主要原因。①

我国虽有一部较完整的《行政诉讼法》和相关的司法解释，但同样有诸多学者呼吁设置独立的行政法院，且认为在中国建构行政法院制度是行政诉讼改革的根本出路。② 而设置独立行政法院的困难在于现行政治制度下司法权从属于立法权且受行政权的牵制，而并不是如瑞士那样在于相对人拥有对抗行政权侵犯的直接民主的根本手段而无需行政法院的保护。

二、原告资格的范围由窄向宽方向发展

是否具备原告资格直接决定相对人能否进入行政诉讼程序以获得司法救济。在瑞士，原告资格的界定标准不再以其权利及法律保护利益为违法的行政行为所“侵犯”为要件，已经扩大到只须对其起诉的行政行为具有值得保护的利益就可以。根据《联邦司法法》第 103

---

① See F. Dessemontet and T. Ansay, *Introduction to Swiss Law*, Netherlands: Kluwerlaw and Taxation Publishers, 1983, p. 34.

② 参见马怀德主编：《行政诉讼原理》，法律出版社 2003 年版，第 345 页。

条的规定，“受到有争议的行为伤害且对该行为的否决或变更可以使其获得利益的任何个人”具备原告资格，因此瑞士在确定行政诉讼原告资格方面，立法上采取的是“利害关系”标准，但如何理解这里的“利害关系”呢？一般认为，只要求原告对被诉行政行为有关联，且对该行政行为的废弃或变更具有值得保护之利益。①

从实务上看，有关原告资格界定标准，尤其是值得法律保护利益的这个不确定性概念往往是由法院的判决来阐明的，而这实际上又非常难以解释。瑞士行政法院对原告资格改采“利害关系”标准后，认为不仅仅是受行政行为直接影响之个人，而且特定情形下的第三者均有权起诉。例如相对人可以对行政机关允许就其邻居在其邻近土地上建房的许可提起诉讼（邻人诉讼）；住在核能厂周围 3 公里内的任何人都可以对行政机关的规划许可提起诉讼（分摊者诉讼）；根据进口法规颁发的进口产品许可证，其他进口商有权起诉，或允许在火车站公共场所营业的药房营业许可证，其他药房主有权起诉（竞争者诉讼）。②

瑞士行政法院制度虽然深受邻国德国的影响，但是德国行政法院制度中的公益代表人制度并没有完全在瑞士出现。在瑞士，个人对因行政行为而引起的重要公共利益（例如环境利益）的损害并不享有原告资格。但是，瑞士行政法院还是向前迈出了一步，为了维护公共利益，对情况较为特殊的行政法争议案件，允许与自己权利有直接法律上利害关系的团体，可以就行政机关的违法行为（既损害个人利益又损害公共利益）提起行政诉讼。直到现在，瑞士联邦内只有《自然保护法》规定了寻求自然和历史遗迹能得到更好保护而组建的团体为了国家利益有权对行政机关的行为提起诉讼，环境法草案也规定各环保团体也享有此类原告资格。③

我国《行政诉讼法》第 2 条规定的原告资格采取了“合法权益”

① 参见蔡志方著：《行政救济与行政法学（一）》，台湾三民书局 1993 年版，第 127 页。

② See F. Dessemontet and T. Ansay, *Introduction to Swiss Law*, Netherlands: Kluwerlaw and Taxation Publishers, 1983, p. 40.

③ See F. Dessemontet and T. Ansay, *Introduction to Swiss Law*, Netherlands: Kluwerlaw and Taxation Publishers, 1983, p. 40.

的标准，但根据第 11 条有关受案范围的规定可以看出，此标准过于狭窄，在后来的《行政诉讼法》的司法解释中，原告资格的标准由“合法权益”发展到了“法律上的利害关系”，应该说与瑞士一样，我国原告资格的范围正由窄向宽方向发展，但我国目前司法实践中还没有建立起公益诉讼类型，虽然在理论上关于建立公益诉讼制度的讨论相当多。依笔者之见，目前我国不妨借鉴瑞士之做法，在各相关单行法律的制定、修改过程中有限度地扩大原告资格范围，不失为一良策。

三、对行政裁量行为的审查范围较窄

瑞士联邦法律与司法实务中对行政行为的审查原则上仅限于“法律上之审查”或“合法性之审查”。根据《联邦司法法》第 116 条的规定，联邦法院行政法庭是联邦与州、州与州之间争议的直接行政诉讼的唯一审级和主张法律关系违反联邦法律的间接行政诉讼的终审。联邦法院行政法庭在直接行政诉讼中，可以审查行政行为的合法性及合目的性，并可作出实质性的判决如撤销判决或变更判决。也即在直接诉讼中，联邦法院行政法庭可以对行政自由裁量行为进行审查，但一般只在程序上审查裁量行为的瑕疵，如裁量逾越、裁量滥用（细分为未作裁量、裁量不足及裁量过度）。① 如果行政机关在适用法律作出行政行为时，只要其不恣意及违背宪法、法律根本原则（如平等原则、自由权、法安定性及法律目的），则行政法庭应尊重其权限。② 因此在行政法庭作出的各类判决方式中，大量的是撤销判决方式，而变更判决只是作为一种辅助判决存在。而在间接行政诉讼中只能审查其合法性，而且在事实审查方面，只有原裁决行政机关所认定的事实明显不确实或认定程序违法，方可进一步审查。

由于对行政裁量行为的审查涉及司法权介入行政权多大程度的问题，法院若对行政裁量行为积极进行审查且作出变更判决，虽难免有

---

① 参见蔡志方著：《行政救济与行政法学（一）》，台湾三民书局 1993 年版，第 172～173 页。

② 参见蔡志方著：《行政救济与行政法学（一）》，台湾三民书局 1993 年版，第 95 页。

干预行政权之嫌，但在作出撤销判决后会带来更不利的情形下，变更判决更有利于保护相对人利益，且有助于救济的效率。但从瑞士法律及实务来看，行政法院对行政裁量行为的审查仍然是非常谨慎的。我国的行政诉讼制度同样以合法性审查为原则，合理性审查只是例外，而且人民法院只在行政处罚显失公正的情形下才能作出变更判决。在行政自由裁量行为日益增多的今天，扩大对其的司法审查以及更多运用变更判决乃是趋势。

第五章　瑞典行政法院制度①

第一题　瑞典行政法院制度概述

一、古代瑞典的司法体制

瑞典的司法体制在传统上属于大陆法系，同时又具备北欧国家的传统，既有特色，又有代表性，20 世纪 40 年代后期，瑞典吸收英美法系的某些原则和制度来改革本国的司法体系，形成了自己独到的风格。②

---

① 笔者在本章的写作过程中得到了瑞典驻中国使馆 Hanna Hill Brunius 女士、瑞典斯德哥尔摩行政上诉法院 Maria Jonsson 女士、瑞典全国法院管理局 Anna Kronander 女士和瑞典斯德哥尔摩大学法学院公法学高级讲师 Vlrikvon Essen 先生的大力支持和帮助，在此表示深深感谢。

② 瑞典的行政法系介于大陆法系和英美法系之间，属于“另一种法系”。因为它不像大陆法系那样制定成文法典，也不像英美法系那样注重行政程序。这是由于瑞典在不同历史时期受到不同法系影响而造成的。20 世纪早期，瑞典较多地受到德国法的影响。但是，相对而言，罗马法对其影响不大。20 世纪后期，瑞典又受到欧洲其他国家的影响，如英国等。然后，就总体而言，瑞典的行政法较靠近大陆法系。瑞典在司法体制上采用了德国式的“双轨制”。它既有普通法院，又有行政法院。根据瑞典《政府组织法》规定：最高法院是拥有最高管辖权的普通法院，最高行政法院是拥有最高管辖权的行政法院。最高法院与最高行政法院的审判权可由法律加以限定。除最高法院和最高行政法院外，任何法院均应依法设立。与英、美、法的司法体制相比较，这不能不说是瑞典行政法制的一个特点。瑞典行政法制还拥有另外一个为世界其他各国所不拥有的一个特点，即议会对政府行政活动的监督具有特别有效的手段，显示出神奇的功能。瑞典专设议会行政监察专员制度。这些专员的任务，是代表议会监督所有政府机关和政府官员的活动是否符合法律和纪律。监察专员的监督调查方式主要有：（1）受理公民申诉，并对此进行调查，这是监察专员最主要的监察任务与方式；（2）主动提出调查；（3）主动视察。瑞典议会行政监察专员对于申诉案件，有权作出处理。处理包括两个部分：案件审核与调查定性。

瑞典之所以会形成这样的风格，应该从公元1世纪说起。在公元1世纪瑞典已经是一个服从于一个国王的国家。然而，这个国家仍然是一个松散的组织。在早期作为国家组成部分的省仍然保留较大的自治权，这种情况一直延续到1350年。之后由于国王权力的迅速膨胀，瑞典社会发生了巨大的变化。

因而，瑞典被划分为若干个省，省又被划分为上百个教区。地理上的划分也开始影响法院的组织。在几百年的时间里，每个省的最高长官同时掌握省辖区内的行政和司法事务，这些最高长官通常被称为执行官（Lawmen），所以，这时的法院就被称为执行官法庭。

在瑞典的历史上国王很早就开始实行法制。起初，没有一种力量可以制约法院的判决。但是随着时间的流逝，国王意识到一种叫上诉法院的形式可以制约初级法院的判决。行使上诉法院权力的人通常是国王委任的重要官员，他们在全国各地巡回、听审并作出判决。有时，国王与他的顾问们还亲自审理案件。所以，法院的审级有时候并不固定，因为有可能一审就是省级法院或者国王亲自审理。

在城市，司法组织隶属于市政府，这和德国的治理模式是一致的，市政府通常是由一个市长和它的顾问委员会组成。较大的城市还发展了一个叫做“法院书记处”的组织，扮演着初等法院的角色。

二、近代瑞典的司法体制

在16世纪瑞典就试图建立一个特殊的最高法院。但是这种努力没有成功。然而在17世纪早期这种努力终于梦想成真。17世纪是瑞典甚为强盛的时期，在这一时期瑞典虽然历经了长期的战争，但是经济快速发展，这种发展带来了国家行政权力的全面扩张。

在这扩张期间，最高法院于1614年在斯德哥尔摩成立。但是这个努力被证明也不是完全成功的，因为国王仍然有权对某项司法判决作重新的评估。然而也发展了在国王面前听证的权利。因此，最高法院从常设机构发展为一个临时性的机构。在17世纪一些新的上诉法院陆续设立。国王的命令在过去通常是由国王及其顾问颁布。直到17世纪末一项重大的改革导致司法方面的事务都由一个叫公平校正委员会（Justice Revision Council）的组织负责。

斯德哥尔摩上诉法院的建立，为永久性司法机构的设立拉开了序幕。民事案件从乡镇法院上诉至公平法院（Justices' Court）再到上诉法院。而刑事案件则直接由乡镇法院上诉至上诉法院。

由于行政权力的扩张，一些学院陆续建立。它们经常被授权根据法律的精神帮助普通法院作出一些特殊的判决。其中一个名为“高等法院学院”(Chancery College)的学院，它担负裁决和复审职能，之后就转变为高等法院复审法庭，又于 1799 年被命名为上诉行政法院。

直到 1789 年高等法院职能分离的观念才得以实现。国王仍然有权在法庭上听审，但是这只有在很少的情况下才发生。高等法院建立的结果导致了将案件分为司法和行政两类，后一类仍由政府裁决。

19 世纪由于自由观念的迅速发展，带来了法院结构的简单化。古代的执行官法庭、法院书记处等一些特殊的法庭都被废止了。在 19 世纪，行政法院越来越多地承担上诉案件，到了 20 世纪其复审功能也有了发展，其判决主要针对涉税案件和行政案件。

在 20 世纪早期乡镇法院合并的议题已经被提出，但是直到 1971 年，这个建议才被采纳。自从那时起乡镇法院被地区法院所取代。

在上世纪初行政案件逐步上升使政府不堪重负。为了解决这个问题，最高行政法院于 1909 年成立。总的来说，这时最高行政法院的职责就是法律的适用，即对行政当局实施法律进行评判。完整体系的行政法院也逐步发展起来。改革工作直到 1979 年才正式完成。第一审行政法院一般称为郡行政法院（County Administrative Court），第二审行政法院一般称为行政上诉法院（The Administrative Court Of Appeal)。在 20 世纪瑞典还出现了一些新的特殊法庭。①

三、当今瑞典的法院系统概况

在瑞典，法院具有独立的地位，并且由国家的根本大法宪法保证其中立的地位。任何机构包括瑞典国会都无权决定法院如何审案。一个终审法官被政府任命后原则上是不能被解雇的。

瑞典没有宪法法院，然而在每个特殊案件中法院都有某种权力去查明成文法是否符合上位法的精神，这个叫做成文法检查（Statutory

---

① See Ministry of Justice, *The Swedish Judiciary—A Brief Introduction*, SE-10333 Stockholm, Sweden, pp. 4-8.

examination)。

法院可以分为普通法院和特殊法院。在瑞典有两个普通法院机构：普通法院和普通行政法院。这些机构由三级组成，普通法院包括地区法院，上诉法院和最高法院；而普通行政法院包括郡行政法院，上诉行政法院、最高行政法院。在这些法院机构之外还存在着一些特殊的司法机构，其中劳动法院就是一例。

普通法院处理的是刑事案件和个人之间的民事案件。在民事案件中占相当比例的是家庭法案件、离婚案件、子女监护权案件、子女配偶抚养案件。然而，普通法院也处理双方不存在争议的案件，例如，财产登记和抵押、遗嘱、不动产目录文件登记。基于法院应着眼裁决的观点，上述这些工作不属于法院的工作范围，所以，最近有人建议将这些工作交由行政机关完成。普通行政法院主要处理公权力主体与私人之间的争议。它包括税务案件、涉及精神疾病治疗的案件、戒除毒瘾和酒精等社会保障案件，这些案件通常是针对行政机关或者其他掌握公共管理职权的主体的。

特殊法院通常是处理特定民事案件的机构，设立特殊法院的目的在于在特定领域需要特殊知识来实现社会正义。但是依当今瑞典的司法发展来看，特殊法院的数量则有减少的趋势。

全国法院管理局（The National Courts Administration）① 已经设立，它是一个对政府负责的机构，主要处理有关法院日常管理、信息及培训事务，但是全国法院行政管理局是无权干涉法院的司法裁判的。②

第二题　瑞典行政法院体系

一、瑞典行政法院体系总揽

瑞典行政法院正式的称谓是“普通行政法院”。其主要职责可以

---

① 笔者这次写作的很大一部分英文资料都是由该局 Anna Kronander 女士提供。

② See Ministry of Justice, *The Swedish Judiciary—A Brief Introduction*, SE-10333 Stockholm, Sweden, pp. 8-9.

描述为维护公共管理领域法律的正确实施。有一些案子是直接针对普通行政法院的，但是大多数案件还是因为对行政机关的决定不服而提起诉讼。成文法典规定对行政机关的决定不服都可以上诉到普通行政法院。对这些案子主要是进行合法性审查。因此，普通行政法院的活动与行政机关的活动大不一样。对行政的审查主要可以分为三类：

第一类是占最大多数的，涵盖全国所有的行政机关。不仅仅是中央政府而且地方政府都会遇到此类问题，即它们的行政决定都会面临被诉至政府的某一特定机关。① 以前在法院审理案件之前作为政府是无权这么做的。但是到了 1988 年，经最高行政法院授权，政府可以对涉及公权力机关和私人之间关系的行政决定，进行审查。这种审查称为合法性审查。审查的结果是可以撤销先前的决定。但是最高行政法院仍有权撤销。因此这种审查决定应当属于法律性的评估。

第二类仍然是中央或者地方政府的决定，但是它们能被诉至行政法院。因为这些决定引起了私人和公权力机关之间法律上的争议。为了解决这些争议，行政法院可以就中央或者地方政府的决定的合法性包括合理性进行判断，并可以变更原先行政机关作出的决定。

第三类是地方政府②根据自治的权限作出的行政决定。在此区域生活的任何居民对此不服，可以向行政法院提起诉讼。但是法院对此审查仅仅是法律上的评估，而且判决形式只有撤销一种。

郡行政法院是普通行政法院的第一个审级。在瑞典全国共有 23 个郡行政法院，如同普通法院中的地区法院，它们规模差异较大。法官的设置也与普通法院中的地区法院相同。大多数郡行政法院审理行政案件均由一个专业法官和三个非专业法官组成。

行政上诉法院在普通行政法院体系中处于第二个审级。在瑞典全

---

① 类似于中国的行政复议。

② 瑞典全国划分为 24 个省和 284 个市政区。省和市政区都享有地方自治权。省议会和市政区议会均由当地选民直接普选产生，任期 3 年，与全国议会同时选举。省议会和市政区议会各自选出其执行委员会。执行委员会属于地方行政机关，专门负责行政管理工作。此外，省议会和市政区议会各设若干专门委员会，诸如教育委员会、环境保护和卫生委员会、交通委员会、娱乐委员会、人事委员会、财产委员会等，负责处理其分管的事务。从体制上说，瑞典地方政府属于议行合一的国家机关，而且自治权比较大。

国共有4个行政上诉法院。行政上诉法院的首席法官是行政上诉法院的院长。另外还有普通法官和各个庭的庭长。

行政上诉法院的最主要职责是对郡行政法院的判决不服提起上诉的案件进行审查。然而，在许多案件中需要对这些上诉案件进行上诉前的事先审查。另外，还有一些案件，行政上诉法院直接担任一审。例如，政府机关拒绝公开官方文件的案子。

行政上诉法院的判决往往由3名专业法官组成。但是在一些案子里，例如一些案子中涉及孩子的抚养问题，这时也有非专业法官加入法庭的审理。

最高行政法院是普通行政法院系统中最高的审级。现在，在最高行政法院共有17名大法官。在最高行政法院中至少有2/3的成员受过专门的法律训练。像普通最高法院一样最高行政法院也分为若干个庭，并相应的有若干个庭长，整个法院也有一个院长。

最高行政法院有5名大法官组成一个特别小组。当遇到事先审查的问题，就由他们当中的3名法官参加。他们的决定就代表了最高行政法院的决定，然而，并不是所有的案子都需要进行事先审查的。

最高法院和最高行政法院是可以创设先例的法院。如果这些法院的判例出版后，可以作为下级法院审判的指导。还应当提到的是最高法院和最高行政法院的大法官往往服务于一个名为“法律委员会”的机构。瑞典法律委员会的职责是在国会讨论法律草案前提出相关的法律意见。这个法律委员会通常有3名成员。他们可以对立法草案提出法律意见，但是这些意见对政府没有约束力。①

二、郡行政法院

郡行政法院瑞典语的表达为“länsrätt”，英文翻译成“county administrative court”。②它是属于普通行政法院体系中的一种。普通行政法院的主要任务是解决个人和国家机关之间的争议。其组织包括作为

① See Ministry of Justice, *The Swedish Judiciary—A Brief Introduction*, SE-10333 Stockholm, Sweden, pp. 13-15.

② Domstolsverket, *Ordlista För domstolsväsendet*, omtryckt av Jordruksverekets repro, Februari 2001, p. 43.

一审的郡行政法院、作为二审的行政上诉法院和作为终审的最高行政法院。目前，在瑞典共有24个郡行政法院，4个行政上诉法院，1个最高行政法院。

郡行政法院作为普通行政法院的一审法院意味着一般情况下，相对人对行政机关的行政行为不服，应当首先诉至郡行政法院。

郡行政法院雇用的人员有法官、书记员、终生官员、行政人员，同时也包括参与审理的非专业法官。

（一）郡行政法院处理的案件种类

第一类由郡行政法院处理的案件为涉税①案件。相对人对税务机关的行政决定不服可以向郡行政法院提起诉讼。这些案件包括财产税的评估、所得税和资产税的评估，还有增值税等。在涉税案件通常由24个郡行政法院作为初审，当事人不服可以诉至行政上诉法院。如果经最高行政法院事先审查小组3名成员同意，可以将案件上诉至最高行政法院审理。在最高行政法院审理的案件中大约有40%的案件为涉税案件。② 由瑞典行政法院处理的比较著名的涉税案件有瑞典女子高山滑雪明星佩妮拉·维贝里案，佩妮拉·维贝里于1992年至

---

① 瑞典是一个高税收的国家，第二次世界大战后，瑞典以高税收和高福利闻名于世，高税收支撑着高福利，高福利又使税收负担率长期居高不下。瑞典是世界公认的税收负担最重的国家，自20世纪70年代以来，税收总负担率一般为50%左右，最高税收负担率竟高达80%以上，远远超过了美、英、日等发达国家的税收负担。瑞典的税收政策目标为“福利国家”和“收入均等化”的实现。主要反映在以下两个方面：（1）通过法定的形式建立社会福利费提取制度，对发放工薪者（雇主）按发放工薪总额交纳34%的社会福利费和2%的工资税，以建立社会保险基金；（2）对个人征收所得税，采用累进税率，既可调节收入分配，又可为实现“福利国家”目标服务。从瑞典的税制结构看，瑞典的直接税主要由个人所得税、公司所得税、财产税、遗产和赠与税等组成；瑞典的间接税主要分为增值税和消费税两类。目前，增值税已成为瑞典最大的税源之一。据统计，增值税在瑞典税收总额中的比重一般达到35%左右。瑞典每年的财政收入至少有1/5左右靠增值税的征收取得。瑞典消费税（亦称选择税）一共有20多个，其中主要有能源税、汽油税、酒精饮料税、烟草税、证券交易税、机动车辆税和公路交通税等。

② See Paul B. Stephan Ⅲ, International Conference On Courts With Tax Jurisdiction, *Courts With Income Tax Jurisdiction: An International Comparison*, 8 Va. Tax Rev. 233.

1995 年在居住瑞典期间有 600 多万瑞典克朗的收入没有缴纳个人所得税。维贝里本人认为，她把这笔钱存入了在爱尔兰一个海岛上注册的“北欧明星管理公司”的账户，后者则按月支付她 2.5～3 万克朗的“工资”，因此这笔钱不能算是一次性收入，而与税务机关对簿公堂。瑞典首都斯德哥尔摩行政法院最终判决维贝里败诉。①

第二类为有关社会保障②的案件。对社会保障办公室（Social Insurance Office）作出有关社会保障的行政决定不服也可以诉至郡行政法院。通常包括工伤的赔偿、病痛补偿费、医疗费、伤残补助费等。

第三类为有关社会社会福利的案件。对市政社会福利委员会的决定不服也可以诉至郡行政法院，一般是有关社会救济金发放的案件。

第四类为有关年轻人管教的案件。由行政法院决定儿童或者 18 岁以下的青年（有时候也可能是 20 岁），是否需要在家庭教育之外

---

① 参见吴平：《瑞典偷漏个人所得税不容易》，载《市场报》2003 年 8 月 18 日。

② 瑞典有“福利国家橱窗”之称，其社会保障制度的形成大体经历了三个阶段。第一阶段是 19 世纪中期，瑞典议会经过辩论，正式通过并颁布了一项穷人有权享受社会救助，国家有义务提供此项救助的法规——《济贫法》。这标志着瑞典实行社会保障的开始。从此，被宗教团体当做自己主要职责的济贫，逐渐让位给了新兴的资产阶级国家，政府以征税的形式取得资财，对社会上的贫穷者实施救助。这就是瑞典实施社会保障制度的最初阶段。第二阶段是 20 世纪 30 年代，瑞典被卷入了世界性资本主义经济危机之中。执政的社会民主党在凯恩斯理论的影响下，积极主张国家干预经济生活，不惜以财政赤字大规模举办公共工程。政府还提出一系列自上而下的社会改革措施，如加强社会救助，实行免费医疗服务，实施失业保险，增加退休金，实行住房建筑补贴，扩大家属福利补助，增加雇员和雇工生活福利项目等。这样，以社会保险为主干的社会保障制度初步形成。第三阶段是在第二次世界大战之后。20 世纪 40 年代中期到 50 年代，瑞典政府颁布了不少有关退休养老金、子女补助、医疗保健服务、房租补贴、教育补助等新的法规。1956 年通过新的《社会救助法》，进一步明确了享受社会救助是公民的权利，而提供社会救助则是国家的义务。20 世纪 60 年代，一个比较完整的、以高福利而著称于世的社会保障制度在瑞典最终建成。瑞典社会保障制度的基本内容主要包括社会保险、公共福利和医疗保健三个方面。在瑞典，社会保险是社会保障制度的重要组成部分，居于主导地位，一般包括养老金保险、工伤保险、失业保险等项目。在社会保险项目的实施中，采取了权利与义务相结合的原则。参见金丽馥、石宏伟著：《社会保障制度改革研究》，中国经济出版社 2000 年版，第 47～58 页。

给予额外的管教。①

第五类为有关滥用酒精和毒品的案件。在有关滥用酒精和毒品的案件中，由郡行政法院决定是否对那些嗜瘾者给予必要的治疗。如果这些人对酒精和毒品达到滥用的程度，郡行政法院可以采取强制手段，让这些人接受治疗，以便破除其恶习。

第六类为有关精神问题的案件。郡行政法院还受理有关强制的精神治疗的案件。在有关精神问题案件中法院要考虑的问题是：某人是否需要接受强制的精神治疗和精神治疗的时间是否需要延长。在延长治疗的案件中，应由高级顾问向郡行政法院提出申请，法院根据病人自身的情况，最后由法院颁布延长许可。

第七类为有关政府的行政决定合法性的案件。每一个公民对市政府或者郡行政委员会的行政决定的合法性质疑都可以向郡行政法院提起诉讼。根据《地方政府法》，郡行政法院仅对地方当局决定的合法性进行审查，而不审查其合理性。而且法院只审理原告控诉部分的内容，即行政法院可以撤销地方当局的不正确决定，但无权代替其作出

---

① 1902 年的原儿童福利法令只适用于 15 岁以下的少年犯。1924 年修改的法令将儿童福利委员会的管辖权扩大为 18 岁以下的青少年犯。1934 年和 1944 年又进一步扩大，使得福利委员会在社会情势需要时可以处理 18 岁到 21 岁的青年犯。1944 年以前，检察官不得因为支持福利委员会所采取的措施而对 15 岁至 18 岁的青少年犯不予起诉。起诉的放弃是通过非正规的途径实现的，18 岁仍然是起诉的年龄上限。上面所述的发展，给社会福利委员会带来不断增多的青少年犯，包括那些犯有严重罪刑、有相当多的犯罪记录的青少年犯。这一情况引起社会对严格诉讼程序的要求，而且不限于剥夺自由案件。直到 1960 年修改儿童福利法令，有一股强烈的浪潮要求制定具备明显的法律性和用律师代理等形式体现的更坚固的法律保障的规范。于是，一种移送和上诉的特殊制度逐渐发展起来了。那些属于要剥夺自由的案件，通常移送给郡一级专门处理有争议的社会福利事宜的行政法院。如果案犯是 15 岁以上的青少年而其家长又不同意社会福利委员会所作的决定，通常就由行政法院处理。这种郡行政法院由 1 名学过法律并有司法经验的人为主席与 4 名或不少于 3 名由郡政府选举的非法律专业人员组成。法庭的审讯，虽然不那么正规，但是它的程序在最基本的方面还是符合正当法律程序要求的。参见［瑞典］奥拉·尼奎斯特著，吕苏译：《瑞典的青少年矫治方法》，载北京大学法律系国外法学研究室编：《外国少年司法制度与日本保护青少年条例选》，北京大学出版社 1982 年版，第 93 页。

具体的决定。①

第八类为其他由郡行政法院处理的案件。其他郡行政法院处理的案件有：吊销驾驶执照的案件、有关动物保护的案件、经营酒类的许可证的案件等。自从瑞典成为欧盟的一员后，它也适用欧盟法，例如，政府采购和农产品补贴方面的法律。②

虽然由行政法院受理的案件有以上这么多种，但是根据司法实践的情况来看，发生争议最多的为其中的两类案件，其一为涉税案件；其二为社会保险案件，两者总数接近行政案件总量的40%。（参见图1）

2001～2003年瑞典行政法院系统受理案件类型统计

	2001年	2002年	2003年
涉税案件	25 140件	25 210件	24 336件
社会保险案件	20 997件	21 686件	22 183件
其他类型案件	68 194件	72 833件	77 742件
总共案件	114 331件	119 729件	124 261件

图1③

（二）郡行政法院适用的程序

在郡行政法院，原则上案件由1名有法律职业资格的专业法官和3名非专业法官共同审理，在审理市政当局行政决定合法性的案件

① 例如，瑞典自然保护法第40条规定：对于市政府依据本法所作决定不服的，可向郡行政委员会提出申诉。对于除政府之外的其他行政管理机构依据第13条、第14·2条、第17条、第20条第2款、第21条、第22条、第24条、第24·1条及第39条所作决定不服而提出的上诉由行政法院受理（通过既决法庭程序已获得授权的情况除外）。参见瑞典《自然保护法》（此法于1964年通过，1996年进行了一次修订），载中国环境法网 http://www.riel.whu.edu.cn/ruleshow.asp? ID = 1276。

② See Domstolsverket, *The County Administrative Court*, 31 Maj 2005, p. 1.

③ 以上数据都可以从官方网站获得，网址为：www.dom.se。这里所指的行政法院系统的案件数，包括郡行政法院、行政上诉法院、最高行政法院案件数的总和。See Domstoksverker, *Facts about the Swedish Judiciary*, AB Danagårds Grafiska, April 2004, p. 1.

中，还有2名特殊成员协助，在财产税评估的案件中，一般由1名专业法官、1名评估专家、2名非专业法官共同审理。

案件通常是书面审。这就意味着当事人必须以书面形式向郡行政法院表达他的诉讼请求是什么，提出请求的依据是什么。另一方面当事人也必须以书面形式答辩对方的控诉，并可以要求第三人加入到诉讼中来。法院也可以决定开庭审理，以补充书面审理程序的不足。

开庭后作出决定。在由专业法官和非专业法官共同出席的庭审中，当事人双方质证，最后，法庭认定案件的事实情况，并给出一个结论。

开庭审。有关精神问题的案件、有关年轻人管教的案件、有关滥用酒精和毒品的案件原则上必须开庭审，但是如果明显没有必要的可以例外。其他案件如果出于案件的需要也可以要求开庭审。法院或者当事人一方可以根据案件的实际情况要求由书面审转为开庭审。庭审通常是公开的，但是法院也可以决定不开庭审理。法庭在审理时将传唤当事人双方、诉讼代表、公共顾问、证人、专家。如果需要的话，还有翻译人员。

等出席庭审之后，法庭将考虑如何判决。如果有不同意见，那就投票决定。专业法官和非专业法官都只有一票。

郡行政法院的判决可以当庭宣判，也可以由法院择日宣判，判决通常是邮寄送达，以书面形式送达到涉案的当事人。

当事人对郡行政法院的判决不服可以以书面形式上诉至行政上诉法院。郡行政法院应当告知当事人上诉的期限。上诉状通常是向郡行政法院提交，并由其决定是否在上诉期限内上诉。

上诉状应说明为什么对郡行政法院的判决不服和要如何改变判决，如果对郡行政法院的判决不提起上诉，判决将发生法律效力。

许多案件上诉至行政上诉法院都要进行事先审查，如果没有通过事先审查，那郡行政法院的判决就直接生效。

（三）郡行政法院的法律援助等

作为一项规则，每个人在郡行政法院都有权获得辩护，法院也有某种责任帮助当事人并给予意见和指导。在郡行政法院有政府律师和法律援助等形式为当事人提供帮助。向郡行政法院提起诉讼之时，当事人也可以获得相关法律意见的帮助。郡行政法院之所以要提供法律援助因为在有些时候政府权力会或多或少地干预，法律援助的介入可以使调查全面、充分地进行。

政府律师通常是律师事务所的执业律师或者律师助理，是在某些特定案件里为当事人提供免费法律帮助的专家。其办案的费用则全部由国家支付，在有关精神问题的案件、未成年人管教的案件、滥用酒精和毒品的案件中，法庭通常会指派政府律师。

在郡行政法院的某些案件中如果没有被指派政府律师的话，可以寻求专业律师的帮助，国家将为其支付费用。提供法律意见的帮助，由法庭指派的律师为其提供不多于2小时的法律服务。

有关补充的问题。当事人因出庭所支付的车马费、住宿费、证人费用、误工费都可以向法院提出请求。在许多案件中法官向当事人征询索赔有关费用的意见。①

三、行政上诉法院

行政上诉法院瑞典语的表达为“Kammarrätter”，英文翻译为“Administrative Courts of Appeal”。② 行政上诉法院是郡行政法院的上诉法院，负责受理当事人对郡行政法院判决不服的案件的再审和受理部分直接由行政上诉法院受理的案件。因为当事人对郡行政法院的判决不服的案件的再审其受案范围直接由第一审决定，所以和郡行政法院的受案范围重复，并且程序也大致相同，所以在这里也就不赘述了。

这里主要介绍一下直接由行政上诉法院受理的案件。

主要有三类案件：③

第一，涉及批准或者拒绝建设许可证的案件。这些案件许可主要是涉及建筑的位置和设计等问题。

第二，有关秘密的案件。原则上只要不涉及国家秘密公民都有权获得公共信息。在一审中法院要行政机关再次考虑是否公开相关信

---

① See Domstolsverket, *The County Administrative Court*, 31 Maj 2005, p. 2.

② Domstolsverket, *Ordlista För domstolsväsendet*, omtryckt av Jordruksverekets repro, Februari 2001, p. 44.

③ See Domstolsverket, *The Administrative Court of Appeal*, 31 Maj 2005, pp. 1-3.

息，如果行政机关坚持不公开的话，可以上诉到行政上诉法院。①

第三，有关自然保护案件。当事人对除政府以外的行政管理机构作出的决定不服的，可以向行政上诉法院提起诉讼。②

另外，行政上诉法院还有一个特别的制度就是上诉法院中法官的任职经历制度。根据 1998 年上诉法院和行政上诉法院实习活动法案原先的见习报告书记员制度将被新的制度取代。新法案规定在 1998 年 12 月到 2000 年 12 月间要取得行政上诉法院记录书记员资格就必须在地区法官或者郡行政法院任职一段时间。

在行政上诉法院担任一段时间的记录书记员之后才有资格被任命为报告书记员。自从被任命为报告书记员之日起，就开始了真正的法律生涯。郡行政法院的报告书记员就像法官一样独立办案。等完成郡行政法院的报告书记员的经历就可以获得行政上诉法院的任职资格。再经历 9 个月的见习期之后，就可以被任命为行政上诉法院的正式法官（参见图 2）。

郡行政法院记录书记员 → 行政上诉法院记录书记员 →

郡行政法院报告书记员 → 行政上诉法院任职资格 → 正式法官

图 2③

---

① 《出版自由法》第 15 条规定，如果公共机关作出决定拒绝一项要求查阅官方文件的申请，或者虽然允许申请人查阅文件但不准其透露文件的内容或者以其他方式使用文件，申请人可对公共机关的决定提起上诉。如果决定是部长作出的，则上诉向内阁提出；如果是其他公共机关作出的，则向（行政）法院提起，由（行政）法院进行司法审查。参见周汉华主编：《外国政府信息公开制度比较》，中国法制出版社 2003 年版，第 30 页。

② 瑞典自然保护法第 40 条规定：对于市政府依据本法所作决定不服的，可向郡行政委员会提出申诉。对于除政府之外的其他行政管理机构依据第 13 条、第14·2 条、第 17 条、第 20 条第 2 款、第 21 条、第 22 条、第 24 条、第 24·1 条及第 39 条所作决定不服而提出的上诉由行政法院受理（通过既决法庭程序已获得授权的情况除外）。

③ See Domstolsverket, *The Administrative Court of Appeal*, 31 Maj 2005, pp. 1-3.

四、最高行政法院

瑞典最高行政法院在瑞典语中的表达为："Regerinsrätten"，英文翻译为"The Supreme Administrative Court"。① 瑞典最高行政法院是法律上最高审级的法院，它受理来自四个行政上诉法院的上诉案件。此外，最高行政法院还受理对专利权申诉法院裁决不服案件的上诉。②

不是所有的上诉案件都必须经过最高行政法院的审理。原则上，最高行政法院只审理有类似先例的案子。行政上诉法院也可以将自己不能纠正错误的案件交由最高行政法院审理。一般来说，最高行政法院接受案件后即要对案件进行全面的审理，但是也有部分审理的。此外，由检察总长和国会调查官提起的有关对违反职业纪律的医生进行处罚和限制的案件，可以不经过最高行政法院的事先审查程序，而直接进入审判程序，但是有关电影安全执照的案件除外。

在实践中行政上诉法院是大多数案件的最高审级。只有很小一部分的案件被允许上诉到最高行政法院。即使郡行政法院的上诉案件也要经过上诉法院批准，才能被行政上诉法院审理。

最高行政法院最重要的任务就是通过个案设立一个先例指导下级法院和律师如何适用法律。在普通最高法院，其任务也是创设先例，为刑事案件、民事案件如何适法提供指导性意见。

最高行政法院通过创设先例可以使相类似的案件得到相似的处理，并总结出法的一般原则，但是在许多案件中案情太过复杂，以至于很难总结出一个明确的处理原则。最高行政法院的判决对后继案件的审判都会产生重要影响，所以其经常给出许多原则，从而指导其他案件的审理。

---

① Domstolsverket, *Ordlista För domstolsväsendet*, omtryckt av Jordruksverekets repro, Februari 2001, p. 44.

② 瑞典 1997 年《植物育种家权利保护法》第 6 条规定：对于国家植物品种委员会之裁决得从裁决日起 2 个月内向专利权申诉法院（Court of Patent Appeals）提起上诉。对于专利权申诉法院之裁决得从裁决日起 2 个月内向最高行政法院（The Supreme Administrative Court）提出上诉。关于最高行政法院之申请可以适用行政程序法（Act on Administrative Proceedings）第 35 ~ 37 条之规定。专利权申诉法院在裁决中将明示欲上诉至最高行政法院的案件必须取得特别授权及其取得条件。

最高行政法院审理的案件主要有涉税案件、社会福利案件、学生助学金案件、建筑施工案件、驾驶证案件、地方政府立法的合法性审查案件。在瑞典，最高法院和最高行政法院不像其他国家没有宣布法律和命令无效的权力。但是另一方面无论是最高法院，还是最高行政法院，甚至是其他法院和行政机关在具体案件中发现与宪法或者上位法抵触的情况，可以拒绝适用。

国会和政府立法如果明显错误可以不被采用。中央政府的案件一般都由最高行政法院决定。其他案件则一般由行政上诉法院决定。

这种机制称为司法审查。要在最高行政法院进行司法审查，则必须是涉及公权力和个人争议的案件，其他案件一般不被受理。如果最高行政法院和行政上诉法院发现行政机关的行政决定违法或者存在明显的错误，可以宣布行政决定无效，并将案件退回作出决定的行政机关。司法审查这种机制是满足欧洲宪法关于保护人权和公民自由并将其案件提交法院的权利。当今瑞典已经将欧洲宪法的规定融入到瑞典的成文法当中，持续传递的权利（A Continuous Transfer of Competency）要求对于政府案件都能被诉至行政法院接受审查。①

最高行政法院和行政上诉法院目前主要审查对行政决定不服的案件和最高层次的政府、行政机关、法院因诉讼时效中断重新启动程序的案件。最高行政法院和行政上诉法院的审查都是属于司法审查。如果一个案件要进入司法审查程序，则必须是有新的事实或案件庭审和裁判过程中有明显的错误。诉讼时效中断的重新启动当事人则必须有

---

① 1994 年瑞典基本法之一《政府组织法》第 10 章第 5 条规定：议会赋予欧洲共同体制定决定的权利，只要这种权利是旨在保护与《政府组织法》和《欧洲人权公约》所保护的自由和权利相一致的自由和权利。议会作出这样的授权应当以通过基本法一样的方式即出席和参加投票议员的 3/4 为基础。据此，凡欧洲共同体所作出的各项保护自由和权利的决定，在瑞典都当然具有宪法权利的特性。值得注意的是，在瑞典参加的另一个国际组织，即欧洲理事会，瑞典政府也承担了接受欧洲人权法院裁决效力的法律义务。在过去的几十年中，瑞典政府总共在欧洲人权法院输了 20 件官司。其中最有影响的一起案件涉及公平审判的问题。欧洲人权法院作出的改正判决迫使瑞典议会于 1988 年制定了关于《行政决定司法审查法》，该法律给予公民在受到政府或公共团体侵犯时且在法律上没有其他救济途径时，可以向行政法院提起诉讼，这一判决很好地推动了瑞典国内的司法改革。

不可预见并且可以宽恕的理由。

最高行政法院的成员被称为大法官。根据法律，最高行政法院应由 16 名大法官组成，但是如果有需要可以再增加。现在大法官人数为 18 名。法院共分为 3 个部门，分别审理各种案件。通常如果一个部门的法官要作出与以往判例相左的判决时，需要将案件交由最高行政法院全体成员组成的小组讨论。

批准复审或者重审简单案件如申请新的判决等一般只需 1 名大法官，而不是 3 名。诉讼时效中断，复审案件一般由 3 名大法官审理。有些案件为 1 名。大多数案件是根据作出行政决定的案卷进行审理。有时候也有言词辩论，并且通常都在斯德哥尔摩进行。一些案件最高行政法院也可以在不同的地方开庭。这些案件主要是一些有关财产、场所，物证需要在当地验证的。

在最高法院出席案件的双方必须是律师或者经特别授权的人，每一方当事人都有陈述己方观点的权利。

大法官由政府任命，并一直服务至退休为止。最高法院法官的职位不需要申请。它是由最高法院的成员秘密推选的。大多数大法官具有法律背景并且之前服务于其他法院。其中也有部分成员来自议会。其中有 1 名大法官来自于 1 名大学教授。现在最高法院迫切需要来自不同背景的人员加入其中，特别是那些专业性很强的案件。

最高行政法院的大法官都配备 1 名秘书，负责向大法官提交判决的意见。秘书必须是大学法科的毕业生。秘书的工作经验可以作为法律职业生涯的一部分。

最高行政法院每年都出版一本判例集，并且公布各种有关判决的数据。①

第三题　瑞典行政法院适用的主要法律介绍

一、《审判程序法典》

在 1971 年之前瑞典行政法院在审判活动中适用得最频繁的法律就是瑞典《审判程序法典》（The Code of Judicial Procedure）。瑞典《审判程序法典》从 1948 年制定一直使用至今。这部法典相对于以

---

① See Domstolsverket, *The Swedish Supreme Administrative Court*, 31 Maj 2005, pp. 1-2.

前的法典有了较大的突破。这部法典的目的是排除旧有系统中存在的一些弊病，其中之一就是诉讼时间过长。

《审判程序法典》设立了一些程序法的基本原则。第一，最大程度保证全面地检查证据。第二，陈述原则。这意味着证人必须亲自到场，而不能由一方当事人宣布证人证言。第三，直接原则。这意味着判决的事实认定必须依赖当庭的认定。如果当事人一方举证的事实已经在事先的调查程序中发生，还是有必要在法庭上当庭再次举证，这样才能成为法庭认可的事实。直接原则要求证据必须以直接的形式提交法院。在庭审过程中漫长的拖延是不被允许的。第四，公开原则意味着普通法院的庭审应当向公众公开，除了个别例外情况。

在相当长的一段时间内，司法机关发现在一些案件中适用上述原则非常困难。其中一个原则是在 1948 年前很多程序中都是没有的。在 1987 年程序法修改之时增加了一些例外情况，以保证在一些特殊案件中上述原则也都能得到保证。

因为行政法院在审判活动中适用与普通法院相同的法典，所以，行政诉讼的程序与民事诉讼的程序也别无二样。① 具体来说，每一个

---

① 因为早期瑞典的法庭审判不分行政案件和民事案件，瑞典理论界认为，民事程序（包括行政程序）有两个目的，即个人目的和公共目的。但是实践中两者的区别并不是很大。公私利益经常是同时存在并且重叠，一方受益另一方同时受益。公私利益朝着趋同的方向发展。法律领域也出现公私法合并的趋势。私法也经常扮演补充国家、市政当局监督管理不足的角色。因为公私利益的一致性，程序的公私两种属性都得以保存。行为一旦作出之后，非经个人同意或者法院宣判任何人都不得改变原有状况。这种公私利益并存的模式在瑞典民事程序中并不矛盾，就像刑法中“控制犯罪”和“正当程序”两个原则，虽然相互竞争但是并不矛盾。因此，有效的冲突解决模式导致行为模式的修改，反之亦然。两种目的的并存导致民事程序具有最大程度实现实体法价值的功能。这与刑事程序的目的相似但是不一致，即：实现刑法的潜在价值，然而，需要强调的是，这里没有用最大程度这个词语。因为犯罪控制的有效性还必须考虑到无罪的人不被追究。正因为如此才产生了正当程序原则的概念。刑事程序的两个目的既相互矛盾，但是它们又相互统一。正因为以上的功能，所以早前瑞典的民事程序也要对政府部门的行为进行控制。瑞典法院有权依据民事程序在有限的范围内对政府进行司法审查。即对法案、行政法规、行政决定进行审查。根据瑞典的宪法，法院有权在具体案件中不适用违宪的法律和规则。但是如果是国会的法律，法院必须证明其明显违反宪法。See Per Henrik Lindblom, *Individual Litigation and Mass Justice: A Swedish Perspective and Proposal on Group Action in Civil Procedure*, 45Am. J. Comp. L. 805.

行政案件都必须经过准备程序。准备程序由 1 名法官主导。在准备程序中可以是书面的，也可以是口头的。准备程序是庭审前必需的程序，目的在于保证庭审能顺利地启动。

案件由原告提起诉状而启动。在起诉状中原告必须提出自己的诉讼请求和其所依据的事实。原告还必须进一步提出书面证据证明他主张的事实。如果有法定的阻却事由或者起诉状不能满足特定的要求，法院将驳回原告的诉讼请求。如果原告的诉讼请求明显没有根据，法院可以当场驳回；否则，法院要传唤被告。在准备程序中法院可以决定是书面审查还是当面审查。被告要提交答辩状，答辩的内容必须针对原告的诉讼请求，并要附上根据。通常，法院会指定一个答辩的期限。

这里需要强调的是，法官有很大的裁量权选择在准备阶段是使用书面审还是口头审。两种不同审查方式的区别是前者在整个审查过程中都是书面形式，而后者至少有两次要公开审理。

如果被告不能答辩或者当事人不参加庭审，法官将会作出一个叫“缺陷裁决”的文件。这通常意味着原告的诉求已被法官认可。在这份裁决中法官并未在真正意义上就原告的诉讼请求做了审查，当事人一方因这种缺陷被判败诉的可以要求恢复，就从准备阶段重新开始。如果公诉案件双方因上诉缺陷被判败诉，就失去了重新恢复的资格。

法院的有些裁决是不经过庭审的。例如，增加原告的案件，当事人双方和解的案件，或者希望法院作出调解的案件，经当事人双方同意可以书面审的案件，出于案件本身的特点并不需要开庭审并且当事人也没要求必须开庭审的也可以书面审。

在其他案件中往往是在庭审之后作出决定。如果双方当事人同意在准备阶段过后紧接着就开始庭审，这样双方就没有必要重复在准备阶段所提供的材料。否则，就要举行正式的庭审。

在技术上，庭审主要包括三个部分：提出诉讼请求、举证、辩论。直接原则要求当事人在提出诉讼请求时应完整地陈述事实。通常情况下，证人应到庭参加诉讼，但是在一些特定的案件中也有通过电话进行听证的。

在诉讼中胜利一方往往有权要求失败一方承担诉讼费用。由当事人各自承担诉讼费用的可能性非常小，如果当事人部分赢得诉讼，诉讼费用也应相应地调整。根据规定，诉讼费的承担应由法官裁决，原被告的职责是负责举证。

很自然地，在最高行政法院这一审级准备程序很少被采用。几乎毫无例外地都是采用书面审查。而另一方面，庭审的规定则是与下级法院一致。虽然也采取开庭审的方式，但是案件的裁决使用书面材料审查的可能性要大于地区法院。另一个重要的规则是如果最高行政法院不开庭质证，是不能推翻下级法院所认定的事实的。在理论上，当事人在上诉时不能再提出新的事实和证据。

如果争议的数额只有规定金额的一半，一些特别的规则就将适用。当审理那些简单的案件时，法院通常由 1 名专业法官来审理，原则上胜利一方也无权要求败诉一方承担诉讼费用。如果要上诉的话，事前的审查是必须的。

在某种程度上，一方当事人有权获得法律援助。法律援助最简单的形式是律师或者律师助理给当事人提供必要的法律意见。法律意见涉及各种法律事务，咨询通常可以达 2 小时。这种法律援助通常是在庭审之前。在大多数案件中，法律援助意味着由国家支付法律咨询和举证的费用。如果当事人的收入超过某一个额度后，国家就不提供法律援助。通常当事人如果买了法律保护的保险或者有类似保障措施的国家也将不提供法律援助。如果当事人原本应当有某种法律上的保障，但是自己放弃了，国家也不提供法律援助。另外，法律援助的理由必须是合理的，费用是国家可以接受的。如果援助申请被批准，个人必须支付一定比例的费用，以使程序能够启动。个人支付的比例要根据他本人的经济状况逐案审定。法律援助不包括因败诉承担的诉讼费用。

当今大多数瑞典人都买有诉讼保险，这些保险通常包括在房屋和交通综合险中。诉讼保险包括各种花费及律师费，还包括败诉方应向胜诉方承担责任应付的费用。诉讼保险通常规定投保人应承担 20% 的费用，这并不因个人的经济状况有所差异。此外，保险都有一个最高额。①

---

① See Ministry of Justice, *The Swedish Judiciary—A Brief Introduction*, SE-10333 Stockholm, Sweden, pp. 25-29.

根据规定，普通行政法院主要是对案件进行书面审，必要时也可以开庭。在郡行政法院和行政上诉法院（不包括最高行政法院），如果当事人要求开庭或者有开庭的必要，法院就应当开庭。因为不适用直接原则，所以法院可以根据涉案的所有材料作出裁决，而不需要顾及是否经过庭审。但是法院有责任确保案件的调查要符合正义的要求。

在一些特定案件中主要是涉及精神病、毒品和酒精滥用、未成年人的强制命令，当事人有权委托政府律师为其提供法律帮助。这些律师大多数是瑞典律师协会的会员，其劳动报酬由国家支付。

在行政诉讼中费用相对不是很贵，因为其主要是书面审，使费用控制在较小的范围内。原则上，胜诉方不能要求败诉方承担诉讼费用。①

二、《行政法院程序法》

可以说之前在瑞典双方当事人发生争议，几乎毫无例外地适用《审判程序法》。自 1971 年后，在普通行政法院审理案件则适用特定的程序。其中最重要的法律是 1971 年的《行政法院程序法》（The Administrative Court Procedure Act）。② 该法共 53 条，分为 11 个部分。

第一部分为法律适用范围，该法第 1 条和第 2 条分别规定："该法案适用于最高行政法院、行政上诉法院、郡行政法院。""如果该法案与成文法或者政府颁布的法规相冲突，应当优先适用后者。"

第二部分规定了案件受理要遵守的规则，共 5 个条文。

该法第 3 条规定，"案件的起诉、上诉、通知、提交等都应当是书面形式。私人一方（相对人）提交起诉状或者上诉状应当由本人或者其诉讼代理人完成。起诉状或者上诉状中应当包括下列内容：职业和民事登记号码或者组织号码；家庭住址和单位地址，或者其他可以被送达的地址；家庭电话号码或者工作单位的电话号码，虽然电话号码可能涉及隐私，但是如果法院需要的话，还是应当告之；其他重

---

① See Ministry of Justice, *The Swedish Judiciary—A Brief Introduction*, SE-10333 Stockholm, Sweden, pp. 33-34.

② 本章引用的《行政法院程序法》为英文版，由 Vlrikvon Essen 先生提供。

要事项。如果私人一方的诉讼行为是由诉讼代理人代行的话，那么应当提供诉讼代理人的相关信息，即诉讼代理人的姓名、邮寄地址、电话号码。另外，如果案件涉及第三方的，申请文件或者上诉状中应列明第三方的相关信息如第三方的单位、电话号码、诉讼代理人等。但是，这里有一个前提就是当事人不需要特别的调查。如果当事人不能收集到相关信息，可以提交调查申请。法律规定应提供给法院的信息应详细提供。如果这些信息发生变化或者提供的信息不完整或者不正确，当事人应当及时通知法院”。第 4 条规定：“起诉状或者上诉状或者类似文件中应当有具体的诉讼请求和诉讼理由。如果是上诉，还要说明对法院判决的哪些内容不满。如果上诉需要事先审查的，还需要提供其他相关信息。在起诉状或者上诉状中还应当列明各种证据和证据要证明的事实。”第 5 条规定：“如果起诉状或者上诉状不完整，不能达到可以判断事实的最低标准，法院则会要求当事人在特定时间内补正。否则，其申请将会被驳回。这个规则同样适用本法第 3 条，除非遗漏的内容是一些琐碎的事项，对案件的审理影响不大。”第 6 条规定：“一些案件如果超过法律规定的期间不起诉或者不上诉，法院将不再受理。”第 6 条 a 规定，“起诉应当以作出行政决定的机关为被告。原告应当在 3 个星期内提起诉讼，如果起诉一方是国家机关，3 个星期内不提交诉状，那么郡行政法院或者行政上诉法院就颁布原行政决定生效的命令。起诉的审查机构要查明起诉是否在规定时间里提起，如果没有在规定时间里提起诉讼，除非发生了以下事实，起诉将会驳回：如果当事人没有及时起诉的原因是因为有关机关没有告知如何起诉的事实。另外，按照正常情况法院应当收到起诉状，但是由于其他客观原因法院未收到的，在这种情况下法院也不能驳回起诉。在这种情况下，法院应当将情况告知对方。如果，当事人的起诉没有驳回，有关机关应当将所有与案件相关的文件都提交给法院。但是这不适用《行政程序法》第 28 条规定的起诉暂停的情况”。第 7 条规定：“如果根据案件的情况，郡行政法院或者行政上诉法院认为不适宜由其受理的案件，而应由其他法院受理的，应当将案卷转交其他法院。但是，这一切的前提为起诉一方不反对转交或者没有其他正当理由反对转交。文件转交的日期应视为被转交法院的受理日。”第 7 条 a 规定：“如果私人一方反对行政机关的决定，将现在机关告上法院，那么行政机关就成了案件的另一方当事人。第 1 款的内容不适用于直接由行政上诉法院受理的案件。”

第三部分规定了法庭审理的程序问题，共 12 个条文。

该法第 8 条规定：“法院应当保证案件能够得到公正的调查。如果必要法院应当指出调查是如何进行的。不必要的调查申请将被法院驳回。”第 9 条规定：“程序应当是书面的如果对调查更为有利或者能更快地审结案件，法院也可以在某些特定案件中开庭审理。如果私人积极要求开庭审理并且又没有理由认为其要求不合理，郡行政法院和行政上诉法院应当开庭审理。”第 10 条规定，“起诉状或者上诉状等其他法律文件在提交法院的同时，应当将副本交由对方当事人。法院的立案部门告知案件判决的具体日期。如果遇到第 1 款的情况法院应当通知当事人，但是以下情况例外：有足够的理由确信当事人已经得知；通知当事人明显没有必要的；如果对方当事人是行政机关的，可以不通知；如果通知妨碍行政决定的执行的”。第 11 条规定：“当事人答辩应当以书面形式进行，除非法院决定开庭审理。当事人一方应当回答是否同意或者要反驳起诉状的内容，是否得到了通知。如果当事人要反驳起诉状所指的内容，应当举出必要的证据。答辩应当包括涉案的细节。”第 12 条规定：“法院会指定一个答辩的期限。法院也会要求当事人对即将作出的判决做一个陈述。”第 13 条规定：“如果必要，法院将调取行政机关在作出行政决定之时的意见。”第 14 条规定：“原告、被告还有有义务回答问题的人都应当出席庭审。私人一方因不出席庭审造成阻碍诉讼程序进行的，将要被处以罚金。行政机关一方则是要求法定代表人出席庭审。如果原告、被告或者有义务回答问题的人通过电话出席庭审的，适用《审判程序法》第 42 章第 10 条的规定。”第 15 条规定：“私人一方出席庭审或许可以从公共基金中得到差旅费的补偿，但是前提是法院认为这些支出是合理的。法院也可能支持更多的费用支出。具体的实施办法由政府规定。”第 16 条规定：“有关公共获知庭审信息的内容，适用《审判程序法》第 5 章第 1 条至第 5 条还有第 9 条的规定。原则上法庭中的谈判协商应公开进行，但是要适用保密法的除外。”第 17 条规定：“庭审应当有书面记录，记录报告应当记录庭审的过程和证据调查的过程。记录还应当包括当事人在法庭的各种行为如提出诉讼的请求、同意、反对、承认等。”第 18 条规定：“在案件判决前，当事人都有最后陈述的机会。”第 19 条规定：“本法第 10 条第 1 款、第 12 条至第 18 条，如与保密法第 14 章第 5 条抵触，优先适用后者。”

第四部分规定了特定的证据材料，共 8 个条文。

该法第 20 条规定：“书面文件中提及的证据应当及时提交法院。有关事项适用《审判程序法》第 38 章第 1 条至第 5 条和第 7 条至第 9 条的规定。但是诉讼补偿则不是从另一方当事人处获得，而是从公共基金中支取。”第 21 条规定：“如果反驳意见中引用了证据，那就必须及时提交法院。相关事项适用《审判程序法》第 39 章第 5 条关于证据的规定。”第 22 条规定：“如果当事人有书证或者物证，法院会制定一个具体的日期让其提交所有的证据。”第 23 条规定：“在一些证据不便于带到法庭的案件中，可以在证据所在地开庭。根据上述逻辑，商业秘密只有在有足够理由需要披露的情况下，才可以公开。”第 24 条规定：“法庭中还经常需要行政机关的专家或者官员发表他们的看法。相关条文适用《审判程序法》第 40 章第 2 条至第 7 条、第 12 条的规定专家出庭的费用由公共基金支出。”第 25 条规定：“法院可能作出一个命令要求询问证人或者专家。询问通常是在庭审中进行的。在询问前证人要经过一个作证发誓的程序。有关部分适用《审判程序法》第 36 章第 1 条至第 18 条和第 20 条至第 23 条、第 40 章第 9 条至第 11 条、第 14 条、第 16 条、第 20 条关于证人作证的部分。证人或者专家通过电话参加庭审适用《审判程序法》第 43 章第 8 条第 4 款的规定，本法关于通知、命令和批准出席等事项，不适用于通过电话参加庭审。”第 26 条规定：“证人或者专家因出席庭审都会从公共基金中得到补偿。法院或许还会支付给证人或者专家的差旅费和相应的补偿。具体的补偿规定由政府颁布细则。私人一方申请证人或者专家出席，但是庭审不能证明其要求是合理的，那么法院可能要求私人一方自己承担证人或者专家的费用。”第 27 条规定：“如果郡行政法院认为其他的郡行政法院进行询问证人或者专家更为合适的话，可以由后者进行，并依据其询问的结果进行判决。相关条文适用《审判程序法》第 35 章第 10 条、第 11 条的规定。”

第五部分规定了判决，共 5 个条文。

该法第 28 条规定：“法院应当就起诉的内容进行审查，判决是否需要立即执行。”第29条规定：“法院的判决原则上不能超过原告要求的范围。但是，基于特殊的理由，法院会作出更有利于私人一方的判决，前提是不损害对方当事人的利益。”第30条规定：“法院的判决应当基于已有文件和案件中已公布的事实。判决应当说明得出结果的理由。”第31条规定：“法院的判决应当包括合议庭所有人的意见，包括反对者不同的意见。法院判决还可以包括要求当事人注意的相关信息。如果上诉需要特殊的事先审查，判决中就必须包含这些内容并告知如何才能通过事先审查。”第32条规定：“法院如果认为判决书或者裁定中有明显错误，或者有笔误，或者计算错误等都可以纠正。如果法院的判决有疏漏的，可以在6个月内作出补充裁定，并且裁定具有法律效力。但是，如果补充裁定作出时间超过了规定的时限，那么只有一方当事人提出，并且另一方当事人不反对的情况下才能生效。在纠正判决和补充判决作出之前，在其他案件中的当事人也有机会表达他的意见。如果有需要，判决应当注出每一个改动过的地方。”

第六部分规定了上诉，共2个条文。

该法第33条规定：“对郡行政法院的判决不服可以上诉到行政上诉法院。对行政上诉法院的判决不服可以上诉到最高行政法院。当事人对判决不服，可以以对方当事人为被上诉人，提起上诉。上诉过程中可能还有一个事先审查的程序，如果不能通过事先程序就不能提起上诉。如果当事人在起诉过程中超过诉讼时效，在上诉中，法院原则上也不会同意其上诉的请求。”第34条规定，“在上诉过程中法院只有在案件没有作出判决之前，可以作出以下行为：驳回对合议庭组成人员不服的要求及其他认为阻碍诉讼行为的要求；解雇诉讼代理人或者顾问；对案件中悬而未决的事项作出命令；要求某人以其他方式加入到诉讼中来，如果被要求者不服从法院的判决，那他将受到某种制裁；法院将会对不遵守法院命令的人处以罚金，对严重违反法庭程序的人处以刑罚，并且要求其承担证人和专家出席的费用；作出某种调查的命令，作出保护某人或者财产的命令；要求承担某人出庭的费用的命令；在法庭发言的相关事项适用1996年《法律援助法》和1996年《公共律师法》的规定；有关诉讼时效的特别规定适用1978年《税收、关税、李维斯安全法》的规定”。

第七部分规定了行政上诉法院上诉前的事先审查，仅 1 个条文。

第 34 条 a 规定，“事先审查是行政上诉法院对郡行政法院的行政案件不服提起上诉，设置的一个程序。这也可以适用于郡行政法院对某种与案件直接相关事件的审查。但是，如果是议会监察专员或者司法部长采取行动的案件就不需要进行事先审查。能通过事先审查的理由如下：如果由上级法院受理上诉案件，对指导法律适用非常重要；有理由认为郡行政法院的判决需要修正；有其他理由认为需要上诉的。如果不能通过上诉前的事先审查，郡行政法院的判决就产生法律效力。这些信息都会在行政上诉法院的裁定中体现”。

第八部分规定了最高行政法院适用的特别规则，共 3 个条文。

该法第 35 条规定，“对行政上诉法院的判决不服，提起上诉，必须要经过最高行政法院的事先审查，才能进入上诉程序。如果不能通过事先审查，行政上诉法院的判决就发生法律效力。这些信息都会体现在最高行政法院的裁定之中。如果有以下事项就不适用第 1 款的规定：由议会监察专员或者司法部长采取行动的案件、有关健康和医疗职业的案件、有关牙科服务的案件、有关药品零售的案件、兽医服务的案件；司法部长采取行动的案件，其主要依据为 1973 年的《信用信息法》、1974 年的《债务恢复法》、1998 年的《公共剧院监督法》”。第 36 条规定，“符合以下条件就能通过事先审查：由最高行政法院进行上诉审有利于法律的适用，即对下级法院有指导作用；如果有特别的理由需要最高行政法院进行上诉审的，例如案件存在着实体上的缺陷、行政法院判决存在着重大疏忽和重大错误的。如果类似案件通过事先审查，其他案件也可以类推适用。事先审查一般是对案件的某些部分进行审查，而不是全面审”。第 37 条规定：“在最高行政法院的事先审查程序中，如果上诉人提出新的事实和证据的，必须要有特殊的理由，否则法院将不予采纳。关于提交新的事实和证据的规定可以参照 1991 年《地方政府法》第 10 章第 10 条。”

第九部分规定了实体缺陷和超过诉讼时效的救济。

该法第 37 条 b 和第 37 条 c 分别规定：“如果有特别事实和理由可以证明案件存在实体上的缺陷，法院可以对案件进行重审。”“由于某种事实致使上诉超过时效，如果法院认为其理由合理，时效可以中断。”

第十部分规定了罚则，共 3 个条文。

第 38 条规定："某人如果在庭审中扰乱法庭秩序或者在法庭上拍照或者违反其他有关法庭的规章，将根据本法第 16 条和《审判程序法》第 5 章第 9 条被处以罚金。某人在法庭以口头形式或者以书面形式对法院发表不适当的言论，将被处以相同的罚金。"第 39 条规定："某人如果没有法律依据披露根据法院命令不应当披露的事实，也将被处以罚金。"第 40 条于 1987 年被其他法律所取代。

第十一部分为其他事项，主题较为分散，共 13 个条文。

第 41 条规定："有关合议庭组成人员不适格的处理，适用《审判程序法》第 4 章的规定。"第 42 条规定："法院对违反程序承担责任和处以罚金等事项应当依照本法执行。"第 43 条规定："原告、上诉人或者案件的其他当事人都有权见证案件的全过程，除非是遇到 1980 年《保密法》第 14 章第 5 条规定的情形。"第 44 条规定："文件或者通过邮局急件要送达到合格官员才能算收到。如果是用电报通知的，必须要等到收发室的工作人员通知合格的官员签收，才能认定为送达。如果文件或者通过邮局急件在送达过程中耽搁了，送达日从合格的官员收到文件的第一个工作日起算。电报等信息的传递不需要当事人签收，除非法律有特别规定。"第 45 条规定："如果当事人由于特殊情况不能参加庭审，应当立即将情况报告法院。"第 46 条规定："《审判程序法》第 32 章第 6 条规定的事项为处理上述事项的法定理由。"第 47 条规定："法院的通知可能通过服务机构完成。但是如果选择服务机构进行通知应当符合通知的目的，并且要明确说明。"第 48 条规定："当事人参加诉讼可能由诉讼代理人或者法律顾问参加。如果诉讼代理人或者法律顾问在案件中表现为不适格或者有重大疏忽的，法院可以解雇诉讼代理人或者法律顾问。法院还可能宣布其在某段时间内或者无限期的停止诉讼代理人或者法律顾问职务。如果宣布停止诉讼代理人或者法律顾问的职务将通知瑞典律师协会。"第 49 条规定："诉讼代理人应当证明其是一个有能力的律师。一个有能力的律师应当能以自己的名义进行诉讼，如果以他人名义进行诉讼，将会被警告。如果诉讼代理人不具备资格，法院将要求其立即改正。如果在起诉或上诉过程中，聘请了诉讼代理人或者法律顾问应当在文件中注明，以便法院进行资格审查。如果因诉讼代理人不适格法院要采取其他行动的，应当以命令的形式发布。”第 50 条规定：“如果一方当事人、证人、或者其他人在法庭中接受质问时不会使用瑞典语或者有听说障碍的，法院认为必要的，可以聘请翻译人员。在其他案件中，法院认为有必要的，也可以聘请翻译人员。”第 51 条规定：“某人如果要在庭审中担任翻译人员，必须要在法庭上发誓尽自己的最大所能完成任务。如果其将来还要接受相类似任务，那么发誓的内容还将包括将来的任务。”第 52 条规定：“非专业翻译出庭将会得到误工费和其他补偿的费用。政府或者机构将会制定一个统一的计算公式以便适用。费用开支由公共基金支出。”第 53 条规定：“本法有关私人一方的条款同样适用于其诉讼代理人。”

三、《行政程序法》

在普通行政法院，还可以适用 1988 年的《行政程序法》（The Act on Administrative Procedure）。① 瑞典《行政程序法》在行政法院审理案件中是一部非常重要的法律。它不仅是行政机关处理事务的依据，也是行政法院判断行政机关行政行为合法性的重要标准。此法于 1986 年通过，并于 1999 年进行了必要的修订。② 具体来说，该法第 1 条至第 3 条规定了该法的适用范围。第 4 条至第 5 条规定了机关的服务义务：“机关应当就其职权范围内的事务向公民提供信息、指导、建议及类似帮助。机关所提供的帮助应当与事务的性质、个人对帮助的需要程度、机关的行为相对应。公民的请求应当尽快得到答复。如果个人求助的机关不当，该机关应当告知个人适格机关。机关应当接待公众来访和接听公众电话。对此设置有特定时间的，应当以适当的方式告知公众。机关每个工作日（周一至周五）应当至少向公众开放 2 个小时，以便接受和登记官方文件，以及受理制作机关保存的文件的请求。但是夏至前夜、圣诞前夜、新年前夜除外。”第 6 条规定：“所有机关应当在其行为范围内协助其他机关。”第 7 条规

---

① See Ministry of Justice, *The Swedish Judiciary—A Brief Introduction*, SE-10333 Stockholm, Sweden, p. 23.

② 参见应松年主编：《外国行政程序法汇编》，中国法制出版社 2004 年版，第 424 ~ 434 页。

定了行政机关处理事务的一般原则，具体是："对涉及当事人为自然人的每一事务的处理都应当在不危害法律安全前提下尽可能简单、快捷、经济。机关在处理事务时，如果有此需要，应当利用从其他机关获得的信息和意见。机关应当力图用容易理解的方式表达自己的观点，还应当通过其他方式使其处理的事务对公众而言显得容易、轻松。"第 8 条规定了如果与行政机关打交道的人不懂瑞典语，机关应当在必要时提供翻译。第 9 条规定了行政程序中聘请律师和代理人的要求，具体是："当事人可以请代理人或律师。但是请代理人时，如果机关有要求，当事人应当亲自参加事务的处理。如果代理人或律师表现出缺乏能力、无知，或者其他方面表明不适合的，机关应当拒绝其担任该事务的代理人或律师。可以对机关拒绝担任代理人或律师的决定单独提起复议，复议决定适用于机关就事务所作的决定。"

第 10 条规定了行政机关文件归档的要求，具体是："文件、已付款的装有文件的急件已到的通知送交；机关或者为机关的主管官员收悉，即可认定机关已经收到文件如果机关仅收到发给机关的电报已到电报局的通知，通知送达主管官员即可认定机关已经收到电报。如果能够推定文件或者文件已到的通知在特定之日递交至机关大楼或者为机关放置于邮局，只要在紧接的工作日为主管官员收悉，应当认定机关在前述特定之日收到文件。如果机关要求，电报或者其他没有签名的文件应当由有寄件人手写签名的文件予以确认。"第 11 条和第 12 条规定回避事项，具体是，"负责处理事务的人不具备资格，如果：(一) 事务涉及本人、配偶、父母、子女、兄弟姐妹、其他与之关系密切之人，或者本人、与之有密切关系之人可预期从该事务的处理获得特别利益或受到特别损害；(二) 本人、与之有密切关系之人担任案件当事人的代理人或者担任可预期从该事务的处理获得特别利益或受到特别损害之人的代理人的；(三) 事务已被复议至机关或者被下级机关、监督机关提交至机关，而本人在下级机关主持下参加了早期对该事务的处理；(四) 曾就事务的重大问题担任过某人的代理人或者为某人提供过有偿帮助；(五) 具备其他有损公正性的特别情形的。当公正问题明显不重要时，应当不考虑负责处理事务的人是否具备资格。不具备资格的人不能处理事务。但是他可以在不造成不便延误前提下采取他人无法采取的措施。知道自己不具备处理事务资格的人有义务主动将之公开。如果不具备资格的问题已经提出且其人尚未被替代时，机关应当对其是否具备资格尽快作出决定。本人不能参与对其是否具备资格的讨论，除非机关没有他不能作出一定行为，且为不造成不便延误无人能替代他。对是否具备资格的决定可以与机关对事务的决定一并提起复议”。第 13 条规定了向其他机关征询意见的要求，具体是：“当有必要征求数个部门的意见时，应当同时提出，有特别理由时除外。如果必要，机关应当阐明就哪些问题征求意见以及相应的时间期限。”第 14 条规定了口头程序的适用条件，即：“只要工作的正当进展允许，申请人、复议申请人、其他当事人应当获得就涉及公民的公共权力行使的事务进行口头陈述的机会。机关决定程序是否以口头方式进行。机关应当特别考虑到口头程序有可能使当事人易于处理事务这一事实。”第 15 条规定了“对机关从文件之外获得的且对事务的处理结果可能很重要的信息，如果该事务与涉及公民的公共权力的行使相关，机关应当将信息记录下来”。

第 16 条和第 17 条规定了当事人获得通知的权利，具体是：“只要事务与涉及公民的公共权力的行使相关，申请人、复议申请人、其他当事人有权获得事务处理过程中已收集的材料。此种信息获取权的限制适用《保密法》第 14 章第 5 条的规定。”“只要事务的处理与涉及公民的公共权力行使相关，未将在事务处理中从他人处获得的信息通知申请人、复议申请人、其他当事人的，且申请人、复议申请人、其他当事人对之作出回应的，不得对事务作出决定。但是，机关可以不遵循此规定作出决定：（一）如果决定对当事人没有任何不利，或者信息并不重要，或者此种措施因其他原因明显无必要；（二）如果事务涉及官职的任命、非强制性教育的准入、毕业证和等级证书的发放、研究基金的拨款或者类似事项，只要该事务不涉及复议机关的复议决定；（三）如果担心有关该事务的决定的执行将变得相当困难；（四）如果决定不能拖延。机关决定通知是否以口头、普通信件、送达或其他方式生效。通知义务的限制适用《保密法》第 14 章第 5 条的规定。”第 18 条规定了投票程序，具体是：“当必须数人共同作出决定但未能达成一致意见时，主席列出所有已提交的决定提议。每一提议都应当提出来以便对之作出‘是’或‘不是’的回应。参与决定者对提议进行回应后，由主席根据其观点宣布所采纳的提议。只要没有再投票的要求，主席宣布的提议即为决定。如果要求再投票，再投票应当公开进行。有两个以上的提议时，首先应当确定哪一提议与主席决定采纳的提议不一致。最终结果根据投票的绝对多数决定。赞成票与反对票相同时，主席享有最终投票权。事务与涉及公民的公共权力行使相关时，参与事务最终处理的成员有义务参与决定的作出。但是，任何人均没有义务对多于一个的提议投票。当表决必须达到法定人数时，主席总是有义务投票。”第 19 条规定了出现不同意见的处理。具体是：“当决定由数人共同作出时，参与决定者可以写明不同意见并对决定声明保留。参与决定者没有这样做时，认定其赞同该决定。汇报事务的人和其他协助事务的最终处理但没有参与决定的人有权载明不同意见。不同意见应当在决定快件寄出或以其他方式宣布之前提出。如果决定不应当宣布，当决定以签署会议记录或其他类似方式具备最终成立形式时，不同意见应当在最后时刻提出。”第 20 条规定了行政决定要说明理由的制度，具体的表述是，“事务与涉及公民的公共权力行使相关时，如果该事务由机关决定，应当在决定中说明理由。但具备下列情形之一的，理由可以全部或部分不予说明：（一）如果决定没有对任何人不利，或者基于其他原因明显没有必要说明理由的；（二）如果决定涉及官职的任命、非强制性教育的准入、毕业证和等级证书的发放、研究基金的拨款或者类似事项；（三）如果为了国家安全、保护私人利益或经济利益或类似情形而必要的；（四）如果情形紧急，来不及阐述决定的理由；（五）如果事务关系到《政府文件法》第 8 章规定的规章的制定，只要该事务不涉及复议机关的复议决定。如果因为决定本身的原因没有说明理由的，如果可能，机关应当随后根据当事人的申请阐明理由”。

第 21 条规定了行政机关通知当事人的条件与方法，具体是：“机关所决定的事务与涉及公民的公共权力行使相关时，应当将决定的内容通知申请人、复议申请人、其他当事人。但是明显没有通知必要的，不必通知。当决定对当事人有不利影响并可申请复议时，应当告知当事人如何申请复议。当事人同时还应被告知本法第 19 条规定的不同意见或根据其他特别规定提出的不同意见。机关决定通知是否以口头、普通信件、送达或其他方式生效，但是如果当事人要求，通知应该书面发出。本条规定也适用于有权对决定申请复议的人请求阅览决定的情形。”第22条规定了复议和行政法院审查的衔接，具体是：“决定涉及之人有权申请复议，只要决定对其有不利影响且属于复议范围。针对决定的复议向普通行政法院提起，但是有关内部行政管理事务的决定和本法第20条第1款第（5）项的决定例外。如果已根据第1款申请复议，向行政上诉法院提起上诉需要获得上诉许可。根据本法第3条之规定，特别法对复议或复议禁止有规定的，本条第1款、第2款的规定不适用。”第23条至第25条规定了如何进行复议，具体是：“针对决定的复议应当以书面方式提起。申请人应当在申请书中指明申请复议的决定和变更决定的请求。复议申请书递交至作出决定的机关。复议申请书必须自申请人收到决定通知之日起3周内递交至机关。如果申请人为代表公众的当事人且复议向县行政法院或行政上诉法院提起，复议必须自决定作出之日起3周内提起。对涉及《政府文件法》第8章之规定的决定所提起的复议，期限自决定公布之日起算。如果决定于数地公布，自最后一次公布之日起算。”“作出决定的机关对申请书是否在法定期限内到达进行审查。如果申请书迟延到达，机关应该即时驳回其申请，具备本条第2款、第3款规定情形的例外。如果迟延是由于机关没有准确告知申请人如何申请复议造成的，不能即时驳回复议申请。如果申请书在法定期限内到达复议机关，不能即时驳回复议申请。在此种情形下，复议机关应当将申请书移交作出决定的机关，同时告知其申请书到达复议机关之日期。”“如果复议申请没有根据本法第24条被驳回，作出决定的机关应当将申请书及其他案件材料移交至复议机关。”

第26条规定了打印错误等的更正，具体是：“决定存在机关或他人的书写、计算及类似疏忽的，可由作出决定的机关更正。更正前，如果事项关系到涉及公民的公共权力行使且必要的，机关应当给予当事人表达意见的机会。”第27条至第28条规定了决定的再考虑，具体是：“机关因为新的情形或其他原因发现其最初作出的决定存在明显错误的，只要可以迅速、简便变更决定且不会损害任何私人当事人的，应当变更该决定。此项义务同样适用于决定已被提起复议的情形，除非申请人要求中止决定直至被命令禁止。如果机关已经将卷宗移交至复议机关或者存有其他特别理由的，机关不能变更决定。”“如果作出决定的机关根据复议申请人的请求变更了决定，复议程序终止。此种情形下，不适用本法第 24 条、第 25 条之规定。如果机关因其他原因而非申请人的请求变更决定，应当认定复议包括新的决定，除非根据本法第 24 条应当即时驳回其申请。”第 29 条规定：“复议机关可以决定中止执行决定直至作出相反的命令。”第 30 条规定了对即时驳回申请决定的复议，具体是：“当复议申请因为迟延到达被即时驳回时，对即时驳回申请决定的复议可以在对实体事项提起复议的同时提起。如果即时驳回申请决定已由复议机关审查，不得对复议机关的决定再提起复议。”第 31 条至第 33 条分别规定了适用该法的特定限制，具体包括：“当决定根据《地方政府法》第 10 章或《教堂法》第 22 章属于复议范围时，本法第 13 条至第 30 条不适用于市政当局、县议会、教会团体处理的事务。”“本法第 8 条至第 30 条不适用于强制执行行为，也不适用于警察、公共检察官、税务机关、海关、海岸警卫与犯罪预防相关的行为。”“对有关健康、医疗保健等事项的决定，本法第 14 条至第 30 条仅在决定可以以本法第 31 条规定之外的方式提起复议时适用。”

第四题　瑞典行政法院与其他法院或者机构的关系

一、瑞典行政法院与普通法院的关系

与瑞典行政法院系统并行的还有一个普通法院系统。它们之间最主要的区别是行政法院系统是受理公共机关与公民之间的争议，而普通法院则着重于解决公民之间的争议。

在普通法院体系中，地区法院通常是审理第一审案件。在全国共有 95 个地区法院。一些地区法院往往只有 1 ~ 2 名法官，而斯德哥尔摩地区法院有 80 名终身法官。地区法院的首席法官在瑞典被称为“雷格门”（Layman），而其他法官一般称为“瑞德门”（Radman）。如果要将法官分级的话，地区法院的法官应当属于初级法官。

在每一个地区法院中，都有一些非专业的法官①（Lay Judge）。他们由地区法院在城市的议会选举中产生。4 年一个任期。每一个非

① 类似于中国的陪审员。

专业的法官都要参加事实审和法律审，并且每人都有一票。

法庭的组成根据案件的不同而有所不同。当审理刑事案件时，合议庭通常由 1 个专业法官和 3 名非专业法官组成。在白领犯罪中，1 名金融专家也会加入到合议庭当中。在涉及家庭法的案件当中一般由 1 名专业法官和 3 名非专业法官组成。其他案件中，主要是财产案件中，法庭主要由 3 名专业法官组成。

但是有些时候，一般的轻微刑事案件也由 1 名法官独任审判。在民事案件中如果争议双方同意将由 1 个专业法官处理或者案件事实清楚，都可以由 1 个专业法官独立审判。事实上，大多数家庭法案件和财产争议案件都是由 1 名法官处理的。此外，通常由 1 名法官处理的案件被称为"简单民事案件"。

作为中间审级的普通法院，在瑞典一共有 6 个上诉法院。上诉法院的规模差异也很大。在法院内部，上诉法院的首席法官是上诉法院的院长，负责每个庭事务的为庭长，其他成员为上诉法院的法官。

通常情况下，当事人的任何一方对地区法院的判决不服都有权向上诉法院提起上诉。然而，例如简单民事案件、特许案件在上诉前要进行完全的审查。对于上诉，如果地区法院的合议庭是 1 个专业法官和非专业法官共同组成的，上诉法庭的合议庭就需要由 3 个专业法官和 2 个非专业法官共同组成。如果在地区法院中没有非专业法官，那上诉法院的合议庭就由 3 名专业法官组成。如果地区法院合议庭是由 3 个专业法官组成，那上诉法院合议庭就必须为 4 人。

最高法院是普通法院的最高审级。它最少有 16 名法官并且至少分为 2 个庭。法官中的 1 名将担任法院的院长。

完全由最高法院审理的案件将是非常有限的。一个案件在审理之前，事先审查是必不可少的。一般主要审查上诉案件的程序是否有重大错误。事先审查通常是针对特定的案件。其目的是限制过多的案件流入最高法院，使得最高法院有足够的精力创设司法判决的先例。对于在进入正式审理之前是否需要事先审查，这需要由最高法院的法官决定。但是在一些案件中是不需要上诉前的审查的，例如，由检察总长提起的案件。

一个案件如果被允许提交到最高法院审查的话，那一般由 5 名法官组成一个合议庭，就案件的事实和法律进行审理。如果合议庭发现案件的判决结果与先前的判决的原则冲突，那将毫无例外地提交全体法官共同裁决或者由 9 人组成的合议庭进行审理。①

此外，不论是行政法院系统的法官还是普通法院系统的法官，他们的任职和离职都必须符合一定的条件，这一点是行政法院和普通法院的共同点。根据瑞典《政府组织法》第九章第 9 条规定，非瑞典国民一律不得担任下列职务或者行使下列职能：司法机关、直接隶属于内阁的机关、直接隶属于议会或者内阁的某一机构的首脑或者其代理人的职位或该机构以及委员会的成员或者其代表人的职位、在内阁办公厅中仅次于大臣的职位、或者外交使节的职务。此外，非瑞典国民也不得担任由议会通过选举而任命的职务或者其代理人。只有通过立法或者根据法律规定的条件，加入瑞典国籍者才能有权担任国家机关或者市政当局的职务或者履行某种职能。② 这就意味着，要在瑞典行政法院中担任专业法官、书记员、行政官员等职务都必须具备瑞典国籍，外国公民不能受雇于瑞典行政法院。《政府组织法》第十一章第 1 条规定："最高法院是拥有最高管辖权的普通法院，最高行政法院是拥有最高管辖权的行政法院。最高法院与最高行政法院的审判权可由法律加以限定。只有被任命为最高法院或者最高行政法院常任法官者，才能担任上诉法官的成员。"③ 这就意味着，要担任瑞典行政法院或者普通法院的审理案件的法官，则必须得到常任法官的资格。《政府组织法》第十一章第 5 条规定，"已任命的常任法官，只有在下列情况下才能被撤销职务：因犯罪行为、严重失职或者屡次玩忽职守，显系不适宜担任此职者；已达到退休年龄或者依照法律必须领取退休金的退休者。任何常任法官如果因某一法院的机关的决定而被撤职，该法官有权要求法院审查这一决定。本条规定同样适用于暂停任何常任法官行使法定职能的决定，以及命令任何常任法官接受医疗检查的决定"。这就意味着要撤销行政法院常任法官或者普通法院常任

---

① See Ministry of Justice, *The Swedish Judiciary—A Brief Introduction*, SE-10333 Stockholm, Sweden, pp. 10-12.

② 参见肖扬主编：《各国宪法关于司法体制的规定》，人民法院出版社 2003 年版，第 255 页。

③ 张福森主编：《各国司法体制的宪法性规定》，法律出版社 2005 年版，第 161 页。

法官的职务，必须符合法律规定的条件，即因为犯罪行为、严重失职或者屡次玩忽职守，已经达到了不适宜担任法官职务的地步；或者该法官已经达到了退休年龄；或者是该法官已经依法领取了退休金并且退休的。只有符合此三个条件之一的，法官职务才能被解除，除此以外，任何解除法官职务的行为都是非法的。

二、瑞典行政法院与特别法院的关系

在瑞典，特别法院有两种，第一种是完全区别于普通法院的法院，另一种是作为普通法院一部分的特别法庭。前一种主要包括：劳动法院（The Labor Court）、市场法院（The Market Court）、专利上诉法院（The Court of Patent Appeals）。

劳动法院成立于1929年，主要是处理劳动法案件。所有有关雇主和雇员的法律争议都可以被认定为劳动法争议。包括解释和适用集体劳动合同的争议。在大多数劳动争议中，劳动法院审理的都是作为第一审并且是最终审。然而有一些劳动争议，必须首先在地区法院处理后才有权上诉至劳动法院。劳动法院的合议庭通常由7名成员组成，2名根据雇主组织的推荐而任命，2名根据劳工组织的推荐任命，这4名成员都是未经法律培训的。但是其余3名成员，1名主席和2名副主席都必须是经过专业的法律训练，而且是有经验的法官。前面提到的未经法律培训的成员则必须具备相当的劳动市场的专业知识。

市场法院成立于1971年，它是以劳动法院为样板建立起来的。市场法院处理案件是依据《反垄断竞争法》提起的争议。市场法院往往要组成5人的合议庭。在这个庭中主席、副主席及一些特殊成员都应当是律师或者有经验的法官，其他成员则为有丰富经验的金融专家。另外这些成员均由政府任命。

为了解决出租动产和租赁不动产当中发生的争议，共有12个出租裁判所和12个租赁裁判所。在严格意义上这些裁判所并不是特殊法院，它们仅仅是作为独立的一方完成司法的任务。在一些案件中，这些裁判所的所有任务即是在各方之间调停。在另一些案件中，这些裁判所则扮演仲裁者的角色，甚至发挥像普通法院一样的功能。在裁判所中合议庭往往由1名经过法律训练的人担当主席，其余2名分别由涉案双方的利益代表出任。对出租裁判所的决定不服可以上诉到施维（Svea）上诉法院，并且作为最终判决。

专利上诉法院是一种特殊的行政法院。这个法院处理专利检验分配和登记办公室涉及专利、商标登记标志的上诉案件，对专利上诉法院的判决不服可以上诉至最高行政法院。

一些特殊法院全部或者部分属于普通法院。这些特殊法院一般处理土地法争议、环境案件、海洋法案件、表达自由的案件、医疗案件。

在瑞典地区法院当中，有25个是土地法院。这些法院处理有关专用法案、土地发展法案、环境保护法案的争议。这些法院一般由2名经过法律训练的人士、1名技术人士、2名非专业法官组成。技术人士受雇于法院，属于法院内部的人员。对这些法院的判决不服，可以向相对应的上诉法院提起上诉。在此类案件中非专业法官不参加上诉审，但是技术人士还是会被邀请到庭审中来。

1999年《环境法》正式生效。这部法典包含瑞典有关环境保护的所有规则。处理环境法问题的案件主要由5个环境法院处理。此类法院通常包括由1名有法律职业资格的法官、1名环境顾问和2名专家组成。环境顾问受雇于法院，是法院内部的人员。其中1名专家应当是环境保护机关中有丰富工作经验的人士，另1名专家应是工业或者都市产业界的代表。

处理有关海洋法的案件时有7个地方法院被授权作为海洋法法院。其合议庭组成、上诉等事项都和普通法院相同。

一些地区法院还负责处理有关表达自由的案件。这是一个唯一由陪审团裁决的案件。陪审团唯一的任务是裁决被告是否构成犯罪。如果裁定无罪，那这将是最终的决定。如果陪审团裁定被告构成犯罪。那么需要3名受过专业训练的人士对被告所犯罪行进行量刑。被告若对其不服仍适用普通法院的上诉程序。

斯德哥尔摩城市法院是唯一有权审理某些第一审医疗案件的法院。当病人和登记委员会或医疗上诉法院就检查病人的补助问题发生争议，斯德哥尔摩城市法院受理此类案件并作出裁决。在法庭审理中，合议庭一般由3名法律专业人士和3名技术专家组成。在上诉审时也将有2个技术专家参与，但是在最高法院审理时就无相关的技术专家参加庭审。

总之，还有一些机构参与解决争议，例如仲裁委员会，全国消费者委员会。在瑞典一般的商业或者工业争议都交由仲裁委员会处理。另外当事人双方与瑞典无任何联系的案件也经常被提交到瑞典的仲裁委员会。仲裁程序是私人实现正义的一种形式。仲裁程序的一个特点就是争议双方也能参与合议庭的组成，并且仲裁裁决是终局性的。仲裁的优点就是相对快捷，仲裁员往往是该领域内有较高水平的人士，而且程序不向公众公开。

通常是由全国消费者协会处理消费者与商家之间的争议。但是消费者协会的裁决对双方当事人是不具有法律拘束力的，然而双方当事人通常会接受消费者协会的决定。如果消费者协会的决定当事人不能接受的话，可以随时向普通法院起诉。①

总之，特别法院在笔者看来它们是作为普通法院和行政法院的重要补充而存在的，它们承担了部分公民之间争议的案件，也承担了部分公民与公共机构之间的争议。换句话说，它们既审理了部分民事性质的案件，也审理了部分行政性质的案件。

三、瑞典行政法院与全国法院管理局的关系

全国法院管理局是瑞典中央级的管理机构，它向政府报告工作，并为 118 个法院和机构提供服务。其负责的领域包括：最高法院、上诉法院、地区法院、最高行政法院、行政上诉法院、郡行政法院、租金裁判所和全国法律援助中心（参见 图 3）。在其所辖范围内有5 000名雇员，每年的财政开支要到 50 亿瑞典克朗。

<table>
<tr><td>普通法院</td><td colspan="2" rowspan="4">全国法院管理局是一个独立机构，其工作范围包括各级法院的建制、人员组织和财政等问题。</td><td>普通行政法院</td></tr>
<tr><td>最高法院</td><td>最高行政法院</td></tr>
<tr><td>上诉法院（6）</td><td>行政上诉法院（4）</td></tr>
<tr><td>地区法院（70）</td><td>郡行政法院（23）</td></tr>
<tr><td colspan="2">租金裁判所</td><td colspan="2">法律援助机构</td></tr>
</table>

图 3②

① See Ministry of Justice, *The Swedish Judiciary—A Brief Introduction*, SE-10333 Stockholm, Sweden, pp. 16-19.

② See Domstoksverker, *Facts about the Swedish Judiciary*, AB Danagårds Grafiska, April 2004, p. 1.

全国法院管理局于1975年在名为延雪平的城市（Jönköping）成立，当时的雇员人数为180人左右。

全国法院管理局的工作包括：人力资源发展、提供服务、教育培训和信息服务、制定规章、提供建议和指导、绩效评估，同时全国法院管理局还是中央级的法律援助中心。

在其工作中，应当尊重法官的独立性，要根据审判的特点和法治的原则进行管理。

全国法院管理局由1位主任和1个委员会掌管，并且由政府进行任命。委员会由10名成员组成，分别为法院和其他机构的代表，还有瑞典国会的代表。主任负责召集委员会成员。

全国法院管理局共分为5个部门：财务部、人事部、发展部、信息部、后勤保障部。另外，还有一个法律秘书处、信息秘书处、一个行政管理办公室，还有直接向主任汇报的内部监察。另外，全国法院管理局，还负责法官和书记员的任命。①

瑞典司法体系或者说法律服务的目标是保证正当程序和实现个人法定权利。全国法院管理局就是致力于此目标的实现。在一般公民看来该局的工作非常普通和平淡。但还是通过对资源的合理配置，比如说车辆的配备、工作方式的调整等，提高全国司法体系的效率，从而实现上述目标。

几年前，全国法院管理局出版了一个工作改革指南，着手从四个方面进行改革，即人员的更新、操作规程的改进、机构重组和法院的行政事务管理。

具体来说，全国法院管理局下属以下部门：

---

① 在瑞典法官任命之前要经过一个直属司法部管辖与全国法院管理局平行的机构——法官任命咨询委员会，听取该委员会的意见。法官任命咨询委员会由最高法院首席法官、普通上诉法院首席法官、行政上诉法院首席法官、郡行政法院法官、地区法院法官和军事法院法官等组成，其主要任务是研究有关任命法官的咨询工作。另外，法院系统的高级行政管理人员，不是由全国法院管理局负责，而是由另一个直属司法部管辖的与全国法院管理局平行的机构——法庭和司法行政机关高等官员任命委员会负责。参见司法部外事司编：《欧洲十国司法制度概况》，法律出版社1987年版，第109页。

(一) 机关管理办公室

机关管理办公室控制、领导、组织机关的事务以达到其正常运转的目的。

(二) 行政办公室

行政办公室是负责全国法院管理局内部财务和人事等事务的机构。其作用也是确保全国法院管理局能正常的运作。

(三) 内部监察

内部监察是一个独立评估全国法院管理局和瑞典司法工作的机构。内部监察办公室根据全国法院管理局委员会的指示工作。其作用是检验和评估机关内部控制系统，并提出相应的意见，使其能有效地运作。

(四) 信息秘书处

信息秘书处的职责是负责重要的内部信息和外部信息的收集和整理，并负责全国法院管理局的信息交流和对外宣传。

(五) 法律秘书处

法律秘书处是一个内部咨询机构，负责调查并提供相关的立法建议。法律秘书处在涉及国家赔偿和法律援助案件时代表国家出庭。法律秘书处还负责全国法院管理局规章的制定、公文、法律报告、工作手册的出版工作。

(六) 财务部

财务部是负责财经信息的收集和整理，并对全国法院管理局的预算、执行等情况进行分析处理的机构。财务部的工作对瑞典整个司法体系的效率提升具有重大影响。此外，财务部为整个瑞典司法系统提供办公场地和设备。财务部另一项职责就是提供金融财会方面的培训。

(七) 信息技术部

信息技术部是新发展起来负责机构内部电脑系统管理和维护的部门。信息技术部为全国法院管理局和其他司法机构提供信息技术方面的支持。确保审判活动和行政管理工作的顺利进行。此外，该部还担负着提升信息战略、确保信息安全等重要任务。

(八) 人事部

人事部是负责人力资源的规划和技能培训的部门。同时也负责国际合作与人员交流培训等事项。人事部还负责对非专业法官的考核录用，并决定其报酬。人事部的其他职责还有决定有关人事任免和报酬的支付、决定办公用具的配备、决定有关人员参与社会活动、决定养老金及社会保险费的支付等事项。另外，瑞典法院系统（包括行政法院和普通法院）的法官和书记员的任命都由该部任命。

（九）后勤保障部

后勤保障部的职责是负责采购设备，提供各种技术支持，确保法院日常工作能顺利进行。该部下属两个部分，一个负责硬件的采购，另一个负责技术上的维护。另外，还有一个采购团和一个安全办公室直接向后勤保障部部长报告工作。

（十）发展部

发展部是负责工作机构、工作方法改进的部门。该部的目标是使瑞典的司法系统的工作实现现代化管理。该部也下属两个部分，一个负责法院的发展，另一个负责行政管理机构的发展。①

四、瑞典行政法院与议会监察专员的关系

议会监察专员是瑞典非常独特的制度。议会监察专员和行政法院的关系可以简单概括为：一方面，监督行政法院的审判活动；另一方面，行使行政法院的部分职权，受理部分行政纠纷。

具体来说，首先是议会监察专员对行政法院的审判活动的监督。根据《议会监察专员法》，议会监察专员尤其要确保法院和公共权力机构在它们的活动中遵守宪法关于客观、公正及公民基本权利、自由不受公共行政管理部门侵犯的规定。《议会监察专员法》还规定，议会监察专员应该以“决定的形式对他们处理的案件下结论，这一决定应对国家机关或官员所采取的措施是否违反法律及其他成文法，或者是否不正确、不恰当表明态度。议会监察专员也可以作出公告以促进统一和正确适用法律”。议会监察专员根据其由宪法所赋予的作为检察官的角色可以启动法律程序中对抗任何一个无视其职责、触犯刑法的官员。

---

① See Domstolsverket, *The National Courts Administration*, 7 Januari 2004, pp. 1-2.

由议会监察专员参与监督法院的这种体制有其历史原因。1810年瑞典议会监察专员办公室建立时，在法院和行政机构之间并没有明确的界限。几个世纪以来，国王一直既掌有最高司法权又是最高行政官员。当1789年最高法院建立时，它的全称为王室最高法院。追溯到19世纪初，国王在最高法院拥有两个投票权。但这些情况并没有妨碍法院依法独立行使职权。同时应指出的是，瑞典行政机关在处理有关个人权利义务的事务时和法院一样具有独立性。而且，1810年一审法院在瑞典是最重要的地方国家机关，它们同时具有行政和司法职责，和其他公务员一样，法官也必须根据刑法对自己的公职活动负责。根据这些情况，逻辑上显而易见的是，议会监察专员被赋予了监察官的职权，有权对法官及其他违反刑法中职务犯罪规定的官员提起公诉。

对申诉案件的处理构成议会监督法院的大部分活动。任何人（包括外国公民和不居住在瑞典的人）都可以向议会监察专员提出申诉，没有规定要求申诉者本人必须与事件相关。虽然对申诉没有绝对的时效限制，但规定除特殊情况外，如果申诉的案件发生在议会监察专员接到申诉之时的两年以前，议会监察专员不应当进行调查。

对没有立即驳回的申诉案件通常要进行以下步骤的调查。第一，通过电话要法院提供口头信息和相关文件。在很多案件中，用这种方法得到的信息就可能判断一些申诉是没有充分理由的。第二，要求法院对被申诉的案件提供一个书面的解释。这种要求直接向法院院长传达，法院院长有义务查明事件真相，向议会监察专员汇报，并表明自己对所查明的事实的观点。如果在调查的过程中，议会监察专员发现有理由认定法官有罪，例如过失行使公共权力，议会监察专员就会像检察总长一样有职责去启动一项刑事调查。

议会监察专员对行政法院监督的案例主要有两个，一个案件是有一个行政上诉法院有两个案件三年半还没有审结，议会监察专员对此提出了批评。还有一个案件是有关最高行政法院的。在有关公众接触官方文件的权利的上诉案件中，这个法院是终审法院。议会监察专员在他的决定中讨论了法院处理有关要求接触法院自身文件的申请时应使用的程序问题。当前的这个问题是这个程序是否与《出版自由法》

和《保密法》所严格要求的迅捷原则一致。由于具有终审法院的地位，因此议会监察专员认为在这样的案件中这一程序可以被接受。

另外值得指出的是议会监察专员的活动在任何情况下都不可以侵犯法院的独立性。瑞典的议会监察专员对法院的监督是基于法院依法独立，但不能凌驾于法律之上这一基本假设。因此，议会监察专员不调查法院在一个案件中认定证据的方法或者如何解释法律（只要这种解释被认为是可以接受的）。但是如果一个判决或者裁定明显地违反了法律，议会监察专员可以采取行动对之进行调查。①

此外，如何理解议会监察专员受理部分行政案件的职能，根据瑞典法律如果一位公民认为他受到某权力机关的不公平对待，通常他可以向上一级法院或上一级行政法院控诉。但是，宪法同时又提供了另一种救济途径——任何公民均可以直接向议会监察专员寻求救济。②具体体现在以下法律中：

《议会监察专员指令法》第 2 条规定，监察专员尤其应当确保法院和行政机关在其活动中遵守《政府组织法》中有关客观性与公正性的要求，并保证公民的宪法权利和特权不受公共行政行为的侵犯。

《议会监察专员指令法》第 3 条第 2 款要求监察专员应当确保公民的宪法权利和特权不受行政活动所侵犯，即《政府组织法》第 2 章所列举的权利和特权。上诉规定保证全体公民的言论自由、集会自由及宗教信仰自由。《政府组织法》也包括保护公民个人自由不被剥夺及公民人格尊严不受侵犯的内容。③

《议会监察专员秘书处管理指令》将议会专员的监察活动划分为四个责任范围，其中有三个责任范围与行政法院的受案范围基本是一

---

① 参见［瑞典］Claes Eklundh，刘小楠译：《瑞典议会监察专员对法院的监督》，载《华东政法学院学报》2004 年第 1 期。

② 参见［瑞典］本特·维斯兰德尔著，程洁译：《瑞典的议会监察专员》，清华大学出版社 2001 年版，第 2 页。

③ 参见［瑞典］参见本特·维斯兰德尔著，程洁译：《瑞典的议会监察专员》，清华大学出版社 2001 年版，第 16～17 页。

致的。① 即责任范围 2、② 责任范围 3、③ 责任范围 4。④

① ［瑞典］参见本特·维斯兰德尔著，程洁译：《瑞典的议会监察专员》，清华大学出版社 2001 年版，第 75～77 页。

② 武装部队，非战斗性全国兵役及其他涉及国防部的案件。执法机构、监狱与缓刑执行机构。所得税与财产税、增值税、财政监管与税收征收。营业税、物价调节费、公路税、养狗税、继承及赠与税、服务性收费、海关当局、财政监督机构、全国性登记机关（包括涉及名称的案件）；其他与财政部有关不属于其他责任范围的案件如国民保险（健康险、退休金保险、生育险、工伤保险、与财产相关的保险赔偿费，家庭津贴、生计贷款、对国家现役军人的家庭津贴金及其他抚恤金）。有关监护权的案件（主要监护人或主要监护委员会）。

③ 《公益服务法》、《保护未成年特别法》、《在某些情况下保护禁治产人法》的适用。医疗保健、《支持与服务体质残障人士法》的适用、其他护理法规；法医学、法医心理学、牙齿保健、成药。其他涉及卫生与社会事务部的案件，但因国民保险以及其他形式的社会保险、大众健康和饮食服务许可问题所引起的案件除外。

④ 行政法院。法律援助、刑事伤害赔偿委员会、公法办公署，赦免请愿，其他涉及司法部而不在别的责任范围内的案件。劳工市场、失业保险与其他涉及劳工部与公共管理部的案件，但劳动法庭除外。规划与建筑，全国土地勘测及绘测事务。特别规定所未涉及的地方行政。交通（公营企业、公路、交通、驾驶执照）及其他交通运输部的案件。农业与林业、土地探测、自然保护、环境保护与大众健康，禁止虐待动物、狩猎、捕鱼、驯鹿饲养、兽医服务、食品管制、军械检查及地图制作，以及其他涉及农业部和环境与自然资源部的案件。消费者保护、市场、工业及商业界定价与竞争，物价管理、有限责任公司、合伙、商业名称、商业登记、专利、商标、专业设计，以及其他与工商部有关的案件。涉及外国人的案件，包括国籍问题以及与移民归化相关的案件。救助服务，与公共秩序有关的法律适用、博彩业、饮食服务业许可证、汽车拆卸。其他与郡县管理委员会有关，但是不属于责任范围 2 和责任范围 3 的案件。房屋与住宅（住房的提供，未包括在社会保险计划中的住房津贴）。瑞典教堂，对其他宗派的政府许可，以及与文化部相关的事务。瑞典境外的政府活动以及其他涉及外交部而不属于责任范围 2 的案件。议会行政管理委员会，议会各工作机构，大选事务。其他不属于责任范围 1～3 的案件。涉及公职官员的案件，有关言论出版自由的案件，有关公众知情权与信息保密的案件，此外，由议会及内阁办公室发布的咨询性文件应当根据其内容分属各责任范围。

第五题 其他问题

一、瑞典的法律职业

（一）法律职业

在美国，就像大多数普通法系的国家，完成法学教育后法律职业的道路则比较直接。一个法科毕业的学生，只要他通过了律师资格考试，就可以成为一名律师。至少，在理论上，他可以代理他人的法律事务。在学生期间，不需要对往后的职业进行选择。在完成法学院学习后，美国学生的选择无非是选择一家大型律师事务所工作还是选择一家小型律师事务所，还是自己开业，或者担任企业或者政府的法律顾问。总的来说，可选择的余地不大，而且从事职业的差别也不大。

与此对照，瑞典的法科毕业生不需要参加律师资格考试或者相类似的测试，不像美国的同行，从事相同的职业，而是要在职业的早期就作出选择。是要成为一名法官、刑事调查官、警官、检察官或者律师。

（二）法律教育

在许多方面，瑞典的法律教育要比美国和英国更接近职业化。在英美法律职业更趋向于一个封闭的、自治的、传承式的、特殊的利益群体，但是在瑞典并不是这样。在瑞典，没有一个正式的律师职业的准入制度。事实上，尽管存在着正规的法律教育，但是任何公民都有权代表他人处理法律事务。而且，每年都有大量的年轻人进入大学学习法律。

在瑞典，所有的教育都是免费的。至少在理论上，每个人只要它符合学术的标准，进入法学院学习，就可能从事法律职业。对于现今在瑞典学习法律的人数，很难获得一个非常准确的数字，但是可以根据现有的事实进行估算。在瑞典主要有五个主要的大学，都设有法律系并开设法律课程，而且在五个大学中学习法律的人数相当可观。一个例子是在朗德大学（University of Lund），将近有2 500人在学习法律课程。另外，每年都有大约350个学生完成朗德大学的法律课程进入职业市场。摩蒂尔大学（Modeer University）克杰尔克教授估计每年大约有1 500名学生从瑞典法律院校毕业。只有很少一部分毕业生继续从事学术活动，大多数人都谋求其他的行当，如法官、警察、监察官、律师，还有人去从事社会服务或者经商。

瑞典的法律教育，与其他大陆法系国家相当地相似，都是作为大学阶段的本科教育，与英美法系相比，大陆法系的法律教育更侧重理论。虽然，最近在瑞典的大学中也出现了一些改革，试图摆脱纯理论的教育模式。例如，在朗德大学开设了一些更注重职业技能的课程。尽管，有向现代模式发展的趋势，但是总体上，瑞典的法律教育还是停留在 19 世纪欧洲法律教育的理念中。

在前面提到的，在瑞典五所大学提供完整的法律学习课程，每一所大学都有自己的课程体系，但是它们之间的差异很小。

在瑞典的大学不需要交学费。朗德大学法学院每年招收 300 名大学新生。这些新生必须在瑞典完成高中阶段的学习，或者具备相应的水平，并且可以用英语或者瑞典语书写。此外，这些新生在高中阶段必须修完瑞典语、英语、社会学、历史等课程。除此之外，对法律新生就没有其他特殊要求了。理论上，只要符合上述标准都可以进入朗德大学法学院学习，但是，最终每年只有 300 人能实现他们的梦想。

与美国相似，瑞典法学院一年的学习，分为两个学期，秋季学期从 9 月到 12 月，春季学期从 1 月到 6 月。完成全面的课程可以获得法律硕士的学位。在此期间，学生要修满 180 个学分，要花上四年半的时间。整个课程包括以下部分：第一，必修课程（共 140 个学分）；第二，选修课程（共 20 个学分）；第三，硕士论文（共 20 个学分）。大多数课程，都是在大教室里听讲座，教师与学生之间的对话非常少。总的来说，学校并不鼓励学生积极参加课堂教学，学生也不必准备什么。到了期末，每门课程都有一个写作作业，之前教师与学生之间很少有沟通。

当成功完成四年半的法律课程后，毕业生将得到一个法律硕士的学位，并在各种各样的职业中选择。在瑞典没有执业许可考试或者其他类似于美国的律师资格考试的要求。

和其他法律体系相似的是，在法学院学习出众的学生在就业市场中将占到优势。例如，只有将近 10% 的最好的学生才能进入法院书记员的队伍。优秀的学生不仅仅是进入法院，还有部分人成为了律师。①

（三）法官

普通法院和普通行政法院也雇用非终身的法官和经过法律训练的公务员。他们中的大多数人都是经历了以下过程：首先是经过四年半的大学学习，获得法律硕士学位。之后他们中的许多人在地区法院、郡行政法院担任书记员。这一般要两年时间。因为法律硕士是纯学术的，所以就法院担任书记员作为对理论学习的补充。这段时间书记员是不考虑将来的专业方向的，只是作为协助普通法官的助手，在这段期间结束后，他们将有资格审判比较简单的案件。

完成规定的服务期限后，一些书记员将成为上诉法院或者上诉行政法院的见习法官。这段实习期一般为9个月。经考核后他们被授予上诉法院报告书记员或者上诉行政法院报告书记员的头衔。负责案件审理的前期准备并向主审法官报告情况。报告书记员应在地区法院或者郡行政法院服务若干年，就有资格处理除特别复杂案件外的所有案件了。

在开始报告书记员生涯之时，他们就将加入一个协会，即“上诉法院或者上诉行政法院法官协会”。地区法院或者郡行政法院的非终身法官也有可能成为该协会的会员。协会也会扮演向最高法院或者最高行政法院通报情况的角色。另外，作为协会会员还可能在法院工作外兼任政府的法律顾问。经过6~8年的协会法官生涯，他们将被任命为终审法官。大多数法官的生涯如上述描述的一样，但是法院也有雇用一些从事协助工作的法官。②

（四）检察官

瑞典的法律并没有规定法庭上的当事人必须请法律顾问，也没有规定法律顾问必须经过正式的法律训练。这些规则适用于任何审级的

---

① See Bernard Michael Ortwein Ⅱ, *The Swedish Legal System: An Introduction*, 13 Ind. Int'l & Comp. L. Rev. 405.

② See Ministry of Justice, *The Swedish Judiciary—A Brief Introduction*, SE-10333 Stockholm, Sweden, pp. 20-21.

法院。然而，作为检察官，他/她必须是瑞典律师协会的成员。① 仅仅只有检察官才有权声称他们是法律程序的启动者。要成为一名检察官必须获得法律硕士学位，并有至少5年的执业经验。

瑞典公诉系统是与警察和法院相互独立的一个系统。中央的公诉机关为检察总长办公室。检察总长是瑞典级别最高的检察官，并在最高法院出庭支持公诉。在每一个地区都有相应的检察机关，并且由1名检察长负责日常事务并监督和管理该机关的活动。犯罪预防是检察机关的一项重要工作。

经济犯罪局是检察机关为了与经济犯罪作斗争特设的一个机构。经济犯罪局主要负责一些大中城市和哈兰德郡（Halland）、高特兰德郡（Gotland）的事务。经济犯罪局下设4个部。经济犯罪局的长官为执行总长（Director-General）。特别经济检察官、经济警察、会计、其他专业人员都在该机关工作。②

（五）律师

有部分法科毕业生往往是以选择做律师来开始他们的法律职业生涯。通常来说，要成为一名真正的律师，需要具备以下条件：必须要有法律的学位；5年以上的工作经验，其中必须有3年在律师事务所工作的经验；并且具有良好的品行和专业的技能。到了1999年，瑞典全国每年将近有1 200名毕业生从学校毕业，但是，瑞典全国的律师总数只有3 500名，在这将近880万人口的国家里，2 514个人中只有一个律师。由于文化传统的原因，只有很少部分的法律人会在瑞典执业，并成为瑞典的律师。事实上，这个比例是非常有趣的事情，但是很少人会去论及造成这种情况的原因。

律师和其他从事法律工作的人员最大的区别是律师可以作为刑事案件的辩护人，而其他人则不享有此权力。在民事程序中律师和其他代理人的权利义务没有实质性的区别。事实上，人们认为作为一名律师的权利反而受到很大的限制。例如，一旦成为律师，他就不能担任法官、法院的工作人员、检察官、执行官等。此外，律师不属于国家

---

① 至今为止瑞典律师协会共有3 200名成员。

② See Ministry of Justice, *The Swedish Judiciary—A Brief Introduction*, SE-10333 Stockholm, Sweden, pp. 22-23.

工作人员（国家工作人员包括大学教师），但是归属于律师协会。这就意味着某人一旦成为大学的法律教师，他就必须辞去律师职务，退出律师协会。律师除了要遵守法律之外，还必须遵守职业伦理和执业纪律，通过律师注册这种形式监督和管理律师。

在实践中，因为律师具有崇高的威望，当事人往往（从费用的角度考虑）聘请律师的助理代表其出庭。

如前所述，律师执业的规则不是适用于所有从事法律职业的人员，仅仅适用加入律师协会的律师。此职业规则共分8章，提出律师执业的基本要求，即在执业中要诚实、勤勉、尽力为当事人主张权利。

1984年为了贯彻《审判程序法》的要求，律师协会制定了更加具体的标准，指导协会成员。这些标准不是包罗万象的，但是它禁止成员随心所欲的行为。

对律师来说执业规则是基本的要求，但对其他的法律职业者，这仅仅是一种较高的道德要求。在法律院校中是没有职业伦理和执业标准方面的课程的。此外，律师协会成员因重大的执业过失或者不诚实的行为将被开除出协会。这将意味着不能作为刑事案件的辩护人，但这并不阻碍其成为当事人的代表，出席民事案件、行政案件的开庭。

执业标准规定：律师必须使用他们的正式姓名，律师可以宣传自己但是内容必须真实可信，律师不能私下收案和收费，律师应当为当事人保守秘密，律师收费必须合理。①

二、瑞典的行政法与行政法院

在瑞典行政法应当包括程序和实体两个方面。例如，一套精致的程序规定已经被建立并用来解决公法纠纷。其中最为重要的行政程序应当是行政法院中使用的程序。实质上行政法包含的范围相当广泛，包括环境法、社会服务法、教会法、社会福利与保障法、商业活动管制法，关于公共权力调节社会功能的各种法律。

具体来说，对瑞典公民影响较大的行政法问题有：对驾驶员执照

---

① See Bernard Michael Ortwein Ⅱ, *The Swedish Legal System: An Introduction*, 13 Ind. Int'l & Comp. L. Rev. 405.

的管理、核电厂操作员执照的颁发、纳税和社会保障金的获取等。值得注意的是并不是所有的行政法问题都由行政法院管辖。有一些特定领域的行政法案件通常由特别法院管辖。例如，环境法问题和市场法问题。在行政法院最典型的案件为个人对行政机关的决定不服提起诉讼。

在瑞典有三个层次的行政法院。第一个层次为郡行政法院。瑞典24个司法行政区都有一个郡行政法院。这些法院不仅仅受理对地方或者教会机构的决定不服的案件，而且也受理某些未经处理过的案件。

第二个层次的行政法院包括：斯德哥尔摩行政上诉法院、歌德堡行政上诉法院、桑德斯沃行政上诉法院、延雪平行政上诉法院。这些法院不仅仅受理对郡行政法院的判决不服的案件，而且也直接受理某些对行政机关不服的案件。

最上层的行政法院是最高行政法院。这个行政法院位于首都斯德哥尔摩，由19名大法官组成，不仅可以对行政上诉法院的判决进行审查，还可以直接受理某些对教会和中央行政机构决定不服的案件。最高行政法院的意见，通常会被出版，所以，最高行政法院的判决不仅具有个案效力，而且会影响下级法院的判决，学者们认为要完整描述瑞典行政法院的程序是困难的，但是可以对此有一个大致的概况，在瑞典行政法院中案件通常是书面审理，只有某些案件才开庭。行政法院的法官的教育培训与普通法院的法官并无二致。

某些行政案件往往具备刑事案件的特征，所以程序上往往是按照刑事案件处理的。例如，如果行政案件具备了刑事案件的特质，就需要特殊的投票规则来认定责任，在证据上必须达到排除合理怀疑的程度。此外，在郡行政法院中，通常由1名专业法官和3名非专业法官共同审理，而到了行政上诉法院一级通常是没有非专业法官的。

根据瑞典的法律当事人任何一方都有权聘请法律顾问来处理行政案件。行政法院不仅仅受理对行政机关不服的案件，而且直接受理有关行政事务的案件。对下级行政法院判决不服的案件，只有很少部分能上诉到上级法院。譬如，只有2%到3%的上诉案件，能经过事先审查进入最高法院。

按照传统的观点来说，行政法院的组织和运作应当是体现行政法最核心部分的内容，所以，瑞典行政法院的组织法和程序法应当为瑞典行政法的最重要内容。

但是，美国也有学者认为，瑞典的行政法体系是以非法院系统为主导的行政法体系。Charles H . Koch 认为瑞典的行政法体系是通过政府内部监督机构（监察专员）来实现的。他认为，自 1713 年瑞典国王查理七世为了防止战争期间瑞典法院滥用权力而任命名为监察专员的特别代表以来，监察专员就开始扮演重要的控制权力的作用。1809 年瑞典宪法正式设立了监察专员办公室，使得这个原本用来监督法院权力的机构，而演变为主要监督行政当局的机构。当今的监察专员，有广泛的权力。总的来说，监察专员要调查公民的投诉和接受公民的求助。通常监察专员是通过非正式的途径解决个人和政府之间的冲突。因为监察专员不期望通过正式的行动解决这些争议，所以其工作效率依赖于监察专员办公室这个机构的地位和监察专员们个人的人格魅力。

Peter Strauss 则认为瑞典监察专员制度是一种广泛使用并且效果明显的非司法手段，是瑞典人通过议会体系制度控制行政的重要手段。他认为这种观念在美国很难被人民接受，因为州和地方的政治家们担心独立的监察专员的这种制度会破坏美国宪法的服务功能。而英国人则不怎么反对这种制度，他们通过加强议会议员的行动，取得类似于监察专员制度的效果。①

不管这种把监察专员制度视为瑞典行政法主要制度的说法是否正确，其作为瑞典行政法非常独特的组成部分的地位，是应该肯定的。所以，我们在看待瑞典行政法的时候，不仅仅需要传统大陆法系或者英美法系的眼光，而且要注意瑞典行政法这个特殊性。

三、行政法院与司法审查

瑞典宪法诞生几乎与美国同步。事实上，瑞典宪法的内容由 4 部分组成，政府结构这一部分 1809 年就已经完成。虽然宪法设置了瑞典国家的政治组织，并划分了它们的权力，创设了基本的程序，一定

---

① See Charles H. Koch, *Administrative Law and Practice Update By The* 2004-2005 *Pocket Part*, Cite from www. westlaw. com.

程度上限制了他们的权力，但是在过去，议会制定法的作用要远远大于宪法的作用。尽管在名义上宪法是国家的根本大法。直至今日，政府、法院、还有普通的公民才认识到瑞典宪法是人们社会生活中的基本要素，并且它是法律体系中的重要组成部分。熟悉美国政治模式的人都知道，宪政和联邦主义是最为重要的，司法审查也被认为是必不可少的。美国宪法的标准是作为防止立法和行政侵害，实现法治原则的重要手段。宪政发展需要自由的政治权利、法的稳定性、基本人权等因素得到确保。早期，在美国只有最高法院有解释宪法的权力，然而现在美国司法体系中任何一个法院都有权适用宪法条款来审理案件。但是，在瑞典，法院一直没有此权力，直到20世纪70年代法院在解释和适用宪法上才开始发挥作用。

1980年议会通过立法规定了瑞典法院非常有限的司法审查权。当议会的法案与宪法或者其他宪法性文件冲突时，法院有权宣布其无效。这个条款意味着不仅行政法院和普通法院有司法审查权力，而且公共机构也可以拥有。然而，该条文所指的司法审查权，并非如同美国的司法审查。因为，最高法院或者最高行政法院有关宪法的裁决或者其他高级法院的裁决，对下级法院创设先例的效力，不能直接引用当做判例使用。①

瑞典作为欧盟成员国，欧盟法也是瑞典法律的重要渊源之一。欧盟法律认为，司法审查是一种具有重要意义的，控制公共机构的权力行使的方式，它可以确保公共机构在实施行为时不违反欧盟的法律。通过司法审查，公共机构自由裁量权的非法行使可能得到控制；故意越权的行为也可以由司法审查加以控制，对滥用职权的侵权行为还可以提供损害赔偿救济。

司法审查仅仅适用于公法领域。虽然关于“公法事务”的界定式的公共因素，不包括仅仅是由于双方同意受其管辖的机构的管辖权。在实践中，当一个机构被列为公法的主体，并且争议的主体事务被看做是公法范围内的事务时，就可以适用司法审查。一个依法建立的、或者根据王室特权建立的实体通常都被划为公共机构。一个涉及

① See Bernard Michael Ortwein Ⅱ, *The Swedish Legal System: An Introduction*, 13 Ind. Int'l & Comp. L. Rev. 405.

欧盟的法律体系的实体，也可以从这种意义上被划为公共机构。另外，由欧盟的法律赋予公共机构责任或者权力的，这种责任或者权力通常会被划为公法的责任或权力。

但是，在特定情况下，欧盟的法律责任可能会同时产生公法和私法上的权利，在这种情况下适用司法审查就不太适宜。这种情况也可能出现在公法权力和私法权利是由于成员国法律、欧盟条约的条款、欧洲共同体条例或者指令而产生的。司法审查对于执行这种权利并不适宜。

通过司法审查后被宣布为不合法的法律法规，有的可能被撤销，例如在成员国法律体系中级别比较低的条例和规定；有的则不能直接撤销，而只能提供其他法律救济手段，例如对于基本立法。损害赔偿的诉讼也可以包含在司法审查的申请中。如果申请人能够证明自己对于损害赔偿拥有私法救济权，那么他就可能通过司法审查获得赔偿。但是，公共机构采取非法行为以及越权行为，因而可以对行为进行司法审查这一事实，并不是个人要求损害赔偿的充分条件。申请人还必须证明非法行为已构成公认的侵权，例如违背法定义务，公务活动中的过失或者滥用职权，或者其他一些私法上的理由。但是，损害赔偿的申请不能在司法审查中单独适用，只可以与特定的司法救济一起进行。

但是，通过司法审查被授予的司法救济都是酌定的，即使成员国法院发现申请人有理由进行司法审查，法院也可拒绝救济，驳回申请。除此之外，还有一些一般认可的可以拒绝司法救济的理由：

第一，对无实际作用的申请可以拒绝提供司法救济。当争议的问题仅仅是学术性的，或者已经没有任何实际意义时，法院可以对该问题不予救济。

第二，对不存在不公平行为的请求可以拒绝提供司法救济。在这种情况下，因为申请人并没有在事实上遭受侵害而提出了错误的申诉，法院可以对此不予救济。

第三，对第三方和行政管理造成影响的情况可能不予救济。行政决定和通常适用的措施不仅对申请人造成影响，而且对第三方也造成影响。

第四，在存在替代性救济或者申请人没有充分利用这种救济的情况下，法院可以驳回要求司法审查的申请。①

总的来说，瑞典对待司法审查的态度是非常谨慎的。这种体制不能被认为是典型的法律和事实的审查，仅仅是对于法的原意的解释。因为瑞典是欧盟的一员，也是世界人权宣言的缔约国，加上瑞典国内对传统做法的不满，瑞典最高行政法院已经着手改进，所以可以期待瑞典的司法审查制度将有一次变革。或许这种变革并不是表现在成文法中，但可以肯定的是它一定会对人们如何认识法的精神产生重大而深远的影响。最终它必将反映在法官对法的解释之中。如果按现在这种情况发展下去的话，瑞典将建立典型的司法审查制度。②

四、行政法院与法庭作证

（一）为什么要作证

如果社会不能很好的保护某人，他就有必要求助于法庭并通过证人作证使法庭能给出一个正确的判决。每年都有将近 100 000 个人在法庭上作证。这是经常性的而且不复杂。法庭仅仅要你参加庭审并且要你说出你所知道的。因为你所知道的可能对法庭的判决结果产生重大影响。

作为一个证人，你或许会因参加庭审感到焦虑。这是经常性的，但是这一切都会因法庭程序的进行而消失。当你正式参加了庭审，你通常会因作证感到心情舒畅。

如果你怕作证，例如你的证词将涉及某人的犯罪行为或者其他什么原因，使你感到难以作证的话，请你在开庭之前合适的时间联系法庭，如果法庭认为必要可以让害怕出庭的证人不参加质证。

作证是一种社会责任。因为你及时地出现在法庭不仅仅能使法庭作出一个正确的判决，而且将会为纳税人节约大量的费用。因为如果你不及时参加庭审，开庭势必要延期，这样就会产生大量新的费用。

如果因为你的不作证，给警方查证带来危险，你还将被处以罚

---

① 参见王世洲主编：《欧洲共同体法律的制定与执行》，法律出版社 2000 年版，第 379 ~ 382 页。

② See Aakko Husa, *Guarding the Constitutionality of Law in the Nordic Countries: A Comparative Perspective*, 48 Am. J. Comp. L. 345.

款。如果因此需要其他人参加作证，并因此增加了费用，此时就需要你来承担。

如果你是因为有病或者其他合理的理由不能参加庭审的，应及时与法庭联系。

如果法庭传唤你出庭，请带上传票。

如果你不想在候客大厅里等待的话，你可以去法庭为受害人或者证人特别准备的休息室中等待。你可以在法庭接待处询问，工作人员会直接带你去特定的休息室。

（二）如何进行作证

当你进行法庭作证的时候，你必须在特定的休息室中等待，等法院叫你的名字的时候，你才可以出庭作证。因为你必须在不受任何影响的情况下表达你自己的观点。在你作证之前你必须做以下誓言："我姓名某某，我发誓以我的良心和荣誉保证，我所说的一切都是事实，将不会发生添加和更改。"

主审法官将宣读誓言并要求你重复他的话语，之后当事人双方和法庭就可以向你提问了。如果你发誓之后作伪证，那你将受到惩处。你说话的方式和你如何表达的方式并不是非常重要。只要法庭上的人能明白你所说的就可以了。最重要的是你所说的都是真实的，并且说出你知道的一切。

（三）作证的补贴

作为证人，有权向法庭要求车马费、住宿费、餐费和误工费等。但是这一切都是有一个限度的，不能超过公共基金的范围。

如果补贴超过公共基金规定的限额，将适用法庭传票中的补贴规则，所以，你在选择出行方式的时候，应仔细阅读补贴规则。

如果你还有什么不清楚不明白的，可以打电话给法院。电话号码和法院的地址都会写在法庭的传票中。

（四）通过电话等方式询问证人

法庭在某些案件中可能通过电话询问证人的方式，代替出庭作证。

如果你要通过电话参加法庭审理的话，通常应该使用你家中或者你单位的电话。在一些案件中，你或许会被传唤到一个权威机构接听电话接受法庭调查。

如果你必须到一个权威机构作证的话，你必须带上你的身份证明，例如，提交驾驶执照或者护照。如果这一切安排就绪之后，你将在电话前等待，等法庭需要你作证的时候，你就可以通过电话作证了。

诉讼参加人可以聆听法庭辩论，并在允许的情况下发言。如果条件允许的话，当场的人可以通过法庭的传声系统旁听庭审。

如果可能的话，法庭还经常通过可视会议系统让证人作证。①

五、行政法院与法律上的帮助

（一）法律上的帮助

公众法律上的帮助具有多种形式。它包括：建议；法律援助；公众辩护顾问、受害者团体顾问、特殊儿童代表和公众顾问出面提供帮助。

（二）由谁提供法律上的帮助

根据法律援助法案，由律师办公室和法律办公室提供这方面的服务，但是这不是强制性的。

（三）有关法律援助的信息

除了律师办公室和法律办公室，法律援助机构、法院、警察局、社会福利委员会、贸易联盟都将提供法律援助的信息。

（四）咨询

这些建议包括合法婚姻离婚的案件、同居之后分手的案件、继承案件、遗嘱案件、租金案件、合同解释案件、公民对公共机关或者法庭的决定不服的案件。

根据法律援助法案，律师提供法律咨询一般不超过两个小时，如果遇到复杂的案件，需要更长时间的帮助，那就需要申请法律援助或者由公众辩护顾问、受害者团体顾问、公众辩护顾问出面提供帮助。

（五）谁可以得到咨询意见

每个人——私人、团体、公司等。

（六）与谁取得联系

你可以根据电话簿打电话给律师办公室或法律办公室，既可以通

---

① See Domstolsverket, *Giving evidence at court*, 8 Januari 2003, p. 1.

过电话咨询也可以约一个时间，当面咨询。

（七）需要的费用

咨询的费用通常最多不超过两个小时。咨询一个小时的费用，在2005年1月1日时为1 260瑞典克朗。① 如果是15分钟的话，那么就收取1/4的费用。在一些特定的案件中，费用可能会被减半。

（八）法律援助

法律援助就是为了那些通过法律咨询不能解决的案件提供必要的帮助和支付相应的费用，例如，需要出庭的案件。法律援助提供的费用包括律师费用或者其他专家的费用。你还可能得到因举证而支出的费用及相关费用。

（九）排除

如果你买的保险投保范围包括了法律事务，原则上你将不能得到法律援助，法律援助不包括以下案件：返回税款的案件、制作遗嘱的案件、有关婚姻财产契约的案件、赠与案件、不动产登记的案件、税务评估的案件、婚内财产分割的案件、有关顾客责任的案件、税的支付安全的案件。另外与这些相似的案件也同样适用该规则。

（十）谁能获得法律援助

法律援助不仅仅是提供给个人，而且组织、公司都能申请法律援助，获得法律援助的前提是已经进行了一个小时的法律咨询，仍然不能解决，但是每件案件的援助是不能超过26万瑞典克朗的。②

六、行政案件的立案与执行

瑞典法院内的立案部门称为“注册部”，其性质属于司法辅助部门，工作人员与秘书一样，属于司法行政人员，不具备法官资格，这一点是明显有别于我国法院内设的立案庭的。注册部收案后将案件情况登记注册，然后按照数量平衡原则随机分配给各庭。普通的庭由5名法官、2名法官助理组成，并配有秘书组，审理各种类型的案件，庭与庭之间仅以数字序号相区别，并无受理案件类型之区分。但也有少数的庭专门审理专利、环保等特殊类型的案件，它常常需要法官具

---

① 1瑞典克朗折合约1.1元人民币。

② See Domstolsverket, *Legal Aid*, 18/02/200, pp. 1-2.

有某种专业技术知识。案件分配到各庭后，由秘书组接收，做一些事务性的工作后交法官审理。各庭庭长具有行政工作和审判工作负责人的双重身份，在一定情况下有表决的决定权。各法院也都设有监督各庭工作的专门机关，当事人认为法院工作人员有过错，就可以向该机关投诉。法院设院长一名，只负责行政工作，不参与办案。①

瑞典的执行机关是个比较有独立权力的机构，但该机构的裁定仍可以被上诉到上诉法院。学者评论道，在判决、裁定的执行中，最引人注目的、有震动力的和有影响的发展，是瑞典1965年执行局（Enforcement authority）的创设和1982年执行法典（Enforcement code）的生效。这些发展使整个司法制度中的执行程序机制，包括行政法判决和裁定的执行，得到了改革和重组。这是一个大的跃进，可能为其他法域构造自己的执行程序提供了一种模式。

瑞典的执行局是个组织很好的政府机构，根据创设该机构的法令，执行局是独立于警察机构和检察机构的政府机构。全国分为几个执行区，每一个区设一个执行局。执行局由三种人员组成，一是执行官，二是执行员，三是办事员。执行官必须有法律学位，并须有一定阶段的做公证人和法院工作的经验。现在瑞典的执行局是拥有合格人员和现代技术装备的高度发达的机构，有责任执行普通法院、行政法院和专门法院如劳动法院的判决和裁定，执行的权力和职责适用于所有法院的判决和裁定。

在瑞典，法院决定案件的法律后果，而不作出有关执行的指示，由执行局决定执行的方式。尽管程序法典规定，法院可以在必要的情况下发布有关执行的详细指示，但有其他法规规定，法院发布的有关执行的指示并不妨碍其他必要的执行方式。1982年执行局的地位得到加强，被授予甚至在复杂案件中决定执行方式的权力。②

七、评论

瑞典是一个历史悠久的国家，公元1世纪瑞典已经有了国家的雏

---

① 参见孟祥、林云：《瑞典、挪威的司法制度》，载中国法院网 http：//www. chinacourt. org/。

② 参见高执办：《国外执行机构概览》，载中国执行在线 http：//www. chinazxzx. com/othor/other2. htm。

形，瑞典的司法制度也随着这个的历史发展而发展，从最初行政和司法事务均由国王一个人掌管，之后司法权逐渐独立，形成了普通法院体系。到了20世纪初行政案件数量的飞速上升，瑞典于1909年成立了最高行政法院。在以后的日子里又陆续成立了郡行政法院、行政上诉法院。整个行政法院系统就逐步建立和完善起来。由此可见，瑞典行政法院的建立和完善是该国在司法实践中不断摸索的产物，是一个本土化的制度。

在瑞典，行政法院和普通法院是一个并行的系统，行政法院内法官的任职条件、审级的设置、行政事务的管理等基本与普通法院一致。

瑞典的行政法院共有三个等级，在最基层的是郡行政法院，它们是根据行政区域进行设置的，共有24个郡行政法院。这样保证了每个行政区域都有行政法院，笔者认为，这也许就类似于我国行政诉讼中的便民原则，即便于老百姓就近行使诉权。根据现有的资料分析，瑞典行政诉讼的受案范围应属于列举式。根据瑞典全国法院管理局编写的资料，认为应当由郡行政法院受理的案件有涉税案件（税务纠纷）、有关社会保证的案件、有关社会福利的案件、有关年轻人管教的案件、有关滥用酒精和毒品的案件、有关精神问题的案件、有关行政决定合法性的案件、有关吊销驾驶执照的案件、有关动物保护的案件、有关经营酒类许可证的案件、有关欧盟的行政采购和农业补贴方面的案件。从立法技术上采用了尽量穷尽的方法进行列举。而与此相对照的是我国《行政诉讼法》所采用的方法，即概括+正面列举+反面排斥的方法。我国《行政诉讼法》第2条规定："公民、法人或者其他组织认为行政机关和行政机关工作人员的具体行政行为侵犯其合法权益，有权依照本法向人民法院提起诉讼。"对受案范围做了总体性的概况。第11条规定："人民法院受理公民、法人和其他组织对下列具体行政行为不服提起的诉讼：（一）对拘留、罚款、吊销许可证和执照、责令停产停业、没收财物等行政处罚不服的；（二）对限制人身自由或者对财产的查封、扣押、冻结等行政强制措施不服的；（三）认为行政机关侵犯法律规定的经营自主权的；（四）认为符合法定条件申请行政机关颁发许可证和执照，行政机关拒绝颁发或者不予答复的；（五）申请行政机关履行保护人身权、财产权的法定职责，行政机关拒绝履行或者不予答复的；（六）认为行政机关没有依法发给抚恤金的；（七）认为行政机关违法要求履行义务的；（八）认为行政机关侵犯其他人身权、财产权的。除前款规定外，人民法院受理法律、法规规定可以提起诉讼的其他行政案件。”对受案范围作了正面列举。第 12 条规定：“人民法院不受理公民、法人或者其他组织对下列事项提起的诉讼：（一）国防、外交等国家行为；（二）行政法规、规章或者行政机关制定、发布的具有普遍约束力的决定、命令；（三）行政机关对行政机关工作人员的奖惩、任免等决定；（四）法律规定由行政机关最终裁决的具体行政行为。”对受案范围又作了反面的限制。总之，从表面上看我国的受案范围可能更大，保护力度可能更强。但是，从行政诉讼的实际效果看，这种看似十分精致的设计，或许不如像瑞典这种简单但看似笨拙的列举式的方法。

另外，从瑞典行政法院受理案件的类型统计来看在瑞典行政诉讼中占最大比例的为涉税案件。而根据笔者的了解我国行政诉讼中占最大比例的为行政处罚案件，为什么会有这种现象呢？众所周知，瑞典是一个高税负的国家，总的负税高达 50% 以上，所以出现涉税案件膨胀也就不足为奇了，我们值得思考的是为什么我国行政诉讼中行政处罚案件会占这么大的比例呢？

一件非常有趣的事情是在瑞典行政法院的合议庭通常有非专业法官的参与。这与我国的陪审员制度相当地相似，我国《行政诉讼法》第 46 条规定：“人民法院审理行政案件，由审判员组成合议庭，或者由审判员、陪审员组成合议庭。合议庭的成员，应当是三人以上的单数。”此外，笔者认为，瑞典对非专业法官的称谓更为科学，非专业法官在案件中承担与法官相同的权利和义务，而在大多数西方国家陪审员只对案件的事实进行判断，并不对案件如何适用法律等其他事项进行参与。所以，笔者建议对我国的陪审员的称谓可以做一个调整。

另一个比较有趣的制度是，在瑞典行政法院将法律援助作为法庭制度的一部分。瑞典人认为，作为一项规则，每个人在行政法院都有权获得辩护，法院也有某种责任帮助当事人并给予意见和指导。在行政法院有政府律师提供咨询和为当事人聘请代理人等行使为其提供法律上的帮助。其中政府律师通常是律师事务所的执业律师或者律师助理，是在某些特定案件里为当事人提供免费法律帮助的专家。其办案的费用则全部由国家支付。有关精神问题的案件、未成年人管教的案件、滥用酒精的案件，法庭通常会指派政府律师。而在我国法律援助并不是普遍性的一项制度，在行政诉讼中，只有经济困难的人没有委托代理人的可以向法律援助机构申请法律援助，例如《法律援助条例》第10条规定的以下类型的案件：依法请求国家赔偿的、请求给予社会保障待遇或者最低生活保障待遇的、请求发给抚恤金或救济金的等。由此可见瑞典法律援助保护范围要比我国大，保护层次的划分也更为科学合理。

笔者认为瑞典有关行政上诉法院的管辖问题也可以与中级法院的管辖进行对照，在瑞典需要由行政上诉法院进行一审管辖的有涉及批准或者拒绝建设许可证的案件；有关政府信息公开的案件；有关自然保护的案件。而我国《行政诉讼法》规定第14条规定："中级人民法院管理下列第一审行政案件：（一）确认发明专利权的案件、海关处理的案件；（二）对国务院各部门或者省、自治区、直辖市人民政府所作的具体行政行为提起诉讼的案件；（三）本辖区内重大、复杂的案件。"两者都列举了一些不宜由基层法院审理的案件，但我国《行政诉讼法》第14条规定了本辖区内重大、复杂的案件，给法院在管辖方面提供了很大的裁量空间，与此对照，瑞典行政上诉法院就没有选择的余地了。

在瑞典最高行政法院有一项特殊的权力，是中国的最高法院所不具备的，即创设先例的权力。在瑞典最高行政法院最重要的任务是通过个案设立先例指导下级法院和律师如何适用法律。最高行政法院通过创设先例可以使类似的案件得到类似的处理，并总结出法的一般原则。下级法院就可以根据在具体案件中总结出的一般原则，审理案件并作出裁判。而在中国，最高法院虽然也定期出版有关的案例集，为下级法院提供审判参考，但是这种判例对下级法院没有拘束力，不能创设先例。最高法院则是通过另一种形式指导下级法院审判的，即通过司法解释的形式。至今为止最高法院已经颁布了大量的司法解释，例如《最高人民法院关于执行〈中华人民共和国行政诉讼法〉若干问题的解释》，《最高人民法院关于行政诉讼证据若干问题的规定》

等几百项司法解释。① 笔者认为，瑞典最高行政法院通过创设先例的方式对下级法院的审判进行指导，可能更接近世界上其他国家的做法，也可能更能体现司法的特殊性，而不是像行政至上而下的统治。

在瑞典起初行政诉讼程序和民事程序都是由一部法律调整的，即《审判程序法》。之后由于行政诉讼的发展，才有了单独的行政诉讼程序方面的法律。这一点与我国的情况非常地相似。在1989年之前，我国的行政诉讼都适用民事诉讼法，直到1989年《中华人民共和国行政诉讼法》通过，行政诉讼才有了自己专门的法律。在瑞典的《审判程序法》中有一些特殊的原则，在我国的法律中是不曾有的，例如，最大程度保证全面检查证据的原则；证人必须亲自到场，而不能由一方当事人宣读证人证言的陈述原则；直接原则则要求判决的事实必须当庭的认定等。除《审判程序法》外，自1971年后行政法院审理行政案件就适用特定的程序，主要是《行政法院程序法》。但是笔者根据现有的资料分析，虽然有特定的程序，但是瑞典行政诉讼大的框架还是根据《审判程序法》来进行，只是某些具有行政诉讼特殊性的问题，适用特别法律的规定。另外，在行政诉讼中适用的重要法律还有瑞典《行政程序法》，《行政程序法》不仅可以控制行政机关的行政行为，而且也是法院评判行政机关行政行为是否合法的重要依据。瑞典的《行政程序法》共33条，非常细致的对行政机关行政行为的程序做了规定，这是我国现行法律不能做到的。但是，笔者觉得我国《行政程序法》已经列入了国家的议事日程，这种情况很快就会得到改善。

与行政法院紧密相关的机构有普通法院、特别法院。前者担负了民事案件和刑事案件的审判，后者则是根据特别的需要而设立的法院，既有审理民事案件的，也有审理行政案件的。另外，议会监察专员也是与行政法院相当有关联度的机构，一方面，它监督行政法院的审判活动，另一方面，它也行使部分行政法院的职权，解决某些行政纠纷。

在这里笔者认为特别值得评论一下的机构就是瑞典的全国法院管

---

① 根据中国法律法规信息系统的检索结果，最高法院涉及行政的司法解释为194项。参考网址：202.99.23.199/home/begin.cbs。

理局。瑞典的全国法院管理局是一个独立的机构，负责整个瑞典法院系统的行政管理事务。对于行政法院来说，它的资金预算、法院办公设备、法官的培训等行政事务都由全国法院管理局负责。行政法院的法官只需一心负责审判工作。所以，建立该局可以改善司法工作的质量。具体来说，在瑞典提高和监督司法质量的方法，更多的并不是通过对法官的控制，而是对法院物质和管理领域的控制来实现的。通过全国法院管理局，对法院的需求有了持续的关注，而不受来自政府方面的影响。通过关心法院的物质需要，支持和建立一个中央信息中心，全国法院管理局试图通过有效的行政管理最大可能提高司法的便利程度，从而保障审判的质量。所以，笔者认为，这一点非常值得我国借鉴。

第六章　意大利行政法院制度

“二战”结束后，意大利废除了法西斯主义的政治体制，于 1948 年 1 月 1 日开始实施新的共和国宪法。意大利的现行司法体制就是由这部宪法确立的。由于历史和法律传统的原因，意大利建立了迥异于英美、又有别于法德的特殊的行政司法制度。其行政法院制度糅合了法国行政法院的双轨制特点，还掺杂着美国普通法院司法审查的内容，更有其原创的行政法院主席委员会自主管理的特色，在当代行政法院制度中别具一格。

第一题　意大利司法体系与行政法院

要了解意大利的行政法院制度以及行政法院在司法体系中的地位，必须首先了解意大利的司法体系。意大利的司法体系由三大司法系统组成：宪法法院、普通法院、特别法院。这三大司法系统既独立于其他国家机关，相互之间也自成体系，互相独立，各司其职。

一、宪法法院

根据意大利宪法，宪法法院是独立于立法、行政和司法之外的独立司宪机构，它对立法活动的合宪性进行司法审查，主要是检查和监督法律条文是否符合宪法，也负责审理对总统和各部部长的指控。宪法法院成立于 1956 年，由 15 名法官组成，其中 5 名由最高的普通司法机关即普通的最高法院和最高的行政司法机关即最高行政法院任命，5名由共和国总统任命，还有5名由议会在联席会议上任命。①

二、普通法院

普通法院是意大利通常所称的司法机关。实际上，意大利宪法中所指的司法机关即指普通法院，② 它与议会和行政系统构成意大利国家权力的三权分立。普通法院管辖一切违反刑法的案件以及侵犯公民权利的案件，侵权案件包括民事案件和行政案件。意大利全国设有195个法院、23个上诉法院和1个最高法院。根据意大利宪法的规定，意大利最高法院只是最高审级的法院，普通法院系统的最高管理权力由最高司法委员会（The Consiglio Superiore della Magistratura）行使。最高司法委员会由总统担任主席，拥有研制独立司法体制和任免法官的职权。

三、特别法院

特别法院包括行政法院、审计法院和军事法院。

根据意大利宪法，行政法院——国务委员会和地区行政司法机关，在审理国家行政机关的法令的控告案时，在维护正当利益（Legitimate interest）方面享有裁判权；在法定的特别案件中，在维护主观权利方面也享有裁判权。审计法院对公共财务案件和法律规定的其他案件有裁判权。军事法庭在战时享有法定的裁判权。在和平时期，军事法庭只对属于武装部队的人员所犯的军事罪行享有裁判权。③

这些特别法院相互独立，也独立于普通法院系统，分别由各自的

---

① 意大利宪法第135条第2款和第3款规定“宪法法院审判官从普通的和行政的最高法院任命的法官，包括已退休的法官在内，可从大学法学正教授以及执业至少20年的律师中选任。宪法法院审判官的任期为9年，各人从其宣誓就职之日起算，并且不得重新被任命。宪法法院审判官在任期届满时，退职并终止执行职务”。

② 意大利宪法第102条规定：“司法职能由按法院组织法规则设置与调整的普通法官行使。”

③ 见意大利宪法第103条。

最高管理机构（一般为最高委员会）自行管理。①

四、行政法院在司法体系中的地位

意大利的行政法院体系由最高行政法院即国务委员会（Consiglio di Stato）和地区行政法院（Tribunali Amministrativi Regionali）组成，它的地位比较特别。它是作为特别法院的一种而存在的。实际上，意大利现行宪法禁止设立特别法院或者专门法院，但由于这些特别法院在现行宪法颁布之前就已存在，故宪法特别确立了这些特别法院的宪法地位。

同时，意大利行政法院与普通法院以及宪法法院的关系也比较特殊。意大利的行政法院和普通法院都拥有对行政案件的管辖权，而且，不服行政最高法院判决的，还可就纯法律问题向普通最高法院上诉。即普通的最高法院拥有对行政法院判决的最终司法审查权。在与宪法法院的关系上，行政法院和普通法院的地位是一样的。比如，宪法法院的部分法官由普通法院和行政法院的最高法院任命。普诵法院和行政法院的法官在审理案件时认为某个法律或者条文有违反宪法嫌疑时，均可移交宪法法院进行违宪审查。

第二题　意大利行政法院的组织体系与职能

意大利行政法院由国务委员会（最高行政法院）和地区行政法院两部分组成，而它的自治管理则由行政法院主席委员会负责。

一、意大利国务委员会

国务委员会也称为最高行政法院，是第二审行政法院，设于首都罗马。意大利文为“Consiglio di Stato”，英文“为 Council of State”。

---

① 各个法院系统均由各自的最高委员会自行管理是意大利司法制度的一个独特之处。如，普通法院的最高管理机构不是最高法院（它只是最高审级的法院），而是最高司法委员会；审计法院的最高管理机构是审计法院的主席委员会；军事法院的最高管理机构是最高军事司法委员会（The Consiglio Superiore della Magistratura Militare）。

国务委员会在宪法上属于政府的辅助机关,[①] 在三权分立架构中属于行政机构序列。但宪法赋予它独立于政府的地位，并确认它作为最高行政司法机关即最高行政法院的地位。[②]

国务委员会对不服地区行政法院判决的上诉案件拥有管辖权。同时对某些案件具有专属管辖权，如行政机关与雇佣人员之间发生的雇佣纠纷案件。此外，还受理一切不属于地区行政法院或者其他特别行政法庭管辖的案件。国务委员会作为最高行政法院，它的行政判决为终审判决。但涉及纯粹司法问题才准予向普通法院的最高法院上诉。[③]

作为政府辅助机关，国务委员会具有行政法律咨询（Advisory functions）和行政审判（Court functions）的双重职能。它内部设有四个咨询部门和三个审判部门，分别履行咨询和审判职能。作为咨询机关，它向政府提供涉及公共行政方面的建议和意见。作为审判机关，它是地区行政法院的上诉法院。此外，国务委员会还设有一个特别咨询委员会，一个由全体咨议员参加的咨议员大会和一个由 13 名成员组成的审判部门全体大会。

国务委员会成员产生的条件和程序是，1/4 的成员由部长会议（Council of Ministers）任命，但在提名时内阁应征询行政法院主席委员会的意见。另外 1/4 的成员根据竞争性考试结果任命。其余一半成员由行政法院主席委员会从地区行政法院法官中根据品行和资历择优任命。国务委员会目前有成员 111 名，其中，主席 1 人，部门主席 18 人，国务咨议员 92 人。

国务委员会的成员有权接受其他一些职位，如部长或者议会议员，以及其他一些与他在国务委员会中的工作不相冲突的职位。

---

① 根据意大利宪法，国家在政府各部之外设立三个辅助机关，它们是国务委员会、国家经济与劳动委员会和审计法院。

② 见意大利宪法第 100 条。

③ 见意大利宪法第 111 条。

二、地区行政法院

其中，地区行政法院是第一审行政法院，设在各个大区①的首府。地区行政法院的意大利文为“Tribunali Amministrativi Regionali”，简称T. A. R. 。英语通常译为Regional Administrative Courts。各地区行政法院都设有庭长1人，行政法官至少5人。每次开庭审判，应由法官3人组成合议庭。

三、行政法院主席委员会

行政法院的自治组织是行政法院主席委员会（The Consiglio di Presidenza della Magistratura Amministrativa ，英文为Council of Presidency of the Administrative Judiciary）。这个委员会的性质相当于普通司法系统的最高司法委员会，是行政法院系统的最高自主管理组织，负责行政法官的委派、晋级和处分等事宜。行政法院主席委员会由国务委员会主席、4名国务委员会的法官、4名地区行政法院的法官和4名非职业法官组成。这4名非职业法官分别由议会两院各从大学法学教授或者有20年经验的律师中选举产生。

四、意大利行政法院的职能

意大利行政法院是独立于普通法院系统的特别法院，主要职能是对国家行政机关的行政措施的合法性，即是否存在违法、越权或者不具管辖权的情况进行裁断。行政法院还有权决定强制执行由普通司法机构对公共行政当局作出的判决。

所谓“违法”，是指在行政法律关系范围内，政府行政机关的某项行政措施，是在歪曲事实、违背法律规定的情况下作出的。利害关系人就此提起行政诉讼后，司法机关可以宣告该项行政措施无效，以及由政府行政机关承担赔偿。

所谓“越权（滥用权力）”，是指行政机关超越自己的行政职权范围所作的行政措施。利害关系人就此提起行政诉讼，司法机关可以

---

① 意大利共和国地方划分为大区、省和市三级，全国共设20个大区、95个省。大区是最高级别的地方行政区域。

宣告该行政措施无效，以及由行政机关承担赔偿。

所谓“不具管辖权（法律上不够格）”，是指某项行政措施由不够格的机构作出。利害关系人可就此提起行政诉讼。此类行政诉讼被提起后，司法机关可以宣告该项行政措施无效，并将该不够格处理的案件转送至适格的主管机关处理。

第三题 意大利行政法院的历史发展与法律依据

一、意大利行政法院的宪法依据

意大利现行宪政体制，是由1948年宪法确立的。但意大利的行政审判制度的确立，却远远早于现在的宪法。实际上，意大利1948年宪法为了防止法西斯势力利用设立“保卫国家特别法庭”来镇压人民的情况的再度发生，其第102条第2款规定“不得设立特别或者专门法院。只可在普通司法机关中附设审理特定案件的专门法庭，并应有符合条件的非法官公民参加”。意大利的行政审判制度因为先于该宪法而存在，故而在新宪法第103条中被作为特例而确立起来。同时宪法第108条专门对包括行政法院在内的特别法院的法官的独立性进行了保障。

二、意大利行政司法体制的历史演进

历史上，意大利并没有把管制行政行为的权力交给法官，而是由行政机关内部的委员会来保障。1865年3月第2248号法案的附则E出台以后，对公民权利的保护权被委托给了普通法院。这一附则至今有效。根据这一附则，在原告的“公民权利或者政治权利”受到国家侵害时，原告有权通过普通法院的民事法庭对国家提起诉讼。但这一附则有两个特点：第一，它只保障公民的权利，而不保障公民的正当利益（Interressi legittimi）；第二，它只保障原告获得经济上的赔偿，却并未赋予法院撤销或者变更该行政行为的权力。①

---

① 参见［日］小岛武司等著，汪祖兴译：《司法制度的历史与未来》，法律出版社2000年版，第85页。

1889 年 3 月 31 日发布的第 5992 号法案，参照法国的国务委员会（Consiglio di Stato），设立了意大利的国务委员会，并在其原有的三个咨询部的基础上，增加一个审判部，从而使其具有了行政司法的职能，成为意大利的最高行政法院。其职责是，当公民因“利益”而非“权利”受到侵害并提出诉讼时，对该行政行为的合法性进行调查和审判。到了 1907 年，国务委员会又增加了一个具有审判功能的部门。

至此，意大利的行政司法体系，尤其是一直存续到今天的行政案件审判权的二元性体制，就基本上确立了。对行政行为进行的合法性审查由两个部门执行。如果是权利受到了侵害，就由普通法院审判；如果是“正当利益”受到了侵害，则由行政法院审判。不过，对特别的法律领域，尤其是公共职务这一领域，则由行政法院专属管辖。① 1948 年意大利共和国宪法第 113 条对此二元性体制作了明确规定：“对国家行政机关的法令不服时，随时均可请求普通司法机关或者行政司法机关对其权利和合法利益进行司法保护。”

三、意大利地区行政法院的发展

地区行政法院也经历了较长的演变过程。1890 年，被委托对地方公共团体进行监督的州行政委员会（Giunte provinicali amministrative）也被赋予了审判的职能。1971 年 12 月 6 日发布的第 1034 号法令规定，由服从于行政权的人作为构成人员取代直接所属的州的行政委员会，地区行政法院由此成型，成为第一审行政法院。

1982 年 4 月 27 日发布的第 186 号法令规定，确立了现行的行政法院体系，行政法官被统一赋予独立的地位。

第四题　意大利行政法院的管辖权限

意大利行政案件的管辖具有二元性，即普通法院和行政法院分别都对行政案件拥有管辖权。但它们的管辖范围有明确的划分，普通法

---

① 参见［日］小岛武司等著，汪祖兴译：《司法制度的历史与未来》，法律出版社 2000 年版，第 86 页。

院对侵犯公民“权利”（Subjective right）的案件行使管辖权，而行政法院对侵犯公民“正当利益”（Legitimate interest）的案件行使管辖权。普通法院与行政法院之间的管辖冲突，由普通最高法院合议解决。

一、普通法院的行政案件管辖权

意大利普通法院管辖侵犯公民“权利”的行政案件。除了法律已经规定由特别法院（包括行政法院、审计法院等）专属管辖的外，对侵犯公民权利的案件，不论是因行政部门或行政措施引起的，也不论行政机关是原告还是被告，都予以受理。而且，普通法院在审理行政机关侵犯公民权利的行政案件时一律适用民事审判程序。

但是，意大利宪法强调行政权和司法权的严格分立，对普通法院有关行政措施的管辖权有明确的限制。这些限制是：

第一，只限于审查行政措施的合法性；

第二，普通法院不得干涉行政措施的本身，也就是说，即使某项行政措施不合法，普通法院既不得撤销或宣告该行政措施无效，也不得代替行政部门改变行政决定；

第三，普通法院对某项行政措施的权力限于声明该项行政措施为非法，但是这种声明不直接适用于本案；

第四，普通法院关于某项行政措施的判决，限于确定这项行政措施与本案有关的问题，可以判定由政府行政部门赔偿损失，或者另行作出命令，要求给付原告款项。①

二、地区行政法院的管辖权

意大利行政法院实行所谓的“二级半”审级制度。即地区行政法院审理第一审行政案件，国务委员会为第二审行政法院。通常情况下，国务委员会的判决为终审行政判决，但当事人可就国务委员会的判决中纯粹的法律问题向普通法院的最高法院提起上诉。

地区行政法院受理第一审的行政案件，其管辖权限有三类：

---

① 参见皮纯协、胡建淼主编：《中外行政诉讼词典》，东方出版社1989年版，第601页。

一是有关行政措施合法性（Lawfulness of administrative decisions）的一般管辖，即受理相对人针对行政主体行政处分行为是否合法的异议案件；

二是有关规定事项的法律问题的管辖，即受理相对人针对特定法律规则的含义和合法性的异议案件；

三是有关规定事项的专属管辖，即受理法律明文规定由地区行政法院审理的其他行政案件。①

受地区行政法院一般管辖的行政措施合法性问题的案件，必须以三种具体事由为依据，即不具管辖权，违法和越权。在一般管辖的案件中审查的范围为申请人实际蒙受的物质损失或道德上的损害。对行政机关不具有管辖权而作出行政措施的，行政法院可以宣告行政措施无效，并将不具管辖权案件移交适格的主管机关处理。倘属越权或违法的案件，可宣告该行政措施全部或部分无效，以及由行政机关承担赔偿。

对已经规定事项的法律依据问题的案件，地区行政法院不仅审查其行政措施的合法性，而且审查其办法是否便利，即审查其行政管理办法是否具有妥善的标准。地区行政法院对这类案件的处理权限是：第一，可因行政措施不合法而撤销它；第二，全部或者部分地改变行政措施；第三，由行政法院另行规定其行政措施；第四，如果行政部门败诉时，可以命令政府行政部门缴付费用。

地区行政法院的主要专属管辖案件是有关政府雇佣人员的雇佣纠纷。

由此可见，意大利行政法院的司法审查权限比较宽泛。它不仅审查行政行为的合法性，而且审查行政行为的适当性；既审查外部行政行为，也审查一定的内部行政行为。②

三、国务委员会的管辖权限

意大利国务委员会不仅是地区行政法院的上诉行政法院，而且是

① 参见胡建淼著：《十国行政法——比较研究》，中国政法大学出版社 1992 年版，第 349~350 页。

② 参见皮纯协、胡建淼主编：《中外行政诉讼词典》，东方出版社 1989 年版，第 598 页。

特定案件的专属管辖法院。因此它的管辖权比较广泛。大致可分为以下三类：

第一，所有不服地区行政法院判决的行政上诉案件；

第二，裁决政府官员的渎职罪、滥用职权罪以及侵犯公民合法权益的行政行为的案件；

第三，裁决国家机关同它的工作人员之间的纠纷。

具体而言，国务委员会对公共事务、城镇和乡村规划等案件拥有专属管辖权。此外，它的管辖范围还包括：对所有招标和经营许可行为、有关规划争议、建筑许可等方面的诉讼。而它对有关行政管理事务的专属管辖权则限于政府规章、外交、荣誉公务官员和警察等范围。兵役事务也在其专属管辖权内。其余的公共事务（Civil service）的诉讼则由民事法庭审理。行政管理中金钱罚款的争议，除涉及刑事法律的外，也由民事法庭审理。

作为地区行政法院的上诉法院，国务委员会对属于地区行政法院管辖的案件只有受理上诉案件的权力，而不能自己决定受理案件。即如果行政争议的任何一方不提起上诉，国务委员会就不能受理行政案件。

国务委员会审理行政案件时，不仅判断行政行为是否符合法律，而且判断它是否符合公共利益。在确定行政行为是否符合法律规定的司法程序中，遵循的是机会均等和合理的原则。为了保障行政案件的顺利审理，法官被授予特别调查权，例如法官有权责令公共机关提交文件以便进行判断。

第五题　对意大利行政法院制度之评价

意大利行政法院制度的最大特点在于它的二元性。这种二元性不仅体现在行政法院地位和性质的双重性上，还体现在行政案件管辖的双轨制上。

一、意大利行政法院性质和地位具有双重性

意大利行政法院性质和地位的双重性是很明显的。从行政法院的宪法地位看，国务委员会的性质是政府的辅助机关，在宪法架构上属

于行政机构，它同时还拥有行政咨询职能，具有较强的行政性特点。但同时宪法又赋予它独立的地位和保障，并确认它为特别司法机关的一个组成部分。尤其是法学界，普遍认为其行政法院属于意大利特别司法机构，与普通法院和宪法法院共同构成意大利的三大司法系统。这种双重性的性质和地位，其好处是确立了行政司法的特殊性和专业性，使它从普通司法体系中独立出来，确立了行政审判独特的法律地位。但是，由于行政法院有过多的行政机关色彩，特别是国务委员会还具有着浓厚的非司法性质的咨询职能，在一定程度上弱化了它作为行政司法机关的地位。尽管宪法也确认它的独立地位，但和法国行政法院与普通法院并驾齐驱的地位相比，意大利行政法院要逊色许多。

二、意大利行政案件管辖双轨制特色明显

行政案件管辖的双轨制，表现为行政法院和普通法院均对行政案件都有管辖权，对不服国务委员会的判决，就其法律问题还可向普通最高法院上诉。这是意大利行政司法制度独具特色的内容，似乎糅合了法国行政法院制度和美国司法审查制度的特点在其中。这当中的利弊都很明显。双轨制的管辖，虽然增加了行政司法的覆盖面，加强了对公民权利和利益的保护，但同时也造成了行政案件管辖上的复杂性，增加了行政诉讼活动的混乱和困难。尽管管辖权上有权利保护和利益保护的划分，但在具体的司法实践中，管辖的混乱和争议无法避免。同时，行政法院和普通法院在裁判权限和手段上的不同划分，也造成诉讼程序的交叉化、复杂化，造成行政司法的繁琐化，影响了司法效率。

管辖的双轨制，还可以理解为，在意大利，行政法院虽然被确认为独立的行政司法机关，但其对行政诉讼案件并不拥有完全的终审权，普通法院在司法体制上拥有更多的主导权。意大利行政法院制度的另一个显著特点是意大利的行政法院具有高度的独立性。这个高度独立性主要体现在两个方面。一方面，宪法第100条明确确立和保障行政法院的独立性。更主要的一方面，在于行政法院既不受政府管理，也不受普通司法机关的管理机构管理，而是由其自成体系的自治机构——行政法院主席委员会自主管理。司法机关包括特别司法机关的高度独立和自治，是意大利引以为自豪的原创性制度。这一制度确

定和保证了司法机关的独立与责任。① 最高司法委员会自主管理制度，最先由宪法规定在普通法院系统实行，后来以法律形式扩大到行政法院、审计法院和军事法院系统。这一制度，不仅保证了司法机关与议会和政府的独立，实现了各个法院系统的相互独立，还实现了司法系统内部最高审判权力和最高管理权力的分离，在保障法院独立的同时，保障了法官个人的独立。这一制度目前已经被其他一些国家所效仿。

三、意大利行政法院具有管辖范围广泛和审级简洁的特点

意大利行政法院制度中，管辖范围的广泛性和审级制度的简洁性也是值得关注的特色。其管辖范围既覆盖了合法性审查和合理性审查，又兼顾了外部行政行为和内部行政行为。这种管辖范围的设计，在一定程度上体现了现代行政司法制度发展的要求和趋势。意大利行政法院在审级上实行与普通法院系统不同的“二级半”制，而在行政法院系统内部实际上实行二级制，比较简洁。这种只在较大行政区域设立行政法院的做法，既节省了司法资源，保证了效率，还能保证行政法院的相对超然的地位和权威。这也是一个值得借鉴的制度设计。

---

① 意大利宪法第 105 条规定，“授予最高司法委员会对于司法官的聘任、委派、调任、提升以及制定管理司法官的措施的权限”，总而言之，包括一切与司法官的职业生涯有关的一切规范和管理的权限。这些权限，在先前的专制政体中被赋予司法部以及最高法院。

第七章　波兰行政法院制度

第一题　波兰行政法院之产生

一、早期波兰的政治背景和宪法背景

早期的波兰，国会具有最高权威性。1952 年宪法明确规定等级制度，认为国会是国家权威的最高机构（The supreme organ of State authority）。波兰工人党（也即波兰共产党）宣称代表着劳动人民的利益，控制了国会。尽管 1952 年宪法第 62 条规定“法官应当独立且仅服从于法律”，第 58 条也提及“法院应是波兰人民共和国社会政治体系的管理人”。但作为“波兰人民共和国社会政治体系管理人”的法官，都接受了波兰政治主义教育和意识形态熏陶；法官的任命和开除，也与法官的政治信仰息息相关，如果某法官政治上不够忠诚，那么将会由司法部长出面被国务委员会开除。① 所以，在这样的政治环境下，没有任何一个非国会主体，包括法院，可以挑战行政行为的合法性和合宪性。

1997 年以前，波兰宪法体系深受 1952 年宪法的影响，鲜有关注到法院的权力或者司法的作用。当时，宪法仅仅是政治当局者们良好意图的宣言，其名义内容是巨大的，有效执行机制却是极其欠缺的，于是导致了司法性规则形同虚设。因而波兰最高法院强调“宪法条文若没有普通法律和其他规范性法案的扩大性解释，就无法直接适用

① See Mark F. Brzezinski and Leszek Garlicki, *Judicial Review in Post-Communist Poland: The Emergence of a Rechtsstaat*? 31 Stan. J Int'lL. 13, Winter, 1995.

于社会生活”。① 由于没有一种传统将宪法性规则作为司法审查的基础来考虑，所以当时的法院在保护公民权利和自由方面，没能发挥积极的作用。

二、早期波兰的司法权与立法权、行政权的关系

从来都存在行政、立法、司法三部门之间的权力侵犯。通常是行政部门最容易侵犯其他两个部门。但是早期的波兰，却是司法部门备受立法和行政两个部门不同程度的影响或侵犯。波兰法院在当时没有受到较高的尊重，它被认为只是“国家机器”的一部分，而非“国家机器”。

在波兰，司法不受立法干涉的宪法性原则完全缺失：国会法律可以对开除法官的情形予以特定化；可以就法院程序的公开原则提出例外等。更重要的是，法院认为自己不是立法行为和行政行为的审查者，认为它的作用仅仅是通过运用积极的法律，对某特定争议进行判定。②所以当时，法院在主观上和客观上都无法就立法行为和行政行为提出标准型的态度。

同时行政机关侵害司法权力的危险也是现实存在的。“法官仅服从于法律”（The judiciary is subordinated only to statutes）是波兰的一项宪法性原则。然而，法院总是怠于判定什么法才是“真正的法律”，也不愿承担因此引起的后果。但行政机关，却依赖于各种立法授权，委托或者其他隐含性的资格，持续地以一般规则取代法律。因而导致波兰国内存在的各种规范性法案，甚至有些由行政机关签署的文件也被认为是法律。所以在日常实践中，“法官仅服从于法律”实际上转变为“法官服从于所有规范性法案”。③于是，司法权开始被行政机关的立法行为所剥夺。“二战”以后的40年间就是以这样的情况为特征的。司法机关由于从来没有权威来控制行政而只好屈服于

---

① Kazimierz Dzialocha, *Application of the Constitution of the Polish People's Republic*, J. for E.-W. Eur. Stud. 87 ,1985.

② See Ewa Letowska, *Courts and Tribunals Under the Constitution of Poland*, St Louis-Warsaw Trans'l 69, 1997.

③ See Ewa Letowska, *Courts and Tribunals Under the Constitution of Poland*, St Louis-Warsaw Trans'l 69,1997.

行政机关，甚至当它以正式合法化的方式控制立法机关权力范围时也不例外。所以长期以来，人们认为用以审查行政行为的司法审查机制并不存在。因而可以直接审查规范性行政法案的宪法法院以及在具体案件中挑战行政决定的行政法院，直到1980年才建立。

三、波兰行政法院的产生

对行政行为合法性的司法审查，"二战"前就已为大部分欧洲国家所运用。这类司法审查主要是以奥地利模式和德国模式为样板而展开的。当时某些国家专门成立了特殊司法主体，如波兰在两次世界大战间隔期间（即1919～1939年间）设置的最高行政法庭，匈牙利设置的高等行政法院。有人评价说，这类特殊司法主体的产生，给行政行为司法审查的权力穿上了外衣。①

1980年，波兰国务委员会对行政程序法进行修改，正式建立波兰最高行政法院，规定它可以对行政行为几种有限形式进行司法审查，这就正式奠定了行政行为司法审查的基础。该修正案赋予了最高行政法院以审查行政决定的权力，来决定行政机关在个案中是否适当地运用国会的法律。虽然就当时而言，最高行政法院的司法权限具有局限性，但是它在保护公民个人权利免受行政机关恣意行为的侵害上还是积极地发挥了作用，同时它还常常支持行政机关那些具有挑战性的决定。②

但是创建之初，学者们不太赞成对行政法院赋予审查行政行为的权力。他们认为：第一，这种权力的赋予可能会导致法院干涉本应属于行政机关的权力，削减了可以实施有效行政行为的必要范围；第二，法院对行政案件的判决不仅要求行政法的知识，而且要求多样的大量的技术知识，特别是在建筑物的法律领域，关于对某些具有危险

---

① "The right to review was vested in special judicial bodies remaining outside the structure of courts of general jurisdiction", see Leszek Garlicki, *An Examination of the Unity and Diversity within The Socialist Legal Family: Constitutional and Administrative Courts as Custodians of the State Constitutions—the Experience of East European Countries*, 61 Tul. L. Rev. 1285, June, 1987.

② See Mark F. Brzezinski and Leszek Garlicki, *Judicial Review in Post-Communist Poland: The Emergence of a Rechtsstaat?* 31 Stan. J Int'l L. 13, Winter, 1995.

性技术设备之申请的安全性监督，而这些技能正是法官所不具有的；第三，对行政案件的判决将会导致法院承担无法承受的负担，花费大量费用在扩充法官数量及增加法院设施上；第四，现有对行政行为的监督系统已经足以产生有效的结果，司法控制的引入非但没有改善情形，而只是导致额外费用的增加以及行政案件审判时间的延长。①此外，国家政府机关常常漠视行政法院的判决，所以当时法院也依赖宪法来支持它的判决。

后来东欧的政治转变使得人们对这种关于行政行为司法审查的看法进行重新评价，特别是苏联对东欧政治的影响。苏联 1977 年联邦宪法第 58 条第 2 款规定："诉讼必须被提到法院，以法律要求的方式，针对违反法律的行为，或者超越行政职权侵犯公民权利的行为。"学者认为，苏联宪法对该条文的采纳并非仅仅只是口号。这个宣称是在意识到行政行为的司法审查是符合政府的社会模式的一种价值判断。②现在，我们可以下结论说，对行政行为的司法审查在波兰已经被接受了，至少是在基本原则的运用上。

第二题　波兰行政法院之组织机构和权限职能

一、波兰行政法院的组织机构

波兰 1997 年宪法第八章"以小说般细致的方式"全面准确地描述了波兰的司法制度。该宪法加强了司法机关作为独立且平等于立法和行政机关之外的第三方的地位，在司法机关的结构上给予了较多细致性的而非价值判断性的关注，扫除了多年以来人们对司法机关范围的疑惑。结合宪法规定，波兰司法机关所包含的机构有：普通权限法院（The courts of general jurisdiction），行政法院（ Administrative

---

① See Wierzbowski, *Administrative Procedure in Eastern Europe*, COMP. L. Y. B. 226 ~ 27 , 1977.

② See Remnew, Rozszerzenie zakresu kontroli sadowej na spory administracyjno prawne w Zsrr, *Enlargement of the Judicial Control over the Administrative Disputes in the USSR*, 36 Panstwo Iprawo (State and Law) no. 7, 76, 1981.

courts)，军事法院（Military courts)，最高法院（The Supreme Court)，宪法裁判所（The Constitutional Tribunal）以及国家裁判所（The Tribunal of the State）。①

最高行政法院在波兰首都华沙（Warsaw）或其中心区审理案件。各级行政法院由院长1人，副院长和法官若干人组成。最高行政法院的院长由波兰共和国总统从最高行政法院的法官会员大会中进行任命，任期6年。② 各级法院的法官由波兰共和国总统根据司法部的提名进行任命，任期为不确定（For an indefinite period)。③ 现任最高行政法院院长还可以根据宪法第191、192条的规定申请进入波兰宪法法院工作。

二、波兰行政法院权限和职能

一般来说，所有权力的来源均离不开宪法的授予。波兰司法机关的权限也是由宪法进行授予的，但是宪法对行政法院权限的授予却比其他法院更具有特殊性。

根据波兰1997年宪法第184条的规定："最高行政法院和其他各级行政法院须在法律规定的范围内对公共行政管理行为进行控制。这种控制可以扩展到对当地自治政府机构颁行的法律的审查，以及区域政府管理机构的标准化法案的审查。"④ 由此我们可以看到，首先，波兰宪法规定行政法院的法定权限之一是对公共行政管理行为的控制，这个权力是行政法院的当然权力。而特殊的是，宪法还授予了行政法院对政府机关所颁行法律的违宪审查权力，这在其他国家的行政

---

① POL. CONST. arts. 175.

② Id. at arts. 185.

③ Id. at arts. 179.

④ Id. at arts. 184:"The Chief Administrative Court and other administrative courts shall exercise, to the extent specified by statute, control over the performance of public administration. Such control shall also extend to judgments on the conformity to statute of resolutions of organs of local self-government and normative acts of territorial organs of government administration." See *Symposium On The Constitution of The Republic of Poland—Part I: Text of the Constitution of the Republic of Poland*, As adopted by the National Assembly on 2nd April 1997, St. Louis-Warsaw Trans'l 5, 1997.

法院中还是不多见的。而且，由于这种特殊的权力是宪法所授予的，因而从此以后任何其他普通立法都不能对此权力予以限制或者缩减。但是，行政法院对法律法规的审查权是否独立具有呢？它是否必须与审查具体的公共行政管理行为相关时，才能实施呢？根据笔者参考相关资料的总结，波兰行政法院对法律法规的违宪审查，是一种附带审查。而且，审查法律的法院和审查案件的法院必须是同一个法院。①

三、波兰行政法院与其他法院的关系

1997 年宪法加强了司法部门作为第三部门的地位，它独立并平等于行政和立法部门。然而这个新的基本法仅仅关注到了法院和法庭的结构和权限。宪法对法院和法庭的规定是描述性的和中性价值取向的，它主要关注于司法部的结构，即各个法院的机构，包括普通权限法院（The courts of general jurisdiction）、行政法院（Administrative court）、军事法院（Military court）、最高法院（The Supreme Court）、宪法裁判所（The Constitutional Tribunal）、国家裁判所（The Tribunal of the State）。

该宪法将法院分成三种类型：普通法院（General court）、行政法院（Administrative court）、军事法院（Military court）。普通法院的权力由第 177 条以一般方式予以规定，虽然其具有宪法性质，但由于该条文只是一般性叙述，它不能等同于普通法院权限的宪法性描绘。因而，鉴于其准确定义的缺乏，只能由基本法律来决定普通法院的权限范围。而宪法对于军事法院、行政法院的权限也均没有予以确定化。于是立法机关决定扩大这两类法院的权限，这样，普通法院的权限范围将无须违反宪法而自然而然地有效缩小。简而言之，用以规范各种政治权利和自由的各种宪法性条文，没有给普通、行政、军事三大法院之间以立法进行的权限分配带来障碍。所有关于公民权利和自由的司法保护的条文要求：维护权利和自由的机关应该是法院。然而，尚

① See Stanislaw Frankowski, *An Examination of The Unity and Diversity Within The Socialist Legal Family: The Procuracy and The Regular Courts As The Palladium of Individual Rights and Liberties—The Case of Poland*, 61 Tul. L. Rev. 1307, June, 1987.

未解决的是该机关应是普通法院还是其他法院。①

值得引起注意的是，1997 年宪法第 183 条第 1 款规定，最高法院对普通法院和军事法院行使监督权。由此可见，最高法院的监督权并非涵盖所有法院，仅是军事法院和普通权限法院，也就是说，行政法院不在最高法院的监督权力范围之内。同时根据宪法第 175 条第 1 款、第 178 条、第 236 条第 2 款，最高行政法院和最高法院一样，受制于宪法和法律。因而我们是否可以从中推断，最高法院和最高行政法院之间的关系不是从属关系那么简单。

四、波兰最高行政法院之法律地位

由上题，我们引出了波兰最高行政法院之法律地位的疑问。既然最高行政法院和最高法院不是从属关系那么简单，那它在波兰司法体制中是怎样一个角色呢？

在性质上，波兰最高行政法院是一个中心法院，它具有独占的权限来审查所有的行政决定，不管行政机关的级别如何。波兰最高行政法院适用波兰省级法院（第二级法院）的规则，按规定每年至少开庭 1 次。其法官的任职条件，除了要具有良好的道德品质、获得法律学位和年龄在 35 岁以上之外，还必须具有 10 年以上从事法学理论或者律师、检察官、仲裁员、普通法院法官等工作的经历。最高行政法院与其他类型的法院相比具有特殊性，它被认为是一个专门法院，它在很多方面享有与最高法院同等的“待遇”，表现在：1. 司法裁判厅要像收集和公布波兰最高法院的判决那样，收集和公布最高行政法院的判决；2. 最高行政法院法官享有与最高法院法官同样的薪金级别；3. 最高行政法院院长要以与最高法院院长相同的方式向国务委员会报告其活动情况；4. 根据波兰 1997 年宪法第 187 条第 1 款第 1 项的规定，波兰国家司法委员会（National Council of the Judiciary）的组成人员中最高法院院长和最高行政法院院长并列，此外没有提到其他

① See Ewa Letowska, *Courts and Tribunals Under the Constitution of Poland*, St Louis-Warsaw Trans'l 69, 1997.

类型法院的院长，从中亦可见最高行政法院的不一般。①

然而，行政法院毕竟只是各种类型法院中的一种，最高行政法院当然也不能超脱最高法院而存在，这表现在：1. 虽然最高行政法院法官独立，只服从法律，但他们的活动受最高法院的监督；2. 根据波兰最高行政法院法的规定，波兰最高法院有权依特别申诉，② 审查最高行政法院的裁决，对司法行政和司法程序提出具有约束力的指导意见，解答最高行政法院提出的特殊法律问题；③ 3. 此外，从最高法院的角度来看，最高法院也并未因其具有所谓的“特殊审查权”，而将其“特殊审查”的决定排除在外。事实上，最高行政法院仍然受辖于最高法院，受到最高法院的监督。④

第三题　波兰行政法院之行政诉讼

一、波兰行政法院的受案范围

一般来说，各国行政法院对行政行为的审查范围不外以下三种模式：第一，一般权限的审查（General jurisdiction）。该审查模式以南斯拉夫、罗马尼亚、保加利亚等国家为典型，其特点是，规定任何行政行为均可以接受司法审查，但同时规定几类排除事项。这些排除事项一般包括涉及国家防卫和安全问题以及公共秩序问题等。在罗马尼亚，这类排除事项非常广泛，包括部长作出的所有决定，以及大部分税收决定等均被排除在审查范围之外。第二，宽泛性列举审查

---

① 波兰 1997 年宪法第 187 条第 1 款第 12 页规定，波兰国家司法委员会（National Council of the Judiciary）的组成人员必须包含：最高法院第一任院长，司法部长，最高行政法院院长，以及一名由共和国总统任命的人。

② 这种特别申诉经由司法部长、总检察长或最高行政法院院长向最高法院提出。

③ 参见［荷兰］威廉·B·西蒙斯，孙晓民译：《波兰最高行政法院法》，载《国外法学》1984 年第 6 期。

④ See Leszek Garlicki, *An Examination of the Unity and Diversity within the Socialist Legal Family: Constitutional and Administrative Courts as Custodians of the State Constitutions—the Experience of East European Countries*, 61 Tul. L. Rev. 1285, June, 1987.

(Broad enumeration)。该审查模式主要以波兰和匈牙利为典型，其特点是，法院司法审查的权限以国会颁布的法律为依据，以大部分的行政行为为调整对象，因而审查范围是相对较宽泛的。第三，事项性列举审查（Matter to matter enumeration）。采取此种审查模式的国家，其司法审查范围非常狭小，对很多行政行为的审查是由行政机关内部的高层机构来进行的，或者由检察院（Procuratura）来进行。在这种司法审查模式下，行政行为的司法审查仅限于几个有限领域，如社会保险、住房供给等。

波兰国家对行政行为的司法审查，属于宽泛性列举审查（Broad enumeration）的模式。行政法院的司法审查范围根据修改后的波兰行政诉讼法典予以了明确。它明确规定，就国家行政机关不当的或者违法的作为和不作为，可以向行政法院提出控告；对于一项特别行政决定，如果其内容符合法律的规定，不能仅仅就其是否明智而提起诉讼。1980 年的行政诉讼法典列举了可以向行政法院提起诉讼的 20 类行政决定，其中最重要的有：（1）建设与城市规划；（2）价格、费用与酬金；（3）工业、服务业和其他类似的经济领域；（4）身份证和国籍；（5）住房和土地资源；（6）自然资源和能源管理；（7）税制、征税和关税（不包括对国营企业的征税）；（8）教育、文化、艺术活动和文娱活动；（9）农业；（10）从事合法活动和正当职业的权利；（11）劳动和社会服务，等等。①

关于对行政行为的司法审查，匈牙利教授 Halasz 曾恰当地评说道："对行政行为的司法审查，这并非仅是一个法学的，或者法律技术学的话题，而主要是一个政治的话题。每一步扩大司法审查范围的行动都引起了尖锐的争议，而且经常受到代表另一方利益的各级行政官员们的反对。"② 各个国家司法审查的模式不尽相同，但趋势却是相同的：司法审查范围正在公众的呼声下逐渐扩大。

---

① 参见［荷兰］威廉·B·西蒙斯，孙晓民译：《波兰最高行政法院法》，载《国外法学》1984 年第 6 期。

② Halasz, Sadowa kontrola decyzji administracyjnych na Wegrzech wswietle prawa socjalistycznego, *The Judicial Review of the Administrative Decisions in Hungary*, 37 Panstwo Iprawo (State and Law) no. 9, 59, 64, 1982.

波兰也不例外。例如波兰行政程序法规定，可以对涉及建筑、公路、教育和学费，以及高等教育等方面进行司法审查。但是事实上，这些事项的范围，是由法院自己定义的。因此，司法审查的实际范围，事实上就与保加利亚等一般权限审查模式的国家有点类似了，法院可以通过解释而无限扩大司法审查的范围。而且近些年来，要求扩大行政司法审查范围的趋势愈加明显，很多波兰学者甚至还提倡，将波兰现行的司法审查模式向一般权限审查模式转变，即仅规定几项例外事项。①

二、波兰行政法院受理案件的条件

（一）原告资格。根据波兰行政诉讼法典的规定，有权就某一行政决定向最高行政法院起诉的有：（1）案件一方的当事人；（2）作为案件当事人的社会组织以及检察官。可见具有行政诉讼资格的人，首先，他无论如何都必须是案件的当事人，也就是说，利害关系人不具有行政诉讼的资格；其次，他可以是个人，社会组织，或者检察官。在波兰，检察官亦可以作为行政诉讼的原告，因为检察官是公共利益之代表人。

（二）诉讼原则。作为一般原则，在向行政法院提起诉讼之前，当事人必须穷尽一切可能的行政救济手段，即所谓的行政救济穷尽原则。这些行政救济手段包括法律规定的和行政机关制定的法规所规定的。申诉人首先应向作出所指控决定的行政机关提出对决定的申诉，使该行政机关有可能自己改正它所作出的决定，而不能直接向行政法院起诉。如果该行政机关已采取了行政救济措施，申诉人则应向最高行政法院提交关于此种救济的文件；如果行政机关没有采取任何救济手段，申诉人则应将请求救济的申诉书和不予救济的决定副本一并提交行政法院。这一原则的设立，有助于行政机关能利用专门知识和行使法律所授予的自由裁量权，作出自己的专业判断，保障行政机关的自主性，保障行政程序的连续发展性；同时也可避免法院和行政机关

① See Leszek Garlicki, *An Examination of the Unity and Diversity within The Socialist Legal Family: Constitutional and Administrative Courts as Custodians of the State Constitutions—the Experience of East European Countries*, 61 Tul. L. Rev. 1285, June, 1987.

之间可能产生的矛盾，防止行政法院过度干涉行政权限，也减少了司法审查过程中可能会出现的障碍；此外也有助于行政系统内部进行自我纠错，减少浪费司法资源的可能性。

但须注意的是，此原则仅适用于作为案件的一方当事人或社会组织，而不适用于检察官。

（三）诉讼时效。根据行政诉讼法典的规定，就某一行政决定向行政法院提起诉讼的时限为 30 天，检察官为 6 个月。时限自此项行政决定交付当事人或公布之日起算。

三、波兰行政法院的诉讼程序及判决

在一方当事人具有诉讼资格、未逾法定诉讼时限并穷尽了其他行政救济手段之后，这时已经具备向行政法院提起诉讼的条件。行政法院的活动受民事诉讼的一般规则，特别是审理民事上诉的规则指导。在诉状提交给行政法院之后，行政机关无须中止其被指控的行政决定的执行，但行政法院有权随时命令其中止执行。

行政法院受理案件之后，经查明，行政机关的行为只要符合以下条件之一，即可被认为违法，并可以据此作出有利于原告的判决。

（一）违反实体法。作为判决根据之一的行政机关违反实体法的行为包括：（1）作伪证，包括行政决定作出前、作出中、作出后，行政机关作伪证的行为；（2）在作行政决定过程中有犯罪行为，比如受贿或滥用权力；（3）作决定人没有法律资格，即主体违法；（4）作决定时没有征求法律所要求的另一个机构的意见，这里所指法律所要求的机构，这个“法律”包含哪些层次的法律，没有得到明确；（5）法律变更。①

（二）严重违反程序法。这主要是指违反波兰行政程序法典对行政程序的相关规定。至于何为“严重违反”，则属于法官的自由裁量范围了。

（三）违反一般程序，造成了侵害后果。这类所违反的程序由于性质较轻微，行政程序法典未加以规定，其他程序法也未予以明确，

---

① 参见［荷兰］威廉·B·西蒙斯，孙晓民译：《波兰最高行政法院法》，载《国外法学》1984 年第 6 期。

属于一般性程序。但这个违法要件的构成还必须以造成侵害后果为要件，否则，单纯的违反一般程序不足以构成法院作出有利于原告判决的依据。

行政法院作出有利于原告的判决，主要可以采取以下形式：①(1) 撤销。行政法院有权命令行政机关撤销该项行政决定，包括部分撤销和全部撤销。如果发现行政机关不执行此项命令，行政法院有权命令作为被告的行政机关在特定的时限内终止决定的执行。(2) 重作。在行政法院判决撤销行政机关的原决定之后，有权命令行政机关重新作出一个不同的行政决定。(3) 确认。当对行政机关作出的违法行为进行撤销或者重作已经没有意义，或者会损害较大的公共利益时，法院可判决确认其违法。(4) 赔偿。波兰宪法赋予了当事人对因公共行政机构非法行为引起的损害请求赔偿的权利。这里有几个要素需要注意，其一，波兰宪法赋予的请求赔偿的权利是指向于"所有人"，不是仅限于波兰公民；其二，对公共行政机构的定义，其范围存在扩大的趋势；其三，须是公共行政机构的非法行为引起的损害赔偿，言外之意即合法行为造成的损害，不存在赔偿或者补偿的问题。②

波兰最高行政法院是给予最后救济的法院。如果最高行政法院的判决在实质上违法或有损于波兰人民共和国的利益，那么总检察长、最高法院院长以及司法部长都可以向波兰最高法院提出异议。

四、评价

波兰人民共和国建立的行政法院制度，一直受到波兰法学界和政治学界的关注。从最早的两次世界大战间隔期间（即 1919 ~ 1939 年间）设置最高行政法庭，到 1980 年正式建立最高行政法院，行政法院在波兰历史上的作用是不可磨灭的。

1980 年波兰最高行政法院的建立，虽然有人说它当时是在司法

---

① 波兰行政诉讼的判决可能还存在其他多种形式，由于资料所限，笔者无法穷尽。

② See Ewa Letowska, *Courts and Tribunals Under the Constitution of Poland*, St Louis-Warsaw Trans'l 69, 1997.

审查的支持者和反对者之间产生的一个妥协物，且这个法院的声望和重要性也只是在不经意间加强起来的，①但历史的经验表明，它的建立毫无疑问是具有积极意义的，人们对其更是持以肯定态度，以至于1997年波兰宪法非但未对其予以削减，而且对其加以了细致规定。此后，波兰各级地方行政法院在最高行政法院的带领下，在全国发挥了不可忽视的积极作用。首先，它赋予了波兰公民以更有效的和更广泛的对行政决定的申诉权，从而在整体上加强了个人的地位；其次，它给所有东欧国家乃至其他大陆法系国家带来了影响，不仅促进了东欧几国（波兰、匈牙利、罗马尼亚、保加利亚、南斯拉夫等国）行政法院制度的交流和发展，也为其他大陆法系国家发展行政法院制度提供了宝贵的经验。

对于我国来说，我国的行政法理论和制度尚不够成熟，行政法院亦尚未建立。那么行政法院制度是否适合我国？我国需要什么样的行政法院制度？行政法院制度建立起来以后如何在实际中发挥作用？这些问题都需要我们好好思考，细细研究，当然这中间的道路还很长。但不积跬步，无以成千里。此篇波兰行政法院制度研究，只是我们走出的极小一步，也仅是一砖一瓦而已，但笔者相信，诸多一砖一瓦终将有望建成中国行政法院制度的大厦。

---

① See Leszek Garlicki, *An Examination of the Unity and Diversity within the Socialist Legal Family: Constitutional and Administrative Courts as Custodians of the State Constitutions—the Experience of East European Countries*. 61 Tul. L. Rev. 1285, June, 1987.

第八章　芬兰行政法院制度

第一题　芬兰行政法院的地位及法官管理

一、芬兰行政法院的产生和发展

（一）芬兰普通法院的产生和发展

芬兰与北欧其他国家在法制方面的发展有同样的历史。约9 000年前冰河末期，芬兰人的祖先从乌拉尔山迁居至芬兰。12 世纪前芬兰为原始公社社会时期，人们之间的争议由地方首领负责解决，没有专业法官，但已经有了陪审员制度的萌芽。以后地方首领解决争议的方法被人记录下来，成为成文法，逐步开始有了法律和法制的概念，国家的法制体系开始建立。① 12 世纪后半叶芬兰开始隶属于瑞典，1581 年起成为瑞典的一个公国。芬兰的第一个普通上诉法院于 1634 年在图尔库建立。② 1734 年，瑞典王国实施了一部《司法程序法典》（Oikeudenkäymiskaari/Rättegångs Balk），规定了普通法院的体制和诉讼规则，该法典也适用于当时还是瑞典一部分的芬兰。1789 年宪法规定了最高法院。

1809 年，瑞典在瑞俄战争失败后，将芬兰割让给俄国，芬兰成为俄国统治下的一个大公国，沙皇兼任芬兰大公。芬兰被俄国给予自

---

① 参见杨傲多：《来自白天鹅故乡的问候——访芬兰司法部长约翰内斯·高斯基宁》，载《法制日报》2000 年 12 月 17 日。

② 美国匹兹堡大学法律系：《法学家——法律新闻与研究》，参见 http：//jurist. law. pitt. edu/world/finland. htm。

治省的特权，芬兰瑞典化的司法体制得以保留。瑞典1734年《司法程序法典》继续在芬兰生效，芬兰的法院像以前一样享有司法权，诉讼规则也仍然与以前相同，只是位于斯德哥尔摩的瑞典最高法院已经丧失了对芬兰的司法管辖权。俄国皇帝创设了芬兰委员会司法部，在俄国的芬兰大公国行使原瑞典最高法院的职能。

瑞典1734年的《司法程序法典》一直存在于芬兰法之中，是普通法院的程序基本法。该法典虽然历经多次修改，与1734年当初的法典相比已经是面目全非，但至今仍然是调整芬兰普通法院司法程序的基本法，该法典最近的一次修改是在2002年。典型的瑞典—芬兰式的普通法院传统是城镇的法院体制与乡村的法院体制不一样：普通法院在每个城镇和乡村各设两个，隶属于上诉法院。在城镇，司法事务由城镇人掌握；而在乡村，则由国家控制法律的实施权。1978年以后，芬兰普通法院体制进行改革，目的是逐渐将所有的普通法院统归于国家，但实际上直到1993年之前，普通法院系统中的双重法院体制一直存在。

（二）芬兰行政法院的产生和发展

芬兰在20世纪以前只有普通法院系统。当事人对行政机关作出的决定不服，只能通过向作出决定的行政机关的上级机关提出申诉来寻求救济，申诉可以一直递至中央政府。20世纪，专门解决行政争议的行政法院体制逐渐被介绍到芬兰。1917年芬兰宣布独立，俄国统治时期分兰委员会的两个部门，演变成了新独立的芬兰的两个最高法院：司法部演变成为普通最高法院，财政部的一部分则演变成为最高行政法院。① 1918年最高行政法院成立，普通法院和行政法院两大法院体系正式分开，中央政府处理申诉的职能大部分由最高行政法院接管。

芬兰将司法体系分为普通法院（Oikeusistuin/Domstol）和行政法院（Hallinto-oikeus/Förvaltningsdomstol）两大法院体系的做法由1919年《芬兰宪法》（Suomen perustuslaki/Finlands grundlag）所确认。1919年《芬兰宪法》第5章“司法机关”第53条规定：“最高法院为诉讼的最高上诉法院……”第56条规定：“最高行政法院，除另有

---

① 参见http://jurist. law. pitt. edu/world/finland. htm。

规定者外，为行政诉讼的终审法院……”

1950年，芬兰立法机关将过去零散的有关对行政机关起诉的规定编纂成法典，公民从此对行政决定享有普遍的诉讼权利。1955年芬兰又在11个省设置了省一级行政法院。省一级的行政法院隶属于省政府，是各省省委员会内部的一个司法部门。1989年省法院开始独立自成体系。1995年芬兰制定了比较完备的《行政司法程序法》(Hallintolainkäyttölaki/Förvaltningsprocesslag)，对诉讼程序作了进一步明确的规定，成为行政法院的程序基本法。①《行政司法程序法》在制定后不断修改，最近的一次修改是在2003年。

1919年宪法在实施70年后被废止。1999年芬兰颁布新宪法，在新宪法中，将省行政法院改称为地区行政法院。新宪法第9章第98条第1款规定：“最高行政法院和地区行政法院是行政法的普通法院。”

二、芬兰行政法院的地位

（一）芬兰行政法院在芬兰政治体制中的地位

在芬兰现行政治体制中，芬兰行政法院负责审理行政案件，是国家司法体系中的一个重要组成部分。

芬兰宪法规定，芬兰政体为共和制。立法权由议会根据国家财政状况行使，行政权由总统和政府行使，司法权由独立的法院行使。1999年芬兰新宪法与1919年宪法相比，由强政府国家向强议会国家转变，对个人的基本权利和自由做了详细明确的规定，规定了个人的经济社会文化权利，加强了议会在国家政治生活中的作用，削减了总统的部分权力。

议会代表由直接、比例、秘密投票制产生。总统为国家元首，通过直接选举产生，任期6年，连选连任不得超过两届。政府总理由议会选举，总统任命。议会为一院制，是国家最高权力机关和立法机关，由选民直接选举的200名议员组成，任期4年，主要职能是立法、财政和监督政府。

芬兰司法系统不存在联邦和州的划分，但有普通法院系统和行政

① 参见马怀德：《芬兰的行政法制度》，载《法学杂志》1999年第2期。

法院系统的区别，另外还存在少量的特别法院。芬兰最高司法机关为最高法院和最高行政法院。最高法院负责审理民事和刑事案件，最高行政法院负责审理政府机构和省、市（县）机构的行政案件。起诉机关是各级检察院。司法总监和议会监察专员有权出席内阁会议，监督总统、内阁和政府各部门的决定是否符合宪法规定。最高法院和最高行政法院的院长、法官以及最高检察长均由总统任命。

芬兰 1999 年宪法第 2 章“基本权利和自由”第 21 条规定：“每个人都有权将其案件在一个法律上有资格的法院或者其他机关进行适当的和没有不正当拖延的审理，将有关其权利义务的决定在法院或者在其他的行政司法性的独立组织进行复审。”“有关程序公开、听证权利、得到合理裁判的权利和上诉的权利，以及其他保证公平审判和良好治理的规定，由法律规定。”公民的该项宪法权利主要通过司法机关予以保障。芬兰的司法体系由普通法院、行政法院和特别法院组成，国家机关中与司法体系密切相关的主要有芬兰宪法法律委员会、司法部和检察机关等。

（二）普通法院、特别法院与行政法院的职权分工

在芬兰的司法体系中，普通法院负责审理刑事和民事案件，特别法院审理某些专门类型的案件，行政案件由行政法院审理。

1. 普通法院

普通法院处理刑事和民事案件，由地方法院、上诉法院和最高法院组成。绝大多数案件由地方法院一审，再经上诉法院二审。只有少量的案件可以再经过最高法院审理。

（1）普通地方法院

普通地方法院是基层普通法院，负责刑事、民事案件的第一审。

普通地方审判法庭的组织形式基本上遵循瑞典的模式，有独任制和合议庭制两种。犯罪案件和一些家事案件由一个主审法官和 3 个陪审员组成合议庭进行审理。法官独任制适用于审理简单的案件，只能判处罚金，不能判处监禁刑。陪审员由市政会选举产生，任期 4 年。陪审员不具有法官资格，不是法官，但在审理案件时有审判权，有权与法官共同对案件进行审理和裁判。案件审理实行少数服从多数原则，审理刑事案件出现意见分歧，2∶2 时，原则上按有利被告的意见进行裁判。审理民事案件出现意见分歧，2∶2 时，由庭长裁决。由 3

名法官组成的合议庭审理情节较重的犯罪或者民事纠纷。严重的案件以及较大的案件由赫尔辛基法院审理。

对地方法院的判决不服，当事人有权提起上诉，上诉必须在宣布判决后30日之内提出。被告人、检察官和被害人都是诉讼当事人，各自都有独立的上诉权。

（2）普通上诉法院

上诉法院主要负责审理不服地方法院判决的上诉案件，也负责对叛国罪、下级法院法官犯罪等重大案件进行第一审。芬兰现有上诉法院6所，分别设在图尔库、瓦萨、库奥皮欧、赫尔辛基、考沃拉和罗瓦涅米。上诉法院对案件的审理有近1/3的案件开庭，2/3的案件书面审。

上诉法院由院长1名和法官、助理法官若干名组成，不设陪审员。上诉法院院长由最高法院提名，总统任命。上诉案件由3名法官合议审理，对上诉法院判决不服，可以向最高法院上诉，但最高法院不一定受理。最高法院是否受理上诉，由最高法院颁发许可证决定。如果最高法院不批准上诉申请，上诉法院的第二审判决就是终审判决。有人据此认为芬兰的普通法院审级制度是二级半终审制度。①

（3）普通最高法院

根据宪法规定，普通最高法院审理案件由5名法官组成合议庭进行审理，重大案件也可以由全体法官组成合议庭进行审理。

每年上诉到最高法院的案件有2 000多件，但受理的仅有10%左右。上诉案件符合下列情形之一的，最高法院可以批准上诉：下级法院适用法律有错误；下级法院判决在事实上有错误，或者有批准上诉的其他重要理由。最高法院对受理的上诉案件大部分进行书面审理，可以维持原判，也可以改判。最高法院行使最高审判权，所作裁决成为判例，对下级法院有约束力。

除了通过审理案件创造判例外，芬兰最高法院还为总统准备宣判无罪的声明，为司法部准备引渡声明、准备法律建议声明、为总统准

---

① 参见林文学：《芬兰司法体制概况及启示》，载《中国司法》2004年第2期。

备对议会通过的法律的声明，并可以建议新法制定和旧法修改。①

近几年，芬兰的普通法院审判程序逐渐从纠问制向对抗制改革。1993 年，民事诉讼改为言词、直接和集中的程序。4 年后，刑事程序也进行了类似的改革，新程序以对抗制为主。刑事诉讼的改革主要受新宪法对基本人权重新定义的影响，同时由于芬兰是欧盟成员国，欧洲人权公约和其判例法对芬兰司法改革也有很大的影响。②

在芬兰，对违反公平裁判的案件可以上诉到欧洲人权法院，但在向欧洲人权法院提起上诉之前，案件必须穷尽芬兰法院的审理程序。

2. 特别法院

芬兰的特别法院也称专门法院，建立特别法院的目标是对某些专门性的争议提供普通法院所不能提供的专门服务。

历史上芬兰最主要的特别法院有：处理社会保险和养老金问题的保险法院；处理劳动问题的劳动法院；处理土地问题的土地法院；处理水的使用问题的水权利法院；处理消费者事务的市场法院；处理少年犯和惯犯的监狱法院等。由于芬兰宪法不鼓励建立特别法院，一些特别法院近年来已经被撤销，其司法权转交普通法院行使。

军事法院已经于 1984 年撤销，军职人员犯罪案件现在统归普通法院内专门成立的法庭进行审理，该法庭由普通法院法官和军人审判员共同组成。③ 租赁法院已经从 2003 年起撤销，房屋租赁争议由原来的租赁法院审理改为由地区法院按照处理民事争议的一般程序进行审理。土地法院也于 2001 年撤销，原土地法院的职责由 8 个地区法

---

① See Laura Katajisto, *The Justice Systems of the United States and Finland*, May 2001, A FAST Independent Project Paper，坦佩雷大学 Laura Katajisto 教授 2001 年 5 月“翻译者区域研究项目”独立工作论文，载 http://www.uta.fi/FAST/US4/PAPS/lk-just.html。

② See Varpu Lahti, *Supervision of Judges: A Finish Point of View*, Presentation at The International Society for the Reform of Criminal Law 17th International Conference on "Convergence of Criminal Justice Systems: Building Bridges-Bridging the Gaps", The Hague, Netherlands, 24-28 August, 2003. 作者 Varpu Lahti 为赫尔辛基上诉法院法官。

③ 参见肖扬主编：《当代司法体制》，中国政法大学出版社 1998 年版，第 181 页。

院分担。水权利法院于2000年撤销，其职能改由环境许可当局行使。

目前芬兰仍然存在的特别法院只有四个：市场法院、劳动法院、保险法院和高等弹劾法院。①

（1）市场法院

市场法院负责对不正当的限制竞争行为进行规制和罚款，对企业间的收购和兼并行为进行监督，对消费者委员会和工商企业之间存在的有关不公平商品和服务买卖争议进行处理。现在的市场法院成立于2002年，行使以前芬兰竞争委员会的职能和芬兰原有市场法院的职能。

（2）劳动法院

劳动法院负责对集体合同和集体社保协议方面的争议进行处理，但不受理个人的劳动合同关系争议。有关个人劳动合同关系的争议由普通法院受理，有关个人社保协议的争议由行政法院受理。

（3）保险法院

保险法院处理社会保险事务，如意外事故保险、职工养老金、社保养老金、国家养老金等事务。当事人在向保险法院起诉前，应当先就有关争议进行复议，对复议不服再向保险法院起诉。除某些意外事故保险案件外，保险法院对案件的裁判为终局处理，不得上诉。

（4）高等弹劾法院

芬兰司法体制中还存在高等弹劾法院。与其他特别法院有所不同，芬兰宪法对高等弹劾法院的地位始终有明确规定。早在1919年旧宪法第59条第1款就规定："司法总监、国务委员会成员、最高法院法官或最高行政法院法官因行使职务时的违法行为受到弹劾时，应由宪法性法律规定设立的特别高等法院审判。"1999年新宪法第114条也规定："对政府成员职务上违法行为的控告由高等弹劾法院审理。"

根据宪法规定，高等弹劾法院处理对部长、司法总监、最高法院成员或者最高行政法院成员的职务犯罪行为的控告。控告在宪法委员会对官员的违法行为作出决定后，由议会决定提出。在议会作出控告与否的决定前，有关官员有权对其行为予以解释。对政府成员的起诉

---

① 参见芬兰法院网：http：//www. oikeus. fi/17600. htm。

由检察总长进行。

如果司法总监，议会监察专员或者政府认为总统有判国罪或者违反人性罪，应当向议会报告。在议会投票有 3/4 的多数认为应当追究总统责任的情况下，检察总长应当向高等弹劾法院起诉总统。总统在高等弹劾法院诉讼期间应停止履行职务。

高等弹劾法院由最高法院院长主持，由最高行政法院院长、上诉法院的三个最高级别的院长以及 5 个议会选举的成员组成，任期 4 年。在实践中，高等弹劾法院只审理很少的刑事案件。

3. 行政法院

按照宪法规定，最高行政法院和地区行政法院是行政诉讼的普通法院。

芬兰宪法规定任何公权力的行使都必须基于法律的规定，公共机关应当保证尊重基本权利自由以及人权。任何人对有关其权利义务的行政决定不服都可以根据行政司法程序法向行政法院提起诉讼。1995 年，芬兰进行了有关基本权利的改革。改革所要达到的最终目的是加强法院直接对宪法所规定的基本权利内容的适用，提高对个人在基本权利方面的司法保护程度。①

芬兰行政法院系统只设两个层级，即地区行政法院和最高行政法院。行政案件第一审可能在地区行政法院进行，也可能在与地区行政法院同样职能同样级别的其他机关进行。当事人对行政案件的第一审裁判不服，可以上诉到最高行政法院。最高行政法院是处理行政案件的最高级别的法院，对行政案件作出的判决是终审判决。

（1）地区行政法院

地区行政法院的前身是省行政法院。省行政法院刚成立时，其权力只限于处理上诉案件和其他法律明确规定由其管辖的案件。现在，由省法院演化而来的地区行政法院的作用相当于审理行政案件的普通法院。除了地区行政法院有权受理对行政决定不服的案件外，某些对政府部门不服的行政案件，当事人也可以直接向政府内的较高级别的行政部门提出申诉。省委员会、中央政府及中央行政部门都有权处理

---

① 参见张文静：《中芬“法官的地位与职责”研讨会综述》，载《中国司法》2004 年第 11 期。

某些行政案件。从芬兰司法改革的总趋势看，要减少上述各类申诉委员会，尽量将第一审行政案件集中在地区行政法院进行审理。①

地区行政法院的司法管辖区域是以省为基础的。芬兰的地区行政法院有 8 个，分设在赫尔辛基、图尔库、考皮奥、瓦萨、奥卢、罗瓦涅米等地，同时在奥兰自治岛设立奥兰自治岛行政法院。每个地区行政法院由不同的审判庭组成。

地区行政法院一般由 3 名法官组成合议庭审理案件，大部分案件是书面审。但在某些案件中，为查清案情，法院也可以传唤当事人和证人，听取当事人和证人的口头陈述。地区行政法院每年受理的案件大约有 2～3 万件。

（2）最高行政法院

芬兰最高行政法院位于芬兰首都赫尔辛基。最高行政法院由 1 名院长、20 名法官组成，另有一些临时的法官。最高行政法院院长由总统任命，其他法官由总统根据法院的提名任命。

除法律另有规定外，最高行政法院的案件由 5 名法官组成的合议庭审判。某些重大案件则可以由审判庭全体法官或者最高行政法院的全体法官决定。最高行政法院驳回上诉案件可以由 3 名法官组成的合议庭进行审理。最高行政法院下设有 3 个专门部门，一个审理税收、环保、知识产权案件；一个审理国家公务员案件；一个审理市场竞争、保险法案件。② 在有关水法、环境保护法、专利知识产权等案件中，合议庭由法官和两名相关领域的专家组成。

最高行政法院有大约 40 名咨询官和 40 名其他职员。这些咨询官和职员受总秘书长领导。行政案件向最高行政法院提起诉讼后，在案件初期审理阶段由一个公证人和书记员完成初步准备工作，包括准备案卷、整理当事人的书面确认请求和证据，准备对当事人的听证等。在合议庭审理前，咨询官就应当整理出案件的法律问题和案件事实，

---

① See Finland's report for the 16th colloquium on "*The legal review of administrative decisions: the respective role of administrative and civil or penal courts and their relationship*" in Stockholm from 14th to 17th June 1998, Association of the Councils of State and Supreme Administrative Jurisdictions of the European Union i. n. pa.

② 参见林文学：《芬兰司法体制概况及启示》，载《中国司法》2004 年第 2 期。

并准备好初步的法院裁判草稿。咨询官向合议庭提交其书面或者口头报告后，由合议庭提出对案件的看法和决定法院的裁判内容。①

每年最高行政法院受理6 000多件诉讼案件，其中近一半案件是对地区行政法院判决不服提起的上诉案件。上诉人通常为普通公民和企业，在某些情况下，地方自治机关或国家机关也有权上诉。②

和普通案件是否能上诉到普通最高法院需要由普通最高法院批准一样，行政案件能否向最高行政法院上诉也取决于最高行政法院是否批准上诉。当事人可以向最高行政法院提出上诉申请，最高行政法院一般在下列情况下批准上诉：案件涉及最高行政法院在其他类似案件中法律适用规则的重要性或者判例法的一致性；案件中存在明显的错误；有其他重要的原因应当批准上诉。

最高行政法院对行政案件的审理主要是书面审理，但为保证案件判决建立于事实之上，最高行政法院在必要时也可以进行实地调查或者口头听证。对案件的调查实践主要应用在与环境有关的行政案件中。

最高行政法院每年出版一本年鉴，其中汇集了最高行政法院所审理的最重要的案件。

除了审理案件外，芬兰最高行政法院还参加地区和世界范围内最高行政司法权之间的合作，相互交流信息，编纂各国判例法汇编。最高行政法院参加了旨在支持欧洲宪法传统中民主、人权和法治基本原则的欧洲理事会威尼斯委员会下的各成员国最高司法机构之间的合作。最高行政法院和一些国家的法院还有双边合作关系。

芬兰行政法院的诉讼程序和法庭布置非常简单，诉讼程序上也没有太多的形式性规定。芬兰法官没有法袍，也没有其他特殊的服饰。近几年虽然法院的设施建设有了很大改善，但法庭的设置仍然简单朴素。在审理案件时，言词程序也有较大的灵活性。但与此同时，芬兰行政法院审理案件绝大部分是书面审，带有一定程度的封闭性。

（三）行政法院与其他有关机关之间的职权分工

1. 宪法法律委员会

① 参见芬兰最高行政法院网站：http：//www. kho. fi/en/25949. htm。

② 参见马怀德：《芬兰的行政法制度》，载《法学杂志》1999年第2期。

芬兰行政法院不负责监督法律的合宪性，对法律的合宪性审查由芬兰宪法法律委员会负责。芬兰宪法法律委员会不是宪法法院，不属于司法系统。芬兰宪法第74条规定：“宪法法律委员会对立法的合宪性进行审查、对立法、国际人权条约以及其他提交给它的问题提出建议。”

在芬兰，议会的立法决定是以议会各委员会的工作为基础的。各委员会必须对议会将要最终决定的法案和其他事务进行研究并提出报告。按照立法程序，每个法案都要送到议会的一个委员会进行研究，也可以将法案先送到议会其他的一个或者几个委员会听取意见，然后再送到应当对法案作出报告的委员会进行研究并提出报告。

有关芬兰宪法的法案应当送到宪法法律委员会进行研究并提出报告。有关选举的法案和处理政党事务的法案、有关芬兰公民权、奥兰岛屿自治事务等，在最终由全体会议审议前，都由宪法法律委员会进行研究。

宪法法律委员会在立法程序中还有一项任务就就是监督法律的合宪性。在芬兰，对法律的合宪性审查权不归法院行使，而是属于宪法法律委员会的专属职权。芬兰法律制度的特点是：在宪法未修正之前，议会可以出台与宪法不符的法律，这种法律称为“例外法”。这些例外法的法律地位和其他一般法律一样，不能代替宪法，因此可以在实施过程中被撤销。宪法法律委员会的任务是在法律出台前，对某一法案是否与宪法相一致进行判断，并将其观点向负责向全体会议提交报告的委员会提出，后者应当完全接受宪法法律委员会对有关法案合宪性的观点。

宪法法律委员会还有另一项任务就是检查政府、司法总监和议会监察专员的年度报告。但宪法法律委员会并不对这些报告行使审查权，而是从报告出发，对某一行政行为进行评价，并建议采取立法措施来消除行政缺陷。

宪法法律委员会还有权对司法总监或者议会依职权对政府组成成员提出的弹劾案件进行审查，根据宪法，5名议会成员联合就可以对某个部长在行使权力时的非法行为提出控告，宪法法律委员会对这种控告进行审查后，向全体会议提出报告。在报告中，委员会对是否应就该案件提交给高等弹劾法院提出自己的意见，由全体大会作出最终的决定。①

2. 司法部

司法部负责行政法院的行政事务，负责行政法院法官的任命和培训，保证行政法院的有效运行，但不得干涉行政法院的业务工作。

司法部成立于1918年，其前身是建于1892年的议会行政司法部。司法部由部长领导，副部长协助部长工作。

司法部有4个职能部门：法律起草司、法院行政司、监狱管理局和行政管理总局。

法律起草司负责起草宪法、行政法律、刑法、诉讼法、民法等基本法律，规划立法改革，对其他部门的立法草案进行审核，负责欧洲法律统一的相关法律专门服务。

法院行政司负责保证法院、检察官办公室和执行官办公室的有效运行和提高工作效率。法院行政司设法院行政局、强制执行事务局、培训局和信息技术局，主要是履行司法行政的职能，负责选拔法官报请总统任命，对司法人员进行培训以及建立法律信息库和提供信息，负责法律援助工作。芬兰的司法权由独立的法院行使，司法部对各级法院的审判业务和检察官、警官的业务工作无权干涉。

监狱管理局负责看押已决犯和未决犯，负责缓刑和假释以及其他非监禁措施。芬兰的犯人在离家最近的监狱服刑，监狱力争使更多的犯人受教育、从事劳动和其他有益活动，监狱企业与监狱没有任何联系。

行政管理总局负责选举行政事务，监督全国和地方的组织选举以及公民大选，保留各政党的登记材料并监督政党财务，负责向总统提出赦免请求，负责国际法律事务。②

3. 检察机关

现行芬兰检察机关是于1997年底进行改革后重新组建的。改革

---

① 参见芬兰议会网站：http：//www. eduskunta. fi/efakta/vk/pev/pev. htm；芬兰司法部网站：http：//www. om. fi/3414. htm。

② 参见林文学：《芬兰司法体制概况及启示》，载《中国司法》2004年第2期。

前的检察机关受警察局领导，实行三级制。改革后的检察机关按两级制设置，即国家最高检察院和地方检察院。

芬兰地方检察院按照司法行政区设置，每个司法行政区设置一个检察院，设主任级检察官一名和若干检察官及辅助人员。最高检察院设检察总长、副总长各一名，检察总长的职权主要有：依照宪法领导全国检察机关，对全国的检察官进行管理和监督，任命地方检察官；作为公诉人对部长、司法总监、最高法院成员或者最高行政法院成员的职务犯罪行为提起公诉；在议会作出决定的情况下，向高等弹劾法院起诉总统。检察总长有权独立地行使职权，在行使职权时不受政府和司法部的干涉。最高检察院下设四个部：起诉部、行政部、发展部、国际部。最高检察院还设有协商指导委员会，主要负责全国检察机关的一些相关事务，由检察总长任该委员会主席。

芬兰检察官有权指导警察对案件进行侦查。警察对检察人员就案件侦查提出的建议必须采纳。警察受理重大复杂的案件后有义务将有关情况报告同级检察官。检察官根据起诉的需要，可以介入侦查，有针对性地收集犯罪证据。当犯罪案件涉及警察或者警察实施犯罪时，由检察官直接立案侦查。侦查完结后，由检察官根据对案件的判断决定是否提起公诉，如果提起公诉，应当根据案件事实向法院提出量刑建议。法院对案件只能就检察官指控的罪行进行审判，但判决时可以改变罪名。检察官没有起诉的罪行，法庭审理时不能涉及。承办案件的具体检察官还有起诉裁量权，对未成年人初次犯罪、受害人获致害人赔偿的微罪案件以及其他证据不足的案件，检察官有权决定不起诉。出席法庭支持公诉的检察官有权对法庭的审判进行监督，如果认为法院判决有失公正，检察官有权向上诉法院提出抗诉。抗诉不仅仅限于案件的判决，还可以包括对法庭审理过程中证据和事实的认定，如认为在案件中存在某个关键证据的认定错误，就可以向上诉法院提起抗诉。①

---

① 参见李新：《别具一格的芬兰检察制度——芬兰的检察制度（之七）》，载《检察日报》2003年6月18日。

三、对行政法院法官的管理

（一）法官的任命

芬兰所有行政法院的法官都是职业法官，与普通法院的法官的任命方式相同。① 芬兰法律界人士认为，一个良好的法官任命程序应当能够保证所任命的人应该是候选人中最有能力、最适合被任命为法官职务的人，法官任命程序的设计必须有利于提高法院在社会中的威信，提高法院的独立审判水平。② 因此，对法官的任命不仅在实体上应该独立，而且在程序上也应该独立。

芬兰在 2000 年 3 月之前，任命法官的程序归法院负责，由法院向司法部长准备任命法官提案，再由司法部长提交给总统进行任命。这种对法官任命的制度设计考虑到了司法部门独立性的特点，但同时也造成了法官任命上的封闭性。因此从 2000 年 3 月起，芬兰对法官任命程序进行了改革。

首先，法官任命工作更加透明和独立，任命法官的标准进一步客观化。根据 2000 年颁布的《司法任命法》，被任命为法官的人应当具备下列的资格和背景：申请人必须是正直的芬兰公民、取得法律硕士学位、其以前在法院的行为所表现出的专业能力和个性被证明能够胜任法官职位的要求。此外，被提议任命为终身法官的人在被任命前还必须作出声明，声明其在法官职务之外，是否还从事其他有碍于法官公务执行的非公务活动以及是否在这些非公务活动中存在相关利益。

其次，任命法官的程序有所改变，创立了一个新的机构——司法任命委员会，委员会的任务是向司法部提出有关任命法官的建议。该委员会的大部分成员是法官，另外还有一个律师，一个检察官和一个大学教授。司法任命委员会在提名拟任命法官时要对不同候选人的情况进行比较，并说明其作出相应决定的理由。根据对司法任命委员会所提名的拟任命法官情况的统计，法官候选人如果要被任命为终身法

---

① 参见 http：//jurist. law. pitt. edu/world/finland. htm。

② 参见张文静：《中芬“法官的地位与职责”研讨会综述》，载《中国司法》2004 年第 11 期。

官，一般需要在司法机关服务13~15年。①

司法任命委员会在增强任命法官的透明度和统一法官任命标准上扮演了重要的角色，也保证了司法任命委员会在法官任命上的独立性，其提出的法官任命建议几乎都被司法部接受。现在芬兰的法官职业已经不再是个封闭的系统。检察官和律师在职业的早期常常被任命在低级法院工作，中级法院的法官常常从低级法院中的法官中补充，最高法院和最高行政法院的法官中有一半来自于法院之外的律师、大学教授和立法工作者等法律职业者的补充。法官不仅在理论上，而且在实践上都可能从一个法院调转到另一个法院，可能是在同级法院间调动，也可能是升迁至更高级法院的职位上。②

在芬兰法官的任命上，存在着互济会成员是否可以作为法官的争论，这个争论反映在欧洲人权法院的裁判和芬兰议会监察专员的相关决定之中。互济会是一种以互相帮助，发展会员间友好关系为宗旨的国际秘密组织。芬兰议会监察专员在1996年的一个决定中说，如果一个法官和一些对立的当事人都是互济会成员，则该法官审理这类案件至少存在表面上的偏私。但位于斯特拉斯堡的欧洲人权法院于1999年在一起起诉芬兰的案件中作出裁判认为，是否互济会成员不应当影响一个人成为法官。斯特拉斯堡法院在审理该案时认为，由于原告没有提供任何证据证明其控告的财政公司的董事中有互济会成员，因此，审理该案的法官是互济会成员这一事实并不影响芬兰法院对该案判决的公正性。而芬兰副监察专员在2002年的决定中认为，如果一个法官是互济会成员或者是其他类似的意识形态团体的成员，该法官应当对此事实作出声明。该声明有益于减少在某些情况下，特别是在已经知道一方诉讼当事人是互济会成员的情况下，其他当事人

---

① See Varpu Lahti, *Supervision of Judges: A Finish Point of View*, Presentation at The International Society for the Reform of Criminal Law 17th International Conference on "Convergence of Criminal Justice Systems: Building Bridges-Bridging the Gaps", The Hague, Netherlands, 24-28 August, 2003. 作者 Varpu Lahti 为赫尔辛基上诉法院法官。

② 参见张文静：《中芬"法官的地位与职责"研讨会综述》，载《中国司法》2004年第11期。

或者当事人之外的其他人对法官公正性产生的怀疑。①

（二）法官的职务保障

芬兰法官的法律地位与其他公务员既有相同之处，也有一定程度的不同。为保证司法公正和司法独立，包括行政法官在内的芬兰法官享有其他公务员所没有的特殊职务保障措施。

芬兰宪法第 103 条规定："除非通过法院判决，法官不应被解职。"芬兰法官的任期没有限制，自被任命后一直到 67 岁退休，被称为终身法官。法官不应因其他人对其审判的案件结果有异议而被解职。根据法律规定，只有在法官犯渎职或者滥用职权等犯罪，或者法官因病或者残疾失去工作能力的情况下，才能通过司法判决免除法官职务。但宪法有关法官无任职期限的规定只适用于法官，不适用于法院其他工作人员。法院的一些审判辅助人员的任职期限是很短的。

芬兰宪法第 103 条同时规定："除了对司法资源重新组织的需要，法官不应被调往其他机构。"因此，法官即使在法院体制重组中仍然拥有职务保障，未经法官本人同意，不得将法官调到另一个职位任职。任何人在任何情况下都不应当根据某项行政性决定免除法官职务，是否能够对法官免职只能由法院判决来决定。②

国家保障法官较高的经济收入，法官的社会地位也很高，但芬兰法官很少在公开场合露面。为保障法官地位的独立性，法官很少参与公众对政府和法律事务的讨论，也不得参加具有政治倾向的社团或者从事额外工作。③

（三）法官的培训

司法质量的提高除了有赖于能够保障法官独立和司法公正的外部

---

① See Varpu Lahti, *Supervision of Judges: A Finish Point of View*, Presentation at The International Society for the Reform of Criminal Law 17th International Conference on "Convergence of Criminal Justice Systems: Building Bridges-Bridging the Gaps", The Hague, Netherlands, 24-28 August, 2003. 作者 Varpu Lahti 为赫尔辛基上诉法院法官。

② 参见张文静：《中芬"法官的地位与职责"研讨会综述》，载《中国司法》2004 年第 11 期。

③ 参见林文学：《芬兰司法体制概况及启示》，载《中国司法》2004 年第 2 期。

环境外，还有赖于受过良好教育的法官群体。从一定程度上说，法官的能力是在对新知识、新信息的不断掌握中得到提高的。

由于行政法院在保障人的基本权利方面承担着重要的职责，行政法院的法官必须有能力迅速有效地处理案件，公平裁决纠纷。在社会不断发展的时代，法官必须不断更新知识，不断提高运用法律手段解决争议的水平，只有这样才能确保法官的社会声望和独立性。通过培训提高法官的知识水平和业务能力，是改善行政法院的判决质量，从而改善司法质量的重要途径之一。

几乎所有的法官在从事行政审判工作之前，都在地区法院培训过。法官培训工作是由芬兰司法部负责的。对法官的培训体制进行完善是芬兰政府2003~2006年的工作任务之一，司法部提出建议应当成立一个单独的司法培训委员会来专门负责法官的培训工作。根据司法部的建议，司法培训委员会的大部分成员应当由法官组成，对法官的培训应当比目前的培训时间更长，内容更系统。在培训期间，应当安排理论性课程的学习。对司法部的这个建议，法官组织和律师组织强烈反对，理由是害怕因此会使法官队伍的补充和法官的提升陷入封闭系统，从而与法官任命开放性的目标相悖。①

（四）对法官的监督

芬兰目前对行政法院法官的监督制度以事后监督和对重大违法事项监督为主，表现为法官应当对其职务行为的合法性负责，议会监察专员和司法总监对法官是否遵守法律，履行职责进行监督。每个受到法官不法行为侵犯的人都可以向议会监察专员和司法总监提出控告，也可以向法院提起民事或者刑事诉讼保护自己的合法权益。宪法第110条规定："司法总监或者议会监察专员有权对法官的职务违法行为提出控告。"在实践中，司法总监和议会监察专员两个机构都有权对法院和法官进行监督，但分工有所不同。议会监察专员和副监察专

① See Varpu Lahti, *Supervision of Judges: A Finish Point of View*, Presentation at The International Society for the Reform of Criminal Law 17th International Conference on "Convergence of Criminal Justice Systems: Building Bridges-Bridging the Gaps", The Hague, Netherlands, 24-28 August, 2003. 作者 Varpu Lahti 为赫尔辛基上诉法院法官。

员由议会按照选举议长的程序选举产生，主要对各级法院和其他国家机关及其工作人员遵守法律和履行职责的情况进行监督。除共和国总统、政府司法总监察等极少数人外，宪法所确定的所有国家工作人员，包括地方政府官员、法院法官、军人以及任何以官方身份工作的人，都在其监督之下。其管辖权甚至延伸至宗教和社会团体。而司法总监和副总监属于政府，由总统指定，主要对政府官员的行为和共和国总统的行为的合法性进行监督，同时也有权监督法院、其他机关以及公务员、公职人员和其他人在执行公共事务时遵守法律，履行职责。

芬兰 2002 年出台了《议会监察专员法》（Laki eduskunnan oikeusasiamiehestä/Lag om riksdagens justitieombudsman），对议会监察专员的工作职责和工作程序作出了详细规定。

1. 受理检举控告

根据该法规定，议会监察专员办公室由议会监察专员领导，负责案件作出决定前的初步程序以及其他监察专员职责范围内的事项。任何人都可以向议会监察专员就法院、法官或者其他属于议会监察专员监督对象的违法失职行为提出检举控告。议会监察专员每年都到全国各地巡视，倾听公民意见，接受和审理普通公民对官员和公务员的举报。任何芬兰公民都能自由地检举和揭发，检举控告应当是书面形式，内容应当包括检举控告人的姓名、联系方式以及与所检举控告的事务有关的信息。

如果监察专员认为控告的内容属于其职责范围并且有理由怀疑被控告人的行为违法或者失职，就应当进行调查并获取有关必要的信息。但如果控告涉及的违法失职行为发生在 5 年之前，则监察专员除了有特殊理由外，不应当对控告进行调查。另外，监察专员在无人控告的情况下，也有权主动发现监督对象的违法失职行为并进行调查。

2. 检查和调查

监察专员可以在其职责范围内对公共机构进行现场检查。在检查过程中，监察专员有权进入所有的公共机关和公共机构场所，有权进入有关信息系统，有权与有关机关或者机构的人员进行秘密谈话，有权从有关机关得到必要的免费执行协助，包括取得相关文件和其他材料的副本，有权根据宪法第 111 条获得其行使法律监督权所需要的信息。

议会监察专员在调查时，可以根据警察法的规定发出讯问令，也可以根据议会调查法的规定发出初步调查令，以弄清楚需要调查的事实。在必要时，可以在作出决定前进行听证。经过调查，如果监察专员认为某机关或者人员的行为违法或者失职，但并不应当进行刑事处罚或者其他处罚，则应当对其提出申斥，以指导其以后的行为。必要时，监察专员可以向机关或者个人说明应当如何遵守法律的规定或者提醒其注意应当遵守的法律要求和基本原则，提醒其注意国家对保障人权的基本要求。另外，监察专员在职责范围内，可以就有关机关的错误或者缺点提出改正建议，向立法机关指出现行立法的缺陷并提出修改建议。

3. 起诉权

与其他国家不同，芬兰监察专员有起诉违法官员的权力。这种权力对其管辖范围内的任何政府机构和官员都可以行使。对一般官员，监察专员可以命令公署调查官进行。对政府内阁成员、最高法院法官等高级官员，则由监察专员亲自起诉。监察专员有权出席国务委员会会议以及各级司法和行政机关的会议；有权查阅国务委员会及各部的会议记录以及各级司法和行政机关的会议记录。

监察专员对一般案件通常不诉诸法律，只有严重违法案件，须经法院裁决的案件，以及对拒不悔改的官员，监察专员才动用起诉权。

4. 副专员的职责

监察专员在其职权范围内，有权对所有的事务独立作出任何决定。监察专员在听取副专员的意见后，也可以与副专员同时对决定负责。副专员在按照监察专员所分配的工作任务或者基于其主动行使职权对违法事务作出决定的情况下，享有与专员同样的权利。如果副专员认为根据其所处理的事务的情况，需要对政府、部长或者总统提出申斥，或者对总统、最高法院、最高行政法院提出控诉，应当将事务提交给监察专员作出决定。监察专员在工作期间去世或者辞职，议会又没有选出其继任者的情况下，或者在监察专员被要求撤换或者因其他原因不能履行职责时，监察专员的职责由高级副专员履行。

5. 监察专员任职要求

为保证监察专员工作的清廉和公正，监察专员由议会无记名投票选举产生，任期4年。任职期间，议会不能罢免其职务。除了案件涉及政府成员之外，议会不能向监察专员发出工作指令或指派工作。

被选举为监察专员或者副专员的人应当立即向议会申报其商业活动、资产及其他与评估其作为监察专员或者副专员的活动相关的利益。在任职期间，上述信息如果有任何改变，也应当及时申报。监察专员的主要职责是监督国家官员和国家机构行为的合法性。监察专员和副专员在任期内，不能担任其他公职，也不能从事任何可能危及其作为法律监督者的公正性的可信度，或者妨碍其履行监察专员或者副专员的职责的任何公共或者私人的活动。如果某人在被选举为监察专员或者副专员之前是国家公职人员，在担任监察专员或者副专员期间，原公职暂停履行。

芬兰的监察专员和司法总监制度在反腐败和维护公民权益方面发挥着越来越重要的作用。2004年10月，透明国际公布了2003年度的腐败指数，芬兰以9.7分的得分连续第四年被评为世界上最清廉的国家。其中，议会监察专员和司法总监制度功不可没。

（五）司法伦理建设

芬兰的司法伦理标准有特别的“瑞典—芬兰”的传统特征，传统的“普通人的良知是最高的法律”的司法伦理标准，无论对立法还是对法官的法律思维和法院裁判都有重大影响。尽管如此，芬兰法律界的一些人士仍然认为有必要鼓励在法官团体中讨论司法伦理问题，以加强对法官的严格监督管理。

从芬兰法律职业界来看，芬兰律师协会已经在1995年决定出版律师行为规范，但法官团体至今仍然还没有对其职业规范的详细规定。司法部1999年曾经成立了一个工作小组，研究是否需要在现有制度之外再另行规定法官的职责和对法官的司法道德要求，研究的结论是不需要再对法官的一般监督制度作出其他规定，现有的规定能够认真加以落实就可以了。对司法部的此项研究结果，芬兰一些法律界人士持不同观点。持不同观点的人认为，对法官职责的规定和对法官司法道德的要求应当是法官监督机制中的必要一环，是国家对法官违法和不当行为监督的基础和前提。目前对法官监督的制度设计在预防性监督和对一般的违法或者不当行为的监督不够，在对法官的非职务行为中的不适当行为进行监督方面也存在缺陷。这些持不同观点的人提出为完善对法官的监督机制，除了落实现有制度的规定外，还应当根据欧盟宪章法官条例，成立至少有一半成员由法官组成的监督机关，对法官一般性的违法失职行为进行监督。①

第二题 芬兰行政诉讼的基础问题

一、行政法院的受案范围和管辖

（一）行政法院的受案范围

1. 属于行政法院受案范围的案件

在芬兰，属于行政法院受案范围的行政行为是行政机关就某一事项所实施的，已经完成并且已经对行政机关以外的人产生了法律效力的行政决定。对符合上述特征的行政行为，受到其影响的人就可以向行政法院寻求救济。②

（1）行政案件的类型

按照芬兰人的理解，行政诉讼案件只是行政案件中的一种类型，行政法院受理的案件并非都是行政诉讼案件。芬兰法律对行政法院受理的案件分为三种类型：

第一类案件是个人或者组织认为国家或者地方当局作出的有关个人或者组织的行政决定违法，对行政决定不服，要求行政法院对行政决定是否合法适当予以审查的案件。这类案件在芬兰称为申诉案件而不是行政诉讼案件。个人或者组织对行政决定不服向行政法院提起的申诉分为行政申诉和地方申诉。对国家（中央）行政机关的申诉称

---

① See Varpu Lahti, *Supervision of Judges: A Finish Point of View*, Presentation at The International Society for the Reform of Criminal Law 17th International Conference on "Convergence of Criminal Justice Systems: Building Bridges-Bridging the Gaps", The Hague, Netherlands, 24-28 August, 2003. 作者 Varpu Lahti 为赫尔辛基上诉法院法官。

② See Finland's report for the 16th colloquium on "*The legal review of administrative decisions: the respective role of administrative and civil or penal courts and their relationship*" in Stockholm from 14th to 17th June 1998, Association of the Councils of State and Supreme Administrative Jurisdictions of the European Union i. n. pa.

为行政申诉，对地方行政机关的申诉称为地方申诉。行政申诉和地方申诉的申诉条件不尽相同。在行政申诉中，当事人必须在其权益受到行政决定的影响的情况下，才能提起申诉。在地方申诉中，只要是在该地方（自治市、市政当局）定居的人，无论其权益是否受到行政决定的影响，都有权提起申诉。对有些地方当局的行政决定，如建筑物管理部门的行政决定，当事人不服的，只能提起行政申诉而不能提起地方申诉。

第二类案件是行政诉讼案件。行政诉讼案件是指行政机关与相对人发生争议，由行政机关或者相对人起诉到行政法院的案件，主要涉及公共收费以及政府管理的权利和义务方面的争议，以及行政机关提出的行政合同争议案件。当事人因补助金的发放、健康服务部门的组织和费用等产生的争议要求行政法院予以解决的，属于行政诉讼案件。在行政诉讼案件中，行政机关或者行政相对人都可以作为行政诉讼的原告。

第三类案件是对行政决定的确认案件。有些行政决定需要经过行政法院的确认后才能生效，包括对行政机关拟采取的儿童强制监护，以及限制精神病人、智力痴呆者、吸毒者和酗酒者的人身自由方面的强制措施的确认。在这种案件中，作出决定的行政机关应主动将决定提交行政法院进行确认。

在芬兰行政法院处理的这三类行政案件中，前两类案件在我国行政诉讼制度中不加区分，都作为行政诉讼案件看待，第三类案件在我国没有类似制度。由于芬兰行政法院处理这三类案件适用的程序基本一样，因此，本章对这三类案件的审理程序统称行政诉讼程序，对这三类案件一般也不再作出区分，通称为行政案件。

（2）行政案件涉及的行政事务

芬兰行政法院的受案范围十分广泛，下面是行政法院受理的案件所涉及的大部分行政事务。①

宪法和一般行政事务：获取信息和保护隐私、护照事务、个人信息和姓名、提供保护、法律援助决定、审判费用、监狱服务、雇佣问题、救助服务和私人保护、有关持有武器、发行彩票和募捐许可证

① 参见芬兰法院网：http：//www. oikeus. fi/17647. htm。

（执照）的事务。

市政（地方）事务：有关市政理事会、市政府和市政委员会的决定；有关市政联盟的决定和其他市政事务。

教会事务：有关大教堂、主教教区参议会、教区和教区联盟的决定和其他教会事务。

移民事务：居住许可、驱逐出境、拒绝入境和收容问题。

土地使用和建筑物：区划、建筑许可证、建筑物修建的禁止和限制、土地分配、街道和公共区域、有关计划、环境保护和建筑物维护的决定。

道路和不动产：有关公共道路和不动产征收权和强制收购权的事务。

环境保护和环境许可证：环境许可证、健康保护、废物管理、治理尾气污染、环境税费、环境有害物质、非公路运输和水路运输事务。

水资源管理：有关水法的事务。

自然保护：有关自然保护法的事务、动物保护、土地资源、文物、建筑物保护等事务。

住宅修建和其他住房事务。

国家住房补助事务。

社会事务：最低收入、儿童监护和其他儿童保护、儿童抚养救济金、智力缺陷人群的特殊保护、残疾人救助、滥用麻醉品人群的保护、亲戚照料、儿童日托和社会福利费用补偿、消费者投诉。

卫生保健：公共健康工作、心理健康、卫生保健、护理服务、食品监管、卫生保健费用补偿和消费者投诉。

药品问题和药品服务：药品执照。

法人和工业产权：民法中的法人（房产公司、联合会等），交易登记和协会注册。

贸易：金融市场监管、保险业务、食品贸易、爆炸物、不动产和房产代理、宾馆和饭店服务、酒类分配执照。

农业和林业：林业、农作物保护、驯鹿管理、打猎业和渔业。

欧盟的支持基金。

交通和通讯：驾驶执照和其他驾驶许可证、驾驶学校、专门的机动车交通、铁路交通、海运和航运、速度和重量限制、超车（速度比赛）、车辆检查和登记、违规停车罚单、公路超载处罚、公共交通罚款、托车费用、电视费用、数据通讯。

征税：收入和福利税、税的扣缴、社会保险费、不动产税、附加税、车辆税费、关税、遗产和赠与税、彩票税、印花税和资产交易税。

2. 不属于行政法院受案范围的案件

行政机关作出行政决定前的准备行为、对行政决定的论证行为及执行行为等不属于行政法院的受案范围。行政机关在作出行政决定之前要求当事人提交证据、向行政机关进行陈述的行为，行政机关将不属于自己管辖的事务移交给其他机关的行为，行政机关对既定的原则、计划或者项目的单纯执行行为等，对当事人只有参考性影响，不产生直接法律后果，因此不属于行政法院的受案范围。在行政机关内部为执行公务所作的行为也不属于行政法院的受案范围。

3. 行政案件的审理依据

行政法院审理行政案件主要依据行政司法程序法，同时也依据行政程序法（Hallintolaki/Förvaltningslag）、司法程序法等法律的相关规定。芬兰《行政司法程序法》1996 年颁布，同年 12 月开始实施，最近的修改是在 2003 年。该法既适用于行政法院对行政案件的审理，也适用于行政机关或者其他机关对当事人不服行政决定的申诉的处理。

（二）行政法院与普通法院的权限划分

概括地说，芬兰行政法院与普通法院分工明确，普通法院处理民事案件和刑事案件，行政法院处理行政案件。但在实践中，有些案件是应当由普通法院受理还是由行政法院受理，界限并不是很清楚。在有些情况下，案件是由普通法院受理还是由行政法院受理有专门的法律规定。如涉及国家或者地方政府的伤害案件原则上由普通法院处理；行政法院有权力决定行政征收行为的合法性，普通法院有权决定征收的数额；在普通法院对政府行为所造成的损害提起赔偿请求的当事人，可以要求行政法院确认该政府行为的违法性等。在没有法律明确规定的情况下，由于不同的法院对证据有不同的评价方法，偶尔可能会出现对某些案件普通法院和行政法院都认为自己有权受理的情况，如有关男女平等的案件就可能既可以由普通法院受理，也可以由行政法院受理。

芬兰法律中没有协调普通诉讼程序和行政诉讼程序发生冲突的规定，在一般情况下，案件的第一审法院如果是普通法院，第二审法院也是普通法院；以前此类案件是按民事案件对待的，现在还按民事案件对待。如果没有特别重要的理由，普通法院和行政法院之间应当尽量避免对案件的不同处理。①

（三）级别管辖

出于集中管辖权的目的，一个案件只能由一个法院管辖。

1. 对国务委员会或者中央政府部门的行政决定不服，应当向最高行政法院提起诉讼。向最高行政法院提起的诉讼只能针对行政决定的违法性而提起。

2. 对国务委员会下级机关的行政决定不服，包括对税务评估委员会、地方国家机关、环境机关的行政行为不服，应当向地区行政法院提起诉讼。

对市政当局、自治岛屿政府和教会当局的起诉根据市政法、奥兰自治岛屿法、教会法的有关规定进行。芬兰市政法包含了对市政当局的决定不服可以起诉的规定。奥兰自治岛屿法包含了对自治政府和其下级机关以及自治岛屿中的市政当局的决定不服的起诉规定。教会法包含了对新路德教会和教区当局或者教区联盟的决定不服的起诉规定。芬兰东正教会法包含了对教区和教会当局的决定不服的起诉规定。对上述没有提及的其他行政决定能否起诉取决于法律的特别规定。

（四）地域管辖

地域管辖的一般规则是：行政案件应当由被诉行政机关办公所在地的行政法院管辖。如果该规则无法适用，则应当由被诉行政机关的总部所在地的行政法院管辖。如果该规则也无法适用，则应当由作出被诉行政决定的地方的行政法院管辖。

如果被诉行政机关的工作机构遍布全国，对该行政机关的起诉应

① See Finland's report for the 16th colloquium on "*The legal review of administrative decisions: the respective role of administrative and civil or penal courts and their relationship*" in Stockholm from 14th to 17th June 1998, Association of the Councils of State and Supreme Administrative Jurisdictions of the European Union i. n. pa.

当由与案件涉及的地域和与财产有最密切联系的地方的行政法院管辖。在被告是国家、市政当局或者其他公法人的情况下，应当由代表该被告的机关或者组织所在地的行政法院管辖。在私人对国家提起的诉讼中，也可以由原告所在地的行政法院管辖。

有些类型的案件不管作出决定的行政机关或者原告的所在地在何处，只能由一个确定的行政法院专属管辖。如对环境行政当局的诉讼由瓦萨行政法院管辖，涉及驯鹿管理的案件由罗瓦涅米行政法院和奥卢行政法院管辖等。

如果根据上述规定，仍然找不到适当的管辖法院，原告应当向赫尔辛基行政法院提起行政诉讼。

二、当事人和诉讼代理人

（一）原告与被告

关于谁有权提起行政诉讼，即如何确定行政诉讼中的原告资格的问题，行政司法程序法确定的规则是：谁与行政机关的被诉行政决定有关，或者谁的权利或利益因行政机关的行政决定而受到实质性侵害，谁就有原告资格。以前芬兰确定行政诉权多是考虑法定权利，现在越来越向根据行政决定的影响来确定原告资格的方向发展，① 不仅行政决定所针对的相对人，而且权利、义务和利益受到行政决定的直接影响的人，都可以作为原告对行政决定提起诉讼。在许多情况下，有原告资格的组织和个人的范围是由单行法律明确规定的。国家机关（包括行政机关）在法律有规定的情况下或者出于保护公共利益的需要，也可以作为原告提起诉讼。

（二）监护人和法定代理人

1. 当事人的监护人或其他法定代理人代为行使权利的例外情况

法律上无能力的人在行政案件中，一般由其监护人或其他法定代理人代为行使权利，但下列情况例外：

（1）法律上无能力的人应当有权在有关其有权管理的资产事务中单独出庭。

---

① 参见胡建森著：《比较行政法——20国行政法评述》，法律出版社1998年版，第594～695页。

（2）18 岁以上的法律上无能力的人，在能够理解有关事务重要性的前提下，可以在涉及其个人的事务中单独出庭。

（3）15 岁以上的未成年人及其监护人或者其他法定代理人有权在涉及该未成年人权益的案件中单独出庭。

2. 监护人发表意见的权利

（1）成年人的监护人除和被监护人一起就案件发表意见外，还有权在其监护权范围内单独向法院就案件情况发表意见。监护人的意见如果和被监护人的意见不一致，在被监护人能够理解有关事务重要性的情况下，优先采纳被监护人的意见。

（2）如果被监护人是限制行为能力人而不是无行为能力人，监护人有权在超出被监护人能力之外的事务中就案件单独发表意见。但在法律规定应当由双方共同决定的事务上，监护人和被监护人有共同发表意见的权利。

如果根据法律规定，监护人或者其他法定代理人有权就对方提出的要求和可能影响案件裁判结果的证据发表意见，被监护人也应当有此权利。如果根据法律规定，被监护人有权就对方提出的要求和可能影响案件裁判结果的证据发表意见，其监护人出于保护被监护人的利益或者为澄清事实，在必要的情况下也应当有此权利。

3. 行政法院指定监护人

如果一方当事人在诉讼中，由于疾病、精神失常、健康受损或者其他相关原因，不能保护其自身合法权益，受理案件的行政法院为使诉讼程序正常进行，可以决定对当事人指定监护人。行政法院指定的监护人应当符合监护人责任法的有关规定。一般情况下，下级行政法院所指定的监护人在案件被上诉到上级行政法院后仍然有效。

（三）委托代理人

在芬兰，无论是民事、刑事案件还是行政案件，无论案件是在第一审阶段还是在终审阶段，当事人都没有义务聘请律师。① 当事人可

---

① See Finland's report for the 16th colloquium on "*The legal review of administrative decisions: the respective role of administrative and civil or penal courts and their relationship*" in Stockholm from 14th to 17th June 1998, Association of the Councils of State and Supreme Administrative Jurisdictions of the European Union i. n. pa.

以不找代理人而亲自参加诉讼，也可以找不是律师的外行人作代理人。但是事实上在许多行政案件中，都由律师作为当事人的委托代理人参加诉讼。

根据法律规定，律师或者其他正直并达到法定年龄的人，没有破产、没有被限制能力的，都可以作为当事人的委托代理人。诉讼代理人只能代理一方当事人，不能进行双方代理。参与作出被诉行政决定的人不能作为案件的诉讼代理人。

有完全诉讼行为能力的法院工作人员只能在案件涉及其本人利益的情况下才能作为委托代理人，或者在其配偶、直系亲属、兄弟姐妹或者被监护人参与的案件中作为代理人为其配偶、直系亲属、兄弟姐妹或者被监护人进行代理。法院工作人员只能在案件涉及其本人利益时，才能在其所任职的法院代理诉讼事务。

如果一个代理人被证明不诚实、不敏锐或者不能胜任或者不适合进行代理工作，法院可以剥夺其出庭的权利，并且可以在有理由的情况下剥夺其在3年内作为诉讼代理人出庭的权利。法院的决定一经作出立即生效。如果该代理人是律师，法院应当向律师协会的董事会通报法院对律师作出的决定，代理人对法院剥夺其出庭的决定有权申诉。在代理人被法院剥夺了出庭权利的情况下，委托人如果不能或者不愿意亲自诉讼，有保留再聘请符合条件的代理人的权利。

代理人应当有授权委托书，除非委托人已经向受理机关说明其口头授权。在没有委托书的情况下，应当允许代理人补交委托书，但诉讼代理事务不得因此而拖延。提供公共法律服务的律师的委托书只在受理法院要求的情况下才提供。

委托代理人或者其助手不得在未经客户允许的情况下将委托人出于信任，在诉讼过程中告知的私人或者家庭秘密以及其他秘密信息予以披露，否则将受到刑事处罚。

三、证据

（一）证人的听证

证人的听证是指证人向法庭作证，也就是证人向法庭发表证人证言。当事人提供的证人、作出行政决定的行政机关的证人、或者法院认为有必要进行听证的证人都应当在口头听证中被听证。如果提供书面证据的证人是个人，该证据又在案件中被采纳，则提供书面证据的个人除了由于案件情况不必要参加听证，或者参加听证有特别的妨碍的情况下，都应当亲自参加听证。

除了案件当事人外，任何人都可能作为证人被要求听证。法官和公诉人也有可能被要求作为证人。如果法官被要求作为证人出庭，该法官应当在宣誓下，诚实地考虑其是否了解案件的相关情况。如果了解，就应当作为证人参加听证。如果行政案件中的公诉人被要求作为证人出庭，行政法院需要考虑是否有必要查明需要公诉人作证的事实，如果需要，该公诉人就应当在案件中作为证人，而不能作为案件的公诉人。共和国总统不应被作为证人。

1. 证人可以拒绝作证的情形

一般情况下，任何人不能拒绝作证。但在下列情况下，证人可以拒绝作证：

（1）证人是与当事人一方结婚或者订婚的人；

（2）证人是当事人的直系亲属，或者是当事人的直系亲属的配偶；

（3）证人是当事人的兄弟姐妹或者兄弟姐妹的配偶，或者是当事人的养父母、养子女。

如果证人不足15岁，有精神疾病或者智力迟缓，或者有其他智力缺陷，法院应当考虑该证人是否应当参加听证。

如果证人被刑事起诉，或者由于刑法第17章的破坏公共秩序罪的有关规定被判刑，法院也应考虑证人是否应当参加听证。

2. 证人不应当作证的事项

证人对下列事项不应作证：

（1）公共官员或者其他经选举或者任命的人员，有关其工作上应当保守的秘密；

（2）由于国家安全的原因，或者保护国家利益的原因需要对外国保密的事项；

（3）医生、药剂师、助产士，或者其助手由于其从事职业的原因获得的属于应当保密的事项，除非对保密有利益的人同意其作证；

（4）代理人因代理案件了解的被代理人的秘密，除非被代理人同意其作证。

即使上述证人已经不再从事其获取秘密时的工作，仍然不应对上述事项作证。牧师的保密义务由法律单独规定。

如果证人作证会导致证人获罪，或者会使与证人结婚或者订婚的人、证人的直系亲属、直系亲属的配偶、证人的兄弟姐妹或者兄弟姐妹的配偶，证人的养父母、养子女获罪，证人可以拒绝作证。

如果证人的作证涉及商业秘密或者职业秘密，证人只有在非常重要的情况下才能作证。

3. 证人的传唤

行政法院负责传唤证人到庭，证人不出庭将被罚款。对证人传票的送达适用于对一般法律文书的送达规定。传唤证人时，传票中应当标明听证的日期、时间和地点，说明案件当事人有关情况和案件的有关情况。

行政法院应当向证人告知下列法律规定：

（1）在诉讼过程中，如果证人没有正当理由缺席或者未经允许擅自离席，法院应当对证人实施罚款，如果该案件的听证以后不再继续进行，法院可以命令将证人立即带到法庭。如果法院决定对案件的听证放在以后再继续进行，法院可以对证人处以更高的罚款。

（2）法院在必要时可以强制证人到庭，被强制到庭的证人在去往法院作证的途中就可以被监管。对证人强制到庭作证的监管时间，包括证人作证途中对证人限制自由的时间，不应超过 3 天。证人应当对强制其到庭的费用负责。

（3）如果证人无理由不出庭，或者有其他不遵守法律规定的行为，导致当事人多支出了法律费用的，法院如果认为当事人多支出的费用应当由证人补偿，即使在当事人没有提出此项要求的情况下，法院也可以要求证人进行补偿。如果法院同时要求另一方当事人补偿该当事人的法律费用（如败诉方当事人对胜诉方当事人的法律费用的负担），且另一方当事人已经补偿的情况下，另一方当事人支付的费用有权从证人应当支付的费用中获得弥补。

（4）证人有权要求对其必要的旅途费和生活费用以及误工收入进行合理补偿。在私人一方当事人要求法院传唤证人的情况下，该私人一方当事人应当对其所要求传唤的证人的必要的旅途费和生活费用以及误工收入进行补偿。如果在没有当事人要求的情况下，法院主动传唤证人，证人的补偿由当事人各方连带或者各自独立负担。由私人一方当事人要求传唤的证人有权要求提前补偿其作证期间的旅途费和生活费用开支。证人被传唤时，法院应当同时通知其有获得提起补偿的权利。提前补偿的内容由法院根据案件情况合理决定。如果有责任提前支付补偿的当事人没有按要求支付给证人，即使证人不出庭会导致诉讼的迟延，法院也不应要求证人出庭。当事人在以后也没有权利再要求该证人出庭听证。

行政法院负责对位于国外的证人的传唤，当事人可以通过向行政法院登记处递交申请来要求法院进行传唤。法官应当根据法律的特别规定或者国家之间的协定负责将传票发送给证人所在国家的送达当局。法律所规定的对无理由不出庭的证人处罚不能适用于对国外证人的传唤。《在特别案件中北欧其他国家人员出庭义务法》(Laki velvollisuudesta saapua toisen pohjoismaan tuomioistuimeen eräissä tapauksissa / Lag om skyldighet att i vissa fall inställa sig vid domstol i annat nordiskt land) 的规定适用于有义务在芬兰法院被听证的从其他北欧国家来的证人。

4. 证人作证的程序

(1) 作证准备

行政法院可以要求证人在到法院提供证词之前做好出庭作证的准备。证人应当在方便的情况下，对账目、备忘录或者其他文件进行检查，或者查看有关地点或者物品，以便唤起其对应当作证的内容的回忆。

(2) 告知权利

证人到法庭后，应当立即作证。庭长应当询问证人的姓名、年龄、职业、住址，是否存在不应该作为本案证人的事实和理由，是否存在影响证人作证可信度的因素。庭长对证人的所有这些询问都应当被记录下来。如果证人符合有权拒绝作证的情况，庭长应当向证人告知有关法律规定，同时提醒证人如果证人不拒绝作证，就应当如实作证，否则将受到法律制裁。

(3) 宣誓和确认

任何证人都应当作出宣誓或者确认，究竟是作出宣誓或者确认由证人自己选择。确认与宣誓有同等法律效力，确认适用于不愿意宣誓的证人或者适用于法院要求证人宣誓不可行的情况。没有宗教信仰的人应当作出确认。宣誓的内容如下："我（加入姓名），在全能的上帝面前许诺和发誓，将对本案情况全部如实作证，对案件情况不隐瞒、不添加、不改变。"确认的内容如下："我（加入姓名），以我的名誉和良心许诺和发誓，将对本案情况全部如实作证，对案件情况不隐瞒、不添加、不改变。"

下列证人不应进行证人宣誓或者确认：不满 15 岁的人；由于精神疾病、智力迟缓或者其他智力不正常不能理解宣誓或者确认的重大意义的人。

证人作证前，庭长应当提醒证人有如实作证的义务。如果证人已经宣誓或者确认，庭长应该提醒证人宣誓和确认的重要性。在必要时，还应告知证人法律规定证人可以拒绝作证的几种情况。

（4）口头证词

证人在法庭上作证时，应当口头发表证词而不应进行书面陈述，但证人可以通过做书面笔记的方法来帮助记忆。只有在证人推翻其先前的陈述或者证人表明其不能对案件作证的情况下，证人在出庭作证前对法庭、公诉人或者警察当局所做的陈述，才能在法庭上被宣读。

（5）提问顺序

除了法院对提问顺序另有规定外，对证人的提问从要求传唤证人出庭的当事人开始，然后由对方当事人进行提问，再由法庭提问。然后，法庭和双方当事人都可以向证人提问。证人在证言中，应当主动对事实进行连续的说明，并可以在必要时借助当事人的提问来对事实进行说明。如果证人不是由当事人要求出庭的，或者是双方当事人都要求出庭的证人，除了法庭认为提问由当事人一方开始更为合适的情况外，应当先从法庭开始提问。通过提问的用语、方式或者形式使证人对问题的回答陷入既定答案的提问不应被法庭所允许。法庭不应当允许明显不相关、含混和其他不合适的提问。

如果一个案件中有几个证人，这些证人应当分别出庭听证。在证人的证词混乱或者相互矛盾，或者有其他的证人应当作证以相互印证的情况下，法庭应当允许证人同时出庭作证。证人在开庭过程中，如果根据听证程序还未轮到其作证，证人不应当出庭。

（6）公开的例外

按照法院程序公开法，证人听证应当公开进行。但证人在符合规定的情况下，可以不公开听证。同时，如果法院认为证人在一方当事人在场的情况下，由于当事人对证人的提问会导致扰乱证人作证或者企图误导证人提供证词，或者存在其他情况，可以要求证人在当事人不出庭的情况下向法庭作证。证人作证后，证人的证词应当向该当事人宣读，对方当事人有权依法对证人进行发问。

（7）处罚和强制

证人如果没有法定理由拒绝进行证人宣誓、确认，拒绝回答问题或者没有按照法院的要求做好出庭作证的准备工作，法院可以通过罚款的方式强制其履行义务。如果罚款仍不足以使证人履行义务，法院可以对证人进行关押，关押期间不得超过 6 个月，也不得超过案件的审理期限。如果证人在此期间同意履行义务，法庭应当及时组织继续开庭。

对证人的罚款和关押不适用于不满 15 岁的证人以及由于精神疾病、智力迟缓或者其他智力不正常的证人，但这些证人也可以被强制到庭。如果在开庭听证时，要求证人到庭的当事人不向证人提问，或者其应当提问的问题已经通过其他方式得到解决，法院对拒绝进行宣誓、确认，拒绝回答问题的证人就不得进行罚款或者采取强制措施。

（二）专家证人的听证

（1）专家证人的指定

行政法院在案件所涉及的专业问题上可以听取专家的意见，但不能违背专家的意愿将专家指定为专家证人。承担公共职务或者具有公共地位的专家，或者根据法律的特殊规定有义务做为专家证人的人，应当作为专家证人作证。但如果某一专家与案件或者与案件中的一方当事人有关系，从而导致其作证的可信度降低，则其不能成为专家证人。

（2）对专家证人作证的特殊规定

法律对证人作证的规定适用于专家证人。除了有非常重要的理由外，行政法院不能要求专家证人披露商业秘密或者职业秘密。专家证人的费用补偿由当事人承担。不愿意出庭作证的专家证人不应被强制到庭，也不应通过关押的方法强制其履行义务。

（3）预备庭

在正式开庭前，行政法院如果认为有必要弄清楚需要专家证人对案件的哪些问题进行作证，可以先开预备庭，听取当事人或者其他人的陈述和答辩，确定案件的某些事实。如果证据在预备庭阶段被确认，对证据的确认应当适用法律有关未开庭证据确认规则的规定。

（4）宣誓和确认

将要在法庭上亲自作证的专家证人应当作出宣誓或者确认，不信仰宗教的专家证人应当进行确认。宣誓的内容："我（加入姓名），对全能的上帝许诺和宣誓，将以我的理解最好地完成交给我的任务。"确认的内容与宣誓相同，但要做必要的修正。如果专家证人提前向法院提交了书面陈述，其宣誓或者确认的内容应当进行相应的修改。基于公共性职务、地位或者职责而作为专家证人的人，不必进行宣誓或者确认。

（5）当庭作证

专家证人应当向法庭详细说明其对问题的调查结论，并基于调查结论来对提问进行实质性的回答和陈述。除了认为专家证人的陈述有理由不必进行记录外，行政法院应当对专家证人的陈述进行记录。对不是基于公共性职务或者地位而被指定的专家证人，法院应当对其陈述时间作出限制。

如果当事人要求已经向行政法院提供书面陈述的专家证人进行口头听证，并且听证与案件的事实认定确实有关，或者行政法院认为对专家证人有必要进行口头听证的，专家证人应当在行政法院进行口头听证。如果一个案件中存在几个专家证人，法院可以要求其中一个或者几个专家证人进行口头听证。

如果专家证人已经提交书面陈述，除了有特殊理由外，行政法院应当将其书面陈述在开庭时进行全部或者部分宣读。如果专家证人的陈述不清楚、不完整，或者有矛盾，并且其缺陷不能被专家证人的口头陈述所弥补，法院可以要求专家证人对有关问题进行重新研究或者作出新的陈述。法院也可以要求其他专家证人进行重新研究和陈述。如果专家证人是有公共性职务或者地位的人，法院可以要求其上级作出新的陈述。

如果当事人邀请的专家不是法院指定的专家，则该专家出庭听证应当适用于对证人出庭听证的规定。

（三）证人的补偿

证人有权要求合理的旅途费、生活费和收入减少的补偿。当事人应当对其要求传唤的证人进行补偿，证人有权要求提前支付其旅途费和生活费用。法院主动进行传唤的证人，或者国家作为一方当事人要求传唤的证人，其补偿应当从国库中专门的证人补偿金中支取。由一方当事人而不是国家要求传唤的证人，如果其证词对查明事实非常重要，则其补偿从国库中开支。

专家证人的工作损失补偿和必要的费用补偿应当从国库中开支。法院可以要求对这些补偿进行提前支付或者部分提前支付。如果法院要求非案件当事人提供书证或者物证，所需费用应当按照对证人补偿的规定进行补偿。

（四）书证和物证

在行政案件中，文件性的证据比在普通案件中重要得多。①

1. 书证

（1）提交原件

除了法院认为提交复制件就足以满足查明案件事实需要的证据可以提交复制件以外，提交给法院的书证应当是原件。

（2）保密信息

如果书证中包含了依法不必要或者不应当向法院提交的内容，或者含有不宜公开的内容，书证中的这些内容在提交时应当被删除。对书证内容负有法定保密义务的官员或者其他人，有权不向法院提交包含应当保密内容的书证，并有权拒绝对相关保密内容进行口头作证。

（3）权利保障

如果某人拥有对查明案情具有重大意义的证据，该人应当将这些证据提交给行政法院。但如果该人是与当事人一方结婚或者订婚的人，是当事人的直系亲属，或者是当事人的直系亲属的配偶，是当事人的兄弟姐妹或者兄弟姐妹的配偶，或者是当事人的养父母、养子

① See Finland's report for the 16th colloquium on "*The legal review of administrative decisions: the respective role of administrative and civil or penal courts and their relationship*" in Stockholm from 14th to 17th June 1998, Association of the Councils of State and Supreme Administrative Jurisdictions of the European Union i. n. pa.

女，则可以不向行政法院提交这些证据。

同样，与当事人存在上述亲属关系的人向法院提交证据时，可以不必向法院提交那些含有其与上述亲属之间的通讯内容的文件，或者含有上述亲属之间的通讯内容的文件。

2. 物证

（1）提交原物

物证应当提交原物或者经证实的复制件。如果行政法院认为有必要提交原物的，证据应当提交原物。行政法院可以命令有义务提交物证的人提交物证，否则将被处以罚款。行政法院也可以命令扣押官将证据扣押后递交法院。

（2）权利保障

在持有证据的人将其拥有的证据提交法庭之前，法庭应当给予其进行陈述的机会。法庭为了审查持有证据的人是否有提交证据的义务，可以按照对证人或者对当事人开庭时询问的方法来对持有证据的人进行询问。

四、诉讼公开

行政法院审理案件中的信息公开和程序公开的主要依据是《政府行为公开法》（Laki viranomaisten toiminnan julkisuudesta/Lag om offentlighet i myndigheternas verksamhet）和《法院程序公开法》（Laki oikeudenkäynnin julkisuudesta/Lag om offentlighet vid rattegång），这两个法律的适用对象都包括了行政法院。

（一）政府行为公开法

政府行为公开法于1999年颁布，最近的一次修订是在2002年。该法主要规定了官方文件如何进入公共领域、当事人如何获取文件、政府在公开信息和对信息进行管理方面的责任，以及对信息的保密和解密等内容。

政府行为公开法的目标在于加强政府信息的公开性，提升政府在管理信息方面的能力，为个人和团体监督公共机关的行为以及公共资源的运用提供机会，通过信息公开形成社会舆论，从而影响公共机关的行为，保护个人和团体的权利与利益。

适用于政府行为公开法的“机关”除了包括普通法院和行政法

院之外，还包括国家行政机关和其他国家机构、国家企业、市政机关、芬兰银行、财政监督部、国家退休金协会、退休金安全中心和农业退休金协会、议会机关、奥兰自治岛屿机关、完成公法任务的团体、机构、基金会等，私人进行的作为公法机构的行为也适用于该法。

1. 官方文件

政府行为公开法中规定的“文件”既包括书面的文件或者是通过可视的方式表达出来的文件，也包括只能被计算机、录音录像设备、其他技术设备所认读的既定主题的消息，以及与其他文件作为一个整体的标记。

“官方文件”的含义是指该文件由政府行为公开法所称的机关所拥有、由机关所准备或者由在机关工作的人所准备的文件，或者由于文件的内容与机关的职责相关而递交给机关的文件。如果文件规定的内容属于机关的职权，该文件就视为由机关所准备，也就属于官方文件的范畴。如果文件已经交给了机关所委托的人或者其他为完成机关职责而工作的人，该文件就视为交给了机关。

下列不属于官方文件：（1）在机关或者在其他经选举产生的机构内工作的人，基于完成其所担任的其他职位的任务而收到的信件或者文件；（2）在机关工作的个人或者机关委托的个人所保留的尚未公开的草案的笔记；（3）由于参加在职培训或者进行其他相关的机关内部行为而获取的文件；（4）由于完成私人党派的任务而准备或者已经交给机关的文件；（5）作为遗失物被交到机关招领的文件。

2. 机关制造信息和公开信息的责任

（1）机关应当提升其行为的公开程度，为此目的在必要时可以出版办事指南、统计资料和其他出版物，向社会公开有关其职责和服务的信息材料，公开其职责领域的社会条件和发展状况。在对机关的工作进行评估时，应当将公众是否可以通过获取机关的文件或者机关在芬兰编辑的统计资料来获取机关的工作信息，列入评估的范围之内。

（2）机关应当宣传其工作职责和服务，宣传在其管理领域中，个人和组织所应当享有的权利、应当履行的义务。

（3）机关应当负责在图书馆或者其他公共数据网络上，或者通过其他方式向公众提供可以获取的文件或者文件的相关目录。

国家行政机关、其他国家机构、法院和其他司法机关出版公告、出版物，向公众提供信息的目的，在于提高国家机关行为的公开程度和范围，使个人和组织尽可能地对国家的行为有较为清楚的了解，对国家机关尚未解决的问题施加影响，并保护个人和组织的合法权益。

在国家机关对信息管理的计划和实施中，应当考虑信息对有效完成法定任务和在机关、非政府组织以及利益团体的合作方面的重要性。

政府行为公开法也适用于在机关工作的人员之间的谈判或者通讯，或者机关和私人个人或者团体的谈判或者通讯，或者其他类似的机关行为。这些谈判或者通讯所产生的文件只有在符合档案法规定的条件下才能归档。一旦归档，机关就可以要求只有在机关同意的情况下，才能公开该文件。

除法律另有规定外，政府行为公开法中对官方文件公开的规定适用于审判文件的公开。

3. 保密信息的分类及管理

关于哪些文件属于秘密文件，以及对秘密文件如何保密，在政府行为公开法中有具体规定。根据政府行为公开法，政府可以通过颁布法令的形式对保密文件数据安全的特殊分类技术和安全保护程序进行详细的规定和指导，以保证信息的完整性和质量。据此，芬兰颁布了《政府行为公开和完善信息管理实践法令》（Asetus viranomaisten toiminnan julkisuudesta ja hyvästä tiedonhallintatavasta/Förordning om offentlighet och god informationshantering i myndigheternas verksamhet）（1999年颁布，最近一次的修改是在2002年），其中第2条对保密信息的分类作出了规定。根据该条规定，秘密信息根据其处理方法、保护方法和其他信息安全要求分为三种不同的类别，不同类别的信息在形成、使用、运送和传递、存档和销毁等方面都有所不同。

（1）如果私自泄露和使用信息将严重损害公共利益，该信息应当属于第一类保密信息。第一类保密信息具体包括下列信息：政府外国事务委员会的文件、外交部的政治评估文件以及与外国政治和经济方面谈判的文件等；除上述文件外，涉及芬兰和外国的关系，或者芬兰与国际组织的关系的文件；涉及国际法庭、国际调查组织或者其他国际组织中未决案件的文件；涉及芬兰共和国、芬兰公民、居民或者组织与外国当局、外国人或者外国组织之间的关系，如果公开将会导致损害芬兰的国际关系或者对芬兰参加国际间的合作造成不利影响的文件；包含警察、边境警戒、海关和监狱的战略和技术方案的文件，如果公开该文件将不利于预防和打击犯罪和维护公共秩序；文件包含有对意外事故和紧急状态、国民保卫和事故调查的预备方案，如果公开这类文件会对国家安全、国民保卫或者紧急状态的预备造成破坏，破坏对事故的调查，侵犯受害人的权利，对相关人员造成精神损害。但出于完成官方任务必须公开的除外；警察部门或者其他与国家安全有关的部门的文件，对文件的公开显然不会损害国家安全的除外；文件涉及军事谋略或者军队的供给、军事编制、部队驻地和指挥操作，运用于武装力量和其他防卫力量上的设备、装置，如果公开这类文件明显不会造成对防卫力量的损害的除外；文件包含有关货币政策或者外币兑换政策的决定、措施或者准备方案的信息，或者有关准备实施有关财政金融政策的信息，公开这类文件会损害国家利益，严重破坏政策目标的实现。

（2）如果私自泄露和使用信息将对合法的利益造成严重影响，该信息应当属于第二类保护信息。

（3）如果信息的私自泄露和使用将损害机关的作用、侵犯商业秘密或者专业秘密、损害对个人信息的保护，该信息应当属于第三类保护信息。

在处理保密信息时应当采取适当的方法：

（1）处理和储存保密信息的工具应当受到充分的管理和保护。

（2）任何进入保密信息系统的行为都应当受到监督，应当通过有效方法阻止未经授权对保密信息系统的进入。

（3）只有与保密信息切实相关的人才能使用、改变信息或者对信息进行其他处理，同时，这些与保密信息切实相关的人对信息的使用也要受到适当的限制并受到充分的监督。

（4）保密信息在信息系统中的传递也应当采取必要的加密措施。

秘密文件应当在密封后提交。秘密文件在密封时应当标明文件中秘密的部分，并说明保密的原因。如果秘密文件是基于严格保密条款的规定而保密，对文件的密封只说明所根据的保密条款即可，不必说明其他原因。秘密文件应当标明信息保密级别。

违反保密义务的行为应当按照刑法进行处罚。但在有法律的特别规定或者信息所涉及的利益相关人同意的情况下，机关可以向其他人提供秘密官方文件。

4. 保密期限

官方文件的保密期限在没有例外规定的情况下是25年，从文件发布日期起开始计算，如果没有发布日期，则从文件的完成之日起开始计算。私人交给官方的文件的保密日期从官方接到文件之日起开始计算。

25年后，官方保密文件应当解密并进入公共领域。但如果在上述保密期限过后，对某些官方文件不再保密明显会造成其所保护的利益遭受重大损害，则政府可以延长保密期限，保密期限最长可延长30年。

下列以保护私生活为目的的保密文件，或者根据其他法应当保密的文件，其保密期限是文件所涉及的人死后50年，如果不知道文件所涉及的人的死亡时间，则为100年。

文件中涉及难民或者申请庇护人，涉及居住许可或者签证；文件中包含接受福利、劳动管理部门的个人客户的信息，包含利益措施、支持措施、社会服务或者国家卫生信息或者个人残疾信息、医疗信息以及性行为信息；文件中包含如果公开可能侵犯私生活的敏感信息，涉及犯罪案件中的受害人或者有关的其他人的信息，包含如果公开会对受害人的权利造成侵犯，或者对受害人的记忆造成侵犯，或者引起与其关系亲密的人的悲痛的信息；文件包含对犯罪嫌疑人的精神病检查的信息，对年轻的罪犯的性格检查，或者对管制的社会服务可行性研究的信息；行政文件和登记中包含对罪犯剥夺自由的信息；文件中包含对人的心理或者智力测试，或者心理测试及智力测试的结果，或者对征兵分配的评估，挑选雇员，或者工资基础的确立等方面的信息；文件中包含学生的福利和教育免除，对学生的测试结果，在学校文凭和其他文件中包含对学生性格的口头评估的信息；文件中包含有某人提供的秘密电话号码，或者有关移动通讯设备的场所的信息，文件中包含个人的住所地、居住地或者暂时居住地、电话或者其他联系方式的信息，如果该人已经要求对这些信息保密，并有正当理由认为他自己或者他的家庭的安全、健康处于危险之中；文件中包含个人政治观点，或者个人生活方式、自愿参加的协会、兴趣、家庭生活或者其他有关个人情况的信息等，但是有关个人在政治性的部门或者其他经选举产生的部门的活动，或者对政治性政党的参与建立或者登记，或者成立选举团体的活动的信息不属于保密的范围。

5. 收费

文件如果是通过打印输出或者其他技术界面手段，或者通过电子的或者其他类似方法，或者由机关提供文件的修复和传递服务而获取的，提供服务的机关可以收取特定的费用。但通过其他方式获取文件的，不收费。

（二）法院程序公开法

法院程序公开法于1984年颁布，1985年实施，最近的一次修订是在2001年。法院程序公开法适用于行政法院、普通法院、高等弹劾法院和专门法院。

1. 起诉信息公开

根据法院程序公开法，当事人起诉时需要在法院登记处进行登记，在法院登记处登记的或者在其他文件索引中显示的当事人的姓名、案件性质、听证的时间、地点，在登记完成后应当公开。但根据强制措施法的规定对当事人实施的强制措施，有关登记信息除了法院另有决定外，只在需要的时候才进行公开。

2. 诉讼程序公开

除法律另有规定外，法院审理案件应当公开进行，法院必须向社会公布当事人的姓名、职业、住址、案件性质、审理时间、审理地址，公众有权利旁听案件的审理过程。① 法院对当事人、证人和专家证人的口头询问以及法院为审理案件而进行的司法调查，也应当公开。

在公开审理的案件中，如果法院认为不足15岁的人旁听案件审理对其身心有害，可以要求其不参加旁听。为避免拥挤现象，法院院长有权限制旁听案件审理或者出席法院宣判的人数。拍照、录音以及其他声像记录和转播技术在经法院院长允许的情况下，才可以在法庭

① 参见马怀德：《芬兰的行政法制度》，载《法学杂志》1999年第2期。

使用。

3. 诉讼程序公开的例外

诉讼程序公开有例外，例外即为不公开程序。不公开程序分强制不公开程序和任意不公开程序。强制不公开程序是指如果公开程序危及国家安全或者损害芬兰与其他国家的国家关系或者国际合作，则案件审理不公开进行。任意不公开程序是指由审理案件的法院决定对案件的审理是否公开。

法院程序公开法规定，在下列情况下，法院基于当事人的申请或者基于其他特殊理由，可以决定案件审理的全部或者部分不公开：

（1）案件涉及性侵犯、诽谤或者侵犯隐私权或者其他类似犯罪案件，涉及当事人特别敏感的个人生活信息；

（2）案件涉及婚姻、父子、收养、儿童监护或者其他类似民事事务，需要向法庭出示特别敏感的个人私生活信息等；

（3）有 15 岁以下的人或者法律能力受限制的人参加法院审理；

（4）在案件审理中需要出示秘密文件或者保密信息；

（5）诉讼参加人有义务在法院审理过程中提供并接受法院审查的信息或者文件，属于诉讼参加人在其他场合下可以拒绝提供的信息或者文件；或者诉讼参加人在法院听证中有义务回答的问题属于在其他情况下可以拒绝回答的问题；或者诉讼参加人在听证中出示的文件属于根据法律规定不应当由法院查证或者属于诉讼参加人可以拒绝提供的信息。

在法院依法非公开审理案件时，除了当事人及其法定代理人、诉讼代理人有权参加外，其他有必要参加审理的人也可以参加。

并不是所有涉及保密信息的案件都不能公开审理。下列属于政府行为公开法中规定的保密信息，可以在法院公开审理中口头提出或者运用技术手段处理后出示，并作为法院裁判的理由：文件涉及难民或者申请庇护人，涉及居住许可或者签证；文件包含接受福利、劳动管理部门的个人客户的信息，国家卫生信息或者个人残疾信息、个人医疗信息，个人性行为信息；包含如果公开可能侵犯私生活的敏感信息，涉及犯罪案件中的受害人或者有关的其他人的信息，包含如果公开会对受害人的权利造成侵犯，或者对受害人的记忆造成侵犯，或者引起与其关系亲密的人的悲痛的信息；文件包含对犯罪嫌疑人的精神病检查的信息，对年轻的罪犯的性格检查，或者对管制的社会服务可行性研究；文件中包含对人的心理或者智力测试，或者心理测试及智力测试的结果，或者对征兵分配的评估，挑选雇员，或者工资基础的确立等内容；文件包含学生的福利和教育免除，对学生的测试结果，在学校文凭和其他文件中包含对学生性格的口头评估，文件中包含入学考试委员会对学校提出的候选学生入学考试的仲裁决定，相关的考试已经经过了1年的除外；文件中包含个人政治观点或者私人表达的观点，或者个人生活方式、自愿参加的协会、兴趣、家庭生活或者其他有关个人情况的信息等。

但如果保密信息中包含有某人提供的秘密电话号码，或者有关移动通讯设备场所的信息，包含有个人的住所地、居住地或者暂时居住地、电话或者其他联系方式的信息，当事人已经要求对这些信息保密，并有正当理由认为自己或者其家庭的安全、健康处于危险之中，则除非有特别的理由，法院对这些信息不应在公开审理中出示，也不应当将这些信息包含在法院的公开裁判之中。

第三题　芬兰行政诉讼程序

一、起诉

（一）对行政决定的一般程序要求

行政决定存在程序上的错误是当事人提起诉讼的理由之一。在芬兰，行政机关作出行政决定在程序上需要遵循的法律主要是《行政程序法》，新的《行政程序法》于2003年颁布，2004年实施，替代了1982年颁布，1983年实施的原有的《行政程序法》。该法适用于国家机关、市政机关、公法独立机构，也适用于公法下的国家企业、组织和完成公共管理任务的私人团体。行政程序法规定了行政行为的基本原则和程序，包括订立行政合同在内的行政行为都适用于行政程序法的规定。

行政程序法对行政机关作出行政决定的要求主要有：

1. 基本原则

行政机关应当依法行政，平等对待当事人，行政行为应当公正和适当，保护当事人合法权益。

2. 回答咨询

行政机关应当在其职责范围内，出于完成行政任务的需要，向相对人免费提供与其职责有关的必要的咨询。

3. 移送和翻译

在当事人向行政机关申请作出行政决定的情况下，如果当事人申请的事务不属于该行政机关管辖，行政机关应该告知相对人有权管辖的机关。行政机关应当使用适当、明确和容易理解的语言，对不通晓通用语言的当事人提供翻译。

4. 代理

当事人可以亲自参加行政程序，也可以由代理人代理参加行政程序。但行政机关为查明事实，在必要时可以要求当事人亲自参加行政程序。

5. 公开

行政行为除法律另有规定外公开进行，当事人有权获取有关文件和信息。

6. 回避

在公务员本人或者其亲属是行政事务的当事人、当事人的代理人，或者与行政事务的结果有现实的或者可预期的利害关系等情况下，公务员应当回避，不参与行政事务的处理和决定。

7. 解释和听证

当事人有权在行政机关根据行政事务性质所确定的合理期限内，对所提交的文件进行补充和解释。必要时，在当事人的要求下，该期限可以延长。

行政决定作出之前，应当给予当事人听证的机会，使其有机会进行陈述和申辩。对当事人的代理人、监护人也应当给予听证的机会。行政机关应当告知当事人听证的目的和期限。必要时还应告知当事人听证所要澄清的问题。与行政事务有密切关系的当事人有权参加听证并向证人提出问题和进行陈述。

行政程序中的听证可以在行政法院进行。

8. 检查和调查

行政机关有责任对行政事务进行充分和适当的检查，以取得作出行政决定所必需的信息。当事人也有权要求行政机关进行检查。当事人应当向行政机关提供支持其请求的有关信息，帮助行政机关查清其所主张的事实。检查应当公开进行，行政机关在检查时应当给相对人留有必要的时间提出陈述和答辩。检查不应给被检查的物品以及拥有物品的当事人带来不必要的麻烦。

行政机关有权进行调查，并在不影响调查目的实现的情况下，告知当事人调查的开始时间。当事人在调查时有权在场并提出询问和陈述。当事人应当被告知调查的目的、程序和可能采取的措施。

检查和调查应当有记录，记录中应当记载行政机关主要的检查过程和当事人的意见，并应当及时送达当事人及其他参加检查的人。

9. 行政决定

行政机关在查清事实后应当及时作出行政决定。行政决定除在紧急情况下可以是口头形式外，一般应当是书面形式。

书面决定应当写明作出行政决定的机关和作出行政决定的日期、与行政决定密切相关的当事人情况、行政决定作出的理由，行政决定所确定的当事人的权利义务，以及行政决定的具体内容。如果行政决定中的当事人可能需要向其他人员获取有关信息，行政决定应当附有有关人员的姓名和联系方式。行政决定中应当有复议说明或者起诉说明。当事人申请复议或者起诉的期限从书面决定送达时开始计算。

行政机关在紧急情况下作出的口头决定，应当告知当事人行政决定的内容和作出决定的理由。口头决定作出后，应当及时转化为书面形式。

有关行政决定应当用及时、适当的方法送达当事人。

（二）行政决定的起诉说明

行政决定中应当附有当事人对该行政决定不服，依法是否可以复议或者起诉，以及复议或者诉讼应当如何提起的说明，其中对起诉的说明称为行政决定的起诉说明。在行政决定的起诉说明中，应当明确下列内容：

1. 有权受理起诉的法院；

2. 起诉期限和起算日期；

3. 对起诉状的内容和附件的法律要求；

4. 如果起诉需要经过批准，在行政决定的起诉说明中应当向当事人告知，同时应当写明相关法律条款以及批准起诉需要具备的条件。

如果根据特别条款的规定，某一行政决定不能被起诉，在行政决定中应当有禁止起诉的说明，并写明禁止起诉所依据的法律条款。

如果行政机关没有在行政决定中向当事人作出起诉说明，或者在行政决定属于行政诉讼受案范围的情况下作出了禁止起诉说明，该行政机关应当重新向当事人作出合法的起诉说明。如果起诉说明存在不属于上述错误的其他错误，当事人要求行政机关作出新的起诉说明的，行政机关应当在原起诉说明所标明的起诉期限内，向当事人作出新的起诉说明。对行政决定的起诉期限从新的起诉说明生效后开始计算。

（三）复议与诉讼

在有些行政案件中，当事人在起诉前是否进行行政复议由当事人自己选择。当事人对行政决定不服首先可以求助于行政机关的内部纠错机制，通过行政复议解决争议，复议结果不服再向行政法院起诉。当事人也可以不经过行政复议程序，直接向行政法院提起诉讼。有些行政争议的解决实行复议前置制度，当事人在未经过内部纠错程序处理之前，不能直接向行政法院起诉。① 典型的实行复议前置的案件是税收行政案件。

芬兰的行政案件大部分是税收行政案件。地区行政法院审理的案件中，80%是有关税收问题的案件，最高行政法院审理的案件中，50%是有关税收问题的案件。② 芬兰法律对税收行政案件十分重视，也控制得比较严格。对税务机关的税收评估不服的起诉，应当按照税收和公共费用支付扣押法的专门规定进行，实行复议前置制度。

在芬兰，每年的1月底，许多个人纳税人都会收到一封税收建议。税收建议是税务机关预先制作的纳税人的应纳税清单，根据向纳税人支付报酬的组织或者个人提供的纳税人的收入信息进行制作。如果纳税人对税收建议的内容没有异议，就不必再专门进行税款缴纳，对其税款的评估应当在下一个税收年度的10月底完成。企业组织的

---

① 参见芬兰法院网：http：//www. oikeus. fi/17645. htm。

② 参见 http：//jurist. law. pitt. edu/world/finland. htm。

税款应当在其会计年度终了后4个月内缴纳，税务机关对其税款的评估在10个月内完成。

税收评估完成后，如果评估结果与纳税建议中写明的纳税人应纳税款有出入，纳税人会收到一个征税说明，写明纳税人还欠缴的税款或者应当向纳税人返还的税款。但如果税款没有欠缴或者需要返还的情况，则通常不向纳税人发出单独的征税说明，先前发给纳税人的税收建议与征税说明具有同等效力。税收说明一般在下一年度的10月底或者11月初送交纳税人个人。

对评估不满的纳税人可以向评估调整委员会提出申诉，评估调整委员会是每个纳税区的纳税申诉受理机关，也是纳税人提起税收行政诉讼的必经程序。纳税人向委员会的申诉必须在最终评估后5年内提出。纳税人对税收评估调整委员会的决定不服，可以向行政法院起诉，起诉应当在评估后的5年内提出。对行政法院的裁决不服，可以在60日内向最高行政法院上诉，由最高法院决定是否受理。

（四）起诉状

原告应当亲自撰写起诉状或者由其代理人代为撰写起诉状，可以亲自或者授权代理人向法院递交起诉状。

起诉状应当写明下列事项：被诉的行政决定、对行政决定的哪部分内容不服、法院应当如何改变被诉行政决定、起诉的理由和原因。如果起诉需要经过批准才能被法院受理，起诉状还应当写明行政法院应当批准其起诉的理由。起诉状应当写明原告和被告的姓名或者名称、住所或者办公地址等。如果原告的诉讼权利由其法定代理人或者其他代理人行使，或者在起诉状由别人代写的情况下，起诉状还应当写明代理人或者代书人的姓名和住址。在起诉状中，应当写明法院送达与诉讼有关的通知所需要的邮政地址和电话号码。原告或者其法定代理人以及其他代理人应当用手写的方式签署起诉状。起诉状的内容应当尽可能清楚明确。

下列文件应当附于起诉状之后：被诉的行政决定的原件或者副本、证明将决定通知当事人的日期或者其他的证明起诉期限起算时间的证据、支持原告诉讼请求的文件（包括在起诉中涉及的那些在行政决定作出时没有提交到行政机关的文件）以及对诉讼代理人的授权委托书。公共法律援助律师可以不必向法院递交授权委托书。①

（五）起诉期限

起诉期限是自行政决定送达之日起 30 日，行政决定送达的当日不计算在内。

起诉期限根据行政司法程序法第 22 条的规定，一般是 30 天，极少有例外。在专利权等方面的案件中，根据特别法律规定，起诉期限是 60 天。另外在一些建筑案件中，起诉期限是 14 天。②

行政决定作出的时间或者其他能够证明原告起诉期限的起算时间的证明必须附在起诉状中，以方便法院计算原告的起诉时限。原告必须在起诉期间届满前的最后一天的下午 4:15 之前将起诉状递交到法院，起诉才能被受理。③

原告或者其代理人应当将起诉状亲自或者通过邮局递交到行政法院的登记处，程序性文件也可以通过电传或者电子邮件的方式递交法院，法院对超过起诉期限的起诉不予受理。

如果起诉应当根据特别法律规定由其他法院管辖，但当事人在法定起诉期限内将起诉状递交到了非管辖法院，起诉不应当因此被驳回。

如果某些非开放型协会的成员在起诉期限内向协会的主席递交了起诉状，该协会主席应当立即向法院起诉。

（六）起诉的变更与补充

起诉期满后，原告只能在起诉所基于的事实和背景是在法定起诉期满后才得知的情况下，才能提起诉讼。原告如果有新的理由来支持起诉，在起诉期满后也可以提起诉讼。

在法定起诉期限内起诉的原告，在起诉期满后，可以向法院提出暂缓行政决定的执行以及其他补充诉讼请求。

如果起诉有缺陷，原告有权加以补充，除非这种补充对案件而言

---

① 参见芬兰法院网：http：//www.oikeus.fi/17648.htm。

② See Finland's report for the 16th colloquium on "*The legal review of administrative decisions: the respective role of administrative and civil or penal courts and their relationship*" in Stockholm from 14th to 17th June 1998, Association of the Councils of State and Supreme Administrative Jurisdictions of the European Union i. n. pa.

③ 参见芬兰法院网：http：//www.oikeus.fi/17648.htm。

毫无必要。接受起诉的行政法院如果发现原告的起诉有缺陷，应该告知原告，并给原告合理的补充起诉期限。原告在规定期限内没有补正起诉缺陷的，有缺陷的起诉可能会被法院裁定不予受理。

（七）对起诉的移送

如果原告由于故意或者过失将起诉状递交给无权受理的机关或者法院，该机关或者法院应当将起诉移送给有权受理的法院受理。在法律对法院之间案件受理分工十分明显的情况下，无权受理的机关或者法院对起诉可以不必作出驳回决定，但对起诉的移送应当通知原告。起诉如果在起诉期限内到达有权受理的机关，应当认为起诉没有超期。

如果原告的起诉由于行政决定中起诉说明的错误或者因行政决定中没有起诉说明而导致起诉缺陷，原告的起诉不应当因此而被驳回。如果由于行政决定中起诉说明的错误导致原告向非受理机关提出了诉讼，接受起诉的法院应当将起诉状移送有权受理的法院，同时将对起诉的移送通知原告。

（八）起诉停止执行

芬兰立法对行政行为的效力没有规定，但最高行政法院的判例法表明：行政行为是拥有公法权力的行政机关的职权行为，有行政法上的效力。① 可以被起诉的行政决定在确定其最终效力（如起诉期满后当事人未起诉）之前不应当执行。但是，如果法律对行政决定的效力有特别规定，或者行政决定的性质要求立即执行，或者行政决定由于公共利益的原因不能拖延执行，则行政决定可以在确定其最终效力之前予以执行。在对行政决定的起诉需要经过批准的情况下，原告的起诉在没有被批准之前，不得排除行政决定的执行。

一般情况下，原告对行政决定起诉后，受理起诉的行政法院应当停止被诉行政决定的执行或者作出暂缓执行被诉行政决定的命令。但在特殊情况下，如对某些结论性的行政决定，行政法院可以在必要时

---

① See Finland's report for the 16th colloquium on "*The legal review of administrative decisions: the respective role of administrative and civil or penal courts and their relationship*" in Stockholm from 14th to 17th June 1998, Association of the Councils of State and Supreme Administrative Jurisdictions of the European Union i. n. pa.

作出执行被诉行政决定的命令。法院作出的执行被诉行政决定的命令，在行政决定在被最终确认其效力之前或者在上级法院作出其他命令之前一直有效。如果行政法院撤销了行政决定并将案件发回作出行政决定的机关或者移送其他机关重新处理，行政法院可以在作出撤销行政决定的同时，命令当事人仍然应当执行被其撤销的决定，直到案件所涉及的问题被解决或者对问题进行重新处理的机关作出了新的行政决定。

二、法官回避

公正的法官意味着在具体案件审理中具有独立地位，在司法权运用过程中客观公正，不存在个人偏见。芬兰法律在对法官回避的规定中，考虑了欧洲人权公约的判例法和芬兰最高法院的判例法的要求。① 根据行政司法程序法的规定，行政案件中法官的回避适用于司法程序法第 13 章关于法官回避的规定。

（一）法官应当回避的情形

法官在下列情况下应当回避，法官本人或者其近亲属是案件当事人；法官本人或者其近亲属是案件当事人的代理人；法官是案件的证人或者专家证人；法官的近亲属是案件的证人或者专家证人，或者在案件的早期程序中，法官的近亲属作为案件的证人或者专家证人参加了听证，而法院对该案的裁判有可能以该听证为基础而作出；案件处理结果与法官或者法官的近亲属以及法官或者其近亲属所代表的人（如被监护人、被管理人等）存在特别的利害关系。

如果法官或者其近亲属是公司、基金会或者公法机构的成员，或者是企业董事会、监事会或者类似机构的成员，或者是首席执行官及类似人员，或者其地位可以决定国家、市政当局或者其他公法人在案件审理时如何行使权利，在上述公司、基金会等组织或者国家、市政

① See Varpu Lahti, *Supervision of Judges: A Finish Point of View*, Presentation at The International Society for the Reform of Criminal Law 17th International Conference on "Convergence of Criminal Justice Systems: Building Bridges-Bridging the Gaps", The Hague, Netherlands, 24-28 August, 2003. 作者 Varpu Lahti 为赫尔辛基上诉法院法官。

当局等机关是案件当事人或者与案件处理结果存在特别的利害关系的情况下，法官应当回避。

在下列情况下，法官也应当回避：案件中的当事人是与法官或者其近亲属在其他司法程序或者未决案件中立场对立的人；或者基于法官与案件当事人之间存在服务关系或者其他关系，从即将审理的案件性质来看，有理由怀疑法官在此案审理中的公正性。但仅仅由于国家、市政当局或者其他公法人是案件当事人，或者仅仅由于提起诉讼的当事人是与法官利益对立的人，并不能成为要求法官回避的理由，要求法官回避还应当存在确实有效的理由证明法官有可能不能公正履行职责。法官与当事人之间存在普通的消费关系、股权关系或者其他类似关系的，不能成为要求法官回避的理由。

如果法官本人或者其近亲属就同一案件在其他法院已经进行过审理，或者如果法官本人是类似案件的当事人，人们有理由怀疑由于案件本身的性质或者对案件即将作出的裁判对类似案件产生的影响，可能影响法官在案件审理中的公正性，法官应当回避。

在重新审理的案件中，如果有理由相信法官由于参加了先前对案件的裁判或者其他特殊原因，对案件怀有成见的，法官应当回避。另外，如果法官存在法律规定应当回避的类似情形，导致其审理案件的公正性可能受到合理怀疑的，也应回避。

在法庭成员不超过 7 人的情况下，如果两个法官系父子、岳父子、兄弟、或者姻兄弟关系，则不能同时成为法庭成员。在任何情况下，法庭成员都不能有两个以上的成员存在上述亲属关系。

法官近亲属的范围包括：法官的配偶、子女、孙子女、兄弟姐妹、父母、祖父母；法官的父母和法官配偶的父母的兄弟姐妹、法官兄弟姐妹的子女、法官的前妻或者前夫；法官配偶的子女、孙子女、兄弟姐妹、父母和祖父母，以及法官配偶的兄弟姐妹的子女，以及其他与法官有近亲属关系的人。

（二）回避的申请和实施

当事人一旦得知应当回避的法官将参加审理案件，应当立即提出要求法官回避的申请，在回避申请中，当事人应当提出回避的理由，并说明其得知法官应当回避的情形的时间。在法院裁判作出后，除了当事人确实存在有效的理由证明其无法按时提出回避申请外，当事人不得再向法院提出法官回避申请。

当事人提出回避申请后，由审理案件的行政法院对当事人提出的申请进行审查，法院对法官回避申请的审查应当由符合法定人数的成员共同决定，并可以通过书面审查的方式进行。

在当事人没有提出回避申请的情况下，行政法院如果认为参与行政案件审理的法官应当回避，也可以主动要求法官回避。

法官如果符合司法程序法关于回避的规定，应当回避，不参加案件的审理工作。但法官在应当回避的情况下，如果不可能及时得到其他的法官替代，该法官仍然可以对不涉及案件主要问题的紧急事项作出决定。对当事人明显无理由的法官回避申请，被申请回避的法官可以自主决定是否回避。

法律关于法官回避的规定也适用于法庭的其他成员、咨询官和记录人。

三、行政案件的审理

芬兰行政法院调查案情的主要方式是书面审理，但随着欧洲人权公约在芬兰生效，越来越多的案件需采用言词审理的方式。① 在民事和刑事案件中，法院的地位是被动的，但在行政案件中，行政法院为查明案件事实，可以进行必要的调查，主动收集证据，以保证案件审理的公正无偏私。② 在调查中，法院可以传唤证人和当事人，听取证人和当事人的口头陈述。必要时，可以要求原告或被诉的行政机关补充有关证据材料。

（一）开庭的适用范围

为查清案件事实，行政法院可以在当事人、作出行政决定的行政机关或者其他机关、证人和专家的参加下，对案件进行开庭审理。当事人也可以申请开庭审理。

---

① 参见胡建森著：《比较行政法——20 国行政法评述》，法律出版社 1998 年版，第 695 页。

② See Finland's report for the 16th colloquium on "*The legal review of administrative decisions: the respective role of administrative and civil or penal courts and their relationship*" in Stockholm from 14th to 17th June 1998, Association of the Councils of State and Supreme Administrative Jurisdictions of the European Union i. n. pa.

在行政案件中的个人当事人申请开庭的情况下，受理行政案件的行政法院应当进行开庭。当事人申请开庭应当说明申请的理由以及准备在开庭时提交的证据。如果原告的诉讼请求被驳回，或者基于案件本身的原因或者其他原因使得开庭明显没有必要的，行政法院就不必开庭。对申请开庭的规定只适用于个人当事人，而不适用于当事人基于属于市政机关成员或者其他团体成员的身份而提出开庭申请的情况。

（二）开庭要求

1. 对不出庭情况的处理

在开庭时，当事人和其他人不出庭应当有正当理由，行政法院传唤被传唤人时，在传唤证上应当告知被传唤人，如果被传唤人存在不能出庭的正当理由，如由于疾病、交通或者通讯阻断而不能出庭，应当及时通知法院。行政法院应当在传唤当事人或者其代理人时向当事人或者其代理人告知，被传唤人不出庭将不影响审判。

如果被传唤人向法院提出了除疾病、交通或者通讯阻断之外的其他不能出庭的理由，应当由法院决定其理由是否正当。

法院在必要时，应当要求当事人亲自出庭进行口头陈述，以查明事实。被传唤人有正当理由不能出庭的，应当向法庭递交书面的答辩或者陈述，完成法院规定的其他诉讼义务。在当事人的代理人存在正当理由不能出庭，当事人也没有来得及聘请其他代理人的情况下，法院应当认为当事人存在不能出庭的正当理由。如果法院通知当事人亲自出庭，但当事人在没有正当理由的情况下，由其代理人代其出庭而没有亲自出庭，应当认定当事人在开庭时缺席，当事人应当被法院处以罚款。但如果法院认为案件可以在当事人不出庭的情况下进行审理，则不应当对当事人发出不出庭会导致更严重罚款的告诫。

当事人或者其代理人如果存在不能出庭的法定理由，法院对当事人出庭的要求应当取消或者将开庭时间向后推延。在这种情况下，法院不应当对未出庭的当事人或者其代理人作出罚款的告诫。除非在案件审理结束前，当事人或者其代理人不出庭的理由已经消灭。

2. 当事人的确认

当事人出庭陈述或者答辩前，应当向证人一样作出确认。当事人进行确认后，法庭庭长应当提醒其如实陈述的义务，并提醒其确认的重要性。当事人的法定代理人可以与当事人一样进行出庭陈述和答辩。

3. 庭审笔录和录音

法院对案件的开庭审理应当作有庭审笔录。庭审笔录不是逐字逐句的记，而是简要记录开庭的过程。庭审笔录应当载明出庭的当事人、案件事实和其他在庭审中涉及的有关信息，载明行政法院在庭审中的有关要求和决定，并对庭审程序进行说明。

正式审理程序中的证言一般进行录音，如果有人想了解在开庭时证人作证的内容，应当听录音。如果在开庭时录音不可能，或者由于陈述人的陈述存在缺陷，录音没有必要，法院应当将证人、专家证人和当事人陈述的内容逐字记入笔录，并将笔录中的内容立即向作出陈述的当事人进行复述。当事人对笔录内容是否属实的看法也应及时记入笔录。

录音陈述材料在法院认为必要时可以进行转录，在当事人或者其他人提出复制或者转录要求的时候，也可以进行复制和转录。录音材料在案件终结后至少还要保存 6 个月，如果案件上诉，录音材料应当保存至作出终审判决。

4. 对妨碍诉讼行为的排除

法庭庭长有权维持法庭秩序，可以打断当事人不适当的陈述，并对扰乱法庭秩序的行为提出警告。如果扰乱法庭秩序的人不听从庭长指挥，庭长有权将其逐出法庭。

法庭对扰乱诉讼程序、不遵守法庭秩序、在法庭上口头或者在提交给法院的书面陈述中使用污辱或者贬损语言的诉讼参加人进行罚款。

5. 解释和翻译

芬兰是一个双语国家，官方语言是芬兰语和瑞典语。所有芬兰公民都有权在法院就涉及自己事务的问题时使用自己的语言，在法院改革中也特别强调法官对语言的熟练运用程度。

按照芬兰的《语言法》（Kielilaki/Språklag），如果当事人不懂法院所使用的语言，或者由于残疾不能表达自己的想法，法院应当负责对当事人提供解释和翻译。法院也应负责对参与案件的其他北欧国家的公民提供必要的解释和翻译服务。

解释人员或者翻译人员如果与案件当事人有关或者与案件本身有关，导致其可信度因此降低，则不能作为案件的解释人员和翻译人员。

四、行政案件的裁判

行政法院在受理行政案件后，应当对证据进行认真审查，经过合议，针对当事人的诉讼请求作出相应的裁判。

根据行政司法程序法，行政法院对案件的审理既是事实审，也是法律审。① 行政法院审理行政案件实行合法性审查原则，对于行政决定是否适当的问题，交由政府裁决。②

（一）合议与投票

行政案件裁判结果通过合议庭的合议和法官投票来决定。合议庭对案件的合议和投票应当秘密进行，不向公众公开，也不允许当事人在场。如果合议庭成员对案件如何裁判意见不一致，法庭应当通过投票的方法，按少数服从多数的原则形成判决。在合议庭成员中，持支持意见的法官和持反对意见的法官人数相同的情况下，由庭长投决定性的一票。但是在涉及对当事人惩罚性决定的投票中，如对当事人处以罚金、执行性罚款、妨碍诉讼程序罚款或者进行其他处罚的投票，法庭应当优先采纳对当事人有利的投票结果。

普通法院审理案件中的法官投票规则在适当的情况下也适用于行政法院。

（二）宪法在行政案件法律适用中的地位

行政法院的判决必须有明确的判决依据，包括影响判决结果的事实情况和法律根据。新宪法特别强调宪法在法律适用中的首要地位。在行政法院审理的案件中，如果普通法律与宪法相冲突，优先适用宪法。1999 年《宪法》第 106 条规定：“如果在法院审判时，法律的适

---

① See Finland's report for the 16th colloquium on "*The legal review of administrative decisions: the respective role of administrative and civil or penal courts and their relationship*" in Stockholm from 14th to 17th June 1998, Association of the Councils of State and Supreme Administrative Jurisdictions of the European Union i. n. pa.

② 参见马怀德：《芬兰的行政法制度》，载《法学杂志》1999 年第 2 期。

用将与宪法冲突，则应当适用宪法。”第107条规定：“如果法令或者其他比法律层次低的其他条例的规定与宪法或者法律冲突，则其不应当被法院或者其他公共机关适用。”这与新宪法之前的法律适用原则有很大的不同。在以前，法院不能由于认为法律与宪法相冲突，就限制法律在审判中的适用。不过，新宪法的规定也并不是要将对议会的立法进行合宪性审查的全权判断权和检查权授予法院。对法律合宪性的主要控制与过去一样，仍然由宪法法律委员会在法案被议会通过之前进行预先评判。①

（三）行政裁判的种类

行政裁判的种类主要有：不予受理的裁判；撤销或者改变行政决定的裁判；命令行政机关履行义务的裁判等。② 如果被诉行政行为是市政当局的行为或者是市政当局之间的联合行为，行政法院对被诉行为只能撤销不能改变。③

如果行政案件的原告没有在法定期限内提起诉讼，或者案件不属于行政法院的审理范围，行政法院应当在不对案件实体问题进行审理的情况下径行驳回起诉。

行政判决书应当包括下列内容：受理法院的名称、裁判日期、原告的名称和被起诉的行政决定、对诉讼前的解决程序的必要说明、当事人的诉讼请求及理由、提供给法院的证据、最终的裁判和理由、合议庭成员的姓名。如果裁判是投票的结果，参加投票人员的姓名应当公布。如果有些法官对裁判有反对意见，持反对意见的法官的姓名也应当公布。反对意见应当附在判决之中。

判决书也可以在不影响判决内容明确性的情况下，将判决书应当包含的有关内容通过附件形式进行说明。判决书的附件可以包括行政决定的副本或者摘要、原告的起诉状或者其他文件。

---

① 参见芬兰司法部网站：http：//www. om. fi/3414. htm。

② 参见胡建淼著：《比较行政法——20国行政法评述》，法律出版社1998年版，第696页。

③ See Finland's report for the 16th colloquium on “*The legal review of administrative decisions: the respective role of administrative and civil or penal courts and their relationship*” in Stockholm from 14th to 17th June 1998, Association of the Councils of State and Supreme Administrative Jurisdictions of the European Union i. n. pa.

（四）裁判公开

法院裁判应当公开宣布，在法院裁判宣布时公众有权参加。但如果某一案件在审理过程中有部分程序不公开或者全部案件审理程序都是不公开进行的，法院也可以不公开宣布裁判。但不公开宣布裁判的案件，裁判所适用的法律规定和裁判的结论也应当公开。

如果根据法律规定，法院对案件应当全部或者部分不公开审理，或者在案件审理过程中需要向法院提交秘密文件或者相关物证，法院可以决定除了案件适用的法律规定和裁判的结论外，裁判文件在裁判宣告后不超过40年的特定期限内不公开。

当事人对法院或者法院院长根据法院公开法的规定所作出的决定，不能单独提起上诉。

五、上诉及裁判错误的纠正

（一）上诉

当事人对地区行政法院的裁判不服，除了只有一个审级的某些行政案件外，大多数都可以向最高行政法院申请上诉。

对法院在案件审理过程中作出的下列决定，当事人有权单独提起上诉：对证人或者其他人获得补偿的权利或者诉讼义务的决定；禁止代理人出庭的决定；对罚款的执行决定；对妨碍诉讼程序的行为进行罚款或者其他处罚的决定；对被诉行政决定的执行决定；对妨碍诉讼行为的处罚强制执行的决定。除作出决定的法院主动对上述决定停止执行外，当事人对法院上述决定单独上诉的行为对法院上述决定的执行没有影响。

（二）裁判错误的纠正

行政法院的裁判如果存在印刷上、计算上的错误或者其他明显的错误，应当予以纠正。但如果对裁判中错误的纠正会导致对当事人不合理的结果，则裁判中的错误不应当纠正。裁判是否存在错误，是否应当纠正，由合议庭庭长决定。在由多人组成的合议庭中，如果合议庭庭长由于种种原因不能行使职权，其他合议庭成员有权决定是否纠正裁判中的错误。

如果需要纠正的裁判已经被当事人提起上诉，最高行政法院应当将上诉事实告知作出错误裁判的法院，最高行政法院对错误裁判的纠正结果也应当通知作出错误裁判的法院。

如果对错误裁判的纠错程序正在进行，作出裁判的机关应当停止执行其裁判，或者对裁判延期执行。纠正后的裁判内容应当在裁判文书的存档件中和当事人所持有的裁判文书上注明。如果法院无法获得当事人所持有的裁判文书，无法在当事人持有的裁判文书上注明，则应当将对裁判的纠正决定免费发送给当事人一份。行政法院驳回当事人要求纠正裁判错误的请求决定不能上诉。

六、特别起诉

当事人对已经成为终局的行政决定如果不服，不能按照正常的诉讼程序进行起诉，但可以通过程序抱怨、时效恢复等方法，对行政决定进行特别起诉。

（一）特别起诉的种类

1. 程序抱怨

（1）适用范围

下列行政决定可以基于当事人提起程序抱怨程序而被撤销：行政决定损害了当事人的权利，并且没有向当事人提供起诉的机会；行政决定存在其他可能影响到当事人权利的程序上的错误；行政决定含糊不清或者内容不完整，不能解决所应当解决的问题。

（2）受理机关

程序抱怨由单行法律、法规规定的机关予以受理，如果没有单行法律、法规规定相应的受理机关，程序抱怨应当向最高行政法院提起。

（3）提出程序抱怨的期限

对行政决定损害了当事人的权利，且没有向当事人提供起诉机会的程序抱怨，原告应当在收到行政决定之日起 6 个月内提起。对行政决定存在其他可能影响到当事人权利的程序上错误的程序抱怨，则应在行政决定终局之日起 6 个月内提起。

2. 时效恢复

（1）适用范围

在下列情况下，如果当事人有法定理由或者因其他特别重大的理由不能遵守法定时效的规定，可以向法院申请恢复时效：根据法律或者法令申请国家补偿的案件；对行政决定的起诉或者对法院决定的上诉；在行政程序或者行政诉讼程序中采取其他措施的申请。

（2）受理机关及提出申请的期限

当事人恢复时效的申请应当向最高行政法院提出。如果申请时效恢复存在法定理由，申请应当在法定理由存在的最后30日内提起。

（3）恢复期限

时效一般应当在原时效届满后1年内进行恢复。如果有特别重大的理由，也可以在原时效期限届满1年后进行恢复。

3. 行政决定或者裁判的无效

（1）行政决定（裁判）无效的情形

行政决定（裁判）在下列情况下无效：行政决定（裁判）程序错误，影响了行政决定（裁判）的有效性；行政决定（裁判）对法律的适用明显错误；出现了作出行政决定（裁判）时没有的新证据，并且申请人对新证据没有在行政决定（裁判）程序中出现没有过错。

如果符合上述情形之一的行政决定（裁判）侵犯了当事人的权利或者损害了公共利益，就可能被宣布无效。

（2）受理机关及期限

申请行政决定（裁判）的无效应当向最高行政法院提出。最高行政法院在审理行政案件过程中，也可以在没有当事人申请的情况下，对行政案件所涉及的相关行政决定（裁判）宣告无效。申请人如果可以通过提起行政诉讼或者程序抱怨来解决争议，则应当提起行政诉讼或者程序抱怨，而不应当提出行政决定（裁判）无效申请。

对行政决定（裁判）宣告无效的期限是行政决定（裁判）成为终局行政决定（裁判）后5年之内。对行政决定（裁判）的无效申请应当在行政决定（裁判）成为终局后5年之内提出，最高行政法院在没有当事人申请的情况下对行政决定（裁判）主动作出的无效决定，也应在行政决定（裁判）成为终局后的5年之内作出。

（二）特别起诉的程序和裁判

1. 特别起诉的提起

当事人提起特别起诉应递交书面起诉状，起诉状应当递交给有权受理的行政法院，或者递交给作出行政决定（裁判）的机关，由其转交给有权受理的行政法院。在起诉状中应当说明诉讼请求和理由，与起诉相关的行政决定（裁判）应以原件或者复制件的形式附于起诉状中，与特别起诉有关的其他文件也应附在起诉状中。

行政法院受理特别起诉后，对被诉行为是否可以执行，应当适用于行政司法程序法对一般行政案件的规定。受理特别起诉的法院一般应当停止被诉行政决定的执行或者作出暂缓执行的命令，但在特殊情况下，也可以作出执行被诉行为的命令。

2. 对特别起诉的裁判

受理特别起诉的法院如果作出了恢复时效的决定，在决定中应当同时向申请人说明该时效的恢复应当如何计算。

受理特别起诉的法院可以对行政决定（裁判）宣布无效，也可以作为程序抱怨的裁判结果对行政决定（裁判）全部或者部分撤销。如果受理法院认为案件需要重新处理，应当将案件发回行政决定（裁判）的作出机关进行重新处理。在作出行政决定（裁判）的机关对案件没有管辖权的情况下，案件应当被移送至有权处理的机关进行重新处理。

如果行政决定（裁判）被提起了程序抱怨，或者被宣布无效，作出行政决定（裁判）的机关应当立即对被诉行政决定（裁判）的错误进行修正。

特别起诉的其他程序事项适用于行政司法程序法的一般规定。

第四题　芬兰行政诉讼其他制度

一、法律文书的送达

对行政法院法律文书的送达根据《行政司法程序法》、《行政程序法》和《司法程序法》中有关送达的规定进行。

（一）送达的类型

法律文书的送达可以分为委托送达、邮寄送达、直接送达、转交送达、公告送达等。

1. 委托送达

行政法院可以根据当事人的合理要求，将送达事务委托给当事人完成。行政法院应当向当事人规定送达的期限，并规定将送达回证递交给法院的期限。

2. 邮寄送达

行政法院应当负责送达，行政法院也可以委托法院工作人员或者通过诉讼服务人员进行送达。在委托法院工作人员或者通过诉讼服务人员进行送达的情况下，法院应当规定送达的期限，并对送达提出必要的进一步要求。

在由法院或者公诉人负责送达的情况下，可以通过邮局挂号信的方式送达。如果送达人认为通过邮寄普通邮件的方式，在送达期限到期之前，能够将传票或者通知送达到当事人的接收地址并且法院能够收到送达回证的，也可以通过邮寄普通邮件的方式送达。收件人在文件寄出后第 7 天视为已经收到邮寄的文件，邮寄日期应当在送达的文件中标明。

3. 直接送达

在行政法院负责送达的情况下，如果不能通过邮寄方式送达，就应当由诉讼服务人员亲自送达。

4. 转交送达

如果诉讼服务人员寻找不到接收送达的芬兰居民或者可以替其接收送达文件的人，并且有情况表明受送达人是在逃避法院的送达，诉讼服务人员可以向其 15 岁以上的家庭成员进行送达。如果受送达人从事营业活动，诉讼服务人员可以向其营业活动中的雇员进行送达。

如果上述人员都无法找到，可以向当地警察机关进行送达。

诉讼服务人员在完成上述送达后，应当向受送达人告知。告知应寄往受送达人的家庭地址。告知寄出后，就视为完成了对受送达人的送达。

如果受送达人居住在国外，有明确的送达地址，也没有委托其他当事人代为送达，在芬兰没有履行国际协定的义务的情况下，法院应当根据行政程序法或者外国的有关立法，负责将应送达的文件交给法律特别规定的外国送达机构，并明确送达期限。如果法院无法对国外的受送达人进行送达，则应当对需要送达的文件在芬兰进行公告送达。

5. 公告送达

如果受送达人或者其委托的接收送达文件的人下落不明，法院应当公告送达。

公告送达时，应送达的法律文件及其附件保存在法院登记处，在每月第一期政府公告上进行公告，公告的内容包括应送达文件的内容概要和应送达文件的存放地点。另外，法院还可以在报纸和法院公告栏中及时公告。公告刊出后，就视为已经送达。

在一方当事人是两个或者多个人的案件中，送达应当分别进行。如果一方当事人人数众多，分别送达非常困难，法院可以将文件送达给当事人中的一人，对其余的当事人进行公告送达。送达公告在政府公告上刊出后，就视为送达。

（二）送达要求

1. 特殊文件的送达

送达给收件人的文件应当是原件或者副件。

如果文件的复制很困难，或者由于文件的体积较大，复制很不方便，法院可以决定将文件放在法院登记处，由法院登记处提供给当事人。法院应当将应送达的文件放在法院登记处的事实通过送达程序告知当事人。

2. 对国家和市政当局的送达

对国家作为一方当事人的送达，应当将文件送达给省政府或者在案件中代表国家的机关。文件送达给省政府后，应当抄送给在案件中代表国家的机关一份。

对市政当局的送达应当送达给市政当局的负责人，在送达给市政当局负责人的同时，还可以送达给法律规定的代表市政当局接受送达的人。

3. 对企业、社团、基金会的送达

对企业、社团、基金会的送达应当送达给有权代表受送达人的人。

4. 对其他当事人的送达

对其他当事人的送达可以直接送达当事人本人，也可以送达给其委托代理人。但要求受送达人亲自出庭或者亲自履行法院所要求的义务的文件，应当送达给受送达人本人。

5. 送达日期

如果当事人的上诉期限或者其他影响当事人权利的法定期限从行

政裁判送达后时开始计算，或者送达日期涉及对当事人其他权利的保护，行政裁判的送达应当能够证明送达的事实和时间。直接送达的，送达应当有书面的送达回证，送达回证上应当标明受送达人和送达日期。邮寄送达的，送达应当有邮局收寄的收据，收据上应当标明收件人和交寄日期。

6. 送达错误

如果送达在送达期限内没有完成，或者进行了错误的送达，致使当事人没有按时出庭或者作出了错误的回复，除了重新送达已经明显不必要外，送达应当重新进行。如果当事人提出送达超期或者送达错误，法院应当将听证期限延期或者重新指定当事人提交陈述和答辩的期限。

7. 电子传输方式送达

法院裁判或者其他文件如果通过电子传输的方式送达，送达应当遵守《公共部门电子服务和通讯法》（Laki sähköisestä asioinnista viranomaistoiminnassa/Lag om elektronisk kommunikation i myndigheternas verksamhet）中的有关规定。

二、行政诉讼法律费用

（一）基本诉讼法律费用类型和标准

1. 基本诉讼法律费用类型

芬兰历史上存在法官的费用补偿制度：法官的收入来源于案件当事人直接交给他的一定的费用。20 世纪 70 年代和 80 年代的司法改革废除了这种费用补偿制度。

如何在强化司法功能，加快诉讼程序的同时，使诉讼花费保持在适度的水平，是芬兰目前司法改革的工作目标之一。根据现行规定，芬兰法院的基本费用类型包括诉讼程序费和文件费。①

诉讼程序费：审理费、起诉费、送达费。诉讼程序费向一方当事人收取，用于弥补案件开庭的花费和对案件采取各种措施所需的费用，以及对裁判的送达费。

文件费：摘录费、复制费、证明费。当事人另外对文件有特殊要

---

① 参见芬兰法院网：http：//www. oikeus. fi/17614. htm。

求的，要支付文件费，除非有法令规定免除其费用。如果负有向法庭提交复制件的义务的当事人未能向法庭提交复制件，则应当承担该文件的复制费。对案件涉及国外的费用，行政法院全额收取。

2. 基本诉讼法律费用标准

芬兰是欧盟国家，货币单位已经由芬兰马克转成欧元，法院对诉讼法律费用的计算也以欧元为单位。具体的诉讼法律费用标准如下：

诉讼程序费：最高行政法院的诉讼程序费标准是200欧元，如果申诉被驳回，或者没有批准当事人向最高行政法院的上诉，诉讼程序费减半收取。地区行政法院的诉讼程序费标准是80欧元。

证书费：最高行政法院的证书费是15欧元，地区行政法院是10欧元。

摘录和复制费：摘录件和复制件需要证明与原件无异的，每页2欧元，每个当事人每个文件最多收取65欧元。复制费，第1页1欧元，以后每页0.5欧元，每个当事人每个文件最多收65欧元。邮寄摘录件和复制件，至少5欧元。

公告费：在官方公报上公告的费用，除已经包括在诉讼费中的外，按发票收费。在其他报纸上公告的，公告费为60欧元。

录音录像复制费：材料费加15欧元。

拖延费用：对拖延缴纳费用的行为，每个拖延缴纳行为加罚10欧元。

（二）诉讼法律费用的负担

1. 诉讼法律费用的预缴

行政案件的诉讼法律费用由提起诉讼的当事人预缴，败诉方负担。

原告、上诉人以及申请执行人有义务预缴费用，接受法律援助的人免除缴纳义务。司法部、警察机关，以及其他从事预审调查、公诉和执行的机关作为当事人的，免交诉讼费用。

诉讼法律费用应当由当事人用现金形式交到行政法院登记处，并由行政法院签发收据。

2. 可由对方当事人负担的诉讼法律费用范围

可以由对方当事人负担的诉讼法律费用包括准备审判的费用、参与诉讼的费用以及代理人的代理费。对案件的审判所进行工作的费用和与审判有关的直接损失，也可以由有责任的当事人负担。在当事人请求支付诉讼法律费用利息的情况下，诉讼法律费用的支付根据利息法的规定应当附有利息，利息自当事人收到行政法院决定后的1个月后开始计算。

3. 诉讼法律费用负担规则

在案件审理结果表明，由一方当事人负担其诉讼法律费用不合理时，另一方当事人应当有义务负担其中的全部或者部分合法支出的费用，这里的当事人也包括作出行政决定的行政机关。诉讼法律费用一般由败诉方负担，行政法院在评估公共机关的责任时，应当特别考虑诉讼程序是否因公共机关的错误所导致。作出错误决定的行政机关应当负担对方当事人的诉讼法律费用。私人除了在诉讼中提出了明显无理的要求的情况下，不应负担行政机关的诉讼法律费用。

如果一方当事人出庭时缺席、没有遵守法院的命令、作出明知或者应知与案件无关的陈述，或者作出了其他非法拖延审判的行为，故意或者过失地造成了另一方当事人多支出了部分费用，则无论案件的其他费用如何负担，该部分费用都应当由该方当事人负担。如果是当事人的代理人在出庭听证时作出了上述行为，造成了其他当事人多支出了部分费用，则代理人应当与其被代理人共同或者单独地对该部分费用进行补偿。

如果诉讼程序由于一方当事人的不出庭或者撤回起诉而停止，该方当事人应当补偿另一方当事人的诉讼法律费用，除非法院根据特别理由作出了其他决定。

如果接受法律援助的当事人败诉，国家不负担对方当事人的法律费用。

如果行政案件十分复杂，败诉方提起诉讼确有正当理由，行政法院应当要求当事人各自负担其全部或者部分费用。如果综合考虑诉讼中的具体情况和当事人的具体情况，由一方当事人补偿另一方当事人的诉讼法律费用明显不合理的，法院可以决定减少当事人的负担数额。如果同一笔诉讼法律费用应当由一个以上的当事人予以负担，当事人之间的责任可以是连带责任，也可以是单独责任。行政法院应当判定当事人之间应当如何分担责任，或者哪些当事人应当承担单独责任。

上述对当事人诉讼法律费用负担的规定适用于诉讼参加人，但是参加人只对其参加行为所引起的费用进行负担，与参加人立场一致的当事人不必负担参加人的费用。对当事人的代理人承担诉讼法律费用的规定同样适用于参加人的代理人。

上述规定也适用于由国库开支，或者由当事人单独或者连带承担证据费用或者其他诉讼法律费用的情况。对由国库开支的费用，行政法院可以决定由国家全部或者部分负担。

4. 诉讼法律费用负担裁决

当事人有关诉讼法律费用负担的请求应当在案件庭审结论作出之前提出，当事人在提出请求时还应当提供所请求费用的细目和提出请求的理由。

行政法院对诉讼法律费用的决定应当与案件主要问题的裁判同时作出。在裁判中应当包含费用负担的内容。如果案件的主要问题在预备程序中得到解决，关于诉讼法律费用的负担除了法院认为对诉讼法律费用争议需要进行专门的听证并接受证人的证词外，可以同时在预备程序中予以解决。当法院将案件移送至另一法院时，在移送前的法院发生的诉讼法律费用应当由接受移送的法院来决定是否由当事人负担以及如何负担。

如果当事人对行政法院的裁判提起上诉，上诉案件的诉讼法律费用负担应当由最高行政法院基于是否批准上诉，以及在上诉程序中所发生的问题来作出裁决。如果案件被退回下级法院审理，在最高行政法院发生的诉讼法律费用问题应当由接受退回案件的行政法院裁决。

三、行政案件的法律援助

与我国的法律援助制度相比，芬兰法律援助制度的鲜明特点是法律援助不是由律师无偿提供，而是由国家负担全部或者部分律师费。法律援助只对收入较低的个人提供，为保证法律援助制度不被滥用，对申请法律援助的个人要进行详细的收入评估。

根据芬兰的《法律援助法》（Oikeusapulaki-Rättshjälpslag），法律援助的宗旨是对在法律事务中需要专业帮助，但无力支付专业帮助费用的人提供法律帮助。根据《法律援助标准政府法令》（Valtioneuvoston asetus oikeusavun palkkioperusteista-Statsrådets förordning om grunderna för arvoden vid allmän rättshjälp)，法律援助的费用由司法部支付。

法律援助的范围包括提供法律咨询、在行政法院和其他机关进行代理或者作出其他必要的行为，以及减免某些必要的法律费用等。如何将法律援助程序进一步标准化，覆盖到所有的行政案件，并在财政可能的限度内尽量增加中等收入的人接受法律援助的机会，是芬兰政府的工作目标之一。①

（一）法律援助的范围

1. 法律援助的对象

居住在芬兰的人，以及根据欧洲经济共同体的劳工自由流动法令在芬兰工作或者寻找工作的欧盟成员国公民或者欧洲经济区公民有资格在芬兰获得法律援助。不符合上述条件的人，如果需要在芬兰行政法院参加案件审理或者有获得法律援助的特殊理由，也可以获得法律援助。法律援助不对公司和社团提供。

法律援助机关应当对法律援助申请人的月收入进行评估，确定是否应当给予法律援助。法律援助只对月收入不超过政府规定水平的人提供，可以是免费提供法律服务或者是对法律服务减收部分费用，根据申请人的不同经济情况而定。小额法律咨询费不适用法律援助。

如果申请人申请法律援助的法律事务有法律费用保险，则不适用法律援助。在当事人有法律费用保险的情况下，应当首先联系其保险公司，确定其法律费用保险是否包括目前的法律事务。芬兰的法律费用保险一般包括：家庭财产保险；不动产、船、林木、旅游保险；商会提供的保险；汽车保险；商业保险；农场保险等。② 但如果申请法律援助的当事人的法律事务正在法院审理，并且案件的法律费用超过了法律费用保险的最高金额，则可以在综合考虑申请人对法院裁判的需求程度、案件的性质和大小等因素的基础上，给予其法律援助。法律援助决定中应当对律师收费服务规定最高服务时间。

2. 法律援助的范围

---

① 参见芬兰政府网站：http：//www. valtioneuvosto. fi/vn/liston/base. lsp？ r = 35798&k = en&page = 5&old = 754。

② 参见芬兰法院网：http：//www. oikeus. fi/20616. htm。

（1）申请人收入评估

法律援助申请人的收入包括工资、养老金、儿童补助、抚养费用和资金收入，配偶的收入也计算在申请人的收入内。税费、住房费用、日托费、生活费等开支，如果总数超过250欧元，可以从收入中扣除。申请人为工作而必须具备的永久住房和汽车不计算在收入内。申请人家庭中每有一个未成年儿童，扣除250欧元。所有的财产都按其应税价值计算。

（2）符合法律援助的申请人的收入标准：①

单身：收入650欧元以下，提供免费法律援助；收入650～1400欧元，减免部分法律援助费用。收入1400欧元以上，不提供法律援助。

双人：收入1100欧元以下，提供免费法律援助。收入1100～2400欧元，减免部分法律援助费用。收入2400欧元以上，不提供法律援助。

法律援助费用标准：收入超过500欧元的当事人都要缴纳35欧元的法律援助费用。

3. 法律援助所包括的律师服务

在特定案件中，法律援助包括根据案件的性质和程度、争议标的的价值、相关环境等综合考虑的必要的律师服务。法律援助的范围一般应当限于法律援助办公室在决定提供法律援助时，为法律援助律师确定的律师服务范围。但在必要时，既定的律师服务范围可以扩大。

（1）对获得法律援助的人免除的费用

对获得法律援助的人免除下列费用：全部或者部分律师费、必要的翻译和口译费用、案件审理费、文件费、以及与法律援助事务相关的其他事务的杂费等。

接受法律援助的人的证人出庭补偿费由国家支付，接受法律援助的人提交为解决行政案件所必须提交的证据所需要的花费也由国家支付。行政案件接受法律援助的当事人被法院传唤，应当亲自到庭的，其亲自到庭所需的费用由国家支付。

接受法律援助的人需要支付或者提前支付的法院裁判执行费予以

---

① 参见芬兰法院网：http：//www.oikeus.fi/20619.htm。

免除。应当支付的与执行法院裁判相关的费用，如果不能由对方当事人负担，则由国家支付。

（2）法律援助的时间

法律援助所包括的国家支付的法律援助律师计费服务时间最多为100小时，每小时律师收费为91欧元，该时间内的律师服务根据法律援助决定由国家全部或者部分支付。但如果审理案件的法院认为根据当事人对司法正义的需要程度和案件本身性质的特殊性，律师服务在超过100小时后应当继续提供的，应当决定律师服务继续提供，并确定律师计费服务的最长时限。

（3）不属于法律援助范围的律师费用

除非有特别重要的理由，税收案件或者公共费用案件中的律师费用不属于法律援助范围。当事人基于其作为市政当局的成员或者其他公共团体的成员的身份而提起诉讼时，其律师费用也不适用于法律援助。但在上述事务中，公共法律援助律师可以向当事人提供法律咨询，帮助当事人起草所需要的法律文件。

（4）不适用法律援助的情况

下列情况不适用法律援助：申请人申请提供法律援助的事务对申请人并不重要；申请人申请提供法律援助的事务与申请人所可能获得的利益显然不成比例，法律援助的进行没有意义；申请人申请提供法律援助的事务构成程序滥用等。

（二）法律援助的申请与批准

1. 提供法律援助服务的律师范围

法律援助由法律援助办公室提供。法律援助办公室雇佣的律师称为公共法律援助律师。公共法律援助律师由司法部长任命，担任公共法律援助律师需要有硕士学位和相当的司法实践经验。法律援助一般由公共法律援助律师提供。但在案件审理时，同意承担法律援助事务的私人律师也可以被指定为法律援助律师。如果接受法律援助的人向法律援助办公室推荐了符合条件的律师做其法律援助律师，该律师应当向法律援助办公室递交法律援助申请。除了特殊情况外，该律师应当被指定为申请人的法律援助律师。

在诉讼事务中，律师未经行政法院同意，不得擅自更换。在法院同意更换律师的情况下，更换后的律师应当是符合法律援助律师条件的律师。法院在诉讼过程中，可以接受当事人或者法律援助律师的合理请求，撤销法律援助办公室对律师的指定，并重新指定律师。也可以在有正当理由的情况下，未经当事人或者律师的申请，主动撤销法律援助办公室对律师的指定，并重新指定律师。

2. 法律援助申请

申请人应当向法律援助办公室申请法律援助。芬兰法律援助工作按地区可以分为六个法律援助区域，大多数法律援助办公室的地理位置距法院很近，当事人可以在任何一个法律援助办公室申请法律援助。

法律援助申请可以在行政案件诉讼终结前的任何阶段提出，申请可以是口头形式，也可以是书面形式。法律援助申请可以通过邮寄、传真、电子邮件的方式递交到法律援助办公室。申请人在申请时应当提供其收入情况以及说明在什么事务上需要法律援助。

3. 法律援助申请的审查

法律援助办公室对申请人的申请进行审查。国家机关、市政机关、社会保险机构、国家养老金安全机构、养老金基金和其他养老金机构、保险机构应当按照法律规定，将其掌握的包括涉及当事人的隐私在内的有关信息提供给法律援助办公室，以帮助法律援助办公室判断申请人是否符合法律援助的标准，以及申请人是否有法律费用保险。如果法律援助办公室不能从上述机关获得相关信息，或者有正当理由怀疑申请人自己向法律援助办公室提供的信息不完整、不可靠，也可以从银行获得申请人的有关信息。法律援助办公室要求银行提供相关信息的要求应当以书面形式提出，并提前告知申请人。在上述情况下，如果法律援助办公室为验证申请人提供的其收入水平的真实性，通过技术手段从税务机关和社会保险机构获取了涉及当事人隐私的信息，法律援助办公室应当提前通知申请人。

4. 法律援助的批准

除法律有例外规定外，法律援助申请由法律援助办公室决定是否批准。如果某个公共法律援助律师对需要法律援助的诉讼事务应当回避，法律援助办公室应当建议申请人到另外的法律援助办公室申请法律援助。如果法律援助申请是否应当移送另一法律援助办公室在法律上并不十分明确，则根据申请人的申请，受理法律援助申请的法律援助办公室也可以不对申请进行移送，直接作出法律援助决定。法律援助决定一般通过邮局寄达当事人，除有相反证据证明申请人没有收到法律援助决定外，法律援助决定文件交寄的第七天视为已经送达。如果法律援助申请被驳回，申请人可以向正在对行政案件进行审理的法院要求确认法律援助办公室的驳回决定。

法律援助决定应当是书面形式，应当包含下列内容：

（1）提供法律援助的事务；

（2）申请人的收入；

（3）决定提供法律援助的日期；

（4）从法律援助中可以获得的利益；

（5）法律援助的例外；

（6）律师的姓名。

5. 法律援助的开始和期间

法律援助从批准申请人获得法律援助时开始。如果有相关的例外规定，法律援助还可以追溯到诉讼中已经采取的措施。法律援助行为在不同层级的法院处理该行政案件时都有效。在上诉案件中，法律援助一般不追溯到一审，但当事人证明其在一审中有充分有效的理由不能提出法律援助申请的除外。

对行政法院的当事人的法律援助不追溯到对案件早期的行政程序或者裁判所程序。如果行政法院将案件发回行政机关或者裁判所重新审理，并且要求法律援助律师应当在发回的案件中继续提供法律援助的，法律援助在案件发回后的程序中仍然继续进行。

6. 法律援助决定的修正和停止

法律援助办公室决定对申请人提供法律援助后，接受法律援助的人应当在其收入状况有所变化时告知法律援助办公室，法律援助律师应当提醒其委托人遵守上述义务。

如果实际上当事人不符合援助条件，或者当事人的收入状况已经改变，法律援助办公室可以修正其法律援助决定或者决定停止法律援助。当事人对法律援助办公室对法律援助决定的修正和停止不服的，可以向行政法院提起诉讼。受理行政案件的法院也可以在上述情况下决定法律援助决定的修正和停止。

公共法律援助律师可以在当事人由于收入的变化或者提供法律援

助的相关法律事务改变的情况下，仍然提供法律服务，但该服务应当被收取全额费用。

7. 费用和开支的负担

私人律师在法律援助服务中必要的服务行为和服务时间的合理酬金和开支，应当从国家基金中支付。由受理案件的行政法院决定从国家法律援助基金中向私人律师、证人和翻译人员支付的费用和开支，在支付中应当减去在法律援助中不包含的项目。如果案件拖延的时间很长，一般可以按半年为一个结算单位。律师可以在有特殊情况下，对可预期的费用开支获得提前支付。

除了法律援助中不包含的服务外，律师不应当从当事人处收取任何酬金或者费用开支，律师和当事人之间如果就此达成了收取费用协议，协议无效。如果在法律援助中存在更换律师的情况，更换前的律师费用应当单独计算。

最高行政法院在上诉显然无理的情况下，可以决定律师的费用不由国家基金支付。

如果接受法律援助的当事人申请的证人出庭明显不必要，由国家支付的证人出庭费用应当由当事人返还给国家。

如果接受法律援助当事人的对方当事人有义务赔偿接受法律援助当事人的法律费用，则该对方当事人应当向国家支付国家已经支付的法律援助支出和法律援助的律师费用。从法院确定该对方当事人有支付责任之日起 1 个月后，开始计算该对方当事人逾期支付的利息。

（三）对法律援助决定的确认听证行政案件

1. 确认听证申请的提起

行政确认案件属于前述的芬兰行政案件受案范围中的一类。申请法律援助的人对法律援助办公室所作出的拒绝提供法律援助的决定不服，可以向行政法院提出确认听证申请。

确认听证应当在法律援助办公室作出决定后 30 天之内提出。如果申请人的相关法律事务正在行政法院审理过程中，确认听证可以在诉讼终结之前的任何阶段提出。

确认听证的申请应当向作出决定的法律援助办公室以书面形式提出，在申请中应当说明对法律援助办公室的哪项决定要求进行确认听证，并提出其不服的理由。法律援助办公室应当及时将听证申请递交正在审理相关法律事务的行政法院，或者对相关法律事务有管辖权的行政法院。如果法律援助决定涉及的法律事务应当由最高行政法院管辖，确认听证申请应当向作出法律援助决定的法律援助办公室所在地的地区行政法院递交，由地区行政法院管辖。

2. 行政法院对法律援助决定的确认听证

行政法院对法律援助的授予、修正或者停止的确认听证应当在收到申请人的申请后立即进行。行政法院应当组成符合法定人数，并有1名具有法律资格的成员的合议庭处理法律援助的确认听证事务。

法律援助办公室在其决定被申请确认听证的情况下，可以对其错误进行自我纠正。法律援助办公室的自我纠正决定应当立即通知并送达提出确认听证申请的当事人。

在确认听证的过程中，公共法律援助律师应当根据申请人的要求提供必要的法律服务，以保护申请人的权利，直到行政法院对确认听证的法律援助决定作出裁判。如果行政法院的裁判确认了法律援助办公室的决定，申请人应当承担该部分法律援助费用。该部分法律援助费用也可以全部或者部分预先收取。

和普通的行政案件一样，申请人对地区行政法院就确认听证案件的裁判不服，是否能向最高行政法院提起上诉取决于最高行政法院是否批准，但申请人可以向最高行政法院提出上诉申请。申请人可以在行政法院对主要法律事务的裁判提起上诉的同时提起上诉申请。在行政法院对确认听证申请的裁判先于主要法律事务的裁判作出的情况下，申请人可以对确认听证裁判单独提起上诉申请。

四、电子技术在行政法院审判工作中的运用

（一）数据库建设

1. 法律数据库

芬兰行政法院对电子技术运用于法院最早起源于20世纪80年代芬兰的Finlex法律数据库建设。

Finlex法律数据库的建设由芬兰司法部负责。Finlex系统第一部分建成于1980年，第一个数据库就是最高行政法院的数据库，早在1973年就已开放。目前的Finlex系统包括两部分，一是原先的系统，

二是新的系统，新立法数据库的建设始于1996年。目前Finlex系统包括大约40个数据库，基本部分是立法、判例法、法律文献和欧洲联盟的资料。立法包括：芬兰法律，采用芬兰语和瑞典语两种形式；国际条约；芬兰议会文件索引、二级立法以及政府法案。判例法包括：最高法院和最高行政法院的判决；上诉法院和省行政法院的判决；特别法院的判决；某些行政机构和组织如消费者申诉调查委员会、数据保护委员会、劳动争议处理委员会、国家版权署的裁决；人权法院判例概述。法律文献包括：芬兰语法律文献中判例法参考文献；芬兰法律文献书目。欧洲联盟部分包括：CELEX英文版；欧洲法院判例摘要；欧洲法院涉及布鲁塞尔和卢加洛公约的判例。① 公众可以通过互联网获得Finlex数据库的服务。

芬兰的一些公司也制作法律数据光盘，并在因特网上提供法律数据。这些数据库由芬兰议会、财政部、数据保护委员会和最高行政法院共同管理。行政法院的法官可以通过这些法律数据查找审判案件所需要的法律。

2. 基本资料数据库

芬兰的基本资料登记包括：自然人、公司和社团、财产、房屋建筑、公路和铁路、自然环境。基本资料数据库包括：人口登记系统、建筑物登记系统、不动产信息系统、企业登记系统。芬兰基本资料登记的特点是全面、可靠、使用的多功能性和对个人数据的严格保护。所谓全面是指某一类别的所有资料都按其正式识别码被记录和提供；所谓可靠是指资料由官方提供；所谓使用的多功能性是指资料只需采集一次，就可通过信息服务提供给不同的机关和信息需要者；所谓对个人数据的严格保护是指基本资料库的数据获取和提交等环节均有严格规范，以保护个人隐私。个人身份号码是各数据资料系统之间发生联系的关键。个人身份号码在每个人出生时获得，终生不变。限制和控制对个人身份号码的滥用以及对个人敏感信息的登记和提交在芬兰通过隐私保护立法来实现。不动产信息系统使用标准的不动产代码，以方便信息在不同的机关、市镇、法院、税务局、银行等部门

① 参见［意］莫诺·卡佩莱蒂等著，徐昕译：《当事人基本程序保障权与未来的民事诉讼》，法律出版社2000年版，第243～245页。

流动。

芬兰行政法院充分利用这些基本资料数据系统开展工作。在许多情况下，对这些基本资料系统的利用是为了保护当事人的利益。如一个人如果申请其名下的登记事项，只需向法院提供相关事实，就可以得到其所有的在人口登记和不动产信息系统中的有关信息。行政法院对当事人进行传唤所需要的当事人的地址可以从人口登记中找到。行政法院根据对案件的审理结果，不断对数据库中的相关信息进行更新。

3. 数据库建设的管理

芬兰是世界上人均使用互联网数目最多的国家之一。芬兰的电子基础技术发达，在许多不同的电子服务提供商之间存在巨大的竞争，因此电讯费用相对低廉，为行政法院运用电子技术提供了必要的前提。为保障法院将电子技术运用至最大范围，除了基本的技术设施要能够满足要求外，还要求其他与法院打交道的公共部门与法院有相同的电子技术水平，并且遵守相同的技术使用标准和法令。信息系统与用户和其他公共或者私人团体的合作，对电子技术标准的建立和标准化编码系统的使用非常重要。公共信息管理委员会在建立信息的标准方面起了很大的作用。

芬兰法院的数据系统覆盖了法院的种种司法领域，数据系统的综合性从一开始就被重视。如警察对车辆违章的罚款情况应当在数据系统中记载，警察所使用的数据系统与司法数据系统相匹配，使信息资源共享成为可能。虽然近年来电子技术发展很快，但数据系统综合性的特点始终如一，信息一旦在系统中登记，就流向整个系统链，供不同的法院和其他机关和公众使用。

（二）法律文书的电子传输

芬兰的行政司法程序法出台后，不断随着社会的需要进行修订，行政案件的审理程序也处于改革之中，改革的方向之一是加强新技术在行政法院中的运用，充分利用自动操作和电子通讯技术对案件进行审理。

根据在司法事务中使用电子通讯的专门法律，当事人向行政法院提出传唤申请、行政法院对当事人申请的回复以及其他类似文件可以通过电传、电子邮件或者通过电脑直接向法院的数据系统发送有关信息的方法进行。当事人向法院发送的电子信息在能够被法院接收系统打印出来时或者在已经到达法院的数据系统后，视为已经递交法院。电子文件是否已经提交给法院的责任由文件的提交者承担。如果当事人在递交的电子文件中包含有足够的信息使法院能够与其进行联系，以消除对文件的来源和内容的怀疑，该文件就不必手写签名，以利于电子发送。①

法院可以通过当事人向其提供的电子邮件地址发送有关通知，电子传票也无需盖章，以利于电子传唤。但如果根据有关法院文件归档的要求，文件应当是书面形式的话，法院应当将文件制作成书面形式。

在电子技术的运用方面，普通法院的改革成效明显，行政法院的改革也在进行之中。借鉴民事诉讼的改革经验，除了法律文件可以通过电子传输的方式在当事人和行政法院之间进行传送外，电子技术在行政法院的运用至少还可以包括如下方面：

诉讼中的有关时效可以通过法院的电子操作系统自动计算，在被告答辩期已过的情况下，行政法院的数据系统应当可以根据起诉书和发出传票的有关数据自动形成一个法院裁定。行政法院数据系统可以及时记录并储存法官对案件审理的不同阶段所进行总结，以便于在裁判时使用。案件的最后裁判除了应当制作成书面文件并发送当事人外，还可以储存在法院的数据系统中。行政法院的数据系统应当与执行机关的自动执行系统相联系，执行机关可以直接利用行政法院系统中的裁判数据进行执行等。

电子技术的运用可以将行政法院从制作大量书面法律文书的繁重工作中解放出来，而且由于法院数据系统与其他相关数据系统的互联互通，极大地方便了信息的获取，也使相关的数据系统的信息的更新更加便捷。

---

① See Kari Kujanen, *E-services in the courts in Finland*, Jusletter 8. November 2004. 该文是芬兰在2004年伯尔尼召开的“法律和信息学”研讨会上提交的论文，作者 Kari Kujanen 是芬兰司法部信息办公室主任。

五、对芬兰行政法院制度的评价

（一）属于司法系统的两级行政法院体制，行政审判权的行使趋于统一

芬兰行政法院属于司法系统而不是行政系统，行政法院司法独立，行政法院的设置、工作规则、人员管理等都按司法机关的要求进行，符合司法机关的一般特点。

与芬兰普通法院的三级设置不同，芬兰行政法院的设置只分两级：地区行政法院和最高行政法院。对地区行政法院裁判不服向最高行政法院的上诉类似于我国的申诉再审程序，最高行政法院在经过审查后批准的，上诉案件才能受理，二审程序才能进行。如果最高行政法院不批准当事人的上诉，行政案件就是一审终审。芬兰行政案件大部分不实行复议前置制度，当事人可以不经复议程序直接向行政法院提起诉讼，而在行政诉讼中，行政法院只有两个层级，最高行政法院批准上诉的案件又十分有限，在事实上导致了大部分行政案件只能是一审终审。芬兰行政法院对行政案件的管辖规定与我国类似，也是以被告级别来确定案件的级别管辖。但与我国不同的是，地区行政法院的管辖范围与行政区划不尽一致。同时行政法院的行政保障来自于司法部，与地方关系不大。也许这些与我国司法制度不同的特点能够使地区行政法院有效地避免行政干预，提高审判的公正性。

大部分案件实际上是一审终审对行政法院法官的素质提出了较高的要求，减少了行政诉讼对行政效率的影响，使行政管理秩序能够尽快地稳定下来。

出于保障组织和个人在法律上平等地位的需要，芬兰行政案件的审理趋于统一法院、统一程序和统一标准，芬兰一些行政特别法院近年来已经被撤销，其司法权转交行政法院行使。有权受理行政申诉的各类申诉委员会也在逐步减少，芬兰司法改革的趋势是尽量将第一审行政案件集中在地区行政法院进行审理。

（二）行政案件传统上实行书面审，行政法院在审理案件中具有主动性

与我国对行政案件一般实行开庭审理不同，芬兰行政法院对行政案件基本上实行书面审理。书面审理使行政法院的审理工作带有一定

程度的封闭性，虽然有利于减轻当事人的讼累，但不利于行政法院全面查清案件事实。我国行政诉讼一审全部实行开庭审理，二审也是以开庭审理为原则，书面审理为例外。一般认为，不论什么案件，言词审理方式都是法院审理的一般形式，言词审理可以使行政法院更清楚全面地了解案件事实，更好地保障当事人的陈述和辩论权，有利于行政法院正确进行裁判。

芬兰普通法院在对民事和刑事案件的审理过程中地位是被动的，只能在听取各方意见，审查各方提交的证据的基础上对案件作出裁判。但在行政案件审理过程中，行政法院可以主动进行调查，主动收集证据。芬兰学者认为这种由行政法院主动进行调查的制度是保证案件审理的公正性的前提。在我国的行政诉讼制度中，被诉具体行政行为是否合法的举证责任由被告承担，被告不能承担举证责任的，将导致败诉的法律后果。人民法院只能在特定情况下，如涉及公共利益或者程序性事项时才能主动向其他组织或者个人调取证据，否则只能要求当事人举证或者应当事人的请求调取证据。在我国学者看来，人民法院对行政案件实行被动性审理才是保证案件审理公正性的前提。芬兰行政法院与我国人民法院在审理行政案件时的角色定位的不同，可能是由于对行政案件审理对象的认识不同所致。芬兰行政法院在行政案件审理过程中，不仅仅审查被诉行政行为的合法性，还要审查案件发生的客观事实。同时，芬兰行政法院在审理过程中的主动性特点也部分地反映了大陆法系国家在行政案件的审理中重实体轻程序的特点。

（三）法官任命透明开放，法官制度保障与监督并举

芬兰通过法官任命方式的改革，法官任命工作更加透明和独立，任命法官的标准进一步客观化和具有开放性，包括律师、大学教授和参加法律起草的人员都可以任命为法官。在任命范围进一步开放的同时，法官的任用标准仍然十分注重候选人的专业知识和专业能力，没有法律专业学位的人或者没有相关司法经验的人不符合法官的任用标准。

为保证司法公正和司法独立，芬兰法官的任期没有限制，自被任命后一直到67岁退休。法官不应因其他人对其审判结果有异议而被解职。只有在法官犯渎职罪如存在受贿、违反官方保密义务规定和滥

用公职等犯罪行为，或者法官因病或者残疾失去工作能力的情况下，才能通过司法判决被免除法官职务。

出于司法公正的要求，芬兰的法官制度保障与监督并举。芬兰法官享有较高的经济收入和社会地位，任期没有限制，不能被随意解职。但在享有种种优厚工作待遇的同时，芬兰法官也受到种种制度性的制约。法官在被任命前必须作出不从事有碍于公务活动的声明，法官不得参加具有政治倾向的社团。议会监察专员和司法总监对法官的滥用权力和失职行为进行严格监督，确保法官遵守法律，履行职责。

（四）简单朴素的法庭和法官，方便原告的起诉移送制度

芬兰行政法院的法庭布置非常简单，法官没有法袍或者其他特殊服饰，审理案件的诉讼程序也没有太多的形式性规定。这些特点都有助于使司法贴近社会生活，增加普通民众对法院的亲近感，减少法院审判的神秘性。

按照芬兰的规定，如果原告将起诉状递交给了无权受理的机关或者法院，该机关或者法院应当将起诉移送给有权受理的法院受理，同时将对起诉移送的情况通知原告。由收到起诉状的机关或者法院负责将案件移送给有权受理的法院而不是径行驳回原告起诉，便利了原告诉权的行使，也反映了芬兰国家机关工作的认真负责和国家机关之间良好的配合协作关系。

（五）行政争议的任何一方都能够做原告，起诉停止被诉行政决定的执行

与我们对行政案件的理解不同，芬兰行政法院受理的行政案件并非都是行政诉讼案件，而是包括了申诉案件、行政诉讼案件和对行政决定的确认案件三种类型。在行政诉讼案件中，无论是行政机关还是相对人都可以作为原告，就争议对方的行为向法院提起诉讼，要求法院支持自己的诉讼请求。从行政争议中行政机关一方通常代表国家利益的角度理解，可以认为在芬兰行政诉讼制度中存在公益诉讼，行政机关可以代表国家就相对人的违法行为向行政法院提起公诉。

与我国行政诉讼起诉不停止执行制度相反，芬兰行政法院实行起诉停止执行制度。在诉讼期间被诉行政行为一般不予执行，能够切实保障当事人的合法权益，避免出现由于行政行为已经执行完毕，当事人即使在行政诉讼中胜诉，后果也已无法挽回的情况。

（六）对税务案件的特殊规定以及颇具特色的特别起诉制度

税务行政案件直接涉及国家税收，许多国家对税务行政案件都规定了严格的受理条件。芬兰对税务行政案件规定了严格的复议前置制度，未经复议的税务案件一律不得提起诉讼。并且无论当事人的收入状况如何，国家都不对税务行政案件实施法律援助。从某种程度上说，这些规定对当事人诉权的行使有一定的限制作用。

芬兰的当事人对诉讼期限已过，不能按照正常的诉讼程序寻求救济的行政决定，可以通过特别起诉的方法对行政决定进行特别起诉来维护自己的合法权益。特别起诉中的程序抱怨和行政决定的撤销或者无效类似于我国的行政案件申诉，不同的是我国人民法院对这种行政申诉无权受理，而芬兰行政法院有权受理。特别起诉中的时效恢复制度则在我国诉讼制度中早已存在。

第九章 日本行政法院制度

行政法院制度主要实行于大陆法系国家，始于大革命时代的法国，在德国得到了进一步完善。在日本，所谓行政法院，就是行政裁判所。明治维新后，一方面必须维持天皇统帅统治权的天皇体制，另一方面为了近代化改革，日本借鉴法国和德国的大陆法系传统，建立了富有日本特色的行政裁判所制度。

第一题 日本行政裁判所建立的历史背景

一、重获新生的天皇政权与近代化改革的历史命运

任何历史事件都不可能脱离特定的历史传统及其时代环境而孤立发生、存在，日本行政裁判所的建立，也是由日本所特有的历史传统和时代环境所使然。日本于公元 646 年通过大化革新，确立天皇制度，但是通过大化革新确立的完整的天皇统治权不过约 200 年，此后日本国内出现独立的小领主，皇室大权则旁落于藤原氏，此后又经历了长达 700 多年的幕府政治时期，天皇成为虚设。直到明治元年明治天皇颁布“王政复古”诏书，宣布废除幕府制度，成立天皇政府，天皇统治权才重新确立。

重获新生的天皇政府当时所面临的国内、国际形势相当严峻。就国际形势而言，在幕府政治后期，日本就已成为欧美列强侵略的对象，早在 1792 年俄国沙皇叶卡特琳娜二世下国书于日本，要求开港通商，成为列强中最早向日本叩关的国家；1853 年美国人佩里率领四艘军舰组成的舰队到日本以战争相威胁要求幕府结束“锁国政策”，缔结通商条约，并于次年迫使日本签订不平等的《日美亲善条

约》（即《神奈川条约》），规定日本开放港口；1854～1856年，英、俄、荷等国也先后强迫日本签订内容相似的不平等条约；1858年，日本又被迫与美、荷、俄、英、法签订通商条约，通称“安政五国条约”，规定了领事裁判权、裁定关税、片面的最惠国条款。① 从此日本的大门被彻底打开，成为欧美列强的商品市场，国家和民族也面临危亡，传统的封建制度更是受到严重威胁。明治政府初期，为了维护和巩固其新生的政权，不得不满足列强的要求，继续接受幕府政治末期所签订的不平等条约，甚至还被迫追加了一些新的、更为不利的不平等条款。② 就国内形势而言，幕府统治后期，中下级武士阶层地位恶化，逐渐滋生出反抗幕府统治的思想，1837年大盐平八郎起义表明了日本封建社会统治基础已开始动摇；在列强的侵略下，打开国门的日本，社会危机更加深化，各种形式的反抗斗争纷纷呈现，农民起义次数剧增，在明治政府成立前夕的1865～1867年，平均每年发生55.3起；城市贫民起义次数也显著增加，1865～1867年平均每年发生16.6起。③ 明治政府成立后，农民起义仍然不断，旧士族的反叛也时有发生，④ 连对日本司法体制改革作出重要贡献、曾任明治政府司法省司法卿的江藤新平也因与明治政府意见不和，于1874年起兵反对政府，甚至具有“维新三杰”之一称号的西乡隆盛也于1877年在士族的拥戴下发动著名的“西南战争”，反对明治政府。

新成立的明治政府面临严重的内忧外患，但是依据“王政复古”而建立的明治政府，虽然在动荡的国内局势和屈辱的国际形势下逐渐加强了中央集权的制度，却不能适应时代的潮流和形势的需要。因为新政府所恢复的是古老的奈良时代的太政官制，而这一陈腐的政治体

---

① 参见王绳祖主编：《国际关系史（十七世纪中叶——一九四五年）》，法律出版社1986年版，第134～137页。

② 参见杨栋梁等著：《近代以来日本经济体制变革研究》，人民出版社2003年版，第4页。

③ 参见 http：//www.pep.com.cn/200410/ca601984.htm。

④ 参见杨栋梁等著：《近代以来日本经济体制变革研究》，人民出版社2003年版，第3页。

制显然不能担负起明治政府“富国强兵”的历史使命。① 为了改变这种困难局面，明治政府决心仿效西方，走资本主义道路，在日本推行近代化改革。日本行政法院制度也正是在这样的一个历史大背景下，伴随着日本近代宪政体制的逐步建立，通过不断的努力而最终确立的。

二、行政权与司法权的相互界定

日本行政法院制度的建立过程实际上是行政权与司法权的界限逐步得以界定的过程。在明治初期，行政机关兼管司法事务，行政权与司法权界限模糊，甚至无独立的司法权。明治四年（1871 年）六月，明治政府废除刑部省及弹正台，归并而设置为司法省，专理刑事裁判事务；当年九月，又将原属大藏省的民事裁判事务并入司法省管理，从而使司法省成为一个统一主管司法事务的最高行政机关。明治五年（1872 年）四月副议长江藤新平任司法省司法卿，对司法省大加整顿，使司法省各项制度日渐完善。其举措主要包括，其一，在司法权确立方面，他申明司法省权限为：裁判所一切事务，可以专摺奏事，其卿与辅统驭监督各裁判所的裁判官，对其有人事任免权，可决各裁判所的疑谳，并规定由司法省论断犯罪的裁判官，有关政府的案件必须由司法省卿、辅听断而裁判官不得论决。② 其二，在司法省组织体制方面，他将司法省分为三个部分：裁判所、检事局和明法寮。裁判所为司法机关，分为司法省临时裁判所、司法省裁判所、出张裁判所、府县裁判所和区裁判所；司法省司法裁判所为国家最高裁判所，由司法卿兼任所长；出张裁判所长、府县裁判所长，由判事担任；各区裁判所长由解部担任。检事局是行政机关，行使司法行政职权，不得干预司法审判事务。其三，在行政诉讼方面，发布“司法省第 46 号通知”，规定民众可以向司法裁判所提起针对行政官厅的诉讼，其具体内容包括：第一，“地方官及其户长等若作出与太政官通告或各省通告相违背的规定或处理时，准许各地民众向地方法院提起诉讼或

① 参见杨栋梁等著：《近代以来日本经济体制变革研究》，人民出版社 2003 年版，第 3 页。

② 参见［日］博史馆编辑：《日本维新三十年史·第六编》，上海广智书局译印，清光绪二十八年排印本，第 4 页。

向司法省法院提起诉讼”；第二，“地方官及其户长若有扣押民众之申诉、呈文、禀报情事的行为，准许民众向地方法院提起诉讼或向司法省法院提起诉讼”。第三，该通知的其余4项还规定了地方官抑制和妨碍民众迁居自由、地方官拖延发布太政官布告和各省的通知、地方官发布与太政官布告和各省通知的宗旨有悖的说明书等情况下，民众都可向法院起诉。① 该通知建立的民众针对行政官厅的诉讼制度，“是日本行政诉讼的起源”。

江藤新平所推动的上述制度改革，使以司法裁判所为载体的司法权大为扩张，同时使行政审判权作为司法权的一部分得以萌芽，在其改革的基础上，司法裁判所俨然有统管刑事、民事和行政三种审判事务的趋势。但是，江藤新平于明治六年三月迁任参议后，其政见常与明治政府不和，竟于明治七年（1874年）二月，起兵反对政府，不久兵败被杀。经此事件，由其推动的司法改革也随之遭受重要挫折。同年，司法省发布第24号通知，对江藤新平的改革成果作出了倒退性规定，规定关于官民纠纷，受诉裁判所受理之，并向作为最高行政机关的太政官具体陈述并禀报情况。② 该通知虽然仍然规定，民众可以就行政官厅的行政处分提起诉讼，但是受诉裁判所必须向太政官报告，这实质上是限制了司法裁判所审判行政案件的权力。其后进行的数次更加具体的制度改革，规定府县知事以上为被告的诉讼，必须向控诉裁判所提起，控诉裁判所就是否受理此案向司法省具体陈述情况，再由司法省对此附上意见、并进一步向太政官禀报，请求其裁定，获得应受理的裁定后，再经过同样的程序作出判决。这一系列的后续改革，行政案件的受理权、判决权尽收太政官所有，并在实质上由作为行政官的太政官裁定行政案件，行政审判权被重新牢牢地掌握在行政机关内部。由原司法卿江藤新平所开创的、司法权试图监督行政权的努力遭受了严重挫折。

---

① 参见［日］信夫清三郎著，吕万和等译：《日本政治史》（第2卷），上海译文出版社1988年版，第300页。

② 1871年9月，明治政府颁布《太政官职制并事务章程》，改革职官制度，中央设太政大臣，左、右大臣及参议总揽政务，在太政官下设内务、外务、大藏、陆军、海军、司法、工部、文部等省。太政官成为最高行政机关。

明治六年，岩仓使节团欧美各国考察回国，日本司法体制改革有了关键性的进展。① 明治八年（1875 年）四月，岩仓使节团的重要成员木户板垣等人首先倡议振兴司法权，明治政府采纳其主张，天皇颁布“逐渐推进立宪政体之诏”，决定采取分权原则，在中央设置元老院作为立法机关；设置大审院作为审判机关；太政大臣专管行政。据此诏书，明治政府于同年采取了一系列的司法体制改革措施：首先，颁布《大审院各级法院职制章程》，规定大审院为执掌日本最高司法权的司法机关，主管全国的民事与刑事的上告，独立行使司法权，不受制于最高行政当局——内阁。其次，废除司法省裁判所，新设上等裁判所于东京、大阪、长崎和福岛，有权审理对府县裁判所的裁判不服而提起的控诉。再次，废除明法寮，分置翻译、编纂二课，隶属于司法省。最后，派上等裁判所之裁判官巡按所属之各府县裁判所，断决生死罪；而府县裁判所的审判权限仅限于民事诉讼初审及惩役以下的刑事裁判，一切刑事不许控诉。

经过明治八年的司法体制改革，日本司法组织形成了大审院——上等裁判所——（巡回裁判所）——府县裁判所（后改为地方裁判所）——区裁判所这样“四级一巡回”的组织体制，废除了太政大臣监管司法权、行政官兼任司法官的旧制，基本上实现了司法权与行政权的分离，实现了司法权独立。这是日本近代司法体制改革的一个重大进步。从此，日本的司法体制改革真正进入了近代化的轨道。但是上述改革，仍然存在重大缺陷，在司法权的完整性上，由江藤新平所试图创设的司法权监督行政权的制度设计没有得到继承和发展，司法机关没能获得应当同时享有的行政审判权；从民众对抗行政官厅的不法侵害来看，则缺乏值得信赖的、有效的救济途径，因为一个完整的行政诉讼体制仍然没有建立起来。因此，通过明治八年所确立的司法体制实际上是不完整的，而对由此造成的对行政权监督的空白，明

---

① 1871 年 12 月 23 日，明治政府为改变不平等的国际地位，以及为推进日本近代化改革，派出了以右大臣岩仓为正使，参议木户孝允、大藏卿大久利保通、工部大辅伊藤博文等为副使的规模庞大的使节团，访问美国、英国、法国、德国、意大利和奥匈帝国等 12 个国家。岩仓使节团于 1873 年 5 月至 9 月间相继归国。通过这次考察，岩仓等人认为，日本要想强大起来，必须一方面坚持天皇体制，另一方面必须走西方资本主义道路。

治政府则是通过“行政诉愿”制度来加以填补。

明治九年（1876年），太政官发布第58号布告，即所谓的《诉愿规则》，规定：民众对行政官厅的行政处分不服，原则上必须首先向该行政官厅的上级行政官厅提起行政诉愿，对上级官厅的诉愿裁决不服的，才可以向有关的司法裁判所提起诉讼。这也就是所谓的“诉愿前置”原则，该规定首创了日本行政诉愿制度。就民众的行政起诉权来说，这种制度设计实际上又是对民众基本诉讼权利的一次严格限定，给民众的行政诉讼权利设定了本不应有的障碍，因而有较强的消极意义。但是，从积极的意义上说，“诉愿”制度的确立，为民众借助行政监督权对抗来自于行政官厅的不法侵害从而保护其合法权益提供了一条制度化的途径；并且以最高行政当局的身份，从制度上首次确认在特定的条件下，民众可以就行政官厅的行政处分提起诉讼，从而正式承认了民众对于行政官厅所享有的行政诉讼权，这就对后来日本行政法院制度的建立具有十分重要的积极意义。日本后来的行政法院制度承认了这种“诉愿前置”的诉讼原则，并且以其为基本原则，可见其影响之深刻。

三、日本行政法院制度的最终确立

明治二十二年（1889年），明治天皇颁布《大日本帝国宪法》（又称明治宪法，下文从之），其第61条规定，“由于行政官厅的违法处分受到伤害的诉讼，除法律有特别规定外，应属于行政裁判所审判的，不能由司法裁判所予以受理”。根据该宪法条文，民众对于行政官厅的违法处分，可以提起行政诉讼；民众提起的行政诉讼只能由专门设置的行政裁判所受理，而司法裁判所不得受理行政诉讼案件；可以提起的行政诉讼事项范围另以法律规定。明治二十三年（1890年）六月三十日，依据宪法规定，明治天皇颁布法律第48号《行政裁判法》。该法共4章47条，第1章关于行政法院的组织，第2章关于其权限，第3章诉讼手续，第4章附件。该法律为日本行政法院制度的最终确立奠定了法律基础。同年，依据《明治宪法》和《行政裁判法》的规定，明治政府在司法裁判所体系之外在东京设置“行政裁判所”。从此，独具特色的日本行政法院制度正式确立。

第二题 日本“双轨制”司法体制下的行政裁判所

一、近代日本司法体制概要

如前述，明治维新以前的日本，行政权、司法审判权一直都由行政机关行使，并散落于不同的行政机关之中，比如民事审判权归于大藏省，刑事审判权归于刑部省及弹正台，并不存在独立的司法权，更不用说有与行政权相独立的司法体制了。及至明治四年司法省设立，尽管其属于行政官厅的总体性质，却是近代日本司法体制改革中的一次重大举措，它使司法权趋于统一，在一定意义上促进了司法权独立。江藤新平所创设的司法体制雏形是在司法省架构下创立的,其组织架构状况见下文表(1)。以后的司法体制改革,是在江藤新平所创设的制度雏形的基础上不断展开的。但是,一个颇具特色的近代日本司法体制却是在其身后的明治八年(1875 年)《大审院各级法院职制章程》的颁布开始。根据该章程的规定,日本创立了具有近代意义的、具有独立司法职权的大审院制度,为后来的近代日本司法体制改革奠定了更加详实的基础(明治八年的司法体制改革及其意义,详见上文)。

表(1)

<table>
<tr><th colspan="4">司法省的机构设置①</th></tr>
<tr><td rowspan="12">司法省</td><td rowspan="2">本省</td><td colspan="2">卿、大辅、少辅、大丞、少丞</td></tr>
<tr><td colspan="2">判事、大、权大、中、权中、少、权少</td></tr>
<tr><td rowspan="5">裁判所</td><td>司法省临时裁判所</td><td>有大事件临时开设</td></tr>
<tr><td>司法省裁判所</td><td>最高复审院</td></tr>
<tr><td>出张裁判所</td><td>府县裁判所之控诉裁判所，属于派出性质的司法裁判所</td></tr>
<tr><td>府县裁判所</td><td>大事件之初审裁判所而区裁判所之控诉裁判所</td></tr>
<tr><td>各区裁判所</td><td>小事件之初审裁判所</td></tr>
<tr><td rowspan="3">检事局</td><td colspan="2">检事、正、权、大、中、权中、少、权少</td></tr>
<tr><td colspan="2">解部、大、权大、中、权中、少、权少</td></tr>
<tr><td colspan="2">检部、大、权大、中、权中、少、权少</td></tr>
<tr><td>明法寮</td><td colspan="2">头、权、大法官、权、中、少</td></tr>
</table>

① 参见［日］博史馆编辑:《日本维新三十年史·第六编》,上海广智书局译印,清光绪二十八年排印本,第4页。

明治八年的司法体制改革，被后来依据《明治宪法》第 57 条之规定而制定的《裁判所构成法》所吸收。该法规定，日本司法裁判所组织体系由四级裁判所构成，实行“四级三审制”。四级裁判所分别是大审院、控诉院、地方裁判所和区裁判所；大审院设于中央，是全国最高司法审判机关，内设民事庭和刑事庭，属于终审审级；控诉院（原为上等裁判所）仅次于大审院，设于东京、大阪、长崎、宫成、名古屋、函欲馆、广岛七地，分别管辖其裁判区，主要作为地方裁判所的第二审级和区裁判所的第三审级而审理控诉案件；① 区裁判所为初审级，地方裁判所（原为府县裁判所）相对于控诉院为初审级，相对于区裁判所为二审级。上述裁判所组织体制见表（2）。② 依据《裁判所构成法》的规定，司法裁判所享有广泛的司法职权，可以依据法律和敕令审理范围广泛的民事和刑事案件，包括涉及皇族的诉讼案件。

表（2）

日本司法裁判法组织体系及司法体制

第一审（起诉）	区裁判所	地方裁判所
第二审（控诉）	地方裁判所	控诉院
第三审（上告）	控诉院	大审院

上述司法体制改革，虽然从司法组织和司法职权两个关键层面上

① 一般来讲，控诉院属于第二审级或第三审级，但是有关于皇族的民事诉讼的第一审和第二审裁判权均属于控诉院，不过其第一审仍由地方裁判所审理；根据《众议院选举法》第 18 条规定，有关于议员选举的诉讼则由控诉院受理。参见《裁判所构成法》（讲义），民国时期油印本，第 44 页（本书系浙江大学图书馆馆藏古籍）。

② 表（2）中的上告，指基于法律上的理由而向更高一审级的裁判所请求破弃原判决的诉讼行为；所谓控诉，则指基于法律和事实上的理由而向更高一审级的裁判所请求破弃原判决的诉讼行为。两者之间的根本区别在于上告只能针对法律适用问题，而控诉则可以针对法律适用和事实认定两方面的问题。参见《裁判所构成法》（讲义），民国时期油印本，第 43 页（本书系浙江大学图书馆馆藏古籍）。

极大推动了近代日本司法体制改革并最终确立了近代日本司法体制，但是这些改革始终未能就行政官厅的违法处分的救济问题作出系统的规定。司法权对行政权的监督与制衡问题，成为摆在司法改革者面前的一个重大而棘手的制度设计问题，因为如何处理司法权与行政官厅之间的关系，是一个涉及至高无上的天皇统治权独立性和完整性的重大问题。因此，这种制度设计必须相当巧妙，既能维护天皇统治权的统一和权威，又能在形式上使行政权得到司法权的有效监督，实现近代宪政体制所要求的权力分立与制衡的原则。

为了寻找这种巧妙制度，明治十五年（1882 年）伊藤博文被派遣到欧洲考察，其中任务之一就是考察欧洲各国的“请愿或者行政裁判之事宜”。在柏林及维也纳，伊藤博文向摩泽（Bert Mosse）和斯坦因（Lorenz Ovon Stein）学习了这些内容。后来，摩泽来到日本，并制定《行政法院法案》，后来制定的《行政裁判法》正是大量吸收其成果的产物，因此发生于法国、而发展于德国的行政法院制度也就自然地被引入日本。《明治宪法》首先规定在日本建立这种具有典型大陆法系特征的行政法院制度。依据《明治宪法》的规定，《行政裁判法》进一步全面确立了日本行政法院制度。《明治宪法》和《行政裁判法》关于行政法院的制度安排，一方面不容置疑地将针对行政官厅的行政处分的行政诉讼权赋予了民众，而另一方面从宪法的高度和层面上最终将行政审判权从普通司法权中分离出来，从而使日本司法权最终分裂为截然分开、相互独立的两个方面，其一是普通司法权，即由司法裁判所行使的民事审判权和刑事审判权；其二是行政司法权，即由行政裁判所行使的行政审判权。由于司法裁判所不得管辖行政诉讼案件，因此天皇行政权免受普通司法权的监督；由于针对行政官厅的违法行政处分可以提起行政诉讼，因此一般行政权可能受到来自行政机关体系内部的行政司法权的监督。如此，既维护了天皇统治权的完整性，又体现了近代宪政国家的权力分立与制衡原则。从此，日本建成了由司法裁判所和行政裁判所相隔离又并行的“双轨制”的司法体制，由司法裁判所负责处理民事诉讼案件和刑事诉讼案件，由行政裁判所负责处理行政诉讼案件。

二、行政裁判所的组织结构

（一）机构设置

行政裁判所属于宪法所定的“行政各部”之一，因此设立于行政机关体系之内。根据《行政裁判法》第1条规定，日本行政裁判所设于东京一地。日本的行政裁判所只有一所。根据《行政裁判所令》第1条规定，在行政裁判所内部又设三部。部由裁判长1人及裁判官4人组成，裁判长以各部之长官或评定官充任。如果部长有故障时，则以属于其部之评定官中官等之高者代理之。裁判官以属于其部之评定官充之，若有事故，则依长官之命令以属于他部之评定官临时代理之。

裁判长在审理行政案件之前，可以命令其所属部内之评定官中一人担任专理评定官，专门为行政案件在开庭审理前做准备工作。在口头辩论后为判决前，专理评定官还要为终局判决做准备，向裁判长及其他裁判官提出报告。

（二）人员配置

日本行政裁判组成人员属于行政官吏，包括长官、评定官和书记员等；其中长官一名，初由敕任官担任，明治三十一年改由亲任官担任；评定官十四名，初由奏任官或敕任官担任，大正五年改为新任官担任；书记员七名。长官与评定官由30岁以上、任高等行政长官5年以上的行政官或者裁判官担任；根据《行政裁判法》第5条规定，“除第6条之场合外，长官及评定官，非刑法之宣告，或惩戒之处分，不得违反其意思，而命退官转官，或非职内事务”。第6条规定，“长官及评定官，因身体或精神衰弱，不能执行职务时，内阁总理大臣得依行政裁判所总会之决议奏令退职”。可见，长官和评定官享有优厚的身份保障。但是，虽然如此，长官与评定官实际上仍然不是终身官，相比较于司法裁判官，即使其因年老退职，但仍不退官，是终身官，而长官与评定官则终究会因年老无力执行职务而退职，而对于行政官而言，一旦退职，即意味着退官。另外，由于长官和评定官中的一部分是由其他行政官兼任，此种情形下，作为长官或评定官不过是一种兼任官，而其本官却是其他，一旦其本官发生变化，则其作为行政裁判所的长官或评定官的身份也将随之发生变化。这也在一定程度上导致行政裁判官身份保障的不彻底性。至于书记，根据《行政裁判所评定官及书记额数及职务之件》的规定，行政裁判所书记为长官及评定官的辅助人员，服从于长官之命令，在审判中服从裁判长之命令，办理行政裁判法及其他法律敕令特定之事务，及从事会计、记录或其他庶务。①

三、行政裁判所的职权及诉讼管辖权

《行政裁判法》第 2 章设专章规定行政裁判所的权限，该章第 15 条到第 21 条规定了行政裁判所的行政诉讼管辖权、终审权、委托执行权、判决效力，以及行政诉讼诉愿前置原则等，其中第 20 条规定，“行政裁判所关于其权限，由本身决定之”。这些规定，规定得相当粗糙，尤其是第 20 条的规定在一定程度上极为不合理。行政裁判所自行决定其权限，无疑是赋予其巨大的行政司法自由裁量权，显然与行政法治的近代宪政精神相去甚远。下面主要就行政裁判所的行政诉讼管辖权进行阐述。

行政裁判所的行政诉讼管辖权，可以从上述《行政裁判法》、《关于行政厅违法处分的行政审判案件》两个法律、敕令以及《明治宪法》的规定可知其界定方法主要有两种，即“概括法”和“列记法”。所谓概括法，就是通过总括性的法律条文规定行政裁判所能够受理和审理的行政诉讼案件。这一点，可以从《明治宪法》第 61 条得知，凡是受到行政官厅的行政处分的损害提起的诉讼，除非法律另有规定，应当由行政裁判所受理。也可以从《行政裁判法》第 15 条规定得知，凡是依法律、敕令允许向行政裁判所提起的诉讼，行政裁判所可以受理。上述宪法条文和法律条文，确立了行政裁判所的一般管辖范围是因受行政处分的损害而提起的行政诉讼案件和法律、敕令允许向行政裁判所提起的行政诉讼案件。所谓列记法，则是指通过逐个地将行政裁判所可以受理和审理的行政案件事项纳入其管辖范围的一种行政诉讼事项确定方法。日本行政裁判所的行政诉讼管辖权内容

---

① 参见《行政裁判所评定官及书记额数及职务之件》，颁布于明治二十三年六月敕令第 110 号。该敕令于明治三十二年、四十年、四十三年及大正二年、三年、五年、七年和十三年历经改正。

的列记性界定最为典型的体现在《关于行政厅违法处分的行政审判案件》这一敕令之中，该敕令明确列举了行政裁判所可以受理和审理的五种行政案件。另外，不计其数的其他法律、敕令也个别地规定了行政裁判所可以受理和审理的行政诉讼案件。这就使日本行政裁判所行政诉讼管辖权内容的列记性特征体现得更为明显。

根据《关于行政厅违法处分的行政审判案件》的规定，行政裁判所具有诉讼管辖权的行政事项主要包括五类：（1）除海关税外，凡关租税及一切赋课等事；（2）关租税滞纳等；（3）关营业免许之许否与其停止等事；（4）关水利土木等事；（5）查定官民之土地区分等事。另外，由其他法律、敕令所规定的特殊管辖事项主要包括：（1）人事行政有关的事件；（2）地方制度有关的事件；（3）所得税法其他各特别税法有关的事件；（4）警察有关的事件；（5）土地有关的事件，规定与土地相关的行政案件而行政裁判所可以管辖的法律主要有土地收用法、公有水面埋立法、森林法、国有林野法、水利组合法、河川法、耕地整理法、都市计划法及特别都市计划法、国有财产法；（6）产业有关的事件；（7）交通有关的事件。① 另外，还可以受理众议院议员选举法规定的与贵族院议员的选举规则有关的事件；警察处分；学校行政有关的处分；寺院有关的处分，如废除、移转、创立等；刑事有关的处分。②

四、行政裁判所的性质与地位

日本的《行政裁判法》是在外国专家，特别是德国专家罗赛勒（Roseler）和默塞（Mosse）等的直接参与下制定的，因此具有浓厚的大陆法系气息。几乎所有的大陆法系国家都有一个共同的特征——行政权往往比较强大。在普通法系国家尤其是像英国、美国这样典型的普通法系国家那样，行政权受到法律的严格制约，普通法院对于行政权拥有强大的审查能力；而在大陆法系国家，对行政权的约束就显

① 参见［日］行政裁判所著：《行政裁判所五十年史》，第113～121页（本书系日本九州帝国大学图书馆馆藏古籍）。

② 参见［日］行政裁判所著：《行政裁判所五十年史》，第121～126页（本书系日本九州帝国大学图书馆馆藏古籍）。

得比较软弱，难以真正实现近代典型宪政理论所要求的三权“分立”与“制衡”的平衡。在这方面，日本更是一个典型，司法裁判所与行政裁判所隔离、并行，司法裁判所依据宪法规定严格禁止审理与行政官厅的行政处分有关的行政案件。这种司法格局，通过司法裁判所制度和行政裁判所制度的双重建构，形式上似乎已经形成了一个完整的司法体系，但是在实质上却是行政权对司法权的一种严重侵犯。

在日本，由于天皇制度具有悠久的历史，天皇既是大和民族的精神象征，也是日本国家权力的根源，掌握着至高无上的统治权。明治维新虽然努力革除封建时代的旧弊，但是天皇掌握国家最高统治权这一关键制度却由宪法加以进一步确立，成为日本宪政架构的一个核心和枢纽部分。虽然天皇也不得违反宪法和法律，但是立法权属于天皇，作为立法机关的国会不过是协助天皇立法，法律的制定必须得到天皇的裁可并以天皇的名义发布；在法律之外，天皇可以颁布敕令，其效力与法律相同，并被视为所谓的“大权作用”。① 所谓“大权作用”实际上就是一种特殊的行政权，这种特殊行政权的行使具有法律的效力，并不受法律的约束；而司法权也必须以天皇名义、由裁判所依法独立行使。② 由《明治宪法》所确立的如上行政权——立法权——司法权的三边关系，突出了行政权在整个日本宪政体制中的强大能力和坚实地位。这种行政权独大的宪政体制，在形式上确立了日本宪政国家的体制架构，表面上实现了行政权、立法权和司法权三权之间的分立，并筑成了三者之间微弱的平衡，尤其是作为日本宪政制度的重要组成部分之一的行政裁判所制度的建立，在表面上将行政权纳入了司法权的监督之下，但在实质上却是通过巧妙的“双轨制”的司法体制建构分解司法权，使行政审判权从司法审判权中分离出来而入于行政权之中，由行政权兼有彻底的行政司法权，从而使行政权躲避了来自司法权的有效监督。造成这种法制格局，就日本自身的因素而言，一个根本原因就在于天皇“大权作用”的特殊性，正是由于在“大权作用”的层面上缺乏实际有效的与之相制衡的权力，行

① 关于天皇与国会之间的关系，参见《明治宪法》第1章第4条至第9条。
② 参见《明治宪法》第5章。

政机关作为天皇的辅助机关便因此获得了不受司法权约束的行政权力。这样，对于行政官厅行政权的监督，除了在行政机关体系内部实行行政监督这一途径以外，就很难再有有效的监督途径。

为了进一步保护行政权免受司法权的监督，日本在行政诉讼程序上还首创了具有日本特色的“诉愿前置”制度，即民众欲起诉行政机关，原则上应当先向具有诉愿处理权的行政官厅提起行政诉愿，如果对于行政官厅的诉愿裁决不服的，然后可以向更高一级行政官厅提起再次行政诉愿，或者直接向行政裁判所提起行政诉讼；但是也有例外，对于各省大臣、内阁直辖官厅及最高地方官厅的行政处分不服时，则不必再经诉愿，可直接向行政裁判所起诉，也可以向作出行政处分的原各官厅提起诉愿，不过如果民众向上述机关再次提起行政诉愿，则一经裁决，不得再提起行政诉讼。①

这样，在天皇“大权作用”的庇护下，行政机关所掌握的行政权受到三重严格保护。首先，从根本上，天皇统帅的行政权完全独立于司法权，完全排除了司法裁判所对行政官厅的监督权；其次，通过诉愿前置的程序制度安排，尽量避免行政官厅遭受行政司法权的监督；最后，通过对行政诉讼范围的列记法限定，使可能遭受行政司法权审查的行政作用缩小到最小范围，即原则上只有具体行政处分才能提请行政裁判所审查，而各种具有抽象性质的独立命令（敕令）、委任命令和执行命令则免受行政司法审查。② 总之，通过一系列相互衔接的、系统的制度设计，行政裁判所成为系统保护天皇行政权的一个

---

① 参见《行政法讲义》，民国时期油印本，第 103 页（本书系浙江大学图书馆馆藏古籍）。

② 所谓独立命令，指在非常紧急之时天皇可以直接发布的命令。天皇也可以指令其他行政机关代发命令，而不需要法律的委任。其性质也属于独立命令。但是，独立命令也不是没有界限的，经宪法和法律规定必须由法律加以规定或委任发布命令的事项，天皇不得发布独立命令，这些消极事项包括各种机关的权限、国会议员的选举法以及民众享有的各种不受侵犯的权利等。所谓委任命令，指行政机关依法律明文规定的行政职权而发布的命令。其实就是行政机关根据职权发布的抽象性命令。所谓执行命令，指行政机关为执行法律而发布的命令。参见《行政法讲义》，民国时期油印本，第 61～67 页（本书系浙江大学图书馆馆藏古籍）。

重要环节。①

行政裁判所与天皇行政权的上述体制性关联，使其披上了浓厚的行政机关属性和维护行政权的工具属性，但是我们却并不能因而否定其所具有的司法性质。尽管从后来的行政司法实践来看，其效果并不令人十分满意，许多行政起诉都被驳回，但是毕竟由于它的存在，行政机关体制内部分化出了一支独立的、专门化的行政司法力量，对行政官厅的违法行政处分还是构成了一种严格的监督，行使了司法裁判所所不能行使的行政司法审判权，对于民众合法权益的保护具有不可或缺的价值。

第三题　日本行政诉讼的机制、手续与审判

关于行政诉讼的程序、规则、详细手续等，近代日本没有专门的“行政诉讼法”，尽管在《行政裁判法》第3章有专门的“诉讼手续”规定，但是也显得比较粗糙，没有系统、具体的规定，并不能适应实际的行政诉讼的需要。而同其他许多国家一样，民法往往比公法更加发达，日本民法也比行政法发达，因此，日本行政裁判所关于行政案件的受理、审理与判决，除非有特别规定，一般适用民事诉讼法的规定。这是近代日本行政诉讼的原则之一，不过在具体适用上，行政裁判所具有“自律权”，可以自行决定如何适用。② 近代日本行政诉讼的另一个更加重要的基本规则是《行政裁判法》第17条规定所确立的行政诉讼诉愿前置制度，该条文规定“行政诉讼，除法律敕令有特别之规程外，非诉愿于地方上级行政厅，经其裁决后，不得提起之”。这就是说，在一般情形之下提起行政诉讼必先经过行政诉愿裁决程序。但是，不管是行政诉讼还是行政诉愿，一个基本事实是都没

---

① 有民国时期的学者认为，行政裁判并不以救济行政不当处分之损害为唯一目的，而其主要目的在于维持法规，保护个人权利只不过是其附随之目的。依此见解，以维持行政法规之不受损害为第一要旨的行政裁判所，其权利救济功能之微弱由此可知。参见《行政法讲义》，民国时期油印本，第99页（本书系浙江大学图书馆馆藏古籍）。

② 参见［日］行政裁判所著：《行政裁判所五十年史》，第65页（本书系日本九州帝国大学图书馆馆藏古籍）。

有形成一个系统而全面的符合行政审判需要的法律文件，而民事诉讼法毕竟不为行政诉讼而规定，因此行政裁判所在事实上多有通过其判决而解决法律、敕令规定的不足。这使日本行政裁判所的行政诉讼形成自己的特色，既扎根于大陆法系的传统，又并不排除普通法系传统中判例法在日本的运用。

一、诉愿

（一）诉愿的定义及其机制

近代日本官制包括两个系统，即官治系统和自治系统。所谓官治系统，是以内阁总理大臣为首的官府系统，在中央有内阁、枢密院，在地方有各省大臣、府县知事、郡长、岛司等。所谓自治系统是依法自治的地方团体系统，由市、町、村三者构成。日本实行官治和自治两套官制系统，其理论基础主要是中央与地方关系的分权理论，认为中央与地方的权力关系属于此消彼长的关系，中央权力过大则地方权力缩小，反之亦然；而官治系统具有中央集权主义倾向，极端的中央集权主义则容易出现各种弊端，因而中央与地方关系的理想制度设计是在实行中央集权主义的同时，实行地方自治制度。① 但是，地方实行自治体制，并不等于自治团体的管理组织就不是行使公权力、发挥行政作用的行政组织，自治团体的管理人员就不是行政官员了。因此，为了保证统治的统一性和法令在各个行政组织层次的畅通，无论是官治系统、还是自治系统的行政官厅，其行政作用都必须受到上级行政官厅的监督。为此，明治政府在各个层次行政组织设置监督官府，建立起完整的行政监督机制：（1）在监督主体上，町、村行政之监督官府以郡长为首，府县知事次之，内务大臣又次之；市、郡行政之监督官府以府县知事为首，内务大臣次之；府县行政之监督官府为内务大臣。（2）在监督手段上，“凡关市町村行政上为监督直接关系者，监督得以提起诉讼事务；当郡内行政出现诉愿或诉讼事务时，郡行政之监督官府得以裁决并处分之；当郡之行政处分为郡制所特定时，既可向行政法院提起行政诉讼，亦可向内务大臣提起诉愿；当府

① 参见《行政法讲义》，民国时期油印本，第 16 页（本书系浙江大学图书馆馆藏古籍）。

县内行政出现诉愿、诉讼事务时，内务大臣得裁决而处分之；当府县之行政处分为府县制所特定时，可以提起行政诉讼。①

以上行政监督体制，就行政官厅组织体系内部而言，是一个行政官厅对另一行政官厅的行政作用的行政内部监督机制；而就针对行政处分而向作出该行政处分的行政官厅的上级行政官厅提起要求变更或取消的请求的民众而言，这种请求变更或取消行政处分的机制就是诉愿。因此，所谓诉愿，指因行政官厅的行政处分不当而遭受损害的民众向具有诉愿处理权的行政官厅请求变更或取消处分的一种行政救济方式和途径，其本质是上级行政官厅对下级行政官厅的一种行政内部监督机制，但在程序上具有外部行政程序的特征。诉愿的具体程序，是依《诉愿法》提起诉愿，而后由作出被请求变更或取消的行政处分的行政官厅的上级行政官厅作为诉愿受理机关，即诉愿厅，经诉愿审理后由诉愿厅作出裁决。

（二）诉愿的范围、类型及条件

诉愿的类型有两类：单纯诉愿和正式诉愿。所谓单纯诉愿，指对于一切行政处分无论何时何人都可以向行政官厅提起诉愿，而行政官厅是否根据诉愿人的请求而作出裁决没有一定的法律约束，全凭行政官厅的自由。所谓正式诉愿，指诉愿人向具有诉愿处理权的行政官厅请求变更或取消特定的行政处分，而行政官厅必须根据诉愿人的请求而作出裁决，并发生法律效力。单纯诉愿又称广义诉愿，正式诉愿又称狭义诉愿。② 本章所述诉愿仅指正式诉愿。

诉愿人提起正式诉愿，必须具备三个要素：其一，诉愿对象必须是行政官厅的不当行政处分。其二，诉愿人必须是因该不当行政处分而遭受损害的公民或法人。一般来讲，提起诉愿的诉愿人必须是遭受不当行政处分的直接受害者，但是间接受害者也可以提起诉愿。所谓间接受害者，即现在我们所谓具有直接利害关系的第三人，也即形式意义上的第三人，由于此类间接受害者虽不是行政处分的直接对象，

---

① 参见［日］铃木义男等著，陈汝德等译：《行政法学方法论之变迁》，中国政法大学出版社 2004 年版，第 182～221 页。

② 参见《行政法讲义》，民国时期油印本，第 96、98 页（本书系浙江大学图书馆馆藏古籍）。

但是由于该行政处分的客观结果可能损害第三人的合法权益，因而也应当给予提起诉愿的救济权利。其三，诉愿人必须在法定期限内提起行政诉愿。诉愿人提起行政诉愿的法定期限是行政官厅作出行政处分后60日内提出；对于诉愿处理机关的裁决不服的，可以在诉愿裁决之后30日内提出第二次诉愿。① 但是，如果诉愿于诉愿裁决之后30日以外再行提起诉愿，将不被受理，除非接受诉愿厅认为其有可宽恕的理由存在，仍然可以加以受理。

诉愿人提起诉愿，必须符合法定的诉愿形式。一般来讲，诉愿人提起行政诉愿，必须以书面的形式向诉愿处理机关提交“诉愿书”。诉愿书的内容应当载明不服行政处分的理由和要求，并载明诉愿人的身份、职业、住所、年龄并署名盖章；如果诉愿人有多人，其诉愿书应署名盖章，并载明各诉愿人的身份、职业、住所、年龄，并在其中选三人为代表，提出代表委托书；法人可以其名称提起诉愿。诉愿人向诉愿厅交诉愿书的同时，还必须附有相应证据，如果曾经经过下级行政官厅的裁决，还必须附上裁决书。但是，即使诉愿书符合法定形式，如果涉及侮辱诽毁时也将不被受理。

正式诉愿对于受理诉愿的上级行政官厅具有约束力，上级行政官厅必须根据诉愿人的请求进行诉愿审查和审理。但是，非正式诉愿则没有此效力。在诉愿程序中，已经作出的行政处分不因诉愿而停止；但是，如果法律和敕令规定需要停止执行者，应当停止执行。经过诉愿裁决的行政处分，无论是否被取消，其拘束力只及于诉愿人所受的处分，而于其他人不发生拘束力。也就是说，诉愿裁决所取消的行政处分的效力只适用于诉愿者本身，并不影响行政官厅对其他人作出同样的行政处分，也不影响行政官厅在诉愿程序之前对其他人已经作出的同样的行政处分的效力。

对于诉愿的提起，原则上“凡官府行政有损毁利益者，勿论何人均得提起”。② 但是，根据《诉愿法》第1条规定，一般可以提起

① 参见《行政法讲义》，民国时期油印本，第96页（本书系浙江大学图书馆馆藏古籍）。

② ［日］铃木义男等著，陈汝德等译：《行政法学方法论之变迁》，中国政法大学出版社2004年版，第225～226页。

行政诉愿的事项主要有6个方面：1. 关于租税及手续费之赋课事件；2. 关于租税滞纳处分事件；3. 关于营业免许之拒否或取消事件；4. 关于水利及土木事件；5. 关于土地之官有民有区分事件；6. 关于地方警察事件。另外，根据法律、敕令的特别规定，也可以就其规定事项提起诉愿。

（三）诉愿的手续与审理

诉愿人提起行政诉愿，原则上必须向具有诉愿处理权的上级行政官厅提起，但是，在手续上必须经由作出行政处分的行政官厅，由其向上一级行政官厅提起诉愿。对于郡参事会或市参事会的处分或裁决的诉愿，应经由原处分或裁决的郡参事会或市参事会向府县参事会提起。当诉愿人的诉愿请求是针对各省大臣的行政处分时，诉愿人必须向各省大臣提起诉愿请求。因为各大臣都是独立行政官厅，没有其上级行政官厅，因此对于各省大臣的行政处分，如果受害人欲提起行政诉愿，只能向各省大臣提起；而没有其他机关可提起诉愿请求。不过，依据《行政裁判法》第17条第2项规定，“对于各部大臣或内阁直辖官厅或地方上级行政厅之处分，得直接提起行政诉讼”。因此，受害人也可以就上述官厅的行政处分直接向行政裁判所提起行政诉讼而不必诉愿。

受理诉愿的行政官厅对诉愿的审理实行书面审理主义，即对行政诉愿的审理主要是通过书面审理的方式而对诉愿人的诉愿书进行审查和审理。但是，如果诉愿厅认为有必要时，也可以实行口头审理。

诉愿厅作出诉愿裁决必须具备一定的形式，即必须以裁决文书的形式作出裁决，经由原处分官厅交付诉愿人。如果诉愿厅认为诉愿人的诉愿为无理由时，也必须以文书形式作出驳回诉愿的裁决。诉愿厅对行政诉愿审理的结果，即裁决，主要有三种：其一是维持，即认可行政处分适当，维持其法律效力；其二是取消，即不认可行政处分而加以取消；其三是变更，即取消行政处分而直接作出不同的处分。①诉愿厅作出的裁决对于当事各方都具有拘束力。

---

① 参见《行政法讲义》，民国时期油印本，第98页（本书系浙江大学图书馆馆藏古籍）。

二、行政诉讼的提起

（一）原告的资格、范围及其认定

明治二十三年颁布的《行政裁判法》并没有关于原告的规定。但是，根据《明治宪法》第61条规定，具有行政诉讼原告资格的人应当是“由于行政官厅的违法处分受到伤害”的人。值得注意的是，在日本行政裁判所制度下，可以提起行政诉讼的原告不仅仅只是受到行政官厅违法处分的直接对象人，其合法权利因行政处分而受到间接损害的民众也可以就行政官厅的违法行政处分提起行政诉讼。①

但是，可以提起行政诉讼的人具体包括哪些呢？公民因合法权益受到行政处分的侵害得提起行政诉讼，这是一般行政法院制度所普遍规定的，在此不予详述。根据《行政裁判法》第24条第2项的规定，法人可以提起行政诉讼。一般来讲，法人既包括企业法人、团体法人等，也包括机关法人。但是，机关法人与一般法人具有不同之处，它是国家机关，是否也可以具备行政诉讼原告的资格而提起行政诉讼呢？这个问题，并没有法律的明确规定，在此种情形下，日本运用了普通法系国家通行的判例制度，判例法实际上成为日本行政诉讼法的渊源之一。②

在日本，明治三十四年（1901年）七月四日的一个裁判确立了公法人的原告资格。不过国家机关作为行政诉讼原告时，由其法定代表人代表国家机关担任行政诉讼的原告。比如两个行政官厅之间就权限争议而提起行政诉讼时，拥有行政处分权的行政官厅可以作为原告提起行政诉讼，提起诉讼的行政官厅的法定代表人作为行政诉讼的原告参加行政诉讼；当府县知事作出取消府县会的决议的行政处分时，该府县会可以提起行政诉讼，以其议长为原告。

不具有法人身份的团体，如神社、村庄、地方团体、政党等，也

---

① 参见《行政法讲义》，民国时期油印本，第102页（本书系浙江大学图书馆馆藏古籍）。

② 关于机关法人、其他团体、共同诉讼等原告资格的确定，可参见［日］行政裁判所著：《行政裁判所五十年史》，第67～71页（本书系日本九州帝国大学图书馆馆藏古籍）。

可以具有行政诉讼原告的资格。昭和六年（1931 年）十月十五日的一个“宣告”,① 就判定一个依《治安警察法》第 8 条而解散的左冀政党，可以向行政裁判所提起行政诉讼，从而为像政党这样法律未明确其法人身份的团体组织确立了行政诉讼原告的资格。

如果提起行政诉讼的人不止一个，所针对的对象是作出同一个行政处分的行政官厅，而且提出的诉讼请求类似，还可以构成共同诉讼，以所有提起行政诉讼的人作为共同原告，但是具体的确定，则是参照民事诉讼法的规定，因为《行政裁判法》并没有与之相关的规定。

如果具有原告资格的人或组织死亡或终止，如何确定原告资格呢？这个问题，是关于诉权的继承问题，在行政裁判法中没有涉及，在实践中则适用民事诉讼法的有关规定。一般来讲，诉权具有“一身专属”性，诉权不可以转让，有些诉权更不能继承。能够继承的诉权一般具有“行使上的一身专属”，而不可继承的诉权则具有“归属上的一身专属性”。行政裁判所对于行政诉权的继承问题采用前者观点，认为原告所具有的行政诉权可以由法定的权利继承人所继承。但是，如果权利继承人不能确定时，不能提起行政诉讼。②

（二）起诉的要件

1. 起诉的实质要件

原告提起行政案件诉讼必须符合下列实质要件：（1）行政处分已经作出。《行政裁判法》规定，提起行政诉讼，必须针对已经作出的行政处分而提起，而对于具有抽象性的命令则不能提起行政诉讼，因为命令属于普遍事件。③（2）行政官厅之处分可能违法。原告与被告在诉讼过程中处于利益对立的状态，原告只有通过主张被告的行政处分违法，并获取行政裁判所的支持，才有可能在诉讼程序中使其权利得以救济。因此，其前提是被诉行政处分违法。（3）行政官厅违

---

① 日本行政裁判所的所谓“宣告”，相当于我们所说的“司法解释”。即对有关行政司法问题的一些说明或规定，往往通过案件的裁判而形成。

② 参见［日］行政裁判所著：《行政裁判所五十年史》，第 70 ~ 71 页（本书系日本九州帝国大学图书馆馆藏古籍）。

③ 参见《行政法讲义》，民国时期油印本，第 102 页（本书系浙江大学图书馆馆藏古籍）。

法的行政处分毁损权利。这是《关于行政厅违法处分的行政审判案件》所规定可以向行政裁判所提起行政诉讼的一个基本条件。

2. 起诉的形式要件及手续

原告提起行政诉讼，除了必须符合上述实质要件外，还必须符合下列形式要件：(1) 在一定期限内起诉。根据《行政裁判法》第22条规定，“行政诉讼宜自行政厅交付处分书或裁决书，或告之日起，于六十日内为之。如经过六十日时，不得提起行政诉讼，但于法律敕令有特别之规程者，不在此限”。因此，一般来讲，行政诉讼的起诉期限是行政处分作出之日起60日内，否则其诉权自行消灭。但是，如果因为灾害等事导致期限延误则参照民事诉讼法的规定。(2) 提交法定形式的起诉状。行政起诉必须提交起诉状。起诉状应当载明原告的身份、职业、住所、年龄，作为被告的行政厅或其他被告名称，起诉的要求与理由、证据，并载明年月日。如果起诉前经历了诉愿程序，还须附诉愿书、裁决书及相应的证据。如果提交的诉状不符合规定，行政裁判所将要求更改、重写，原告若不按行政裁判所的要求重新书写，行政裁判所将给予不予受理。(3) 起诉必须交付“预纳金”。所谓“预纳金”，即相当于我们所说的“诉讼费用”，是原告提起诉讼时必须缴纳的一定数量的金钱。《行政裁判法》中并没有专门的关于诉讼费用的规定，但是作为一种手续它参照民事诉讼法的规定。因此，原告起诉必须缴纳一定数量的“预纳金”，逾期不予缴纳规定数量的“预纳金”，并经催告仍不予缴纳者，行政裁判所可以视为撤诉，不予受理。①

（三）被告及其认定

行政诉讼的被告只能是行政官厅而不能是其他个人或组织，这是行政诉讼与民事诉讼的一个重大区别。《行政裁判法》虽然没有关于被告的规定，但是根据《明治宪法》第61条规定，对于行政官厅的行政处分可以提起行政诉讼，因此，行政诉讼的被告只能是行政官厅而不是其他。但是，宪法和法律也同样没有规定国家、公共团体或个人不能成为被告，而现实的具体情形又可能是相当的复杂和出人意

---

① 参见［日］行政裁判所著：《行政裁判所五十年史》，第72～74页（本书系日本九州帝国大学图书馆馆藏古籍）。

料，这就要求行政裁判所在实践中应运用法官的智慧，结合实际，通过逐个判例而明确界定行政诉讼被告的范围。大政六年四月的一次判决，行政裁判所确定了国家不能成为行政诉讼的被告，从而确定国家和公共团体一样不具有被告的资格。对于行政官厅超越其职权而作出的行政处分，包括越权行为和无权行为，行政裁判所则认为不能提起以行政官厅为被告的行政诉讼，因为超越职权的行为不是行政官厅的职权行为，而是属于私人行为，因而不适用行政诉讼。对于行政官厅作出的行政处分，当时作出行政处分的人因某种原因转职，如果该行政处分违法而被提起行政诉讼，那么该人事变动不影响其原所在行政官厅的被告资格。①

（四）起诉的效力

原告提起行政诉讼，行政裁判所是否受理取决于原告所提起的行政诉讼事项是否属于行政裁判所的管辖范围及其起诉是否符合起诉所需的各种要件。如果原告的起诉符合起诉的条件，行政裁判所应当受理，并依照法定程序向原告、被告及第三人发送诉讼文书，开庭审理，并依法作出行政裁判。

原告提起行政诉讼，作为被告的行政官厅参加由行政裁判所主持的行政诉讼，但是不影响其行政处分所具有的执行力，即起诉不具有停止执行的效果，未经行政裁判所审查并作出裁判的行政处分，在其存续期间对于其所确定的义务人具有拘束力和执行力。如果行政处分所确定的义务人逾期不履行，行政官厅可以对不予履行的义务人实行强制执行。但是如果行政官厅或行政裁判所认为需要停止执行，或者依原告者之请求，认为有停止执行之必要时，也可以由行政裁判所裁决先予停止执行。

行政起诉对于第三人不具有法律效力。也就是说，行政官厅所作出的行政处分，不因为原告提起诉讼而影响其对其他受同样行政处分的相对人的效力，原告也不能因为起诉而不抵抗由行政处分所确定的权利人的权利主张。

---

① 参见［日］行政裁判所著：《行政裁判所五十年史》，第72~74页（本书系日本九州帝国大学图书馆馆藏古籍）。

三、审判

（一）审理

1. 审理体制及回避制度

日本行政裁判所审理行政案件采用合议制。一般来讲，法院审理案件的审理体制有两种，单独制与合议制。在日本的司法裁判所序列中，各区裁判所采用单独制审理体制。该体制的特点是裁判官只有1名，对所审理的案件负全部责任。其适用案件往往是案情比较简单，案件性质比较轻微。而地方裁判所以上的司法裁判所则采用合议制，即由3名以上总数为奇数的裁判官组成审理委员会，共同审理。其特点是裁判官有多名，但对案件审理的责任由全体裁判官负责。其适用案件往往比较复杂而重大。日本行政裁判所在全国只设一所，所受理的案件往往案情比较复杂，案件性质也比较重大，因此采用合议制审理体制，对行政案件的审理由审判长和评定官5人以上列席会议、合议审理。

如果诉讼当事人，包括参加诉讼的第三人对裁判官审判的公正性产生怀疑，要求其回避时，由该裁判官所属之部内议决之。回避既可以由诉讼当事人申请，也可以由裁判官自行提出，或者由裁判长或其他裁判官提出声明，而由所属部内议决之。根据《行政裁判法》第10条规定，裁判官应予以回避的情形包括："（1）裁判之事件，有关丁自己或父母兄弟姊妹及妻子者；（2）裁判之事件，已以一私人之资格陈述意见者，或曾为该事件之理事者代理者，或曾立于职务外之地位而处理之者；（3）裁判之事件，已以行政官之资格，参与其事件之处分或裁决者。"

2. 审理形式和方式

公开审理为诉讼审理的基本原则，不管是民事诉讼、刑事诉讼还是行政诉讼，原则上都要求公开法庭审判。但也有例外，在行政案件审理中，为维护善良风俗或者行政官厅要求不公开审理，则行政裁判所可以经审查后裁定不公开审理。对于不予公开审理的案件，行政裁判所应当加以宣布，使听众退避。

行政裁判所审理形式有两种：书面审理与口头审理都适用。日本民事诉讼审理主要采用口头审理主义，行政诉讼原则上也采用口头审审理主义，即口头审理并非行政诉讼审理的必要方式，如果诉讼当事人及参加人要求不以口头审理时，即使是所有当事人都不出庭时，行政裁判所也可以根据文书审理，不必要求诉讼当事人及参加人作出口头陈述，并且可以作出缺席判决。①

3. 审理内容、范围及审查标准

行政裁判所审理行政案件，在其受理时从形式上审查起诉是否具备各种要件，手续是否具备齐全，如果不符合起诉的要件或者手续不齐全，则不予受理。如果符合起诉要件，手续齐全，然后才进入真正的审理阶段。在审理阶段，行政裁判所采用不告不理的原则，根据原告的诉讼请求对被诉行政处分进行全面审查，即事实审和法律审的双重审查，从法律和事实全方位地考量被诉行政处分的适法性。但是，行政裁判所无权对行政处分所依据的法律是否符合宪法进行审查，对于行政官厅命令的审查权也极为有限。行政裁判所无权审查法律的违宪性，这是通过明治末期和昭和早期的三个宣告而确立的。该三个宣告，起因于原告针对“特别都市计划法”或“恩给法改正”中的有关条款提起违宪主张，行政裁判所均以无权审查予以拒绝，从而明确否定其违宪审查权。关于行政官厅的行政命令是否违法的审查权，《行政裁判法》没有规定，与此相关的判例也几乎没有。一个比较古老的判例是在明治四十三年四月十六日的宣告规定指出，行政裁判所有权审查行政官厅的命令。但是，在后来的行政审判实践中并没有得到很好的贯彻。不过，行政裁判所对于地方性法规具有附带审查权，比如对于市、町、村等地方团体的条例及地方议会的会议规则等，行政裁判所都可以进行审查。②

4. 诉讼参加人

《行政裁判法》关于诉讼参加人的规定只有第 31 条，规定与案件有直接利害关系的人有参加行政诉讼的义务。日本行政裁判所制度的重要特色之一就是“主务大臣于认为必要之场合，为辩护公益，得命委员出席审庭”。因此，出于公益的需要或基于行政官厅或官吏

---

① 参见《行政裁判法》第 41 条的规定。

② 参见［日］行政裁判所著：《行政裁判所五十年史》，第 128 ~ 130 页（本书系日本九州帝国大学图书馆馆藏古籍）。

的申请，主务大臣可以任命委员参加诉讼。并且，行政裁判所在作出判决前，“可得为委员者陈述意见”。另外，参加行政诉讼的人还有诉讼代理人。不管是行政诉讼的原告还是被告，都可以委托代理人辩护其主张，维护其利益。但是，代理人参加行政诉讼必须有委托人的书面证明，以证明其具有相应的代理资格和权限。如果诉讼代理人为律师的，其资格要经过行政裁判所的认定方可代理诉讼。①

5. 证据

证据是当事人主张的基础，在行政诉讼中，当事人只有通过举证才能确立其主张。但是，证据并不全部由当事人提出，在行政案件审理中，行政裁判所采用职权采证主义，即当事人提出的各种证据和文书都是行政裁判所作出裁判的依据，但是这只是一部分，行政裁判所并不受限于当事人提出的各种证据的约束，根据《行政裁判法》第38条规定，行政裁判所还可以依据其职权，收集其认为需要的证据以作为行政裁判的依据。行政裁判所的取证，除了来自于行政诉讼当事人的提交，还可以通过讯问的方式取得。对于需要当事人辩明的事实问题，行政裁判所可以要求当事人出庭陈述，也可以要求其提供进一步的证据。在举证责任的分配上，由于行政处分在没有被证明违法之前以“合法性推定”原则加以认定，因此，如果当事人主张行政处分违法，则必须提出事实以证明这项行政处分违法。这由大正二年二月十七日的一个“宣告”所阐明。因此，举证责任的分配主要是由原告负担。这种责任分配方式也符合了民事诉讼中关于诉讼举证责任分担的“谁主张，谁举证”的原则。关于证据的证明力方面，作为证据的公文书和私文书的证明力是不同的。根据行政裁判所于大正元年十一月二十二日的一个“宣告”，公文书的证明力相对于私文书的证明力具有优越性。私文书包括家庭文件、个人证明等，如果在诉讼过程中对方当事人不予承认，而举证人如果不能根据事实作出具有说服力的证明，那么行政裁判所也不承认其证明力。这是由明治三十

① 参见［日］行政裁判所著：《行政裁判所五十年史》，第76页（本书系日本九州帝国大学图书馆馆藏古籍）。

九年二月十二日的一个“宣告”所确定的。①

（二）判决

1. 判决的种类及其条件

近代日本的行政判决，也可以分为诉讼判决和本案判决。所谓诉讼判决，指不涉及诉讼事件内容而专门就其诉讼行为本身是否适当而作出的判决，也就是说，是对起诉人的诉讼请求是否属于行政裁判所受理范围的判决。其结果主要是两种：一是以诉讼不适法而作出的驳斥判决；二是诉讼适法，予以继续审理。前者常为终局判决，后者则为中间判决。本案判决则是指就诉讼事件内容作出判决。本案判决分为认为请求无理由而作出的请求弃却判决和认为请求有理由而作出的容认判决。还可以将近代日本的行政判决分为中间判决和终局判决。所谓中间判决，指在终局判决之前，就诉讼过程中发生的争点作出判决，从而为终局判决的作出创造基础的判决。例如，就某行政事件究竟是否可以依法律或敕令而提起行政诉讼而发生争议时，行政裁判所可以就此作为辩论焦点，并就此点作出判决。这种判决就是中间判决。经过中间判决的诉讼事项，在其后的诉讼过程中不得再提起新的抗辩。所谓终局判决，则是对整个诉讼案件作出最后的判决。终局判决又包括三种：驳斥判决、请求弃却判决和请求容认判决。

（1）驳斥判决。驳斥判决属于诉讼判决，也是一种终局判决。依据《行政裁判法》第 27 条规定，“行政裁判所审查原告之诉状，若不依法律敕令提起者，或违背适法之手续者，可附具理由，以裁决书驳回之”。因此，所谓驳斥判决，指行政裁判所因行政起诉不适法而作出的行政判决。其条件有二：第一，依法律敕令不可起诉者；第二，违背适法之手续者。所谓“依法律敕令不可提起行政诉讼者”，不仅指诉讼事件依据法律、敕令，不属于行政诉讼案件受理范围，也包括即使该诉讼事件本应属于行政裁判所管辖，但因其先前的处分已过诉讼期限，或经过诉愿裁决并已过起诉期间，或虽然经过诉愿且尚未超出起诉期限但因诉愿裁决机关为各部或内阁而不可再提起诉讼等情形。所谓“违背合法之手续者”，除了指法定应诉愿前置然后再行

① 参见［日］行政裁判所著：《行政裁判所五十年史》，第 130～132 页（本书系日本九州帝国大学图书馆馆藏古籍）。

诉讼而未行此诉愿手续的情形外，还包括起诉的被告不正确，起诉不以采用法定形式的起诉递交起诉状，起诉后未按期缴纳预纳金等情形。对于上述两种情形，行政裁判所可以审查有关诉讼文书直接作出驳斥判决，无须口头辩论，也无须被告答辩；也可以在进入诉讼程序后，经审理后发现诉讼事项不属于管辖范围，而作出驳斥判决。

（2）请求弃却之判决。所谓请求弃却判决，指行政裁判所受理起诉后，经过审理，认为原告的诉讼请求缺乏有效的法律依据或充分的理由，从而作出不予支持其请求的判决。行政裁判所作出请求弃却判决的条件主要有二：第一，行政处分或行政裁决适法；第二，诉讼目的已经消灭。如果行政裁判所经过审理认为，原告或第三人对有争议的行政处分或判决为违法之主张不成立，认为被诉行政官厅的行政处分或裁决符合法律的规定而确认其适法，在这种情形下原告的诉讼请求将被否定。如果在诉讼过程中，作为诉讼之目的行政处分或裁决已经消灭，或者在行政裁判所就被诉处分或裁决作出判决前该行政处分或裁决自行丧失效力，原告的诉讼请求也将得不到行政裁判所的支持。

（3）请求容认判决。所谓请求容认判决，指行政裁判所经审理认为原告请求有理由而容认其全部或一部分的诉讼请求的判决。可分为发回原审重审和自行判决两类。关于发回重审，行政裁判所与大审院不同，大审院是司法裁判所组织体系的顶端，为上告审判所，因此常有发回重审之裁决，但是，日本行政裁判所只有一所，实行一审终审制，也就是行政裁判所是唯一的审理行政诉讼案件的行政机关，因此通常难以作出发回重审的裁决。但是，也不是绝对不可以发回原审。因为，从广义角度来看，行政裁判所和其他行政官厅一样都是官厅系统的一个构成部分，尤其是像诉愿前置诉讼这种案件，由于先行经历了诉愿处理机关的审理，因此诉愿机关的裁决在某种意义上可以视为行政裁判所的前审。因此，如果行政裁判所认为须经诉愿手续后而始得提起行诉者，在诉愿厅因诉愿之要件不备而受驳斥，当事人不服而诉于行政裁判所，当行政裁判所认为诉愿厅驳斥诉愿为违法时，则既可自行审判，亦可发回诉愿厅重审。诉愿厅对于行政裁判所发回重审的案件必须予以再审。不过，总体来讲，行政裁判所作出的发回重审的行政案件其例甚少。

行政裁判所认为原告诉讼请求有理由时，可以自行作出判决，包括确认判决、给付判决与形成判决，三者统称容认判决。第一，确认判决，指行政裁判所确认行政官厅所作出的行政处分无效的判决。行政裁判所确认行政处分无效，就是取消行政处分自始产生的效力。因此，常常又将无效确认之诉讼称为行政处分取消之诉。严格来说，确认无效与取消效力两者是不同的，前者是自始无效，而后者是往后无效。但是，不管怎样，行政裁判所确认行政处分无效的判决其例也极少。第二，给付判决，指行政裁判所命令行政厅作出一定行为的判决。根据《行政裁判法》第18条规定，行政裁判所的给付判决对行政厅具有命令的效果，行政厅须接受其判决，并受所命令处分的拘束。第三，形成判决，指行政裁判所通过判决变更公法上既存的法律关系而形成新的公法关系。因此，形成判决的实质是形成新的权利义务关系。形成判决又可分为消极的和积极的两类。消极的形成判决，指行政裁判所经过审理认为存有争议的行政处分或裁决有违法的情形而予以取消，而不是替代行政官厅作出新的处分决定。所谓积极的形成判决，则是行政裁决所经审理认为存有争议的行政处分或裁决有违法的情形而予以取消的同时，替代行政官厅作出特定的处分决定。可见，消极的形成判决与积极的形成判决之间的区别主要表现在行政裁判所是否主动在当事人之间创设新的公法关系。

2. 判决的效力

根据日本著名法学家美浓部达吉的观点，日本行政判决的效力包括拘束力、确定力及执行力三种。

（1）所谓拘束力，指行政裁判所的判决内容对于诉讼当事人具有约束力。《行政裁判法》第18条规定，“行政裁判所之判决者，就其事件，羁束关系行政厅”；第31条第2项规定：“在前项之场合，行政裁判所之判决，对于第三者，亦有其效力。”显然，《行政裁判法》的上述规定是就案件当事人而作出的规定，据上述两种规定似乎行政判决只对当事人具有拘束力。实际上，日本行政判决具有广泛的对世拘束力。这是因为行政诉讼案件与民事诉讼案件不同，其当事者之一是代表国家行使公权力的行政机关，就其案件所作出的判决具有显著的特殊性，在实质是透过这种判决而重申或再次界定公权力的性质、效力与范围，是对公法关系的重申或创设。因此，行政判决的内容不但对于行政案件当事者具有拘束力，它还对与本诉案件具有关系的一切人具有约束力，任何人应当予以认可、尊重和服从，而不得争议，甚至连其他国家机关乃至司法裁判所都受其拘束。① 不过，需要指出的是，尽管这种判决对与本诉案件相关的一切人具有拘束力，但是这种拘束力除了诉讼当事人外并不具有直接影响。例如市乡村庄住民受违法之赋课租税，但仅有少数人提起行政诉讼，那么受到实际救济的将只是该少数人而其他未提起的行政诉讼则仍将继续承受违法之赋课租税。理由很简单，通过判决往往仅为宣告取消行政处分对原告的效力。

（2）所谓确定力，又称不可变更力，指行政裁决一旦作出，纵令有错误，也不得取消或变更。因此，又称既判力，包括形式的确定力和实质的确定力。所谓形式的确定力，指判决通过判决书的形式确定，当事者不得上诉变更其形式，裁判所自身也受此约束不得自行变更。所谓实质的确定力，指判决通过判决书所确定的内容，当事者不得再请求变更其内容，裁判所也不得再审理该案件。实质确定力与形式确定力的区别在于形式确定力是指判决文书不可变更或取消，而实质确定力则指经审理判决的事件不可再为审理。

（3）所谓执行力，指判决一旦作出，逾期不予履行判决所确定的义务将引起强制执行的效果。关于判决的执行，在日本行政法院制度下具有特殊性。由于日本行政法院在机关性质上属于独立的中央行政官厅，经其审判的行政案件而作出的判决对于当事官厅具有命令的性质，因此如果通过行政审判而使行政官厅负有义务时，该义务无须强制即可被被诉行政官厅自觉履行，因为通常而言下级官厅必须服从上级官厅的命令，若有不从时，也可以通过上级官厅对下级官厅所享有的行政监督权而使之执行。因此，行政判决对于负有义务的行政官厅而言，其实并无所谓执行力问题。所谓执行力，往往是就作为负有义务的民众一方而言，指判决一旦作出，义务人（民众）逾期不予履行判决所确定的义务，行政裁判所可以提起强制执行程序。根据《行政裁判法》第 21 条规定，“行政裁判所之执行，得嘱托于通常裁

---

① 参见［日］美浓部达吉著，邓定人译：《行政裁判法》，商务印书馆，民国时期排印本，第 197 页（本书系复旦大学图书馆馆藏古籍）。

判所”。因此，对于诉讼判决的执行，行政裁判所本身没有强制执行权，而必须由司法裁判所执行。

第四题 日本行政裁判所制度的改革及其评价

一、行政裁判所制度的历史进步性及其弊病

日本行政裁判所制度源于法国和德国的行政法院制度。法国之所以首创行政法院制度，既有历史原因，也有理论上的根据。从历史上看，法国大革命以前，巴黎法院有权审查政府发布的命令是否与现行法律抵触，如果没有抵触则予以登记，然后发生效力；如果存在抵触而可以提出抗议、并拒绝登记，该命令不能发生效力。大革命前后，巴黎法院常利用这项权力阻挠革命，因此革命党人在大革命期间就在行政机关体系内部首创了行政法院制度，使行政机关完全脱离司法机关的牵制。另外，根据孟德斯鸠的三权分立理论，行政权、司法权与立法权必须分开，分别由行政机关、司法机关和立法机关分开独立行使。据此，革命党人认为普通法院只能管辖私人间的普通诉讼，而行政诉讼则应由行政机关自己处理。① 德国行政法院最早建于1863年的巴登邦，这是帝国第一个独立的高等行政法院，此后从1872～1875年，普鲁士创立了一个独立的行政法院体系，形成了初等、中等、高等和最高四级行政法院体制。其中高等行政法院和最高行政法院与行政机关完全分离，是完全独立的司法机关；初等行政法院和中等行政法院尚未与行政机关分离，不具有司法机关的完全独立性。在1874～1924年间，在德国领域内又相继建立二级和三级独立的行政法院体系。② 第一次世界大战以前的德国行政法院制度长期与德意志皇帝制度共存。

分析日本同时代所创立的行政裁判所制度可知，日本行政法院从法国借鉴了将行政法院设置于行政机关体系内部的制度设计，同时从德国借鉴了行政法院制度与德意志皇帝制度并存的宪政体制，是法国

---

① 参见刘庆瑞著：《比较宪法》，大中国图书公司1982年版，第366页。

② 参见 http：//www.findlaw.cn/Info/lunwen/xingzhenglw/172903920.htm。

行政法院制度和德国行政法院制度的结合。这种创造性的结合，适应了明治政府守护天皇统治权和推进国家近代化改革的需要，是日本近代宪政体制的一个重要组成部分，因而具有特定的历史价值。历史证明，包括日本行政裁判所制度在内的以天皇制为核心的近代日本宪政体制，使日本摆脱自幕府政治末期以来日益遭受西方列强侵凌的不利局面，并促使近代日本从一个偏处东亚一隅的弹丸小国逐渐发展成为一个雄霸东亚的经济、军事大国。从行政法治的角度来看，尽管守护以天皇为统帅的行政权为第一要义，但是日本行政裁判所制度的确立，在客观上促使行政权内部的权力分立，在一定程度上构成行政权自我纠错的机制，有利于在一定范围和程度上对民众权益的保护。

但是，因为这种巧妙的制度设计使其制度设定的价值取向以维护天皇统治权为使命，而不是以一般国民的基本权利为基点，这种不适当的制度内隐价值取向决定了它不可能成为一种民众可以有效地加以运用并给予信赖的制度设置，从而自始宿命地滋生其内生性的、结构性的制度弊病。①

（一）行政裁判所组织的非独立性

独立是司法机关之所以公正、无偏倚的一个基本条件。司法独立既包括对外独立，也包括对内独立。从对外独立而言，司法权不受行政机关、立法机关及一般舆论的影响；从对内独立而言，各级法院在其法定权限内可以独立行使其司法审判权，不受上级法院的支配和影响，同时法官凭其良心断案，不受任何机关、团体、法人和个人的影响，即法官依法拥有的审判权完全独立。但是，日本行政裁判所就其组织设置而言，属于宪法所定之“行政各部”之一，因此不可避免地会受到来自行政机关内部利益的影响，也就是说对外并不完全独立；就其人员的组成来看，组成行政裁判所的组成人员主要是行政官吏，所长称长官，由亲任官担任，评定官由奏任官或敕任官担任，后来唯一一次成功的行政裁判法修改还将评定官改为亲任。行政裁判所的这种组织设置和人员配置，决定了行政裁判所行政审判权的非独立性。因为这种组织制度实际上使其组成人员、作为法官的地位缺乏必

---

① 关于日本行政裁判所制度的缺陷，可参见［日］行政裁判所著：《行政裁判所五十年史》，第339～344页（本书系日本九州帝国大学图书馆馆藏古籍）。

要的保障，通过任命产生的行政官吏同样可以通过任命而转职，通过兼职产生的行政裁判官则可能因为本官的变动而导致裁判官身份的丧失，这些都不可避免地使行政裁判所的独立性受到极大的影响。

（二）审判体制存在重大缺陷

为了最大程度地保护民众的权利不受侵害，司法审判体制往往采取多级审级制度，当事人对于下一审级的审判处理不服，可以向上一级审判机关提起上诉，以期得到公正的对待。日本司法裁判所的审判体制也是采用这种多审级的审判体制，与日本同样实行行政法院制度的法国、德国也实行多审级制度，其目的都是为了使民众的权利尽可能受到严密的保护。但是，惟独对于行政裁判所的审判体制，日本一反常态，实行一审终审制度，即行政案件一旦经行政裁判所的裁判，不论判决形式是否存有瑕疵，也不论判决内容是否存有不当，其效力已经不可更改，诉讼当事人再无上诉的途径。分析这种制度设计的目的，其专制性之本质毕现无疑。其一，如前面所分析到的，行政裁判所位列行政机关之一部，本质是行政权的一种特殊载体，作为行政司法审判机关，它的公正性先天不足。其二，在审理过程中，由于担任法官者多为行政官，其中有些行政裁判官还是由其他行政官厅的高等行政官兼任，这就使其对被诉行政官厅的行政审判的公正性更加难以保证。其三，全国只在东京一地有一所具有管辖行政诉讼案件的裁判所，极少数量的行政裁判官和大量的行政案件不相对称，导致行政审判官往往以简化的办法来应对大量的行政起诉，以列举主义、诉讼手续不完备、管辖不清等问题，导致多数提起行政诉讼的原告的请求被驳回。上述因素只是造成行政审判不公正、不准确的部分因素，也是关键因素，但是在日本行政裁判所一审终审制的行政审判体制下，上述因素都将无法得到有效的克服，进而导致权利不可能在真正意义上受到认真对待，并得到切实的救济。

（三）诉讼事项不系统全面、诉讼手续不完备

如前所述，原则上只要是行政处分违法并造成损害，受害者即可以提起行政诉讼，《行政裁判法》再一次重申了宪法的该原则，但是作为宪法和法律所作出的该规定的具体化的《关于行政厅违法处分的行政审判案件》，在明确可诉事项范围的同时，实际上又限制了行政诉讼的事项范围。这一点从其行政裁判所可以受理的诉讼事项的所

采用的列记主义可以得知。由于列举法不可能穷尽所有的可能，因此没有被列举到的，或者没有明确是否可以提起行政诉讼的事项，就有可能被行政裁判所裁定为不予受理。并且，依据大量的特殊法律和敕令的个别性规定，允许向行政裁判所提起起诉的行政事项数量众多且纷繁复杂，不利于受害者知晓是否能够依法起诉。另外，由于列记法具有很大的随意性，立法者的有意或无意的遗漏，受害者的权利无法得以应有的全面的保障，许多场合下民众的权益即使遭受侵害也无法寻找提起诉讼的途径。①

日本没有专门的“行政诉讼法”，各种手续规定散见于一些个别性的法律和敕令之中，作为行政诉讼一般法律的《行政裁判法》虽然对于行政诉讼手续有专章规定，但是总体来看较为简略，没有形成系统化的、全面的诉讼规则，在行政诉讼过程中可能出现手续规则供给缺乏的困境，依据《行政裁判法》第 43 条的规定，则依赖于民事诉讼之规程。问题是民事诉讼法与行政裁判法的法性质并不一样，完全适用民事诉讼法的规定对于行政诉讼而言是显然不适当，而由行政裁判所自定诉讼手续规则，又往往属于事后规定，并且多有不合理之处，并不利于保护当事人权利。另外，一些诉讼手续规定也极不合理，比如起诉期限太短只有 60 日，许多行政案件因为期限问题而被驳回；还有在行政诉讼审理的过程中，职权主义色彩浓重，② 缺乏充分的控辩程序，加之书面主义的影响，往往使案件的事实不甚明了。

（四）诉讼机制不合理

在诉讼机制上，日本行政裁判制度与行政诉愿制度相关联。在一般情形下，行政诉愿前置是日本行政诉讼制度的一项基本原则；未经行政诉愿的行政案件，行政裁判所不予受理。但是，行政案件中的受害者就其所遭受之违法行政处分不能直接向行政裁判所起诉而只能先行经过行政诉愿，这就大大加重了受害者的诉讼成本；同时，向作出

---

① 在 1902 年政府委员一木喜德郎在向第 16 次帝国议会提出的关于《行政审判法》修正案的说明中，就认为原来列举的事项太狭窄，主张扩大诉讼事项。

② 参见杨建顺著：《日本行政法通论》，中国政法大学出版社 1998 年版，第 702 页。

行政处分的行政官厅的上级行政官厅提起行政诉愿，在维权意义上看，并不是一种合理的制度安排，因为作为下级行政官厅的行政处分有可能就是根据上级行政官厅的命令而作出，在这种情形下上级行政官厅不可能承认其命令具有违法的性质，因而也就不可能作出有利于诉愿人的裁决。并且，诉愿不实行口头审理主义，而主要是由诉愿厅通过内部程序审理诉愿案件。这种审理方式难以做到彻底了解整个行政案件的事实所在，而诉愿人又往往处于弱势一方，其利益难以得到平等的保障。另外，诉愿事项范围也是通过列举而确定，而依据《诉愿法》第1条的规定，普遍可以提起行政诉愿的事项只有六类。在此六类事项以外的事项有许多可以提起诉愿，也有许多不可以提起诉愿，这就容易使诉愿人丧失难以认识到其诉愿权利之有无，而有些行政案件如果没有诉愿权利，事实上也就意味着诉讼权利的丧失。这是实行诉愿前置原则难以躲避的一个问题。

（五）缺乏必要的公正的权限争议裁决机制

日本行政裁判所与司法裁判所共同分割了本应统一、完整的司法审判权，但是，两者之间对司法审判权的割裂同时也是不可能彻底的。在其分割不完整、不彻底的真空或重叠地带必然产生关于权限方面的争议。这种权限争议可能是积极的争议，也有可能是消极的争议。无论是积极争议还是消极争议，其结果都将是不但损害国家公共利益，也将损害私人权利的救济。因此，《行政裁判法》第20条第2项规定，“行政裁判所与通常裁判所或特别裁判所间起权限争议时，由权限裁判所裁判之”。根据第45条规定，“权限争议在权限裁判所设立为止的时间里，在枢密院裁定，裁定的手续依据敕令的规定”。依上述条文规定，为裁决行政裁判所与司法裁判所之间的权限争议应当建立权限裁判制度，建立行政裁判所，并且在权限裁判所建立之前由枢密院依据敕令裁定行政裁判所与司法裁判所之间的权限争议。但是，在日本行政裁判所存在的50多年的历史中，始终没有相应的敕令出台，也没有建立法律规定的权限裁判所。这就使《行政裁判法》的上述规定成为一纸空文。这种现状的直接结果就是在现实中无法解决司法审判权与行政审判权之间的冲突，进而导致行政权更加强大和专横，民众权利难以得到保证。

二、行政裁判所制度的改革、终结及其战后孕育

日本行政裁判所制度是以《行政裁判法》为其纲领的。该法制定于明治二十三年，废止于昭和二十三年，在这五十多年的历史中，几乎没有作过任何修正，因此作为其产物的日本行政裁判所也就几乎没有任何实质的变革。这种历史状态并不能说明日本行政裁判所制度的历史生命力和恒久价值。事实上其缺陷不少，上面也已略有叙述。围绕着行政裁判所制度的缺陷，自从行政裁判所建立之始即有国会议员提出对其进行修改的法案。此后的几十年中，随着社会政治经济的发展变化，要求修改的呼声从未间断，关于该法修改案的议论就达到10余次。这些修改方案包括（1）松冈康毅案："行政裁判法中改正法律案"、"明治二十三年法律第106号废止法律案"、"诉愿法案"（明治二十六年第四届帝国议会提出）；（2）政府案："权限争议裁判法案"（明治二十六年第四届帝国会议提出）；（3）利光鹤松案："行政裁判法中改正法律案"（明治三十一年第十三届帝国会议提出）；（4）政府案："行政裁决以及行政裁判权限法案"、"行政裁判所构成以及行政裁判手续法案"、"行政裁决手续法案"、"权限裁判法案"（明治三十五年第十六届帝国会议提出）；（5）元田肇案："关于行政裁判再审的法律案"（明治四十二年第二十五届帝国会议提出）；（6）政府案："行政裁判法中改正法律案"（明治四十三年第二十六届帝国会议提出）；（7）宫古启三郎案："关于行政裁判再审的法律案"（明治四十三年第二十六届帝国会议提出）；（8）宫古启三郎案："行政裁判法中改正法律案"（明治四十四年第二十七届帝国会议提出）；（9）宫古启三郎案："行政裁判法中改正法律案"（明治四十五年第二十八届帝国会议提出）；（10）政府案："行政裁判法中改正法律案"（大正五年第三十七届帝国会议提出）；（11）广冈宇一郎案："关于行政裁判法以及诉愿的法律在台湾实施的法律案"（大正五年第三十七届帝国会议提出）；（12）宫古启三郎案："行政裁判法中改正法律案"、"诉愿法中改正法律案"（大正十二年第四十届帝国会议提出）；（13）行政裁判法以及诉愿法改正委员会案："行政裁判法案"、"行政诉讼法案"、"权限裁判法案"、"诉愿法案"、"行政裁判官惩戒法案"（昭和六年成立、在第六十九届帝国会议由宫古启三郎

发起，作为建议案提出）。①

但是，上述各修改案除了大正五年针对行政裁判所长官的任命，作出由敕任改为亲任的修改外，或者是由于来自官僚主义立场的反对，或者是基于重要的立法形成时需要慎重的调查研究等缘由，没有一个修改案获得成功。在这些修改案中，1932 年临时法制议会发表的“行政裁判法修正纲领”最引人注目。从形式上看，该修正纲领分“行政法院法案”与“行政诉讼法案”两部分，体系较严密，目的在于制定和《法院构成法》、《民事诉讼法》相并列的行政诉讼法典。“行政法院法案”分 4 章 49 条及附则 10 条，规定行政法院实行二审制，设普通行政法院与高等行政法院，保障行政审判官的终身制，扩大行政诉讼种类与诉讼事项的范围。“行政诉讼法案”由第 1 编“行政诉讼案件”、第 2 编“行政诉讼关系人”、第 3 编“行政诉讼手续”、第 4 编“强制执行”及“附则”共 253 条组成，其主要内容是：（1）规定行政法院为二审制。行政诉讼的确定判决可采用准民事诉讼法规定的再审制；（2）归纳整理诉讼类型，除了抗告诉讼外，追加当事人诉讼、有关先决问题的诉讼；（3）扩大列举事项；（4）关于审理程序、判决的效力，也设置了详细的规定；（5）设立新的强制执行，还强调设立独立的、详细的诉讼手续。显然，上述修改案对于日本行政裁判所制度的完善具有十分重要的意义，有利于克服日本行政法院所具有的一些制度性缺陷。但是同其他所有的修改案一样，来自保守官僚的抵制使之同样归于失败。

后来，随着日本法西斯政权的建立，日本很快进入了战时体制，行政法院制度的改革终究没有获得结果。1945 年日本战败，在美国占领军的压力下于 1946 年制定了《日本国宪法》，明确规定“一切司法权属于最高法院及依法律规定设置的下级法院。不得设置特别法院。行政机关不得施行作为终审的审判”。从此，行政法院作为一个制度从日本司法体制结构中被取消，行政审判权归入司法权序列，由普通法院行使行政审判权。

日本行政法院制度的这种历史结局当然不是其制度本身所能决定

① 参见［日］行政裁判所著：《行政裁判所五十年史》，第 344～346 页（本书系日本九州帝国大学图书馆馆藏古籍）。

的，从历史的延续性来看，这种终结属于意外的“休克”，而作为一种对司法权监督行政权的基本司法机制，它的某种形式的复活应当说是必然的。就在《日本国宪法》正式生效实施的当年，1947 年颁布的《关于〈日本国宪法〉施行后民事诉讼法的应急措施法》第 8 条就规定了“要求撤销或变更行政厅的违法处分之诉”，增设了请求撤销或变更行政厅处分之诉。这就为单行的行政诉讼提供了最初的特例。1962 年，又制定了成为日本当前行政诉讼的基本法的《行政事件诉讼法》，该法第 1 条规定，“行政事件诉讼、除其他法律有特别规定外，依据本法的规定”；第 7 条规定，“行政事件诉讼中，本法未予规定的事项，援照民事诉讼”。根据这两个法条的规定，一个专门化的行政诉讼制度雏形已经赫然在目，立法者心目中的意图也已昭然。不过，日本行政诉讼领域的一个基本事实仍然是至今日本都尚未重建独立的行政法院制度。

第十章　印尼行政法院制度

印度尼西亚（印度尼西亚共和国）以前是荷兰王国的殖民地，它在1945年8月17日宣告独立——1949年12月27日荷兰正式承认其独立。①在主权移交后8个月内，②印度尼西亚组成联邦共和国，它包括有7 900个左右的岛屿，曾被喻为“横越赤道的一串绿宝石”。印度尼西亚现在的政治组织是以“法治”为基础的单一制国家。③ 其立国哲学基于五项原则，④ 即信仰上帝、人道主义、民族主义、民主和社会公平。⑤

第一题　印尼司法机关体系

印尼现行宪法是1945年《宪法》，根据该《宪法》第24条规定，司法权归属于最高法院以及依法设立的其他一些下级法院。根据对《宪法》的《官方阐释》，该第24条为司法独立奠定了基础。

在《宪法》前言里承认司法独立是作为以法治为基础的民主国家的重要支柱。

印度尼西亚的司法机关分别设有四个部门：（1）普通法院；（2）宗教法院；（3）军事法院；（4）行政法院。⑥

---

① 这一天即所谓“主权移交日”。

② 从1949年12月27日至1950年8月17日。

③ 参见1945年《宪法》序言和第1条。

④ 印度文“潘查希拉”。

⑤ 参见1945年《宪法》序言。

⑥ 参见《司法权基本法》，载《国家公报》1970年第17号。

一、印尼普通法院

印尼普通法院对所属辖区内一切人的民事和刑事案件都有管辖权。

普通法院分为三级：

（一）地方法院是初审法院。印度尼西亚每个二级自治区设有一所地方法院，共约 260 所，在最高法院的指示下由司法部长负责建立。为严格遵守法定程序，这类法院开庭时须由 3 名法官会同审理。由于缺少训练有素的法官，在实际审案时，特别是受理民事案件时往往只有 1 名法官审讯并判决。

（二）高等法院是地方法院的上诉法院。在民事案件方面，标的物价值超过 100 印度尼西亚卢比，①就刑事案件来说，判处 3 个月以上有期徒刑的，可向高等法院上诉。对高等法院判定的事实不能再行上诉。原定在每省建立 1 所高等法院，但目前在 25 个省中只建立了 11 所高等法院。

（三）最高法院是印度尼西亚的最高司法裁判庭。最高法院法官由首席法官和司法部长推荐，经国会提名后由总统任命。

最高法院的职权是审理不服高等法院判决而就法律观点提出上诉的案件。它由 3 名法官会同审理。最高法院也对所有下级法院的审判工作，以及下级法院工作人员的行为实行总的监督。有关法院之间在管辖范围和权利方面的争议也由最高法院裁决。

二、印尼宗教法院

印尼的宗教法院与地方法院是并列的。宗教法院对伊斯兰教徒的当事人在涉及伊斯兰教立有教规的那些范围内的争议有管辖权。这项管辖权主要着眼于婚姻事件。然而，有时它也包括伊斯兰教规关于继承问题，特别是在爪哇以外的地区。这些法院在爪哇正式称为 RAD AGAMA，在其他地区称 SJARIAT。

宗教法院的法官由宗教事务部长从熟悉伊斯兰思想的人中指派，宗教法院及其工作人员受该部长监督。在梭罗和中爪哇设有伊斯兰高等法院，受理不服该地区各宗教法院判决的上诉案。执行宗教法院的

---

① 1972 年 3 月每卢比约合 0. 25 美元。

判决须向地方法院提出申请，由地方法院签发执行许可令。

三、印尼军事法院

印尼军事法院审理以军人为被告的刑事案件。

军队的四个军种——陆军、海军、空军和警察部队各有其军事法院。军事法院分初审法院和上诉法院。法院由精通法律的军官主持。由3名法官组成的专门小组宣布判决。除通常的军事法院以外，在危急时期，例如发生叛乱时，还可成立特别军事法庭。这种特别军事法庭有当然的非常权力，它经常根据特殊需要而组成。

四、印尼行政法院

印尼早有各种各样的专门行政法院，将来这类法院的数量可能还会增加，现代意义上的行政法院于1991年才正式运行。

第二题　印尼行政法院的产生

一、印尼行政法院产生的法律依据

印尼临时人民协商会议已表明赞同把有关行政性的争议由适当的行政法院来解决。①但现在，并不是所有行政活动的领域都有它们自己的法院。例如《文职人员基本法》规定建立文职人员法院，②但这一目标在撰写本章时尚未实现。

二、印尼行政法院产生的历史背景

属于行政法院范畴但不直接以“行政法院”命名的专门行政法院，是现代意义上的行政法院的前身，可注意到下述几点：

（一）税务审议局是殖民主义时代的痕迹，它坐落在首都雅加达。该局主要是处理个人因政府税务机关征税不当或派税过多而提出的指控。该局主席由总统任命；其他成员由最高法院和中央商会从法

① 参见1960年第Ⅱ号决议。

② 参见《国家公报》1961年第263号。

官、财政部门官员和其他财政专家中选任。审议局的决定是最终决定，具有约束力。

（二）土改法院随着1960年的《土地基本法》的实施而显得突出起来。①《土地基本法》是根据1964年第21号法律的规定而生效的。②建立这项法律的目的是加速处理有关土地问题的争议，以有利于土改计划的实现。上述法律详细规定了土改法院的结构、组成、管辖权以及诉讼程序。土改法院也有地区级和中央级之分。中央级的土改法院设在雅加达，作为受理地区土改法院上诉案的法院。私人之间的争议以及个人与当地土改委员会之间的争议由审议局预审，各地地方法院院长兼任当地土改法院的院长；法院的其他成员选自政党和群众组织的代表。中央土改法院院长是最高法院的1名法官；法院的其他成员选自内政部的官员、政党和群众组织中的知名人士。随着1965年9月30日“运动”后的所谓“新秩序”，有关土改法院的各项规定似乎已被废除。

（三）住房事务委员会，一般法院不受理的有关住房和建筑物使用方面的争议由住房事务委员会处理。根据1962年第6号法令规定，③每一自治区的长官有权设立这种委员会。不服委员会的裁决，可向委员会所属自治区的长官本人申诉；自治区长官履行该项职能时，由一个组成住房局的住房专家小组协助工作。住房局成员可包括若干代表和其他政府官员。

（四）劳资纠纷调解委员会，原先是根据1951年第16号《紧急情况法》建立的，根据1957年第22号法律，④它成为一个处理雇佣人与工人之间纠纷的永久性机构。1957年的法律是为取代《紧急情况法》而重新制定的。同上述其他某些管理机构相似，调解委员会也分地方级和中央级，后者作为前者的申诉机构。劳工组织或工人团体与雇佣劳工的个人或企业之间的争议均归调解委员会管辖；个别受雇人与他的雇主之间的争议不属于委员会管辖。中央级委员会的裁决

① 参见《国家公报》1960年第104号。
② 参见《国家公报》1964年第109号。
③ 参见《国家公报》1962年第40号。
④ 参见《国家公报》1957年第42号。

可根据雅加达地方法院的许可令执行。

三、现代意义上行政法院的产生

印尼于1986年通过了《行政法院法》，其后又经过4年时间的酝酿，1991年行政法院正式运行。行政法院最终在印尼的建立并不是必然的发展结果。早前在殖民时期以及独立之初，反对建立行政法院的呼声在新制度下依然流行且拥有相当大的影响。较有代表性的学者有，Logemann先生曾于1929年反对设立行政法院，1986年在决定设立行政法院前夕，他又指出几个亟待解决的问题：缺乏民主管理，权力应实行等级划分，缺乏可胜任的法官候选人，没有宪法的框架结构等。Wirjono Prodjodikoro先生于1952年也发表声明反对设立行政法院，1986年又指出设立行政法院将加剧政府侵权，并且增大改革耗资。

但是这些论点为何最终未能得到重视？究其主要原因也许就是，一般意义上的司法审查已经成为法律不可或缺的一部分，就像总有全体选民投票来制约法律一样，印尼也照搬不误，设立自己的全体选民投票制度，大部分人觉得应尽可能对新制度的政权进行监督，提高整个新制度的公正性，从而提高新政权的国际地位。为此，相当部分的印尼学者主张效仿法国的行政法院体系，1976年法官们被纷纷派往法国学习法国体系。经过学术界及司法界各方的持久努力，1991年现代意义上的印尼行政法院正式得以运行。

第三题　印尼行政法院组织机构及职能

印尼行政法院在整个司法系统中与普通法院互不隶属，自成体系，各自独立行使司法权。它的司法目的明确，就是对行政活动实行司法监督，专门审理政府机关之间、政府机关或行政官员在行使公务过程中由于越权、滥用职权而引起的与公民之间的行政纠纷。

印尼行政法院系统主要包括最高行政法院、上诉行政法院、初审行政法院、专门行政法院、行政争议庭和最高行政法院派出的巡回庭。审级分三级。

一、最高行政法院

最高行政法院是行政法院系统中的最高一级法院。它的主要职责除一审外，大量工作是审理来自下级行政法院的上诉案件。除此之外，还向政府提供咨询意见及其他改革建议、年度报告。

二、上诉行政法院

印尼上诉行政法院是行政法院系统中的上诉审级法院。对不服地方行政法院判决的上诉案件有一般管辖权。印尼行政法院体制规定，不服上诉法院终审判决还可以向最高行政法院提起复核审程序，这时上诉法院的判决就有可能被撤销。所以，印尼上诉法院在审理上诉案件时一般采取审慎的态度。遇到新的法律问题难以把握，而且这个问题在其他案件中也屡屡出现时，它就暂时停止审判，请求最高行政法院给予指示。根据规定等候指示期为3个月，越期没有得到答复的就可以自行判决。

三、初审行政法院

初审行政法院是基层地方法院,它对初审行政案件有一般管辖权。

四、行政争议庭

印尼行政法院的另一组成部分还有行政争议庭。

五、专门行政法院

上述最高行政法院、上诉行政法院、初审行政法院、行政争议庭共同组成了印尼的普通行政法院系统。与之相对应的为专门行政法院，包括审计法院、税务法院、土地法院等。

六、最高行政法院派出巡回法庭

印尼行政法院实行“巡回法庭”制度。①“巡回法庭”的性质具有两重属性。其一，它是最高行政法院设立的一个监督机构。这是巡回法庭最主要的功能。它不但有权对地方行政法院系统内部案件受

① “巡回法庭”制度是行政法院的一项重要制度。它旨在发挥其“特效性”和“及时性”的优势，解决实际当中相对人诉讼不便、地方行政法院拒绝受理应当受理的行政案件、执行机关拖延执行判决和行政机关抗拒执行的案件。

理、审判和执行程序进行全程式的监督，而且有权对被判决履行义务的行政机关进行监督。它可以代表最高行政法院就个案向有关行政法院发出受理命令、重新审理命令和执行命令，并可以应原告人的申请，直接参与对某些行政机关的执行活动。其二，在必要的时候，它有权决定直接受理某些一审案件，此时，最高行政法院是一审法院，它作出的判决或裁定为终局判决或裁定。这是巡回法庭次要的功能。“巡回法庭”在最高行政法院内部是常设机构。

七、印尼行政诉讼程序

印尼行政诉讼程序具有如下特点：一是纠问式审判，法官在审判中居于主导地位。二是行政审判主要采用书面审查，口头辩论的作用不大。三是半秘密性质，调查事实和证据主要在预审阶段进行，而预审程序仅为与案件有关的人参加，不对公众公开。四是合议制。五是代表国家利益的政府专员参与诉讼。六是两审终审制。印尼行政诉讼程序的法律渊源包括成文法的规定和行政法院创立的不成文法原则。

第四题　印尼行政法院必须改进的问题

印尼行政法院体系的设立时间相对于法国、德国、奥地利等欧洲大陆国家而言要晚得多，尽管它是在吸收国外，尤其是法国较先进的、完整的行政法院体系的基础上建立起来的，但是由于其国情的特殊性和复杂性，从 1991 年至今的审判实践表明，行政法院对公民权益的有效合法保护仍未能得以保证，人们总是难以求助于法院，而行政法院的审判权仅局限于一定范围内的行政案件。因此，如果人们想到创造条件以协助行政法院根据所制定的法律法规要求来履行其职责，那么笔者认为下列措施是必不可少的。

一、进一步强化行政法院的司法独立性

司法独立作为一项十分重要的司法制度和原则，渊源于 18 世纪法国启蒙思想家孟德斯鸠的三权分立学说。在西方，司法独立原则主要包括以下内容：（1）司法机关有其独立的组织系统，与其他组织

系统相分离，简称“司法权独立”；（2）法官独立审判案件，不受任何干涉，简称“审判独立”；（3）法律对法官的地位特设保障条款，如法官高薪制，法官终身任职，简称“司法人员独立”。其核心是法官审判独立。司法独立原则已被现今世界各国宪法和法律所普遍承认。几乎所有学者都同意这样一种观点，即确保司法独立，是实现司法正义的先决条件，在法治社会中，法院处于极为重要的地位，因为法院是公平正义所在，是恢复社会秩序的场所。一个社会不能没有秩序，因而不能没有法院；一个社会更不能没有公平正义，因而就不能没有法院的独立审判。只有审判独立，法院才能真正成为实现社会公平正义的场所。印尼行政法院应采取下列措施保持司法独立：

首先，地方行政法院办案严格不受地方党、政机关干预，从而司法领域中的地方保护主义便可得到遏制。第二，从经费和人事管理制度方面考虑，行政法院的活动经费由国家财政直接拨付，行政法院的人、财、物权由最高行政法院集中掌握，不再受行政机关控制。这样，行政法院才可能不受行政机关干预而严格依法办案，特别是涉及行政机关切身利益的案件更是如此。第三，制定法律严格控制行政法院法官的来源，确保行政法院法官的素质，在业务能力上保证独立。第四，行政法院设立独立的执行机构，独立执行行政法院的判决。

二、建立、健全行政法院监督制约机制

结合国外一些成功的经验和失败的教训，印尼除了应加强行政法院法官的职业道德教育和培训以外，还应从以下几方面进行制度建设：

（一）建立行政法官高薪制度。新加坡、香港等地实行高薪养廉，使法官享有优裕的物质生活，更加珍惜自己的事业与地位，不至于去为生计冒险。这种制度可以为印尼借鉴。首先，法官薪水必须大幅增加。1994 年初审法院法官平均薪水还不到一个印度尼西亚普通工人平均薪水的 5 倍。①这比起其他一些发展中国家的薪水水平而言

---

① The judicial salary was set at Rp. 680 000 a year (see Chapter 8 section 3 [b] while according to the World Development Report of 1995), the average income in Indonesia per capita was USD 880, World Bank, *World Development Report: Workers in an Integrating World*, Oxford, Oxford University Press, 1995.

显然过低，在那些国家，法官的平均薪水是普通工人的10倍以上甚至达33倍。① 这对法院的权威性以及招收工作都将产生积极影响。如果行政法院法官的招收工作继续是个问题，可以采取的一种解决方法便是发给行政法院法官高于民事、刑事法院法官的薪水。尽管加薪不足以消除腐败，但这却是一个重要的预先条件。另外，初审法院、上诉法院和最高法院之间的薪水差别应该缩小。这将会增强地方法院法官的独立性，因为目前由于强烈的财政动机，刺激地方法院法官一直努力向上攀爬。

（二）限制和避免法官与当事人私下接触，对违反职业道德的法官，予以坚决地惩罚，决不姑息。

（三）倡导大众传媒对行政法院进行监督和批评。

三、后记

在将近55年的独立以后，印度尼西亚仍然遭受着政治、经济、社会和法律的不稳定。行政法院案例表明政治和法律是如何相关的：要促进法治法规，在进行司法改革的同时必须进行政治体制改革。既然已建立了民主，也已实行了一系列宪法改革，那么建立法律秩序的主要条件都已经到位，这给未来带来了希望。印尼司法体制面对的问题如今已比“新秩序”之初严重得多，虽然如此，行政法院却是该种政治体制的产物之一，现在的问题是那些资助、起草、运用、学习行政法的人是否有足够能力和热情来把握住当前的机会。

---

① Dakolias offers the following figures: Brazil 33 times the average salary, Chile 10 times, Ecuador 18 times, Panama 10 times, Peru 14 times and Singapore 18 times. Singapore is obviously no longer a developing country, but was one until recently. See Dakolias, *Count Performance around the World: a Comparative Perspective* (1999), Yale Human Rights and Development Law Journal 2. See http: //diana. Law. yale. edu/yhrdlj/vo102/dakolias_ maria_ articele. html.

第十一章　巴拿马行政法院制度[①]

第一题　巴拿马行政法庭建立的背景

巴拿马行政法庭的建立与发展深深根植于其自身独特的历史之中，而其行政法庭甚或整个司法体制的确立都在不断完善和被指责中曲折发展。因此，作为一个具有久远殖民地历史的国度，了解其行政法庭的组成以及其他相关问题，首要的即需对巴拿马独特的历史发展加以了解。

一、巴拿马的发展历史

直到1821年前为止，巴拿马一直是西班牙在美洲的殖民地之一。1821年巴拿马加入西蒙·玻利瓦尔建立的大哥伦比亚共和国。

20世纪以来，巴拿马的国内政治和外交始终围绕着巴拿马运河展开。19、20世纪交界的时候，法国人费迪南·莱塞普开始建造一条连接大西洋和太平洋的运河。美国总统西奥多·罗斯福使用外交手段试图接管这条运河。直到1989年12月，美国一个海军陆战队士兵被杀，其借口保护美国居民安全入侵巴拿马。1903年11月，在美国海军的配合下，在巴拿马爆发了一场几乎不流血的革命，巴拿马要求脱离哥伦比亚。11月3日反叛者在巴拿马城宣布成立一个独立的共和国，即巴拿马共和国。

长期以来，巴拿马政府相当不稳定，政府统治机构频频更迭。因

---

① 巴拿马行政法院体制形式上表现为“行政法庭”。因此，文中仍采取了“行政法庭”的用语，但其功能上与他国行政法院基本相同。

此，在这种情况下其司法体制、政治体制以及经济体制等，都充满了不稳定的发展因素。直到1989年12月，巴拿马的行政机关以其总统和两个副总统为首席，立法机关是一个由72个代表组成的立法大会。总统和立法大会成员由国民选举而出，任期为5年。巴拿马公民有选举义务，但至今为止还没有人因为没有参加选举而受到惩罚。1989年以后，巴拿马自由选举重新施行，一个独立的选举委员会监视选民登记和选举过程，媒介重新获得言论自由权，国家管理权才逐渐被和平地过渡到公民政府手中。

二、巴拿马行政法庭体制的特点

从以上的历史发展，我们可以看出，巴拿马经历了“西班牙的殖民地——哥伦比亚的附属国——美国的保护国”三个阶段，这样的历史发展也为巴拿马的行政法庭，乃至整个司法体制打上了深深的烙印。因此，在其独立后的相当长时间内，巴拿马继承了哥伦比亚的法律秩序和传统。

例如，哥伦比亚地区司法体制包含最高法院、行政法院、宪法法院、高级司法委员会和总检察院。最高法院是最高普通司法机关，由29名大法官组成。国家行政法院和宪法法院分别由29名和9名大法官组成。高级司法委员会由13名大法官组成。各法院院长均由大法官选举产生，任期1年。总检察院隶属哥伦比亚司法系统的组成部分，但享有行政和预算自治权。① 包含巴拿马行政法庭在内的司法体制深受哥伦比亚的影响，也设立了最高法院以及最高检察院，尽管其人员组成有些许差别，但其履行的相关职能则颇为类似。司法机关由一个由9名法官组成的最高法院和地方法院组成。此外，由于其作为美国的保护国，其法律制度也具有很多英美法的传统和特点。

三、巴拿马行政法庭在司法体制中的地位

巴拿马行政法庭作为最高法院的第三组成部分②（Third Chamber

---

① 参见《哥伦比亚概况》，载 http：//www. china. org. cn/chinese/zhuanti/jqlcf/856440. htm。

② See *Name of the institution*：*Supreme Court of Justice—Third Chamber Contentious administrative*，http：//www. iasaj. org/juridic/fiches/invite/panama. htm.

of the Supreme Court)，在巴拿马司法体制中发挥着重要的作用，承担了对行政案件的审理工作。但是，由于巴拿马社会结构包含司法体制存在的若干难题，使得其行政法庭的地位大受影响。

第二题　巴拿马行政法庭的组织机构与职能

一、巴拿马行政法庭建立的宪法依据

巴拿马行政法庭建立的法律依据是宪法。巴拿马现行宪法于1972年10月11日生效，1978年和1983年进行过两次修改。宪法规定国家实行三权分立体制，总统为国家元首，其通过直接选举产生，任期为5年，不得连任。1994年10月4日，巴拿马议会通过宪法修改草案，规定取消军队，建立一支警察部队。国民议会为一院制，行使立法权，由72名议员组成，通过民选产生，任期为5年。司法权由最高法院和总检察院行使。

巴拿马总统任命了9个最高法院法官，由议会通过，并对立法委员会负责。法官任期为10年。最高法院法官指定最高法官，依次指派巡回或地方法庭法官。到1987年晚期，最高法院中又分为三个部分，分别负责民事、刑事和行政部分的案件。因此，从某种意义上来理解，巴拿马行政法庭形式上更类似于我国目前最高法院下的行政审判庭。但是，从其发挥的功能角度来看，又接近于他国的“行政法院”体制。

此外，许多其他的宪法条款被用来确保最高行政法庭以及最高法院的宪法地位和独立性。例如，宪法确立最高法院法官是“宪法统一秩序的维护者”，其与首席检察官磋商之后，具有权力确定所有法律、法令、协定以及其他政府法案的合宪性。法庭也具有权限处理任何涉及政府官员任何程度的履行不能或违法行为。

二、巴拿马行政法庭的人员组成

巴拿马宪法确立最高法庭是司法的最高主体，而行政法庭也为巴拿马的最高行政法庭。根据宪法规定，其法官组成由3人构成。此外，法官必须出生于巴拿马，或者至少在巴拿马生活过35年以上，

具有法学学位，或者从事法学教学至少10年以上。① 法官抑或轮换者受内阁会议的任命，并受控于立法委员会的批准。巴拿马宪法第200条规定了每两个法官之间每两年的轮换制度，法庭也在每两年选任其自身的院长一次。通过这种制度可以保障法官的公正性，避免法官因太多涉及某地区或者某方面的案件而产生偏私现象。

三、巴拿马行政法庭的功能与权限

巴拿马行政法庭有权听取关涉到行政行为与相关行政法律规范的案件，并考虑那些潜藏于司法制度及其相关层级中的法律价值，以其被表达的相关形式。行政法庭具有法定的权力以宣布行政行为无效，抑或认可代表公民的主观性权利，也可以裁决由于错误行政行为所造成的补偿。具体而言，行政法庭的功能和权限可被概括为如下几点：

（一）审判权

巴拿马行政法庭可以根据法律来审理涉及行政方面的诉讼案件。首先，这些案件经常被提起，违反国内法的行政行为，这些案件通常为普通案件；其次，为与国内法相关法治规则一致，但是与国际条约相违背的案件；最后，为一些与认可的国际条约相反，但是却与国内法不存在任何冲突的案件。法庭有权考量这些行政官员所实施的行为，并考虑这些行为可能造成的损害，并考量相关的问题。例如，行政契约的废除抑或执行等。

（二）提出建议权

巴拿马行政法庭也可以对相关的法令制定等提出意见。一般情况下，这些建议的提出，要求基于法律抑或规则、抑或政府愿意表达的观点。此外，政府官员也可以询问最高法院关于行政事务以及行政行为等方面的任何具体问题，行政法庭需要作出相应的回应。

第三题　巴拿马其他相关制度

一、未经法律程序法官不可更换

由于受到英美法律制度的影响，巴拿马行政法庭也实施了法官的

① See *Panama*, *The Judiciary*, http://lcweb2.loc.gov/cgi-bin/query/r? frd/cstdy: @field (DOCID + pa0097).

不可更换制度。例如，美国法律规定，总统有权任命大法官，但无权罢免大法官。这种制度的含义是指在法官任期届满之前，非弹劾不得被免职，撤职或令其提前退休，法律对法官将设立保障条款。依据这种制度理解，巴拿马宪法也作出了类似的规定。例如，规定未经法律程序，法官不能被开除、判刑或者要求其履行其他职能。

二、行政法官不可兼任其他政治职位

为了确保法官审判的独立性，巴拿马宪法第 203 条规定："正式法官和审判官不得担任任何其他公职，在大学教育机构教授教学的教师除外。"① 此外，法官在司法机构中的地位与其参与政治的地位是不相容的，除其参加选举之外。最高法院和首席检察官负责司法机构的预算准备。

三、司法独立的确保

许多宪法条款也被设计用来保障司法独立。例如，巴拿马宪法第 205 条规定："法官和审判官在行使职能方面是自主的，只服从宪法和法律，但下级必须服从并执行其上级根据合法上诉所作的撤销或修改他们原来所作决议的决定。"②

四、案件受理前行政手段的穷尽

巴拿马行政法庭在受理案件之前，多数案件应当进行先前的审查，即由行政官员进行相关的政府审查，以审查相关行为的合法性，而在进行这样的审查之后才留待行政裁决。

第四题　巴拿马行政法庭存在的问题

一、巴拿马行政法庭在司法体制中的地位

目前世界上有很多国家和地区设有行政法庭，如法国、德国、瑞

---

① 《巴拿马宪法》，载肖扬：《各国宪法关于司法体制的规定》，人民法院出版社 2003 年版，第 411 页。

② 《巴拿马宪法》，载肖扬：《各国宪法关于司法体制的规定》，人民法院出版社 2003 年版，第 412 页。

士、芬兰，以及我国的澳门和台湾地区等。以有“行政法母国”之称的法国为例，其行政法的发展就是随着行政法庭的产生与完善而逐渐成熟的，两者之间相辅相成。“法国的行政法是由行政法院适用的特殊法律，而行政法院正是为适用行政法而创造的。”但是，巴拿马行政法庭甚至其整体的司法体制并未发挥这样的功能。由于其司法体制的复杂性，其中存在许多问题。例如，巴拿马的穷人缺乏足够的机会接近法律服务，大量狱中的人是贫穷的，更容易长久的被羁押。而此外，司法腐败盛行于巴拿马的三个政府分支中，缺乏足够训练的警察调查人员导致了许多不适当的调查行为。

二、存在的重要缺陷：“橡皮图章”

而包含行政法庭在内的司法制度的最主要缺陷在于司法任命的方式。法官的任命和司法部长受制于立法委员会的认可，但是这一组织仅发挥“橡皮图章”的作用。低等法官由更高一级的司法机构任命，这并不受立法委员会许可的控制。除此之外，先前的两个最高法院法官与政府紧密相连，并卷入了很多争议之中。例如，对有关领导人的调查等。因此，许多观察者，包括美洲国际组织（Organization of American States）都批判巴拿马法院缺乏独立性。①

三、结语

由于巴拿马特殊的政局变动，使得我们在搜集相关资料时难度重重，甚至更接近于一种“混乱”状态。因此，本章也在尽可能穷尽相关资料的基础之上，对巴拿马行政法院作出了简要的描述。从中，我们或许可以看出，在一个频繁变动政局以及混乱的国度中，司法体制包含行政法庭制度发展的艰难和面临的诸多难题。

---

① See *Panama*, *The Judiciary*, http://lcweb2.loc.gov/cgi-bin/query/r?frd/cstdy:@field(DOCID+pa0097).

修改后的宪法保留了 1886 年宪法确立的民主结构，但将原由行政部门享有的部分权力转授予立法和司法部门，从而希望更多的民众能参与到政治过程之中。为了强调法治及司法部门的功效，新宪法重申司法的完全独立性，并创设了一些新的司法机关，如宪法法院、高等司法委员会以及检察总长办公室等。另外，在人权保护方面也有一些新的举措，如新宪法完整规定了三代人权，并设立了专门保护人权的机构。

尽管 1991 年宪法改革描绘了一幅较为理想的民主、法治蓝图，但从现实来看，哥伦比亚的社会状况并未完全好转。而且，各种政治暴力活动不断。例如，在整个 20 世纪 90 年代，大约有 290 名法官遭受暗杀。①

第二题　哥伦比亚基本司法体制

哥伦比亚自独立于西班牙以来，成为南美洲最古老的民主国家，基本原因在于建立了一个强大的司法体系。不过，从 20 世纪 80 年代开始，随着毒品经济的泛滥，其司法部门遭到有组织犯罪的猛击。一方面，法院负荷过重且面临各种暴力威胁，例如，在 1979 年至 1991 年期间，共有 550 名法官被暗杀。而在 1985 年，最高法院的全体大法官都受到了暗杀的恐吓。② 另一方面，作为临时应对性措施的各种特殊法院与法庭的设立又使得整个司法体系更为混乱。

直到 1991 年宪法改革后，哥伦比亚司法体制才有了较为彻底的变革。首先，以刑事诉讼为例，在改革之前，哥伦比亚 1886 年宪法所建立的司法体制是以西班牙模式为蓝本的，实行职权主义讯问式，而改革之后则更倾向于对美国模式的借鉴，强调当事人主义。其次，设置新的司法机关（如宪法法院、高等司法委员会等），并在一定程度上限缩军事法院等特殊法院的权限。另外，注重对法官人身安全的

① See William D. Shingleton, *Under Colombia*, 25 Fletcher F. World Aff. 2001, p. 259.

② See Luis Alberto Moreno, *Judiciary Reform in Colombia*, 13 Fla. J. Int'l L. 2000-2001, p. 76.

保护。在很大程度上，司法体制的现代化已成为该国各项经济社会改革的关键所在。①

新宪法第228条规定，执行司法权是一项公共职能，其决定独立作出。根据宪法以及有关法律的规定，哥伦比亚现行司法体制主要包括以下四个方面：普通法院系统、行政法院系统、宪法法院以及其他司法部门。

一、普通法院系统

普通法院系统主要承担对下列案件的处理：民事、商事、土地、家庭、刑事以及劳动。最高法院（Corte Suprema de Justicia）是普通司法权的最高法院，共由23名大法官（Magistrados）组成，内设三个庭：民事与土地庭（7名大法官）、刑庭（9名大法官）以及劳动庭（7名大法官）。宪法第235条对最高法院的职权作了明确的规定。

全国分成29个司法区，每个司法区都设有一个高等法院，高等法院主要审理一般的上诉案件。而每个司法区又分成若干个小区，后者又可能由几个市镇组成。在小区及市镇则设有相应的法院及法官，审理一般的第一审案件。

二、行政法院系统

行政法院主要审理行政机关以及公共部门的行为，也受理那些行使公权力的私人违法行为。国务委员会（Consejo de Estado）是行政诉讼的最高法院，另外，它也是政府的最高咨询机构。国务委员会共由27名大法官组成，内部主要分成三个机构：（1）全体会议（27名大法官）；（2）咨询委员会（4名大法官）；（3）行政诉讼庭（23名大法官）。

在地方上，一般是在每个省设立一个行政法院，在市一级行政区域，则设有行政法庭及行政法官。根据宪法和法律的规定，国务委员会、行政法院以及198个行政法庭（往往只有1名法官）共同行使行

---

① 例如，曾任哥伦比亚驻美国大使的Luis Alberto Moreno认为，从1998年开始实施的“哥伦比亚计划”的核心就是司法改革。See Luis Alberto Moreno, *Judiciary Reform in Colombia*, 13 Fla. J. Int'l L. 2000-2001, p.75.

政审判权。

三、宪法法院

宪法法院（Corte Constitucional）是 1991 年宪法改革后设立的新的司法部门，承担着维护宪法尊严与完整性的神圣使命。宪法法院共由 9 名大法官组成。根据宪法第 239 条、第 240 条的规定，宪法法院的大法官由参议院根据总统、最高法院和国务委员会的提名选举产生。选举前一年曾担任内阁部长或最高法院、国务委员会大法官者不得当选。宪法第 241 条详细规定了宪法法院的职权。①

四、其他司法部门

（一）特殊司法权

宪法第 246 条规定，印第安人部落可以在其辖区内，在不违反宪法和法律的情况下，根据自身的规定及程序，行使司法权。法律将具体规定这种特殊司法权与全国性司法系统的协调方式。

宪法第 247 条则授权法律可以根据需要创设专门致力于公正解决个人及集体冲突的和平法官。

另外，改革后的宪法依然保留了军事法院。根据宪法第 221 条的规定，军事法院可以根据该国军事刑法典对军人进行审判。

（二）检察总长办公室

检察总长办公室也是在 1991 年宪法改革后新设置的。它由国家检察总长（Fiscalía General de la Nación）及其助理和其他官员组成。检察总长办公室负责对犯罪事实的调查和对犯罪嫌疑人的指控与提起公诉。宪法第 249 条规定，作为一个司法部门，该办公室享有行政与预算上的自治权。

（三）高等司法委员会

高等司法委员会（Consejo Superior de la Judicatura）主要包括两个部门：（1）行政组（Sala Administrativa），由 6 名大法官组成，负

---

① 不过，也有学者认为，宪法法院的增设可能会进一步增加该国的司法混乱。See Donald T. Fox and Anne Stetson, *The* 1991 *Constitutional Reform: Prospects for Democracy and the Rule of Law in Colombia*, 24 Case W. Res. J. Int't L. 1992, p. 155.

责处理预算、管理司法部门、划分司法区并设立或取消相关的司法机构等事务。(2) 纪律组 (Sala Disciplinaria), 由 7 名大法官组成, 主要负责监督司法部门工作人员和执业律师的行为, 并处理有关司法争议。

另外, 根据宪法第 254 条、第 255 条的规定, 可根据法律规定设立相关的地区司法委员会, 行使有关职能。

第三题　哥伦比亚行政法院制度

一、法制规范情形

(一) 宪法

1991 年修改后的宪法第八编第三章专门就行政诉讼制度作了规定。不过, 值得注意的是, 与修改之前不同, 修改后的宪法删去了对地方行政法院的规定, 仅仅着墨于最高行政法院 (即国务委员会), 而将对前者的制度性安排留给了具体的法律法规。

(二) 行政诉讼法及相关法律

行政诉讼活动在哥伦比亚具有十分悠久的历史。该国的第一部行政诉讼法 (El Código Contencioso Administrativo) 颁布于 1913 年 12 月。该法对行政诉讼管辖等问题作了具体规定。在 1928 年的时候, 通过法令, 在全国共设置了 14 个行政法院。随后, 在 1941 年 12 月, 颁布了第二部行政诉讼法, 并经 1959 年、1964 年、1967 年、1975 年等多次修改。

现行行政诉讼法自 1984 年开始施行, 是哥伦比亚行政程序及行政诉讼制度的基本法律。在对行政诉讼制度作出详细安排的同时, 还对行政活动的基本指导原则作了规定, 如: 合法、经济、迅速、有效、公平、公开、善意、正当程序、合比例, 等等。该法除序言外, 共有 27 编 32 章 268 条。在施行后的 20 余年间, 国会以法律的形式多次对该法的部分条文作了修改。①

---

① See http: //www. dafp. gov. co/leyes/c_conadm. htm.

二、组织体系

根据宪法与法律的规定，哥伦比亚的行政法院系统由国务委员会(Consejo de Estado)、行政法院（Tribunales Administrativos）以及行政法庭（Juzgados Administrativos）组成，共同行使行政审判权。

（一）国务委员会

1. 历史沿革

国务委员会的历史最早可追溯到西蒙·玻利瓦尔将军（General Simón Bolívar）于1817年所发布的一项法令。而1821年宪法则正式确立了一个类似的机关，不过，名称有所不同，称为“政府委员会”(Consejo de Gobierno)，到1828年修改宪法的时候，则正式改名为国务委员会。①

国务委员会的设置，在很大程度上，是对法国于1799年创建的国家参事院（Le Conseil d'Etat）的借鉴与模仿。在一开始，它主要是一个咨询性的机关，并不行使行政审判职权。在随后的历次宪法修改中，其地位及职能也发生过多次变动。例如，在1843年的时候，甚至取消了国务委员会。直到1886年宪法制定之后，才确立了其作为最高行政审判机关的功能。

2. 内部机构

国务委员会的职权由宪法以及相关的法律规定。法律主要是行政诉讼法以及国会的1996年第270号和1998年第446号法律的有关修正规定。

国务委员会是国家的最高咨询机构和最高行政诉讼法院，还具有拟订并提出法律草案的权力。② 其内部主要包括三个部门：全体会

---

① 本章对哥伦比亚行政法院制度的介绍若没有具体指明资料来源，则请参见下述网站：http://www.ramajudicial.gov.co:7777/csj_portal/index.jsp，http://www.dafp.gov.co/leyes/ccconadm.htm，http://www.iasaj.org/juridic/fiches/membre/colombi.htm。

② 宪法第237条规定了国务委员会的如下职权：(1)根据法律的规定，行使行政诉讼最高法院的职能；(2)审查政府颁布的相关法令；(3)行使政府在行政事务方面最高咨询机构的职能，且在宪法和法律规定的特定情形下，其意见具有强制力；(4)拟订并提交宪法修正案及其他法律草案；(5)根据宪法与法律的规定，审理国会议员的渎职案件；(6)制定本机关的规章及细则并行使法律规定的其他职权。

议、咨询委员会和行政诉讼庭。

（1）全体会议（Sala Plena）

国务委员会的所有 27 名大法官共同组成全体会议。全体会议每年选出国务委员会的正副主席各 1 名。国会 1996 年第 270 号法律第 35 条对全体会议的职权作了具体规定。

（2）咨询委员会（Sala de Consulta y Servicio Civil）

咨询委员会由 4 名大法官组成。主要负责为总统及政府就国家行政事务提供咨询意见以及拟订并提出宪法修正案和其他法律草案。行政诉讼法第 98 条规定了咨询委员会的主要职权。

（3）行政诉讼庭（Sala de lo Contencioso Administrativo）

整个行政诉讼庭共有 23 名大法官，之下又分成五个部门，分别是：第一组（Sección Primera），4 名大法官；第二组（Sección Segunda），6 名大法官；第三组（Sección Tercera），5 名大法官；第四组（Sección Cuarta），4 名大法官；第五组（Sección Quinta），4 名大法官。

行政诉讼法第 97 条规定了行政诉讼庭作为整体所行使的职权。主要包括：处理行政诉讼管辖的权限争议；根据法律规定，确定国务委员会行政诉讼的具体程序；为每位大法官拟定辅助司法人员的名单；审理特定的上诉案件和针对特定部门或其分支机构而提起的行政诉讼或符合其他条件的一审案件；处理对特定案件的复核审；根据法定条件及特定事由，决定延长有关审判组的审理期限；审理并宣布那些不属于宪法法院审查的政府命令因违宪而无效，等等。

3. 大法官的任职条件

国务委员会的大法官由其全体会议根据高等司法委员会（Consejo Superior de la Judicatura）的提名而任命。宪法第 232 条规定了国务委员会大法官的任职条件：（1）必须是出生在哥伦比亚并具有公民身份、品行良好的哥伦比亚人；（2）是律师；（3）无服刑前科（政治性罪行除外）；（4）在司法部门或公共机构任职 10 年以上或者以良好信誉从事律师职业或大学法律教育工作达到类似年限。

（二）行政法院和行政法庭

在哥伦比亚，不同于普通法院的设置模式（由高等司法委员会将全国划分为若干个司法区，在每个司法区设立一个高等法院），行政法院通常是以省（Deartamentos）① 为单位进行设置的，一般是在每个省设立一个行政法院。在市一级行政区域，则设有行政法庭及行政法官。根据宪法和法律的规定，哥伦比亚的行政法院系统主要由国务委员会、各省的行政法院以及 198 个行政法庭（往往只有 1 名法官）共同组成，行使行政审判权。

三、受案范围及诉讼程序

哥伦比亚行政诉讼审判权不仅审查那些因公共机构（La Entidades Publicas）或承担政府机关特定职能的个人的行政活动而引起的争议。而且，也可能受理那些因不满政府的政治行为而提起的诉讼。不过，对那些根据有规律的政策性判断而作出的决定往往不予审理。行政诉讼法第十编具体规定了行政诉讼的受案范围。

总的说来，哥伦比亚行政法院系统的受案范围较广。政府的所有行为，如政治性行为、管理性行为、行政合同、以及选举行为等的合法性问题，都可能成为行政法院的审查对象。例如，曾有一位下级法院的法官在参加一次地区高等法院大法官的选拔竞争失败后，提起了行政诉讼，对一审判决不服后，又提起上诉。国务委员会则于 1997 年 5 月 15 日作出了终审判决。②

就行政案件的具体审理而言，一般说来，由行政法庭审理第一审行政案件，行政法院审理上诉案件。③ 在特殊情况下，国务委员会也审理第一审行政案件和上诉案件。并且，行政法院和国务委员会还承担对部分行政案件的复核审。另外，行政诉讼法第二十六编还规定了特殊程序，如对权限争议、选举案件等的处理即是适例。

---

① 哥伦比亚的地方行政区划分为省，首都圣菲波哥大为特区（Distrito Capital），由中央政府直接管辖；省之下设市（Municipios），是基层行政单位。

② See http：//www1. umn. edu/humanrts/cases/1997/colombia34-97. html.

③ 这主要是由国会 1996 年第 270 号法律（La Ley 270 de 1996）所作出的制度安排。

第四题　哥伦比亚行政法院制度评价

一、“被误解的国度”

在某种意义上，很少有别的国家像哥伦比亚那样被误解。作为南美洲的一个大国，外人却往往对其知之甚少。在国际传媒的各种报道中，往往将哥伦比亚与毒品种植及交易联系在一起，以至于一个真实的哥伦比亚影像反倒模糊不清了。① 不过，事实上，哥伦比亚本身确实是一个充满矛盾的国度：具有悠久的民主传统，但其政权似乎日益成为寡头政治执政模式；作为一个中央集权国家，其地方政府却享有极高的自治权；拥有十分丰富的自然资源，但穷人随处可见；国家经济的整体蒸蒸日上，但广大民众很难从中受益，等等。②

二、行政法院制度的贡献与不足

哥伦比亚行政法院系统自成一体，与普通法院系统、宪法法院以及其他司法部门一起，共同组成国家司法体制。行政诉讼实践的开展，对于促进行政法治具有积极意义。

不过，值得注意的是，由于武装叛乱的长期存在，官方并未能完全控制整个国家。相应地，各种正式的司法制度也就难以在反政府武装力量控制的地区真正贯彻实施。③ 因此，对于行政法院系统以及整个司法体制的作用也并不能过于乐观。

三、可能的出路

伴随着毒品经济的泛滥以及多年的内战与混乱，哥伦比亚国内的政治社会问题较为突出。一个重要的表现是贫富两极的严重分化。例

① See Luis Alberto Moreno, *Judiciary Reform in Colombia*, 13 Fla. J. Int'l L. 2000-2001, p. 76.

② See Steven Flanders, *Court Administration in Colombia: An American Visitor's Perspective*, 71 Judicature 1987, pp. 36-37.

③ 并且，这类地区的面积大约占整个国土面积的 40%。See William D. Shingleton, *Under Colombia*, 25 Fletcher F. World Aff. 2001, p. 257.

如，根据世界银行 2000 年的报告，哥伦比亚的基尼系数（Gini Index）高达 0.571，并且，大约 10% 的哥伦比亚人每天的生活成本低于 1 美元。①

或许，解决哥伦比亚问题的关键并不能简单地依靠官方的军事行动，清廉的政府、经济的发展以及社会的公正，才是可能的出路。而行政诉讼实践无疑会对此有所助益。

① See The World Bank, *World Development Report* 2000/2001 (Washington: The World Bank, 2000), pp. 274-287.

第十三章　希腊行政法院制度

第一题　希腊司法体制介绍

一、希腊现行政治体制和司法体制概况

希腊是世界文明古国之一，位于东南欧的巴尔干半岛南端。公元前5世纪为全盛时期，公元前4世纪开始衰落，被马其顿帝国征服，公元前146年沦为罗马帝国的一个省，公元395年并入拜占庭帝国。从15世纪到1821年，希腊是土耳其帝国的一部分。1821年希腊人民举行武装起义，1827年获得独立，公布共和制宪法，1935年王政复辟。第二次世界大战期间被德、意军队占领。希共在国内组织“民族统一阵线”领导下进行武装斗争直到1944年全国解放。1946年国王复位，希共同王室之间继续始于1943年的内战。1949年，希共失败。1952年颁布希腊王国最后一部宪法。1973年废黜国王，再次确立共和制至今。

希腊现行宪法于1975年生效，并在1985年、2001年进行了修改。根据宪法，希腊国家体制为“总统议会共和制”，立法权属于议会和总统，行政权属于总统和政府，司法权属于法院。

总统为国家元首和陆、海、空三军统帅，有权任免政府官员，召集和解散议会，颁布法律、法令，对外代表国家。总统由议会选出，任期5年，任期自宣誓就职之日开始，只能连任一次，不得兼任任何其他职务。凡年满40岁，依法享有选举权，父母一方为希腊血统，享有公民权至少5年的任何希腊公民，均可当选为总统。议会实行一院制，主要职能是立法和监督政府工作。议员人数由法律规定，但不

得少于200名或者超过300名，议员任期4年，由享有选举权的公民通过直接、普遍、秘密投票选举产生。议会通过的法案须经总统批准才能生效，议会以绝对多数票可以推翻总统对法案的否决。政府由总统任命的总理和部长组成。政府须得到议会的信任，在议会通过不信任案后，总统得解除总理职务或者解散政府。希腊全国划分为13个区，各区共下辖52个州。各州由内政部长任命的州长负责。

宪法规定每个人均有依法受法院保护和在法院为自己辩护的权利。希腊的司法机关分为民事、刑事法院和行政法院。行政法院解决行政争议，民事法院解决民事争议，对犯罪的惩罚制裁由刑事法院负责。最高法院是受理民事和刑事案件的最高法院，最高行政法院是受理行政案件的最高法院。特别最高法院是所有宪法和司法案件的终审法院。

司法权独立行使，不受任何人的干涉。法院内部设检察办公室，检察办公室是法院的独立司法机构，负责监督法律的遵守、公民权保护和维护公共秩序，行使检察权。司法部对法院的正常运转负责，但不能干涉法官的工作。

二、民事法院

民事法院审理一切民事纠纷以及法律规定由民事法院管辖的案件。民事法院系统包括：地方法庭、第一审法院、上诉法院和最高法院。在希腊，对民事案件的审理统统没有陪审员参加，民事法院除出于维护善良风俗或者保护当事人个人及家庭生活的特殊考虑外，对案件一般实行公开审理。民事判决应当说明理由并公开宣判。

（一）地方法庭

下列民事案件由地方法庭受理：当事人之间有关争议金额为5 900欧元以下的金钱方面的争议；租金每月290欧元以下的不动产租赁争议；因被告破坏原告树木、土地的行为，损坏原告周围财产设施的行为，在原告房屋地基附近挖掘的行为，修理物品而影响原告权益的行为，道路或者水利设施的不当使用等行为而引起的争议；原告作为消费者在旅馆丢失了物品要求旅馆负责引起的争议等。

在案件应当由地方法庭管辖的情况下，原告可以在紧急情况下或者为避免即将发生的危险，向法庭请求采取临时司法措施保护自己的权利。在地方法庭对原告的请求进行审查时，原告应当在没有律师陪同的情况下亲自出庭。

对地方法庭对880欧元以下的案件的裁判不服，除非有最高法院的上诉令外，否则不得上诉。

（二）一人制第一审法院

下列民事争议由一人制第一审法院受理：在原告的亲属对未成年子女没有履行或者不能履行监护权的情况下，向法院起诉要求指定未成年子女的监护人；涉及5 900欧元以上金额的民事争议；有关雇佣合同的不涉及财产的争议；作为专业技术人员与同事或者客户的争议；对集体劳动合同的争议；对保险关系的争议；对律师、公证、诉讼程序服务人员、医生、兽医、助产士、工程师、不动产经纪人、仲裁人、清算人、估价师等的收费争议；对保险费的支付、抚养费的确定的争议；与配偶就行使对子女监护权和探视权方面的争议；财产共有人与其他共有人或者财产管理者之间的争议。

一人制第一审法院还受理不属于地方法庭管辖的申请紧急权利保护和采取临时司法措施的案件，并负责受理非讼案件，如对登记事务进行出生或者婚姻状况证明、社团登记、对所有权不明的财产指定管理人的案件等。

（三）多人制第一审法院

多人制第一审法院受理地方法庭或者一人制第一审法院无权管辖的民事争议，以及对地方法庭的裁判不服的上诉案件。

对地方法庭裁判不服的上诉案件应当由与地方法庭坐落在同一地区的多人制第一审法院受理。

多人制第一审法院的案件当事人必须由律师代理，当事人可以出庭也可以不出庭。

（四）上诉法院

上诉法院受理对一审裁判不服的上诉案件。当事人对一人制或者多人制第一审法院的裁判不服的，可以向与第一审法院在同一地区的上诉法院上诉。上诉法院在第一审法院作出裁判后才享有对案件的管辖权。

如果上诉人在希腊居住，并且有明确的住址，上诉应当在一审裁判后30日内提出上诉。如果上诉人居住在国外，或者没有明确的住址，应当在一审裁判后 60 日内提出上诉。

上诉法院由 3 名法官组成合议庭，对事实和法律问题进行裁判。

（五）最高法院

最高法院是民事案件和刑事案件的最高级别法院。最高法院有权审理民事和刑事案件，并监督民事法院和刑事法院的工作。

最高法院位于雅典，受理不服上诉法院裁判的上诉案件。最高法庭对案件的审理一般由 5 位法官组成合议庭进行。对非常重要的案件，最高法院在审理时由全体 56 名法官参加合议，裁判在有 28 名法官投票赞成的情况下才能作出。最高法院对案件进行法律审，只对案件的法律问题作出裁判。

（六）民事执行措施对国家机关的例外

希腊法院在民事诉讼中不能针对国家、市镇和村委员会采取临时措施，反映了对国家机关在民事程序中的特别保护，从一定程度上说，也是国家机关的一种特权，是国家机关与其他民事主体权利不平等的表现。因此，希腊有学者认为该规定在当代已经显得落后，需要修改。认为对国家不适用临时执行措施的做法是根据最高法院较早时候的裁判而沿袭下来的，因为对国家的财产请求方面的执行已经被完全禁止，这种对国家适用临时执行措施的限制性规定（判例）实际上应严格限制在对国家的非财产诉讼请求方面。但即使如此，这个规定也应当根据法律和最高法院新的裁判重新考虑。应当根据欧洲人权公约的规定，允许对国家中的私人财产采取执行措施。①

三、刑事法院

刑事法院的职权是惩治犯罪并采取刑法规定的各项措施。刑事法院系统包括：治安法院、轻罪法院（一人制或者三人制法院）、青少年法院（一人制或者三人制法院）、三人制轻罪上诉法院、三人制重罪上诉法院、五人制上诉法院、第一审高级陪审团法院、上诉高级陪

---

① See Konstantin Kerameus/ Stelios Koussoulis, *Provisional Enforcement Questionaire National Report Greece*, result of the study JAI/A3/2002/02 on making more efficient the enforcement of judicial decisions within the European Union, prepared for the EU-Commission.

审团法院和最高法院。

刑事诉讼一般公开进行，除非法院认为公开将对公共道德造成损害或者将危及诉讼当事人或者证人的安全。刑事判决应当说明理由并公开宣判，同时必须公布合议中的少数意见。任何程度的新闻媒介犯罪一律由普通刑事法院审理。青少年法院的审判不得公开进行，也不适用于陪审团审理。

（一）治安法院

治安法院审理法定的轻微犯罪案件。根据宪法规定，治安机关对可以处以罚款的违反治安的案件进行处理，地产治安机关对有关地产的轻微刑事案件进行处理。对以上两类案件的处理不服可以向普通刑事法院提起诉讼，起诉有中止裁判执行的效力。治安法院对轻微犯罪的刑罚一般是拘留 1 天至 1 个月或者处以罚金。

每个受理民事案件的地方法庭同时也是一个治安法院。

（二）一人制轻罪法院

根据希腊刑法，对轻罪的刑罚是 10 天到 5 年的监禁或者罚金。一人制轻罪法院有权审理除未按时缴纳社会保险费的案件以外的、可以处以 2 年以内监禁或者任何数额罚金的刑事案件，也受理对治安法院裁判不服的上诉。

（三）三人制轻罪法院

三人制轻罪法院受理的案件包括：一人制轻罪法院不受理的轻罪案件，官员、律师等特定人的轻微犯罪案件，以及对一人制轻罪法院裁判不服的上诉案件。

每个受理民事案件的第一审法院同时也是一个轻罪法院。

（四）三人制重罪上诉法院和第一审高级陪审团法院

重罪案件由三人制重罪上诉法院和第一审高级陪审团法院受理。根据希腊刑法，对重罪的刑罚是 5 年至 20 年监禁。对严重的犯罪，如杀人罪等，可以判处无期徒刑。有关凶杀或者其他严重的犯罪案件以及涉及国家的犯罪案件，由包括法官和陪审员在内的合议庭进行审理。

（五）五人制上诉法院和上诉高级陪审团法院

对三人制重罪上诉法院和第一审高级陪审团法院的裁判不服的上诉，分别由五人制上诉法院和上诉高级陪审团法院受理上诉。

在希腊，除法院认为金钱处罚不能阻止犯罪人进一步犯罪外，不足 2 年的监禁刑罚可以用金钱折抵。2 ~ 3 年的监禁刑罚，法院认为可以通过金钱处罚达到惩罚目的的，也可以用金钱折抵。①

（六）最高法院

最高法院作为刑事案件的最高上诉法院，受理对上诉法院裁判不服的上诉。最高法院对上诉案件进行法律审。

四、军事法院

宪法第 96 条对军事法院作了规定，军事法院包括陆、海、空军的军事法院和处理战利品的军事法院。

根据宪法的规定设立的陆、海、空军的军事法院对平民无审判权。军事法院的多数成员应当是军队司法部门的人员，这些人员同样具有法官的职务独立性和人身独立性。宪法有关法院审理公开和宣告判决公开的规定，同样适用于这类法院的审理和判决宣告。

五、特别最高法院

（一）特别最高法院的职权

司法系统的最高机关是特别最高法院，特别最高法院兼具宪法法院和权限争议法院的功能。根据宪法规定，特别最高法院的职权为：

1. 审理由于违反选举程序或者没有合法选举资格而引起的对议会选举有效性的争议案件。

2. 证明全民公决的合法性并公布投票结果。

3. 审理涉及议员不得兼职或者丧失议员资格的争议案件。

4. 裁判法院和行政机关之间的争议案件，或者以最高行政法院和行政法院为一方，以民事和刑事法院为另一方之间的争议案件，或者审计法院和其他法院之间的争议案件。

5. 审理有关议会制定的某项法律是否违反宪法的争议案件，或者在最高行政法院、最高法院、审计法院的裁决中对该项法律的解释相互冲突的情况下，对该项法律在解释上的争议作出裁决。

---

① 参见希腊司法部网站：http：//www. ministryofjustice. gr/eu2003/pj-pdf/kef05. pdf。

6. 审理有关承认国际法准则为公认准则的争议案件。公认的国际法准则和国际公约自批准之日并根据其本身所规定的条件生效之日起，成为希腊本国法律的一部分，并具有超越任何与之相抵触的法律条款的效力。

（二）特别最高法院的组成

特别最高法院由下列人员组成：最高行政法院院长、最高法院院长、审计法院院长，以及抽签决定的最高行政法院一级法官 4 人和最高法院成员 4 人。特别最高法院由最高行政法院院长或者最高法院院长（根据两人的资历高低决定）主持，在裁判法院和行政机关之间以及法院之间的权限争议，或者裁判议会立法是否违宪的争议时，特别最高法院的组成人员应另外抽签增加两名国立大学法学院的法学教授。

特别最高法院的组织和职权、其成员的任命和接替、给成员配备助手、以及必须遵守的受理程序，均由法律专门规定。

（三）特别最高法院判决的效力

特别最高法院的判决为终审判决。被特别最高法院宣布为违反宪法的法律规定，自判决公布之日起失效，或者自规定的日期起失效。

六、特别法庭

（一）对内阁成员或者副部长在履行职务时的犯罪行为进行审判的特别法庭

宪法第 86 条规定，对现任或者前任内阁成员或者副部长在履行职务时的犯罪行为的一审和终审，由特别法庭作为最高级别的法庭来审理。

只有议会有权对现任或者前任内阁成员或者副部长在履行职务时的犯罪行为提出指控。对现任或者前任内阁成员或者副部长在履行职务时的犯罪行为，只能在议会有事先决定的情况下，才能进行起诉、司法调查和预审。未经议会事先决定，不得对上述人员进行起诉、司法调查或者预审。在其他的司法调查、预审中发现的有关上述人员的犯罪证据，应当迅速交给议会。

对现任或者前任内阁成员或者副部长在履行职务时的犯罪行为采取法律行动的动议应当由至少 30 个议会成员同意，议会应当在绝大多数成员同意的情况下建立一个特别议会委员会来进行预审，动议也可以因无根据而被否决。特别议会委员会的审查结果应当向议会全体会议报告，由议会全体会议决定是否采取法律行动。议会可以在任何时候通过同样的程序撤销其决定，或者对采取法律行动、预审程序或者主要程序予以延期。

特别法庭由最高行政法院的 6 名成员和最高法院的 7 名成员组成，由议会议长在已经采取法律行动后的议会公开会议中，从两个最高法院的成员中抽签决定，由最高法院参加审判的人员中级别最高的法官任特别法庭庭长。特别法庭中的检察官由最高法院检察办公室的成员通过抽签选定。

在特别法庭对现任或者前任的内阁成员或者副部长提出弹劾的案件中，任何共同参与职务违法行为的人都可能依法被一同起诉。如果对现任或者前任内阁成员或者副部长的指控由于法令的限制等原因未能继续进行，议会基于被指控人本人或者其继承人的要求，可以设立一个特别委员会来对指控进行调查。该委员会也可以有最高法院成员参加。

由 2 名最高行政法院成员和 3 名最高法院成员组成的司法委员会，与特别法庭的作用类似。司法委员会的成员不能是特别法庭的成员。

（二）对法官的错判行为进行审判的特别法庭

宪法第 99 条规定，控告法官错判的诉讼由最高行政法院院长主持的特别法庭审理。

对法官的错判行为进行审判的特别法庭由下列人员组成：最高行政法院一级法官 1 人，最高法院法官 1 人，审计法院一级法官 1 人，国立大学法学院法律教授 2 人，以及最高纪律委员会成员中的 2 名律师。上述所有成员都抽签产生。与受到特别法庭审判的法官属于同一法院或者法院的同一部门的成员，一律不得担任特别法庭成员。如果被控告者是最高行政法院成员或者行政法院成员，特别法庭应由最高法院院长主持。

对法官错误的判决提出控告不需要经过批准。

第二题　希腊行政法院和行政法原则

一、行政法院的发展历史

在近代希腊的最初发展时期，行政争议由特殊的行政法院解决。1835 年，在法国的影响下，希腊成立了国家参事院，国家参事院除咨询职能外，还有司法职能，负责解决行政争议，对行政案件进行审理。希腊 1844 年宪法的出台标志着希腊国家从绝对君主制向立宪君主制的转变。在确立立宪君主制后，由于认为行政法院解决行政争议的体制反映了绝对君主制的传统，因此废除了行政法院体系，引进了只有一套普通法院系统，行政争议交由普通法院解决的司法体制。1928～1929 年希腊国家参事院复兴，又开始恢复其独立的行政法院系统。1911 年宪法和 1927 年宪法给国家参事院的复兴创造了条件。①

复兴后的希腊行政法院的建立较民事法院晚，1975 年宪法规定了行政法院（διοικητικά δικαστήρια），但当时行政法院并没有在全国普遍设立，行政法院体系尚不完善，因此，1975 年宪法第 94 条第 1 款规定："审理行政争议的裁判权属于各级行政法院。尚未移交此种行政法院管辖的这类争端，必须在本宪法生效之日起 5 年内强制移交；上述期限得以法律展延之。"第 2 款规定："在现有各类重大行政争端尚未交由普通行政法院管辖前，无论就整体或者某类案件而言，都仍继续归民事法院管辖，但法律另有规定成立专门行政法院者除外。"行政法院系统的建立是基于 1975 年宪法的规定，由 1985 年 6 月 11 日实施的第 1406/83 号法律具体加以规定来实现的。随后建立了几个普通行政法院和一个行政上诉法院。随着行政法院体系的完善，在后来的宪法修改中，宪法上述有关向行政法院移交行政争议的规定和由民事法院继续管辖行政争议的规定因已无实际意义而被删除。

① See Jurgen Schwarze, *European Administrative Law*, Luxembourg and London: Office for Official Publications of the European Communities, Sweet and Maxwell, 1992, p. 170.

二、现行行政法院体系及级别管辖

(一) 现行行政法院体系

希腊现行行政法院系统包括第一审行政法院、行政上诉法院、最高行政法院和国家审计法院，审理所有的由于国家权力不适当的行使引起的国家和公民之间的行政争议。

根据宪法规定，根据1958年第3845号立法性法令成立的普通税务法院也属于行政法院，负责处理税务争议。税务争议是由各种税费引起的争议，如对违反税法行为的制裁不服、要求对多缴费用的退还等。

(二) 行政法院的级别管辖

在希腊，不同级别行政法院的管辖范围根据行政案件的不同类型划定。有关行政实体争议的案件由第一审行政法院管辖。撤销（无效）争议行政案件由行政上诉法院或者最高行政法院管辖。

行政实体争议是指当事人在行政事务中存在权利，或者由于行政行为的作为或者不作为对当事人造成了损害的案件。这类案件中，行政机关应当对其造成的损害或者损失予以恢复或者赔偿。撤销争议是指要求行政法院对被诉行政行为的合法性进行审查并撤销行政行为的案件，希腊行政法院受理的撤销争议行政案件类似于法国行政法院受理的越权之诉行政案件。

1. 第一审行政法院

第一审行政法院主要受理下列行政实体争议案件：

(1) 在亲属有疾病或者死亡等情况下申请社会保险金遭到拒绝的案件。

(2) 农民对农作物遭受的自然灾害（如霜冻）要求补偿的案件。

(3) 工人在工作中因事故受伤的案件，或者失业人员请求从自己的社会保险金中取得失业金的案件。

(4) 对地方或者市政、社区的选举以及其他公共组织的选举结果有争议的案件。

(5) 公务员对除养老金外的其他社会保险费用的缴纳有争议的案件。

(6) 因行政机关或者其他从事公共职能组织的违法行为受到损

害的案件。①

2. 行政上诉法院

行政上诉法院主要受理下列撤销（无效）争议行政案件：

（1）地方选举结果争议。

（2）行政合同（如公共工程、政府采购等）争议，该争议已经先向有关行政机关提出了申诉。

（3）公务员职务争议。公务员职务争议根据公务员级别的不同，也可能由最高行政法院管辖。

3. 最高行政法院

根据宪法规定，最高行政法院有权受理下列行政案件：

（1）请求对行政机关的越权或者违法的行政行为予以撤销的第一审行政案件。

（2）请求对下级行政法院的裁判予以撤销的上诉案件。

（3）宪法和法律规定由其审理的重大行政案件。

最高行政法院有权对所有不服行政机关具体行政行为或者抽象行政行为引起的案件进行审理，有权受理对有关公共机构和公务员的特别纪律处分不服的行政案件，并作出第一审或者终审裁判。

最高行政法院有权受理的撤销争议案件，根据案件性质和重要程度不同，也可以依法交由下级行政法院进行审理。

三、行政法院与民事法院的权限划分

行政法院与民事法院在受理案件时，有时会出现权限争议。根据宪法规定，在一些特别的案件中，为了达到法律适用的统一，可以由法律规定民事争议在行政法院审理，或者实际上属于行政争议的案件在民事法院审理。除上述特别的案件外，其他性质的行政案件，包括对行政机关、地方政府和公法团体强制遵守司法裁判所采取的措施的案件，可以根据法律规定，由民事法院或者行政法院审理。

特别最高法院有权裁判以最高行政法院和行政法院为一方，以民事和刑事法院为另一方之间的权限争议、或者审计法院和其他法院之

---

① 参见希腊司法部网站 http://www.ministryofjustice.gr/eu2003/pj-pdf/kef05.pdf。

间的权限争议。

四、行政案件中的律师代理

（一）行政案件的律师代理制度

希腊行政法院审理行政案件，在许多情况下当事人必须由律师进行代理。在撤销争议案件中，当事人提起撤销之诉的，诉状可以由原告签署也可以由律师签署。如果由原告签署诉状，原告的律师应当参加审理以便法院查明其委托代理的资格。如果由律师签署诉状，原告应当向法院递交授权委托书或者在审理时向法院承认律师签署的有效性。除撤销争议外的其他第一审法院或者上诉法院审理的争议，必须由律师代理。但对下列行政案件，行政法院可以在没有律师参加的情况下进行审理：

1. 行政案件的争议金额少于590欧元。

2. 社会保险机构和被保险人之间的行政争议案件，或者社会保险机构和雇主之间的行政争议案件。

3. 有关临时司法保护的行政案件，如申请行政法院采取诉讼中止、暂停执行等措施的案件。

（二）律师代理资格

希腊法律专业的毕业生在参加律师考试之前应当在一个律师事务所实习18个月，在此期间一般情况下不能有单独的委托人，不能出庭代理。通过司法考试后，在4年之内只能在第一审行政法院开展律师代理业务。4年以后，可以在行政上诉法院开展业务，再以后，可以申请在最高法院开展业务。

五、希腊法律制度的特征

希腊法属于大陆法系，受德国法和法国法的影响很深。希腊法的起源可以追溯到古代希腊法。古代希腊法是罗马法的渊源，在罗马对希腊征服后，罗马法被介绍到希腊，但许多原来的希腊法仍然同时有效。在拜占庭时期，希腊的习惯和古代法残余影响了东罗马帝国皇帝君士坦丁的法典编纂。1821年战争独立后，创立了现代希腊国家，“我们的拜占庭皇帝的法律”又被重新提起。拜占庭时期的法律随着时代的发展作了修改，并依然有效，直到1828年商法典、1940年民法典、1883～1951年刑法典、民事诉讼法典、刑事诉讼法典等各种法典被制定出来。

在希腊法律体系中，公法和私法的界限非常明确。希腊有长期的宪法传统，法律渊源主要是成文法，大部分法律都以成文法典的形式表现出来，另外还有习惯和国际法作为次要渊源。希腊作为欧盟成员国，受欧盟法的影响很深，欧盟的有关条例直接对希腊生效。

司法裁判和法学学者的著作不是希腊法律的正式渊源，但有很大的影响。希腊法院不能造法，法院的功能是对法律进行适用，将法律中一般的概念和规定应用到具体的案件中去。因此从形式上说，希腊法院不受先例判决的约束，但实际上希腊法院很少偏离先例判案。上级法院尤其是最高法院的判决先例对下级法院审判案件有很大的影响。同样，法学著作对法院适用和解释法律也存在着潜在的影响。①

六、行政法原则

希腊的法院组织系统在历史上不断变化，行政法院的存在前后经历了几次反复，妨碍了希腊行政法理论的顺利发展。希腊行政法在早期主要是借鉴法国行政法的内容，后来才发展成系统独立的理论。

希腊行政法最近发展较快，但与法国类似，在行政法方面没有一部统一的行政法成文法典，只有少数行政法领域的成文法。希腊行政法是希腊公法的一部分，作用于公共行政组织。行政法的基本原则主要体现在宪法和最高行政法院（国家参事院）的判例中。

（一）宪法中包含的行政法原则

现行宪法将分权原则作为国家法治的基础，强化了对公民基本权利的保护，也肯定了行政权的扩张。行政权的扩张在行政机关享有行政立法权的规定上表现得最为明显。行政行为的形式包括行政措施和公共合同，行政措施与法国一样，包括具体行政行为和条例两种形式。

宪法中包含的行政法原则主要有：

1. 行政权受法律限制的原则

---

① 参见htm美国匹兹堡大学法律系“法学家——法律新闻与研究”网站：http：//jurist. law. pitt. edu/world/greececor2。

行政权受法律限制的原则体现在宪法第50条对总统权力的规定和第83条对部长权力的规定中。宪法第50条规定总统只拥有宪法和法律规定的职权。第83条规定部长的职权由法律确定。

2. 公民有权提出申诉的原则

公民有权提出申诉的原则体现在宪法第10条的规定中。根据该规定，个人有权单独或者与其他人联合向政府或者行政机关提出申诉。政府或者行政机关应当依法进行及时处理，在60日内回答询问或者提供相关证明文件，如果超出60日不作为或者违法拒绝了当事人的申诉，除了政府和行政机关应当依法承担相应的责任外，还要依法给当事人以赔偿。

3. 公民有权要求听证的原则

公民有权要求听证的原则体现在宪法第20条第2款。根据该规定，任何行政行为的作出如果将会对个人的权益造成损害，行政机关应当给予个人事先听证权。该规定保证了在行政行为作出之前，公民有权得到公平的听证。

4. 比例原则

宪法第25条第1款规定，对个人权利的限制应当符合比例原则。

5. 保障当事人权益的原则

宪法第25条第1款规定，个人的个体权利和作为社会成员的权利以及宪法中福利国家原则的实施，应当由国家保证。所有的国家机关都应当保证不妨碍上述权利和原则的行使。

（二）最高行政法院判例中体现的行政法原则

国家参事院自1929年以来一直作为希腊的最高行政法院存在。在国家参事院的判例中，发展出了以下行政法原则。

1. 行政实体法原则

行政实体法方面的原则主要有：

（1）法律面前一律平等；

（2）行政公正；

（3）行政行为必须出于正当考虑；

（4）比例原则。

由于没有统一的行政实体法典，行政法院在行政案件的实体裁判上主要参考法国法，特别是由法国最高行政法院（法国国家参事院）

的判例发展出来的一般原则来审理案件。近来，希腊行政法的研究受德国理论的影响较大。

2. 行政程序法原则

行政程序法方面的原则主要有：

（1）说明理由；

（2）凡利益受影响的当事人都有权听证。

公平听证权利的发展在宪法和判例法之间架起了沟通的桥梁。公平听证权最早由最高行政法院认识到，但其范围和在法律适用规则中的地位仍然有争论。公平听证原则纳入1975年宪法第20条第2款后，听证权不仅作为宪法原则加以保护，而且成为所有可能影响公民权益的行政行为所适用的原则。在随后的由于最高行政法院的裁判中，该宪法规定获得了更加确定的含义。将听证权纳入宪法规范受到了希腊法律学界的赞扬，认为这是迈向合理的行政程序制度的第一步。①

1999年希腊议会批准了希腊行政程序法，适用于国家、地方行政管理组织和其他公法人。对行政行为作出的程序作出了基本规定，是行政法院在行政案件中审查行政行为在程序上的基本依据。1999年的希腊行政程序法分一般规定、合议行政机关、行政决定、行政合同、行政复议和申诉、最终与过渡条款六章，共33条。在第一章“一般规定”中，对行政程序法的适用范围、依职权的行为、向行政机关提出申请、行政机关对事务的处理、获得文件、利害关系人的事先听证、行政机关的公正、行政机关的替任、行政机关权力的移交与行政机关的签字机构、行为的期限、真实签名的认证与复印件的认证、保留服务记录等内容作了规定。在第二章“合议行政机关”中，对组成、人员组成—会议—履行职责、决议等内容作了规定。在第三章“行政决定”中，对行政决定的内容与形式、正当理由、公布、送达、意见—提议、撤回等内容作了规定。在第四章“行政合同”中，对行政合同的形式和缔约作了规定。在第五章“行政复议和申

---

① See Jurgen Schwarze, *European Administrative Law*, Luxembourg and London: Office for Official Publications of the European Communities, Sweet and Maxwell, 1992, p. 169.

诉”中，对救济申请、特别行政复议、救济复议、一般规定、申诉等内容作了规定。在第六章“最终与过渡条款”中，对期限的持续、期限的延长和中止、条款定义、规定的提及、参照适用的条款以及被废止的规定等内容作了规定。①

第三题　希腊最高行政法院和国家审计法院

一、最高行政法院的组成

最高行政法院位于雅典，是受理行政案件的最高级别行政法院。

最高行政法院的成员由 1 个院长、7 个副院长、42 个一级法官（顾问）、48 个二级法官（副顾问）和 50 个初级法官（审计员）组成。所有成员根据宪法规定都是终身任职。

院长和副院长从最高行政法院的一级法官中选拔，由部长委员会提出意见，总统根据部长委员会的意见发布法令任命。一级法官和二级法官由最高司法委员会从国家行政法院的级别较低的成员中提拔。初级法官的补充由初级法官补充评议委员会负责，在国家司法学校组织的考试后可以补充。初级法官补充评议委员会由国家行政法院的副院长或者一级法官做主任，另有 3 个其他的文职官员和 1 名法律教授组成。初级法官在 2 年的试用期（包括 6 个月在最高行政法院的试用）期满后，如果通过了司法部最高司法委员会组织的职业技能考试，再通过 3 个月的考验期，就可以由最高司法委员会任命成为最高行政法院的初级法官。②

最高行政法院分 6 个庭，每个庭由一个副院长直接领导。其中第五庭除了司法任务外，还负责部分立法职能。一级法官和二级法官作为负责人被派往最高行政法院 6 个庭。

---

① 参见应松年主编：《中国行政程序法汇编》，中国法制出版社 2004 年版，第 435 ~ 448 页。

② 参见最高行政裁判机关国际协会网站：http：//www. iasaj. org/juridic/fiches/membre/greee. htm。

二、最高行政法院对行政案件的审理

（一）申诉与起诉

最高行政法院受理的案件实行复议前置。对行政行为的内部行政司法审查是部长和政府对议会所负的责任，通过行政机关内部的审查机制来进行。内部司法审查可以由公民通过行使其宪法规定的申诉权，向作出行政行为的行政机关或者其直接上级提出申请，或者根据专门的法律规定来进行申诉。由这种“准起诉”引起的审查程序的完成，是最高行政法院受理行政行为的无效的申请的前置条件。

最高行政法院受理原告起诉的主要实体条件是被诉行政行为对原告本人的权益有直接的、现实的影响。①

（二）案件审理

最高行政法院除了作为第一审法院对行政行为的合法性进行审查并有权对行政行为予以撤销外，还受理对行政上诉法院裁判不服的上诉。

根据宪法规定，最高行政法院审理案件应当公开进行，但如果法院认为公开审理不利于公序良俗，或者认为公开审理对保护诉讼当事人私人或者家庭生活不利，可以不公开审理。

最高行政法院在审理案件时，由至少一半有投票权的法官参加，其中要有 2 个二级法官参加审理。对最重要的事务，如涉及对法令的解释或者法令的合宪性问题、对案件中的问题最高行政法院的观点与审计法院的观点不一致等，案件的审理活动就应当由法院院长或者庭长主持。在这类案件中，如果最高行政法院同意各庭的观点，即认为在案件中确实存在法令的合宪性问题或者存在各最高法院之间观点的冲突，该问题就应当被移送至特别最高法院进行审理。

法院在裁判案件时不应适用与宪法相抵触的法律。当最高行政法院的各庭或者审判小组认为议会法律的某项规定或者最高行政法院的某项立法性法令违反宪法时，除该问题已经由特别最高法院的全体会

---

① See Jurgen Schwarze, *European Administrative Law*, Luxembourg and London: Office for Official Publications of the European Communities, Sweet and Maxwell, 1992, pp. 170-171.

议作出过裁决外，必须将问题提交给最高行政法院全体会议，由全体会议按照司法程式明确作出决定。

（三）裁判和执行

如果行政行为的越权性质和非法性质已经确定，审理案件的法官就可以宣布行政行为部分或者全部无效。对有完全管辖权的行政案件，法官不仅有权对被诉行政行为作出全部或者部分无效的裁判，还可以对被诉行政行为予以变更，代替行政机关作出行政决定。在对上诉案件的审理中，最高行政法院可以宣告一审裁判无效，重新对案件作出裁判。如果对案件进行的是法律审，最高行政法院可以宣布原裁判部分或者全部无效，并将案件退回原审法院，但在法律审中，对有些案件最高行政法院也可以自己作出裁判。

根据宪法的规定，最高行政法院的任何裁判都应当充分、明确地说明理由，并公开宣判，合议时的不同意见也应当公开。

行政机关有义务遵守法院裁判，不遵守法院裁判的行政机关应当承担相应的法律责任。

三、最高行政法院的其他职能

（一）解释法令

除了审理行政案件外，最高行政法院还有权解释一切具有立法性质的法令。在最高行政法院对具有立法性质的法令进行解释时，在程序上不适用审判公开的规定。

（二）立法建议

最高行政法院有权对有关总统法令的起草提出建议，建议主要围绕法令的合宪性和合法性问题提出。最高行政法院对总统法令提出建议是对总统法令的一种事先监督，也是总统法令出台的必经程序。起草法令的行政机关可以不采纳最高行政法院的建议，但如果起草机关没有征求最高行政法院的意见，法令就是非法的。最高行政法院对总统法令的起草所提出的建议，对最高行政法院审理行政案件没有约束力。

（三）出版年度报告

年度报告由最高行政法院的所有副院长和每个庭的 1 名一级法官参加撰写。年度报告包括立法和规章的改革内容。报告在经过最高行政法院通过后，提交给总理和司法部长。

四、国家审计法院的组成和职权

（一）组成

国家审计法院由 1 个院长、6 个副院长、24 个一级法官（顾问）、40 个二级法官（副顾问）和 85 个初级法官组成。在审计法院中还有国家代表，国家代表由 1 个总委员、1 个委员和 3 个副委员组成。

国家审计法院院长在每个司法年度之初通过国家公报公布的法令进行任命，各庭的庭长和成员也通过类似的程序进行任命。二级法官由国家审计法院全体会议从已有的名单上决定具体人选并在国家公报上刊出。

国家审计法院内部有 6 个庭和若干个审计小组，小组的数目由全体会议决定，在国家公报上刊出，庭的增设遵循同样的程序。每个庭或者小组的职能也通过国家公报上刊出的全体会议的决定确定。

（二）职权

国家审计法院受理的案件主要是因养老金或者津贴发放和账目审计中产生的案件，以及涉及公务员责任的案件和由于国家机关故意或者过失而导致损失的案件。根据宪法规定，审计法院的职权具体包括：

1. 审计国家、地方政府机构和其他法律规定的组织的支出和账目；

2. 在公共机关或者其他公共组织作为合同一方时，对合同涉及的较高数额的资金依法进行审计；

3. 对养老金或者津贴法案或者授予取得养老金或者津贴权利的法案以及其他法案提出建议；

4. 起草并向议会提交财政状况报告和资产平衡状况报告；

5. 对津贴争议和其他审计账目的争议进行审理；

6. 审理国家公务员或者军事机关人员以及地方政府官员由于主观恶意或者过失对国家、地方政府或者其他公法法律实体造成损失的责任的案件。

较大数目的公共服务支出和较大数额的行政合同签订之前，应当由审计法院的审计小组对其开支的合法性进行强制性审计。行政合同如果没有事先审计，合同无效。在公共服务审计中，被审计的公共机关、公用企业等应当向审计法院提交有关文件，否则将被依法排除在公共服务竞争之外。审计也可以基于公共机关或者企业负责人的要求而进行。

根据宪法规定，凡属于发放津贴和必需品的法案，只能由财政部长征询国家审计法院的意见后提出。最高行政法院和普通行政法院对行政争议的裁判权不得侵犯审计法院的权限。

五、国家审计法院的职权行使

审计法院通过全体会议、各庭会议和小组会议行使职权。

（一）全体会议

法院全体会议由院长、副院长和一级法官组成。为达到法定人数，全体会议的出席人员人数必须达到全体成员的一半以上，院长或者其副手必须参加。参加人员的数目应当是单数。

（二）各庭会议

每个庭的会议由一个副院长或者其副手主持，由 2 名一级法官，2 名二级法官和秘书参加，法院院长可以主持任何一个庭的会议。二级法官在各庭的会议中只有建议权，根据全体会议的决定，参加各庭会议的二级法官可以部分或者全部免除其责任。

审计法院的决定按照出席会议的人员的多数意见作出。在票数相等的情况下，由副院长投票决定。如果在投票时有两种以上的意见，最弱的意见或者只有一个人坚持的意见应当附意最主流的一种意见。当对特定的案件需要作出决定时，如果有成员因某些障碍不能出席会议，如果参加会议的人数符合作出决定的法定人数，可以在该成员缺席的情况下作出决定。如果参加会议的人数不符合作出决定的法定人数，案件应当重新提交讨论。①

（三）小组会议

每个 3 人小组会议由 1 个一级法官或者其副手主持，2 个二级法官和秘书参加。其中 1 个二级法官可以由 1 个低级法官或者还处在试

---

① 参见最高审计机关国际组织 IT 审计委员会网站：http：//www.intosaiitaudit. org/mandates/writeups/greece. htm。

用期阶段的低级法官所替代。无论是二级法官、低级法官，还是试用期法官，在参加小组会议时，都有决定性投票权。

审计小组由1个一级法官和2个二级法官组成。其中1个二级法官可以由低级法官替代。该低级法官应当至少担任法官3年以上，包括试用期在内。对审计小组的结论不服，相关利害关系人或者代表国家的总委员可以在审计小组的审计通告作出之日起15日内向审计法院相关的庭提出申诉，并在3天内提交相关的文件材料。在3天内不能提交的，可以再延长3日。庭决定应当在接到申诉之日起30天内作出。对庭决定不能再提出申诉。相关的庭还负责对有关利害关系人、总统或者国家总委员提出的有关审计小组错误适用法律、行为或者记录相互矛盾等情况进行审查并作出决定。审计小组应当立即向有关的庭提交有关文件，该庭应当在30日内作出决定。

根据宪法规定，对法院审判公开的规定不适用于审计法院对国家、地方政府和其他法律规定的组织的审计和对养老金或者津贴法案的建议。审计法院在职权范围内的决定不受最高行政法院审查。

第四题　希腊行政法院的法官管理

一、法官的选拔任命

希腊的法院分为民事、刑事和行政法院，但不同法院的法官在管理上并没有太大差别。除了陪审员外，所有法官均为职业法官。

国家法官学校建立后，新的行政法院法官必须在国家法官学校至少学习1年，毕业后分配到行政法院工作。

（一）国家法官学校

1. 任务

国家法官学校1995年根据2236/1994号法律建于萨洛尼卡市，是司法部监督下的公法人。其任务是：

（1）选拔、教育和训练未来的刑事、民事和行政法院的法官，以及未来的最高行政法院和国家审计法院的法官。

（2）对现任法官进行继续教育。国家法官学校的教师由高级法官、地区律师和大学教师组成，约60人。

2. 课程

法官学校的理论和实践培训课程共 16 个月，分为两个阶段，第一个阶段为 12 个月，第二个阶段为 4 个月。

在第一阶段，被培训人每天上午参加 4 小时的学习。相关课程主要有两部分：第一部分涉及法官的职能，如民事关系及其争议、宪法和个人权利、行政机关和行政行为、预算执行、税费、犯罪、刑法和刑事诉讼法等。第二部分涉及当代社会问题的一般方法的知识，以及法官行使权利必备的知识，如研究方法、社会学、心理学、司法心理学、会计学、人权和计算机科学等。被培训人还参加会议、讲座、公开讨论以及其他示范教学。下午，被培训人至少参加一门外语课程（英语、法语、德语、意大利语）的学习。

第一阶段的学习结束后，民事、刑事、行政等不同方向的法官开始进入用外语进行法律写作和口头表达的测验。通过测验的人由法官学校根据其在选拔时的情况，第一阶段的成绩和其本人的选择在民事、刑事和行政审判方向之下再分为不同的小组。

在第二阶段的 4 个月的学习中，被培训人主要参加两方面的培训：第一，针对所选择的专业方向进行专门培训，第二，就所选专业方向进行系统的实践培训。在培训中，被培训人要参加对相关专业问题的专题研讨，以训练其专业判断能力。①

3. 选拔

国家法官学校有竞争性的入学考试，参加入学考试的候选人应当持有高等学校法律系学位，年龄在 27 岁至 40 岁之间（候选人的年龄在下列情况下可以延长：候选人服义务兵役期间可以作为延长期限；候选人有博士学位的，延长 3 年；有硕士学位的，延长 1 年），并符合其他法律对法官资格的要求。候选人通过竞争进入国家法官学校，从国家法官学校毕业后进入司法界。

国家法官学校的法官选拔由一个委员会负责，该委员会由最高级别的法官和一个大学教师组成。司法部长有义务将国家法官学校的优秀毕业生优先任命为法官。法官选拔公告由司法部长决定，每年 5 月底在政府官方刊物上登载，在公告中对新的未来法官的人数予以

---

① 参见希腊国家法官学校网站：http：//www. esdi. gr/english. html。

明确。

最近几年，不少法官取得了硕士或者博士学位。女性法官的人数也在不断增加，目前大多数年轻法官是女性法官。

（二）任命程序

行政法院的法官应当依照法律规定的资格和选拔程序以总统令任命，法官终身任职。

刚从国家法官学校毕业的法官所担任的职务是初级职务，如一审法院的助理法官或者一审法院检察办公室的助理法官、最高行政法院的初级法官、国家审计法院的初级法官、行政法院的助理法官等。

根据法律规定，在被正式任命为法官之前，法官应当有3年的试用期。在试用期内，试用法官也可以像正式法官一样执行职务。律师、法学专家或者社会名流被任命为法官时，没有任何法官职务级别。

二、法官的独立性

法官在执行职务时享有职务独立性和人身独立性，只服从宪法和法律，对违反宪法的法律规定概不执行。为保证法官的独立性，宪法规定法官不得举行任何形式的罢工，法官无论是否在履行职务，都绝对禁止对政党表示支持或者反对。

法官不能兼任任何其他领取报酬的服务或者从事任何其他职业，但可以当选为雅典研究院的成员，担任大学层次的机构的教师。法官也可以在法律允许的情况下，在特别的理事会或者委员会中担任纪律监察、审计或者司法性职务，可以在立法工作委员会任职。

法官不能从事行政工作，不允许参加政府，但可以从事法官培训。与法官培训有关的工作属于司法性质而不是行政性质。法官只有在履行法官职责时，才能根据法律的规定从事仲裁行为。法官可以依法成立法官协会，可以在国际组织中代表国家进行工作。

为保障法官的独立性，不准将法官调至另一部门。但在有法官本人要求并符合法律规定的情况下，允许将助理法官调至第一审行政法院，或者将助理检察官调至检察官办公室。

下级行政法院的法官根据法律规定，可以提升为最高行政法院的一级法官，通过这种途径提升的一级法官可以占最高行政法院一级法官的1/5名额。

三、法官的晋升

法官的晋升、任命、调动、派遣等，均由总统根据最高司法委员会的决定发布命令实现。最高司法委员会依法由各最高法院院长以及在各最高法院任职至少2年的法官中抽签决定的人员组成。在最高行政法院的最高司法委员会中，最高行政法院的国家总专员在涉及普通行政法院法官和总委员会的事务中也应当是委员会成员。同样，审计法院的最高司法委员会也应当有审计法院中的总专员参加。最高司法委员会还应当有2名法官参加，但没有投票权。这2名法官应当在有上诉法官级别或者同种级别的法官中抽签决定。

在涉及法官晋升至最高行政法院一级法官、最高法院法官、最高法院副检察官、审计法院一级、上诉法官主席、上诉检察官，以及选任为最高行政法院总委员会成员、审计法院总委员会成员的案件中，最高司法委员会应当依法补充另外的成员参加。

如果司法部长不同意最高行政法院的最高司法委员会的裁判，可以依法将问题提交给最高行政法院的全体大会。自身权益受到最高司法委员会裁判影响的法官也有权依法向全体大会请求救济。在最高行政法院的全体大会对最高司法委员会的裁判进行审查时，最高行政法院检察官办公室的成员也有权参加并投票。

最高行政法院、最高法院、审计法院的院长或者副院长，应当由总统根据内阁的提议，从各自的最高法院成员中选任。最高法院检察官应当从最高法院成员和该院的副检察官中选拔，并由总统令任命。审计法院的总委员应当从审计法院的成员和总委员会的代表中选拔，并由总统令任命。行政法院的总委员应当从各自行政法院的总委员会成员和上诉法官主席中选拔，并由总统令任命。对依照上述程序对法官作出的晋升决定不服的法官，不得向最高行政法院起诉。

法官的报酬应与其职务相当。有关法官各种报酬和津贴的争议一般由行政法院解决，但如果争议的解决将影响到其他更多的人的工资、津贴或者收入，则争议应当提交到负责对法官错判进行审理的特别法庭（参见第一题相关内容）进行解决。特别法庭对案件进行审理时，成员除按法律规定组成外，还应当再加上1个全职教授和1个律师，案件的审理程序由专门法律规定。

四、对法官的惩戒

法官在违反工作纪律的情况下，可能会受到纪律处分。对最高行政法院法官或者相应级别的法官以及最高行政法院副检察官或者相应级别的人员的纪律处分权，由最高纪律委员会行使。司法部长有权提出给予纪律处分的动议。最高纪律委员会由下列人员组成：最高行政法院院长（任该委员会主席）、最高行政法院的 2 名副院长或者一级法官、最高法院的 2 名副院长或者成员、审计法院的 2 名副院长或者一级法官、国立大学法学院的 2 名法学教授。委员会的成员应当从在各最高法院或者大学法学院任职至少 3 年的人员中抽签决定。如某一法官、检察官或者委员的行为已经处于最高纪律委员会的审查之下，则该法院的成员一律不得担任最高纪律委员会成员。对最高行政法院的成员进行纪律处分时，最高纪律委员会应由最高法院院长主持。

对所有其他法官的纪律处分权由抽签选定的法官组成的委员会行使，司法部长有权提出纪律处分的动议。

对最高纪律委员会作出的处分决定，不得向最高行政法院起诉。

对法官在行使职权时的错判行为，可以通过特别法庭进行追究。有关特别法庭的规定参见第一题的相关内容。

五、法官的离职

法官只有在法院对其违法行为进行公开审理后作出刑事判决的情况下，或者因严重违反纪律、因病残或者能力不胜任所担任的工作，才能被免除职务。

级别较低的法官，包括行政上诉法院法官和同等级别的法官，凡年满 65 岁者一律退休。等级高于上述级别的法官，如最高行政法院的法官，年满 67 岁者一律退休。达到退休年龄的法官一律从当年的 6 月 30 日起退休。

最高行政法院院长、最高法院院长、审计法院院长、最高法院检察官和行政法院总委员和审计法院总委员的任期不超过 4 年，即使担任这些职务的法官没有达到退休年龄，任期满后也不再续任。在这种情况下，未达法定退休年龄卸任的法官退休金不受影响。

六、司法职员

行政法院的工作人员除了法官之外，还有司法职员。希腊的法官没有法官助手，司法职员只负责处理行政法院办公室和检察办公室的一些行政性工作。行政法院的职员包括办事员、情报员、翻译员、打字员、司机、看守、保卫、清洁员等。成为司法职员的条件一般包括属于希腊国民，完成义务兵役，年满21岁，身体健康；没有因偷窃、侵占、欺诈、勒索等犯罪被判刑，没有因纪律处分被公共机关开除等。① 另外，对担任不同职位的司法职员还有各自的特殊要求。

司法职员的晋升、选派、分遣和调动需要经过职员委员会的同意，职员委员会的成员大部分是法官和司法职员。对司法职员的纪律处分由相应级别的法官、检察官或者委员、职员和各级委员会行使。司法职员对职员委员会改变其职务的决定或者纪律处分决定不服，可以提请救济。

所有法院办公室和检察官办公室的司法职员都是常任的，只有根据法院刑事判决或者司法委员会有关严重违反纪律的处分决定，以及因病残或者不称职，才能被解除职务。

七、对希腊行政法院制度的评价

（一）行政法院制度借鉴痕迹明显

希腊行政法院制度的建立明显是借鉴了法国的制度。希腊最高行政法院从国家参事院演化而来，希腊是成文法国家但在行政法领域内却主要依靠判例法，法国越权之诉理论对希腊行政法院审理行政案件具有指导作用等，都反映了希腊对法国制度的大量借鉴。

（二）行政法院属于司法系统而不是行政系统

希腊行政法院属于司法系统，依法独立行使审判权，不受行政机关和其他机关的干涉。行政法院审理行政案件的程序是司法程序，符合司法程序的一般特点。宪法和法律对司法机关的规定不仅适用于民事法院和刑事法院，行政法院同样应当遵守。

---

① 参见希腊司法部网站：http：//www. ministryofjustice. gr/eu2003/pj-pdf/kef13. pdf。

希腊法院体制复杂，相对于民事法院和刑事法院在审理案件中的相互交叉，行政法院自成系统，分为三级。行政法院和民事法院的权限划分除了需要法律的专门规定外，在发生争议的情况下还需要由专门的机关来解决。

（三）国家审计法院属于司法机关而不是行政机关

希腊最高审计机关国家审计法院是司法机关而不是行政机关。审计法院在工作上遵循司法机关的一般规律，依法独立开展审计工作。审计法院的法官地位以及选拔、晋升、调配等程序都与普通法院的法官相同。虽然国家审计机关不属于行政法院系统，但最高行政法院和普通行政法院不得侵犯审计法院的权限，国家审计法院的审计结论不受最高行政法院或者其他机关的审查。希腊审计法院的上述特点，保障了审计工作的独立开展和审计结果的权威性。

（四）不同级别的行政法院根据案件类型划分管辖

与我国行政案件类型化程度不高，不同级别的人民法院主要根据被告的级别和案件的重大、复杂程度决定管辖不同，希腊行政法院的管辖是按照行政案件的不同类型来划分的。有关行政实体争议的案件由第一审行政法院管辖。撤销（无效）争议行政案件由行政上诉法院或者最高行政法院管辖。将行政案件类型化并分别由不同级别的法院管辖的制度设计，便于受理案件的行政法院通过不断审理同一种类的案件迅速积累经验，造就专家型法官队伍，提高案件的裁判质量。

（五）行政诉讼实行复议前置

希腊的行政诉讼实行复议前置，当事人向行政法院申请救济必须先经过行政系统内部的自我纠错程序，然后才能向行政法院申请司法救济。希腊对当事人的起诉不加区别地统统实行复议前置制度是对当事人提起行政诉讼的限制，在某种程度上反映了对行政机关的特殊保护，不利于保护当事人的合法权益。

（六）行政诉讼一般须由律师代理

希腊的司法制度复杂，法院裁判案件专业化较强，行政诉讼除个别案件外，必须由律师进行代理。强制性的律师代理制度一方面有助于审判质量和效率的提高，另一方面也拉大了普通百姓和法院之间的距离，增加了诉讼成本。

（七）公务员的职务争议属于行政案件的受案范围

与我国行政诉讼不受理内部行政争议不同，希腊行政法院受理公务员职务方面的争议。我国行政诉讼不受理内部行政争议的理由有很多，如保证行政机关的内部统一、提高行政效率、司法权不应干涉行政机关的内部事务等，但所带来的直接后果是公务员的合法权益受到侵犯时不能通过司法途径获得救济。在人权入宪的情况下，行政诉讼的这种规定显然不利于对公务员合法权益的保障。希腊行政法院在审理行政案件时行使的是司法权而不是行政权，这一点与我国的人民法院类似，但希腊却并没有因此将公务员职务争议排除在行政法院的受案范围之外，其做法值得我们借鉴。

（八）审判时对不同意见的公开

审判公开在希腊不仅包括公开宣告判决，还包括公开少数意见。公开少数意见制度是以法官的独立地位和职务保障制度为基础的。与我国的审判公开制度相比，希腊的公开少数意见制度更能体现公开原则和透明原则，更有助于公民知情权的实现。

（九）法官的选拔专业性强

希腊对法官的选拔专业性较强。要想成为法官，在专业方面需要在高等学校受过法律专业教育，通过竞争性考试进入法官学校学习并顺利毕业。外行一般不能进入法官队伍。法官选拔的专业性是法院审判活动专业化的前提和基础，也是提高审判质量的必备条件。但司法的专业性过强也易造成司法的神秘性，使律师代理制度不可或缺。

法官学校对法官的培训课程对提高法官素质所起的作用不可忽视。尤其是在希腊加入欧盟，与其他国家交流日渐增多的情况下，强化法官的外语水平对扩大希腊司法的国际影响有着重要的作用。

第十四章　葡萄牙行政法院制度

第一题　葡萄牙司法体系中的行政法院

一、1976 年宪法

贾依梅·科尔特桑在其专著《葡萄牙形成中的民主因素》中曾经说过："在一个国家的起源中，总是包含着各种各样的因素，既有大地的，也有人类的；既有内在的，也有外在的……在发生着不可捉摸的地理或经济变化的同时，有必要弄清纯粹的精神原因和人类的意愿到底对这些变化起过多大程度的影响。"① 历史上，葡萄牙虽曾长期受罗马人、日耳曼人、摩尔人的统治，也曾于 15～16 世纪因"贪婪及使人改宗的愿望"② 极力扩张势力范围，成为海上强国，但这一切均未影响葡萄牙于 19 世纪接受来自法国革命思想和英国法律制度的影响，并进而发展出权力分立的宪政制度。从 1822 年的宪法开始，立法权、行政权与司法权就始终维持着对宪法条款的"割据"状态。尽管王者易位、统治权转移，使监督权、政治权一度进入立宪者的视野，但经典三权的地位却未受到动摇。

1974 年，以民主、发展和废除殖民化为口号的"石竹花革命"结束了 48 年前由另外一次武装力量运动开始的政权，关于自由、民

---

① 转引自［葡］吉列尔梅·德·奥利维拉·马丁斯著，黄徽现译：《葡萄牙的机构及实事》，中国文联出版公司 1998 年版，第 21 页。

② ［法］德尼兹·加亚尔等著，蔡鸿滨、桂裕芳译：《欧洲史》，海南出版社 2000 年版，第 319 页。

主与社会主义原则的讨论提上日程。在此背景下，革命委员会与各主要政党于 1976 年 2 月 26 日签订了协议，并使这个宪法文本于 4 月 2 日得以通过。这就是直到现在仍有效的《葡萄牙共和国宪法》，该宪法已经过四次修改，最近一次修改时间为 1997 年。它秉承了自 1822 年宪法以来的权力分立理念，规定，“主权机关包括共和国总统、共和国议会、政府和法院”（第 113 条）。① 1976 年宪法允许在宪法法院、普通法院、审计院与军事法庭之外，根据需要设立行政法院、税务法院、海事法院及仲裁法院（第 212 条）。正是这一条款，为葡萄牙发展出完备的行政法院制度奠定了宪法基础。

二、宪法法院与普通法院

根据 1976 年宪法第 203 条的规定，葡萄牙司法体系中的法院享有独立地位，并仅服从于法律。法院以人民的名义行使着维护正义的权限，拒绝适用任何与宪法条款或宪法精神相抵触的法律。它作出的判决对权力机关与公民均有拘束力，并优先于其他机关的决定。宪法赋予法院的特殊地位，使司法在民众中树立了权威，“因为所有的法律交往都指向可诉诸法律行动的主张，所以法庭程序为分析法律系统提供了视角”。② 在葡萄牙，公民为维护合法权益所拥有的向法院请求保护的权利，已经成为法治原则的重要表现，司法俨然已成为法律公正的最后一道防线。

当然，正所谓“术业有专攻”，法院的分工与层级也影响着判决的不同内容与效力。成立于第一次（1982 年）宪法修改后的宪法法院，由 13 名法官组成，其中 10 名由议会指派，另外 3 名则由 10 名法官选举产生。这 13 名法官中，6 名必须来自于其他法院的法官，7 名则应在成绩斐然的法学家中挑选。宪法法院主审立法行为的合法性与合宪性、所缔结的国际条约之合宪性，并负责对总统履行职责的能

① 转引自姜世林等主编：《世界宪法全书》，青岛出版社 1997 年版，第 1083 页。需要说明的是，《世界宪法全书》中收录的是 1982 年第一次修改后的《葡萄牙共和国宪法》。

② ［德］哈贝马斯著，童世骏译：《在事实与规范之间：关于法律和民主法治国的商谈理论》，三联书店 2003 年版，第 243 页。

力作出判断。① 据此，宪法法院可以“应共和国总统、各自治区的共和国驻节部长、大区议会和行政公署主任等的请求，审查并宣布自治区的政治行政管理条例和其他行政区的地方法规是否符合宪法和国家法律”。② 通过此种审查，宪法法院在一定程度上起到了监督政府行政活动的目的，其关于行政管理条例与地方法规是否合宪与合法的判决，直接拘束着行政法院和其他法院对相关案件的审理意见。宪法第二次修改（1989 年）后，宪法法院还负责对总理或 1/5 的实际在职议员提出的请求进行预防性的审查。

在宪法法院之外，葡萄牙还设有普通法院系统，它由最高法院（Supremo Tribunal de Justiça）、上诉法院（Tribunais de 2° Instância ou da Relaçao）和基层法院组成。③ 除宪法法院有权限审理的事项外，最高法院是葡萄牙境内拥有最高裁判权的法院。它由 61 名大法官组成，院长由最高法院的法官以不记名投票方式选举产生，任期 3 年，最多连任 1 届。根据管辖事项的分类，最高法院分为民事、刑事和社会三个部分。普通法院系统中的二审法院为上诉法院，分别设在里斯本（Lisbon）、波尔图（Porto）、吉马贝斯（Guimarães）、科英布拉（Coimbra）和埃武拉（Évora）等 5 个司法大区。④ 大区下面设司法区和城乡区，每个区设初级法院（即基层法院）。上诉法院和初级法院目前共有法官3 000多名，其中高级法官 300 多名。根据案件的类别，初级法院审理案件，既可以实行独任制，也可实行合议制或陪审团制。

三、行政法院的设置

除宪法法院与普通法院系统外，葡萄牙还存在着管辖特殊事项的法院，典型的如行政法院。根据我们前面的介绍，行政立法活动应由

---

① See *The Judiciary*, http：//countrystudies. us/portugal/82. htm.

② 胡建淼著：《比较行政法——20 国行政法评述》，法律出版社 1998 年版，第 680 页。

③ See *Portugal-Attacks on Justice* 2000, http：//www. icj. org//news. php3？id_article = 2588&lang = en.

④ See *Organization of Justice-Portugal*, http：//europa. eu. int/comm/justice _home/ejn/org_ justice/org_ justice_ por_ en. htm.

宪法法院管辖，政府的民事活动或政府工作人员的刑事犯罪行为由普通法院审查，而政府的其他行政行为或财政事务引起的纠纷，则应纳入到行政法院的视野。区分政府的公职行为与民事行为，将其分属行政法院与普通法院管辖的做法，并非葡萄牙的特例，许多西方国家都实行这样的二元审判模式。如在意大利，“如果是权利受到了侵害，就由普通法院审判；如果是‘正当的利益’受到了侵害，则由行政法院进行审判。不过，对特别的法律领域，尤其是公共职务这一领域，则由行政法院专属管辖”。① 由于各国国情的差异，产生行政法院的原因各不相同，但不论是在哪个国家，行政法院借对行政活动的监督，始终发挥着司法对行政的制约作用。

葡萄牙现代行政争议的审查历史，应追溯到1845年的枢密院（The Council of State）。作为当时的最高司法机构，枢密院行使着除司法功能外的行政与政治职能。②这一点，与行政法院的前身——法国参事院的特征，有某些程度的类似。当时拿破仑设立这一机构的初衷，是打算让它“为国家元首提供政策和立法建议，起草法律和行政规章草案，并解决行政管理过程中所可能出现的棘手问题”，其中的“解决棘手问题”功能后来就演变成了行政审判权。③ 而葡萄牙枢密院向行政法院的转变契机，产生于1976年宪法赋予的成立专门行政法院的权限。但该宪法通过后，在很长一段时间内，并未设立行政法院。直到1989年第二次宪法修改，承认行政与财政法院的特殊地位，制定专门的法律以及赋予有针对性的权限时，才意味着行政与财政司法新时代的来临。

对行政与财政法院而言，最高行政法院（Supremo Tribunal Administrativo, The Supreme Court of Administration）是该系统内的最高机构。最高行政法院包括两个处：行政诉讼处（一处），它设有3个科，现有27名法官，主要负责处理行政争议；税务诉讼处（二

---

① ［日］小岛武司等著，汪祖兴译：《司法制度的历史与未来》，法律出版社2000年版，第86页。

② See *Message of the President*, http://www.sta.mj.pt/.

③ 参见杨宝强、贺奇兵：《行政诉讼结构比较分析》，载王学辉主编：《行政诉讼制度比较研究》，中国检察出版社2004年版，第151页。

处），它设有2个科，现有11名法官，主要负责处理税务纠纷。最高行政法院的现任院长是Manuel Fernando dos Santos Serra，按葡萄牙法官遴选制度的规定，最高行政法院的院长在最高法院的法官中产生。在最高行政法院的一处分支下，设有3个区级行政法院；① 二处分支下，分别设有初级税务法院和中级税务法院。另外，还有位于财政部的审计法庭。按照宪法的规定，该法庭是"公共支出和财务审理的'最高监察机构'"，② 其主要职责为审查国家和自治区的财政收支账目，提出意见并追究相应的违法责任。

第二题　作为最后救济防线的行政诉讼

一、声明异议、行政诉愿与行政诉讼的衔接

"除非法律另有规定，葡萄牙法律允许对政府部门作出的行政决定提出异议。"③ 表达异议的途径主要有三，即声明异议、行政诉愿与行政诉讼。

关于声明异议的方式，按照《葡萄牙行政程序法典》第158条第2款的规定，主要有以下几种："（1）向作出行为者提出声明异议；（2）向作出行为者的上级、向作出行为所属的合议机关，或者向授权者或转授者提起上诉；（3）向对作出行为者行使监督权或监管权的机关提起上诉。"④ 我国的行政复议，实际上相当于上述规定中的第二种情形。鉴于部分行政决定不能提起行政诉讼，声明异议后行政决定的效力与期间的计算也呈现出不同的模式。就不能进入行政诉讼的行政决定而言，声明异议具有中止执行的效力，仅在法律另有

---

① 在地区一级的行政法院体系中，原来还包括澳门行政法院。但1999年12月20日澳门回归中国后，澳门行政法院取得了在中国主权下的自治权。

② ［葡］吉列尔梅·德·奥利维拉·马丁斯著，黄徽现译：《葡萄牙的机构及实事》，中国文联出版公司1998年版，第73页。

③ See *Appeals to Administrative Authorities*, http://europa.eu.int/youreurope/nav/pt/citizens/factsheets/pt/enforcingrights/appeals/en.html.

④ 《葡萄牙行政程序法典》，朱林译，张娴校，载《行政法学研究》1997年第1期。

规定，有权限作出该行为者认为中止执行将严重损害公共利益时才存在例外。当然，尽管就可进入行政诉讼的行政决定来说，声明异议不影响行政决定的执行，但法律同样规定了特殊处理方式，即在法律规定有权限作出该决定者依职权或依申请，认为不停止执行将造成难以弥补的损失时，也可以停止执行。

与声明异议不同，行政诉愿是向作出行政决定者的最高上级提出的质疑。这与我国台湾地区关于“诉愿的受理机关，即是原处分机关的直接上级机关”① 的情况亦存在差别。根据诉愿所针对的行为可否提起行政诉讼，可将行政诉愿进一步区分为任意诉愿与必要诉愿。但无论是何种诉愿，受理机关均可对行政决定是否合法及适当作出审查。之所以强调行政诉愿的审查范围，是受传统的三权分立理论的影响。根据行政权与司法权相对独立的经典宪政理论，行政机关在立法授权的行政裁量范围内所作出的决定，只有是否适当的问题，除非构成裁量滥用或者裁量怠惰。为保障行政的相对灵活性，避免司法对行政的过度干预，故强调仅作出行政决定者的上级机关，方可对行政决定展开全面审查，“司法审查限于合法性的审查和保障，不针对行政立法或者行政行为的合目的性，法院不能以更加合目的的行为取代行政机关的决定”。②

在与行政诉讼的衔接上，仅必要诉愿具有中止行政决定的效力，除非法律另有规定，或有权限作出该决定者认为不立即执行将严重损害公共利益。

二、行政诉讼的原告

通常而言，行政诉讼的原告，系与行政决定有直接利害关系的相对人。但葡萄牙法律为更好地保护团体利益和公共利益，对提起异议申请与行政诉愿的申请人范围作了一定的扩张：允许非政治团体和非工会组织，当他们的权益遭受危险时同样拥有提出申请的权利，鉴于他们被视同为法律上的个人，他们必须遵守与公民相同的程序；当某

---

① 陈新民著：《行政法学总论》，台湾三民书局 1997 年版，第 357 页。

② ［德］汉斯·J·沃尔夫、奥托·巴霍夫、罗尔夫·施托贝尔著，高家伟译：《行政法》，商务印书馆 2002 年版，第 366～367 页。

一特定区域的居民权益受到威胁时，为保护那些权益而设立的地方当局和任何组织也可以提出申请或参与申请。质疑行政决定的公民，通常被允许向行政法院寻求救济，但只能对最终的和生效的决定提起诉讼。① 此外，协会和基金会也被允许启动法院程序，以保护与健康、生活质量、文化财产、公共财产、消费者保护和环境有关的权益。

三、提起行政诉讼的期限

在葡萄牙，行政诉讼的请求必须由律师代理提出。向法院提出的申请必须在下列期限内进行，否则申请将被拒绝：（1）如果公民生活在大陆或自治的区域，提出申请的期限为2个月，从原告知道决定之日起计算；（2）如果公民生活在国外，期限为4个月；（3）最后，如果申请由公诉服务中心提出，或者是对默示驳回提出的申诉，期限为1年。② 默示驳回，指的是在法律没有特别规定的情况下，受理诉愿的机关作出决定的期限一般为30日，在需要重新进行调查或者采取相应补足措施的情况下，可以延长至90日，如果诉愿机关在上述期间内未作出任何决定的，则诉愿视为被默示驳回，相对人可以请求进一步的救济，包括提出行政诉讼。

四、行政法院的管辖权

提出行政诉讼的请求，一般而言是向决定作出者所在的区级行政法院提出。如果作出决定的行政机关位于中央部门（中央政府）或地区（马德拉岛或亚尔逊群岛政府），则行政相对人应向最高行政法院（或当它有关州或区的市政服务时向中央行政法院）提起行政诉讼。在葡萄牙，向法院提出的申请必须附加充分的理由，包括原告希望向法院证明或得到法院认可的事实和法律所附的任何文件。法官可以要求原告对以外国语言成文的文件提供翻译后的文本。

---

① See *Appeals to Administrative Authorities*, http：//europa. eu. int/youreurope/nav/pt/citizens/factsheets/pt/enforcingrights/appeals/en. html.

② See *Useful Information on National Provisions*, http：//europa. eu. int/youreurope/nav/pt/citizens/factsheets/pt/enforcingrights/judicialprocedures/en. html.

五、行政法院的审理

《葡萄牙共和国宪法》第212条的规定：“除法庭本身另有规定者外，开庭期应以解释性公告予以公开，以保护个人尊严与公共道德，或保障法庭的正常秩序。”① 行政法院也秉承了公开审判的宪法精神。

由于葡萄牙法律体系与司法系统建立于罗马民法的基础之上，较多地受到法国法的辐射，因此区别于美国和英国的普通法传统，葡萄牙法律体系更多地呈现出成文法国家的特征。② 受其影响，行政法官在审理案件时，遵守从法律规定中推导出结论的演绎方法，之前的判决或先例扮演的角色并不重要。

---

① 转引自姜世林等主编：《世界宪法全书》，青岛出版社1997年版，第1092页。

② See *The Judiciary*, http://countrystudies.us/portugal/82.htm.

第十五章　泰国行政法院制度

泰国行政法院可以说是世界上最年轻的行政法院之一。它真正运作的时间不到5年，但是泰国的行政法院在很短的时间里建立了较完善的行政法院体系。这个“年轻的行政法院”有着它特殊的历史背景。

第一题　泰国行政法院成立的道路

一、行政法的开始

在2001年3月9日，泰国行政法院①正式开始运作。相对与世界各地的行政法院，泰国的行政法院可谓是非常年轻的。甚至有很多人还没发现它的存在。泰国行政法院的运作虽然时间不长，但是历史却可以追溯到100多年前，从泰王Rama五世开始。在1868年，当时只有15岁的Chulalongkorn登基成为泰国国王。当时的泰王不想泰国被西方国家控制，所以努力学习西方文化希望把泰国改革成为一个“文明国家”。泰王开始出国访问和学习当时西方国家的政府行政管理。在1874年，泰王参考了荷兰国务院的运作并以此成立了泰国国务院（Council of State）。当时国务院成立的主要目的之一就是监督和平衡政府的权力，国务院在监察和改革政府上作出了正面的贡献，当时有不少泰国官员因行政失当或贪污而被革职。国务院的成立也使泰国行政法学正式展开了序幕。因此到现在为止泰国法律界一直认为泰

① 本章所指的“行政法院”如无特别指出，是原诉行政法院和最高行政法院的统称。

王是泰国的“公法之父”。但是由于一些政治问题和来自皇室成员本身的压力。在这段时间内国务院无法正常运作，泰王只好在这个时期成立了部长理事会（Council of Ministers）来代替国务院。①

另一位在泰国行政法历史上重要的人物是 Pridi 教授。泰国的行政法是在 1931 年由 Pridi 教授第一次在泰国的法律学院开教的。1934 年 Pridi 教授成立了 Thammasaf and Politics University（1952 年后改名为 Thammasaf University），“行政法”作为当时法学院的必修课之一非常受到重视。Pridi 教授为泰国行政法的发展培养了人才、奠定了基础。②

在这个前提下，当时政府、官员也比较重视行政法的发展，开始注意到一些大陆法系国家的行政法发展，如法国，德国和日本等。这些国家都已经成立了专门处理行政案件的行政法院。政府考虑是否成立专门处理行政案件的行政法院。

二、泰国行政法院成立历史的第一阶段（1933～1973）

行政法院成立的历史大致可分为三个阶段。1933 年，泰国由于受到法国的影响就已经计划成立一个类似“行政法院”的机构。所以当时泰国的一个政府报告中就提出成立一个类似法国的“Conseil d'État”一样功能的机构（法国的“Conseil d'État”就是当时审理行政案件的机构但名称并非叫做“行政法院”）。

但是当时泰国为什么也不用“行政法院”的名义来成立这个审理行政案件的机构呢？这是因为外交原因，泰国政府不希望有外国人参与行政案件，所以不用“法院”一词。泰国计划成立一个称做“国务院”的机构来处理行政案件。为了让国务院有效地检察行政部门，当时设计国务院有两个功能：第一，拥有本来法律起草部门的责任；第二，处理行政案件。但是成立国务院的准备并不完善，当时法

---

① 尽管这次国务院没有顺利地运作起来，但经过 50 多年的努力国务院又重新成立并成为泰国行政法院的前身。

② 参见［泰］Bhokin Bhalakula 博士（前泰国最高法院副院长）：《Pridi 和行政法院》。

律对什么是“行政案件”没有规定，对处理行政案件的程序也没有规定，要到国务院成立后才开始草拟有关的法律，由于开始发现处理行政案件一方面需要很高的费用，另一方面挑选审理行政法的法官有一定的难度。所以到1935年有关的法律才起草完毕。但是法案在通过实行时立法部门却把审理行政案件的功能分离出了国务院。这样一个变化主要有两个原因：第一，当时泰国的一些官员在某种程度上不打算接受一个专门处理行政案件的机构；第二，政府担心不能明确分清国务院和其他法院之间的司法分工。

本来负责处理行政案件的部门转为总理办公室下的一个部门，此部门可以接受行政案件的状书然后提交一份建议书给总理来作出最后的决定，这样在实际的运作中，专门处理行政案件的法院并不存在。而当时采用这种方式带来的效果也不理想，因为总理在作出案件的决定时都会受到政治的影响。因此，泰国第一次尝试成立行政法院的计划也没有真正地实现。

三、泰国行政法院成立历史的第二阶段（1973～1989）

由于第一次计划成立行政法院的不成功，泰国在一段时间里没有再研究有关行政法院的议题。直到1973年泰国国家立法会的成立和开始草拟一份更完善和民主的宪法，学术界把握了这次机会成功推动了把成立行政法院加到宪法的条文中。在泰国宪法（1974）第212条规定：“行政法院和其他法院如劳工法院、税务法院和社会法院都必须依照法律成立。法官的任命和革职都必须依照法院成立的相关法律。”此条文也就是后来成立行政法院的一个依据的基础。在条文实行后，有一些相关和配套的法律也相继落实。例如：《城市规划法1975》第70条规定：“……如上诉人对城市规划委员会或其上诉委员会作出的决定不满意，可以在1个月内到行政法院立案，如果行政法院尚未依法成立，此条文则不实行。”

可惜泰国宪法（1974）只有2年有效期，而规定成立行政法院的条文也没有时间限制，在2年里泰国的立法机关没有提出成立行政法院的法律草案。再加上政治的不稳定（1974年和1977年都发生政变），最后使得在条文的有效期内没有成立行政法院。而在泰国宪法

(1978) 中有关成立行政法院的条文已经没有再出现了。①

成立行政法院的计划再一次没有成功，但是国务院却进行了大幅度的改革。本来专门处理行政案件的部门重新由总理办公室并入国务院。不过处理行政案件还是需总理作最后决定。所以国务院也只是一个“准行政法院”，但是它的发展是一步步接近行政法院的功能了。它也因此培养了许多行政法的人才。但是当时泰国国内要求成立行政法院的声音却没有停止。从 1980～1989 年之间，总共有 14 次法律草案提议，但最终都被国会否决。②

四、泰国行政法院成立历史的第三阶段（1989～2001）

泰国社会在应否成立行政法院的问题上有着一致的意见，但用什么形式成立却有分歧。主要在于选择用普通法系的方式还是大陆法系的方式。如果是普通法系方式审理行政案件就会在一般法庭里进行，如果是大陆法系方式则会由一个专门的法庭来审理行政案件。泰国在成立行政法院的形式上经过多年讨论都没有达到共识，最终由当时的总理 Chatichai Choonhavan 作决定采用大陆法系的方式成立行政法院。这个决定可以说是泰国行政法院历史上的一个转折点。在 1992 年政府决定成立一个由副总理领导的委员会，其中一个任务便是成立行政法院。在 1995 年，泰国宪法（1991）第 195 条经修改后，规定了行政法院会以大陆法系的方式成立。泰国成立行政法院的历史也就进入了最重要的时刻。在宪法（1991）经修改后，有三个重要的法律相继实行；即《行政诉讼法 1996》、《公务员侵权法 1996》和《公务员信息法》。

最终在 1999 年 10 月 11 日正式实行了《行政法院成立与程序法》这个关键性的法律。泰国的行政法院也在 2001 年 3 月 9 日开始运作。从 1933 年开始和在 Pridi 教授的努力下，经过 69 年的时间泰国终于成立了独立的行政法院。

我们可以从以下这个表格中看到宪法对有关行政法院条文的变

① 参见泰国宪报 Vol. 95 Part 146，9 December 1978。

② 参见［泰］Bhokin Bhalakula 博士（前泰国最高法院副院长）：《Pridi 和行政法院》。

化，以此来进一步了解泰国行政法院成立的步伐。

事项	宪法（1974）	宪法（1991）	宪法（1997）
有关行政法院的权利	212条：行政法院和其他法院有关劳工、税务和公众事务的审讯权应按照成立法院的相关法律	195条：行政法院有权审理和决定按照法律规定的案件	276条：行政法院有权审理和决定关于国家单位、国家公司、地方政府机关和政府公务员对个人或另一国家单位、国家公司、地方政府机关和政府公务员有关行政行为或应行政行为作出的行为的案件
行政法院的制度	没有条文	没有条文	277条：行政法院应由原诉行政法院和最高行政法院组成
行政法院法官在泰王面前做的宣誓	没有条文	195条：行政法院法官在首次任命时，须根据法律在泰王面前宣誓	第252条：规定了行政法院法官在泰王面前宣誓时的誓词原文
行政法院法官的任命和免职	没有条文	195条：行政法院法官的任命和免职都应该根据法律由行政法院司法委员会决定	277条：行政法院法官的任命和免职都应该根据法律由行政法院司法委员会决定。有资格人士或内务行政官可被任命最高行政法院法官。任命最高行政法院法官必须通过1/3的最高行政法院法官同意和行政法院司法委员会批准。法官的升职和工资的调整需要由行政法院司法委员会决定

续表

事项	宪法（1974）	宪法（1991）	宪法（1997）
最高行政法院院长的任命	没有条文	没有条文	279 条：任命最高行政法院院长应该由行政法院司法委员会决定后再由总理和泰王批准
行政法院司法委员会	没有条文	195 条：当一个法院和另一个法院在司法权上有问题时，行政法院司法委员会可代表宪法法院作出决定	279 条：最高行政法院院长应同时为行政法院司法委员会的主席。司法委员会其中 9 名委员由行政法院法官组成，另外 3 名委员由参议院和部长理事会选出
行政法院秘书处	没有条文	没有条文	280 条：行政法院应该设立一个独立的秘书处。秘书处应直接向最高行政法院院长负责。秘书处秘书长由行政法院司法委员会任命。秘书处负责法院的预算与行政人员人事
法院司法权纠纷问题	没有条文	195 条：当一个法院和另一个法院在司法权上有问题时，行政法院司法委员会可代表宪法法院作出决定	248 条：如法院之间就司法权问题存在纠纷，应由最高法院院长为主席组成一个包括最高行政法院院长与另一法院院长的委员会作出决定

第二题　泰国行政法院的运作

一、行政法院审理的制度

泰国的行政法院程序法是建立在审讯纠问制（Inquisitorial System）的基础上的。这表示行政法院的行政法官是采用主动的方式来收集有关案件的证据。这个方式与泰国民事法院是完全不同的，民事法院的法官并不能主动收集证据，因为民事案件中的双方都是私人，所以法官在审理案件中不需要扮演一个主动的角色，在刑事法院，法官会主动了解案情和收集证据，在这一点上行政法院和刑事法院是采用同一方式的。所以法官的工作主要是两方面，即收集证据和审理案件。在实际运作中在案件正式开审之前会有一个收集证据的阶段，负责案件的法官有很大的权利进行证据的收集，但是原诉和答辩双方有权对法官所收集的证据提出反对。泰国的行政法院在处理案件时并不一定需要律师代表。而事实上大部分行政法院处理的案件都是以书面形式进行。换句话说，案件主要依靠双方的状纸（书），呈堂的证据和法官收集的证据这三方面作为材料来进行审理。

二、行政法院审讯过程

由于大部分行政案件都没有律师代表，所以一般情况原诉人都是自己填写状纸（书）。审理的过程是从状纸（书）开始。如果状纸（书）中有不完整或错误，法院必须给予当事人意见去纠正状纸（书）中的问题。但是这个纠正的过程并不会把法院接受状纸（书）的日期推迟，那就是案件受理的日期不会受到状纸（书）填写上的问题影响。案件的补救方法也应包括在状纸（书）里，但有些补救方法是超越了法院的权力。例如：行政法院不能代替行政机关发出许可证。行政法院就没有权力处理有关这类案件。另外如果原诉人所要求的补救方法在行政法院权力之外而行政法院又有另一补救方法可代替原诉人所要求的。那么行政法院会考虑案情后才决定是否受理案件并建议原诉人可选择的补救方法。①

当负责案件的法官把所有的证据收集之后就会整理案件的案情并转述给另一位行政法院的法官，由他/她来作结案陈词。结案陈词中会包括案情和相关的法律原则，法官也会把自己的意见写在结案陈词中。然后案件会由一个法官组决定是否同意结案陈词中的内容作为判词。由一位法官了解案情，另一位法官作结案再由一个法官组来作最后决定，这个方式是希望法官之间可以互相控制和平衡（Check and Balance）权力，也希望可以确保对案情掌握的准确性和作出正确的判决。② 结案陈词最后会交到法院的法官组里作出判决。由于结案陈词和案件的最后判词都会公布，所以当法官组的判决和结案陈词中法官的意见有所不同时，判词就必须对有关的判决给予一个详细的理由。

三、行政法院的组织和地位

行政法院由原诉行政法院与最高行政法院组成。所有的初审案件都由原诉行政法院负责审理，原诉行政法院又包括中央行政法院和地区行政法院。中央行政法院位于曼谷，负责曼谷及其周边地区的行政案件。地区行政法院负责地区所在地的行政案件。经过原诉行政法院判决的案件可上诉至最高行政法院。最高行政法院的判决为终审，不可再上诉。

泰国行政法院的权力除了只能审理行政案件外，另外和其他的司法法院所行使的权力基本一致。行政法院有权审理有关行政机关或公务员与个人之间、行政机关或公务员与不同的行政机关或公务员之间的案件。案件的性质可以是违法、失职、错误等行政行为或有关行政机关所签的合同。

不过并不是所有行政案件都可以在行政法院审理的，当行政机关在作出决定（命令）时行使酌情权而作出的决定没有对原诉人造成

---

① 参见［泰］Bhokin Bhalakula 博士（前泰国最高法院副院长）：《行政法院的执行》。

② 参见［泰］Ackaratorn Chularat 博士（泰国最高行政法院院长）：《行政法院成立3周年讲话》。

任何伤害或损失，法院就有权拒绝受理案件。① 但如果当中有行政人员失职，就将以内部处分处理。

第三题 泰国行政法院的权力

一、行政诉讼的种类

行政法院审理案件的权力范围主要规定在《行政法院成立与程序法》中。根据《行政法院成立与程序法》第72条第1段规定，行政法院有权审理有关附属法例、行政命令或“其他行为”的合法性。行政法院有权对此作出无效的法令。我们先从这三项进行了解。至于什么是“附属法例”，《行政法院成立与程序法》第3条规定“附属法例”是指皇家法令，部长法规，部长公告，地方条例，规定和其他非针对个别人士或案件的条文。

在最高行政法院命令第503/2003号一案中：泰国体育局发布了一份有关组织大学体育比赛的规定，当中限制了某些人的参赛资格，泰国体育局认为这个规定并非法规，但最高行政法院裁定这种规定是属于附属法例，所以有权审理。《行政法院成立与程序法》第72条第3段规定，如果有附属法例被裁定无效，行政法院必须把决定刊登于宪报才是正式地将有关的附属法例废除。

在行政法院审理的案件中，有很大一部分是有关行政命令的纠纷，根据《行政法院成立与程序法》第5条，“行政命令”是指公务员依法行使的行为永久或暂时制造、修改、转移、保存、终止或影响他人的权利或责任，但是不包括法规另有公布的。“行政命令”还包括一些在部长法规中明确规定的行为，因此行政命令必须要通过实质的案例。

在最高行政法院命令第584/2002号一案中，土地局发布一份国有土地的契约里错误地包括了私人土地，被裁定是属于行政命令的案件。政府作出赔偿决定也是行政命令，② 行政命令还包括省（州）长

---

① 参见最高行政法院命令第151/2002号。

② 参见最高行政法院命令第331/2003号。

发布对土地使用和居民迁移的通知①和行政部门拒绝支付犯人的生活补贴金②等。

在最高行政法院命令第114/2002号一案中，原诉人控告有关当局在决定行人立交桥的位置时错误地行使酌情权，虽然此案非属“附属法例”也不是“行政命令”，但是泰国的司法权裁判处认为行政法院有权审理此类案件，③ 此案例应属《行政法院成立与程序法》第72条第1段规定的“其他行为”一类。

《行政法院成立与程序法》第72条第2段规定行政法院有权审理行政机关或人员在履行责任时出现的疏忽或无理延误情况。这类案件行政法院可以发布法令使有关行政机关的主管必须在指定时间内履行其责任。④ 最高行政法院命令第444/2002号一案就是因为泰国内政部长没有在指定时间内作出一个赔偿的规定所引起的。

《行政法院成立与程序法》第9条规定了有关行政机关或人员在履行职务时的不当行为。法律、附属法例、行政命令或其他命令规定的职务都属于此类。至于不当行为也可以是因为疏忽或延误所引起的。这类案件行政法院可以颁布金钱赔偿，交付财产或履行职务的法令，法令可以附加时间或其他的附带条件。⑤ 不当行为的案例包括有一地方政府的秘书长因为把政府的预算使用在法律规定之外的范围因此被裁定为不当行为，⑥ 最高行政法院命令第159/2003号一案中，法院认为因为政府工程中有疏忽的成分以导致他人受伤的纠纷也属于此类案件。

《行政法院成立与程序法》第9条也授权行政法院审理有关行政合同的案件，对于这类案件，行政法院可以发布与不当行为所规定一样的法令。根据《行政法院成立与程序法》第3条规定“行政合同”包括特许权合同，公共服务合同，公共用途规定合同或天然资源开发合同和代表国家的合同。在最高行政法院命令第127/2001号的案件

---

① 参见最高行政法院命令第222/2003号。

② 参见最高行政法院命令第231/2003号。

③ 参见司法权裁判处决定第17/2002号。

④ 参见《行政法院成立与程序法》第9条第2段。

⑤ 参见《行政法院成立与程序法》第72条第1段第3节。

⑥ 参见最高行政法院命令第161/2003号。

里，1名公务员与他工作的政府单位签了一份合同，合同保证该名公务员到外国留学后可以继续在政府单位工作，这份合同被法院认为是行政合同。一份关于合资企业拓展电信服务的合同被裁定是公共服务合同的一类。① 一份关于征收土地的合同是属于公共用途规定合同。② 司法权裁判处增加了行政合同的种类。司法权裁判处在决定行政合同时用了另一个更广泛的定义标准，就是合同本身是否可以让公众直接使用。司法权裁判处决定第10/2002号裁定有关LANG SUAN医院装修工程的合同为行政合同，司法权裁判处决定第18/2002号裁定因建造中央研究室以清除建筑物的工程合同为行政合同，司法权裁判处决定第14/2002号裁定水管的铺置工程合同为行政合同。从案例中可以看出法院对行政合同的范围进行扩大的用意，但也因此把行政合同的定义变得不明确。

《行政法院成立与程序法》第9条第1段第5节规定了行政法院可以审理行政人员可否在指定时间内履行法院（包括其他司法法院）命令的案件，行政法院可以对有关拒绝履行命令的人员拘捕或拘留。但是现在还没有这类案件的例子。

最后一类案件是一切其他法律规定行政法院有权审理的案件。③ 行政法院对这类案件可行使的法令将取决于案件的性质本身。例如案件是根据《不动产征收法》要求赔偿的，行政法院可以根据《行政法院成立与程序法》第72条第1段第3节发布赔偿的法令。行政法院也可以根据不同法律作出不同命令。例如，行政法院可以根据《泰国水域航海法》命令强制清除在泰国水域的非法建筑物。根据《建筑物控制法》行政法院有权将不执行清除命令的人士拘留。

二、行政法院可颁布的临时性命令

以上就是法律授予行政法院审理案件和行使的权力，当然在案件审理的过程中行政法院也可以作出一些暂时性的命令，例如在关于附属法例的案件中，有争议的附属法例都会在法院判决之前仍然生效，

---

① 参见最高行政法院命令第622/2002号。

② 参见最高行政法院命令第9/2003号。

③ 参见《行政法院成立与程序法》第9条1段6节。

但是原诉人却会在判决前继续受到影响，所以根据《最高行政法院常务法官法院程序规则》第 69 条第 1 段，原诉人可以提出对有关附属法例暂时失效的申请，在申请中原诉人必须表明有关的附属法例如何继续造成伤害或损失，如果原诉人的要求被接受，行政法院就会发布有关的附属法例暂时失效。中央行政法院决定第 3134/2001 号是关于 1 名学生被学校开除的纠纷，由于案件审理期间该名学生因为不能上课而造成损失，所以法院决定把学校开除的命令暂时失效。在中央行政法院案件编号 Black554/2002 里原诉人要求把取消他营业执照的命令暂时失效，因为他无法正常营业让他造成很大损失，法院准许他的申请并准许他继续营业。

根据《行政法院成立与程序法》第 66 条行政法院可以在判决前要求案件一方对另一方作出临时性的赔偿或补救手段。此条例的目的是防止在案件审讯期间当事人继续承受伤害或损失。除此之外案件一方可以要求就保护当事人利益进行中段审讯（Interlocutory Procedure）。在最高行政法院命令第 279/2003 号里，由于一个与建停车场的工程影响公共行人道，法院决定把工程暂停，在最高行政法院命令第 293/2003 号里，一个公务员的职位成了纠纷，因而影响了选择活动，法院决定延迟有关选择。在最高行政法院决定第 Or. 42/2002 号里，原诉人的父亲去世时没有留下遗嘱，所以遗产理应是原诉人和他 4 个兄弟有同样的分配包括遗产里的不动产部分，但是负责土地注册的人员开始把产权转移到他 4 个兄弟的名下，原诉人却没有得到任何遗产，这案件在其他民事法庭处理，但原诉人在行政法院进行了中段审讯要求行政法院对产权转移的命令取消和保护他的利益，行政法院决定有关的产权不能转移直至审理这案的法庭作出裁决。要注意的是根据《行政法院成立与程序法》第 57 条，行政命令是不会因案件在审理当中而停止执行的。例如，有人不依从罚款的命令，行政机关会作出没收其财产的强制执行命令。就算当事人就罚款到法院提出审理，有关没收财产的命令也不会因此停止执行。①

如果对以上行政法院作出的临时性措施不履行或不服从，根据《最高行政法院常务法官法院程序规则》第 77 条，在经过必要的变

---

① 参见最高行政法院命令第 651/2002 号。

通后（Mutatis mutandis）法院将就案情引用《民事程序法典》。因此申请行使临时性措施的一方可以以单方面申请（Ex parte Application）要求法院扣押被告的财产或暂时拘留被告。① 根据《最高行政法官法院程序规则》第76条规定如对行政法院的临时性措施不服可以在收到命令后30天内向最高行政法院提出上诉。

三、法令的执行

根据《行政法院成立与程序法》第72条第2段，行政法院的法令是在超过了上诉期限后即30天后才可以执行。如果案件上诉，原诉行政法院的法令将停止执行直到上诉结果完成。而最高行政法院的法令就会依照法令规定的日期内执行。执行行政法院的法令一般会由法院的执行办公室负责，假如在规定时间内不执行法令，执行办公室就会用书面传票通知不执行的人士或机关。如果有关人士再无意服从法令，法院就会根据《行政法院成立与程序法》第64条和《民事程序法典》第19条和第31条对不执行人士以藐视法庭罪起诉。泰国的内政部长也曾因没有依从法院法令而被书面传召过。②

第四题　泰国行政法院的问题

一、附属法律的效力问题

在审理关于附属法例案件中，如果最后判决有关的附属法例无效，在理论上于判词分发之日起便应无效，但附属法例正式废止就必须在政府宪报上刊登，所以附属法例也是在宪报刊登之日起废止。在法院判决和宪报刊登之间的时间段里，该附属法例的地位变得不明确。另一个关于附属法例案件的问题是当附属法例被判无效，那么当初因遵守此附属法例而造成损失的人士是否有权要求政府赔偿呢？判决对该附属法例有追溯力（Retrospective Effect），所以受损失的人士应该得到赔偿，现在还没有法律或案例来解决这问题。

---

① 参见《民事程序法典》第254条。

② 参见中央行政法院红色案件第129/2002号。

二、审讯过程中的问题

原诉行政法院在审理案件中由了解案情到完成审理需要经过多位法官处理。过程复杂令案件审理时间增加。简化这一过程可以由 1 位法官整理和了解案情、处理证据并最后作结案陈词。这样对案件的掌握也比较全面和一致。

如上述提到，大部分行政案件都是以书面形式来进行。但是一般的市民对法律的了解程度都不及政府的行政机关。多数人又没能力承担高昂的诉讼费用，这样法律诉讼会对市民造成很多困难和疑惑。这种情况在很多国家也出现过，法律援助和当值律师制度都是有效的解决方法之一。

三、法令局限的问题

行政法院的法令并未能全面保障受害人的利益。例如，受害人的物业被行政机关非法没收，事后行政法院可以用法令让行政机关把该物业转还给受害人。但是因为在行政法院的法令中没有罚款的规定，所以在案件审理期间对受害人失去物业所带来的损失无法得到赔偿。因此，对行政法院法令的有关法律应进行改善，增加一些如罚款的必要性手段。

第十六章　立陶宛行政法院制度

第一题　立陶宛行政法院制度的产生

一、立陶宛司法制度的历史演变

今天的立陶宛正处于国家发展的第二个重要阶段。第一阶段为1250~1263年的帝国时期和1263~1793年的立陶宛大公国时期。在立陶宛大公国时期，国家的司法权由法务大臣（Chancellor）执行。最初的法务大臣是大公国公爵政务会的一个成员，后来独立出来，专门处理国家司法事务及部分外交事务，地位仅次于王室司令官。第二发展阶段开始于1918年，恢复独立的立陶宛成立了资产阶级共和国，自此，国民的意愿主要通过议会的代表来表达。但独立后的立陶宛，仍然被德国的军队统治着，因此，公共权力及其机构的发展严重受阻。同年11月成立了国家独立后的第一个政府，任命律师Feras Ieonas为司法部长，司法部由此建立起来。司法部着手创建一个临时性的法院体系及其工作组织，引入了三级法院：和平司法官、区法院和根据历史传统设立的最高法院，此外还设有军事法院。随之，有关立陶宛法院及其工作安排的临时性的法律产生并开始生效，直至1933年被立陶宛新的法院制度组织法所替代。1933年以后，立陶宛组建了由地方法院（District courts）、区法院（Regional courts）、上诉法院和最高法院构成的四审级法院体系，司法正义还可通过检察机关和律师的帮助来实现。司法部负责本国中与司法相关的所有工作与组织，根据1938年的数据，司法部成员包括14名专家和职员，最高法院由17名法官组成，包括法院院长。上诉法院有9名法官，区法院有52名法官，地方法院有64名法官和8名主管法官。

立陶宛的这两个发展阶段均由于邻国的侵入而被中断。18世纪以来大公国被俄罗斯帝国和普鲁士及其盟国所占领。第二次灭亡是由于第二次世界大战爆发，1939年被德国侵占。1940年6月被苏联解放，并成立立陶宛苏维埃社会主义共和国，加入苏联。由此，法律体系与司法制度也基本与苏联保持一致。1990年3月11日，立陶宛脱离苏联独立，重建独立国家的立陶宛开始创建自己的法律体系。

自13世纪以来立陶宛就与西欧有着文化、宗教的同一性关系，以及在法律、法律制度和经济发展方面有着共同的倾向和经验。今天，立陶宛共和国越来越向西欧国家共同体靠拢。现在立陶宛的法律体系是建立在欧洲大陆的法律传统之上的民法法系国家，其成文法主要包括宪法、议会批准的国际条约、法律（议会制定的宪法性或其他普通法律文件）、共和国总统法令、政府决定、首相命令和地方自治政府的政令。尽管苏联解体前主要是根据苏联法律体系进行了重大改变，但自1990年起，苏联法律体系的标准和规范给立陶宛的影响几乎消失殆尽了，立陶宛在法律体系与司法制度方面的改革与它致力于加入欧盟组织的战略目标息息相关。立陶宛于1991年先后加入欧洲安全与合作组织和联合国，1993年加入欧洲理事会，1995年批准了欧洲人权公约，2001年正式加入世贸组织，为了能在2004年加入欧盟，成为欧盟的一个成员国，立陶宛努力使自己的法律制度适应新的民主宪法和欧盟的要求，并与之相协调，立法的大量修改主要也是为了推进这一进程而进行的，很多立法被废止或被与西方民主相协调的立法所取代。

1992年，立陶宛制定新宪法（The Constitution of the Republic of Lithuania），宪法规定立陶宛是一个独立的民主共和国，主权属于人民，司法权被授予立陶宛共和国各级法院。根据宪法和1994年的立陶宛共和国法院法（Republic of Lithuania Law on Courts，2002年修订），建立了一个4层级的法院体系，全国一共有54个地方法院，5个区域性法院，一个上诉法院和最高法院。在1999年之前，立陶宛法院系统的核心由普通法院组成，普通法院包括由最高法院、上诉法院、区法院和地方法院组成的四审级法院，处理民事和刑事案件。地方法院是一审法院，五个区法院是法律规定的某些案件的一审法院，也是对地方法院判决提起诉讼的上诉法院。上诉法院是对区法院作出的判决提起诉讼的上诉法院，最高法院也是最高上诉法院，受理对区法院和上诉法院的判决提起的撤销之诉（Cassation appeals），同时也有责任发展普通法院在解释和适用法律中统一的实践和经验。

此外，立陶宛还有一个特殊的法院即宪法法院。宪法法院不是法院系统的一部分，而是一个独立的司法机构，宪法第102条规定，宪法法院的角色是审查议会法律文件的合宪性以及总统、政府行为的合法性和合宪性。宪法法院在司法权限内作出的决定是最终决定，不能对此提起上诉。1993年2月，立陶宛议会颁布了宪法法院法(Republic of Lithuania Law on Constitutional Courts)，该法界定了宪法法院职能的地位和审判程序。立陶宛没有军事法庭，因为根据宪法第111条规定，在和平时期不能设特殊的法院。

二、行政法院产生的背景

“行政法院”一词的立陶宛文是“Administraciniai Teismai”。行政法院制度在立陶宛的确立主要是受以下两个重要因素的影响。

（一）加入欧盟的战略目标

摆脱了苏联体系的束缚之后，立陶宛一直致力于构建一个行政司法制度的民主模式:基于欧洲民主实践的价值与原则基础之上，通过平衡公民人权保护与国家开明统治之需要的方式。确实，从立陶宛人的普遍认识看，行政司法通过给公民提供对行政行为提起诉讼的公平程序，有效审查了政府的过度行为(The excesses of government actions)。

苏联解体后，立陶宛在司法制度的转变中接纳吸收了欧洲的价值和标准。这些原则在立陶宛共和国宪法中得到体现，如行政、司法和立法职能独立，国家的角色是服务于人民；承认公民能够获得来自于行政机关并与之相关的信息；如果对行政决定不服可以向法院提起诉讼；能够获得赔偿等。

（二）“以权利为本位”的司法理念

在大多数欧洲国家中，市民与国家之间关系的重心，从公权力的权威地位转化为保护公民的权利，防止国家权力的滥用。行政法的本质是根据某种原则和程序来调和两者之间的关系，以确保国家行政机关在法律规定的权限范围内实施活动，也就是要符合“合法性”原则。合法性原则的适用已经成为欧洲自由民主国家中行政司法的象征，在欧盟成员国中得到了普遍发展。

审查行政行为是否合法的程序或途径应该对每个认为自己的权益受到侵害的人开放并且是可以获得的，这种程序的关键是要建立对行政行为进行独立司法审查的有效制度，以及适用和强化有关确保行政行为受到监督和行政负责制的原则和程序。

这种“以权利为本”的行政司法理念已经推动了中欧及东欧地区的欧盟候选国家采纳新的现代民主政府的一种新的基本原则：在公民和国家之间，国家不再是人民的主人，而是人民的公仆。行政司法的民主制度因此服务于两个根本目的：（1）通过为行政职能的履行课以一个清晰的、可靠的法律框架来提高行政服务的质量；（2）在处理行政关系中保护公民的权利，对他们受侵害的权利提供足够的救济途径。在这样的背景下，行政法院制度呼之欲出。

三、行政法院的产生及其依据

根据立陶宛共和国宪法，每个公民都有权利批评国家机构和工作人员的工作，并对他们的决定提出抗诉。根据该宪法第 3 条的规定，为审查行政、劳动、家庭和其他类型的案件，必须依法建立专门法院。这为立陶宛专门化行政法院的建立提供了可能。

根据宪法 109 条和法院法第 1 条规定，立陶宛共和国的司法权只能由法院行使。法院法第 12 条第 4 款规定，最高行政法院和区行政法院是具有特定司法权的法院，专门审理来自于行政法律关系领域的争端。根据宪法条款和《行政法院建设法》（Republic of Lithuania Law on the Establishment of Administrative Courts，1999 年 1 月颁布实施）条款，专门化行政法院系统成立并于 1999 年 5 月 1 日开始运作，它与审理刑事案件和民事、劳动和其他私法性质争议的普通法院不同，行政法院审理来自于公共行政和内部行政①领域的争议，行政法

① 内部行政：新型内部行政管理是在行政管理领域中以保障具体的国家机关或者地方自治机关、机构、部门或组织（调整内部机构、管理全体工作人员、分配和管理现有的物质财政资源）发挥职能为宗旨的一种活动。这种活动的目的是使他们能够在公共行政管理或者其他国家活动领域中以适当的方式完成交给他们的任务。

院的管辖权由《行政程序法》(Law of the Republic of Lithuania on Administrative Proceedings)和其他一些专门法（如关于选举、电子、公共服务、税收、分区制等）来规定。1999年，立陶宛先后颁布了《行政程序法》、《行政法院建设法》、《公共行政管理法》和《行政纠纷委员会法》等四部重要法律，标志着立陶宛步入行政司法实践的成熟阶段，也由此构建了立陶宛调整行政司法行为的法律规范体系。2001年，行政法院体系经历了最终的改革，创建了最高行政法院，至此，行政法院完全从普通法院系统中独立出来。

第二题　立陶宛行政法院的机构与职能

一、行政法院机构与组织

目前，立陶宛行政法院系统由5个区行政法院和1个最高行政法院组成。5个区行政法院分别设在维尔纽斯、考纳斯、克莱佩达、希奥利艾和帕聂韦日斯。区行政法院由法院院长、副院长和其他法官组成，副院长可以在法院任职10年以上的法官中选拔产生。

最高行政法院设在立陶宛的首都维尔纽斯，共有15位法官，包括法院院长和副院长。最高行政法院的法官人数由总统根据最高行政法院院长的提议而确定。

最高行政法院机构由院长办公室、法官助理室、司法实践部、档案室、信息与计算机部、财务部和经济部组成。法院院长顾问和法官助理是具有法学专业本科学历的行政人员，他们主要的职能是给法院院长和法官出谋划策、提建议，在案件庭审的准备工作、程序性文件的起草方面提供援助，还要辅助法院院长和法官其他方面的工作。司法实践部的主要职能是总结和分析司法实践，包括国家级法院（宪法法院、最高法院、最高行政法院）以及欧共体法院和欧洲人权法院的司法实践。司法实践部门的负责人和顾问是具有法学学士学位的行政人员。法院的其他部门和人事部门分别履行相应的其他职能。

二、法官的选拔和任用

立陶宛司法岗位的总体要求：立陶宛共和国国籍，较高的道德品质，法学专业大学学历，健康证明，专门的考试（如果根据立陶宛共和国法院法这个候选人不被豁免于考试的话）。

最高行政法院法官候选人的标准是：至少在区行政法院或普通法院工作已满6年的法官；不考虑他在上诉法院工作经历的上诉法院的法官；一个有博士学位的人；社会科学（法学）博士和至少在大学里任法学教授8年；在检察总长办公室至少已工作10年的检查官；以及已提交健康证明的从事律师工作10年以上的律师。

最高行政法院的法官由总统从那些寻求司法岗位的已登记在册的、年龄不足65岁的人员中选出，依据司法委员会（司法自治的最高机构）的提议而任命的。当1名最高行政法院的法官达到65岁时，他的任期可以被总统延长至70岁。院长和副院长的选拔依据司法委员会的提议，从最高行政法院已任期6年的法官中任命，他们可以连任一届。

法官不能担任其他选举的或任命的职位，不能在商业、私人工作室或企业工作，唯一的例外就是从事教学或研究性活动。法官不可以参加政党和其他政治组织的活动。

三、行政法院的职能

区行政法院是具有特定司法权的法院，是行政案件的一审法院，五个区行政法院受理公民对地方和市政府机关作出的行为提起的诉讼。大多数的案件涉及行政机关延误或忽视公民的申请或申诉，还有对行政程序的错误适用，特别是有关对财产权利要求恢复原状的诉讼请求。

最高行政法院与最高法院和上诉法院一样，行使全国范围内的司法权。它是区行政法院作出的判决、裁决和命令的上诉和终审法院，也是某些法律规定的行政案件的初审和终审法院。在行政案件中不存在撤销之诉，最高行政法院的裁决就是最终决定，不能对此提出上诉。这一点与普通法院不同，目前，撤销权由最高法院行使，它是唯一有权进行撤销之诉审查的机构。最高行政法院还有义务统一行政法院在法律规范解释和适用方面的经验，定期发行公报《行政法院实践》，公报一年发行两期。内容刊有：（1）法院全体会议的决议、判决和裁决，三人法官的合议庭或扩大的五人法官合议庭作出的且已获得大多数法官同意的判决、决议和裁决，还有关于行政规范性文件的合法性的判决；（2）法院判决、裁决和决议中对法律和其他规范性文件的适用作出的解释；（3）被最高行政法院大多数法官批准的其他资料。上述内容在法院、国家机关和其他行政主体适用法律和其他规范性文件时应予参考。最高行政法院还负有分析行政法院在适用法律和其他规范性文件的实践经验，以建议的方式给他们提供司法解释的任务；也可以给法官提供法律适用与法律解释方面的建议。此外，最高行政法院还应根据欧盟的司法解释，分析和总结行政法院实践，确保欧盟法律文件在立陶宛的统一适用和解释。

第三题　立陶宛行政法院的受案范围与管辖

一、行政法院的一般受案范围

（一）行政法院予以受理的案件

根据行政程序法，行政法院只受理对公共和内部行政主体制定的法律性文件及行政行为或不作为提起的诉讼。具体地讲，主要是受理对下列情况提起的诉讼：

1. 公共行政主体实施的行为（如检查、服务、委托等）和制定的法律文件的合法性，以及行政机关在其管辖权限范围内实施的拒绝行为和延误行为的合法性；

2. 自然人和组织因遭受国家或市政府机关、公务员实施的公共行政领域内的非法行为或不作为而造成的损害给予物质和精神的补偿；

3. 税收的缴纳与征收，其他义务性的缴纳和征收，经济制裁的适用和税收争议（与国家税检部门的争议）；

4. 涉及公务员的纠纷，① 当事人中的一方为拥有公共行政权力的国家或市政府的公务员（包括机关领导和工作人员）；

5. 两个在管理权限上不具有从属关系的行政主体之间发生的争

---

① 有关公务员资格的取得、丧失、地位的改变，以及纪律手段的实施等引起的争议。

议，普通法院管辖的民事诉讼案件除外；

6. 违反选举法和公民投票法的案件；

7. 外国人提起的关于拒绝颁发或撤回在立陶宛居住和工作的许可证，以及关于难民地位的起诉；

8. 行政法院还受理法律规定的其他案件。

（二）行政法院不予受理的案件

1. 行政法院不能受理宪法法院和普通法院管辖范围内的案件；

2. 共和国总统、议会、议员、首相、政府（作为一个集体决策机构时）的调查活动，宪法法院、最高法院和上诉法院法官的调查活动，其他法院法官、检查官、调查员的程序性活动，司法管理活动，案件的调查与决议的执行；

3. 地方法院是受理行政犯罪法规定的行政犯罪行为的初审法院。行政犯罪法中规定的某些行政违法行为可以由法律授权的国家机关（公务员）审理。

二、维尔纽斯区行政法院的附加受理权限

维尔纽斯区行政法院在五个区行政法院中具有重要的地位，它受理涉及中央政府机关的个人行为的案件。这个制度基本上与立陶宛的很多欧盟邻国（如瑞典、芬兰）的制度相一致。维尔纽斯区行政法院除具有区行政法院的一般管辖范围外，作为一审法院，可以审理下列案件而不需要经过初步的法外调查程序（The procedure of preliminary extrajudicial investigation）：

1. 议会司法专员根据议会司法专员法提起申诉的案件，且被告是国家中央行政机关；

2. 市政局提出的有关他们的权利受到侵害的申诉的案件，且被告是国家中央行政机关；

3. 继请求保证行政争议主管委员会的决定得到执行的起诉之后的案件。

维尔纽斯区行政法院也是对行政争议主管委员会、税务争议委员会的决定提起诉讼（申诉）、法律规定的其他案件，以及对由其他机关在初步法外调查程序之下作出的决定进行调查的一审法院。

三、最高行政法院的受案特点

最高行政法院是法律规定的行政案件的初审和终审法院。它在受案范围上具有以下特点：

1. 是一审行政法院（区行政法院）审理的案件的上诉法院，包括行政犯罪行为；

2. 是地方法院已审理的行政犯罪行为案件的上诉法院；

3. 中央行政主体制定的行政规范性文件的合法性案件以及由公共组织、社团、政党、政治组织或协会制定的带有普遍性质的文件的合法性案件的唯一和终审法院；

4. 对中央电力局的决定或不作为提起诉讼的案件的终审法院，但法律规定由宪法法院管辖的除外；

5. 决定有关法院对行政案件的管辖争议问题的终审法院；

6. 审理要求在行政案件（包括行政犯罪案件）中变更程序的申诉，这些案件须已经被有关法院作出有效的判决、裁决或决议；

7. 受理已审结的再审案件的诉求，包括行政犯罪案件；

8. 还应履行法律规定权限范围内的其他职能。

四、行政法院的管辖

1. 在多个行政诉讼请求的共同诉讼案件中，其中有些属于行政法院管辖范围，有些则不是，在这种情况下，要求所有的原告都必须到庭。

2. 在一个特殊纠纷的管辖权发生争议或导致法律冲突时，该争议应由法院进行审理。

3. 如果一个案件中存在多个诉讼请求，有些请求是由维尔纽斯区行政法院管辖的，而有些是属于其他县①的行政法院管辖范围的，则该案必须由维尔纽斯区行政法院管辖。

4. 在诉讼程序中的被告分别是在不同法院的地方司法权管辖范围内的不同行政主体时，案件的管辖问题应依层级最高的行政主体所

---

① 立陶宛全国划分为 10 个县（立陶宛文为 Apskritis，英文为 County），下设 44 个区，108 个市。

在地来决定，如果几个行政主体之间是平级的，则原告有权选择由哪个法院受理。

第四题　立陶宛行政法院的审判原则与程序

一、审判原则与制度

（一）司法独立原则

立陶宛共和国宪法赋予法院实施行政司法的特权，行政执法、法官和法院应该独立，在审查案件时，法官只服从法律，他们可以不适用与宪法相矛盾的法律。任何政府机关与管理机构、议会成员和其他官员、政党、政治或公共组织或自然人不得干扰法院和法官的活动，集会等活动的举行应远离法院至少 75 米之外。法院或法官执行正义的活动受到干扰时，可以采取法律规定的措施。

（二）遵循先例原则

传统上，立陶宛法律并不认可"遵循先例"原则，然而为保证法律解释的统一性，这个原则的要素已逐渐被导入。目前，法院受理案件有义务参考最高法院和最高行政法院在最高行政法院公报上已经刊出的判决。

（三）其他原则与制度

根据法院法中有关审判程序的规定，行政程序法清晰地表述了行政司法的基本原则，包括代理人制度，证据的广泛性原则，告知程序与听证制度，法院以中立态度主持听证的责任制，详尽明确的判决请求制度等。此外，通过原告资格的扩展使更多的行政主体、行政行为或不作为受到法律审查，公民还可以提起公益诉讼，《行政程序法》还通过提供诉前争端解决程序而使救济制度更富有弹性。

二、审判组织与程序

（一）审判组织

除了对地方法院审理行政犯罪案件作出的判决提起的诉讼外，对于行政法院的其他管辖范围内的一般案件的审理，通常由 3 名法官组成合议庭来审理。对于某些简单的案件，也可以根据法院院长的命令由1名法官组成的独任庭来审理。

由最高行政法院受理的案件通常由3名法官组成的合议庭来审理，对于复杂的案件，可以依据法院院长的动议或合议庭的推荐组成一个由5名法官组成的扩大了的合议庭，或者案件可能要由法院的全体会议作出决议，全体会议必须由法院2/3以上的法官参加才合法有效。行政法院还可组建法官委员会，主席和为委员会起草报告的法官由院长任命。

（二）审判程序

《行政程序法》专门规定了行政案件的审理程序，包括行政案件的起诉、受理、调查、庭审、程序中止与终结、作出审理决定等，该法中还详细规定了行政审判与其他救济程序的衔接，以及对行政规范性文件的合法性审查程序。

自然人和公共行政的其他主体（包括国家和市政府公共行政机关的职员、官员和机构负责人）有权利向行政法院提起审查行政规范性文件合法性的申请，这种申请权利由议员、议会调查专员、国家管制局的官员、区行政长官、普通法院、专门法院还有检察院授权；上述提到的主体也有权利向行政法院提出审查公共组织、社团、政党、政治组织或协会采纳的具有普遍性质文件的合法性的请求；向行政法院提出审查市政府行政规范性文件是否与法律、政府法规一致的请求权，由监督市政府的政府代表授权。与争议性行政规范性文件相冲突的法律或政府法规的副本应附在申请书后面。

行政法院在以下情况可以拒绝受理审查行政规范性文件合法性的请求：

1. 审查行政规范性文件合法性的申请与法院审理的具体案件没有关系；

2. 所争议的行政规范性文件曾在有效的法院判决中被适用过；

3. 申请是基于一个不合法的动机之上。

在没有理由拒绝申请的情况或在个案的审理过程中，法院对具体案件中适用的行政规范性文件如果产生怀疑，该行政法院应该中止对具体案件的审理，并决定开始实施相关的调查；在规范性文件被认定有效之后，该行政法院继续恢复被中止的调查程序，依法作出判决。普通法院和特别法院也可以中止案件的调查，向行政法院提出审查案件中被适用的行政规范性文件的合法性的要求，在得到行政法院作出关于该文件合法性的决定之后，继续审理案件。

在案件审理过程中，如果某些特殊案件中适用的法律与宪法相抵触，行政法院或普通法院就有义务中止案件的审理。鉴于立陶宛共和国宪法法院的管辖权，要求确定上述的法律或其他法规与宪法相一致后再适用。在已经得到宪法法院的裁决后，行政法院才继续审理案件。向宪法法院提起对法律规定的合宪性审查的请求的权力授予政府、1/5 以上的议院组成的团体和共和国总统。

此外，行政审判还注重与其他救济程序的衔接。如权利人还可以向行政法院提出申请，要求法院确保行政争议委员会作出的决定的执行。如果经审核认定，行政争议委员会作出的决定是非法的，法院将撤销这一决定，并且由自己直接依法作出决定；如果行政争议委员会作出的决定是合法的，法院将作出让公共行政机关在法院限定的期限内履行义务的决定。

三、审判决定

（一）对提起的行政诉讼请求，经审查不符合受理的要件，行政法院可以作出拒绝诉讼请求，不予立案的决定。

（二）案件受理之后，行政法院也可以决定按照法律规定的其他方法解决争端。

（三）案件经审理之后，行政法院可以作出决定：

1. 撤销有争议的行为或者责成相关行政机关改正违法行为或执行法院的其他命令；

2. 责成相关的内部行政组织依法律、政府决定或其他法律文件办事，执行法律、政府决定或其他法律文件的规定；

3. 对公共行政领域的国家或地方机关、机构、公务员及雇员实施的不合法行为或不作为对自然人或组织造成的损害，作出给予损失赔偿费或精神损害赔偿费，同时撤销相关人员行政领导职务的判决。

（四）一个（或部分）争议行为如果符合下列情形，将予以撤销：

1. 本质上是不合法的，即内容上与上位法律相冲突；

2. 因行政机关实施权限范围之外的行为而违法；

3. 违反基本程序而不合法，尤其是这种程序能保证在各种情况下客观价值的实现与决定的有效性；

4. 基于被行政法院认可的其他理由。

有争议的行政行为的撤销表明社会状况恢复到争议性行为作出前的状态，即准予原告恢复受侵害的权利和合法利益，并且被撤销的行为将不能自行恢复，除非通过另一法律文件的合法权力使之生效。

（五）已受理对一个行政规范性行为进行审查的请求之后，行政法院可以作出以下决定：

1. 确认所争议的规范性文件（或部分）的合法性，并驳回要求撤销的请求；

2. 确认所争议的规范性文件与法律或政府法规相冲突并决定予以撤销。

一个行政规范性文件，有可能不被作为一个规则来适用。在行政法院已经考虑了案件的具体情况和评估了消极的法律后果的可能性之后，从认定相关行政规范性文件为非法的有效决定正式宣告的那一天起，行政法院可以在它的决议中明确规定，被撤销的行政规范性文件（或部分）从它制定那天起就不能适用。

第五题　对立陶宛行政法院制度的评价

一、立陶宛行政司法制度的成效

可以说，立陶宛行政法院尤其是最高行政法院在致力于牢固确立行政法院独立体系方面的努力是成功的。近年来，立陶宛的行政司法实践表明，最高行政法院自从 2001 年成立以来已经获得了很大程度上的信任。一些立法者说，议会开始在它的立法动议中适用最高行政法院的决定。按照议会监督性的命令，最高行政法院将继续加强它的组织和管理责任，统一司法实践。

这些成就应置于更广泛的民主政府和欧洲国家的比较体系中分析，即从推进立陶宛加盟欧盟进程的视角来分析。

作为支持立陶宛民主政府计划的一部分，联合国开发计划处对立陶宛行政司法制度作了一个评估。实施调查的主导原则是建议应该与立陶宛法治背景下发生的变化相和谐共生。在这篇调查中，对各级法官、政府官员、行政官员、行政争议委员会成员、非政府组织代表、学者、律师和议会监督机构进行了深入的调查访问，最高行政法院、最高法院和上诉法院的法官为调查组提供了各级法院受理案件的数量及最高行政法院的记录和统计数字。对行政立法进行调查分析并与欧盟成员国中最好的实践经验及其他国家进行了比较。

据众人所言，行政法院很受欢迎，调查表明，立陶宛公民对质疑重要的国家和地方机关（如部长、其他政府机构、市政府）作出的行为越来越有信心。在行政法院存在的短短几年中，公众对它的信任度在上升，这些体现在区行政法院受理的案件数在 1999 年至 2002 年间从1 900件左右上升到10 000件之多。①

毕竟，调查者同意了议会工作组的结论，即认为公民被行政法院所吸引，因为，它们给公民提供了快捷有效的救济途径，而其他法院往往难以做到这一点。② 最普遍的观点是行政法院实施了一种对政府过度行为合理有效的审查，使得在不平衡的权利关系中处于弱势一方的公民，在这些法院面前获得一个公平的、富有正义感的审判。可见，行政法院制度对发展立陶宛的法治和人权制度是至关重要的。

根据 2002 年欧盟委员会关于立陶宛候选人资格的评估报告，立陶宛是中欧及东欧地区中已经建立了最先进的行政司法制度的国家之一。③

二、存在的问题与发展方向

行政法院制度取得成功是保持这个制度的信任度的一个重要因

---

① See Daniel A. Bilak, *Administrative Justice in Lithuania*, 2003, pp. 16-17.

② 立陶宛行政程序法对审理行政案件规定了比较短期的时限，原则上，从开始至结束，历经所有的行政诉讼阶段平均只需 6 个月时间；而相比之下，民事法庭审理案件经过三个诉讼阶段平均需用 2 年左右的时间。根据最高行政法院收集的数据，行政法院法官审理的案件是民事法院的 4 倍，移送到宪法法院的案件中有 2/3 的案件来自于行政法院。

③ See Commission of the European Communities, 2002 *Regular Report on Lithuania's Prograss Towards Accession*, Brussels, SEC（2002）1406, p. 20（"2002 Accession Report"）.

素。但是，某些程序上、制度上问题的存在限制了这个制度取得更大的有效性。

（一）目前行政法院的案件负担太重。最高行政法院在2002年共受案1 846件，几乎占所有行政案件的半数（全年受理行政案件4 000件左右），包括对行政裁决案件的起诉。① 越来越多的人认为，最高行政法院的职能需要由立法进一步界定清楚，限制受理案件的类型，对所承担的案件的类型予以细化，比如使最高行政法院仅限于承担具有重要法律意义或重大公共利益的案件。

（二）司法效率和司法途径问题仍然存在，削弱了司法制度已有的成就。为了保护和提高立陶宛行政司法制度的成就，应该实施一些程序和机构的改革。特别涉及对行政法律文件的制定与案件的起诉和受理程序应予以统一化和明确化（包括行政裁决行为）。独立的行政争议委员会体系应该被完善和发展。总之，这些措施应有助于提高立陶宛公共行政体系、外部监督体系和内部行政审查、争议委员会和行政法院的有效运作。最重要的是，这些改变能促进、提高政府服务的质量，能增强公民的人权保护，有助于使立陶宛面临欧盟成员国施加的无数挑战做好准备。

（三）行政法院法官的独立地位需要进一步加强。如果权利的平衡在国家与公民之间的关系中被充分地强化，则司法机关和争议解决的准司法机构的独立对成功履行行政司法制度的有效职能是至关重要的。如果法院想保留在公众眼里的可信度，必须正确评估行政行为的合法性以及争端解决的快速有效性。目前。法官特别是地方法院法官的独立性得不到保障，但总的来说，行政法院正努力把自己从政治控制中解放出来，看来行政法院法官的独立地位将随着时间的推移而得到加强。

（四）还需要加强法院、委员会、调查专员机构和行政之间在体系上的衔接和联系。目的是为了保障对公民权利的保护、增强外部机构的独立性和有效性以及提高行政服务的质量。

---

① See Daniel A. Bilak, Administrative Justice in Lithuania, 2003, p. 18.

三、对我国行政司法制度的借鉴意义

我国目前的行政司法制度是在普通法院内设行政审判庭专门审理行政案件，行政复议更多体现的是一种层级监督，行政争议在形式上得不到有效而公正的解决。行政法庭的设置似乎是借鉴法德的行政体制，以专门法庭的组织形式解决行政争议，但由于没有特别规定行政法官的任职要件，且法官相互之间的交流甚少，专业性欠缺，因而不能完全适应行政审判的需要，而且诉讼程序没有体现对非诉讼纠纷解决机制的重视和衔接。

立陶宛行政法院制度对我国行政司法制度的改革至少有五点借鉴意义：(1) 立陶宛设置了独立于普通法院的行政法院系统，给相对人提供了一个高效的救济途径，并赢得了大众的信任；(2) 详细规定了行政法院法官的选拔和任用制度，尤其对法官候选人的任职资格作了明确规定，努力提高法官的素质及在办案中的独立性；(3) 制定了完备而详尽的专门审理行政案件的程序法，对行政司法活动提供了一个有效的指导和保证；(4) 受案范围广，对抽象行政行为、在我国被称为内部行政行为的人事管理等行为、公法人的行为，立陶宛行政法院都有权受理；(5) 除行政法院外，其他的救济机构和途径比较完备，法院注重与诉前争议解决程序以及其他争议解决机构的衔接与联系，从而提升了行政法院在整个司法体系中的地位。

第十七章 中国澳门特别行政区行政法院制度

第一题 澳门特别行政区法律体系概述

澳门自古以来就是中国的领土，由于葡萄牙人来到澳门，使得这块土地具有了一段特殊历史和一些特殊意义。

一、澳门特别行政区法律体系的演变

澳门的法制发展随着澳门历史的变迁而曲折跌宕。澳门的法律制度是随着葡萄牙人在澳门的定居、占领、实施殖民统治而逐步形成的。澳门现行的法律制度是依据中葡两国发表的《关于澳门问题的联合声明》（以下简称《联合声明》）和《中华人民共和国澳门特别行政区基本法》（以下简称《澳门基本法》）对原法律制度进行改造而确立的。纵观澳门法律制度发展史，大致可分为四个时期：

（一）混合管辖时期

这一时期从1557年葡萄牙人长期定居澳门时起，一直到1822年亚马留（Amaral）总督拆除中国海关，拒绝向中国政府缴纳地租时止。此期间，尽管葡萄牙人于1583年在澳门设立了市政机构，管理澳门的一些事务，并在葡萄牙人的群体内适用葡萄牙的法律，1623年又任命了总督，但是，澳门主权仍属于中国，澳门的管制权属于中国，葡萄牙人只不过拥有其内部自治权而已。这期间澳门的法律制度总体上也是中国的法律制度。

（二）葡萄牙殖民统治时期

这一时期从1822年葡国宪法确定澳门为殖民地，澳督对华拒缴地租开始，到1974年葡国实行非殖民化政策时止。1822年葡萄牙宪

法自行宣布将澳门作为其殖民地纳入葡国领土；1845 年，葡萄牙单方面宣布澳门为“自由港”；1846 年至 1849 年，澳督亚马留先后驱逐中国官吏，关闭中国海关和税收机关，废除清政府两广总督 1749 年颁布的法令，并将葡国刑法适用于澳门的中国居民。从此，葡萄牙对澳门实行殖民统治。为使占领澳门合法化，1887 年葡萄牙又迫使清政府签订《中葡北京条约》，承认葡萄牙对澳门的永居和管理。1933 年，葡国宪法认可的“1933 年殖民地法令”，再次宣称澳门为葡国的海外领地，规定在澳门实行大主教教区和葡殖民帝国的法律，这一时期，葡国陆续把其为葡属殖民地制定的法律移植于澳门，同时还将本国的刑法典、民法典、商法典、刑事诉讼法典和民事诉讼法典等适用于澳门。1971 年，葡国修订宪法，赋予“海外省”以自治区地位，并制定了新的《澳门省政治行政章程》，首次规定：澳门立法会议和总督在对葡国宪法和主权机构权限范围以外的专属澳门的事宜中，享有立法权。

（三）管治时期

这一时期从 1974 年葡国展开非殖民地化运动直到 1987 年 4 月 13 日中葡两国发表《关于澳门问题的联合声明》。1974 年 4 月 25 日，葡萄牙军人发动了“四二五”革命，推翻了萨拉查（Antoniode Oliveira Salazar）长达 50 多年的独裁统治，建立了民主政府，对外实行非殖民化政策，宣布放弃所有海外殖民地，不再将澳门纳入葡国的领土。1976 年葡国颁布新宪法，规定“葡国管辖下的澳门地区，按照适合其特殊情况的章程进行管理”。同年，《澳门组织章程》出台，并赋予了澳门本地立法权限。葡国新宪法和《澳门组织章程》从法律上重新确立了澳门的地位：澳门从葡国的海外省改变为葡国管治下的特殊地区，成为一个在不抵触宪法和《澳门组织章程》的原则下，享有行政、经济、财政以及立法自治权的内部公法人。从此，澳门本地立法得以长足发展。澳门立法机构（主要是总督和立法会）顺应社会经济发展的需要，依据葡国宪法和《澳门组织章程》的规定，制定了一系列法例。这些法例构成了澳门现行法律的主要部分，同时也使澳门建立起一套以葡国法律为基础的较为完整的法律制度。

（四）过渡时期

这一时期从 1987 年 4 月 13 日中葡两国《关于澳门问题的联合声

明》发表至1999年12月20日中华人民共和国政府对澳门恢复行使主权。中葡《联合声明》的签署，标志着澳门进入过渡时期。中葡《联合声明》及其附件一规定：澳门"法律基本不变"。"澳门特别行政区成立后，澳门原有的法律、法令、行政法规及其他规范性文件，除与《中华人民共和国澳门特别行政区基本法》相抵触或澳门特别行政区立法机关作出修改者外，予以保留。"为了适应中葡《联合声明》签署后的形势需要，在1999年12月20日后依照《澳门基本法》的规定保留原有法律制度，澳门开始了法律本地化的进程，于1988年初和1989年10月，分别设立法律翻译办公室和立法事务办公室，专门负责法律中译、法律清理、法律修订和调整的工作。1990年5月，葡萄牙国会对《澳门组织章程》进行了修改，扩大了澳门本地立法机关的立法权限，从而为澳门法律的本地化创造了必要的条件。

过渡期结束后，1999年12月20日，澳门特别行政区立法会通过并公布了《司法组织纲要法》（Lei de Bases de Organizacão Judiciária de Macau）并于公布之日起生效施行；同日，立法会通过并公布了《司法官通则》、《审计署组织法》，这两部法律也于公布之日起生效施行；随后，根据《司法组织纲要法》的要求对《刑事诉讼法典》、《民事登记法典》、《商业登记法典》、《公证法典》和《民事诉讼法典》等进行了修订，从而形成了符合澳门特别行政区需要的新的法律体系。

二、澳门特别行政区法律体系的特点

1999年12月20日澳门主权回归中国后，源于葡萄牙的外来法律终止生效，中国对澳门实行"一个国家，两种制度"的政策，澳门的法律制度基本不变。全国性法律，除极少部分外，不在澳门适用，澳门特别行政区形成了一个相对独立的法律体系，这一法律体系由《中华人民共和国宪法》、《澳门特别行政区基本法》、澳门原有法律和澳门特别行政区制定的法律构成。从现实的情况看，澳门特别行政区的法律仍受着澳门原有法律的影响，并在一定程度上保留了原有法律的特色。澳门现行法律制度具有以下五个特点。

（一）以《澳门特别行政区基本法》为基本依据，建构相对独立的复杂的澳门法律体系

《澳门特别行政区基本法》是澳门地区的基本法，是制定、修改、废止或保留其他法律、法令、行政法规和其他规范性文件的基本依据；而这一基本法律是全国人民代表大会根据《中华人民共和国宪法》制定的，因此，《中华人民共和国宪法》（以下简称《宪法》）是澳门法律的根本母法，澳门法律的内容不得与《宪法》的基本精神和基本规定相冲突，同时，有八部全国性的法律在澳门地区适用，① 因此，澳门法律体系具有独特的地域特点，是一个由《中华人民共和国宪法》、《澳门特别行政区基本法》、特定的全国性法律、澳门原有法律和澳门特别行政区新制定的法律等共同构成的复杂的法律体系。现在澳门法律体系的构成为：《中华人民共和国宪法》→《澳门特别行政区基本法》→特定的全国性法律→《澳门民法典》→《澳门刑法典》→《澳门民事诉讼法典》→《澳门刑事诉讼法典》→《澳门公司法典》→其他各类原有法律。

（二）具体的法律法典以葡萄牙的法律制度和理论学说为基础

澳门现行的法律制度与体系总体上是葡萄牙式的，是欧洲大陆式的。其法律结构、法律体系、法律渊源以及部分法律操作诸方面，如立法制度、司法制度乃至法律教育制度等均具有明显的葡萄牙色彩。因此，就整个法律制度而言，澳门现今的法律仍以葡萄牙法律为基础是不言而喻的，基于这种原因，澳门现行法律自然就具有葡萄牙法律制度的一些特点。

（三）以葡国法律为基础，属于典型的大陆法系

大陆法系是以古代罗马法，特别是以法国《拿破仑法典》为基础和传统而形成和发展起来的各国家、地区法律的总称。包括葡萄牙在内的欧洲大陆各国，均属这一法系。葡萄牙法制遵循民法法律传统，澳门立法以葡国法制为模式。葡萄牙于1966年11月25日正式颁布新民法典，并自1967年6月1日起生效，旧民法典同时失效。

---

① 这八部全国性法律（见《中华人民共和国澳门特别行政区基本法》附件三），自1999年12月20日起在澳门当地公布或立法实施。这八部全国性法律是：《关于中华人民共和国国都、纪年、国歌、国旗的决议》、《关于中华人民共和国国庆日的决议》、《中华人民共和国国籍法》、《中华人民共和国外交特权与豁免条例》、《中华人民共和国领事特权与豁免条例》、《中华人民共和国国旗法》、《中华人民共和国国徽法》、《中华人民共和国领海及毗邻区法》。

1967 年 9 月 4 日葡萄牙颁布第 22869 号法令，决定自 1968 年 1 月 1 日起，该民法典延伸到澳门施行。因此，澳门法律也主要以成文法，尤其是法典为其法源。判例原则上不作为法律渊源，没有法律效力。葡萄牙法律对澳门的影响当然不是只限于民法领域，实际上，除了澳门本地立法机关制定的一些法律外，重要法律几乎都来自于葡萄牙。澳门的刑法、民法、商法、刑事和民事诉讼法以及其他一些主要法律，都编纂成系统的、完整的法典。澳门这几部大法典，即是澳门法律的最基本渊源，构成澳门现行法律的基础。在大陆法系国家中，葡萄牙是制定法典最多的国家，至少，它们在许多场合都使用“法典”这一概念。① 不但如此，由于葡萄牙人控制了司法领域，长期以来垄断澳门的法官、检察官以及律师职位，澳门在司法制度、律师制度等方面完全仿效葡萄牙的做法。此外，由于澳门长期以来没有独立的法学教育，法学方面的专门人才接受的都是葡萄牙的法学教育，以致澳门无法形成独立的法律文化，无法形成独立的法律传统，只能全面接受葡萄牙的法律制度、法律文化和法律传统。澳门亦因此而成为典型的大陆法系地区。

（四）法律渊源多元

澳门法律以葡国法律为主体，同时也有澳门立法会的法律（Leis）和各种各样的法令（Decretos-Leis）、法规（Regulamentos）、规章（Estatutos）等。在澳门过渡期之前，根据澳门的政治制度和葡萄牙宪法的规定，澳门总督和立法会是平行的立法者，但是，实际上总督的法律创制权意义尤为重要，总督的法令、训令在澳门的社会生活中占有较为重要的地位，在总督的法令、训令之后才是各部门的法规或规章，“它们直接而较及时地对澳门社会特定领域的生活或生产关系加以规范，并且在某种程度上起着将法律与法令具体化的作用”。②

（五）法律文化多元性

澳门多元的法律文化因素除了来自于葡萄牙的法律和始终存在于

---

① 参见米健等著：《澳门法律》，中国友谊出版公司 1996 年版，第 10 页。

② 蓝天主编：《“一国两制”法律问题研究》，法律出版社 1997 年版，第 510 页。

澳门的中国传统文化因素之外，相邻地区和国家的法律与习惯，对澳门现行法律的缺漏和不足也发挥着重要的补充作用，在实际生活与交往中起着重要的规范作用。正如葡国著名法社会学家 Boaventurade Sousa Santos 所指出的，澳门法律是“一个法律的多元混合体，它将葡国法律、澳葡政府的法律、中国法律、华南地区尤其是澳门的风俗习惯以及香港的某些法律（即经济法、会计法和商法）结合为一。所以，澳门的法律文化是一种多元文化”。① 澳门是一个以华人为主的社会，它的文化传统总体上是中国的文化传统，葡萄牙人在澳门几百年的管治与文化渗透，只不过是赋予了澳门社会及其文化融合中西方文化的独有特色。因此，“在澳门社会中，以传统风俗习惯作为行为规范或调整人们彼此间关系的准则，乃比比皆是的现象。如在婚姻、继承等关系方面，澳门人仍在很大程度上依赖于街坊会。换言之，澳门相邻地区的法律和当地的风俗习惯，是在澳门社会发生重要作用的，一种法外行为规范”。② 澳门法律文化多元性支撑着澳门多元的社会结构，维持着澳门多元社会秩序的存在与运行。

第二题　澳门特别行政区的司法组织

一、澳门特别行政区司法组织运作的法律规范

在 1991 年之前，澳门的司法组织附属于葡萄牙的司法组织体系，澳门法院隶属于葡国里斯本大法区法院，所有二审上诉案件必须由葡国的里斯本大法区法院审理，澳门法区法院只享有对一般案件的一审审判权。为了适应澳门主权回归中国及保障澳门特别行政区法院的司法独立，必须在 1999 年前逐渐设置独立的司法组织。1987 年中葡《联合声明》的签订将澳门的历史翻开了新的一页。在该声明中双方约定，中华人民共和国政府于 1999 年 12 月 20 日恢复对澳门行使主

---

① 转引自苏保荣（B. de. S. Santos）《论司法与澳门社会——过渡时期的社会问题、行政当局与社会组织》，载《行政》（澳门政府主办）第 13/14 期，第 724 页。

② 米健等著：《澳门法律》，中国友谊出版公司 1996 年版，第 8 页。

权后，将按照“一个国家，两种制度”的精神，设立澳门特别行政区。特别行政区享有政治、经济、立法和司法方面的高度自治，澳门将拥有自治且适应澳门特殊情况的司法组织。正是基于中葡《联合声明》中的这种要求，葡萄牙国会于1989年对其1976年颁布的《葡萄牙共和国宪法》有关澳门的条款进行了修改；于1990年对《澳门组织章程》进行了修改。修改后的葡国宪法第292条第5款规定“澳门地区依法拥有本身之司法组织，该司法组织依法享有自治，适应澳门的特征，并保留法官独立的原则。1990年修改后的《澳门组织章程》（Estatuto Organizacão de Macau）也与之相呼应，规定：澳门拥有本身之司法组织，享有自治，并适应澳门的特征；而且澳门法院独立运作，只受法律约束；检察院也获得自治，依法规定拥有本身之通则。同时，该章程也明确指出，澳门的司法机关在适当的时候将由葡萄牙总统赋予澳门法院完全及专属的司法管辖权，脱离葡萄牙司法体系。

1991年8月，葡萄牙国会通过并由总统颁布了第112/91号法律，即《澳门司法组织纲要法》，确定澳门的基本司法架构及运作规则，开始重组澳门司法组织，设立澳门高等法院和审计法院，对澳门法区法院和刑事预审法院的运作也予以改革，在法区法院的基础上，设立澳门普通管辖法院。该法律同时规定原本保留于最高法院、宪法法院、最高行政法院拥有的审计法院权限，在澳门法院被授予完全及专属的审判权时将会转移给澳门的相应法院。1991年《澳门司法组织纲要法》颁布施行后，澳门的司法体系逐渐完善，澳门历史上第一次拥有了自己的二审法院，也第一次拥有了自己的司法官管理机构，取得了司法相对自治的地位。

为了配合这些新的司法组织的设置和原有司法组织的改革，1992年，澳门总督颁布了《澳门司法组织总规章》（即第17/92/M号法令），《澳门审计法院之内部规章》（即第18/92/M号法令）和《澳门司法官司章程》（即第55/92/M号法令）等3个补充法令。《澳门司法组织总规章》对澳门的司法制度进一步明确化和具体化；《澳门审计法院之内部规章》对审计法院的组织、权限、运作和程序作了规范。同年通过并颁布的《澳门司法官司章程》对实现司法人才本地化起到了重要作用，确立了法官与检察官的地位与待遇，规范了两个司法委员会——澳门司法委员会和澳门司法高等委员会的组织架构、职能与运作。

《澳门司法组织纲要法》和3个补充法令的生效，为澳门走向司法自治奠定了最基本的组织基础，使澳门的司法体制发生了重大的变化。1999年3月20日，澳门政府公报颁布了第118-A/99号令。根据此令及《澳门组织章程》规定，澳门地区拥有本身的司法组织且该司法组织享有自治并适应澳门的特征，鉴于根据过去6年有限度司法自治的经验，赋予澳门法院完全及专属审判权的时机已成熟。在该令中，澳门法院自1999年6月1日起被授予完全及专属的审判权。据此，澳门政府5月24日颁布了第20/99/M号法令并规定该法令于澳门法院被授予完全及专属审判权时开始生效。

上述法律和法令的颁布实施，使澳门新司法组织的产生和运作有了法律依据，也成为澳门独立的新司法体制的重要保障。依据这些法律和法令，澳门设立了一系列新的司法组织，逐渐完善了澳门的司法体系。

1987年4月13日，中葡双方签订了《关于澳门问题的联合声明》及其两个附件，确认“澳门地区为中华人民共和国不可分离的一部分”，双方约定“自1999年12月20日中华人民共和国政府对澳门恢复行使主权”且于该日设立“中华人民共和国澳门特别行政区”，并根据《澳门特别行政区基本法》的基本原则进行管理。中葡《联合声明》及其两个附件详细陈述了中国在澳门地区实行“一个国家，两种制度”的基本国策，特别规定澳门特别行政区“享有高度的自治权”、“享有行政管理权、立法权、独立的司法权和终审权”，而且，使澳门的基本制度“保持50年不变”。

为配合政权交接，中葡双方在过渡期内都做了大量的工作。葡萄牙国会在1989年和1990年分别修订了葡国宪法中有关澳门的条款和《澳门组织章程》，规定澳门在主权移交之前必须拥有本身的司法组织，享有自治；1991年葡国国会颁布实施《澳门司法组织纲要法》，确定了澳门自治之司法体系，为配合这一法律的实施，澳督制定并颁布了两个补充法令——《澳门司法组织总规章》和《澳门审计法院之内部规章》；成立了澳门高等法院和审计法院，进一步完善了澳门的司法体系。另一方面，1988年9月，中华人民共和国成立了澳门特别行政区基本法起草委员会，负责《澳门基本法》的起草工作；1993 年 3 月 31 日中华人民共和国第八届全国人大代表大会通过了《澳门基本法》并于当日由中国国家主席颁布，于 1999 年 12 月 20 日生效实施。

《澳门基本法》是澳门特别行政区的宪法性法律，该法阐明了澳门特别行政区政治、经济和社会制度的基本原则。根据《澳门基本法》的规定，澳门特别行政区在司法制度上享有独立的司法权和终审权。根据《澳门基本法》的精神，澳门特别行政区立法会修订并通过了《司法组织纲要法》并于 1999 年 12 月 20 日公布并开始生效施行；同日，立法会修订并通过了《司法官通则》、《审计署组织法》，这两部法律也于当日公布并开始生效施行。这样就使澳门特别行政区的司法制度与《澳门组织章程》和《司法组织纲要法》所规定的现行司法制度相衔接，实现了澳门的司法自治，使澳门形成了独立的司法体系。这主要表现在以下几个方面。

独立的司法权和终审权。《澳门基本法》第 19 条规定“澳门特别行政区享有独立的司法权和终审权”。“澳门特别行政区法院除继续保持澳门原有法律制度和原则对法院审判权所作的限制外，对澳门特别行政区所有的案件均有审判权。”1999 年 12 月 20 日公布并开始生效施行的《司法组织纲要法》也在第 1 条中规定了“澳门特别行政区享有独立的司法权和终审权”，并明确规定：法院是独立的，根据法律对其专属审判权范围的问题作出裁判，不受其他权力干涉，亦不听从任何命令和指示。法院的独立性按《司法官通则》所作的规定，通过法官的不可移调及无须负责，以及设有一个独立的管理及纪律机关予以保障。

保留现行的司法体制。《澳门基本法》规定，澳门特别行政区法院独立进行审判，只服从法律，不受任何干涉；保留现有的两级法院设置，在此基础上，设立终审法院以行使终审权；保留现有刑事起诉法庭（即刑事预审法院）制度；设立行政法院以管辖行政诉讼和税务诉讼；除此之外，澳门特别行政区初级法院可根据需要设立若干专门法庭。

司法官的任命制度本地化。《澳门基本法》第 50 条（9）规定，澳门特别行政区行政长官行使“依照法定程序任免各级法院院长和法官，任免检察官”的职权；第87条第1款规定：“澳门特别行政区各级法院的法官，根据当地法官、律师和知名人士组成的独立委员会的推荐，由行政长官任命。法官的选用以其专业资格为标准，符合标准的外籍法官也可聘用。”这些规定体现了司法官推荐、司法官的管理与管理机构的本地化，实现了将澳门司法委员会和澳门司法高等委员会“合二为一”的本地化计划。

保障司法官独立行使审判权。《澳门基本法》第89条规定，澳门特别行政区法官依法进行审判，不听从任何命令和指示；法官履行审判职责的行为不受法律追究。第90条规定，检察院独立行使法律赋予的检查职能，不受任何干涉。澳门立法会制定并通过实施的《司法组织纲要法》和《司法官通则》对此也作了相同的规定。

总之，《澳门基本法》是澳门特别行政区的宪法性法律，是澳门司法组织运作最基本的法律规范依据。依据《澳门基本法》的精神，1999年12月20日澳门特别行政区立法会修订并生效施行的《司法组织纲要法》是澳门司法组织运作最重要的法律规范依据；同日，立法会修订并生效施行的《司法官通则》、《审计署组织法》等法律对澳门的司法制度进一步明确化和具体化。

二、澳门特别行政区司法组织在司法活动中的地位

澳门现行的司法体系由法院系统和检察院系统两部分组成，1999年12月20日澳门立法会通过的《司法组织纲要法》第2条规定，澳门特别行政区的司法机关是法院及检察院。澳门回归前的司法体系也是由法院系统和检察系统两部分组成，直到1991年6月19日葡萄牙国会通过《司法组织纲要法》之前，澳门的司法机关都是从属于葡萄牙司法系统，是葡萄牙司法组织的一个组成部分。① 从1849年到1976年近130年的时间内，葡萄牙一直视澳门为其领土的组成部分，对澳门实行管治。澳门的法院被视为葡国的主权机关，执行葡国的法律，以葡国主权的名义进行司法活动。从1976年葡国新宪法颁布实施，到1987年中葡《联合声明》的签订，葡萄牙确认澳门作为“葡管中国领土”，是葡国的一个“内部公法人”，但是澳门的法院却继

① 参见吴志良著：《澳门政制》，中国友谊出版公司1996年版，第66页。

续以葡国主权的名义行使司法管辖权。1991 年 6 月 19 日葡萄牙国会通过《司法组织纲要法》，明确规定审判权属特别行政区法院；终审权由特别行政区法院行使；法院具有独立性，只服从法律进行审判，不受任何干涉；法官享有适当的豁免；行政长官依一个独立委员会的推荐以专业资格为标准来委任法官；检察机关独立行使法律赋予的检察职能，不受任何干涉等；但是，这一时期澳门司法机关对某些范围内的案件的司法管辖权仍受到一些限制，司法官员全部来自葡萄牙，无一人掌握中文。直到 1999 年 12 月 20 日澳门立法会通过并颁布实施新的《司法组织纲要法》，澳门才形成新的具有自己特色的司法组织体系，司法组织的独立地位才真正明确。

澳门法院是澳门的司法审判机关，行使司法管辖权，根据《司法组织纲要法》第 4 条规定，澳门法院的主要职责有（1）确保维护权利及受法律保护的利益；（2）遏制对法律的违反；（3）解决公、私利益冲突。澳门检察院是澳门唯一行使法律赋予的检察职能的司法机关，行使检察权，根据《司法组织纲要法》的规定，澳门检察院的主要职责有：（1）在法庭上代表澳门特别行政区；（2）实行刑事诉讼；（3）维护合法性及法律所规定的利益；（4）诉讼法律规定检察院在何种情况下行使监察《澳门特别行政区基本法》实施的权限。

澳门的司法机关具有独立性，其行使职权不受任何干涉。澳门各级法院在行使法律赋予的管辖权时独立运作，法院具有独立性，只服从法律进行审判；法院之运作不受其他权力干涉，亦不听从任何命令和指示。法官不能适用与宪法的规定和宪法确定的基本原则相违背的法律规范，下级法院和法官应该接受上级法院就上诉案件而作出的裁决。《司法组织纲要法》第 7 条规定："法院的独立性按《司法官通则》所作的规定，通过法官的不可移调及无须负责，以及设立一个独立的管理及纪律机关予以保障。"也就是说，法官作为具体的法律适用者不必为其作出的裁判负个人的法律责任。《司法官通则》第 8 条规定：法官在任职期间，"为保证法官独立行使职务，除非在法律规定的情况下，否则不得将法院司法官调任，将之停职，命令其退休，将之免职、撤职，或以任何形式使其离职"。如果属于定期任用的司法官，在该段任职期间内应确保其不被移调。检察院司法官与法院司法官一样独立行使职务，但检察院司法官具有等级从属关系，下级司法官有义务遵守所接获的上级司法官所发出的指示。《司法官通则》第17条规定："为使检察院司法官能依法独立进行工作，除非在法律规定的情况下，否则不得将检察院司法官调任，将之停职，命令其退休，将之免职、撤职，或以任何形式使其离职。如检察院司法官属于定期任用者，须保证其在该段时间内的稳定性。"根据《司法官通则》的规定，成立法官委员会，作为一个独立的机关专门对法院司法官进行管理及纪律监督，从而保障法院的独立性。

澳门法院的裁判对所有公共实体和私人具有强制性，而且优于其他任何当局的决定。也就是说，任何其他部门或个人都必须遵守法院之裁判，否则将受到法律的制裁。

澳门法院根据其种类和级别的不同而行使不同的司法管辖权。按照种类，澳门特别行政区设有第一审法院、中级法院及终审法院。第一审法院包括初级法院和行政法院。初级法院又包括刑事起诉法庭。初级法院行使一般审判权，包括对刑事、民事、商事和未成年人案件的审判权；行政法院行使对行政、税务及海关案件的审判权；刑事起诉法庭有对在刑事诉讼程序中行使侦查方面的审判职能、进行预审以及就是否起诉作出裁判的管辖权，以及就是否执行徒刑及收容保安处分等作出裁判的管辖权。从级别上看，初级法院、刑事起诉法庭和行政法院只能行使一审法院的职能。中级法院则以二审及审查法院的方式运作，有权就一审法院之裁判而提出的上诉案件进行裁决。终审法院是法院等级中的最高机关，依据诉讼法律的规定统一司法见解，有权对司法诉讼的法律与问题作出统一解释；有权就第二审法院之裁判而提出的上诉案件进行裁决；除法律另有规定者外，终审法院有权审判就行政长官、司长及立法会主席在担任其职务而作出的行为而提起的诉讼，有权审判就行政长官、司长及立法会主席在担任其职务而作出的犯罪及轻微违法的案件。

三、澳门特别行政区司法组织的演变

在司法制度中，人们可以最直观感受到其存在和变化的自然是司法体制，亦即司法机关的设置及其运作。自从1553年葡萄牙商人定居澳门后，葡萄牙人从内部自治到对澳门的殖民统治、再到对澳门的管治，经历400多年的演变，不同历史时期澳门的司法组织有不同的构成和特点，到回归祖国前，澳门的司法体系形成了由法院系统和检察系统两部分组成的体制。

（一）混合管辖时期的司法制度

1553年葡萄牙商人定居澳门后，这些商人开始逐步形成一定的组织进行自我管理。1560年居澳葡人选出驻地兵头（Capitao de Terra）、法官和四位较具威望的商人，以处理葡人社区的内部事务。1580年，里斯本派出首位判事法官（Juiz Ouvidor）到澳门，为葡人社区内的葡人主持公道。1588年，居澳葡人首次进行选举，正式成立了自治组织——议事会（Senado），由葡籍居民选举产生的三位议员（Vereador）、两位普通法官（Juiz Ordinário）和一位检察长（Procurador）组成。该议事会集政治、行政和司法管理权于一身，代表并保护葡萄牙人在澳门的利益，管理普通的及日常的政治、行政和司法方面的事务，而重大事务则由市民全体大会（Conselho Geral）讨论解决。同时，判事法官与主教（Bispo）也参与地区内部事务的管理。自此，议事会作为葡人选举产生的一个管理机构，开始了对居澳葡人内部事务长达250年的全权管理。这一时期，澳门的葡人社区并没有严格的司法制度。当时，两位普通法官和一位检察长仅仅作为议事会的成员参与葡人社区内部事务的管理，而判事法官也只在讨论重大事项时参与会议。但是，在议事会内部，所有议员、法官和检察长都已有了具体分工，判事法官也独立运作，这些已经具备澳门司法制度的雏形。

16世纪中叶，当时明朝已经在澳门设有官府。葡人抵澳后，葡人内部事务通过议事会进行自治管理，外部相对独立于葡萄牙国王权，但接受中国官府的管治；葡人不向葡萄牙国王纳税，而是每年向中国地方政府交地租。中国朝廷允许葡人与华人在澳门共处，批准居澳葡人使用自己的法律，按照他们自己的风俗习惯办事，中国朝廷认为这是对他们的施舍。但是，中国朝廷不但继续在澳门行使主权，而且不断加强对澳门的管治，尤其在司法制度上，葡人犯罪，轻微者才能自决，可判处徒刑以上的较重案件必须交由中国官府处理，也就是说，中国朝廷拥有对葡人所犯重罪的司法管辖权；同时，中国朝廷向澳门派驻官员，设置海关，对华人进行管辖。这种混合管辖、华葡共处分治的局面一直持续到1849年前后。

（二）葡萄牙殖民统治时期的司法制度

1846年至1849年，澳门总督亚马留先后驱逐中国官吏，又以武力侵占了凼仔和路环两岛，关闭中国海关和税收机关，废除清政府两广总督1749年颁布的法令，并将葡国刑法适用于澳门的中国居民。从此，清朝政府中断了在澳门行使管治权，也不可能再过问澳门的事务，葡萄牙对澳门开始实行殖民统治。在政治上，澳门被葡萄牙视为其领土的组成部分，由葡国对澳门实施管治，中国政府无法实际行使在澳门之主权；行政上，澳门也隶属于葡国政府，形式上由葡国派出的澳门总督作为代表；司法上，终止了清朝政府在澳门的司法管辖权，剥夺了清政府对澳门华人的刑事司法权。司法制度的具体变化表现在司法管辖权的变化和司法体制的变化上。

检察长权限的变化。1847年澳门总督亚马留驱逐中国官吏后，剥夺了清政府在澳门的司法管辖权，这些权限自然地赋予了检察长。1852年和1862年，总督先后颁布两个法令，确立了检察长对华人的民事、刑事案件的司法管辖权。并且，从亚马留时代开始，检察长获得了终身委任，委任的权限属于澳门总督，检察长对总督负责。也就是说，检察长开始脱离议事会而从属于总督，成为葡萄牙中央政府的直接代表人。在19世纪60、70年代，葡萄牙中央政府对检察制度进行改革：1865年，检察长完全脱离议事会，由总督向国王提议，开始由国王任命，而且开始拥有仲裁商事案件的权限。从此，检察长直接向葡萄牙中央政府负责，其所属机构也变成了华务检察署（Procuratura dos Negocios Sinicos）。

司法组织的变革。1894年2月，葡萄牙中央政府颁布了《海外省司法行政章程》，对海外省的司法组织、有关实体法的适用等作了改革并使之统一，撤销了澳门的司法委员会和华务检察署。这两个机构的权限以后转给了法区法院之法官（Juizo de Direito da Comarca）、市政法官（Juiz Municipal）和民众法官（Juiz Popular）。从分工来说，华务检察署原有的对案件作出裁决的权限赋予法区法院之法官，对案件进行预审和准备的权限赋予了市政法官，而调解和公平审理的权限则转给了民众法官。

检察长一职从诞生到1894年被撤销，经历了多次变化，从最初的议事会成员兼与中国官府的沟通者，到成为殖民政府处理华人事务的专门机构，最后成为真正的司法机关，成为华人之间、华人与葡人之间案件的调解者和仲裁者，在澳门司法制度的历史上占有很重要的地位。

设立澳门华人专门法庭（Tribunal Privativo dos Chinas de Macau）。1917 年 11 月，葡国颁布澳门华人专门法庭的章程，阐述成立该法庭的必要性。根据章程的规定，该法庭的职能范围是处理华人社会的民、商事（破产除外）和轻微刑事案件。法庭由一位来自殖民地编制的法官主持，由中央政府任命，同时设立一个上诉法庭（Tribunal de Recuriso），由一位法区法官（Juiz de Direito）、一位物业登记局局长（Conservador do Registo Predial）和一位从 40 多位能读写葡文的、纳税最多的葡萄牙公民中选举出来的人士组成的合议庭。专门法庭的法官审理案件采用 1909 年的《华人风俗习惯法典》。1927 年葡萄牙政府对海外省进行改革，撤销了澳门华人专门法庭，将其权限赋予普通法院（即法区法院），但上诉法庭继续保留。

（三）管治时期的司法制度

1976 年 4 月葡国颁布了民主革命后的《葡萄牙共和国宪法》，新宪法首次承认澳门为葡萄牙管治下的中国领土，但是在政治和行政上继续隶属于葡萄牙本土；澳门虽然开始拥有一些立法权，但重要的法律继续沿用旧法例，司法制度更是如此。法院组织依附于葡萄牙司法体系，所有上诉案件都必须漂洋过海上诉到里斯本中级法院。澳门作为一个小法区而隶属于里斯本大法区，仅有三个一审初级法院，即澳门法区法院（Tribunal da Comarcade Macau）、审计评政院（Tribunal Administrativo）和刑事预审法院（Tribunal da Instrucão Criminal）。刑事预审法院在 1976 年才成立；1976 年葡国宪法第 32 条第 4 款规定，刑事诉讼的预审由一名法官负责。同年葡国颁布了 591/76 号法令，在澳门设立刑事预审法院，一般又称刑事起诉法庭，由两名法官组成，对可能判处 2 年以上徒刑的案件进行初步侦讯，进行预备性预审和辩论性预审，以决定是否起诉。

（四）过渡时期的司法制度

1987 年中葡关于澳门问题的联合声明签署后，为了适应澳门在过渡期新形势的需要，葡国于 1989 年修订了宪法中有关澳门的条款。1990 年又修改了《澳门组织章程》。两者均规定赋予澳门地区拥有

“适应其特点的、自身的司法组织，该组织享有自治权”。为了实现这个目标，葡萄牙国会于1991年6月通过了《澳门司法组织纲要法》，澳门总督于1992年颁布了两个补充法令：《澳门司法组织总规章》和《澳门审计法院之内部规章》。澳门政府根据上述法律法令建立了新的相对独立的司法体制。

在新的司法架构体制中，原澳门初级法院（普通管辖法院）、刑事预审法院、行政法院三个法院作为一审法院继续保留。新设立高等法院和审计法院为二审法院。高等法院以二审法院和审查法院运作，受理全澳的上诉案件，在多数情况下，其审判具有终审性质。审计法院享有财政监督权和审判权。此外，还设立两个司法官的管理和纪律机关：澳门司法高等委员会和澳门司法委员会，负责推荐和管理司法官员，澳门的法官和检察官均由这两个委员会推荐而后由总督任免。此外，澳门检察院的工作和职能也得到了加强。但是，由于澳门仍有一部分案件的终审权保留在葡国最高法院、最高行政法院、审计法院、宪法法院，因此，在过渡期期间，澳门法院还没有“完全的和专属的”审判权，只有在过渡期结束，澳门作为特别行政区成立后，澳门才具有完整意义上的司法自治。

根据1991年6月通过的《澳门司法组织纲要法》的规定，澳门的法院组织分为三个层次，即第一审法院、第二审法院和终审法院。其中第一审、第二审法院设在澳门，终审法院设在葡国。

第一审法院：包括普通管辖法院、刑事预审法院和行政法院。澳门的司法组织承袭大陆法系的特点，一是将法律划分为公法与私法；二是与此相联系，不同的案件分别由不同的法院审理，普通法院审理民事案件、刑事案件，行政法院审理行政案件，根据原有关法律法规中的名称或词句的解释等规定，原“审计评政院”（Tribunal Administrativo）相应的解释为“行政法院”（葡文仍为“Tribunal Administrativo”）。普通管辖权法院是澳门地区审理一般民事和刑事案件的一审机构；刑事预审法院在法官主持下，对可能判处2年以上刑罚的刑事案件进行预审侦查和初步侦讯，以决定是否起诉；行政法院则负责审理行政、税务及海关案件。

第二审法院：包括澳门高等法院和澳门审计法院。澳门高等法院是澳门地区法院组织中等级最高的法院，设有两个分庭，其一为具有一般审判权的分庭，审理民、刑事案件；另一为具有行政、税务及海关审判权的分庭，审理行政、税务、海关案件，如当事人不服行政法院的初审裁判而上诉，应向澳门高等法院具有行政、税务及海关审判权的分庭提出。如果遇到重大案件或对分庭一审裁判的上诉案件，由整个高等法院全体法官组成全会进行审理。澳门审计法院享有财政审判权和财政控制权，有关审计管辖权的上诉法院是葡萄牙审计法院。

澳门终审法院：澳门地区的司法终审权由葡萄牙控制，其最高法院、最高行政法院、宪法法院和审计法院分别是澳门地区不同类别案件的终审法院。

澳门检察院是代表澳门地区提起刑事诉讼、提供法律保障的独立司法机构，同时也担任政府法律顾问的角色。此外，澳门还专门设立了司法委员会作为司法官员管理机构，其职责是任免澳门司法官员，逐步实现澳门司法自治及司法官员的本地化。

四、澳门现行司法组织体制的设置及其特点

澳门回归祖国后，澳门特别行政区重新组织和建立了自己的司法组织，澳门现行的司法组织由法院系统和检察院系统两部分组成。澳门特别行政区法院作为最主要的司法机关，代表国家行使司法审判权；澳门特别行政区检察院是唯一行使法律赋予的检察职能的司法机关，代表国家行使司法检察权。

（一）澳门特别行政区法院的设置与特点

《澳门特别行政区基本法》第 84 条规定："澳门特别行政区设立初级法院、中级法院和终审法院。澳门特别行政区终审权属于澳门特别行政区终审法院。澳门特别行政区法院的组织、职权和运作由法律规定。"第 85 条规定："澳门特别行政区初级法院可根据需要设立若干专门法庭。原刑事起诉法庭的制度继续保留。"第 86 条规定："澳门特别行政区设立行政法院。行政法院是管辖行政诉讼和税务诉讼的法院。不服行政法院裁决者，可向中级法院上诉。"1999 年 12 月 20 日，澳门特别行政区立法会通过并以 9/1999 号法律公布于同日生效施行的《司法组织纲要法》，对澳门特别行政区司法机关的组织、职能及运作等作了具体规定。《司法组织纲要法》规定，"澳门特别行政区的司法机关是法院及检察院"。澳门的法院组织分为三个层次，

即第一审法院、中级法院和终审法院；第一审法院包括初级法院和行政法院，初级法院又包括刑事起诉法庭等专门的法庭；中级法院实际上是二审法院；终审法院为法院等级中的最高机关，享有司法终审权和依据诉讼法律规定的统一司法解释权。

从设置结构看，四所法院依三级设置，形成完整独立的体系。终审法院是澳门特别行政区最高审级的法院，虽然在整个国家的司法体制中处于地方性法院的地位，但却行使终审权。中华人民共和国最高人民法院作为国家的最高审判机关，其宪法地位不受澳门基本法的规定的影响，但不能对属于澳门自行管辖的案件行使终审权。中级法院审理对初级法院和行政法院裁决的上诉案件和法定管辖的初审案件，对其裁决不服则需上诉到终审法院。初级法院和行政法院均为一审法院，行政法院管辖行政诉讼和税务、海关诉讼，初级法院具有一般审判权，管辖除由行政法院专门管辖和上级法院法定管辖以外的所有案件。这样的设置适应诉讼法中一般民事和刑事案件初审和循级上诉的需要，结构简单，层次清晰，运作有效。

从分工性质看，这一体制是根据管辖性质确立分工的综合管辖法院和专门管辖法院并存的体制。终审法院和中级法院是综合管辖法院，既管辖普通民事和刑事案件，又管辖行政诉讼和税务、海关诉讼及其法定管辖的案件。而行政法院则为专门管辖行政、税务和海关诉讼的一审法院。初级法院可以根据需要设立若干专门法庭，例如刑事起诉法庭、民事法庭、劳工法庭、青少年法庭、小额钱债法庭、刑事执行法庭等。专门法院与专门法庭在性质上根本不同，专门法院是一级司法机关，可以该法院的名义进行审判，对其判决不服的则需向上一级法院上诉。专门法庭只是法院内部的组织机构，它不构成单独审级，不能以法庭的名义而只能以法院的名义进行审判，因而有关的上诉不能向设置该法庭的本身法院提出，而只能向上一级法院提出上诉。初级法院内部根据需要设置专门法庭，与专门法院的运作互相配合，既确立了专责分工的司法体系，又限定了法院的数量，使法院设置与管辖职能结合，形成精简有序的机制。①

---

①　参见许昌著：《澳门过渡期重要法律问题研究》，北京大学出版社 1999 年版，第 117～120 页。

澳门特别行政区的法院组织自成体系，独立行使司法审判权。设立特别行政区终审法院，对澳门自行管辖的案件行使终审权，除涉及国防、外交等国家行为及澳门原有法律制度和原则对法院审判权所作限制外的一切诉讼事务，均可以在澳门特别行政区内通过裁判自行解决。这是司法体制的一个创造，也是对澳门特别行政区高度自治权的有力保证。

澳门特别行政区的法院乃至整个司法机关，是澳门特别行政区独立的地方自治机关，它们依照《澳门特别行政区基本法》和澳门特别行政区的法律设立，单独形成司法体制，与最高人民法院不发生组织上和审判上的领导和监督关系。

澳门特别行政区法院在审理案件时适用《中华人民共和国宪法》、《澳门特别行政区基本法》、特定的全国性法律、澳门原有法律和澳门特别行政区新制定的法律，法院的法官主要由符合专业标准的本地法官出任，终审法院院长必须由澳门特别行政区永久性居民中的中国公民担任，并适用严格规范的任免法官的程序。所有这些规定，从各个方面保证了澳门特别行政区法院以司法手段维护澳门高度自治的能力，保证了澳门特别行政区独立的司法权和终审权。

（二）澳门特别行政区检察院的设置与特点

1. 检察院的性质

澳门特别行政区检察院也是澳门司法组织的重要组成部分，《澳门特别行政区基本法》第 90 条规定："澳门特别行政区检察院独立行使法律赋予的检察职能，不受任何干涉。"1999 年 12 月 20 日通过并公布实施的《澳门司法组织纲要法》对检察院作了明确的定义，"检察院为唯一行使法律赋予的检察职能的司法机关；相对于其他权力机关，检察院是自治的，独立行使其职责和权限，不受任何干涉"。在澳门的司法制度中，检察院是唯一具有检察职能的司法机关，独立行使法律赋予的检察职能，不受任何干涉。检察院的独立性，不仅体现于检察院的工作只能以合法性和客观标准为依据，也体现于检察官除法律规定应遵守的指示外（如上级检察官发出的工作指示，特区行政长官就某些与特区政府有关的民事诉讼而作的指示），无须听从任何当局或任何人的命令。

2. 检察院的职责

根据《司法组织纲要法》的规定：澳门检察院的主要职责有：

（1）在法庭上代表澳门特别行政区；

（2）实行刑事诉讼；

（3）维护合法性及法律所规定的利益；

（4）诉讼法律规定检察院在何种情况下行使监察《澳门特别行政区基本法》实施的权限。

3. 检察院的权限

法律赋予了检察院广泛的权限，主要包括：

（1）代表澳门特别行政区、本地区公库、市政机构、无行为能力人、不确定人及失踪人；

（2）在法律规定的情况下，维护集体利益或大众利益；

（3）提起刑事诉讼；

（4）依据诉讼法律的规定领导刑事调查；

（5）监察刑事警察机关在程序上的行为；

（6）促进及合作进行预防犯罪的活动；

（7）在其职责范围内，维护法院的独立性，并关注法院的职责是否依法履行；

（8）在具有正当性的情况下，促进法院裁判的执行；

（9）依职权在法院代理劳工及其家属，以维护其权利；

（10）在履行职责时要求其他当局提供协助；

（11）参与破产或无偿还能力的司法程序以及所有涉及公共利益的司法程序；

（12）对因当事人的法律欺诈行为而作出的裁判提起上诉；

（13）在法律规定的情况下，或应行政长官、立法会主席的请求，行使咨询职能；

（14）行使法律赋予的其他权限。

上述权限的赋予，充分地表明了澳门检察院在促进依法治澳，维护社会稳定，追究犯罪行为，营造公平、公正、法治的社会秩序诸方面肩负着重要的使命。

在检察院的各项权限中，提起刑事诉讼和领导刑事侦查是两项最基本和最主要的工作。提起刑事诉讼，主要是指检察院在刑事诉讼方面具有立案，以及决定是否提起公诉的权力。领导刑事侦查，主要是指在刑事案件的调查中，由检察院领导刑事警察部门（即澳门治安警察局和司法警察局）来开展刑事侦查，以监督警察部门所进行的侦查行为的合法性，并按侦查工作的结果决定最终是否提起公诉。

4. 检察院的组织、运作方式

目前澳门检察院的组织及运作，主要遵循了“一院建制、三级派任”的模式。“一院建制”指的是，在检察院的机构设置上，不设立对应于三级法院的三级检察院，而是采用了单一组织架构，即只设立一个检察院的方式。“一院建制”的组织形式不仅符合澳门地域较小、人口不多的特点，也有助于精简机构及人员和提高检察工作的效率。“三级派任”指的是，检察院在三级法院内派任检察官，由上述检察官在各级法院担任检察院的代表。这种运作方式实际上承袭了葡萄牙检察制度中的派任制度（即检审合署制），检察官在各级法院内执行职务，与法院的工作密不可分。

澳门检察院的“三级派任”的具体方式：在终审法院，由检察长代表澳门检察院，必要时可由助理检察长协助检察长的工作；在中级法院，由助理检察长代表检察院；在第一审法院，包括初级法院和行政法院，由检察官（即除检察长及助理检察长以外的其他检察官）代表检察院。案情严重、复杂或涉及重大公共利益时，也可由助理检察长在第一审法院代表检察院。

鉴于这样的运作方式，澳门检察院分别在终审法院、中级法院、初级法院、行政法院设立了办事处。各办事处由助理检察长及检察官领导日常工作，并配备一定人数的司法辅助人员协助助理检察长及检察官的工作。

另一方面，由于检察院在初级法院的工作较为繁重，牵涉面较广，意义也十分重大，因此，除设立驻初级法院办事处外，检察院还设立了独立运作的刑事诉讼办事处，协助处理刑事诉讼案件。这两个办事处的分工协作如下。

刑事诉讼办事处的主要工作：接收刑事检察部门以及其他部门移送的刑事案件，以及所有有关刑事案件的检举和揭发信件；负责领导刑事警察部门对案件进行刑事侦查；采取拘留、扣押、搜查等强制措施；决定对案件提起公诉或决定归档（即不作起诉）。该办事处还设立由检察长直接领导、多名检察官组成的特别刑事案件组，专责、优先处理重大刑事案件（包括杀人、绑架等严重刑事犯罪）和涉及有组织犯罪活动案件的侦查和起诉工作，以及时搜集证据和及时提出检控。

驻初级法院办事处的主要工作：在刑事诉讼办事处作出提起公诉的决定后，在刑事案件的审判中出庭支持公诉；监督审判程序的合法性及判决的执行；处理与上诉有关的事务；在民事案件中出庭代表政府、公法人、无行为能力人和失踪人；在劳动纠纷案件中代表劳工利益出面调停；在未成年人案件中担当未成年人的监护人等。

检察长领导澳门特别行政区检察院，向下级检察院司法官发出工作指示，及保障检察院的正常运作。助理检察长协助检察长并对其报告工作，领导检察院在一审法院履行职能，并对下级检察官发出工作指示。

检察院设立检察长办公室。检察长办公室为具有独立职能、行政及财务自治的机构。检察长办公室向检察长提供技术和行政性质的辅助，在内部设立专责检察事务处理的下属部门。

5. 检察院的人员构成及人员管理

澳门检察院由下列人员组成：检察官、司法辅助人员及其他专业、行政人员等。澳门检察院的检察官又称为检察院司法官，是一个与法院司法官（即法官）相对应的概念，两者具有互通性，即担任检察官的人士可以调任法官，担任法官的人士也可调任检察官。可以聘用符合专业资格要求的外籍检察官。检察院司法官具有等级从属关系，也就是，下级司法官从属于上级司法官，下级司法官有义务遵守所接获的指示。检察院司法官的职级为：（1）检察官；（2）助理检察长；（3）检察长。检察长是检察院的最高领导和代表。检察长必须由澳门特别行政区永久性居民中的中国公民担任，由行政长官提名，报中央人民政府任免。检察长的领导职能主要体现在领导助理检察长、检察官及检察院其他工作人员的工作，发出助理检察长和检察官应遵守的工作指示，以及统一在执法过程中对法律的理解等方面。作为检察院最高代表的检察长，则须在终审法院及其他部门面前代表检察院，并代表检察院就某些事宜是否合法的问题表明意见。

助理检察长的主要职责是协助检察长在终审法院代表检察院，协助检察长开展其他工作，在中级法院代表检察院，以及在特殊情况下在第一审法院代表检察院。同时，助理检察长有权领导检察院的专责小组，并可向下级检察官发出针对具体个案的特定工作指示。

检察官的职责则是在第一审法院代表检察院，以及协助检察长开展工作。

在检察业务工作中，上述三级检察官遵守独立办案的方式，对于已经立案侦查的刑事案件作出是否起诉，均由主管案件的检察官决定。但下级检察官在业务中，须遵守上级检察官就某些事宜发出的工作指示。

澳门回归后，检察官的设置如下：检察长 1 人，助理检察长 7 人，检察官 15 人。检察长由澳门特别行政区永久居民中的中国公民担任，由行政长官提名，报中央人民政府任免。经检察长提名、行政长官任命的首批特区检察官共有 23 名，其中 4 名是留任的葡籍检察官，其他 19 名检察官（包括检察长）均是本地检察官。为加强执法力度，协调检察院与检察部门及廉政公署的合作关系，共有 3 名检察官被分别派往司法警察局担任代局长和派往廉政公署担任助理廉政专员。上述检察官的设置，不仅符合目前检察院工作的实际需求，也使澳门检察院真正地摆脱了作为葡萄牙检察官公署下设部门的角色，成为独立的检察机关。

6. 检察院的独立性和自治性

《司法官通则》第 17 条规定："为使检察院司法官能依法独立进行工作，除非在法律规定的情况下，否则不得将检察院司法官调任，将之停职，命令其退休，将之免职、撤职，或以任何形式使其离职。如检察院司法官属于定期任用者，须保证其在该段时间内的稳定性。"检察院司法官必须负担起履行其义务和遵守其所接获的指示等方面的责任，这是检察院司法官的行政责任和工作责任；检察院司法官的民事责任必须通过由行政当局针对有关司法官而提起的求偿之诉予以追究，但有关行为构成犯罪者除外。这些规定，从各个方面保证了澳门特别行政区检察院独立行使检察权，保证了澳门特别行政区的司法自治，保证了澳门特别行政区司法权和终审权的独立。

澳门特别行政区检察院独立行使法律赋予的职务，不受任何干涉。检察院的独立性和自治性表现在：

（1）检察院拥有本身通则，相对于其他权力机关来说享有自治权。检察院司法官除须遵守《司法官通则》中的有关规定外，其行为仅受严格的客观性标准的约束。

（2）检察院司法官在行使职能时，不受法院的干涉。即检察官在行使法律赋予他们的司法职能时，是完全独立于法官的。如果法官对检察官的一些决定不同意，只可以向检察官提出建议，而不能命令其修改。

（3）检察院司法官在行使职能时，不受行政的干涉。检察院在民事诉讼范围内如果代表保护澳门特别行政区政府的利益或本地区公库时，行政长官可以向检察院发出认诺、和解、撤回诉讼或舍弃请求等指示；在刑事诉讼范围内，如果澳门特别行政区为被害人，且追诉取决于举报或自诉的刑事诉讼程序，行政长官可以许可检察院撤回诉讼。这些指示或许可并非是行政长官对检察院司法权的干涉和凌驾，而是赋予了行政长官作为澳门特别行政区的代表人在诉讼法上所具有的一般权利。而在其他民事诉讼和刑事诉讼中，行政长官则无相应的指示权或许可权。检察院在行使司法职能时，行政长官不能对其司法活动进行干预。

总之，检察院是一个拥有法律赋予的权限，以维护合法性及法律规定的利益为目的，行使广泛司法职能的司法检察机关，享有自治性与独立性。①

（三）根据澳门特别行政区立法会1999年12月20日通过并以第10/1999号法律公布于同日生效施行的《司法官通则》的规定，成立“推荐法官的独立委员会”，负责向行政长官推荐法官人选，并负责分别向行政长官推荐法官委员会及检查官委员会的两名社会人士；成立“法官委员会”，“法官委员会为法院司法官的管理及纪律机关，并依法具有对司法辅助人员的相关职责”；成立“检察官委员会”，“检察官委员会为检察院司法官的管理及纪律机关。检察官委员会对检察院司法辅助人员亦依法具有有关职责”。

（四）根据《澳门特别行政区基本法》第60条的规定，设立审计署，审计署独立工作，并对行政长官负责。原澳门审计法院被撤

---

① 以上内容参考了澳门特别行政区检察院检察长何超明先生的文章：《澳门检查制度概况及其展望》，载《学术研究》2000年第6期，在此表示感谢。

销，成立审计署，并且审计署不再属于司法组织的体系，而成为对行政长官负责的独立机构。澳门特别行政区立法会于1999年12月20日通过，并以第11/1999号法律公布于同日生效实施的《审计署组织法》，对审计署的设立、性质、职责、权限、工作计划、审计程序，以及有关审计长和审计署工作人员的任免、职权等均作了较为详细的规定。

五、澳门法制史上的审计法院

澳门回归祖国前，审计法院是澳门独立存在的第二审法院；澳门回归祖国后，根据《澳门特别行政区基本法》第60条的规定，设立审计署，原澳门审计法院被撤销，并且审计署不再属于司法组织的体系，属于直接对行政长官负责的独立机构。审计法院虽然已被撤销，但是，由于它在澳门法制历史上的地位及作用十分特殊，我们在这里还是对审计法院的基本情况作一简单介绍。

澳门审计法院在未成为一个独立的法院之前，只是行政法院的一个分庭，其有关职能概由行政法院行使。直到1991年的《澳门司法组织纲要法》颁布，审计法院才从行政法院中独立出来，并且与高等法院一起作为澳门的第二审法院，其在司法体系中的地位与层级高于行政法院。

审计法院作为第二审法院，由院长和两名法官组成（第18/92/M号法令，第2条第1款），可以由一名法官的独任庭以及由院长和两名法官组成的合议庭形式运作。必要时，审计法院可命令进行专案调查和简易调查，审计法院所作出的裁决及有关手续费的强制征收，均由行政法院执行。检察院应出席合议庭会议。检察院由助理总检察长代表，由一名检察官辅助。

审计法院是对行政当局进行财政监督的独立司法机关，根据法律规定必须接受审计法院财政监督的有以下六种对象：

1. 本地区及其自治或非自治部门，例如财政司；
2. 公共法人，例如社会工作司；
3. 公共团体，例如澳门律师工会；
4. 地方自治团体，即澳门市政厅、海岛市政厅；
5. 法律规定的其他公共实体；

6. 行政公益法人。

上述各种实体都受审计法院审判权和财政控制权所拘束。

审计法院有预先监察与事后监察两项重大权限。所谓预先监察，实质上是一种预防性审查行为，旨在审查被监督者所作出的行为或订立的合同是否与现行法律相符合，并审查有关负担是否与预算款项相符合。所谓事后监察，则是指对被监督者所提供的收支账目进行审核，从而判断有关收支是否合法；如果牵涉到合同，还须审核在合同签订时合同的条件是否最有利于行政当局，从而防止公款被滥用。

另外，审计法院还可就本地区总账目编写意见书，这体现出审计法院不仅是一个审判机关，还兼具咨询职能。《审计法院通则》第9条规定，澳门行政长官应在本地区总账目有关年度的翌年7月底前，向审计法院递交该账目，而审计法院则应在院长领导下编写意见书，并应在该账目有关年度的翌年11月底前送交行政长官。

审计法院在认为有必要时，有权命令进行专案调查及简易调查，以确保审计结果的准确性。专案调查旨在彻底查明已出现的特定事实；简易调查则是对公共行政领域中尚未加以正式的违规情况进行初步调查，为可能进行的纪律程序或专案调查做准备。

审计法院以独任庭形式运作时，独任庭由有关卷宗所在的分庭法官构成；而合议庭则由院长主持，成员还包括该法院的两名法官。独任庭与合议庭的权限不同。

独任庭的权限包括：（1）对预先监察案件的核准与否进行审理；（2）命令进行与预先监察有关的专案调查及简易调查；（3）科处罚款；（4）审核受约束单位的账目；（5）审理非常设部门的违法行为；（6）当账目出现错漏时，审理确定负责人应付金额之案件；（7）发出为行使审计权限的指令，指明以何种方式将账目及卷宗交审计法院审核。

审计法院以合议庭形式运作时，合议庭负责：（1）审判对于独任庭的裁判不服而上诉的案件，尤其关于批阅、手续费与罚款等事宜；（2）审议法院的年度报告；（3）通过年度活动计划；（4）通过法院内部规章；（5）对法官行使纪律惩戒权；（6）透过判例定出判例理论；（7）审议任何被认为具有重要性或普遍性的其他事项。合议庭的裁判以投票多数决定，法官可以对投票作出解释性声明。合议庭主席投票落败时，裁判书由其他法官经抽签决定一人撰写。

对于一些一般性事项，比如预先监察程序内的批阅，以及进行与预先监察有关的专案调查和简易调查，独任庭完全有权处理。对澳门审计法院独任庭的判决不服，可以向由审计法院三位法官组成的合议庭上诉，而审计法院以合议庭形式运作时，所作的裁判为终审裁判，当事人不能对裁判结果再上诉。至于合议庭与总督之间在批阅事宜上的分歧，则须向葡萄牙审计法院上诉并由该院裁定。

第三题　澳门特别行政区行政法院的组成与运作

在澳门回归祖国前，澳门地区行政法院的发展以 1993 年 4 月新的行政法院正式开始作为分界线，可以分为两个不同的阶段。

一、1993 年 4 月以前的行政法院的组成与运作

1993 年 4 月以前的行政法院（又称“审计评政院”Tribunal Administrativo），这一时期澳门的行政法院实际上是葡萄牙行政法院体系中一个由专门法律规范的初审法院，设有四个庭：

行政争议庭（Secção do Contencioso Administrativo）。其职责是审理除针对总督及各政务司以外的对具有确定力及执行力的行政行为的诉讼。

税务争议庭（Secção do Contencioso Fiscal）。其职责是根据法律及规章，审理有关税务方面的司法上诉。

审计庭（Secção de Contas）。专门审核地方行政团体以及行政公益法人的账目，以及本地区的年度账目。

查核及批阅庭（Secção de Exame e Visto）。其权限为对法律规定情况的合法性进行监察，包括对所有与澳门公共行政机关签订的聘用合同以及公共工程合同进行审核。

二、1993 年 4 月以后至澳门回归祖国前行政法院的组成与运作

1993 年 4 月以后新的行政法院正式开始运作。为适应过渡期的

需要，1991 年的澳门《司法组织纲要法》将原行政法院一分为二，分别设立了行政法院与新的审计法院，而且，新行政法院为一审法院，新审计法院为二审法院。新审计法院其实还是专门的行政法院，其权限主要在于对公共行政的账目进行监察，与一般意义上的行政诉讼关系不大。《司法组织纲要法》规定新行政法院的行政审判事项，照搬了葡萄牙有关行政法院管辖权的规定，仅根据澳门的情况对有关细节进行了调整。澳门行政法院对由行政、税务以及海关上的法律关系而产生的司法上诉（Os recurso contenciosos）以及诉（Accão）拥有审判权。①

总之，在澳门回归祖国前，行政法院是澳门特别行政区的一审法院，也是澳门的专门法院之一。其前身为澳门审计评政院。澳门设立审计法院之后，行政法院不再负责审理审计案件，但是增加了审理海关诉讼案件的权力，成为负责审理行政、税务和海关诉讼案件的一审专门法院。

三、澳门回归祖国以后行政法院的组成与运作

澳门回归祖国后，保留了行政法院，行政法院仍然是负责审理行政、税务和海关诉讼案件的一审专门法院。《澳门基本法》第 86 条规定："澳门特别行政区设立行政法院。行政法院是管辖行政诉讼和

---

① 在葡萄牙行政法中，"contencioso administrativo"是指处理行政法律关系上争议的审判活动，即为行政诉讼。葡萄牙的行政诉讼主要分为"recurso contenciosos"与"accão"两类。严格地说，在中国内地及中国台湾地区并无相应表达方式，因此采用现行有关中译，将"recurso contenciosos"译为"司法上诉"，将"accão"译为"诉"。但是，将对行政行为的行政诉讼称为"司法上诉"极易与二审的上诉相混淆。《新西汉词典》将与葡文"recurso contencioso"意思相同的西班牙文"recurso contencioso administrativo"译为"对行政决定的起诉"，是一种较好的解决方法。但是，"recurso contencioso"也指对行政规章向行政法院的起诉，故较为准确的意译应当为"对行政行为及行政规章的起诉"。参见米健等著：《澳门法律》，中国友谊出版公司 1996 年版，第 253 页。

税务诉讼的法院。”①《澳门司法组织纲要法》规定：“行政法院有管辖权解决行政、税务及海关方面的法律关系所发生的诉讼。”《澳门特别行政区司法机关具体产生办法》第6条规定：澳门特别行政区设立行政法院，负责管辖行政诉讼和税务诉讼。不服行政法院裁决者，可向中级法院上诉。第7条规定：中级法院既是初级法院和行政法院的上诉审法院，也是较为重大案件的第一审法院。在《司法组织纲要法》中，没有明确是否在中级法院设立专门的行政法庭，但是明确了必须由2名法官负责审理行政、税务和海关诉讼案件，②《司法组织纲要法》规定：“中级法院内所有行政、税务和海关方面的司法争讼案件卷宗，应仅分发于法官委员会指定的2名法官。”《司法组织纲要法》附件规定了澳门特别行政区各级法院的法官人数为：初级法院不超过18名，行政法院不超过2名，中级法院5名，终审法院3名。行政法院现有法官2名。

行政法院在审判案件时以合议庭或独任庭方式运作。如无特别法律规定，法院则以由1名法官组成的独任庭审理案件。合议庭的组成有：由法官委员会预先指定主持审判的合议庭主席、负责卷宗的法官及另1名由法官委员会预先指定的法官。对行政法院办事处的监管权由具有该法院编制的法官负责，并由其担任《司法组织纲要法》——第9/1999号法律第33条第4款第（2）项至第（5）项规定的相应职务。该等职务由年资最久的法官开始及按年资顺序轮流担任，为期3年。

在不需要合议庭参与的情况下，依据诉讼法律的规定，合议庭依

---

① 《澳门基本法》与《澳门司法组织纲要法》对行政法院管辖权的规定不完全一致，《澳门基本法》只规定了“行政法院是管辖行政诉讼和税务诉讼的法院”，而没有规定行政法院可以管辖海关诉讼案件，但在《澳门司法组织纲要法》中却规定了“行政法院对海关方面的诉讼有管辖权”，在澳门现在的司法实际中，海关方面的诉讼是由行政法院管辖的。

② 根据1991年6月葡萄牙国会通过的《澳门司法组织纲要法》，1993年4月，澳门组建了第二审法院——澳门高等法院和澳门审计法院。高等法院以全会和两个分庭运作。全会运作时，法官人数不得少于4名。每个分庭由3名法官组成。其中一个分庭负责审理一般民、刑事案件；另一个分庭负责审理行政、税务和海关诉讼案件。也就是说，在过渡期期间，在澳门高等法院内部设有专门的行政分庭。

然对下列程序和问题的审判有管辖权：（1）应由合议庭参与的刑事诉讼程序；（2）刑事诉讼附带民事诉讼赔偿的，损害赔偿请求超过第一审法院法定上诉利益限额的；①（3）在利益值超过第一审法院法定上诉利益限额的民事及劳动性质诉讼中的事实问题，以及在附随事项、保全程序及依宣告诉讼程序的规定进行的执行程序且利益值超过第一审法院法定上诉利益限额的程序中相同性质的问题；（4）在属行政法院管辖权利益值超过第一审法院法定上诉利益限额诉讼程序中的事实问题；（5）法律规定的其他诉讼程序及问题。

在第一审法院以合议庭方式审理案件时，合议庭主席有以下权限：（1）安排及召集合议庭会议；（2）主持辩论及审判的听证；（3）依据诉讼法律的规定，制作在属合议庭管辖的诉讼程序中所作的合议庭裁判书及终局判决书；（4）依据诉讼法律的规定，弥补上项所指裁判的缺陷，以及对该等裁判予以澄清、更正及支持。

如果在诉讼过程中出现使合议庭不能参与的情形时，由合议庭主席履行审理事实上之事宜及制作终局判决书的义务。初级法院及行政法院的合议庭主席由法官委员会指定。

四、澳门特别行政区司法官的任用、义务与权利

澳门特别行政区司法官包括法院司法官和检察院司法官，所有司法官均受《司法官通则》的约束。《司法官通则》于1999年12月20日由澳门特别行政区立法会通过，全部法律共有十二章116条。该部法律不仅适用于法院司法官和检察院司法官，而且也适用于正在执行司法官职务的司法官代任人。

（一）关于司法官的一般规定

1. 关于法院司法官的一般规定

法院司法官具有审判的义务，不得以以下理由拒绝审判：（1）

---

① 根据《澳门司法组织纲要法》的规定，法定上诉利益限额为：在民事及劳动法上的民事方面，第一审法院及中级法院的法定上诉利益限额分别为澳门币5万元及100万元。在行政上的司法争诉及请求，如案件或请求的利益值可确定者，第一审法院的法定上诉利益限额为澳门币5万元，中级法院的法定上诉利益限额为澳门币100万元。在刑事，劳动法上的刑事，未成年人的司法管辖范围的教育及社会保护制度则不设法定上诉利益限额。

不得以法律无规定、条文含糊或多义为理由，拒绝审判；（2）在出现应由法律解决的具有争议的问题时，不得以该问题有不可解决的疑问为理由，拒绝审判；（3）不得以无合适的诉讼手段或缺乏证据为理由，拒绝审判；

法官依法进行审判，不听从任何命令或指示，无上下级从属关系。法官独立行使职务，除非在法律规定的情况下，否则不得将法院司法官调任，将之停职、命令其退休，将之免职、撤职，或以任何方式使其离职。

不得使法院司法官对其以法院司法官身份所作的裁判负责。只有在法律规定的情况下，方可就法院司法官因履行职务所作的行为而追究其民事、刑事或纪律责任。

法院司法官的职权为：（1）第一审法院法官；（2）中级法院法官；（3）终审法院法官。

2. 关于检察院司法官的一般规定

检察院司法官具有等级从属关系。下级司法官从属于上级司法官，下级司法官有义务遵守所获的指示。

检察院司法官依法独立进行工作，除非在法律规定的情况下，否则不得将检察院司法官停职，命令其退休，将之免职、撤职，或以任何方式使其离职。

检察院司法官必须负起责任，依法有责任履行其义务及遵守所获的指示。检察院司法官的民事责任，仅得通过由行政当局针对有关司法官而提起的求偿之诉予以追究，但有关行为构成犯罪者除外。

检察院司法官的职级为：（1）检察官；（2）助理检察长；（3）检察长。

（二）法官和检察官任用的一般要件和方式

1. 一般要件

法院司法官或检察院司法官所有职级任用的一般要件，除具备法律要求的担任公共职务的条件外，还包括必须具有法律认可的法律学士学位，以及熟悉澳门法律体系。法官的选用以其专业资格为标准，符合标准的外籍法官也可聘用。

2. 任用方式

（1）属于司法官编制职位的任用方式有：确定委任、定期委任或合同委任。

（2）对于已经完成为出任法官或检察官职级而设的培训课程及实习且成绩及格的投考人、及符合法定条件的其他投考人，以确定委任方式任用；属确定委任的司法官，如其被调任、转入另一职级或获任用于另一职级者，亦以确定委任方式任用。

（3）未完成上款所指培训课程及实习的人士，以定期委任方式任用，该定期委任为期 3 年，可以续期。

（4）属澳门以外编制的司法官的投考人，以合同的方式聘任，为期 2 年。

3. 司法官的任用

各级法院的法官，根据推荐法官的独立委员会的推荐，由行政长官任命。

检察长由行政长官提名，报中央人民政府任命。检察院的其余法官，经检察长提名，由行政长官任命。

终审法院院长、检察长由澳门特别行政区永久性居民中的中国公民担任。

终审法院的院长及法官的任命和免职须报全国人民代表大会常务委员会备案。

（三）澳门特别行政区司法官的义务及权利

1. 司法官的义务

在《司法官通则》中规定了司法官必须履行并遵守六个方面的义务：

（1）不得兼任一定职务。《司法官通则》规定：司法官不得担任其他公共或私人职务，但是，属于教授法律、法律培训或法律学术研究的职务，立法、司法见解或学说上的研究及分析的职务，以及自愿仲裁或必要仲裁方面的仲裁员职务，不在此限。

（2）回避。除关于回避的法律规定外，司法官亦不得介入或参与其婚姻、事实婚、任何亲等的直系血亲或姻亲，又或二亲等内的旁系血亲或姻亲的关系的法院司法官、检察院司法官或介入、参与诉讼程序的司法辅助人员。

（3）不得从事政治活动。司法官不得从事任何政治活动或在政治团体中担任职务。

（4）慎言义务。慎言义务即保密的义务，司法官不得作出与案件有关的言论及评论；为维护名誉、维护其他权利或正当利益得以实现者除外，但是，其作出的言论不得违反司法保密或职业上的保密。

（5）司法官的必要住所须在澳门。处于无薪假期状况的司法官，不得在用做识别其所从事的职业的任何工具上，援引其司法官的身份。

（6）不得离开澳门。禁止司法官离开澳门，但因执行职务、年假、合理缺勤、免除上班或者获得了批准假期，周六、周日及公众假期除外。如因年假、周六、周日及公众假期而离开澳门会影响该期间进行的紧急工作，则不得为之；不得离开澳门而离开澳门的司法官，除须承担纪律责任外，亦导致丧失该期间的薪俸，以及不将该期间计算于其年资内。

2. 司法官的权利

在《司法官通则》中规定了司法官享有的一般权利和特别权利。

司法官的一般权利有：

（1）享受22个工作日的年假权利。

（2）享有合理缺勤及正当理由可以免除上班的权利；但是，合理缺勤每月不超过3日，每年不超过10日。

（3）司法官可以在其本身、配偶、未成年或无能力的直系血亲卑亲属、直系血亲尊亲属的案件中担任律师职务。但是，当司法官担任律师职务时，须与司法官身份无任何牵连。

（4）司法官在法院工作时间内或在其应参与的庄严仪式而认为有需要时，须穿着职业服装（法袍）。

（5）司法官不得在被起诉前或指定听证日前被拘留或羁押，但属可处于最高限度超逾3年徒刑的现行犯者除外。司法官受羁押及服剥夺自由的刑罚时，须将之与其他被囚禁者分开囚禁。

（6）司法官享有法定薪俸和享有收取假期津贴及圣诞津贴的权利。

（7）司法官享有津贴的权利。

（8）终审法院院长及检察长，有权以招待费名义收取相当于其薪俸25%的津贴。如为中级法院院长，上款所指的津贴相当于其薪俸的10%。

（9）享受法定的公干待遇及启程津贴。

（10）享有法定的其他津贴和权利。

司法官有以下特别权利：（1）自由通行，指执行职务时或因执行职务而可自由出入有通行限制的公共场所；（2）无需执照或知会而持有、使用、携带、免费申报自卫枪械，并取得弹药；（3）免费获得《澳门特别行政区公报》及《立法会会刊》；（4）基于由法官委员会、检察长及行政长官确认的应予考虑的安全理由，要求治安警察局特别保护其本人、亲属及财产；（5）免费查阅公共图书馆资料及公共资料数据库。

第四题　澳门特别行政区行政法院的审判权限

一、澳门特别行政区行政法院的审判权限

从案件的管辖范围上来说，澳门行政法院是审理有关行政、税务及海关的诉讼及司法上诉的法院。这些诉讼及司法上诉，顾名思义，分别涉及行政、税务或海关方面的法律关系所发生的争议。基于其他法律关系而产生的争议，不能向澳门行政法院提起诉讼及司法上诉。

行政法院审理案件的目的在于仅审理行政行为的合法性，在于撤销司法上诉所针对之行为，或者宣告其行为无效或法律上不存在。

根据澳门《司法组织纲要法》之规定，澳门行政法院具有行政、税务及海关审判权。下面分别说明。

（一）行政审判权方面

在行政上的司法争议方面，在不影响中级法院管辖权的情况下，行政法院可以审理以下实体所作的行政行为或属行政事宜的行为提起上诉的案件。在这些案件中，可能成为行政上诉案件的被告有：

（1）局长以及行政当局中级别不高于局长的其他机关；

（2）公务法人的机关；

（3）被特许人；

（4）公共团体的机关；

（5）行政公益法人的机关；

（6）市政机构或临时市政机构及其具有法律人格与行政自治权

的公共部门。

行政法院的行政审判权主要涉及以下几个方面：关于公法人机关选举的司法争诉案件；有权审理要求行政机关必须作出某一行政行为而提起上诉的案件；有权审理关于行政合同的诉讼案件。具体而言，主要包括以下内容：

（1）主要审理对司长或同级官员以及特别行政区其他行政当局的行政行为而提起的上诉；

（2）对拥有法律人格及行政自治权的公共行政部门的行政行为而提起的上诉；

（3）对地方行政机关及行政公益法人机关的行政行为而提起的上诉；

（4）对获得专营权人士的行政行为而提起的上诉；

（5）对前述（3）、（4）项所指实体在行使行政职能时发出的规章和其他规定而提起的上诉，以及将上述规定宣告为违法的请求；

（6）为承认受法律保护的权利和利益而提起的诉讼；

（7）关于提供资讯、查阅卷宗或发出证明的诉讼；

（8）关于行政合同以及当事人不履行根据有关行政合同应承担的责任的诉讼；

（9）关于澳门地区和其他公共实体及其负责人与人员因公共管理行为引致损失而承担民事责任的诉讼以及求偿诉讼，包括求偿诉讼；

（10）其他法院无管辖权审理的关于公法人机关选举的司法争诉案件；

（11）其他法院所管辖之外的属行政争讼的上诉和诉讼；

（12）中止已经上诉或拟予上诉的行政行为效力的请求；

（13）要求该法院命令行政当局提供文件或卷宗以供查阅及发出证明的请求；

（14）要求该法院将裁判予以执行的请求；

（15）要求该法院命令私人或获得专营权的人士作出或不作出某种行为的请求，以确保对行政法规的遵守；

（16）在该法院待决程序内或在任何行政法院提起程序前，要求进行调查证据的请求；

（17）在涉及行政上的司法争诉事宜的自愿仲裁方面，适用的法律规定由初级法院审理的问题，亦由行政法院审理，但诉讼法律另有规定的除外。

另外，1992 年 3 月 2 日第 17 号法令（17/92/M）第 13 条明确规定了不得将下列事项的司法上诉与诉纳入行政审判的范围：

（1）实现政治职能时作出的行为，及对在行使该职能过程中产生的损害所负责任；

（2）立法性规定（Normas legislativas）及对在行使立法职能过程中产生的损害所负责任；

（3）关于刑事专案调查、刑事预审行为及有关实行刑事诉讼的行为；

（4）将资产定位公产，及与其他性质的资产划定界限的行为；

（5）即使任一当事人为公法人时所涉及的私法问题。

目前，1992 年 3 月 2 日第 17 号法令第 13 条的这些规定在行政法院的行政审判中依然适用。

（二）税务审判权方面

行政法院的税务审判权包括两项内容：有权审理针对澳门特别行政区政府、市政机构税收方面的结算行为而提起的上诉案件；有权审理涉及税务优惠政策的行政行为而提起的上诉。具体而言，行政法院有审理以下几个方面案件的管辖权：

（1）对涉及税务及准税务问题的行政行为提起上诉的案件；

（2）对税务收入及准税务收入的结算行为提起上诉的案件；

（3）对可独立提出司法争执的确定财产价值的行为提起上诉的案件；

（4）对可独立提出司法争执、属上述（1）项及（2）项所指行为的准备行为提起上诉的案件；

（5）就（1）、（2）及（4）项所指的行为提出行政申诉被全部或部分驳回时，对可通过司法争诉予以上诉的驳回行为提起上诉的案件；

（6）对税务行政当局部门有权限的实体在税务执行程序上所作的行为提起上诉的案件；

（7）在税务执行程序中提出的禁止、对执行的反对、债权的审定及债权受偿顺序的订定、出售的撤销及诉讼法律规定的所有诉讼程序中的附随事项；

(8) 关于确认权利或受法律保护的利益，以及提供资讯、查阅卷宗或发出证明的税务事项；

(9) 要求勒令作出一行为的请求；

(10) 要求为担保税务债权采取保全措施的请求。

(三) 海关审判权方面

行政法院的海关审判权有两项：有权审理针对征收关税的行政行为而提起的上诉案件；有权审理涉及海关优惠而提起的上诉案件。其具体权限包括以下几个方面：

(1) 对涉及海关但不应在税务执行程序中审理的问题的行政行为提起上诉的案件；

(2) 对海关收入的结算行为提起的案件，以及对独立提出司法争执的有关准备行为提起上诉的案件；

(3) 就上项所指的行为提出行政申诉被全部或部分驳回时，可针对其提起诉讼的驳回行为提起上诉的案件；

(4) 关于确认权利或受法律保护的利益，以及提供资讯、查阅卷宗或发出证明的海关事宜诉讼；

(5) 要求勒令作出一行为的请求。

需要特别指出的是，在澳门回归以前，虽然澳门行政法院有权审理绝大多数的行政、税务及海关诉讼及司法上诉，但行政审判权的范围并非完整。例如，澳门行政法院无权审理对于澳门总督及政务司属行政、税务及海关适宜的行为而提起诉讼的案件。审理这些案件的权限属于葡萄牙最高行政法院的行政争诉小组分庭或税捐税分庭。

除上述3种审判权外，澳门行政法院还有权审理“保护上诉”方面的案件，所谓保护上诉是指当事人对于政府公共部门的行政行为得以其违反《澳门组织章程》所保护的基本权利为依据，向澳门行政法院提起诉讼。根据《司法组织纲要法》第20条的规定，除了上述列举的管辖权外，行政法院在行政、税务或海关方面的管辖权还有：(1) 对引致不同公法人的机关出现职权冲突的行为提起上诉的案件；(2) 对市政机构或临时市政机构履行行政职能时制定的规定提出的争执；(3) 要求中止某些行政行为的效力的请求，只要该法院正在审理对该等行政行为所提起的上诉；以及审判关于在该法院待决或将提起的上诉的其他附随事项；（4）在该法院待决的程序内或就将提起的程序要求预先调查证据的请求；（5）对行政机关在处理行政违法行为的程序中科处罚款及附加制裁的行为；（6）要求审查上项所指的科处罚款及附加制裁的决定的请求；（7）根据法律有行政法院审理或上级法院无管辖权审理而属行政、税务及海关争诉方面的上诉、诉讼及程序上的其他手段。

二、澳门特别行政区中级法院审理行政、税务及海关等方面案件的权限

对第一审行政法院所作裁决不服，可以向中级法院提起上诉。在澳门回归之前，澳门高等法院和审计法院是澳门的第二审法院，在高等法院内设有行政、税务及海关审判权的分庭，专门负责审理行政、税务及海关的上诉案件和部分一审案件。澳门回归之后，澳门中级法院是第二审法院，中级法院既是初级法院和行政法院的上诉审法院，也是较为重大案件的第一审法院。在《司法组织纲要法》中，没有明确是否在中级法院设立专门的行政法庭，但是，明确了必须只能由两名法官负责审理行政、税务和海关诉讼案件。中级法院在审理行政、税务及海关事宜的权限包括：

（1）对行政法院裁决不服而提起上诉的案件；

（2）作为第一审法院，审判对行政长官及司长，立法会，立法会主席及其立法会执行委员会，推荐法官的独立委员会及其主席，法官委员会及其主席，检察官委员会及其主席，廉政专员，审计长，中级法院院长，第一审法院院长，监管办事处的法官，以及在行政当局中级别高于局长的其他机关所作的行政行为或属行政事宜的行为，或所作的有关税务、准税务及海关问题的行为提起上诉的案件；

（3）审判对行政机关履行行政职能时制定的规定提出争执的案件；

（4）审判要求中止某些行政行为及规范的效力的请求；

（5）审判在该法院待决的行政、税务或海关上的司法争诉程序内，或就将提起的上述程序要求预先调查证据的请求；

（6）复审有管辖权的第一审法院在处理行政违法行为的程序中

所作的科处罚款及附加制裁的裁判；

(7) 审查及确认裁判，尤其是澳门以外的法院或仲裁员所作的裁判或裁决；

(8) 审理第一审法院间的管辖权冲突；

(9) 审理行政法院与行政、税务或海关当局间的管辖权冲突；

(10) 行使法律赋予的其他管辖权。

在澳门回归之前，澳门高等法院未包括的审判权限在过渡期期间仍由葡国最高法院、最高行政法院行使，并且特别规定有关就澳门总督、政务司的行政行为而提起的上诉案件，仍由设在葡国的最高行政法院审理。根据《澳门特别行政区基本法》第84条之规定，在对澳门恢复行使主权后，“澳门特别行政区终审权属于澳门特别行政区终审法院”。现在，那些由葡国最高行政法院行使的终审权已告终止，这些权力已经由澳门特别行政区终审法院行使。

三、澳门特别行政区终审法院对行政、税务及海关等方面案件的管辖权

终审法院是澳门特别行政区法院等级中的最高机关，《司法组织纲要法》规定了终审法院有16项管辖权，其中与行政、税务及海关等方面有关的案件的管辖权有如下6项：

1. 审判对中级法院作为第二审级所作的属民事或劳动事宜的合议庭裁判以及在行政、税务及海关上的司法争诉中所作的合议庭裁判提起上诉的案件，只要依据本法规及诉讼法律的规定，对该合议庭裁判系可提出争执者；

2. 审判行政长官、司长及立法会主席在担任其职务而作出的行为，针对彼等所提起的诉讼，但法律另有规定的除外；

3. 审判要求中止某些行政行为效力的请求，只要该法院正审理对该等行政行为所提起之司法上诉，以及审判关于在该法院待决或将提起之上诉的其他附随事项；

4. 审判在该法院待决的行政上的司法争诉程序内，或就将提起的上述程序要求预行调查证据的请求；

5. 审理中级法院与第一审法院间的管辖权冲突；

6. 审理中级法院与行政、税务及海关当局间的管辖权冲突。

终审法院的审理权包含两个方面：（1）在作为第二审级审判上诉案件时，终审法院审理事实上与法律上的事宜，但诉讼法律另有规定者除外；（2）在非作为第二审级审判上诉案件时，终审法院审理法律上的事宜，但诉讼法律另有规定者除外。

第五题　澳门特别行政区行政诉讼分类及程序

澳门现行的规范行政法院诉讼的最主要法律是《行政诉讼法典》（法令第110/99/M号）。该部法律于1999年12月13日由澳门政府公布，在澳门终审法院开始运作之日起生效。

一、《行政诉讼法典》的结构和内容

（一）《行政诉讼法典》的结构体系

《行政诉讼法典》是规范行政诉讼程序的法律，并且对必要配合的民事诉讼也有补充适用之作用。该法典共十章，187条。

第一章　一般规定。本章共19条。

第1条，适用法律。第2条，有效司法保护原则，是指“就所有公权利或受法律保护之利益，均设有一种或多种旨在对其给予有效司法保护之诉讼手段，亦设有对确保该等手段之有用效果属必需之预防及保存程序”。第3条，对管辖权之审理。第4条，代理。第5条，期间。“凡本法典中未明文订定之期间，均为5日，但涉及办事处行为之期间除外。”第6条，紧急程序。第10条，在行政法院之分发。“为着在行政法院进行分发，设有下列类别之程序：第一，司法上诉；第二，选举上之司法争讼程序；第三，诉；第四，对规范提出争议之诉讼程序；第五，其他紧急程序；第六，其他程序。”

第二章　司法上诉。本章共六节、68条。

第一节　一般规定。第20条，司法上诉之性质及目的。第21条，司法上诉之依据。第22条，司法上诉之效力。

第二节　司法上诉之期间。

第三节　对行为提起司法上诉之可能。第28条，必要行政申诉之预先提出。第29条，以立法或行政法规形式作出之行政行为，第2款，“即使不对立法性法规或行政法规内所含之行政行为提起司法

上诉，仍可对有关之执行行为或实行行为提起司法上诉”。第30条，执行行为或实行行为。第31条，对单纯确认行为提起之司法上诉。

第四节　正当性。第33条，提起司法上诉之正当性，即有权提起行司法上诉的人。第34条，对行为之接受，即行政诉讼的受理。

第五节　诉讼程序之进行。第41条，起诉状之提交；第42条，起诉状之要件；第43条，起诉状之组成；第44条，申诉之合并；第45条，初端批示；第46~50条，初端驳回及其驳回的理由；第51条，补正批示；第52条，传唤司法上诉所针对之实体；第53条，司法上诉所针对之实体之答辩；第55条，行政卷宗之移送；第56条，传唤对立利害关系人；第58条，检察院之初端检阅；第63条，对请求之审理；第64条，采用证据之声请之变更；第65条，调查证据；第66条，人证及透过当事人陈述之证据；第68条，非强制性陈述；第69条，检察院之最后检阅；第74条，审理问题之顺序；第75~78条，裁判与裁判效力。

第六节　司法上诉程序之变更及消灭。第79条，对司法上诉所针对之行为作出具有追溯效力之废止；第80条，对司法上诉所针对之行为作出无追溯效力之废止；第81条，对默示驳回提起司法上诉后作出或知悉明示行为。

第三章　对规范提出之争议。本章共三节、6条。

第一节　一般规定。第88条，对规范提出争议之性质及目的；第89条，宣告规范违法之效力。

第二节　诉讼前提。第90条，规范违法；第91条，违反正当性及期间要求。

第三节　诉讼程序之进行。

第四章　选举上之司法争讼。本章共3条。

第五章　诉。本章共六节、21条。

第一节　共同规定。第97条，诉之类别；第98条，期间；第99条，步骤。

第二节　确认权利或受法律保护之利益之诉。第100条，前提及目的。

第三节　命令作出依法应作之行政行为之诉。第103条，前提；第104条，目的。

第四节　提供信息、查阅卷宗或发出证明之诉。第108条，前提。

第五节　关于行政合同之诉。第113条，目的及请求之合并。

第六节　实际履行非合同民事责任之诉。

第六章　涉及行政上之违法行为之诉讼手段。本章共2条。

第七章　预防及保存程序。本章共四节、23条。

第一节　效力之中止。第120条，行政行为效力之中止；第121条，正当性及要件；第122条，已被执行之行为；第123条，提出请求之时刻及形式；第124条，指出对立利害关系人之身份；第125条，作成卷宗、驳回及传唤；第126条，暂时中止；第127条，不当执行；第131条，中止规范之效力。

第二节　勒令作出某一行为。第132条，前提；第136条，勒令之失效。

第三节　预行调查证据。第138条，前提。

第四节　非特定之预防及保存措施。第141条，前提。

第八章　行政当局各机关与法院间之管辖权、及职责之冲突。本章共5条。第144条，前提；第145条，临时裁判；第146条，裁判；第147条，职责之冲突。

第九章　对司法裁判之上诉。本章共四节、26条。

第一节　一般规定。第148条，一般原则；第149条，上诉之类别及适用制度。

第二节　平常上诉。第150条，平常上诉之可受理性；第151条，正当性；第153条，上诉之驳回或留置。

第三节　以合议庭裁判互相对立为依据提起之上诉。第161条，前提。

第四节　再审上诉。第169条，提起再审上诉之期间。

第十章　执行程序。本章共四节、14条。

第一节　一般规定。第174条，自发遵行；第175条，不执行之正当原因。

第二节　支付一定金额之执行。

第三节　交付一定物或作出一事实之执行。

第四节　针对违法不执行之保障。

（二）《行政诉讼法典》的基本内容

1. 司法上诉之性质、目的与依据

《行政诉讼法典》是对所有的公权利和合法利益提供行政诉讼法律保护的依据，该法典应体现有效的司法保护原则，应该“就所有公权利或受法律保护之利益，均设有一种或多种旨在对其给予有效司法保护之诉讼手段，亦设有对确保该等手段之有用效果属必需之预防及保存程序”。在司法上诉中仅审理行政行为的合法性，其目的在于撤销司法上诉所针对之行政行为，或宣告其无效或法律上不存在。对行政行为提起司法上诉其依据有两个方面，“（1）司法上诉所针对之行为违反适用之法律原则或法律规定，尤其出现下列情况者，构成提起司法上诉之依据：第一，越权；第二，无权限；第三，形式上之瑕疵，包括欠缺理由说明或等同情况；第四，违反法律，包括行使自由裁量权时有明显错误，或绝对不合理行使自由裁量权；第五，权力偏差。（2）导致司法上诉所针对之行为非有效之其他原因，亦构成提起司法上诉之依据，尤其是：第一，欠缺构成该行为之主要要素；第二，作出该行为者之意思欠缺或有瑕疵，且属重大者”。

2. 司法上诉的受案范围

（1）对产生对外效力而不受必要行政申诉约束之行政行为，可提起司法上诉。

（2）即使有关行为受必要行政申诉约束，但根据法律或行政决定须立即执行者，对该行为亦可提起司法上诉。

（3）对可撤销之行为须预先提出必要行政申诉方可提起司法上诉时，如不遵守《行政程序法典》第 149 条、第 155 条第 1 款及第 156 条有关必要行政申诉之规定，则不可提起该上诉。

（4）即使不对立法性法规或行政法规内所含之行政行为提起司法上诉，仍可对有关之执行行为或实行行为提起司法上诉。

（5）不可对单纯执行或实行行政行为之行为提起司法上诉，但是，对《行政程序法典》第 138 条第 3 款及第 4 款所指之行为，以及因未预先作出行政行为而按该法典第 138 条第 1 款之规定不具正当性之行为，均可提起司法上诉。

（6）对单纯确认行为提起之司法上诉，如果已经将被司法上诉所针对的需要确认的行为通知司法上诉人或依法公布，或司法上诉人就该被确认之行为已经提出行政申诉或提起司法争讼，则须以司法上诉所针对之行为具单纯确认行为之性质为依据，拒绝受理有关司法上诉。必要行政申诉作出的决定行为，不具有单纯确认行为之性质。

（7）明示行为一经公布或一旦就明示行为向利害关系人作出通知，就不可以对默示驳回提起司法上诉。

3. 有权提起司法上诉者和诉讼参加者

《行政诉讼法典》第 33 条规定，下列者具有提起司法上诉之正当性：第一，自认拥有被司法上诉所针对之行为侵害之权利或受法律保护之利益之自然人或法人，又或指称在司法上诉理由成立时有直接、个人及正当利益之自然人或法人；第二，拥有民众诉讼权之人；第三，检察院；第四，法人，就侵害其有责任维护之权利或利益之行为亦具有上述正当性；第五，市政机构，就影响其自治范围之行为亦具有上述正当性。

联合诉讼。数名司法上诉人得联合对同一行为提起司法上诉，或联合以同一事实依据及法律依据，对形式上包含于单一批示中或包含于以批示以外之方式作出决定之单一文件中之各行为提起司法上诉的，可以联合提起诉讼。

民众诉讼。澳门居民、有责任维护该等利益之法人以及市政机构，均可以对下列行为提起诉讼，成为拥有民众诉讼权之人。第一，对损害公共卫生、住屋、教育、文化财产、环境、地区整治、生活质素及任何属公产之财产等基本利益之行为提起司法上诉；第二，对市政机关以及其具有法律人格及行政自治权之公共部门所作而损害其他公共利益之行为提起司法上诉。

对立利害关系人。司法上诉理由成立时可能受到直接损害之人，具有正当性作为对立利害关系人参与有关诉讼程序。

辅助人。凡证明具有与司法上诉人、司法上诉所针对之实体或对立利害关系人相同之利益，或具有与该利益有联系之利益之自然人或法人，均得作为辅助人参与司法上诉。

4. 行政诉讼审理程序

（1）提交起诉状。

（2）作出初端批示和初端驳回，即受理或不予受理。

（3）作出补正批示。

（4）传唤司法上诉所针对之实体及该实体须在20日期间内答辩。

（5）行政卷宗移送至法院。

（6）传唤对立利害关系人，对立利害关系人之答辩。

（7）检察院之初端检阅。

（8）法官审理。

（9）调查证据。

（10）当事人非强制性陈述。

（11）检察院最后检阅。

（12）送交卷宗于法官或裁判书制作人，制作裁判书。

5. 司法上诉程序之变更及消灭

（1）对司法上诉所针对之行为作出具有追溯效力之废止。

（2）对司法上诉所针对之行为作出无追溯效力之废止。

（3）对默示驳回提起司法上诉后作出或知悉明示行为。

6. 对规范提出之争议

（1）对规范提出争议的性质及目的。对规范提出争议系旨在宣告载于行政法规之规范违法，而该宣告具普遍约束力。《行政诉讼法典》规定的可以对规范提出争议之制度，不适用于载于行政法规之下列规范：第一，违反根本法律所载规范或从该法律所体现之原则之规范；第二，违反由澳门以外有专属权限制定适用于澳门之立法文件或等同文件之机关所制定之该等立法文件或等同文件中所载规范之规范；第三，违反经正式通过之与澳门以外地方订立之协议或协约所载规范之规范；第四，违反以上各项所指规范或原则之由澳门以外之机关制定而适用于澳门之规范。

（2）违法规范的效力。第一，宣告一项规范违法，自该规范开始生效时起产生效力。第二，基于衡平或格外重要之公共利益之原因而属合理时，法院经适当说明理由，得指定有关宣告之效力在有关裁判确定之日或裁判确定前之某一日产生。第三，宣告一项规范违法，引致其所废止之规范恢复生效；但在宣告前已出现使被废止规范之效力终止之另一原因者除外。第四，因第一项及第二项规定而产生之追溯效力，不影响裁判已确定之案件以及在法律秩序中已确立之行政行为；但法院以有关规范涉及处罚事宜且其内容对私人较不利为依据而作相反裁判者除外。

7. 选举上之司法争讼

（1）选举上的司法争讼的性质。法院对选举上之司法争讼有完全审判权。

（2）选举上的司法争讼的前提及期间。在选举上之司法争讼方面之上诉得由有关选举中之选举人或可当选之人提起；如有选举簿册或名单而在其上出现遗漏，则登记被遗漏之人亦得就有关遗漏提起该上诉。提起上述上诉之期间为7日，自有可能知悉有关行为或遗漏之日起算；但另有特别规定者除外。

8. 诉

（1）诉之类别

诉之目的尤其在于就涉及下列内容之问题作出审判：

第一，确认权利或受法律保护之利益；

第二，令作出依法应作之行政行为；

第三，提供信息、查阅卷宗或发出证明；

第四，行政合同；

第五，行政当局或其机关据位人、公务员或服务人员对公共管理行为所造成损失之责任，包括求偿之诉；

第六，特别法规定出现争议时须提起行政上之司法争讼中之诉之行政法律关系。

（2）诉的步骤

各诉须按照通常的民事普通宣告诉讼程序之步骤进行，但法律另有规定的情况除外。

由检察院作最后检阅，以便在14日期间内就将作出之裁判发表意见；但检察院以原诉人身份参与诉讼，或代理一方当事人者除外。

在向行政法院提起之诉中出现之事实问题，须由合议庭审判；但属民事诉讼法规定无须有合议庭参与之情况，以及旨在获得数额不超过法院法定上诉利益限额之赔偿之诉除外。

在行政法院中，即使合议庭有参与审判，判决均由负责有关卷宗之法官作出。

（3）确认权利或受法律保护之利益之诉

对确认权利或受法律保护利益之诉的前提是行政机关没有作出行

政行为，亦无默示驳回之情况，诉之目的在于宣告出现争议之行政法律关系之内容，而不欲法院命令作出任何行政行为。尤其是确认下列权利，则得提起确认权利或受法律保护之利益之诉：①一项针对行政当局行使之基本权利；②要求支付一定金额之金钱之权利；③要求交付一物之权利；④要求作出事实之权利。对已作出之事实行动或已作出而属无效或法律上不存在之行政行为未有提起司法上诉时，亦得提起上款所指之诉。

（4）命令作出依法应作之行政行为之诉

在下列任一情况下，可以提起命令作出依法应作之行政行为之诉：

第一，出现默示驳回之情况；

第二，已透过一行政行为拒绝作出内容受羁束之某一行为；

第三，已透过一行政行为拒绝就有关要求作出判断，而就该要求作出之决定原系涉及自由裁量权之行使，或涉及对内容不确定之法律概念作价值判断。

仅当对默示驳回或已作出之行政行为未有提起司法上诉时，方得提起上款所指之诉。

（5）关于行政合同之诉

第一，关于行政合同之诉之目的在于解决与该等合同之解释、有效性或执行有关之争议，包括实际履行合同民事责任。

第二，对行政合同之诉的审理，不影响对涉及该合同之形成及执行之行政行为提起司法上诉。

第三，要求撤销涉及合同之形成及执行之行政行为，或要求宣告该行为无效或法律上不存在之请求，得于提起关于行政合同之诉之同时一并提出或其后在该诉中提出，只要该请求与依据第一款规定作出之请求之间存有先决或依赖关系，或全部请求理由是否成立，根本上取决于对相同事实之认定或对相同法律规范或合同条款之解释及适用。

9. 预防及保存（保全）程序

（1）中止行政行为效力。在下列情况下，必须中止行政行为之效力：第一，有关行为有积极内容；第二，有关行为有消极内容，但亦有部分积极内容，而中止效力仅限于有积极内容之部分。

（2）勒令行政行为相关人作出或不作出某一行为。在下列情况下，法院可以勒令行政行为相关人作出或不作出某一行为：第一，如行政机关、私人或被特许人违反行政法之规定或违反因行政行为或行政合同而生之义务，或行政机关及被特许人之活动侵犯一项基本权利，又或有理由恐防会出现上述违反情况或侵犯权利之情况，则检察院或利益因受上述行为侵害而应受司法保护之任何人，得请求法院勒令有关行政机关、私人或被特许人作出或不作出特定行为，以确保遵守上述规定或义务，或不妨碍有关权利之行使。第二，上述请求得在采用能适当保护勒令旨在维护之利益之行政程序上之手段或诉讼手段前提出，或在采用该手段期间提出；如所采用之手段具有诉讼性质，则该请求构成附随事项。第三，如透过中止效力之途径即可确实维护欲以要求作出勒令之请求保护之利益，则不得提出该请求。

（3）临时性预防与保存措施。在下列情况下，法院可以采取临时性预防与保存措施：第一，私人有理由恐防某一行政活动对其权利或受法律保护之利益造成严重且难以弥补之侵害时，得声请采取按具体情况系适当之预防或保存措施，以确保其受威胁之权利或利益得到保护。第二，对用于涉及重要公共利益之服务之动产或不动产，所声请采取之措施不得针对该动产或不动产之不可处分性。第三，如透过本章所规范之其余程序，即可确实维护藉提出要求采取措施之请求而欲保护之权利或利益，则不得提出该请求。

10. 行政当局各机关与法院间之管辖权、及职责之冲突

任何利害关系人或检察院得于就提起司法上诉所定之同等期间内，请求解决行政当局各机关与法院间之管辖权及法院间之管辖权之冲突；该期间自最后一个决定成为不可上诉之决定时起算。

11. 对司法裁判的上诉

对于法院在行政上之司法争讼程序中作出之裁判，包括在执行程序中作出之裁判，可以通过上诉提出争议。对司法裁判的上诉分为：平常上诉、对合议庭裁判的上诉和再审上诉。平常上诉按民事诉讼程序中向中级法院提起平常上诉之规定受理及进行；以合议庭裁判互相对立为依据提起之上诉按有关之规定受理及进行，且补充适用就平常上诉所作之规定；再审上诉按民事诉讼程序中提起再审上诉之规定受理及进行。

12. 执行程序

在《行政诉讼法典》无特别规定时，行政机关应于30日期间内自觉遵行法院在行政上之司法争讼程序中作出之确定裁判；无特别规定时，应由作出司法上诉所针对行为之机关命令遵行裁判，如属行政之诉或其他诉讼手段或程序，则应由有关公法人之主要领导机关或由在具体情况中有义务遵行该裁判之机关，命令遵行裁判。

遵行裁判是指根据情况作出的一切对有效重建被违反之法律秩序，及对回复原会出现之状况属必需之法律上之行为及事实行动。如司法上诉所针对之实体通过所作之在法律上不存在之行为，已造成侵害司法上诉人之权利或受法律保护之利益之后果，则宣告该行为在法律上不存在之裁判须依据前款之规定予以遵行。

当裁判在绝对及最终不能执行、以及遵行裁判将严重损害公共利益、不执行的正当原因涉及整个裁判或部分裁判，可以成为不执行的正当原因。提出不执行之正当原因时应说明其依据，并将此事及其依据在就遵行裁判所规定之期间内通知利害关系人。

当执行内容为命令支付一定金额之裁判时，不得提出不执行之正当原因；遵行批准下列各类请求之裁判时，亦不得提出遵行裁判将严重损害公共利益：①要求勒令行政机关提供信息、允许查阅卷宗或发出证明之请求；②要求中止行政行为及规范之效力之请求；③要求为中止行为之效力而宣告不当执行之行为不产生效力之请求；④要求勒令行政机关、私人或被特许人作出或不作出特定行为之请求；⑤要求预行调查证据之请求；⑥要求下令采用非特定之预防或保存措施之请求。

二、声明异议制度及行政上诉

1999年10月11日，澳门政府以第57/99/M号法令公布了《澳门行政程序法典》，并于1999年10月31起开始生效。该法典共有176条，包括一般原则、主体、行政程序及行政活动四个部分。在该法典的第四章第五节对“声明异议及行政上诉”制度作了具体规定，这些规定是建立行政复议制度以及行政复议与行政诉讼衔接的依据。

（一）行政复议在善意救济中的地位

澳门法律深受大陆法系，尤其是葡萄牙法律的影响，行政复议是善意救济的重要措施与手段。葡萄牙宪法赋予公民诉诸主权机关的政治保障，诉诸行政机关实现的善意保障以及诉诸司法机关实现的诉讼保障。其中善意保障（Garantias graciosas）是指通过行政机关本身所作出的行为而实现的保障。行政复议是善意保障的内容之一。因此，了解善意保障的分类及其内容，也就了解了行政复议在善意救济中所扮演的角色。

善意保障分为以下三类。

1. 请求保障。包括：（1）请愿权。它是指公民针对尚未作出的决定向行政机关表达意见的权利，公民藉此向行政机关拟作出的决定施加影响。（2）申述权。是指利害关系人针对行政机关作出的决定，请求行政机关对该决定予以证实说明的权利。（3）投诉权。是指市民针对行政工作人员及公务员提出批评，以引起纪律程序的权利。（4）行政上的反对权。是指赋予行政管理相对人以外的人，使其就行政当局拟开展的公共工程在行政申诉程序中辩答的权利。

2. 行政复议保障。是指对已作出的行政行为向行政机关提出反对意见，以期行政机关重新作出决定或撤销原决定的保障。其中包括：

（1）声明异议（Reclamacão），即向作出行政行为的原机关提出争议，等同于法国行政法中的善意救济。（2）诉愿（Recurso hierá-quico），即向作出决定的行政机关的上级机关申请救济，也称层级救济。（3）不真正诉愿，是指一机关对属于同一法人的另一机关行使监督权，而两者并无行政等级关系时，可以直接向行使监督权的机关提起诉愿。（4）监督诉愿（Recurso tutelar），是指对一个公法人所作的行政行为，另一公法人有监督权或监管的权限，因而对前者的行为可向后者申请救济的情况。监督诉愿与不真正诉愿均属例外的诉愿，仅存在于法律明文准许的情况中。

3. 向申诉专员的投诉。澳门未设申诉专员，而以反贪污暨反行政违法性高级专员替代这一角色。申诉专员（Provedor de justica）是针对司法以及行政救济中存在的不足而设立的，故从严格意义上讲，并不能把申诉专员的救济划入行政机关内部监督范畴，而应视为在司法与行政之外的一种特殊救济方式。在司法救济中，只能请求法官撤销不法行政行为，不适当的行政行为不属于司法管辖范围。行政救济中的行政机关又往往仅注重公共利益，而忽视公民的个人利益。因而亟需“市民的维护者”在行政机关的行为不属于极差的时候，也可以站出来维护公民利益。①

（二）行政复议与声明异议制度

1. 行政复议

行政复议是指一行政机关就其管辖事项作出的行政行为与行政相对人产生争议时，根据行政相对人的申请，由作出这一行为的机关或其上级机关对引起争议的决定进行复查的制度。行政复议包括向作出行为机关申请的声明异议，以及向其上级申请的诉愿。

行政复议是宪法赋予公民向行政机关表达不同意见，维护公民自身权益的一种权能。而且，行政复议可以促使行政机关的行政行为更为公正、合理，有利于行政机关及时纠正自身或下级的错误。行政复议是行政救济的重要手段，通过行政复议可以使行政争议案件未经过司法程序即得到解决，从而减少法院的诉讼负担。

2. 声明异议

根据澳门《行政程序法典》的规定，私人有权请求废止或变更行政行为，这就是“声明异议”。私人声明异议的权利需向下列机关提出：（1）向作出该行为者提出声明异议；（2）向作出该行为者的上级、向作出该行为者所属之合议机关，或者向授权者或转授权者提起上诉；（3）向对作出该行为者行使监督权或监管之机关提起上诉。拥有权利及受法律保护的利益的人，认为行政行为受到侵害者，可以对该行政行为提出声明异议或提起上诉。声明异议或提起上诉者必须以被申诉之行政行为违法或不当为依据。

声明异议或提起上诉者可以对任何行政行为提出异议，但是，法律另有规定者除外。不得对先前已经声明异议或提起上诉并作出决定的行为再次提出声明异议，但是，以对作出给付义务决定的行为提出声明异议者除外。

声明异议应自下列时间起15日内提出：（1）有关行为必须公布于《澳门政府公报》者，自公布之日起；（2）有关行为无须公布而

① 参见米健等著：《澳门法律》，中国友谊出版公司1996年版，第236~237页。

就该行为已作出通知者，自通知之日起；（3）属其他情况者，自利害关系人知悉该行为之日起。

对不可迳行提起司法上诉之行为而提起声明异议的，具有中止该行为的效力；对可迳行提起司法上诉之行为而提起声明异议的，不具有中止该行为的效力。

3. 诉愿

诉愿是针对下级机关作出的行为，向其上级申请旨在撤销（Anulacão）或替代（Substituicão）该行为的救济方式。表示诉愿的“recurso”与诉讼中的“上诉”不同，两者应予以辨别。

诉愿的提起必须同时满足以下三个条件：须有上下级关系的存在；须存在下级机关作出的行政行为；该下级机关对自身的行为不享有法定的专属管辖权。

根据诉愿针对的行政行为属于不法，不适当以及两者兼而有之的情况，可将诉愿分为针对合法性的诉愿，针对适当性的诉愿以及混合（Misto）诉愿。一般而言，诉愿多为混合式，上级可以全面审查行政行为的合法性与适当性。①

诉愿本身分为必要诉愿与任意诉愿两种。《行政程序法典》规定“诉愿按对欲申诉之行为是否不可迳行提起司法上诉，而属必要诉愿或任意诉愿（即不可迳行提起司法上诉为必要诉愿，否则为任意诉愿）”。简言之，必要诉愿是司法上诉的必备前置程序，任意诉愿则具有选择性质，不是诉讼不可缺少的程序。

提起必要诉愿的时间是 30 日。任意诉愿应在对有关行为提起司法上诉所规定的期间内提起，并在此期间内结束。提起诉愿必须以书面的形式，诉愿人应在申请书内陈述诉愿的所有依据，并将自己认为适当的文件附于该申请书内。诉愿应向作出行为者的最高上级提出；提起诉愿的申请书，必须呈交作出该行为者或有权接受诉愿申请书的当局。

提出任意诉愿并不妨碍诉讼的提起，也不具中止效力（即不影响受攻击的行政行为的执行），相反，必要诉愿具有中止被诉愿所针

① 参见米健等著：《澳门法律》，中国友谊出版公司 1996 年版，第 237 ~ 238 页。

对行为的效力，也就是说，必要诉愿已经提出，原行政行为的效力即中止。具体而言，它所针对的行政行为的确定性和执行力取决于管理相对人的受领。作出该行为者认为应该立即执行该行为，否则将会严重损害公共利益，这一行政行为的效力不应中止。

必要诉愿具有移审效果（Efeito devolutivo），任意诉愿不具有移审效果。在行政诉讼中，移审效果是指上诉法官具有第一审法官同样的权力，可以在当事人请求的范围内，对案件的事实问题与法律问题进行全面审查。而在诉愿中，移审效果是指上级机关拥有与下级机关一样的权限，即有权对争议的行政行为进行全面审查，作出变更或以一个新行为替代旧行为。因为必要诉愿中的上级拥有与下级同样的权限，所以其决定是以一种复查（Reexame）形式作出的，也就是说需要详细分析研究所有的事实问题与法律问题，重新作出定论。而在任意诉愿中，上级的决定以复核（Revisão）形式作出，只对原行政行为进行一般审查，而不是重新作出决定。因此，在必要诉愿中，由上级代替下级作出决定，该决定构成了司法上诉的标的；在任意诉愿中，上级不能代替下级作出决定，仅可以命令下级自己重新作出决定，故司法上诉的标的仍然是原行政行为。“法律允许对同一行为同时提起司法上诉与任意诉愿时，任意诉愿仅涉及行政的公正与适当。”也就是说，在此情况下审查任意诉愿的行政机关放弃了对合法性的审查，而由行政法院审理之。① 行政复议要对行政机关行政行为的合法性与适当性进行全面复查，如果上级机关认为原行政行为违法，新的决定也有可能会较原决定对相对人更为不利。

三、澳门特别行政区行政诉讼的种类及程序

《行政诉讼法典》明文规定行政上的司法争诉程序受本法典之规定所规范，并且经必要配合后的民事诉讼法律可以作为行政法院诉讼程序的补充法律；规定了行政法院诉讼程序中委托律师为强制性的原则；司法上诉的提起，必须以确定和具有执行力行为的存在为前提，采取行政决定为前置规则；采取了“司法上诉”与具有民事特色的

① 参见米健等著：《澳门法律》，中国友谊出版公司 1996 年版，第 238 ~ 239 页。

“诉”并重的双轨制。

《行政诉讼法典》根据行政诉讼内容、类型的不同而程序有所区别，并且，在不同层级的法院设有类别不同的行政诉讼程序。在行政法院进行案件分发时，设有下列类别之程序：司法上诉、选举上之司法争诉程序、诉、对规范提出争议之诉讼程序、其他紧急程序、其他程序。行政诉讼就其基本类型和程序来看，主要包括司法上诉与诉两种类型和程序：

（一）司法上诉（O recueso contencioso）

司法上诉是指向行政法院提起诉讼，要求撤销一个不合法的行政行为或规章。葡萄牙的行政法学理论认为，司法上诉是行政法院管辖权的主要构成部分。司法上诉仅仅存在于正当当事人（Parte legítima）在法定期间针对确定及具有执行力的行政行为，向有管辖权的法院对该行为的瑕疵或无效提出争议的时候。司法上诉只审查行政行为的合法性，目的在于撤销上诉所针对的行为，或者宣告其无效或法律上不存在。

司法上诉的诉讼提起是以一个已确定的并可执行的行政行为为前提，因此称为上诉。确定并具有执行力的行政行为构成司法上诉的必要前提，也是葡萄牙行政诉讼理论上最为重要的内容。确定并具有执行力的行政行为是指行政机关作出一行政行为后，这一行政行为不得变更，并立即产生效力，不处于等待行政管理相对人受领的状态。对一个确定并具有执行力的行政行为提起诉讼，意味着对行政行为合法性的审查已从行政机关转移到与行政机关相独立的司法机关——行政法院，行政机关此时不得以任何理由来撤销已经作出并生效的行政行为，行政机关只可在某些情况下保留对行政行为合理性与适当性的复核权。① 行政法院独立行使对行政机关是否依法行政的审查权，有利于客观地判断行政行为是否违法，是否侵犯了行政相对人的合法权益；通过对行政行为客观地审查作出撤销违法行政行为或维持原行政行为的判决。行政法院只审查行政机关作出的具体行政行为的合法性，而不能审查行政机关在法定的自由裁量权范围内作出的行政行为或决定的合理性与适当性，也就是说，合法但不适当的不能成为撤销

① 参见米健等著：《澳门法律》，中国友谊出版公司 1996 年版，第 247 页。

行政行为的理由。另一方面，行政法院只能对违法的行政行为或决定作出撤销的判决，而不能代替被告行政机关重新作出一个正确的合法的行政行为或决定，如果原告行政相对人欲取得合法的行政决定，还必须申请有权的行政机关重新作出行政决定。

下列自然人及法人有权利提起司法上诉：第一，自认拥有被司法上诉所针对之行为侵害之权利或受法律保护之利益之自然人或法人，又或指称在司法上诉理由成立时有直接、个人及正当利益之自然人或法人；第二，拥有民众诉讼权之人；第三，检察院；第四，法人，就侵害其有责任维护之权利或利益之行为亦具有上述正当性；第五，市政机构，就影响其自治范围之行为亦具有上述正当性。

向行政法院提起司法上诉，设有法定的上诉利益限额：在行政上司法争诉的诉讼及请求，如果案件或请求的利益值系可确定者，第一审法院的法定上诉利益限额为澳门币 5 万元；在税务及海关上的司法争诉方面为澳门币 1 万 5 千元；中级法院的法定上诉利益限额为澳门币 100 万元；行政、税务及海关上的其他司法争讼案件，以及监察规范的合法性方面，不设法定上诉利益限额。

提起司法上诉的依据是被诉行政行为违法和被诉行政行为无效。根据 1999 年 12 月 13 日澳门政府以第 110/99/M 号法令公布的《行政诉讼法典》第 21 条第 1 款规定，被诉行政行为违法是指行政行为违反适用法律原则或法律规定，具体表现在：（1）行政行为越权；（2）行政行为无权限；（3）行政行为形式上有瑕疵，包括欠缺理由说明或等同情况；（4）违反法律，包括行使自由裁量权时有明显错误，或绝对不合理行使自由裁量权；（5）行使的权力有偏差，行使权力的行为、方式、手段及其结果与权力的本来意图不一致。《行政诉讼法典》第 21 条第 2 款规定，被诉行政行为的无效，包括：（1）构成行政行为的主要要素缺失；（2）作出该行为者的意思表示欠缺或有瑕疵，且属于重大者。

在下述情况下，不论由哪一级哪一家法院管辖，司法上诉请求人的诉讼请求都应合并提出：（1）原本不应作出被撤销又或宣告无效或法律上不存在之行政行为，而应作出内容受羁束之另一行政行为者，提出要求命令作出依法应作之行政行为之请求；（2）即使司法上诉理由成立引致回复原会出现之状况，所造成之利益丧失及损害因其性质仍会存在者，提出要求就该利益丧失及损害作出赔偿之请求；(3) 在上述所指之情况下，对要求命令作出依法应作之行政行为之请求及要求就利益丧失及损害作出赔偿之请求之提出，以及就该等请求进行之辩论与裁判，适用规范相应之诉之规定中与涉及司法上诉程序之规定不相抵触之部分。

某一行政行为被提起诉讼并不意味着有中止其所针对行为效力之效果；但是，如仅涉及不属纪律处分性质之一的定金额支付，如果已经按照税务诉讼法规定或者民事诉讼法规定的方式提供了担保，可以中止对支付定金额的处分。在行政上诉法律关系中，被诉行政实体与行政上诉人有相同的诉讼权。

对无效或在法律上不存在之行为提起上诉的权利不会失效，诉讼期间不受限制，诉讼权利人可以随时行使上诉权利。对可撤销之行为提起上诉的权利在下列期间经过后即告失效：(1) 上诉人居住在澳门的上诉期限为 30 日；(2) 上诉人不居住在澳门的上诉期限为 60 日；(3) 上诉人为检察院且诉讼内容为默示驳回的，上诉期限为 365 日。

行政上诉主要包括以下几种。

1. 撤销性上诉。指要求撤销某一行政行为的上诉，如果该行政行为必须提起强制诉愿，撤销性上诉是指对诉愿决定的上诉。根据法律规定，提起撤销性上诉必须具备下列条件：(1) 法院拥有管辖权。(2) 行政行为必须具有可诉性，即被诉行为必须是行政机关已经作出并立即具有执行力的行为或决定。(3) 诉讼当事人必须具有正当性。提起撤销性上诉的自然人或法人必须是与该行政行为或决定有直接的、人身以及正当利益的利害关系。为维护公益权益，检察院也可以提起撤销性上诉。(4) 提起撤销性上诉必须在上述法定的期间内提出，逾期法院不予受理。

2. 保护性上诉。指对侵犯公民基本权利的行政行为或公共行政权力而提起的上诉。提起保护性上诉必须具备：(1) 提起上诉的只能是公民，是那些基本权利受到侵害的公民；(2) 公民的基本权利受到了侵犯，公民的基本权利包括政治权利、基本经济权利和社会保障权利等；(3) 公民基本权利的损害是由于行政机关的行政行为不当或公共行政权力的不当行使引起的。

3. 关于法律规范的诉讼。指对行政当局在履行其行政职责时制定的规章或其他规范性文件提起的诉讼，其目的在于宣告该规范性文件违法。

《行政诉讼法典》第三章第88条第2款明确规定，对法律规范提出争议之制度，不适用于载于行政法规之下列规范：（1）违反根本法律所载规范或从该法律所体现之原则之规范；（2）违反由澳门以外有专属权限制定适用于澳门之立法文件或等同文件之机关所制定之该等立法文件或等同文件中所载规范之规范；（3）违反经正式通过之与澳门以外地方订立之协议或协约所载规范之规范；（4）违反以上各项所指规范或原则之由澳门以外之机关制定而适用于澳门之规范。

行政法院宣告某一项规范违法，意味着自该规范开始生效时起即违法。基于对衡平各种利害关系或特别重要的公共利益原因等方面的合理考虑时，法院经适当说明理由，可以以指定有关宣告之效力在有关裁判确定之日或裁判确定前之某一日产生。行政法院宣告某一项规范违法，引致其由该规范所废止之规范恢复生效；但在宣告前已出现使被废止规范之效力终止者除外。

对在三个具体案件中被任何法院裁定为违法之某项规范，又或属无须透过行政行为或司法行为实施即可立即产生效力之规范，得请求宣告其违法。如申请人为检察院，得请求宣告该等规范违法而无须符合上款所指之要件。检察院自认为因有关规范之实施而受侵害或预料即将受侵害之人，或反贪污暨反行政违法性高级专员，均得随时请求宣告有关规范违法；如检察院知悉任何法院已作出三个已确定之裁判，内容为基于有关规范违法而拒绝实施该规范者，则必须请求宣告该规范违法。

4. 对选举问题所提起的司法争诉。行政法院对选举上的司法争讼有完全审判权。在选举上的司法争讼方面之上诉须由有关选举中之选举人或可当选之人提起；如选举簿册或名单而在其上出现遗漏，则登记被遗漏之人可以就有关遗漏提起该上诉。提起上述上诉之期间为7日，自有可能知悉有关行为或遗漏之日起算；但另有特别规定者除外。对选举有关的行政行为提起司法上诉之规定，适用于上述所及提起上诉之前提。

（二）诉（Accão）

诉是指在行政当局与相对人的争议中，行政当局不能或不希望对该权利作出决定，或由于行政当局的作为或不作为而对法律保障的权利和利益造成损害时，相对人向行政法院提起诉讼，要求确认自己的合法权利。在澳门行政法上的“诉”具有民事诉讼的特点，但是，又不是民事诉讼，而是行政诉讼，是公民就其与行政机关的利益冲突而向行政法院提出的诉讼请求，而这种利益冲突又是基于公民与行政机关的债或合同的法律基础而形成的。这里的合同指的是行政合同，债指的是产生于公共管理方面行为所引起的损害赔偿，而不是民事法律上的合同与债。

行政合同（Contrato administrativo）是指行政机关为了履行行政职责而与他人订立的由他人在一定期间内给付物或者提供劳务的合同。行政法院有对行政合同的有效、解释、合同条款执行方面产生纠纷的审判权。行政合同不受私法支配，适用行政法规则，因行政合同产生的争议受行政法院管辖。行政合同是澳门特别行政区政府经常采取的行政管理手段，最典型的是经济房屋发展合同。①

行政法上的诉包括：

1. 确认之诉，即要求确认受法律保护的权利及利益。

2. 行政合同之诉，对因行政合同的争执而提起的诉讼。

3. 损害赔偿之诉，即旨在要求行政当局承担在进行公共管理过程中所导致的非合同民事责任。

4. 其他法律未明确规定的行政诉讼。

当事人向行政法院提起诉之前，不需要先由行政机关作出决定。“诉”与“司法上诉”的不同之处在于：在提起司法上诉之前，已存在行政机关作出一个确定及具有执行力的决定，提起的目的在于使行政法院审查这一决定是否合法，应否撤销。而提起诉之前并不存在行政机关对有关争议的确定及具有执行力的决定，提起诉的目的是获得行政法院对此作出的第一次判决，由法院审查个人的合法权益是否受到行政方面的损害，行政机关是否相应要作出赔偿，或者审查有关行

① 参见米健等著：《澳门法律》，中国友谊出版公司 1996 年版，第 248 页。

政合同方面的问题，以作出当事人与行政机关都要服从的判决。①

第六题　澳门特别行政区行政法院的学说与理论

澳门特别行政区由于其特殊的历史背景，以及在整个国家结构中所处的特殊政治地位，使得澳门的司法制度和司法体制都具有自己的特色及多样化的学说与理论基础。澳门司法制度和司法体制的学说与理论主要受葡萄牙法制思想的影响，以及中国国家政治与法律思想的指导。因此，影响澳门特别行政区行政法院的学说与理论主要有三个层次：建立澳门特别行政区司法制度和司法体制政治与法律上的指导思想与理论、建立与保留行政法院的基本思想、行政审判实践中的学说与理论。

一、“一国两制”的理论——建立澳门特别行政区司法制度和司法体制的指导思想与理论

“一国两制”作为科学的、完整的理论，它具有极其丰富的内涵。从政治方面讲，“一国两制”的核心是祖国统一，这也是实行“一国两制”方针的宗旨。“一国两制”理论的政治内容主要有：第一，“一国”是实行“两制”的前提和基础。“一国”指的是统一的中华人民共和国，强调的是国家主权和领土的不可分割性和中华民族的统一性。实行“一国两制”方针解决台、港、澳问题，首先是要对香港和澳门恢复行使主权，从英国和葡萄牙手中收回香港地区和澳门地区。解决台湾问题是中国的内政，不容其他国家以任何理由插手干涉。坚持“一国”，首先就是坚持国家主权和领土完整的原则，坚持国家主权和领土的统一与不可分割的原则。第二，“两制”是指在整个大陆地区仍然实行社会主义制度，在台、港、澳这些特别地区“仍搞它的资本主义”，这些特别地区不实行社会主义的制度和政策。“一国”与“两制”的关系在港、澳地区体现为：国家对香港、澳门恢复行使主权时，设立香港特别行政区和澳门特别行政区，在特别行政区内不实行社会主义的制度和政策。第三，“一国两制”的主体是

---

① 参见米健等著：《澳门法律》，中国友谊出版公司1996年版，第248页。

在大陆地区坚持社会主义制度，在这个前提下，在小地区和小范围内实行资本主义制度。同时，“两种制度”的并存不会影响我国的社会主义性质，因为国家的主体是社会主义，在整个大陆地区实行社会主义制度是有宪法和法律的有力保障的。第四，实行“一国两制”要坚持两个不变的原则，即坚持台、港、澳地区的资本主义制度和生活方式50年不变，在大陆地区坚持社会主义制度、坚持四项基本原则长期不变。

以“一国两制”的方针来解决香港和澳门历史上遗留的回归问题，是中国在总结以往历史经验和面对当今社会现实的基础上作出的选择，它显然是一种明智和客观的选择。“一国两制”的政治制度设想，要形成一种实在的、稳定的、清晰的制度，必须将其具体化为一种可以操作的法律制度。所以，首先要建立一个与“一国两制”的政治制度设想相一致、最能体现“一国两制”精神与原则的法律制度。《香港特别行政区基本法》与《澳门特别行政区基本法》对“一国两制”式法律制度的内涵作了相当明确的规定。

《香港特别行政区基本法》与《澳门特别行政区基本法》是在中英《联合声明》和中葡《联合声明》签署以后，为落实“一国两制”方针，由全国人大制定和颁布的。这两部法律是基本法律，其地位和效力仅低于《中华人民共和国宪法》，与其他法律的地位和效力相等。制定《基本法》的立法依据是《宪法》第31条“国家在必要时得设立特别行政区。在特别行政区内实行的制度按照具体情况由全国人民代表大会以法律规定”。第62条关于全国人大有权“决定特别行政区的设立及其制度”的规定等。在特别行政区各自的法律体系中，基本法又处于最高的法律地位，是特别行政区的立法基础，是制定特别行政区法律的依据。特别行政区的任何法律均不得与基本法相抵触。基本法所规定的是特别行政区的制度和政策，包括社会、经济制度、有关保障居民的基本权利和自由的制度、行政管理、立法和司法方面的制度以及有关政策，均以基本法的规定为依据。

《澳门特别行政区基本法》第2条规定：“中华人民共和国全国人民代表大会授权澳门特别行政区依照本法的规定实行高度自治，享有行政管理权、立法权、独立的司法权和终审权。”第5、6条分别规定：“澳门特别行政区不实行社会主义的制度和政策，保持原有的资本主义制度和生活方式，五十年不变。”“澳门特别行政区以法律保护私有财产权。”澳门特别行政区作为一个高度自治的地区，享有相对独立于中央政府的行政、立法和司法权，它拥有自成一体的法律制度和法律体制，不同于大陆地区现行的法律制度和法律体制。所以，澳门的法院层级为三级，即初级法院、中级法院和终审法院；大陆地区的法院层级为四级，即基层法院、中级法院、高级法院和最高法院。作为一审法院，澳门设立有独立的行政法院，而大陆地区则没有设立独立的行政法院。澳门独特的司法制度和司法体制的建立，实际上是“一国两制”方针在法制上的具体体现。因此，我们可以说“一国两制”的理论是建立澳门特别行政区司法制度和司法体制的指导思想与理论。

二、分权学说、公法与私法两个不同法律体系分开的思想——建立与保留行政法院的基本理论与认识基础

澳门的行政诉讼审判制度是以葡萄牙的行政诉讼审判制度为母本的，而葡萄牙的有关制度大体上是追随法国行政诉讼制度发展的历史轨迹，经历了从国家参事院（Conselho de Estado）向行政法院的转化，“从最初的行政官员受理行政诉讼，发展成为由和行政官员独立的行政法官受理行政诉讼；从行政审判机关处于依附于行政机关的地位，发展成为行政审判机关具有独立的行政法院组织”。① 葡萄牙受法国的影响，在 1845 年 5 月设立了国家参事室作为咨询和处理行政争议的机构。这一设置一直存续到 1925 年葡萄牙司法法院制度为止，该时期称为行政官法官时期。到 1930 年 3 月葡萄牙正式建立行政法院制度。

法国行政法院产生的理论基础是孟德斯鸠的三权分权学说。孟德斯鸠认为在一切国家中存在三种权力，即立法权、行政权和司法权；为了防止滥用权力，必须以权力制约权力，这三种权力必须由不同的机关来行使。孟德斯鸠的思想对美国革命和法国大革命都产生了重要影响。法国对分权学说的解释主要由历史背景所决定，出于政治考虑。大革命时期，法国人士混淆了行政诉讼与行政权力行使这两个概

① 王名扬著：《法国行政法》，中国政法大学出版社 1988 年版，第 553 页。

念，认为行政诉讼就是行政本身，所以禁止普通法院干涉行政，也就禁止普通法院受理行政诉讼的案件。结果就为在普通法院以外成立一个行政审判体系，提供了一个理论基础。美国的分权学说没有采取法国式的理解，而是认为一切诉讼，包括行政诉讼在内都属于司法权的范畴，应由普通法院管辖，没有设立独立的行政审判体系。①

到今天，普通法院与行政机关已经没有任何对抗情绪，为什么还要保留行政法院与普通法院两个审判系统？况且，存在两个审判系统，给诉讼当事人带来不少麻烦，也常常引起两个法院管辖权的争端。行政法院存在的原因在于：公法与私法两个不同法律体系的存在。私法适用于地位平等的私人之间，公法适用于政府和私人或政府机关相互之间。两种法律体系所调整的社会关系不同，追求的目的不同，不可能适用同样的法律原则。在公法关系中，行政机关有时具有比私人更大的特权，有时受到比私人更大的限制，适用公法的法官是在私法以外的另一类法律专家。普通法院的法官在大多数情况下，不是公法专家。而且，行政法院的诉讼程序和普通法院不一样，行政诉讼中法官指挥诉讼进行的主动权力较大。行政法官除必须具备公法知识外，还必须具备行政经验，普通法院法官缺乏这方面的知识和经验。所以，正是这些原因，在葡萄牙仍然存在行政法院。澳门的法律体系延承了葡萄牙的传统，其法律体系也是分为公法与私法，在澳门的初级法院也就保留了行政法院的设置。

三、客观行政诉讼与主观行政诉讼——行政审判实践中的学说与理论

葡萄牙把行政诉讼分为司法上诉与诉两大类，这种分类主要受法国行政法学近代学派，尤其是波尔多学派主张的影响，即将行政诉讼分为客观行政诉讼与主观行政诉讼两大类。这个分类的出发点是区别客观的法律规则、法律地位，以及主观的法律规则、法律地位。对于违反客观的法律规则和法律地位所提起的诉讼是客观的行政诉讼；对于行政机关违反主观的法律规则和法律地位所提起的诉讼是主观的行

---

① 参见王名扬著：《法国行政法》，中国政法大学出版社 1988 年版，第 551 页。

政诉讼。客观的行政诉讼包括撤销违法的行政行为、审查行政行为的合法性、复核专门行政法庭的终审判决、处罚违反不动产公产保管规则的行为、决定行政性选举的合法性等诉讼。主观的行政诉讼包括关于行政合同，行政主体赔偿责任的诉讼。解释行政行为的意义，依被解释行为的性质，有时为客观的诉讼，例如解释条例；有时为主观的诉讼，例如解释行政合同。①

客观行政诉讼，可以称为行政诉讼的客观说（Tese objectivista）。该学说在法国以现代行政法之父拉弗里耶尔（Lafarriére）为代表，在葡萄牙其追随者为卡丹努（Marcello Caetano）教授。他们认为撤销之诉是对法律的复查，目的仅在于宣布行政行为是否合法、有效或无效。这里不存在个人对公共行政当局的任何权利，同样也不存在公共行政当局对个人的任何义务。行政法院对这类诉讼的判决只有两种选择：要么宣布撤销行政行为，要么确认维持行政行为。基于这些观点，客观说倡导者进一步将撤销之诉与诉区别，认为撤销之诉针对的不是行政机关本身，而是行政机关的具体行政行为。

主观行政诉讼，可以称为行政诉讼的主观说（Tese subjectivista）。该学说在法国以科昂普罗伯斯特（Kornprobst）为代表，在葡萄牙以盖罗（Afonso Queiró）教授为代表。主观说与客观说对司法上诉作用的认识是不同的，主观说也承认行政法院在司法上诉中的主要作用是审查行政行为是否违法，但是，主观说同时认为这只是表面现象，司法上诉要解决的根本问题是原告与被告之间各自的利益主张。因此，司法上诉的作用在于使私人在法院请求撤销违法的行为，以维护其被公共行政机关损害的公权利或者受法律保护的利益。正因为如此，行政法院在审查行政行为是否合法有效的同时，也自觉或不自觉地在确认一项权利是否存在，或者公民的正当权利是否存在，更确切地说，即确认公共行政一方是否承担法律义务或者是否拥有自由裁量权。

客观说在20世纪的大半时间里主导着葡萄牙行政诉讼的立法，在1940年颁布的行政法典和1957年起草的最高行政法院组织法中，

---

① 参见王名扬著：《法国行政法》，中国政法大学出版社1988年版，第667页。

可以明确地看出客观说所处的指导地位。然而，由于主观说在大陆法系国家的行政诉讼发展中为主导理论，从而对葡萄牙产生了重要影响，1976 年的《葡萄牙宪法》明确规定："保障利害关系人得以违法性为依据，对侵害其权利或受法律保护的利益的任何行政行为，提起司法上诉。"尽管《葡萄牙宪法》已接受了主观说，但是，主观说在行政诉讼中并没有获得确实的接纳。①

澳门现在的行政诉讼法律源自于葡萄牙，把行政诉讼分为司法上诉与诉，显然受上述学说的影响。并且，在司法诉讼当中，行政当局不具有原告具有的一切诉权，但是却享有原告不能享有的特权，也承受着一般当事人无法承担的责任，所以，在司法上诉中不同于一般的当事人。在诉的当中，行政机关与其他当事人以平等的身份出现，当法院判决行政机关必须承担赔偿责任时，行政机关必须承担赔偿义务。这些又说明在行政诉讼活动中，客观说的理论起着主导性影响。

第七题　澳门特别行政区行政诉讼制度与国家行政诉讼制度之比较

一、澳门特别行政区司法制度与国家司法制度的异同

澳门特别行政区司法制度与国家司法制度有明显的不同，这些差异表现在以下四个方面。

第一，司法机关在整个权力结构中的法律地位不同。在中国实行的是在统一的不可分割的国家权力——人民代表大会的领导下，由政府、法院、检察院分别代表国家行使行政权、审判权和检察权。《宪法》第 3 条第 3 款规定："国家行政机关、审判机关、检察机关都由人民代表大会产生，对它负责，受它监督。"明确规定了政府与法院、检察院三者具有平行的宪法地位，同时三者又由国家权力机关产生，对其负责受其监督。在这种权力组织形式下，法院执掌国家审判权，检察院执掌国家的法律监督权，两者之间以及两者与行政机关之

① 参见米健等著：《澳门法律》，中国友谊出版公司 1996 年版，第 249 ~ 250 页。

间互不隶属，相互独立。所以从宪法地位的角度讲，区别于行政机关的司法机关，主要是指法院和检察院。这种在国家权力机关统一领导下，实行行政权、审判权与法律监督权由不同的国家机关分工负责的制度，具有中国大陆特色，它并不适用于澳门。

《澳门基本法》第 83 条对法院的地位作了规定："澳门特别行政区法院独立进行审判，只服从法律，不受任何干涉。"法院在行使审判权时，完全独立于任何权力机关，只服从法律，而无须对其他机关负责或受其他机关监督。为了保障司法独立，基本法保留了法官选用及任免制度，保留了司法豁免制度，法官对履行审判职责的行为不负任何责任，亦不受法律追究。《澳门基本法》第 90 条对检察院的地位作了规定："澳门特别行政区检察院独立行使法律赋予的检察职能，不受任何干涉。"检察官在行使职权时，只能依据事实和法律，不受任何机关和个人的干涉。当然，检察官行使职能时要遵循内部的运行管理机制。

第二，司法机关之间相互关系不同。国家广义的司法权包括审判权、检察权、侦查权和司法行政权，从而形成分工负责、相互制约、互相配合的结构体系。这种制约与配合要通过各个司法机关在分工行使司法职能时表现出来。例如，在刑事诉讼中，公安机关负责刑事案件的侦查、拘留、预审；人民检察院负责案件的审查批捕、起诉和负责对直接受理的案件的侦查；而人民法院则负责对案件进行审判，确定刑事被告人是否有罪，应否被判刑罚及何种刑罚；最后，由司法行政机关负责执行刑罚。

澳门司法机关之间尽管也存在一定的分工配合与制约关系，但是这种分工配合与制约并非澳门司法制度的基本原则。法院和检察院之间是平行的，从不同的方面行使司法权，而警察部门更多地是辅助前两个司法机关的工作。以刑事诉讼为例，监督执法及提起刑事诉讼是检察院的最主要职责之一。所以在刑事侦查中，检察院始终处于领导地位。刑事侦查可以由检察院进行，也可以由警察部门进行。但即使由警察进行侦查时，亦应由检察院予以领导。检察院可以进行刑事调查活动，亦可以将此职权授予有关的警察机关。检察院同时亦有在职权范围内，维护法院的独立性，监督审判职能的行使是否符合法律。

第三，法院、检察院的权力行使与运作的条件不同。《宪法》规定人民法院与人民检察院依法独立行使审判权、检察权的原则，但是，这种独立性是相对的，首先，审判权、检察权的行使必须接受国家权力机关的监督，这是人民代表大会制度的政权组织形式所确定的。其次，在法院与检察院内部，法官及检察官个人在行使职权时并不是完全独立的，法院与检察院作为组织整体对审判权、检察权的行使负责。最后，在法院系统内部，下级法院要接受上级法院的监督，各级法院和专门法院统一受最高人民法院监督；在检察院系统内部，下级检察院要接受上级检察院的领导，各级检察院和专门检察院统一受最高人民检察院的领导。

在澳门，特别行政区法院独立进行审判，只服从法律。法官在依法进行审判时，不听从任何命令或指示，除非在所审理的案件中遇有涉及国防、外交等国家行为的事实问题，则应取得行政长官就该等问题发出的证明文件，而该等证明文件对法院有约束力。可见，澳门特别行政区法院行使职权时的独立性是绝对的，它无须对任何机构负责，也不受任何机关、包括立法机关或上级法院的监督。所有诉讼到法院的案件，都由具体审理该案的法官（独任庭或合议庭）负责裁决，除此之外的任何法官，包括职级较高的法官和任何其他的机关均无权干涉。

澳门特别行政区的检察院是单一体制，其内部上级司法官对下级司法官的领导表现在两个方面，一是上级司法官对下级司法官的工作指示，对下级司法官有约束力；二是通过等级上诉途径而由上级司法官就具体案件所作出的决定，下级司法官亦应遵守。除此之外，司法官不受任何其他机关的监督，也无须对任何其他机关负责。

检察院在行使司法职能时，行政长官也不能对其司法活动进行干预。法律规定在民事诉讼范围内如果检察院代表保护澳门特别行政区政府的利益或本地区公库时，行政长官可以向检察院发出认诺、和解、撤回诉讼或舍弃请求等指示；在刑事诉讼范围内，如果澳门特别行政区为被害人，且追诉取决于举报或自诉的刑事诉讼程序，行政长官可以许可检察院撤回诉讼。行政长官的这些指示或许可并非是对检察院司法权的干涉和凌驾，而是赋予了行政长官作为澳门特别行政区的代表人在诉讼法上所赋予的一般权利。

二、行政诉讼范围的评价

由行政法院审理行政案件的行政诉讼最早起源于欧洲大陆法系的法国，以后为其他国家仿效。葡萄牙的行政诉讼制度即以此为蓝本。这一制度经过近200年的历史发展，可以说已相当成熟。相比之下，内地行政诉讼制度的建立不过才十几年的时间，其中尚有许多有待完善之处，较为明显地表现在受案范围方面。

在澳门的行政诉讼范围中，有三类案件是值得一提的。一是对于行政机关所制定的规范性文件，即我们通常所说的抽象行政行为，澳门行政诉讼将其作为可以提起行政诉讼的范围，而在内地行政诉讼制度中，抽象行政行为的审查则被排除在行政诉讼的范围之外。二是行政工作人员就行政机关对自己所做的某些行为，如奖惩、任免等决定，是可以提起行政诉讼的，即我们经常所说的内部行为；而在内地行政诉讼制度中，行政机关对其工作人员的奖惩、任免等决定是不能提起行政诉讼的，此种纠纷只能通过行政组织系统内部解决。三是关于行政合同案件。葡萄牙的行政法理论将行政合同区别于民事合同，或者说将合同区分为私法合同与公法合同，行政合同属于公法合同，有关行政合同发生的纠纷是通过行政诉讼解决。在内地行政诉讼中，尽管行政合同实际存在，但由于行政合同尚未得到理论界和立法者的承认，因此，就行政合同所发生的纠纷，是否可以提起行政诉讼还是一个“谜”。

上述制度方面差别的形成有历史方面的原因，毕竟内地的行政诉讼制度的开始才不过短短十几年时间，但更主要的是观念、认识方面的原因。制度作为人之行为设计必然受一定的观念支配。例如关于内地把行政机关对其工作人员的奖惩、任免等决定排除在行政诉讼范围之外，主要理由是认为这些行政行为属于行政机关的内部事务。这种观点潜在的是受“特别权力关系”理论的影响，即行政机关与其工作人员之间的关系不同于国家与公民之间的关系，而特别权力关系理论在其发源地欧洲大陆早已有着诸多方面的发展和演进。通过与澳门行政诉讼制度的比较，至少可以使我们清楚这样一个道理：抽象行政行为、内部行为和行政合同并非像内地大部分学者所理解的那样——不能对这些行政行为进行行政诉讼。相反，随着行政诉讼制度的发展和完善，将这些行政行为纳入行政诉讼的范围是迟早的事。

三、关于审计法院作用的评价

各个国家对行政机关财政方面的监督体制不同。有的国家采取设立直属于议会的审计机关来进行监督的方式；有的国家采取在行政系统内设立监督机关的方式，而有的国家则采取设立审计法院的方式。澳门与葡国相对应，对政府财政的监督采取设立审计法院的方式，而我国内地行政法制制度中对行政机关的财政监督，是采用在行政系统内部设立审计署的方式，两者存在着很大的差别。

按照《澳门特别行政区基本法》第 60 条的规定：澳门特别行政区设立审计署，独立工作。审计长对行政长官负责。在澳门审计法院已经被撤销，其主要职能已转移给了新成立的审计署。很显然，现行的审计署与原来的行政法院之间是存在差距的，存在着审计署如何履行原审计法院职能、独立开展工作的问题。在澳门继续设立审计机构是十分必要的，它对于审查和监督政府的开支和账目，保证公币的合理、有效的使用，起着重要的作用。基本法规定设立的审计署，既不是行政机关，也不是司法机关，而是直接向行政长官负责的具有独立地位的专门机构。因而，在这种情况下，如何保持审计机构的独立性最为重要。作为政府主要官员的审计长监督政府财政，能否保持一定的独立性非常关键，审计署在实际运行中如何把握审计长对行政长官的“负责”。在不同的政府体制中，不同行为主体的“负责”形式多种多样：政府对议会的负责是一种，这种负责重在政治责任，而不是议会对政府事事、处处的过问干预；政府官员对法律负责、对职责与上级领导负责，这种负责所强调的是具体责任，即政府官员的每一项具体活动都要以法律为依据，都要尽职履行自己的工作职责，违法者要承担相应的法律责任和行政责任，或无效撤销，或损害赔偿。审计长对行政长官更多的是负政治责任，而不是行政长官对审计署工作的无微不至的“关怀”，处处、事事的过问。

第十八章　中国台湾行政法院制度

第一题　台湾地区行政法院的设置

一、台湾地区行政法院的沿革

我国台湾地区行政法院的沿革可追溯到民国时期北京政府设立的“平政院”。民国时期南京临时政府颁行的《中华民国临时约法》（以下简称《临时约法》）第10条规定，“人民对于官吏违法损害权利之行为，有陈诉于平政院之权”；同法第49条规定，“法院依法审判民事诉讼及刑事诉讼，但关于行政诉讼及其他特别诉讼，另以法律定之”。虽然有《临时约法》的明确规定，但南京临时政府却未能制定一部有关审理行政诉讼事件的行政诉讼法以及掌管行政诉讼事件的专门法院组织法。自民国政府迁往北京之后，民国北京政府于1914年3月颁行《平政院组织令》；同年5月后，其又先后公布实施《平政院裁决执行条例》、《平政处务规则》、《诉愿法》及《行政诉讼法》。自此，平政院审理行政诉讼事件的职权范围、组织结构等便首次有了明确具体的规定。

平政院的职权范围除受理行政诉讼事件，即审理官吏之违法失职之行政处分，例如违法命令、决定及行政契约等外，还负责纠察官吏的违法失职行为。对于官吏违法失职之行政处分的审理，由平政院之行政审判厅负责；对于官吏违法失职行为的纠察，则由平政院之肃政厅负责。平政院的组织结构大致可从纵横两方面来把握：从纵向来看，平政院隶属大总统，直接对大总统负责；从横向来看，其与当时负责审判的大理院相并列。

自1927年南京国民政府成立伊始，其便着手构架普通诉讼与行政诉讼之二元司法体系。1931年，平政院改称行政法院，行政法院之称谓首次见于国民政府颁行的《公民政府组织法》。该法第36条规定，“司法院设最高法院、行政法院及公务员惩戒委员会”。南京国民政府又于1932年11月公布实施《行政诉讼法》以及《行政法院组织法》。此两部法律对行政法院的组织结构及职权范围进行了具体的规定。

我国台湾地区现行“行政法院组织法”于1999年2月3日修正后颁布，同年7月8日施行，共10章，计48条。该法规定了台湾地区行政法院的设立、职权及组织三方面的内容。如前所述，“行政法院组织法”最早颁行是在1932年11月17日，由国民政府制定，计12条。该法后经八次修正，至1975年12月12日台湾当局公布修正后的“行政法院组织法”，共计16条。

二、台湾地区行政法院的含义与特征

（一）行政法院的含义

行政法院有两种含义：一为广义的行政法院，指行使行政诉讼审判权机关及其辅助机关，包括狭义的行政法院法官、书记官、通译、执达员、录事、法警等机关，即台湾地区“行政法院组织法”上所指称的法院；二为狭义的行政法院，专指行使行政诉讼审判权的独任法官或者合议庭。“高等行政法院”裁判行政诉讼事件，由法官三人组成合议庭审理，但简易诉讼可由法官一人独任审理。“最高行政法院”裁判行政诉讼事件，由法官五人组成合议庭审理。两种含义究竟在何种场合适用，应以不同情形而定。一般而言，我国台湾地区“行政法院组织法”所称的行政法院为狭义的行政法院，例如，行政法院法官之回避。但本章中有关行政法院管辖的规定则属于广义上的行政法院。①

（二）行政法院的特征

行政法院的特征主要是指，行政法院与普通法院相比较所特有的

---

① 参见陈计男著：《行政诉讼法释论》，台湾三民书局股份有限公司2000年版，第9～10页。

属性。于此，我们可以从法院法官的构成、审判组织的庭审方式及审理的诉讼事件等方面来加以甄别行政法院所独自具有的特征。

1. 职业法官与非职业法官相结合

所谓职业法官是指审理普通诉讼的法官，而非职业法官是指与审理普通诉讼法官出身不同，而有行政官资历或具有教授相关法律经历的人员。根据台湾地区“行政法院组织法”第17条与第18条的规定，“高等行政法院”与“最高行政法院”的法官可由行政官员及有关教授担任。该法第17条第2～6项规定：“（1）曾任荐任或简任司法官2年以上，或曾任荐任或简任司法官并任荐任或简任公务人员合计2年以上者；（2）曾任‘教育部’审定合格之大学或独立学院之教授、副教授，讲授‘宪法’、‘行政法’、‘租税法’、‘商标法’、‘专利法’、‘土地法’、‘公平交易法’、‘政府采购法’或其他主要行政法课程8年以上，具有荐任或简任职任用资格者；（3）曾任‘中央研究院’研究员、副研究员合计8年以上，有‘宪法’、‘行政法’之专门著作，并具有荐任或简任职任用资格者；（4）曾在公立或经立案之私立大学、独立学院法律、政治、行政学系或其研究所毕业，任荐任或简任公务人员，办理机关之诉愿或法制业务8年以上者；（5）经律师考试及格，并有执行行政诉讼律师业务经验8年以上，具有荐任或简任职任用资格者。”同法第18条第4～7项亦有类似规定。行政法院法官之构成之所以任用非职业性法官，是因为行政事务纷繁复杂，因此，如若任用职业性法官，则难以达到行政诉讼的便捷与效率之目的。

2. 合议制审理方式

“行政法院组织法”第3条规定，“‘高等行政法院’之审判，以法官三人合议行之。但简易诉讼程序以法官一人独任行之”。根据该条，行政法院的开庭审理采用合议制，而普通诉讼中的第一审民刑事诉讼程序更多采用独任审判。行政法院采合议制为通例，究其原因：一是出于尊重行政权的传统，因为以往只有撤销诉讼一种，提起之前已经有一次以上之诉愿程序，仿佛民刑事诉讼之“上诉审”。二是容纳不同专长之法官的参与，以应行政诉讼时间之特殊性，若由独任法官审判则无从达此目的。①

3. 以行政诉讼事件的个案审理为主

我国台湾地区并无“宪法”法院，根据台湾地区的“宪法”与相关解释，其违宪审查权由“司法院”大法官行使。行政法院依据法律保留原则对行政处分的合法性进行审查，对争议的行政处分予以裁判，以保障人民之权利。随着修正后“行政诉讼法”的实施，行政法院的审查范围相对扩大，行政法院的规范维持功能得以显现。目前，台湾地区的行政法院仍以解决行政争议的个案审理为主，而其对规范的审查尚有待进一步明确。

三、台湾地区行政法院的设立

（一）设立行政法院的根据

台湾地区“宪法”第77条规定，“‘司法院’为‘国家’最高司法机关，掌理民事、刑事、行政诉讼之审判及公务员惩戒”。根据该条，行政诉讼程序与普通诉讼程序应相互分离。但是根据该条并非就能够得出如下结论：行政法院审理行政诉讼案件，普通法院则审理民事、刑事案件。因此，“宪法”第77条不是设立行政法院的“宪法”依据，而只是为审判权的分类提供“宪法”上的根据。行政法院的设立依据在于诸如“行政诉讼法”、“行政法院组织法”的相关规定。台湾地区1932年11月颁行的“行政诉讼法”第1条规定，“人民因‘中央’或地方机关之违法行政处分，认为损害其权利，经依‘诉愿法’提起再诉愿而不服其决定，或提起再诉愿逾3个月不为决定，或延长再诉愿决定期间逾2个月不为决定者，得向行政法院提起行政诉讼”。根据“司法院组织法”第7条规定，民事、刑事、行政诉讼的审判分别由不同的法院管辖。因此，在我国台湾地区民事、刑事的审判由各级普通法院管辖，而行政诉讼的审判则由行政法院管辖。

我国台湾地区的行政法院隶属于“司法院”，为司法体系，而不像法国行政法院那样隶属于行政体系。我国台湾地区行政法院与法国

---

① 参见吴庚著：《行政争讼法》，台湾三民书局股份有限公司1999年版，第33页。

及若干受法国影响的西欧各国的行政法院有明显区别，“此等国家之行政法院能发挥独立审判功能，故无疑问，但在名称上从建制伊始即带有行政机关之色彩，迄今并未消除”。① 台湾地区的审判体系则为三元结构，即审判权由普通法院、行政法院与公务员惩戒委员会行使。因此，就审判体系而言，台湾地区的行政法院类似于法国的行政法院，是一个独立的审判体系。

（二）“高等行政法院”的设立

根据台湾地区“行政法院组织法”第6条规定：“省、直辖市及特别区域各设‘高等行政法院’。但其辖区狭小或事务较简者，得合数省、市或特别区域设一‘高等行政法院’，其辖区辽阔或事务较繁者，得增设之。‘高等行政法院’管辖区域之划分或变更，由‘司法院’定之。”根据该条，“高等行政法院”设立的标准有二：一是按照行政区域来设立；二是按照行政区域面积的大小或事务的简繁来设立。前者为“高等行政法院”设立的基本标准，后者是对前者的补充。

依据标准一，台湾地区“司法院”在台北、台中、高雄三地，各设立一所“高等行政法院”。“司法院”还可依标准二，以命令的形式对各地的行政法院设置情形加以适当的调整，从而使得行政法院的设立与其行政区域的划分并不保持一致。

（三）“最高行政法院”的设立

根据台湾地区“行政法院组织法”第11条的规定，“‘最高行政法院’设于‘中央政府’所在地”。该条规定了“最高行政法院”设立的地点，即台北是我国台湾地区“最高行政法院”所在地，同时亦明确了在台湾地区并无设立“最高行政法院”分院的情形。

四、台湾地区行政法院的职权范围

（一）“高等行政法院”的职权范围

我国台湾地区“行政法院组织法”第7条规定，“‘高等行政法院’管辖事件如下：1. 不服诉愿决定或法律规定视同诉愿规定，提起之诉讼事件。2. 其他依法律规定由‘高等行政法院’管辖之事

① 吴庚著：《行政争讼法》，台湾三民书局股份有限公司1999年版，第26页。

件”。该条就“高等行政法院”受理行政诉讼事件的范围进行了规定，即“高等行政法院”的受案范围为：一是不服诉愿决定或法律规定而与诉愿规定相等同的事件；二是依照法律规定由“高等行政法院”管辖的事件。

所谓“不服诉愿决定或法律规定视同诉愿规定，提起之诉讼事件”是指：当事人依“诉愿法”提起诉愿，仍不服行政机关的诉愿决定，且认为原行政机关所作之行政处分或不作为违法，以致损害其权利或法律上的利益，而依“行政诉讼法”第4条或第5条的规定，向“高等行政法院”提起撤销诉讼的事件。所谓“其他依法律规定由‘高等行政法院’管辖之事件”，主要是指以下两类事件：一是当事人依“行政诉讼法”第6条及第8条提起确认诉讼及给付诉讼的事件，二是依“行政诉讼法”第6条第4项及第8条第3项的规定，凡以“高等行政法院”为第一管辖法院，以及各级行政法院之裁判，应以“高等行政法院”为执行法院的，都属于“高等行政法院”的受案范围。

（二）“最高行政法院”的职权范围

“行政法院组织法”第12条规定，“‘最高行政法院’管辖事件如下：1. 不服‘高等行政法院’裁判而上诉或抗告之事件。2. 其他依法律规定由‘最高行政法院’管辖之事件”。

按照“行政法院组织法”的规定，台湾地区设“高等行政法院”与“最高行政法院”。“最高行政法院”为行政诉讼事件的终审法院，对于不服“高等行政法院”裁判而上诉或抗告的行政诉讼事件，“最高行政法院”均有管辖权。此外，其他法律有特别规定应由“最高行政法院”管辖的事件，“最高行政法院”对此具有管辖权。

第二题　台湾地区行政法院的组织

一、台湾地区行政法院的组织制度

如前所述，我国台湾地区的司法体系采三元制结构，普通诉讼、行政诉讼与公务员惩戒分别划归不同的司法机构负责。因此，台湾地区的法院组织法仅就“最高法院”、“高等法院”、地方法院及检察机关等的组织及其结构进行了规定，而对行政法院的组织及其结构未作些微规定。1999 年 2 月 3 日修正的“行政法院组织法”对行政法院的组织进行了重新构架，其重要内容包括以下几个方面。

（一）二级二审制度

在 1999 年 2 月 3 日修正公布“行政法院组织法”以前，行政法院仅有一级，行政事件的审理实行一审终结制。“行政法院组织法”修正后，行政法院采二级二审制。因此，我国台湾地区行政法院的审级制度不同于普通诉讼，后者则采三级三审模式。台湾地区行政法院分“高等行政法院”与“最高行政法院”，后者设于台北市，前者则根据“行政法院组织法”第 6 条之规定设于其他地区。

（二）合议制度

根据“行政法院组织法”第 3 条的规定，举凡“高等行政法院”的审判，由法官三人组成合议庭进行审理，“最高行政法院”的审判，由法官五人组成合议庭进行审理。但是，如果属于“行政诉讼法”第 229 条至第 337 条所规定的适用简易程序审理的案件，则由法官一人独任审判。

（三）助理法官与法官助理制度

行政法院的助理法官与法官助理制度主要规定在“行政法院组织法”第 10 条第 3 项至第 7 项，其内容包括以下四个方面：

1. “高等行政法院”在必要时，每庭得置法官助理一人至三人，依“聘用人员条例”聘用专业人员，或调派各级法院或行政法院其他司法人员或借调其他机关适当人员充任之，协助该庭办理诉讼案件程序之进行、程序重点之分析、资料之收集分析等事项。

2. 法官、试署法官或候补法官调“高等行政法院”为办事法官期间，计入其法官、试署法官或候补法官年资。

3. 具专业证执照执业资格者，经聘用充任法官助理期间，计入其专业资格年资。

4. 法官助理之遴聘办法，由“司法院”以命令定之。①

---

① 参见林胜鹞著：《行政法总论》，台湾三民书局股份有限公司 1999 年版，第 639 页。

二、台湾地区行政法院的组织结构

"高等行政法院"与"最高行政法院"的组织结构，可从"高等行政法院"和"最高行政法院"的组成及员额配置等方面来加以概括。根据"行政法院组织法"第 5 条的规定："各级行政法院之员额，依本法附表一、二之规定。为应业务需要，在附表一庭长、法官、书记官、通译、执达员、记事、庭务员及法警总额额度内，'司法院'得订定各'高等法院'员额配置表，为适度之人力调配。"根据该条，各"高等行政法院"应依据附表一及附表二来确定"高等行政法院"的总员额，并根据具体情况适当调配其员额的所属部门。根据同法第 5 条第 1 项的规定，"最高行政法院"的员额依据"行政法院组织法"附表一、二所确定的标准进行配备，并根据附表一、二确定其员额所属的部门。

（一）院长的设置

1. "高等行政法院"院长

我国台湾地区的行政法院设"高等行政法院"与"最高行政法院"，每一法院均置有院长一人。根据"行政法院组织法"第 8 条的规定："'高等行政法院'置院长一人，由法官兼任，简任第十三职等至第十四职等，综理全院行政事务。前项'高等行政法院'院长，应就具有'最高行政法院'法官、'最高法院'法官或'最高法院检察署'检察员资格，并有领导才能者遴任之。"根据该条，"最高行政法院"院长任命之条件有二：一是具有"最高行政法院"法官、"最高法院"法官或"最高法院检察署"检察员资格者；二是具有领导才能者。前者为任用院长的客观标准，后者为任用院长的主观标准。院长虽为一院之长，主持全院的行政事务，监督全院的行政工作，但只是由法官兼任，且仍然担任审判工作。换言之，"高等行政法院"院长一职并非本职，而只是兼职。

2. "最高行政法院"院长

根据"行政法院组织法"第 13 条的规定，"'最高行政法院'置院长一人，特任，综理全院行政事务，并任法官。前项'最高行政法院'院长应就具有下列资格之一，并有领导才能者遴任之：（1）曾任'司法院'大法官、'最高行政法院'院长、'最高法院'院长、

'最高法院检察署'检察总长或'公务员惩戒委员会'委员长。(2)曾任行政法院评事、'最高行政法院'法官、'最高法院'法官、'最高法院检察署'检察官、'高等行政法院'院长、'高等法院'院长或'高等法院检察署'检察长合计5年以上者。(3)曾任行政法院简任评事或法官、简任司法官10年以上，或任行政法院简任法官、简任司法官并任简任司法行政人员合计10年以上者"。根据该条规定，"最高行政法院"院长一职为其本职，此与"高等行政法院"院长的职务设置有明显差异，即"高等行政法院"院长与法官的职务均为本职，其院长一职由法官兼任。

"最高行政法院"院长，负责全院行政事务的处理，并以命令的方式行使其职权。根据"行政法院处务规程"第10条的规定，院长的职责如下：

(1) 本院工作计划之决定。

(2) 法律建议案核定及本院单行法规之核定发布。

(3) 本院庭数之拟议。

(4) 本院职员员额之拟议。

(5) 裁判书之事后审阅。

(6) 编制概算及预算案之扼要提示。

(7) 本院各单位工作之监督指导及考核。

(8) 本院职员之任免、奖惩、监督及考核。

(9) 重要行政文件之判行。

(10) 庭长、评事联席会议、年终会议及其他重要会议之主持。

(二) 行政法院各庭的设置

1. "高等行政法院"各庭的设置

"行政法院组织法"第9条规定："'高等行政法院'之庭数，视事务之繁简定之，必要时得设专业法庭。各庭置庭长一人，简任第十一职等至第十三职等，除由兼院长之法官兼任者外，余就法官中遴兼之，监督各该庭事务。"根据该条，"高等行政法院"各审判庭数量的设立标准有以下二个：一是依照其管辖区域的广狭，及事务的繁简之差别，以此作为设立的标准；二是由于社会情况日趋复杂，有关专业性事件日益增加，可考虑必要时设立各专业法庭。由是观之，"高等行政法院"既可根据一般性的规定设立各普通法庭，又可根据专业性事情设立各专业法庭。

“高等行政法院”庭长由其法官兼任，庭长的选任办法与“高等法院”庭长的选任办法相同，均根据“法院庭长、法官、评事、委员遴选试办要点”第 4 点的规定办理。

2. “最高行政法院”各庭的设置

根据“行政法院组织法”第 14 条规定，“‘最高行政法院’应分庭审判，其庭数视事务之繁简定之。‘最高行政法院’各庭置庭长一人，简任第十四职等，除由院长兼任者外，余就法官中遴兼之，监督各该庭事务”。我国台湾地区“最高行政法院”审判庭庭长由法官兼任，但其员额仍独立于法官员额之外。“最高行政法院”各审判庭数量可根据事务的繁简，进行适度调整。根据“行政法院组织法”第 15 条的规定，“‘最高行政法院’每庭置法官五人，简任第十三职等至第十四职等”。

“最高行政法院”的庭长由其法官兼任，庭长的选任办法与“最高法院”庭长的选任办法相同，均根据“法院庭长、法官、评事、委员遴选试办要点”第 5 点第 2 款的规定进行。“最高行政法院”庭长的职责可见于“行政法院处务规程”第 15 条的规定：

（1）本庭事务之监督。

（2）本庭评议之主持。

（3）本庭关于诉讼进行文件之判行。

（4）庭评事所拟裁判书之核定。

（5）本庭裁判可补充判例之选择。

（6）年终会议决议及院长交办事项之处理。

（7）本庭评事工作之考核与奖惩之拟议。

（8）本庭所属书记官之指挥及考核与奖惩之拟议。

（9）有关事务改进建议事项。

未设庭长而置有审判长职务者，同前项规定。

（三）行政法院法官的任职条件、职权及待遇

1. “高等行政法院”法官的任职条件及权责

“行政法院组织法”第 10 条第 1 项、第 2 项规定：“‘高等行政

法院’每庭置法官三人，简任第十职等至第十一职等或荐任①第九职等。‘高等行政法院’简任法官继续服务4年以上者，简任第十二职等至第十四职等。”关于“高等行政法院”法官的选任，应依“法院庭长、法官、评事、委员遴选试办要点”第3点之规定办理，与“高等法院”法官的遴选相同。

“高等行政法院”的法官任用应具备一定的条件，“行政法院组织法”第17条对此作了规定：“‘高等行政法院’法官，应就具有下列资格之一，经遴选或尝试审查训练合格者任用之：

（1）曾任行政法院评事、‘最高行政法院’法官或‘高等行政法院’法官者。

（2）曾任荐任或简任司法官2年以上，或曾任荐任或简任司法官并任荐任或简任公务人员合计2年以上者。

（3）曾任‘教育部’审定合格之大学或独立学院之教授、副教授，讲授‘宪法’、‘行政法’、‘租税法’、‘商标法’、‘专利法’、‘土地法’、‘公平交易法’、‘政府采购法’或其他主要行政法课程8年以上，具有荐任或简任职任用资格者。

（4）曾任‘中央研究院’研究员、副研究员合计8年以上，有‘宪法’、‘行政法’之专门著作，并具有荐任或简任职任用资格者。

（5）曾在公立或经立案之私立大学、独立学院法律、政治、行政学系或其研究所毕业，任荐任或简任公务人员，办理机关之诉愿或法制业务8年以上者。

（6）经律师考试及格，并有执行行政诉讼律师业务经验8年以上，具有荐任或简任职任用资格者。

具有前项第2款之资格改任者，应由‘司法院’成立遴选委员会遴选之，于任用前，并应施以‘行政法’、‘行政诉讼法’、‘商标法’、‘专利法’及‘租税法’等在职训练；其遴选办法及在职训练办法，由‘司法院’以命令定之。

具有第1项第3款至第6款之资格者，应经‘司法院’成立之甄试审查委员会甄试审查合格，并施以‘行政法’、‘行政诉讼法’、

---

① 荐任是指辛亥革命以后到解放以前文官的第三等，在简任以下，委任以上（编者加注）。

‘商标法’、‘专利法’及‘租税法’等职前训练合格后任用之；其甄试审查办法及职前训练办法，由‘司法院’以命令定之。

前项甄试审查委员会，由‘司法院’指派人员并遴聘‘行政院’及‘考试院’代表、学者、专家及社会公正人士担任之，其中‘行政院’代表、‘考试院’代表、学者、专家及社会公正人士人数不得少于1/2。”

另外，“高等行政法院”还实行助理法官与法官助理制度，即台湾地区的“司法院”还可以调聘其他法院的法官及专业人员协助“高等行政法院”法官办理行政诉讼案件。如前所述，根据“行政法院组织法”第10条第3项至第7项的规定，“司法院”可因“高等行政法院”业务需要，调地方法院及其分院法官、试署法官或候补法官至“高等行政法院”办事，协助“高等行政法院”法官办理行政诉讼事件。

2. “最高行政法院”法官的任职条件及职责

台湾地区“最高行政法院”法官的选任，根据“法院庭长、法官、评事、委员遴选试办要点”第5点第1款的规定进行。根据“行政法院组织法”第18条的规定，担任“最高行政法院”法官，应具有下列资格之一，并经遴选或甄试审查训练合格者才能得以任用：

（1）曾任行政法院评事或“最高行政法院”法官者。

（2）曾任“最高法院”法官、“最高法院检察署”检察官、“高等行政法院”法官、“高等法院”或其分院法官、“高等法院”或其分院检察署检察官4年以上，成绩优良，具有简任职任用资格者。

（3）曾任“高等行政法院”法官、“高等法院”或其分院法官、“高等法院”或其分院检察署检察官，并任地方法院或其分院兼任院长之法官、地方法院或其分院检察署检察长合计4年以上，成绩优良，具有简任职任用资格者。

（4）曾任“教育部”审定合格之大学或独立学院之教授，讲授“宪法”、“行政法”、“租税法”、“商标法”、“专利法”、“土地法”、“公平交易法”、“政府采购法”或其他主要行政法课程5年以上，具有简任职任用资格者。

（5）曾任“中央研究院”研究员5年以上，有“宪法”、“行政法”之专门著作，并具有简任职任用资格者。

（6）曾在公立或经立案之私立大学、独立学院法律、政治、行政学系或其研究所毕业，任简任公务人员任内办理机关之诉愿法制业务6年以上者。

（7）经律师考试及格，并有执行行政诉讼律师业务经验12年以上，具有简任职任用资格者。

该法还就前项各款的选任条件及其程序进行了规定，根据同法第18条，“具有前项第2款、第3款之资格，其由普通法院法官或检察署检察官改任者，应由‘司法院’成立遴选委员会遴选之，于任用前，并应施以‘行政法’、‘行政诉讼法’、‘商标法’、‘专利法’及‘租税法’等在职训练；其遴选办法及在职训练办法，由‘司法院’以命令定之。具有第1项第4款至第7款资格者，应经‘司法院’成立之甄试审查委员会甄试审查合格，并施以‘行政法’、‘行政诉讼法’、‘商标法’、‘专利法’及‘租税法’等职前训练合格后任用之；其甄试审查办法与职前训练办法，由‘司法院’以命令定之。前项甄试审查委员会委员，由‘司法院’指派人员并遴聘‘行政院’及‘考试院’代表、学者、专家及社会人士担任之，其中‘行政院’代表、‘考试院’代表、学者、专家及社会公正人士人数不得少于1/2”。根据该条，“最高行政法院”法官之任用与“高等行政法院”的选任条件、任用程序相同。

另外，“最高行政法院”与“高等行政法院”一样实行法官助理与助理法官制度，即“司法院”可调聘除“最高法院”法官以外的法官及专业人员协助“最高行政法院”法官办理行政诉讼案件。根据“行政法院组织法”第15条第2项至第6项规定：“‘司法院’为应‘最高行政法院’业务需要，得调‘高等行政法院’或‘高等法院’以下各级法院及其分院法官、试署法官或候补法官至‘最高行政法院’办事，每庭一人至五人，协助法官办理诉讼事件程序、重点之分析、资料之收集分析、裁判书之草拟等事项。‘最高行政法院’必要时，每庭得置法官助理一人至五人，依‘聘用人员聘用条例’聘用专业人员，或调派各级法院或行政法院其他司法人员或借调其他机关适当人员充任之，协助该庭办理诉讼事件程序之进行、程序重点之分析、资料之收集分析等事项。法官、试署法官或候补法官调‘最高行政法院’为办事法官期间，计入其法官、试署法官或候补法官年资。具专业证照执业资格者，经聘用充任法官助理期间，计入其专业执业年资。法官助理之遴聘办法，由‘司法院’以命令定之。”

根据“行政法院处务规程”第 18 条规定，“最高行政法院”法官审理行政诉讼事件，具有以下职权：

（1）主办事件内容之审查报告。

（2）关于主办事件诉讼进行文稿之审核。

（3）参与评议时意见之陈述。

（4）主办事件裁判书之撰拟。

（5）就主办事件对于配置书记官执行职务之指挥。

（6）其他有关审判程序之事项。

3. 行政法院法官的待遇

根据“行政法院组织法”第 20 条之规定，“行政法院法官之保障及给予，除本法另有规定外，适用‘司法人员人事条例’及其他法令有关司法官保障及给予的规定”。在我国台湾地区，法官各项待遇的保障也在“宪法”中予以规定。台湾地区“宪法”第 80 条及第 81 条对法官职务及身份独立予以特别规定，从而强化了法官各项待遇的保障。法官的“终身保障”制度在后来有所调整，即法官年满 70 岁后不再办案，但可以照旧领取全额薪水，此可称为法官的“优遇制度”。

（四）书记官的设置

1. “高等行政法院”书记处的设置

根据“行政法院组织法”第 21 条规定：“‘高等行政法院’设书记处，置书记官长，荐任第九职等或简任第十职等至第十一职等，承院长之命处理行政事务；一等书记官，荐任第八职等至第九职等；二等书记官，荐任第六职等至第七职等；三等书记官，委任第四职等至第五职等。书记处分科掌理事务，各科于必要时，得分股办事。科长由一等书记官兼任之，股长由一等书记官或二等书记官兼任之，均不另列等。第一项一等书记官、二等书记官员额合计不得逾同一行政法院一等书记官、二等书记官、三等书记官总额 1/2。”由该条可知，我国台湾地区的行政法院实行法官与书记官相分离的制度，并明确规定了书记官之荐任或委任的职等，书记官的职权范围及其员额的配备。

2. “最高行政法院”书记厅的设置

根据“行政法院组织法”第22条规定：“‘最高行政法院’设书记厅，置书记官长，简任第十一职等至第十三职等，承院长之命处理行政事务；一等书记官，荐任第八职等至第九职等；二等书记官，荐任第六职等至第七职等；三等书记官，委任第四职等至第五职等。书记应分科掌理事务，各科于必要时，得分股办事。科长由一等书记官兼任之，股长由一等书记官或二等书记官兼任之，均不另列等。第一项一等书记官、二等书记官员额合计不得逾同一行政法院一等书记官、二等书记官、三等书记官总额1/2。”该条对台湾地区“最高行政法院”书记官的职级等第及职权范围进行了规定。

（五）通译及法警等人员的设置

根据“行政法院组织法”第23条规定：“各级行政法院得置通译、技士，均委任第三职等至第五职等；执达员，委任第三职等至第五职等；录事、庭务员均委任第一职等至第三职等。行政法院原依‘雇员管理规则’进用之现职雇员，未具公务人员任用资格者，得占用前项录事、庭务员职缺，继续雇用至离职时为止。”同法第24条还规定：“各级行政法院置法警，委任第三职等至第五职等；法警长，委任第五职等或荐任第六职等至第七职等；副法警长，委任第四职等至第五职等或荐任第六职等。”该两条对通译、技士、执达员、录事、庭务员、法警的职级等第进行了规定，但并未规定这些职员的任职条件。

（六）人事室、会计室、统计室及政风室的设置

根据“行政法院组织法”第25条第1项规定：“‘高等行政法院’设人事室、置主任一人，荐任第九职等至简任第十职等；并得置科员，委任第五职等或荐任第六职等至第七职等。依法律规定办理人事管理事项。”该法同条第2项规定，“‘最高行政法院’设人事室、置主任一人，简任第十职等；并得置科员，委任第五职等或荐任第六职等至第七职等。依法律规定办理人事管理事项”。各“高等行政法院”与“最高行政法院”所置人事室之主任在任用类别上有不同之处，前者为荐任，后者为简任，其余组成人员则均为委任。

同法第26条第1项规定：“‘高等行政法院’设会计室、统计

室，分置会计主任、统计主任各一人，均荐任第九职等至简任第十职等；并得置科员，委任第五职等或荐任第六职等至第七职等。依法律规定分别办理岁计、会计及统计等事项。”同法该条第2项规定，“‘最高行政法院’设会计室、统计室、分置会计主任、统计主任各一人，均简任第十职等；并得置科员，委任第五职等或荐任第六职等至第七职等。依法律规定分别办理岁计、会计及统计等事项”。根据该条，各“高等行政法院”与“最高行政法院”会计室、统计室的主任在任用类别的差异与前述人事室主任设置相同，其余组成人员在任用类别均为委任，但在职等方面存在一定差别。

同法第27条第1项规定：“‘高等行政法院’设政风室，置主任一人，荐任第九职等至简任第十职等；并得置科员，委任第五职等或荐任第六职等至第七职等。依法律规定办理政风事项。”同法该条第2项规定，“‘最高行政法院’设政风室，置主任一人，简任第十职等；并得置科员，委任第五职等或荐任第六职等至第七职等。依法律规定办理政风事项”。各“高等行政法院”与“最高行政法院”政风室之组成方面的差别与前述会计室、统计室之组成人员的差别相同。

（七）资讯室的设置

根据“行政法院组织法”第28条第1项规定：“‘高等行政法院’设资讯室，置主任一人，荐任第九职等至简任第十职等；设计师，荐任第六职等至第八职等；资讯管理师、荐任第七职等；助理设计师，委任第四职等至第五职等，其中1/2员额得列荐任第六职等，处理资讯事项。”同法该条第2项规定，“‘最高行政法院’设资讯室，置主任一人，简任第十职等；设计师，荐任第六职等至第八职等；资讯管理师，荐任第七职等；助理设计师，委任第四职等至第五职等，其中1/2员额得列荐任第六职等，处理资讯事项”。

三、“最高行政法院”对于判例的选编与变更

根据“行政法院组织法”第16条规定：“‘最高行政法院’之裁判，其所持之法律见解，认为有编为判例之必要者，应经由院长、庭长、法官组成之会议决议后，报请司法备查。‘最高行政法院’审理事件，关于法律上之见解，认为有变更判例之必要时，适用前项规定。‘最高行政法院’之裁判，其所持之法律见解，各庭间见解不一

致者，于依第 1 项规定编为判例之前，应举行院长、庭长、法官联席会议，以决议统一其法律见解。”该条对“最高行政法院”判例编撰和变更的标准及程序进行了规定。在台湾地区，判例可补充法律之不足，机动适应社会情况之变化，故由终审裁判机关将其裁判上之见解，认为有作为判决先例之必要者，依法定程序选编为判例，对于全台湾地区法律见解之统一，确有其价值。①

四、行政法院的会议制度

根据“行政法院组织法”第 29 条之规定，每年自 1 月 1 日起至同年 12 月 31 日止为一个司法年度。同法第 31 条规定行政法院召开年度会议的时间及会议的主要议题。根据该条，各级行政法院在一个司法年度终结前，应该召开年度会议。年度会议由院长、庭长与法官组成，以院长为主席，按照处务规程与其他法令规定，预定下年度司法事务的分配、代理次序及合议审判时法官的配置数额。该法第 32 条规定了会议的程序与议事规程。根据该条的规定，会议的决议以过半数意见通过方可有效，但若赞成与反对意见的数量相等时，则由会议主席决定。同法第 33 条还规定了因事务分配代理次序及会议审判法官配置变更的处理办法。根据该条，事务分配、代理次序及会议审判时法官的配置，经过预定后，但因事件或法官增减或他项事故，有变更的必要时，可由院长征询有关庭长、法官意见后再行规定。

五、行政法院的庭审秩序

根据“行政法院组织法”第 34 条及第 36 条之规定，行政法庭秩序之维持由审判长负责指挥，也即审判长在法庭开庭、休庭时及审理行政诉讼案件中，有指挥之权。具体地说，行政法院之审判长在前述庭审过程中根据不同之情形享有如下权力：

（一）警告或禁止代理诉讼权

诉讼代理人在法庭代理诉讼中，其言语行动如有不当，审判长可以对其加以警告或禁止其在开庭当日代理诉讼。

---

① 参见史庆璞著，《法院组织法新论》，台湾三民书局股份有限公司 1999 年版，第 272 页。

（二）法庭秩序之维持权

对于妨害法庭秩序或其他不当行为者，审判长可以禁止其进入法庭或命令其退出法庭，必要时还可以将其看管至闭庭时。

根据“行政法院组织法”第 36 条之规定，当事人对于前项处分，不得声明不服，意即当事人对前项处分无权申请法院复议之。同法第 2 项还规定，审判长在法庭外执行职务时可同前项规定。

根据“行政法院组织法”第 39 条的规定，审判长在行使前两项权力，即依据该法第 35 条及第 37 条而为处分时，应该将处分事由记明于笔录中。

根据同法第 38 条规定，对于违反审判长所发出的有关维持法庭秩序的命令，以致妨害法院执行职务，经制止后仍然不听者，处以 3 个月以下有期徒刑、拘役或科处新台币九千元以上的罚金。

六、行政法院的行政监督

“行政法院组织法”对各级行政法院的行政监督主体、内容及对象作了具体的规定。

（一）行政法院的行政监督主体

“行政法院组织法”第 41 条规定，“各级行政法院行政之监督，依下列规定：1.‘司法院’院长监督各级行政法院；2.‘最高行政法院’院长监督该法院；3.‘高等行政法院’院长监督该法院”。根据该条，对各级行政法院之行政监督由“司法院”院长负责，各“高等行政法院”与“最高行政法院”院长分别负责对其本院的行政监督。

（二）行政法院的行政监督内容

“行政组织法”第 42 条规定，“依前条规定有监督权者，对于被监督之人员得为下列处分：1. 关于职务上之事项，得发命令使之注意；2. 有废弛职务、逾越权限或行为不检者，加以警告”。同法第 43 条规定，“被监督之人员，如有前条第 2 款情事，而情节较重或经警告无效者，监督长官得依‘公务员惩戒法’办理”。行政法院之被监督人员应负有两种注意义务，即行政职务上的普通注意之义务与保持行政法院行政职务廉洁性的义务。因此，根据前述两条之规定，行政监督的具体内容为以下三项。

1. 命令

对于职务上的各事项，监督主体亦可发布各项命令，使其注意。此类命令“司法院”经常向法院发布，例如：(1) 法院办案件书类及文卷审查实施要点；(2) 台湾各地方法院行合议审判暨加强庭长监督责任实施要点；(3) 各级法院办案期限规则；(4) 办理民事诉讼案件应行注意事项；(5) 法院办理刑事案件应行注意事项；(6) 法院办理重大刑事案件速审速结注意事项；(7) 办理强制执行事件应行注意事项；(8) 法院适用乡镇市调解应行注意事项；(9) 办理冤狱赔偿事件应行注意事项；(10) 法院办理检肃流氓条例案件应行注意事项。① 此类命令不胜枚举，无从一一详尽列入。

2. 警告

行政法院的被监督人员有违职务上之普通注意义务者，诸如废弛职务、逾越权限、行为不检，得予以警告。这里的“废弛职务、逾越权限”是指被监督人员违反法律及前项命令的注意义务，情节不是严重的行为。这里的“行为不检”是指被监督人员违反职务行为廉洁性的义务，诸如，政风纪律、道德品质等方面，情节不是严重的行为。

3. 惩戒

被监督人员有前述所列行为，且情节较重，或经警告后仍未改正者，监督主体则可依据“公务员惩戒法”处理。若被监督人员有违刑事法律之规定，则应依据台湾地区的刑事法律定罪处刑。各级监督主体若事先未能防范，致使相关事件发生的，应负监督不适的责任。

(三) 行政法院行政监督的对象

根据“行政法院组织法”的相关规定，被监督人员的范围应为从事行政法院之行政事务的人员，而不包括行使审判职责的各级法官。我国台湾地区行政法院的行政监督并不影响法院审判权的独立行使，“行政法院组织法”第44条对此作了特别规定，“本章各条之规定，不影响审判权之独立行使”。因此，此种行政监督既不同我国内地相关法律所规定的审判监督，也不同于人大对各级法院的监督。

---

① 参见史庆璞著：《法院组织法新论》，台湾三民书局股份有限公司1999年版，第333~334页。

第三题　台湾地区行政法院的审判权

一、行政法院审判权的含义

审判权是指不同种类审判机关的权限划分。诉讼事件的法律属性不同，行使审判权的法院类型也不一样。如前所述，有关民事、刑事之事件应由普通法院行使审判权，行政法之事件则由行政法院行使审判权，此为审判权的含义。但是，法院审判权的确定也不仅仅依据诉讼事件的性质。例如，有些事件在诉讼性质上，虽然属于私法领域的纠纷，但普通法院对此类诉讼事件却无审判权，也即应由行政法院行使审判权。例如，依台湾地区“司法院释字第128号”的解释，耕地租约期满时，耕地能否收回的纠纷应由行政法院行使审判权。有些诉讼事件虽为公法性质，但法律规定不由行政法院审判，而由普通法院审判。例如，台湾地区各乡镇、县市长及各级民意代表因选举产生的争讼以及请求台湾当局赔偿的争讼，原本属于公权上的争执，应由行政法院行使审判权。但根据现行“公职人员选举罢免法”第110条及“国家赔偿法”第12条之规定，选举诉讼事件和台湾当局赔偿诉讼事件，则均依民事诉讼程序审判。

鉴于上述，行政法院就具体诉讼事件是否可以进行裁判属于行政法院审判权的考量范围。也就是说，如果行政法院对某诉讼事件可以进行裁判，即谓享有审判权，否则即无审判权。

二、行政法院审判权的划分

台湾地区“行政诉讼法”第2条规定，“公法上之争议，除法律别有规定外，得依本法提起行政诉讼”。根据该条，除非法律有特别规定，否则凡公法上之争议，皆可提起行政诉讼。按台湾地区现行法制，此种法律上特别规定的行政法院受理案件的否定范围主要有以下几种类别：

（一）“宪法”争议事件

依台湾地区“司法院大法官审理案件法”规定，有关人民或机关就“宪法”上争议事件，应向“司法院”大法官声请“宪法”解释及统一解释。我国台湾地区“司法院”的释宪行为遵循“穷尽救济”手段原则，即只有在人民用尽行政诉讼救济手段，并经行政法院确定终局判决之后，才能向大法官声请解释“宪法”争议事件。因此，根据“司法院大法官审理案件法”的规定，行政诉讼只为“非属‘宪法’性质的公法争议”提供救济。

（二）选举或罢免事件

依台湾地区“公职人员选举罢免法”的规定，选举或罢免无效、罢免案通过无效及罢免案否决无效的诉讼，应向具有管辖权的民事法院起诉。除前述所列四项诉讼事件外，其他类型的公法争议事件则仍由行政法院审理。

（三）反社会秩序维护法事件

根据“反社会秩序维护法”规定，对于该类事件，应分别由警察机关及地方法院简易庭裁决处罚。反社会秩序维护法事件属于行政处罚，可以划归公法争议的范畴，也即本可以以提起诉愿及行政诉讼的方式获得救济。但根据“反社会秩序维护法”的规定，对于警察机关的处分或简易法庭的裁决不服，仍遵循普通法院有关审级的规定向有关普通法院提起上诉，以此作为权利救济的途径。

（四）道路交通管理处罚事件

根据台湾地区“道路交通管理处罚条例”第88条及第89条的规定，不服由各县市交通裁判所的裁决，不得向行政法院提起行政诉讼。该条授权普通（刑事）法院设计专业（交通）法庭处理不服交通裁判所的裁决。交通裁判所就道路交通管理处罚事件作出裁决的行为，显属行政处分，不服该裁决者本来可以通过诉愿或行政诉讼获得权利救济。但由于有关交通违规事件属于技术性很强的专业领域，因此，由对于这一领域相对熟悉的普通刑事法院进行处理较为适宜。

（五）刑事赔偿事件

按照台湾地区“刑事赔偿法”第4条和第5条之规定，刑事赔偿以地方法院（刑事庭）为决定机关，不服其决定，可向“司法院”刑事赔偿复议委员会（设于“最高法院”）声明不服，不属于行政争讼事件。

（六）律师惩戒事件

按台湾地区“律师法”的规定，律师惩戒委员会与律师复审委员会分别设置于台湾“高等法院”与“最高法院”内。按台湾“司法院”“释字第378号解释”，律师惩戒委员会相当于终审判决，当事人不得再向行政法院提起行政诉讼。

（七）“国家”赔偿事件

台湾地区1980年“国家赔偿法”第5条规定，“‘国家’损害赔偿，除依本法规定外，适用民法规定”，同法第6条规定，“‘国家’损害赔偿，本法及民法以外其他法律有特别规定者，适用其他法律”。根据前述两条及其他相关规定，可知我国台湾现行“国家赔偿法”采双轨制，即当事人在提起行政诉讼时既可以附带请求损害赔偿，也可提起民事损害赔偿诉讼。

（八）公务员惩戒事件

如前所述，我国台湾地区的审判结构是三元的，其中之一就是公务员惩戒的审理。公务员惩戒事件直到1947年才从台湾地区的“宪法”中独立出来，从而构成台湾地区司法体系之一元。因此，我国台湾地区的公务员惩戒委员会与行政法院是平行的，在性质上是与法院相当的专门负责公务员惩戒事件的独立机构。① “公务员惩戒委员会组织法”第1条规定，“‘公务员惩戒委员会’掌理公务员之惩戒”。“公务员惩戒委员会”之设立所依据的是台湾地区“司法院组织法”第7条之规定。对于公务员惩戒事件应依照“公务员组织法”及相关法律办理，而不再根据“行政诉讼法”、“行政法院组织法”及其他相关法律办理。

---

①　在行政法院与公务员惩戒机关的关系方面，大陆法系国家的法律制度有以下不同种类：1. 不设惩戒机关而由有任命权之机关首长行使惩戒权，受惩戒者如有不服可向行政法院提起诉讼，法国与瑞士属于此例。2. 在行政机关内部附设惩戒委员会，对惩戒委员会的裁决不服而主张其违法者，可向行政法院提起上诉；如主张裁决违宪，则可向宪法法院请求撤销，奥地利采用这种制度。3. 设有惩戒法院，专门负责审理公务员惩戒事件，但惩戒法院在功能上属于行政法院的下级审，因此，不服联邦惩戒法院裁判可依分别情形向联邦行政法院提起上诉或抗诉。德国即属于采用这种制度的国家（参见吴庚著：《行政争讼法》，台湾三民书局股份有限公司1999年版，第41～42页）。

三、审判权的冲突

行政法院审判权的冲突包括两个方面的内容：一是行政法院与台湾地区“司法院大法官会议”之间就公法上争讼行使审判权的积极冲突；二是普通法院与行政法院就某些诉讼事件如何行使裁判权的冲突，包括积极冲突与消极冲突。根据台湾地区“宪法”第78条、第171条、第173条，“解字第38号、第137号、第217号及第371号解释”，对于行政处分是否合法的审查，由行政法院负责；而对于行政法规是否违宪的审查，则由“司法院大法官会议”行使。但是，如前所述，新修正的“行政诉讼法”扩大了行政法院的受案范围，行政法院对行政法规命令审查逐渐显现。因此，行政法院与“司法院大法官会议”之间就同一公法争讼均享有审判权，谓行政法院审判权的积极冲突。

近年来，我国台湾地区公权力介入私权领域的情形日渐增多。由于法律规定的不明确，而导致行政法院审判权冲突的情形也逐渐增加。若根据法律之规定，行政法院与普通法院对同一诉讼事件均享有裁判权，谓行政法院审判权的积极冲突；反之，均不享有裁判权，谓行政法院审判权之消极冲突。对于审判权冲突的解决，在台湾地区新修正的“行政诉讼法”颁行前，常由当事人经由诉讼获得确定终局判决后，再声请大法官解释。根据相关法律之规定，行政法院审判权冲突的解决途径主要有以下三种。

1. 行政法院停止诉讼，并声请“司法院”大法官统一解释。现依据“行政诉讼法”第178条规定：行政法院就其受理诉讼的权限，如与普通法院确定裁判的见解有异时，应以裁定停止诉讼程序，并声请“司法院”大法官解释。根据本条，声请“司法院”大法官解释的前提是：对于同一事件须由普通法院判决确定，而该确定判决就事件有无审判权之意见与行政法院的见解不同。换句话说，如果行政法院对某诉讼事件的审判并无意见，即使当事人之间就审判权发生争执，行政法院仍应本于其确信而为裁判，不得声请“司法院”大法官解释。此时，当事人应不得再为异议。例如，“司法院释字第269号解释”，认为当事人如果已经提起民事诉讼，也就没有所谓诉讼权受侵害可言。如果行政法院与普通法院对同一事件的审判权的有无发生意见，且普通法院已作出确定判决，那么行政法院应依据“行政诉讼法”第178条的规定，裁定停止诉讼程序，并声请“司法院”大法官解释。如“司法院”大法官解释认为某争议是行政诉讼事件时，则由行政法院就该事件而进行实体裁判。如果普通法院的确定判决也是实体判决，那么依据“行政诉讼法”第107条之规定，应对普通法院的判决提起再审之诉。如“司法院”大法官的解释认为某争议为民事诉讼事件，行政法院应根据前条规定，以诉讼事件不属行政法院的审判权限为由，裁定驳回原告的诉讼请求。如普通法院判决尚未确定，行政法院与普通法院对于某诉讼事件的审判存在争议，则行政法院应根据“行政诉讼法”第178条规定基于确信进行判决，而不得声请“司法院”大法官解释。

2. 由相关机关声请“司法院”大法官作统一解释。依据“司法院大法官案件审理法”第7条第1项第1款的规定，与诉讼事件存在争议的有关机关可直接声请大法官解释。例如，为解决普通法院与行政法院在给付公务人员保险事件中，“释字第446号解释”确定可由考试院直接向“司法院”大法官解释。

3. 当事人直接向“司法院”大法官声请解释。依据“司法院大法官案件审理法”第7条第1项第2款的规定，在行政法院未注意停止审判的事由，从而未声请大法官解释的情形下，以致行政法院与普通法院就同一事件的审判权发生冲突时，则当事人自可声请大法官统一解释。

第四题　台湾地区行政法院的管辖权

一、行政法院管辖权的含义

行政法院法院的管辖权，是指将一定的行政诉讼事件，分配于各行政法院的标准。行政法院的管辖不同于审判权，其以行政法院有审判权为前提，依诉讼事件的性质，分配由某行政法院行使。因此，行政法院审判权是指行政法院对诉讼事件是否享有裁判权，而行政法院的管辖权则是由同级或不同级之各行政法院，就某一行政诉讼事件，应由什么行政法院审理的问题。在我国台湾地区，行政诉讼原为一审终审制，故无探讨行政诉讼管辖的必要。然而自1999年2月3日“行政法院组织法”修正颁行后，行政诉讼遂实行两审终审制，因而行政诉讼的管辖权问题就显得尤有必要加以研究。由于行政诉讼事件甚多，且种类繁杂，所以就有必要设多个同等级行政法院分担行政诉讼事件的审判，并设不同等级的行政法院受理不同种类的行政诉讼事件。因此，依据怎样的标准来确定各种行政诉讼事件如何在多数同级或不同级行政法院之间进行分配的问题，是行政法院管辖权的基本含义。根据台湾地区“行政诉讼法”与“行政法院组织法”的明确规定，某行政法院就某诉讼事件，可以行使裁判权者，谓行政法院的管辖权。也就是说，所谓行政法院的管辖权，就是指各行政法院依据“行政诉讼法”与“行政法院组织法”审理各行政诉讼事件的权限范围标准。

二、行政法院管辖权的分类

行政诉讼的管辖，可从不同的角度划分为不同的类型，例如，地域管辖或土地管辖、职务管辖或功能管辖、指定管辖等。与民事诉讼管辖相比较，行政诉讼管辖无协议管辖与专属管辖，其理由是行政诉讼乃处理公权力领域的争议，不适宜由当事人协议管辖的法院。

（一）地域管辖

地域管辖是以诉讼事件与法院管辖区域间有某种关联为标准来划分的管辖。也就是说，法律将一定地域划分为某行政法院的管辖区域，则与该管辖区域有一定关系之同种职务管辖的行政诉讼事件，归该行政法院受理审判，这样一种管辖就称为地域管辖。就被告方而言，台湾地区的学者多用审判籍这一称谓来指称地域管辖。① 从审判籍的管辖区域与被告及行政诉讼事件的关系方面来看，地域管辖可分为普通审判籍与特别审判籍两种。所谓普通审判籍，是指不论提起为撤销诉讼或他种诉讼，一律以被告所在地为审判籍划分的标准，即以被告人与行政法院管辖区域的关系为原因，而确定其管辖的，称谓普

① 参见吴庚著：《行政争讼法》，台湾三民书局股份有限公司1999年版，第45页；蔡志方著：《行政救济法新论》，台湾元照出版公司1995年版，第125页；陈计男著：《行政诉讼法释论》，台湾三民书局股份有限公司2000年版，第15页。

通审判籍。特别审判籍则以诉讼标的与被告及行政法院管辖区域的关系为原因，而确定其管辖。特别审判籍依据法律的规定可划分为不同的情形。

台湾地区“行政诉讼法”第13条与第14条是关于普通审判籍的规定。该法第13条规定，“对于公法人之诉讼，由其公务所所在地之行政法院管辖。其以公法人之机关为被告时，由该机关所在地之行政法院管辖。对于私法人或其他得为诉讼当事人之团体之诉讼，由其主事务所或主营业所所在地之行政法院管辖。对于外国法人或其他得为诉讼当事人之团体之诉讼，由其在‘中华民国’之主事务所或主营业所所在地之行政法院管辖”。根据该条，我国台湾地区行政诉讼的地域管辖是从被告方面来确定所管辖法院的，即采“以原就被”原则。换句话说，某“高等行政法院”，若就某行政诉讼事件有管辖权者，则该事件的被告即享有该行政法院审判的权利及承担该行政法院审判的相应义务，倘原告向非被告所在地的行政法院起诉，被告则可以向该行政法院提起管辖权异议，并可以此为理由拒绝接受该行政法院的审判。同法第14条还进一步规定了确定被告住所地的一些基本原则。

同法第15条及第18条与“民事诉讼法”第3条、第6条、第15条、第17条是关于特别地域管辖，即特别审判籍的规定。

1. 普通地域管辖

（1）依据台湾地区“行政诉讼法”第13条第1项之规定，对于公法人的诉讼，由其公务所所在地的行政法院管辖。以公法人的机关为被告的，由该机关所在地的行政法院管辖。第13条所指的公法人与公法人的机关的含义是不同的。前者是指公法上的法人，包括行政当局、地方自治团体，及为特定之行政目的所设立，而于一定范围内行使行政权能的法人；后者是指以机关的名义，对外独立行使一定的行政权能非法人机构，其本无独立的人格，例如，各县（市）警察局、卫生局、环境保护局等。公法人的机关并非法人，但是如果因为因其独立行使公权力而涉诉，即可由该机关（公务所）所在地的行政法院管辖。所谓公务所是指公法人处理公务的处所。

（2）依据台湾地区“行政诉讼法”第13条第2项的规定，对于私法人或其他非为诉讼当事人的团体的诉讼，由其主事物所或主营业所所在地的行政法院管辖。所谓私法人是依私法规定所成立的法人；所谓其他非为诉讼当事人的团体，即“行政诉讼法”第22条所称的非法人团体。该法第22条规定，“自然人、法人、‘中央’及地方机关、非法人之团体，有当事人能力”。凡是非法人团体设有代表人或管理人者，在行政诉讼上，即有当事人能力。所谓事物所是指从事于非营利事业事物的处所，而营业所是从事于工商业或其他营业的处所。

（3）依据台湾地区“行政诉讼法”第13条第3项的规定，对于外国法人或其他非为诉讼当事人之团体的诉讼，由其在台湾地区的主事务所或主营业所所在地的行政法院管辖。外国法人是指依外国法在外国成立的法人且经台湾地区认可的法人（“民法”总则施行法第12条）。外国法人或非法人之团体受委托行使公权力之情形极为罕见，故在撤销诉讼中，少有以其为被告的，但现行“行政诉讼法”并不以撤销诉讼为限，尤其在给付之诉中即有可能以外国法人或非法人团体为被告的情形。

（4）依据台湾地区“行政诉讼法”第14条第1项及第2项对自然人的普通审判籍的规定，根据该条，自然人的普通审判籍遵循如下原则。

第一，被告的住所地：所谓住所，依“民法”第20条第1项规定，“依一定之事实，足认以久住之意思，住于一定的地域者，即为设定其住所于该地”。因此，决定被告的住所的因素包括二个：一是主观上的因素，即当事人是否有久住的意思；二是客观上的因素，即当事人是否有居住于一定地域的事实。台湾地区“行政诉讼法”沿袭“民法”关于住所的规定，在行政诉讼上采“以原就被”原则。但此原则亦已受到有些学者的质疑，例如，学者吴庚认为行政诉讼宜采“以被就原”的原则。①

第二，被告的居所：台湾地区“民法”对于居所的含义没有界定，一般认为，居所为一时之目的，所居住的地域。按照居所而确定

① 参见吴庚著：《行政争讼法》，台湾三民书局股份有限公司1999年版，第46页。

被告的普通审判籍，有以下四种情形：①

首先，被告住所地的行政法院不能行使职权的情形。有管辖权的行政法院，因法律或事实不能行使审判权者，依“行政诉讼法”第16条的规定，由“最高行政法院”依当事人的申请或受诉行政法院的请求，指定管辖。

其次，被告在台湾地区现无住所或住所不明的情形。台湾地区“行政诉讼法”第17条规定，“定行政法院之管辖以起诉时为准”。根据该条，虽然被告在台湾地区现无住所，但是如果其起诉时有住所，则以起诉时的住所为准。只要一经起诉，被告无论在台湾有无住所，也不论其在国外有无住所，过去在台湾地区内有无住所，均可适用前条规定。所谓住所不明，是指在经过相当的调查后，仍不知其住所的情形。对被告的住所是否不明有疑义时，应由原告负举证责任。

再次，被告在台湾地区的最后的住所。若被告在台湾地区现无住所或住所不明，依被告在台湾地区的最后住所，确定其普通审判籍。所谓最后住所，是指以前该住所曾为被告的住所，但是当原告起诉时，已废止该住所而在台湾地区已无住所，且该住所是被告在台湾地区历来所有住所中，最后所设的住所。至于该被告在国外有无住所，则在所不问。

最后，台湾行政当局所在地。自然人如不能依上述三种情形，确定其管辖的行政法院时，则可根据该条之规定，以台湾行政当局所在地为其最后住所地，而由台湾行政当局所在地的行政法院管辖。

2. 特别地域管辖

特别审判籍的行政法院，仅就特种事件，具有管辖权。依据台湾地区“行政诉讼法”第15条及第18条的规定，特殊地域管辖主要包括如下内容。

（1）被告居所地行政法院管辖。依据台湾地区“行政诉讼法”第14条第3项之规定，诉讼事实发生在被告居所地，则由被告居所地的行政法院管辖。尽管依据“行政诉讼法”第13条的规定被告有据以可管辖的住所地行政法院，但是如果诉讼事实发生在被告居所

① 参见陈计男著：《行政诉讼法释论》，台湾三民书局股份有限公司2000年版，第17～18页。

地，则由该居所地行政法院管辖该事件，而由被告住所地法院管辖。其理由无非是既可便于法院调查事实，又可便于被告应诉。

（2）不动产所在地行政法院管辖。台湾地区“行政诉讼法”第15条规定，“因不动产之公法上权利或法律关系涉讼者，专属不动产所在地之行政法院管辖”。根据该条，若因不动产的公法上权利或法律关系而涉讼者，专属于不动产所在地的行政法院管辖。本条为新“行政诉讼法”修订后所加，其立法说明称：行政法院对于因不动产而发生之公法上权利或法律关系的争议，例如，公法上的地役权等方面的诉讼，具有审判权。“行政诉讼法”承继“民法”之规定增加该条，是否必要尚有争议。①

（3）关于财产权的特殊地域管辖。依据台湾地区“行政诉讼法”第18条与“民事诉讼法”第3条第1项之规定，对于在台湾地区现无住所或住所不明之人因财产权发生争议，应由被告可扣押的财产或请求标的物所在地的行政法院管辖。依据台湾地区“行政诉讼法”第18条与“民事诉讼法”第3条第2项之规定，被告之财产或请求之标的如为债权，则债务人住所或该债权担保之标的所在地，视为被告财产或请求之标的所在地。

（4）事务所或营业所所在地的行政法院管辖。依据台湾地区“行政诉讼法”第18条及“民事诉讼法”第6条之规定，对于设有事务所或营业所的人，因关于其事务所或营业所的业务发生争议，则由该事务所或营业所所在地的行政法院管辖。本条特殊地域管辖的构成要件有以下两个方面：

第一，被告须是设有事务所或营业所的人。关于事务所、营业所的含义，如前所述，于此不赘述。这里所指的“人”，包括自然人、法人及非法人之团体在内。诸如律师、会计师、建筑师、工业技师等自然人所设立的事务所，或独资商号的营业所，均属于自然人的事务所或营业所所指涉的范畴。值得注意的是，该条规定并不以主事务所或主营业所为限，而只需有其独立执行业务或营业的处所即可。

第二，发生争议的须是关于其事务所或营业所的业务。因业务或

---

① 参见陈计男著：《行政诉讼法释论》，台湾三民书局股份有限公司2000年版，第19页。

营业事务所发生的法律关系，例如业务的委任或交易行为发生争议，即可适用本条关于特别地域管辖的规定。

（二）职务管辖

依据各种行政法院所担负的功能而对行政法院的管辖所作的划分，称为职务管辖，因此，职务管辖又名为功能管辖。若行政法院没有审级差别，即如修订的“行政诉讼法”实施前，行政法院采一审终审制，也没有区别不同性质的行政诉讼事件，则无划分职务管辖的必要。根据现行法律的规定，行政法院采二级二审制，就有必要划分行政法院的职务权限。所谓职务管辖是指以行政法院职务行为的种类为标准而进行划分的管辖，其又可分为两类。

1. 普通职务管辖

依据诉讼制度是否承认有上诉制度为前提，区分普通职务管辖。在我国台湾地区行政法院采二审终审制，即“高等行政法院”及“最高行政法院”二级。依“行政法院组织法”第 7 条规定，“高等行政法院”管辖的行政诉讼事件如下：（1）不服诉愿决定或法律规定视同诉愿决定，提起之诉讼事件。（2）其他依法律规定，由“高等行政法院”管辖之事件。同法第 12 条规定，“最高行政法院”管辖事件如下：（1）不服“高等行政法院”裁判而上诉或抗告之事件；（2）其他依法律规定，由“最高行政法院”管辖之事件。台湾地区“高等行政法院”属于一审法院，“最高行政法院”则担负上诉法院、抗告法院或法律审法院的职能。此外，台湾“高等行政法院”担负执行法院亦属职务管辖范围。

2. 特别职务管辖

所谓特别职务管辖，是指对于特别行政诉讼事件，法律所规定的职务管辖。特殊职务管辖包括再审事件的管辖，重新审理事件的管辖，假扣押、假处分事件的管辖等。台湾地区“行政诉讼法”第 275 条规定，“再审之诉专属为判决之原行政法院管辖。对于审级不同之行政法院就同一事件所为之判决提起再审之诉者，由‘最高行政法院’合并管辖之。对于‘最高行政法院’之判决，本于第 273 条第 1 项第 9 款至第 14 款事由声明不服者，虽有前二项之情形，仍专属原‘高等行政法院’管辖”。该条是关于再审事件的管辖。同法第 285 条规定，“重新审理之声请与第 275 条第 1 项、第 2 项管辖之规定”。

此条是关于重新审理事件的管辖。同法第 294 条规定，“假扣押之声请，由管辖本案之‘高等行政法院’或假扣押标的所在地之‘高等行政法院’管辖。管辖本案之‘高等行政法院’为诉讼已系属或应系属之‘高等行政法院’。假扣押之标的如系债权，以债务人住所或担保之标的所在地，为假扣押标的所在地”。该条是关于假扣押事件的管辖。同法第 300 条规定，“假处分之声请，由管辖本案之‘高等行政法院’管辖。但有急迫情形时，得由请求标的所在地之‘高等行政法院’管辖”。此条是关于假处分事件的管辖。

（三）指定管辖

当事人在提起行政诉讼时，如遇有法律所确定的行政法院不能行使审判权，或遇行政法院管辖区域境界不明，致使不能辨别有管辖权的法院，或遇因特别情形由享有管辖权的行政法院审判，会影响公共安全或难以实现公平等诸种情形，则由“最高行政法院”指定某行政法院受理该案件。根据前述，所谓指定管辖是指遇有某种特殊情形下由“最高行政法院”指定的管辖，指定管辖也称裁定管辖。

1. 指定管辖发生的情形

台湾地区“行政诉讼法”第 16 条规定，“有左（下）列各款情形之一者，‘最高行政法院’应依当事人之声请或受诉行政法院之请求，指定管辖：（1）有管辖权之行政法院因法律或事实不能行审判权者；（2）因管辖区域境界不明，致不能辨别有管辖权之行政法院者；（3）因特别情形由有管辖权之行政法院审判，恐影响公安或难期公平者。前项声请得向受诉行政法院或‘最高行政法院’为之”。根据该条，“最高行政法院”可以由当事人声请或请求指定管辖的情形有以下三种：

（1）因事实上或法律上的原因，而由“最高行政法院”指定管辖的情形。此种情形原来的行政法院本有管辖权，但因事实上或法律上的原因，而不能行使管辖，从而由“最高行政法院”指定管辖的法院。所谓事实上的原因，是指有管辖权的行政法院因战争或其他事故（如天灾、病疫等），不能行使审判权。例如，行政法院所在地发生自然灾害、行政法院房舍倒塌、全体行政法院法官患病不能执行职务等情形。所谓法律上不能行使其审判权，是指有管辖权的行政法院的全体法官有“行政诉讼法”第 19 条所确定的应自行回避或依同法

第20条与“民事诉讼法”第33条规定经裁定回避的情形，或依法应该进行合议审判的行政法院，因部分法官应当回避，从而使得合议庭无法组成的情形。

(2) 因管辖区域境界不明，而由“最高行政法院”指定管辖的情形。由于行政区域相互毗连，且其界线往往不太明确，例如因地下自然资源的归属、海上渔业资源的纠纷所引起的诉讼，即发生指定管辖的情形。如果行政区域境界明确，但据以确定管辖的原因跨越几个行政法院所辖区域，例如某违章建筑物，其坐落在两行政法院管辖区域内，则应适用“行政诉讼法”第18条与“民事诉讼法”第21条的规定，属于管辖权竞合问题，而不属于指定管辖。此种情形，当事人不得声请指定管辖。若因确定管辖的原因发生于何处不明，但管辖区域境界明确，例如由台北开出的火车，到达高雄的终点站时，才发现侵权行为事实，不属于法院管辖区域境界不明的情形。尽管侵权行为发生在什么地方不甚清楚，但可以适用地域管辖的有关规定加以解决。

(3) 在特别情事下由享有管辖权行政法院审判会影响公共安全或难以实现公平，而由“最高行政法院”指定的管辖。例如环境保护事件、公共卫生事件、劳工事件，因其常常伴有强力抗争的情事发生，因此，为维护公共安全或为实现社会公平，可由“最高行政法院”指定管辖。

2. 指定管辖的程序

根据台湾地区“行政诉讼法”第16条之规定，可知“最高行政法院”不得依职权而指定某行政法院管辖某行政案件，而只能依当事人的声请或受诉行政法院的请求才能指定管辖。因此，指定管辖发生的程序可分为由当事人声请与行政法院的请求两种情形。

(1) 当事人声请指定管辖的程序

第一，当事人声请的时间。当事人声请指定管辖应在起诉前或起诉后声请。诉讼提起后，不论原告或被告均可声请指定管辖。但在诉讼前，如果几个行政法院就某事件均有管辖权，而其中一个或数个行政法院（非全部）遇有不能行使审判权的障碍时，将起诉的一方是否可以声请指定管辖？台湾地区学者陈计男认为，既然法律未设限制性的规定，则可理解为几个有管辖权的行政法院中，若有一个行政法院发生行使审判权的障碍时，则当事人即可声请指定管辖。①

第二，当事人声请的程序。根据台湾地区“行政诉讼法”第57条的规定，当事人声请“最高行政法院”指定管辖应提交书状，或根据同法第60条规定，以言辞的方式提出，而由受诉行政法院或“最高行政法院”书记官记录于笔录中。凡诉前声请指定管辖，一般应先经声请裁定指定管辖，待指定管辖的法院确定后，再向“最高行政法院”所指定的法院提起诉讼。

第三，指定管辖的行政法院。依“行政诉讼法”第16条第1项规定，受理声请指定管辖的行政法院为台湾地区的“最高行政法院”。

第四，对当事人声请的裁定。受理指定管辖声请的“最高行政法院”，首先应该审查当事人的声请是否合法，如不合法而当事人又无法予以补正，或虽然可以补正，但是经裁定限期补正后，逾期不补正，则裁定驳回当事人的声请。声请人的声请虽然合法，但却缺乏理由，也裁定驳回其声请。根据“行政诉讼法”第264条规定，声请人如不服驳回声请的裁定，则可以提起抗告之诉。声请人的声请合法而有理由，“最高行政法院”即裁定管辖的行政法院。根据“行政诉讼法”第59条与“民事诉讼法”第23条第4项之规定，声请人一方或双方对于指定管辖的裁定，均不得声明不服。受指定的行政法院也受“最高行政法院”关于指定管辖裁定的羁束。也就是说，自取得该事的管辖权后，不得以对该事件无管辖权为由，将案件再行移送其他行政法院管辖。

（2）受诉行政法院请求“最高行政法院”指定管辖的程序

受诉行政法院有“行政诉讼法”第16条第1项第1款的情形，该法院无法行使审判权，受诉行政法院则应请求“最高行政法院”指定管辖。对于受诉行政法院关于指定管辖的请求，“最高行政法院”认为有理由时，应以裁定指定管辖的行政法院。此项裁定应送达当事人双方。如前所述，当事人对此裁定不得声明不服。若“最高行政法院”认为受诉行政法院没有请求指定管辖的理由，则可以

---

① 参见陈计男著：《行政诉讼法释论》，台湾三民书局股份有限公司2000年版，第24页。

以公函的形式，将案件退回受诉行政法院依法审判，而不必另以裁定的形式驳回请求指定管辖的行政法院的请求。

（四）管辖权的竞合与牵连管辖

1. 管辖权的竞合

管辖权的竞合是指对于同一诉讼，数个行政法院均享有管辖权的情形。如遇有管辖权竞合的情形，则行政法院管辖权的确定常遵循以下两种具体的原则：

（1）专属管辖行政法院优先原则。在数个均享有管辖权的行政法院中，如有享有专属管辖权的行政法院，则由专属管辖行政法院管辖而排除其他行政法院的管辖。

（2）原告选择主义原则。依据“行政诉讼法”第18条与“民事诉讼法”第22条之规定，在同一诉讼中，数行政法院均有管辖权者，且数行政法院中均无专属管辖，或均为专属管辖，原告可向其中任一行政法院起诉。

2. 牵连管辖

依据“行政诉讼法”第18条与“民事诉讼法”第21条之规定，被告住所地、不动产所在地、侵权行为地或其他据以确定管辖行政法院的所在地，跨越数个行政法院管辖区域，则各该行政法院具有管辖权。

台湾地区“行政诉讼法”对于管辖权之竞合，采广义的管辖权竞合之概念，所以普通审判籍与特殊审判籍，除非涉及专属管辖之情形，否则所涉及管辖权之竞合，均采原告选择主义。①

（五）管辖权恒定原则

受理行政诉讼事件的行政法院，首先应依职权调查其对该诉讼事件是否有管辖权。根据“行政诉讼法”第17条之规定，决定行政法院对该诉讼事件有无管辖权，应以起诉时为准。所以起诉时，如受诉行政法院对该诉讼事件享有管辖权，则以后即使因为确定管辖的情事（Kompetenzgrund）发生变更，原享有管辖权的行政法院也不因此而失去其已具有的管辖权。行政法院理论将此一情形称为管辖恒定

① 参见蔡志方著：《行政救济法新论》，台湾元照出版公司1995年版，第130页。

(Perpetenation fori) 原则。不仅原本享有管辖权的行政法院因情事变更而不丧失其管辖权，而且受诉行政法院在起诉时即便没有管辖权，但后因确定管辖权的情事变更，而取得对该诉讼事件的管辖权时，则以后该行政法院取得对该诉讼事件的管辖权，即仍然适用管辖恒定原则。

三、行政诉讼管辖权的移送

根据“行政诉讼法”第 17 条之规定，受诉行政法院在当事人起诉时应该审查对该诉讼事件是否享有管辖权，如认为对该诉讼事件全部或一部分无管辖权时，则此时应分别情形将案件移送至有管辖权的行政法院审理。

（一）专属管辖事件优先的情形

若诉讼事件属于专属管辖的事件，受理行政法院应依职权以裁定的方式将该事件的全部或一部分移送至该专属管辖的行政法院管辖。也就是说，不必等待原告声请或被告提起抗辩该行政法院无管辖权时，受诉行政法院才将该诉讼事件移送至有管辖权的行政法院。

（二）诉讼事件不属于专属管辖事件的情形

诉讼事件不属于专属管辖事件，又可分为以下两种具体情形：

1. 原告在被告对本案进行言辞辩论前，已声请将案件移送至有管辖权的行政法院，受诉行政法院应依原告的声请，将该案件的全部或一部分移送至有管辖权的行政法院。

2. 受诉行政法院在受理案件后，如发现其对该诉讼事件无管辖权，若原告没有向其声请移送，则审判长应依“行政诉讼法”第 125 条之规定，将本行政法院对该诉讼事件无管辖权的原因向原告予以阐明，并要求其声请管辖权的移送，或依同法第 18 条与“民事诉讼法”第 28 条的规定，径行依职权裁定将该诉讼事件移送至管辖的行政法院。

（三）共同诉讼的数个被告的住所不在同一行政法院管辖区域内的情形

共同诉讼的被告有数人，其住所不在同一行政法院管辖区域内，但依“行政诉讼法”第 15 条、第 10 条与“民事诉讼法”第 6 条、第 15 条、第 17 条之规定，诉讼事件有共同管辖的行政法院，如果原告向数被告中之一住所地的行政法院起诉，不向共同管辖法院起诉时，受诉行政法院虽然对于该诉讼事件中之一被告部分有管辖权，但是仍应依“行政诉讼法”第 18 条与“民事诉讼法”第 20 条之特别规定，须将全部诉讼事件移送至该共同管辖的行政法院。

依据“行政诉讼法”第 18 条与“民事诉讼法”第 18 条第 1 项，受诉行政法院无论依原告的声请或依职权将无管辖权的事件的全部或一部分裁定移送至管辖的行政法院时，如有管辖权的法院有数法院时，应斟酌当事人双方的利益，选择最适当的行政法院为移送的管辖法院。根据同法第 264 条，当事人对于移送管辖法院的裁定不服，可以提起抗告诉讼。

依据“行政诉讼法”第 18 条与“民事诉讼法”第 29 条之规定，行政法院在裁定移送诉讼事件后，在未将诉讼卷宗移送至其管辖行政法院以前，如有紧急情形，行政法院应依当事人的声请或依职权为必要处分。例如，保全证据、假扣押、假处分等。

移送管辖的裁定确定后，发生下列法律效果：

1. 移送管辖裁定的拘束力

依据“行政诉讼法”第 18 条与“民事诉讼法”第 30 条第 1 项，移送管辖的裁定确定后，受移送的行政法院受其羁束。这样一种拘束力表现为，受移送的行政法不得主张自己无管辖权（除专属管辖外），而拒绝对该诉讼事件的移送。

2. 再移送的禁止

依据“行政诉讼法”第 18 条与“民事诉讼法”第 30 条第 2 项，受移送的行政法院，不得将事件移送于其他管辖的行政法院。此时，即使受移送的法院对该事件确无管辖权，但却因本条的特别规定，而取得管辖权。但专属管辖事件，则不在此限。因专属管辖涉及公益，如受移送的行政法院对该事件不享有专属管辖权，而又不能再将事件移送至专属管辖的行政法院，则当事人势必会对该移送管辖的裁定声请再审，因此，为方便当事人诉讼，提高诉讼效率，特将专属管辖事件排除于此种情形以外。

3. 视为诉讼自始属于受移送的法院

依据“行政诉讼法”第 18 条与“民事诉讼法”第 31 条第 1 项之规定，移送管辖裁定确定时，视为该诉讼自始即属于受移送的行政

法院 。因此，对于时效中断、法律上遵守期间的利益、原告缴纳的裁判费等均无影响。在案件受移送前，当事人或行政法院所为之行为，如调查证据、行政诉讼准备程序等均有效力。受移送的行政法院，应按移送时诉讼进行的程度继续在原来的诉讼程序进行。但基于直接审理主义之原则，依据“行政诉讼法”第 188 条第 2 项之规定，未参与判决基础的言辞辩论的法官不得参与裁判，此时受移送的法院应依“行政诉讼法”第 132 条与“民事诉讼法”第 211 条之规定，更新诉讼程序。①

第五题　台湾地区行政法院法官及其他人员的回避

为保持行政裁判的客观性与公正，使当事人对于行政法院的裁判具有信赖感，法律设置回避制度，使行政法院的法官及其他人员在一定情形下，不得对特定事件行使审判权或执行职务。依“行政诉讼法”及相关法律的规定，行政法院法院的法官、书记官、通译，遇法定情形应予以回避。行政法院法官的回避有四种类型，即申请回避、自行回避、职权回避及许可回避。书记官及通译的回避准用法官回避的有关规定。

一、申请回避

依据“行政诉讼法”第 20 条与“民事诉讼法”第 33 条第 1 项，凡有下列各情形，当事人可以申请法官回避。

（一）法官有“行政诉讼法”第 19 条所定的情形而没有自行回避的

行政法院法官若有第 19 条所列应自行回避的情形时，则应自行回避而不得执行职务，以使当事人确信法律的可信赖性。所以，无论法官出于故意，过失或不知，而未自行回避的，当事人均可随时申请法官回避，而不受审判时段的限制。

（二）法官虽无第 19 条所列情形，但如有其他情形致当事人认

---

① 参见陈计男著：《行政诉讼法释论》，台湾三民书局股份有限公司 2000 年版，第 29～30 页。

为其执行职务有不公正审判的可能的

1. 当事人申请法官回避的事由。法官虽无第19条所列应自行回避的原因，但如有其他情事致使当事人认为其执行职务有不公正审理的可能时，则应许当事人申请其回避。行政法院的法官若对于诉讼标的有特别利害关系，或与当事人的一方有密切的交情，或有其他情形，客观上致使有不公平的审判等情形，则当事人可申请法官回避。例如，法官的配偶为当事人一方的诉讼代理人，法官与当事人的法定代理人或其监护人有近亲关系等情形，即属于当事人申请回避的事由。

法官遇有应自行回避的原因而不回避的，无论诉讼程序进行到何种程度，当事人随时可以申请法官回避。但如诉讼案件已经终结宣示裁判完毕，应不得申请回避，因为此时回避的目的已无法实现。因此，当事人以法官执行职务有不公正可能为由申请回避的，必须在该诉讼事件有所声明或陈述以前申请回避。但是如申请法官回避的原因发生在声明或陈述后，或虽发生在前，而当事人在声明或陈述时，不知法官应该予以回避的事由，则不受前款所列的限制。并且如果当事人在应予以回避之原因发生后，或知悉该原因后，仍不申请法官回避，而是继续其他的声明或陈述，则视当事人已确信法官适用法律之公正性，故此时当事人不得再申请法官回避。

2. 当事人申请法官回避的程序。依据“行政诉讼法”第20条与“民事诉讼法”第34条第1项的规定，当事人申请法官回避应以口头或书面的形式向行政法院提出。依据“行政诉讼法”第20条与“民事诉讼法”第33条第1项的规定，当事人申请法官回避时，应负担举证责任，向法院陈述法官应该回避的事由。依据“行政诉讼法”第20条与“民事诉讼法”第34条第2项的规定，若主张回避的事由发生在起诉后或知道法官回避的事由发生在后，则当事人应在陈述该诉讼事实时一并予以释明。当事人在申请时未作释明的，则应自申请之日起3日内予以释明。此3日为法定期间，但非不变期间，申请人在法院就此申请事件作出裁定前，应予以补充释明，此时仍发生释明的效力。依据“行政诉讼法”第176条与“民事诉讼法”第284条的规定，所谓释明是指当事人提出能即时调查的证据，使法院相信其主张如真实一般。

依据“行政诉讼法”第20条与“民事诉讼法”第35条第1项的规定，对于法官回避的申请事件，均应由该法官所属行政法院以合议庭进行裁定。若其因不足法定人数不能进行合议，由院长裁定；如院长也不能作出裁定，则由“最高行政法院”裁定回避事件。依据“行政诉讼法”第20条与“民事诉讼法”第36条的规定，申请人对回避申请裁定不服，可以自收到裁定书后10日内，提起抗告之诉。

（三）申请回避的法律效果

法官被申请回避的，在该申请事件终结前，应停止诉讼程序，但若存在以下三种情形，则不停止诉讼程序的进行：

1. 当事人申请法官违背“行政诉讼法”第20条与“民事诉讼法”第33条第2项之规定，经行政法院审查，其申请为不合法，行政法院应裁定驳回当事人的回避申请。这种情况下，自然没有停止诉讼程序的必要。

2. 当事人认为法官违背“行政诉讼法”第20条与“民事诉讼法”第34条第1项或第2项之规定，申请法官回避，但当事人没有向行政法院陈述法官应回避的具体事由，行政法院应裁定驳回当事人的回避申请。此种情形下，行政法院亦无停止诉讼程序的必要。

3. 当事人的申请，形式上虽然符合申请法官回避的形式要件，然其申请的目的不是为了获得公允之裁判，而是为了延滞诉讼，此种情形属于申请权的滥用，行政法院无须停止诉讼程序。

此外，依据“行政诉讼法”第20条与“民事诉讼法”第37条第2项的规定，当事人申请法官回避符合法定情形，并需要停止诉讼程序，但如有紧急情形，该法官仍需进行必要的处分。所谓遇有紧急情形，是指如果行政法院不进行必要处分，当事人的利益将受到难以补救的损失，例如调查证据、假扣押、假处分等。

符合法定事由，并经裁定准予回避的法官所为的处分行为的效力如何，则不同的学者持有不同的观点。有学者对此持否定态度，认为行政法官经裁定应该回避，其所进行的处分行为应溯及先前的行为，而归于无效。有采肯定说，认为法官在紧急情形下所为必要的处分，是法律上特许的行为，即使回避申请经裁定为正当，但法官的处分行为仍然不违法。有采折中说，主张应依申请回避的事由而定。台湾地区学者陈计男认为，紧急情形下的证据保全、假扣押、假处分等处分行为，或停止执行裁定，对于本案的诉讼并无直接的关联，因此，就没有将其归于无效的必要。而如果该处分行为，不是基于紧急情形，或非必要的处分行为，则不论该法官被申请回避的原因怎样，则其行为应归于无效。①

二、自行回避

行政诉讼中法官的自行回避是指，行政法院法官遇有法定事由，即不得执行职务，应将诉讼事件移交其他法官处理的情形。台湾地区“行政诉讼法”第 19 条规定，法官有左（下）列情形之一者，应自行回避，不得执行职务：1. 有“民事诉讼法”第 32 条第 1 款至第 6 款情形之一者。2. 曾在“中央”或地方机关参与该诉讼事件之行政处分或诉愿决定者。3. 曾参与该诉讼事件相牵涉之民刑事裁判者。4. 曾参与该诉讼事件相牵涉之公务员惩戒事件决议者。5. 曾参与该诉讼事件之前审裁判或重审前之原裁判者。6. 曾参与该诉讼事件再审前之裁判者。但其回避以一次为限。根据该条规定，法官应自行回避的情形有以下六种。

（一）有“民事诉讼法”第 32 条第 1 款至第 6 款所规定的情形之一，行政法院法官应自行回避

根据“民事诉讼法”的规定，该 6 种情形如下：

1. 法官或其配偶、前配偶或未婚配偶，是该诉讼事件的当事人的。这里的当事人概念具有广义上的意义，即当事人范围除原告及被告双方外，还包括其他诉讼参加人及受判决效力拘束的第三人在内。

2. 法官为该诉讼事件当事人八亲以内的血亲或五亲以内的姻亲或曾有此亲属关系的。依据台湾地区“民法”第 969 条的规定，所谓血亲，包括直系血亲与旁系血亲及拟制血亲（即因收养而成立的血亲关系）在内；所谓姻亲关系指血亲的配偶、配偶的血亲及配偶血亲的配偶。台湾地区“民法”第 968 条及第 970 条对关于如何计算亲等进行了规定。所谓曾有此关系，是指其婚姻或血亲关系现已消灭而言。台湾地区学者陈计男认为，在工商业发达、人口流动性甚大的

---

① 参见陈计男著：《行政诉讼法释论》，台湾三民书局股份有限公司 2000 年版，第 42 页。

社会，法官与当事人间有无八亲等血亲或五亲等姻亲，或曾有此亲属关系，往往双方均不清楚，强令其回避，殊无意义，因此，应缩小应回避的范围。①

3. 法官或其配偶、前配偶或未婚配偶，就该诉讼事件与当事人有共同权利人、共同义务人或偿还义务人的关系的。这里的共同权利人，是指法官与该当事人共同享有共同诉讼标的物的权利，例如，同为共有物的出租人、连带债权的债权人或不可分债权的债权人等情形。这里的共同义务人，指法官与该当事人对诉讼标的债务承担共同责任，例如连带债务人、保证人、物上保证人、共同侵权行为人。这里的偿还义务人，系指若一方当事人败诉，则另一方当事人对法官就该债务有偿还请求权的情形，例如法官为票据的背书人，或负有标的物瑕疵的担保义务的出卖人之情形。若法官具有本款所列情形，但却没有法律上的直接利害关系，则不构成法官自行回避的事由。如行政法院法官仅有间接的利害关系，例如，法官为一方当事人的债权人，则无须自行回避。

4. 法官现为或曾为该诉讼当事人的法定代理人或家长，家属的。法定代理人、家长、家属之意义，均依据台湾地区“民法”的相关规定，于此不赘述。若法官为非法人团体的代表人或管理人，或为当事人选任的特别代理人，也属于准法定代理人的性质，应解释为法定代理人，因此，此种情形下，法官应自行回避。

5. 法官现为或曾为该诉讼事件当事人的诉讼代理人或辅佐人的。若法官现为或曾为该事件当事人的诉讼代理人或辅佐人，则由于其与该诉讼事件或诉讼当事人的密切关系，可能影响案件的公正审判，故受理该诉讼事件的法官应自行回避。

6. 法官曾为该诉讼事件的证人或鉴定人。法官若曾为该诉讼事件的证人或鉴定人，则其对于案件的具体内容就会有相当程度的了解。因此，为避免法院裁判结果受其主观偏见的影响，使当事人确信对法官裁判公正性的信赖感不致发生动摇，故法律将此种情形规定为法官应自行回避的事由。另外，“行政诉讼法”第 127 条规定，“分

---

① 参见陈计男著:《行政诉讼法释论》，台湾三民书局股份有限公司 2000 年版，第 34 页。

别提起之数宗诉讼系基于同一或同种类之事实上或法律上之原因者，行政法院得命合并辩论。命合并辩论之数宗诉讼，得合并裁判”。根据该条，这里所称的事件，还应包括诉讼法上与此事件相关联的事件在内，而不仅仅局限于法官现在受理审判的诉讼事件。

（二）曾参与对该诉讼事件行政处分或诉愿决定的

根据前文所述，行政法院的法官既有职业法官，也有非职业法官，因此，若让其参与曾在“中央”或地方机关对该事件进行过行政处分或处理过有关诉愿决定的诉讼事件的审理，则担任该事件审理的法官难免会有先入为主的见解。所以，为确保裁判的公正性，行政法院的法官在任职前曾参与诉讼事件的行政处分或诉愿决定的作成的，现又由其担任该事件的行政诉讼审判的法官，应该自行回避。

（三）曾参与对该诉讼事件相牵连的民事、刑事案件审理的

受理行政诉讼事件的法官曾参与过该行政诉讼事件的民事、刑事裁判，且该行政诉讼事件的审理又须以该民事、刑事裁判为基础，此种情形下，受理行政诉讼的法官难免会发生影响行政诉讼裁判的结果。因此，为避免法官的先前见解，行政法院的法官应自行回避。

（四）曾参与对该诉讼事件相牵涉的公务员惩戒事件决议的

若受理行政诉讼事件的法官曾参与过该公务员惩戒事件的决议，而现又为受理行政诉讼事件的法官时，则难免不使当事人怀疑法官对于该行政事件判决的公正性与客观性，由此，“行政诉讼法”将其列为自行回避的事由。

（五）曾参与对该诉讼事件的前审裁判或重审前的原裁判的

由于审级的不同，及法官任用后再调任至其他法院等原因，曾参与下级审的法官可能又参与对同一诉讼事件的上级审，此即为参与该诉讼事件事前裁判的情形。所谓参与重审前的原裁判，是指由“最高行政法院”发回“高等行政法院”重新审理的诉讼事件，曾参与过“高等行政法院”的法官不得再对该诉讼事件进行审理。

（六）曾参与该诉讼事件再审前的裁判的

行政法院判决确定后，因法律规定的再审事由的发生，行政法院就同一事件依再审程序进行再审时，参与再审前确定判决的法官，不得参与同一诉讼事件的审理。也就是说，遇此种情形，行政法院法官即应自行回避，以避免当事人怀疑其裁判的公正性。为防止当事人反

复提出再审之诉，从而导致无法官可以审理再审案件的结果的发生，台湾地区法律明确规定，在此种情形下，行政法院的法官仅以回避一次为限。

前述自行回避的原因发生时，不论法官或当事人是否知悉，法律上均当然发生回避的法律效果。所以，法官发现其承办的案件有应自行回避的事由时，应说明自行回避的原因，并报请院长依事务分配的规定，将案件移交其他法官办理。如法官有应自行回避的前述各条原因之一，而未自行回避，不论法官是否知悉有应自行回避的原因，均发生法律上回避之效果。若法官仍然执行职务，则当事人可依“行政诉讼法”第20条与“民事诉讼法”第33条第1项第1款规定申请其回避。回避前，法官所进行的诉讼行为的合法性，及所参与的诉讼程序是否违法，应对该诉讼事件重新审理。“行政诉讼法”第243条规定，“判决不适用法规或适用不当者，为违背法令。有左（下）列各款情形之一者，其判决当然违背法令：（1）判决法院之组织不合法者；（2）依法律或裁判应回避之法官参与裁判者；（3）行政法院于权限之有无辨别不当或违背专属管辖之规定者；（4）当事人于诉讼未经合法代理或代表者；（5）违背言词辩论公开之规定者；（6）判决不备理由或理由矛盾者”。根据该条规定，如法官应当回避而未回避，且已就该诉讼事件作出裁判，则法官所为的裁判当然违背法令。此种情形下，当事人可依据同法第273条第1项第4款、第283条之规定，可以对行政判决提起上诉。如判决已经发生法律效力，则当事人还可提起再审之诉或申请再审。

三、职权回避

依据“行政诉讼法”第20条与“民事诉讼法”第38条第1项的规定，行政法院或院长知悉法官有同法第19条应予以回避的情形后，即使未经当事人没有提出回避申请，亦可依职权裁定该法官回避。自此裁定后，该法官即不得执行职务上的行为，并且依据“行政诉讼法”第243条之规定，该法官以前所为职务上的行为属于违法。关于职权回避的裁定，行政法院须在诉讼中进行，若诉讼已经终结，则无回避的必要。若行政法院的行政判决已经确定，则当事人只能依“行政诉讼法”第243条第2款提起上诉。若行政判决已经发生法律效力，则当事人只能依同法第 273 条第 1 项第 4 款的规定申请再审救济。

四、许可回避

根据“行政诉讼法”第 20 条与“民事诉讼法”第 37 条第 2 项之规定，当事人虽然不具有以法官执行职务有不公正可能为理由而申请法官回避的情形，但法官认为自己有“行政诉讼法”第 20 条与“民事诉讼法”第 33 条第 1 项第 2 款的情形，则可以在经过院长许可后，不参与对该诉讼事件审理。通常情况下，行政法院院长对法官的回避理由进行审查，如其认为回避有理由，则予以许可；否则，则不予许可。

五、行政法院书记官及通译的回避

行政法院书记官主要从事笔录与诉讼卷宗的编订，通译则转译不同民族、不同国家的语言与文字，两者都是法院的辅佐机关。尽管书记官与通译不直接参与案件的审理，但他们执行职务上的行为与诉讼结果的关系却相当密切。因此，根据“行政诉讼法”第 21 条之规定，对于法官回避的规定，准用于行政法院的书记官及通译。但由于行政法院的书记官及通译，并不参与诉讼事件的裁判行为，所以，“行政诉讼法”第 19 条第 5 款及第 6 款的规定，并不适用于书记官及通译。本条所称通译是指依“行政法院组织法”第 5 条的规定，属于行政法院的职员之一。若由行政法院职员以外的人充任通译，则依同法第 132 条与“民事诉讼法”第 207 条第 3 项的规定，其回避事由则适用关于监定人的规定。

行政法院书记官或通译具备自行回避的事由，或经行政法院裁定应该回避后，即不得就该诉讼事件执行任何职务。如其违反关于回避的法令而执行职务时，其所进行的职务行为应属无效。由于书记官或通译不参与裁判的评议，所以诉讼当事人不得以其违反有关回避规定为理由，向“最高行政法院”提起上诉或申请再审。但是如果书记官或通译的行为，足以影响诉讼事件的判决结果，例如，行政法院以该书记官所制作的证人笔录作为该判决的基础时，当事人可以该笔录有瑕疵为理由，向“最高行政法院”提起上诉。

第六题　台湾地区行政法院的审理程序

台湾地区行政法院的审理程序主要有第一审普通程序、上诉审程序、抗告程序及再审程序，“行政诉讼法”第二篇、第三篇、第四篇及第五篇对四种审理程序进行了专门的规定。因限于篇幅，欲对台湾地区行政法院的审理程序予以详尽介绍非本题所能及。于此，我们仅仅参酌诸如城仲模、陈计男等多位台湾学者的著述，以台湾地区“行政诉讼法”的相关规定为蓝本，对行政法院的审理程序予以简单述明。

一、第一审普通程序

（一）第一审程序的发动

1. 适格的当事人

（1）当事人的诉讼权利能力与诉讼行为能力

行政诉讼中的当事人的诉讼权利能力是指承受行政诉讼上各种效果的一般资格，即享受行政诉讼上的权利及承担行政诉讼上的义务的资格能力。行政诉讼中的当事人的权利能力是一种抽象的资格，而非一种具体的行为能力。“行政诉讼法”第22条规定，自然人、法人、“中央”及地方机关、非法人团体，有当事人能力。自然人有无行为能力，并不影响其权利能力的成立，而仅仅决定其有否诉讼行为能力。法人与自然人一样为权利能力的主体。“中央”与地方机关能独立代表“国家”而为意思表示，因此法律规定其具有当事人的能力。但当“中央”及地方机关非为对外进行意思表示，而仅仅对其内部的事务进行处理，则不具有当事人的能力。至于非法人团体，因其具备一定的组织形式、名称及目的而有自主表示的能力，因而常具有当事人的能力。当然，在我国台湾地区，非法人团体不具有行政诉讼之当事人能力的也并不少见。行政诉讼中当事人的诉讼行为能力，是指当事人能否独立承担诉讼效果的资格。

（2）适格的原告当事人

具备行政诉讼权利能力和行为能力的当事人，于具体诉讼中有当事人适格的各要素，则可称为真正的当事人。若在具体诉讼中，具备原告资格者，称为适格的原告；具备相应的被告资格，称为适格的被告。诉讼种类不同，原告起诉的条件也不完全一样。

第一，撤销诉讼的原告资格条件。

台湾地区“行政诉讼法”第4条规定，“人民因‘中央’或地方机关之违法行政处分，认为损害其权利或法律上之利益，经依诉愿法提起诉愿而不服其决定，或提起诉愿逾3个月不为决定，或延长诉愿决定期间逾2个月不为决定者，得向‘高等行政法院’提起撤销诉讼。逾越权限或滥用权力之行政处分，以违法论。诉愿人以外之利害关系人，认为第1项诉愿决定，损害其权利或法律上之利益者，得向‘高等行政法院’提起撤销诉讼”。根据该条，原告可以向行政法院提起撤销之诉的条件是，“中央”或地方机关的违法行政处分致使权利或法律上的利益受侵害。因此，凡是与所请求撤销的行政处分或决定有法律上的利益的，均具有原告资格。这里原告的适格有两方面的问题需予以关注：一是原告的范围，例如行政机关或乡、镇自治机关，间接受害人能否具有原告资格；二是何谓法律上的利益。

台湾地区的“判例”已确认行政机关或乡镇自治机关具有原告资格。台湾地区“1987年度第643号行政法院判决”认为，“所谓‘人民’应该包括行政机关或乡、镇自治机关，基于人民同一地位而受违法不当之行政处分者在内”。根据台湾地区“1989年度第2064号行政法院判决”，若原告不是原行政处分的直接受害人，其在实体上就缺乏诉讼权能，因此，此情形下，不具有原告资格，属于当事人不适格。该判决认为，“‘诉愿法’第1条及‘行政诉讼法’第1条所谓人民对于‘中央’或地方机关之行政处分，认为违法，致使损害其权利，得提起诉愿及行政诉讼者，系指直接损害其他权利者而言”。因此，因“中央”或地方机关的违法或不当而导致的损害，是指权利或利益的直接损害。①

至于法律上的利益怎样判断，法律上的利益是否仅指公法上的权利，可否包括反射利益？近年来，台湾的司法实务已承认反射利益的存在。反射利益与公权利不同，所谓公权利是指，根据公法规定在行

---

① 参见城仲模主编，《行政法院裁判百选》，台湾月旦出版公司1996年版，第588、594页。

政法关系上，当事人得以主动行使或应受保障的利益，亦即于公法上所取得可以主张此等权利的法律地位。而所谓反射利益，一般认为是因政府机关之各项行政措施，其结果使人民偶然地可以享受到各种相关的利益，或因法律规定间接产生之利益而言。① 反射利益，并不是由于法律的直接规定所致，而只是由于公法反射作用的结果。根据台湾地区"1987 年度第 503 号行政法院之判决"，"政府机关对公共设施之设置，一般享受反射利益，而人民对于该公共设施之设置是否妥适，故无公法上请求权可资行使，以求保护其反射利益"。②

第二，确认诉讼的原告资格条件。

台湾地区"行政诉讼法"第 6 条规定，"确认行政处分无效及确认公法上法律关系成立或不成立之诉讼，非原告有即受确认判决之法律上利益者，不得提起之。其确认已执行完毕或因其他事由而消灭之行政处分为违法之诉讼，亦同。确认行政处分无效之诉讼，须已向原处分机关请求确认其无效未被允许，或经请求后于 30 日内不为确答者，始得提起之。确认公法上法律关系成立或不成立之诉讼，于原告得提起撤销诉讼者，不得提起之。确认诉讼以'高等行政法院'为第一审管辖法院。应提起撤销诉讼，误为提起确认行政处分无效之诉讼，其未经诉愿程序者，'高等行政法院'应以裁定将该事件移送于诉愿管辖机关，并以行政法院收受诉状之时，视为提起诉愿"。根据该条，台湾地区的确认之诉是指确认行政处分无效及公法上法律关系成立与不成立的诉讼。确认诉讼原告的资格条件为，由主张行政处分无效或所争讼的公法上关系是否成立，且具有判决的法律上利益的人。

第三，给付诉讼的原告资格。

享有给付请求权的人对承担给付义务人主张权利，并提起诉讼为给付诉讼的原告资格条件。"行政诉讼法"第 5 条规定，"人民因'中央'或地方机关对其依法申请之案件，于法令所定期间内应作为

---

① 参见城仲模主编，《行政法院裁判百选》，台湾月旦出版公司 1996 年版，第 82 页。

② 城仲模主编，《行政法院裁判百选》，台湾月旦出版公司 1996 年版，第 79~80 页。

而不作为，认为其权利或法律上利益受损害者，经依诉愿程序后，得向‘高等行政法院’提起请求该机关应为行政处分或应为特定内容之行政处分之诉讼。人民因‘中央’或地方机关对其依法申请之案件，予以驳回，认为其权利或法律上利益受违法损害者，经依诉愿程序后，得向‘高等行政法院’提起请求该机关应为行政处分或应为特定内容之行政处分之诉讼”。根据该条，向“中央”或地方机关主张其权利或法律上的利益，该机关于法定期间内应作为而不作为，则该当事人具有原告资格。同法第 8 条规定，“人民与‘中央’或地方机关间，因公法上原因发生财产上之给付或请求作成行政处分以外之其他非财产上之给付，得提起给付诉讼。因公法上契约发生之给付，亦同。前项给付诉讼之裁判，以行政处分应否撤销为据者，应于依第 4 条第 1 项或第 3 项提起撤销诉讼时，并为请求。原告未为请求者，审判长应告以得为请求。除别有规定外，给付诉讼以‘高等行政法院’为第一审管辖法院”。根据该条，主张对“中央”或地方机关有给付请求权的人，或“中央”或地方机关对人民有请求权的人提起，即为适格的原告。

（3）适格的被告当事人

在行政诉讼中，被告也应具有诉讼权利能力与诉讼行为能力。在具体的诉讼中，具备被告资格条件就称为适格的被告。

第一，撤销诉讼的被告适格。

“行政诉讼法”第 24 条规定，“经诉愿程序之行政诉讼，其被告为左（下）列机关：（1）驳回诉愿时之原处分机关；（2）撤销或变更原处分或决定时，为最后撤销或变更之机关”。该条规定了撤销诉讼中被告的确定条件，即被告的适格。若当事人申请诉愿被驳回，则以原处分机关为被告；若受理诉愿的机关撤销或变更原处分或决定，则该机关为被告。若部分撤销或变更原处分或决定，则当事人仍应该以原行政处分机关为被告。

第二，确认诉讼的被告适格。

根据“行政诉讼法”第 6 条第 2 项的规定，确认行政处分无效的诉讼，以作出无效的原行政处分机关为被告，原行政处分机关为适格的被告。确认公法上的法律关系成立或不成立的诉讼的被告适格分两种情形：其一，如果是由所确认的公法上法律关系的一方提起诉讼，则他方为适格的被告；其二，如果由对公法上关系有即受确认判决法律上利益的第三人提起诉讼的，则以形成或确认公法关系的行政机关为适格的被告。①

第三，给付诉讼的被告适格。

给付之诉的原告应向有给付义务人提出，即负有给付义务的人是给付之诉的适格的被告。

2. 具体的诉讼请求

原告应在诉状中就诉讼标的声明具体的诉讼请求，即请求行政法院予以判决的内容及其范围。所谓行政诉讼中的诉讼标的，是指行政诉讼当事人以诉或反诉请求行政法院对其所主张或否认的法律关系作出裁判的请求。在撤销诉讼中，原告应在诉状中声明，撤销行政处分及诉愿决定的一部分还是全部。在确认诉讼中，原告应在诉状中声明，请求行政法院确认行政处分无效，或行政处分违法，或公法上法律关系成立或不成立。在给付诉讼中，原告应声明被告所应给付标的物的范围、数量，给付的时间及条件等。原告须在诉状中声明具体的诉讼请求，因为，行政法院除特殊情形外，不得在原告声明的范围外作出判决。因此，原告起诉时须在诉状中声明具体的诉讼请求。

3. 诉讼要件

原告起诉须具备法定的形式要件，行政法院始能就该诉讼时间进行审理和裁判。"行政诉讼法"第 107 条对诉讼要件的形式内容采用否定式的列举方式进行了规定。也就是说，对于下列情形，行政法院应要求原告限期补正，逾期不补正的，裁定驳回原告之诉：

（1）诉讼事件不属行政法院之权限者；

（2）诉讼事件不属受诉行政法院管辖而不能请求指定管辖，亦不能为移送诉讼之裁定者；

（3）原告或被告无当事人能力者；

（4）原告或被告未由合法之法定代理人、代表人或管理人为诉讼行为者；

（5）由诉讼代理人起诉，而其代理权有欠缺者；

---

① 参见陈计男著：《行政诉讼法释论》，台湾三民书局股份有限公司 2000 年版，第 51～52 页。

（6）起诉逾越法定期限者；

（7）当事人就已起诉之事件，于诉讼系属中更行起诉者；

（8）本案经终局判决后撤回其诉，复提起同一之诉者；

（9）诉讼标的为确定判决或和解之效力所及者；

（10）起诉不合程序或不备其他要件者；

原告不仅须有法定的形式要件，而且还须具备一定的实质要件，即法院的实体裁判须具有诉的利益。一般来说，诉的利益包括以下三方面的内容：其一，当事人所请求的内容是否适合裁判的对象；其二，当事人是否适格；其三，行政法院的裁判对诉讼请求是否具有具体实益。诉的利益制度基于防止当事人滥用诉权的考量而设置的，其目的是：为提高行政法院裁判的实效，保护当事人的正当利益。

（二）第一审程序的审理

1. 言词辩论

言词辩论有广、狭两种不同的含义，台湾地区“行政诉讼法”对言词辩论设有专节规定。广义的言词辩论是指行政法院、行政诉讼当事人及其他诉讼关系人，于言词辩论期日所为一切诉讼行为的总称；狭义的言词辩论，则指除宣示裁判外，行政法院、行政诉讼当事人及其他诉讼关系人于言词辩论期日所为的一切诉讼行为。①

（1）言词辩论的开始

台湾地区“行政诉讼法”第122条规定，“言词辩论，以当事人声明起诉之事项为始。当事人应就诉讼关系为事实上及法律上之陈述。当事人不得引用文件以代言词陈述。但以举文件之辞句为必要时，得朗读其必要之部分”。根据该条，言词辩论以有当事人起诉（或答辩事项）的声明为开始。也就是说，原告声明起诉事项后，被告亦对原告之声明予以答辩，被告的答辩称为被告声明，但是被告声明一般不能认为是言词辩论的开始。只有当原告声明起诉后不出席法庭的时候，被告的答辩声明才被认为是言词辩论的开始。

（2）言词辩论的进行

言词辩论开始后，当事人双方在审判长的指挥下，以下列方式进

① 参见陈计男著：《行政诉讼法释论》，台湾三民书局股份有限公司2000年版，第362页。

行言词辩论：

第一，当事人就诉讼关系为事实上及法律上的陈述。

根据“行政诉讼法”第122条第2项的规定，言词辩论开始后，当事人应就诉讼关系陈述事实上及法律上的理由。事实上的陈述是指当事人就具体的诉讼法律关系发生与否进行陈述；法律上的陈述是指当事人自己对于具体法律关系的存在与归属所进行的主观判断。例如，原告请求某行政法院撤销某行政机关强制其拆迁的决定及有关机关维持强制拆迁的决定，原告陈述其房屋是其私有住房；被告则称该房屋非为被告所有等为事实上的陈述。若原告认为其房屋为私有，不构成行政机关据以强制拆迁的法律依据；被告则认为其行政符合有关强制拆迁的法律，则此等陈述为法律上的陈述。

第二，当事人一方对于另一方提出事实应予以陈述。

根据“行政诉讼法”第32条与“民事诉讼法”第195条第2项的规定，行政诉讼当事人一方对另一方提出的事实上的陈述，应该进行陈述与辩驳。台湾地区的“行政诉讼法”对行政诉讼的审理并非如“民事诉讼法”所规定的采辩论主义，而是采职权探知主义。究其原因，是由于行政诉讼事件往往涉及台湾地区有关机密，且其具有很强的专业性、复杂性，“人民”取得有关资料不太容易。

第三，当事人应根据规定，声明其所用的证据。

根据“行政诉讼法”第136条与“民事诉讼法”第277条之规定，行政诉讼当事人一方就诉讼事件提出了有利自己的事实，而对方当事人对此进行反驳，则该当事人有就该事实承担举证的责任。

第四，声请审判长发问，或经审判长许可后，自行发问。

根据“行政诉讼法”第132条与“民事诉讼法”第200条的规定，当事人一方经审判长许可，可以自行向对方当事人发问；当事人一方也可以声请审判长向对方当事人发问。

第五，向审判长或陪审法官提出异议。

根据“行政诉讼法”第153条及“民事诉讼法”第201条之规定，当事人对审判长关于指挥诉讼的裁定，以及陪审法官的发问和晓谕可以提出异议。例如，审判长关于禁止当事人发问、发言或许可一方当事人发问等的裁定，均为审判长关于指挥诉讼的裁定。根据“行政诉讼法”的规定，行政法院对当事人的异议的处理，当事人不得提起抗告。

（3）言词辩论的终结

根据“行政诉讼法”第 87 条第 1 项的规定，言词辩论的期日，以朗读案由为始。言词辩论的期日，以朗读案由时起开始计算，至审判长宣布终结言词辩论时止。言词辩论的终结通常因行政诉讼事件的终结或停止而终结，例如，行政法院对案件事实已经查清，证据确实充分，可以依法裁判，诉讼当事人和解等。

2. 行政法院调查证据的程序

证据是行政法院认定事实真假，及获得特别法规知识或经验事实的一切资料，包括视听资料、技术数据等。所谓调查证据是指为求得法官内心的确信，以什么样的调查证据的具体方法来探知证据的原因的行为。行政法院调查证据可以当事人的声请，也可以职权主动调查证据。

（1）证据调查机关

台湾地区“行政诉讼法”第 138 条规定，“行政法院得嘱托普通法院或其他机关、学校、团体调查证据”。同法第 139 条规定，“行政法院认为适当时，得使庭员一人为受命法官或嘱托其他行政法院指定法官调查证据”。根据该两条规定，台湾地区内调查证据的机关有：普通法院、其他机关、学校、团体、受诉行政法院、受命法官和受托法官。根据直接审理主义的原则，一般来说，证据调查应由受诉行政法院进行。但行政法院于调查证据事必躬亲既不太可能，也无必要，因此，受诉行政法院可以嘱托普通法院或其他机关、学校、团体代为调查。

（2）当事人声请调查证据的期日、程序及条件

根据“行政诉讼法”第 176 条及“民事诉讼法”第 285 条的规定，当事人声请调查证据可于言词辩论开始前提出。但为防止当事人滥用诉讼权利，以提出调查证据为由故意拖延诉讼，行政法院如认为当事人有此意图，则可以“行政诉讼法”第 132 条及“民事诉讼法”第 196 条之规定，裁定驳回。声请人请求行政法院调查证据需提供：①应命其提出之文书；②依据该文书应证之事实；③文书的内容；④文书为他造所执之事由；⑤他造有提出文书义务之原因。“行政诉讼法”对声请法院调查证据的条件采用否定式的例句形式进行规定，

行政法院于下列情形下不得进行调查：①证据的声明不符合程式，经命其补正不补正者；②逾期行声明证据，得认为意图拖延诉讼，或因重大过失逾期声明，行政法院认其调查将延滞诉讼的；③经行政法院定由举证人提出的期限，逾期仍未提出者；④行政法院对于待证事实已有心证明者；⑤当事人声明之证据与待证事实无关者。①

（三）第一审程序的终结

行政诉讼程序终结的原因，一般有以下三种：一是行政法院作确定的终局判决；二是根据“行政诉讼法”第107条第1项的规定，裁定终结诉讼；三是由于当事人的行为而终结。

1. 判决

所谓判决，一般是指行政法院在经过言词辩论后，依照法定程序对当事人实体上的权利的争论点所作出的书面的意思表示。“行政诉讼法”第187条规定，除法律有特别规定外，行政法院的裁判均以裁定的方式作出。

（1）判决的种类

①终局判决

诉讼事件的终结，通常以终局判决的裁判形式终结诉讼。所谓终局判决是指行政法院对诉讼事件的一部分或全部，在审级上终了的判决。“行政诉讼法”第190条及第191条第2项规定了全部终局判决的情形。同法第191条第1项、第202条等规定了一部分终局判决。

②舍弃或认诺判决

“行政诉讼法”第202条规定，“当事人于言词辩论时为诉讼标的之舍弃或认诺者，以该当事人具有处分权及不涉及公益者为限，行政法院得本于其舍弃或认诺为该当事人败诉之判决”。根据该条，所谓舍弃判决是指，行政法院因原告舍弃诉讼标的，而判决原告败诉的判决；认诺判决是指行政法院因被告对诉讼标的承认，而判决被告败诉的判决。

③中间裁判

所谓中间裁判，是指行政法院就本诉讼事件的实体或程序上的争

---

① 参见陈计男著：《行政诉讼法释论》，台湾三民书局股份有限公司2000年版，第445～446页。

论点，在终局判决或裁定前予以判断的意思表示。根据“行政诉讼法”第 192 条及第 193 条的规定，行政法院可以作出中间裁判的，有下列三种情形：一是各种独立之攻击或防御方法，达于可为裁判之程度的；二是请求的原因及数额具有争执时，行政法院以其原因为正当的；三是行政诉讼进行中所产生的程序上的争执，达于可为裁判之程度者，行政法院得先为裁定。

④不经言词辩论的判决

行政诉讼的判决本来应基于言词辩论作出，但下列情形，行政法院却可以不经言词辩论而径行判决。

一是“行政诉讼法”第 107 条第 3 项规定的情形。根据该条规定，“原告之诉，依其所诉之事实，在法律上显无理由者，行政法院得不经言词辩论，径以判决驳回之”。至于如何理解在法律上显无理由者，则有不同的理解。一般认为，所谓法律上显无理由的，指按照原告起诉所主张的事实，行政法院无须调查事实的真假，就可认定该事实没有理由的情形。若尚需行政法院进行调查才能判断事实的真假者，则不属于此种情形。

二是“行政诉讼法”第 194 条规定的情形。该条规定，“撤销诉讼及其他有关维护公益之诉讼，当事人两造于言词辩论期日无正当理由均不到场者，行政法院得依职权调查事实，不经言词辩论，径为判决”。

⑤只经一方辩论的判决

一般情形下，行政诉讼的判决需经过双方言词辩论才能作出，但根据“行政诉讼法”的规定，在一方当事人无正当理由不到庭的情况下，行政法院可以缺席判决。因此，行政法院若只经一方当事人言词辩论径行判决，须具有下列条件。

一是当事人一方于言词辩论期日未出席法庭。根据“行政诉讼法”第 218 条规定与“民事诉讼法”第 385 条第 1 项规定，当事人一方于言词辩论期日未到庭。

二是未到庭的一方当事人无正当理由。“行政诉讼法”第 280 条与“民事诉讼法”第 386 条规定了四种具有正当理由未到庭的情形：其一，一方当事人未到庭是由于在相当时期内，言词辩论期日的通知未送达，例如，采邮寄送达的，该当事人则已搬迁异地，或在外地办事未归。其二，因自然灾害等不可抗拒的原因而未到庭。其三，当事人一方所提出的证据、事实或声明，在相当时期内未通知另一方当事人。其四，到庭一方当事人不能进行必要的证明，行政法院未调查清楚前，不能受理该诉讼事件的情形。

三是经到庭当事人一方声请。

（2）判决形成的要件

行政法院判决的形成须具备形式上的要件与实质上的要件。形式上的要件包括：①合议庭的组成必须合法，即合议庭的人数、组成合议的法官的任用资格等必须符合“行政法院组织法”的规定。②除前述可以不经言词辩论，行政法院可以径行缺席判决或只经过一方当事人言词辩论径行判决的情形外，行政法院的判决须经过双方当事人的言词辩论才可以作出。③根据“行政诉讼法”直接审理的原则，未参与法庭辩论的法官，不得参与诉讼事件的判决。行政法院判决作出的实质要件有：①根据“行政诉讼法”第 190 条之规定，行政诉讼案件必须是已达到裁判的程度，即案件的事实已经查清，证据确实充分。②行政法院的判决只能就当事人声明的事项进行判决，即除特殊情形外，行政法院不得在诉状中所叙明的请求外而为判决。③依据法官内心的确信判断事实的真假。“行政诉讼法”规定审理行政诉讼事件不采陪审制度，因此法官对事实真假的认定，对证据的采信依凭其内心的确信和伦理、经验进行判决。

（3）行政法院判决的范围

根据“行政诉讼法”第 218 条与“民事诉讼法”第 388 条的规定，行政法院判决的范围一般为：一是必须依当事人的声明作出判决；二是行政法院必须在当事人诉状中声明的范围内作出判决，也即当事人未声明的，除法律有特别规定者外，行政法院不得对之作出判决。

①行政法院的判决必须依当事人的声明作出。一般情形下，行政法院只能对当事人在诉状中声明的事项进行判决，否则，就构成诉外裁判。例如，原告在诉状中诉请某“高等行政法院”判决撤销某行政处分，行政法院经审查发现原告诉请撤销的行政处分，本为无效的行政处分。此时，则受诉行政法院不得作出确认某行政处分无效的判决，而只能裁定驳回原告的诉讼请求。

②除法定情形外，行政法院不得在当事人声明的范围外作出判决。例如，原告为给付退休金一事，向行政法院提起给付之诉，诉请被告给付新台币50万元，行政法院经审理认为，被告应给付原告退休金额为新台币100万元，此时，若被告也承认应给付原告新台币100万元退休金，但如果原告不变更先前的诉讼请求，行政法院仍不得作出被告给付原告新台币100万元退休金的判决。

但是下列情形下，行政法院可以职权径行判决，而不受前述行政诉讼判决范围的影响：

①根据“行政诉讼法”第104条与“民事诉讼法”第87条的规定，行政法院在作出终局判决时，应依职权就诉讼费用进行裁判。

②同法第125条规定，“行政法院应依职权调查事实关系，不受当事人主张之拘束。审判长应注意使当事人得为事实上及法律上适当完全之辩论。审判长应向当事人发问或告知，令其陈述事实、声明证据，或为其他必要之声明及陈述；其所声明或陈述有不明了或不完足者，应令其叙明或补充之。陪席法官告明审判长后，得向当事人发问或告知。”根据该条，行政法院应依职权对事实关系进行调查时，不受当事人主张的拘束。因此，行政法院依职权调查的事实关系，经辩论后，可以作为判决的基础。

③根据“行政诉讼法”第280条与“民事诉讼法”第396条第1项的规定，对于给付判决，其有相当长的履行期间，则行政法院可以判决给付义务人在该履行期限内，分几个期间履行。

2. 裁定

所谓裁定，一般是指行政法院在书面审理或任意的言词辩论后，依照法定程序，对当事人或诉讼关系人就非实体上的权利的争论点所作出的意思表示。根据“行政诉讼法”第187条的规定，除依据本法以判决的形式作出外，其余均须以裁定的形式作出。行政法院的裁定经宣示或送达后始能生效，经宣示后，作出该裁定的均受该裁定的拘束；不经过宣示，而经公告或送达后生效的裁定，则在其公告或送达时对行政法院、审判长、受命法官及受托法官有拘束力。

3. 因判决外的原因而终结诉讼

诉讼的终结除以行政法院的裁判而终结外，还有因当事人的原因而终结，例如诉的撤回，诉讼上的和解。

所谓诉的撤回，是指原告起诉后，向行政法院表示撤回诉的一部分或全部，请求行政法院对该一部分或全部诉讼请求不予判决的意思表示。行政诉讼的当事人撤回起诉应根据“行政诉讼法”的规定，在法定的时期，按照法定的程序向受诉行政法院提出。所谓行政诉讼上的和解，是指在诉讼终结前，当事人双方在受诉行政法院法官的主持下，双方约定互相让步，以解决所争议的事件或为防止该事件发生，而终结诉讼的全部或一部分的意思表示。对于当事人双方处分诉讼标的，并不违反社会公共利益者，行政法院应终结诉讼。行政法院法官还可以根据所争执的事件，劝谕当事人在不违背社会公共利益的情况下和解，但行政法院不得以命令的形式要求当事人和解。

二、上诉审程序

（一）提起上诉的条件

所谓上诉是指对于一审未确定的不利判决，为获取对己有利的裁判，向“最高行政法院”表示不服一审不利之判决，请求其撤销或变更的方法。台湾地区的行政诉讼采二审终审制度，一个行政诉讼事件经过二级行政法院审理，案件便告终结。按照台湾地区“行政诉讼法”的规定，“高等行政法院”为第一审级，属于事实审，“最高行政法院”为第二审级，属于法律审。上诉审与再审不同，所谓再审，是指受生效判决拘束的当事人或其继受人，对该判决不服请求行政法院对该诉讼事件重新审理的程序。为确保诉讼的经济与维持法院裁判的权威性，法院的生效判决非依法定情形，当事人不得声请重新审理。但为了追求裁判的正当性与公正性，法律同时规定可以声明重新审理的诸种情形。

根据“行政诉讼法”的规定，一审当事人提起上诉的条件有：

（1）由受一审不利益判决的当事人或诉讼关系人提起。

（2）上诉只能在一审判决尚未生效时，即判决尚未确定时提出。

（3）上诉必须向“最高行政法院”提出请求撤销或变更一审判决。

（二）“高等行政法院”对于上诉的处置

（1）“高等行政法院”对上诉的形式审查

“行政诉讼法”第244条规定，提起上诉，应以上诉状表明左列各款事项，提出于原“高等行政法院”为之：①当事人；②“高等行政法院”判决，及对于该判决上诉之陈述；③对于“高等行政法院”判决不服之程度，及应如何废弃或变更之声明；④上诉理由。当事人上诉向原“高等行政法院”提出，则原“高等行政法院”应根据同法第245条第1项及第246条进行形式审查。对于不合法律规定的上诉，原“高等行政法院”可令其补正，对于法定期间不予补正的，裁定驳回上诉。

（2）答辩状

原“高等行政法院”对于符合法律规定的上诉，应根据同法第247条第1项的规定，将上诉状送达被上诉人。被上诉人应在受到上诉状之日起15日内，向该“高等行政法院”提交答辩状。

（3）送交诉讼卷宗

“行政诉讼法”第247条第3～4项规定，“高等行政法院”送交诉讼卷宗于“最高行政法院”，应于收到答辩状或前项期间已满，及各当事人之上诉期间已满后为之。前项应送交之卷宗，如为“高等行政法院”所需者，应自备缮本、影本或节本。根据该条，原审“高等行政法院”应在收到答辩状或虽未收到答辩状，但答辩期间届满，以及各当事人的上诉期限均已届满时，向“最高行政法院”移交诉讼卷宗。

（三）“最高行政法院”对上诉的审理

1. 形式审查

如前所述，当事人不服“高等行政法院”的判决，向作出判决的原审“高等行政法院”提出，而该“高等行政法院”已就上诉进行过形式审查，因此，“最高行政法院”审理的上诉案件，其形式要件原则上多为合法。如有不合法律规定的上诉案件，则可以令其补正。对于经“高等行政法院”令其补正而未补正的，由“最高行政法院”裁定驳回上诉。

2. 实质审查

根据“行政诉讼法”第242条、第254条第1项的规定，“最高行政法院”对上诉案件的审理采用法律审的方式，所以，其对于案件的实体审查与一审“高等行政法院”不同：

（1）“最高行政法院”的判决不得变更或扩张上诉人的上诉声

明。同法第250条规定，“上诉之声明不得变更或扩张之”。

（2）“最高行政法院”的审理范围原则上限于上诉人提起上诉的事项。“行政诉讼法”第251条第1项规定，“最高行政法院”应于上诉声明之范围内调查之。

（3）“最高行政法院”原则上不经言词辩论，而采书面审理的方式判决。同法第253条规定，“最高行政法院”之判决不经言词辩论为之。但有左（下）列情形之一者，得依职权或依声请行言词辩论：①法律关系复杂或法律见解分歧，有以言词辩明之必要者；②涉及专门知识或特殊经验法则，有以言词说明之必要者；③涉及公益或影响当事人权利义务重大，有行言词辩论之必要者。言词辩论应于上诉声明之范围内为之。根据该条，“最高行政法院”在上述三种情形下，仍然应该经言词辩论而为判决。

（4）“最高行政法院”以原审行政法院判决确定的事实为判决的事实基础。同法第254条第1项规定，除别有规定外，“最高行政法院”应以“高等行政法院”判决确定之事实为判决基础。根据该条，“最高行政法院”除法律规定的情形下，依职权调查证据外，原则上不对一审判决确定的事实进行审查，而仅就一审判决在法律适用上进行判决。

（四）“最高行政法院”判决

“最高行政法院”经审查认为上诉案件合法，则依据不同情形作出如下判决：

1. 对于上诉无理由的判决

“行政诉讼法”第255条规定，“最高行政法院认为上诉为无理由者，应为驳回之判决。原判决依其理由虽属不当，而依其他理由认为正当者，应以上诉为无理由”。根据该条，“最高行政法院”对于上诉为无理由的，应判决驳回。对于原判决依其理由虽属不当，而依其他理由认为正当的，也同样以上诉无理由为由，判决驳回其上诉。

2. 对于上诉有理由的判决

“最高行政法院”经审查认为，上诉人上诉有理由，则“最高行政法院”应就该有理由的一部分或全部撤销原判决，并依不同情况，作出如下判决。

（1）自为判决

“行政诉讼法”第259条规定，“经废弃原判决而有左列各款情形之一者，‘最高行政法院’应就该事件自为判决：①因其于确定之事实或依法得斟酌之事实，不适用法规或适用不当废弃原判决，而事件已可依该事实为裁判者；②事件不属行政法院之权限，而废弃原判决者；③依第253条第1项行言词辩论者”。根据该条，“最高行政法院”应就该事件自为判决的情形有以下三种：

①原判决事实清楚，但适用法律、法规不当，“最高行政法院”予以撤销的情形。

因“高等行政法院”就确定的事实在适用法规有错误，但其所确定事实的程序并无违反法令的情形，则“最高行政法院”在撤销原判决时，应就该诉讼事件重新判决，而无须发送原“高等行政法院”审理或发交其他“高等行政法院”审理，以节约诉讼成本。

②因事件不属于行政法院的权限，而撤销原判决的情形。

行政诉讼事件不属于该受理案件的行政法院管辖，即受诉行政法院对该诉讼事件无审判权，则应依同法第107条第1项第7款的规定，裁定驳回原告的诉讼请求。但如果“高等行政法院”误认为自己有管辖权而作出了原告胜诉的实体裁判，则“最高行政法院”撤销原判决，并判决驳回原审原告在第一审的诉讼请求。如若“高等行政法院”作出原审原告败诉的实体判决，则“最高行政法院”仍应判决驳回上诉。

③经言词辩论而自为判决的情形。

“行政诉讼法”第253条规定，“最高行政法院”于下列三种情形下，须经言词辩论：其一，法律关系复杂或法律见解分歧，有以言词辩明之必要；其二，涉及专门知识或特殊经验法则，有以言词说明之必要；其三，涉及公益或影响当事人权利义务重大。如前所述，“最高行政法院”为二审法院，对原判决适用的法律进行审查，因此，无言词辩论的必要，但前述三种情形则须进行言词辩论的审理程序。对于经言词辩论的审理程序的上诉事件，“最高行政法院”没有必要将上诉案件发回原审“高等行政法院”或发交其他“高等行政法院”审理，以节约诉讼成本，提高诉讼效率。

（2）发回或发交判决

“行政诉讼法”第260条规定，“除别有规定外，经废弃原判决者，‘最高行政法院’应将该事件发回原‘高等行政法院’或发交其他‘高等行政法院’。前项发回或发交判决，就‘高等行政法院’应调查之事项，应详予指示。受发回或发交之‘高等行政法院’，应以‘最高行政法院’所为废弃理由之法律上判断为其判决基础”。根据该条，除法律有特别规定外，“最高行政法院”原则上应将上诉案件发回原审“高等行政法院”或发交其他“高等行政法院”判决。由根据“行政诉讼法”第242条规定，“对于‘高等行政法院’判决之上诉，非以其违背法令为理由，不得为之”。因此，经“最高行政法院”审查认为其上诉为有理由时，则第一审判决当然违背法令，除有前述第259条规定的情形外，“最高行政法院”可自为判决。但因诉讼事件复杂，调查证据多有困难，只得将上诉案件发回至原“高等行政法院”或发交其他“高等行政法院”审理。

三、抗告程序

（一）抗告的含义

所谓抗告，是指行政诉讼当事人或其他诉讼关系人不服一审行政法院或审判长所作出的未生效的不利裁定，向“最高行政法院”请求撤销或变更一审裁定的行为。抗告的提起不限于当事人，证人、诉讼代理人、法定代理人、行政法院的书记官或其他人员等均可以提起抗告。抗告之目的在于：一是为保障当事人及其他诉讼关系人的诉权不受非法的侵害；二是为节约诉讼成本，提高诉讼效率。

（二）提起抗告的要件

提起抗告须具备下列要件：

1. 须由有抗告权人提起。凡是因行政法院审判长的裁定而受不利影响的人，均可以提起抗告，例如证人、鉴定人、行政法院的书记官、送达员、法定代理人、诉讼代理人等。于此，抗告权人的范围比上诉权人的范围广。

2. 须主张一审裁定不当，且对己不利益。

3. 须在抗告的法定期限内提出。根据“行政诉讼法”第268条的规定，不服原审行政法院、审判长的裁定，应于裁定送达后10日内提起，但是该裁定在送达前并不丧失其效力。

4. 抗告须对“高等行政法院”的一审裁定声明不服。如前所述，台湾地区的行政诉讼采二审终审制，“最高行政法院”裁定是终审裁定，当事人及其他关系人不服，不得提起抗告之诉。

5. 抗告须符合法定的程式。“行政诉讼法”第269条规定，“提起抗告，应向为裁定之原‘高等行政法院’或原审判长所属‘高等行政法院’提出抗告状为之。‘高等行政法院’适用简易诉讼程序之事件或关于诉讼救助提起抗告，及由证人、鉴定人或执有证物之第三人提起抗告者，得以言词为之”。根据该条，提起抗告应向原“高等行政法院”提交诉状，抗告之诉由原审“高等行政法院”进行形式审查。如抗告不符合法律规定的形式要件，由“高等行政法院”令其补正，逾期不补正者裁定驳回。当事人及其他诉讼关系人一般应以书面的形式提起抗告，但是对于下列三种情形则可以言词提起抗告之诉：一是“高等行政法院”适用简易诉讼程序之事件；二是关于诉讼救助提起抗告；三是由证人、鉴定人或执有证物之第三人提起抗告的。

（三）对于抗告的裁判

1. 原审“高等行政法院”或审判长的裁判

（1）形式上审查

根据“行政诉讼法”第272条与“民事诉讼法”第491条第2项，原审“高等行政法院”或审判长对于当事人或其他关系人提起的抗告应进行形式审查。对于抗告不符合法律规定的，原审“高等行政法院”可以令其补正。但是在驳回当事人与其他诉讼关系人的裁定的法律上，抗告与上诉不同。也就是说，原审“高等行政法院”或原审判长除了对于法定期限内未提起抗告或对于法律规定不得提起抗告的事件可以裁定驳回外，其他不合法的抗告，仍应移送“最高行政法院”，由“最高行政法院”裁判。

（2）实质上审查

根据“行政诉讼法”第272条及“民事诉讼法”第489条的规定，原审“高等行政法院”或原审判长经审查认为抗告符合法律规定时，即应对该抗告进行实质上审查，其审查的范围还包括抗告人提出的新事实及证据。经审查，如其认为抗告有理由时，则原审“高等行政法院”或原审判长应撤销或变更原裁定。若原审“高等行政法院”或审判长未裁定驳回抗告诉讼，也没有对原裁定予以更正，则应及时将抗告事件送交“最高行政法院”裁判。

2. “最高行政法院”对于抗告的裁判

对于抗告之诉，除法律规定由原审行政法院或审判长裁定驳回抗告或更正原裁定外，应由“最高行政法院”裁定。根据“行政诉讼法”第272条及“民事诉讼法”第482条的规定，“最高行政法院”对于抗告之诉，应首先就抗告的提起是否合法进行审查，如其不符合法律规定的形式要件则令其补正。当事人及其他诉讼关系人逾期未补正的，“最高行政法院”可裁定驳回其抗告。经审查，其抗告符合法律规定的形式要件，则“最高行政法院”应进行实体审查，并根据法律规定作出裁判。

(1) 裁定驳回

根据“行政诉讼法”第272条与“民事诉讼法”第492条第1项规定，“最高行政法院”对于抗告无理由的，应裁定驳回。当事人或其他诉讼关系人提起抗告须以原裁定对于抗告人不利益，且原裁定不当为由方能提起，因此，凡未达此等要求而提起抗告的，均为抗告无理由。另外，“最高行政法院”若认为依诉讼的进行或终结，抗告之诉已丧失其目的，此等抗告之诉也被认为是无理由。

(2) 撤销原裁定

根据“行政诉讼法”第272条与“民事诉讼法”第492条第2项的规定，“最高行政法院”撤销原裁定后，无须重新裁定，也没有必要命原“高等行政法院”或原审判长变更原裁定。

(3) 撤销原裁定，并令原“高等行政法院”或原审判长变更原裁定

根据前述法律的相关规定，“最高行政法院”认为抗告有理由的，原则上应撤销原裁定，并作出新的裁定。但如有必要，则可令原“高等行政法院”或审判长变更原裁定。所谓“必要”，是指对于当事人及诉讼关系人提起的抗告之诉的事实或证据调查等方面，“最高行政法院”多有不便和困难而言。因此，为降低诉讼成本，由原“高等行政法院”或审判长就该诉讼事件进行调查，并对原裁定予以变更。

(4) 撤销原裁定并重新作出裁定

根据前述法律的相关规定，“最高行政法院”在撤销原裁定时，

原则上应作出新的裁定以代替原裁定。例如，对于驳回诉讼救助声请的裁定的抗告，“最高行政法院”认为有理由的，应撤销原裁定，并作出准许诉讼救助的裁定。

四、对我国台湾地区行政法院制度的简要述评

我国台湾地区行政法院制度基本上秉承了大陆法系传统，其中德国行政法院的基本制度对其影响尤为深远。但台湾地区的行政法院制度也有自己的一些特色，而这些特色对我国大陆设立行政法院有着一定的借鉴意义，现就此分述之。

首先，台湾地区行政法院的设立具有一定的灵活性，即实行以地域为主，事务为辅的原则。据此，台湾地区“司法院”在台北、台中、高雄三地设立了“高等行政法院”，然后根据管辖区域之广狭与事务之简繁予以重新划分或变更。台湾地区行政诉讼的级别实行两审终审制，其“最高行政法院”设立于台北。鉴于此，如考虑在内地设立行政法院，则在行政法院设立上可参酌之。我国内地行政法院之设立可考虑在设区的市设高等行政法院，在北京设立最高行政法院。而后，可根据区域范围之大小和事务之多寡由司法部门予以重新划分或变更。

其次，台湾地区行政法院组织结构有以下几个特点：第一，无论是“高级行政法院”，还是“最高行政法院”，其院长均为非民选。院长之任命均由台湾“司法院”决定之。第二，行政法院法官的资质条件不是必须具有律师考试及格之资格，而是具有一定程度的开放性。例如，台湾“教育部”审定合格之大学或独立学院之教授、副教授并具有相应资格者，可出任行政法院之法官。第三，行政法院的行政事务与审判事务基本分离，院长主持全院的行政事务、庭长则主持本庭有关的行政事务。第四，书记处或书记庭与行政审判庭相分离，其职等低于法官职等。

再次，台湾地区行政法院的审判权限划分有其自己的特色。凡公法之争议，除法律有特别规定外，均可依据台湾地区新的行政诉讼法提起行政诉讼。具体地说，台湾地区行政法院审理行政案件的权限有如下特点：第一，区别了宪法争议事件和行政审判权限。此制源于德国，台湾地区司法则承袭之。第二，将公务员申诉事件之审理划归公

务员惩戒委员会。在法国和瑞士，公务员申诉事宜由行政法院负责审理。在德国则设有公务员惩戒法院，专门负责审理公务员惩戒事件。但该惩戒法院隶属行政法院，为行政法院的下级法院。因此，不服惩戒委员会的裁决，可向行政法院上诉。在奥地利，凡公务员惩戒事件则可向宪法法院诉请撤销。我国台湾地区则专设公务员惩戒委员会，且不隶属于行政法院。第三，交通违规事件、治安管理处罚事件、国家赔偿事件、律师惩戒事件均不属于行政审判权限范围之内，由相关机构负责审理相关事件。

最后，我国台湾地区行政法官的回避范围比大陆行政法官回避的范围广。台湾地区行政法官的回避情形仿民法之制，其范围较广。例如，法官的前配偶及未婚配偶为诉讼当事人，则该法官应回避。法官为该诉讼事件当事人八亲等内血亲或五亲等内姻亲或曾有此亲属关系的，也应回避。

附件1：各国宪法中有关行政法院的条款

■ 奥地利共和国宪法

（1920年颁布，1929年修订，1945年重新颁布，1983年7月1日修订）

第129条　为了保障公共行政的合法性，在维也纳设立行政法院。

第130条

第1款　行政法院受理对行政机构的违法裁定与越权行为所提出的指控并作出裁决。行政法院还受理对第81条（甲）第4款所说明的指令提出的指控并作出裁决。

第2款　如果立法机构未制定有约束力的条文而把这种行为规定留给行使法律意义上自行处理权的机构，则违法问题不能成立。

■ 保加利亚共和国宪法

（1991年7月12日颁布）

第125条

第1款　最高行政法院对行政审判中准确地、同等地实施法律进行最高司法监督。

第2款　最高行政法院对部长会议和部长的法令以及法律规定的其他法令的合法性的争议表示意见。

■ 德意志联邦共和国基本法

（1945年5月23日颁布，1955年3月15日施行，1994年10月修订，1995年11月3日修订，1997年10月20日修订，1998年3月26日修订，1998年7月16日修订，2000年11月29日修订，2001年

11 月 26 日修订）

第 95 条

第 1 款　为实行普通的、行政的、财政的、劳动的和社会的审判权，联邦建立联邦法院、联邦行政法院、联邦财政法院、联邦劳动法院和联邦社会法院作为最高级法院。

■ 法兰西共和国宪法

（1958 年 9 月 28 日颁布第五共和国宪法，1962 年对总统选举条款进行了修订，1992 年因马斯特里赫特条约而修订，1993 年修订中排除了移民法条款，1995 年 7 月 26 日修订中排除了公民投票条款）

第 13 条

第 1 款　共和国总统签署经内阁会议审议的法令和命令。

第 2 款　共和国总统任命国家的文职人员和军职人员。

第 3 款　行政法院法官……在内阁会议上任命。

■ 芬兰共和国宪法

（1999 年 6 月 1 日颁布，2000 年 3 月 1 日生效）

第 56 条　最高行政法院，除另有规定者外，为行政诉讼的终审法院，并对下级机关在行政诉讼方面执行法律的情况实施监督。

第 57 条　最高行政法院由院长一人和法官若干人组成。

■ 瑞典王国政府组织法

（1975 年 1 月 1 日颁布，通过 1994 年的第 1469 号法律将普通选举的间隔时间由 3 年改为 4 年）

第十一章　司法与行政

第 1 条　最高法院是拥有最高管辖权的普通法院，最高行政法院是拥有最高管辖权的行政法院。最高法院与最高行政法院的审判权可由法律加以限定。只有被任命为最高法院或最高行政法院常任法官者，才能担任上述法院的成员。

■ 瑞士联邦共和国宪法

（1998年12月18日颁布，1999年4月18日公民投票通过，2000年1月1日生效。1999年10月8日修正案于2000年3月12日经公民投票通过，2000年12月15日修正案于2001年6月10日经公民投票通过，2001年6月22日修正案于2001年12月2日经公民投票通过，2001年10月5日修正案于2002年3月3日经公民投票通过，2002年10月4日修正案于2003年6月19日经公民投票通过，2003年6月20日修正案于2004年2月8日经公民投票通过）

第114条

（二）联邦行政法院受理联邦法律所规定的联邦行政诉讼。

联邦行政法院还受理联邦法律规定由该法院而不是由其他专门法院审理的联邦惩戒事项。

联邦行政法院执行联邦法律以及联邦议会批准的条约。

各州有权委托联邦行政法院审理各州的行政诉讼，但须经联邦议会批准。

联邦行政惩戒法院的组织及其程序，由法律加以规定。

■ 希腊共和国宪法

（1975年颁布，1986年3月6日修订，2001年3月19日修订）

第93条

第1款　法院分为：行政法院、民事法院和刑事法院，按专门法律规定组织。

第95条

第1款　中央行政法院的主要职权：

（1）根据请求撤销行政机关颁布的越权或违法的行政命令；

（2）根据请求撤销行政法院作出的越权或违法的最后裁决；

（3）审理由宪法和法律规定归其受理的重大行政争端；

（4）解释一切立法性法令。

第2款　在行使上款（4）项规定的权力时，不得应用第93条第2和第3各款的规定。

第3款　中央行政法院撤销各类案件裁判权的审理，得依法交给另一级普通行政法院办理，但中央行政法院保留最高裁判权。

第4款 中央行政法院依照更明确法律规定，调整并行使裁判权。

第5款 政府必须遵守中央行政法院作出的撤销裁决。如有违反，将依法追究任何违法官员的责任。

■ 泰国宪法

(1991年12月9日颁布)

第195条 行政法庭有权根据法律规定审理和审判案件。

第195条乙 国王任命和罢免行政法庭中的审判官员。

首次任职前，行政法庭审判官员必须向国王宣誓。誓词由法律规定。

第195条丙 行政法庭中的审判官员的任命和罢免，必须根据法律的规定征得行政法庭司法委员会的同意，才能将奏折上呈国王。

行政法庭中审判官员的职务晋升、提高工资和处罚等，必须根据法律规定征得行政法庭司法委员会的同意。

■ 土耳其共和国宪法

(1982年11月7日投票通过)

第155条 最高行政法院是审核由行政法院作出，按法律不得提交其他行政法院的裁定和判决的终审行政法院，最高行政法院对于法律规定的特殊案件有初审和终审管辖权。

最高行政法院受理并裁决行政诉讼，对总理和内阁提交的法律草案提供意见，审查条例草案、特许权的条件及合约，裁决行政纠纷，并执行法律规定的其他职责。

最高行政法院的成员，四分之三由最高法官和检察官委员会从一级行政法官和检察官以及从事该专业的著名人士中任命，四分之一由总统从符合法律规定条件的官员中任命。

最高行政法院院长、首席检察官、副院长和各处处长由最高行政法院全体会议以全体成员的绝对多数票秘密投票的方式从其成员中选举产生，任期四年。任期届满者可以再次当选。

最高行政法院的组织，行使职权的规则，院长、首席检察官、副院长、处长及其成员的任职资格和选举程序，均由法律根据行政审判特点、法院独立和法官职位保障的原则予以规定。

■ 哥伦比亚共和国宪法

（1991年7月5日颁布）

第154条　各省设一个行政法院，其职权和大法官数目由法律规定。

行政法院成员的条件、任命和任期，与对高等法院大法官的规定相同。

■ 乌拉圭共和国宪法

（1966年11月27日颁布，1967年2月生效，1973年6月27日中止实施，新宪法于1980年11月30日的公民投票中被否决，两次修订分别为1989年11月26日和1997年1月7日的公民投票所批准。）

第307条　应设立行政诉讼法庭，它由五人组成。

第309条　行政诉讼法庭审理撤销特定的行政行为的申诉案件，该行政行为指政府在履行职责过程中违法法规或滥用职权的行为。

该法庭对省政府、自治机构以及分权机关特定的行政行为也有审判权。

请求撤销的诉讼只能由具有诉讼权者提出或者由个人直接的正当利益受到行政行为的侵犯或者侵害的当事者提出。

附件 2:各国法律中有关行政法院的条款

■[法国] 1945 年最高行政法院组织法令

(1945 年 7 月 31 日法国临时政府第 45-1708 号法令公布)

第 1 条 最高行政法院直属法兰西共和国临时政府首脑（总理）统辖。

第一章 最高行政法院的组成及其成员的地位

第 2 条 最高行政法院由下列成员构成：

(1) 1 名副院长；

(2) 5 名组长；

(3) 42 名最高行政法院普通职法官；

(4) 12 名最高行政法院特别职法官；

(5) 45 名稽核长；

(6) 44 名稽核员，其中，一等稽核员 20 名，二等稽核员 24 名。

第 3 条 由 1963 年 7 月 30 日第 63-766 号法令废止。

第 4 条 同上。

第 5 条 最高行政法院的副院长根据司法部长的提名由部长会议的命令任命之，他必须在最高行政法院的组长和普遍职法官中选任。

第 6 条 组长根据司法部长的提名由部长会议的命令任命之，他们必须在普通职法官中选任。

第 7 条 普通职法官根据司法部长的提名由部长会议的命令任命之。

第 2 款由 1963 年 7 月 30 日第 63-767 号法令废止。

至少 2/3 法官的空缺保留给稽核长。

从稽核长中选任法官得根据1份3人名单进行，该名单由最高行政法院副院长与组长们磋商审议提出。

第8条 特别职法官在国务活动的各个领域里的合格人士中选拔。根据司法部长的提议由部长会议的命令任命之。

特别职法官的职务与行使议会委任的权责不相容。

第3款由1963年7月30日第63-767号法令废止。

特别职法官出席最高行政法院全体会议。

根据最高行政法院副院长的决定（经与组长们共同磋商），召集特别职法官参加第25条所规定的常设委员会的会议及参加行政组或委员会的工作。

第9条 （1963年7月30日第63-766号法令）稽核长由司法部长提名并任命之。最高行政法院副院长经与组长们磋商后出席任命稽核长的提名会，在一等稽核员中推荐。

至少3/4的稽核长空缺保留给一等稽核员。

除现任一等稽核员外，稽核长得在年满30岁，担任公职10年以上的文职或军职公务员中任命。

第10条 一等稽核员在二等稽核员中选任，他们根据司法部长的提名以命令任命之；最高行政法院副院长经与组长们磋商后推荐。

第11条 在最高行政法院工作2年后如果二等稽核员其能力显得不适合所承担的职务，最高行政法院副院长经与组长们磋商后将此情况报告临时政府首脑，以便在征求司法部长的意见后，根据公共行政条例所确定的条件委任该稽核员担任其他公职。

第12条～第15条 由1963年7月30日第63-767号法令废止。

第16条 第1款和第2款由1963年7月30日第63-767号法令废止。

特别职法官不在最高行政法院领取工资。法院根据实际完成的工作而给予津贴，津贴报酬的方式由公共行政条例规定之。

第17条 由1963年7月30日第63-767号法令废止。

第18条 第1款由1975年12月30日第75-1280号法令第4条废止。该法第2条，民事退休金。

在达到上款所规定的年龄之前，最高行政法院副院长、组长和法官只有依司法部长的提议根据部长会议的命令才得退休；该法院的其他成员必须根据上条第 2 款规定的条件（征询咨询委员会的意见并根据司法部长的报告——请参阅 1963 年 7 月 30 日第 63-767 号法令第 25 条）才得退休。

第 19 条 由 1963 年 7 月 30 日第 63-767 号法令废止。

第 20 条 （办公室人员）

第二章 最高行政法院在行政和立法方面的权限

第 21 条 最高行政法院根据 1945 年 7 月 31 日的法令所规定的条件参与制定法律和条例。

临时政府首脑（总理）将部长拟定的法律或法令草案交给国家行政法院审查，对草案提意见，并建议进行必要的修改。

最高行政法院得应邀准备和草拟条文。

最高行政法院副院长可以应部长的要求指派该法院的成员参加起草条例草案。

第 22 条 最高行政法院必须对政府被授权颁布的具有法律效力的命令、公共行政条例以及具有公共行政条例形式的命令提出咨询意见。

第 23 条 最高行政法院得对其他法令草案提出自己的意见。一般地说，它可以对法律和条例规定其参与，或政府交办一切问题提出自己的意见；尤其是可以根据部长的请求对行政方面产生的困难提出咨询意见。

最高行政法院负有视察法国本土和海外的各行政司法的任务。这项任务在行政法院副院长的领导下，由一名最高行政法院法官和其他两名最高行政法院的成员执行。

最高行政法院副院长可以应临时政府首脑（总理）或一名部长的要求指派一名最高行政法院的成员在法国本土或海外领土上执行视察任务。

第 24 条 最高行政法院可以主动提请公共权力机关注意，在制定法律、条例和行政规章的程序方面进行符合公益的改革。

第 25 条 ~ 第 31 条 由 1963 年 7 月 30 日第 63-766 号法令废止。

第三章　最高行政法院的审判职能

第32条　最高行政法院为行政诉讼方面具有一般权限的法院，它得独立地审判对行政机关的行为提出的越权之诉；得受理不服初审行政法庭判决的上诉；得受理不服行政法院终审判决的复核之诉（请参阅地方行政法庭法典法律第3条，1953年11月28日第53-1169号法令第1条）。

第一节　组　　织

第33条　由1963年7月30日第63-766号法令废止。

第34条　由1984年8月29日第84-818号法令废止。

第35条~第37条　由1963年7月30日第63-766号法令废止。

第38条　为诉讼案件组成裁判庭，包括：……

（见1963年7月30日第63-766号法令第40条）

第39条　诉讼全体大会的组成。

（见1963年7月30日第63-766号法令第41条）

第二节　诉讼程序

第1分节　诉状的提出

第40条　诉讼当事人的诉状或部长的申请必须简单陈述事实和理由、诉讼请求、当事人的姓名和住所以及受控告的决定，在本法令第51条规定的情况下［政府各部门保留4个月期限］，须有证明提出申诉的日期的文件。

第41条　当事人的诉状必须由一名最高行政法院的律师签署。不论是起诉状，还是答辩状，此种签署均等于选择签名律师的住所作为当事人的住所。

第42条　若遇法律特别规定不由律师代签署的案件，尤其是本法令第45条所列举的案件，诉状得由当事人或其代理人签署。

第45条所列举的案件有：

（1）对行政机关的行为提出的越权之诉；

（2）对特许和拒付退休金、补助金提起的诉讼；

(3) 对地方行政法庭有关与上述两项性质相同的纠纷的决定提起的诉讼；

(4) 对行政诉讼法庭有关隶属法国海外部的公务员的任命、晋升、纪律处分、薪金、退休金补贴，总之，是有关上述公务员的一切个人争讼的决定提起的诉讼。

第 43 条 起诉若不是由最高行政法院的律师提出，得经有关部长或经授权的公务员签署。

第 2 分节 诉状的印花税和注册税

……

第 3 分节 诉状的递交

第 44 条 申诉状和诉状以及当事人所提出的一切材料得呈交最高行政法院。它们可以免费呈交最高行政法院的诉讼组组长。关于违警、直接税和选举案件的诉状可以交申请人的住所所在的省政府或区政府；在殖民地可交申请人的住所所在的殖民地行政诉讼法院的秘书处。

为便于通知，诉状及陈情书必须附有经当事人认可的另纸副本；如果没有副本，诉讼组组长得命令当事人制作。

1881 年 8 月 5 日法令第 86 条及以下各条所规定的起诉宣告程序即行废除。

第 4 分节 向最高行政法院起诉无中止效力

第 48 条 (1963 年 7 月 30 日第 63-766 号法令) 除法律另有规定外，向最高行政法院起诉如无该法院的特别命令不具有中止效力。

第 5 分节 提出诉状的期限

第 49 条 除法律有相反规定外，对一个机关的决定向最高行政法院的申诉或起诉或向最高行政法院上诉必须在 2 个月内提出；此期限从被诉的决定公布之日起算，若该决定须通知或送达，则从通知或送达之日起算。

第 50 条 除前条规定的期限外，申请人若住在法国大陆、科西嘉岛和阿尔及利亚以外的地方，则适用民事诉讼法典第 73 条所规定的期限（请参见新的民事诉讼法典第 643 条）。

然而，在违警、选举和税收等案件中使用上述第 47 条第 2 款规定的申请人不适用上款附加期限。

第51条 由1956年6月7日第56-557号法令废止。

第6分节 诉状的送达

第52条 如果根据起诉状，案件的解决已可确定，小组可以决定不予审理，并将案卷呈交政府委员审阅。

第53条 在其他情况下，（1984年8月29日第84-818号法令）"组或小组"得根据原告可能在起诉状里提出的建议规定提出答辩状陈述和评论的期限。

第54条~第56条 由1975年8月26日第75-791号法令废止。

第57条 如果裁判针对若干当事人，其中某一些人提出辩护，另一些人没有提出辩护，此同一份判决书是对所有当事人作出判决。

第7分节 案件预审期间的附带请求

一、附带请求

第58条 附带请求以简短诉状的形式呈交最高行政法院秘书处；组长或小组长（1984年8月29日第84-818号法令）必要时得命令将该诉状送达有关当事人，命其在规定的期限内作出答复。

第59条 附带请求和主要请求合并在同一判决中作出裁决。如有必要作出临时和紧急处置，报告员得在下次小组会审议时向本组和本院提出报告。

二、关于对方文件系属伪造的申明

第60条 一方当事人提出对方当事人文件系属伪造的申明，组长或小组长（1984年8月29日第84-818号法令）得规定一个期限，在此期限内提出该文件的一方必须声明他是否要使用该文件。如果该方当事人没有遵从法院的命令，或者他声明不使用该文件，则该文件作废；如果该当事人声明使用该文件，最高行政法院根据"组或小组"（1984年8月29日第84-818号法令）的意见进行裁决，或命令暂缓对主要争议作出判决，直到有管辖权的法庭对伪造问题作出判决；或作出最终判决，宣布有伪造争议的文件对判决没有影响。

三、第三人参加诉讼

第61条 第三人的诉讼请求由另一诉状提出；"组长或小组长"（1984年8月29日第84-818号法令）必要时，得命令将该诉状送达各当事人，后者在法令规定的期限内作出答复，但是对主要争议的判决不得因第三人参加诉讼而推迟。

四、关于诉讼的恢复和新律师的聘请

第62条 在案件尚未判决以前，如果一方当事人死亡或其律师死亡、辞职、停职或被解职，诉讼得中止，中止期间催告恢复诉讼或聘用新律师。

第63条 当事人解职一名律师，如果不包含指定另一名律师，就对另一方当事人无效力。

五、关于否认诉讼代理的请求

第64条 如果一方当事人请求否认在最高行政法院以外以其名义实施的诉讼行为或程序，并因此而影响判决，该请求必须通知其他诉讼当事人。如果组长或小组长认为该请求有预审价值，则将其移送给有管辖权的法官在规定的期限内进行预审；在此期限届满时，根据对此种请求的判决决定是否撤销主要诉讼。

第65条 如果否认诉讼代理的请求是针对律师在最高行政法院内实施的诉讼行为或程序，则由小组长速决在规定的期限内进行审理。

第8分节 开庭

第66条 除各类别的收入所得税和一般所得税的案件外，庭审公开进行。

民事诉讼法典第88条以下各条有关法庭秩序的规定适用于大会、诉讼组、联合小组和小组组成的法庭（请参见新的民事诉讼法典第438条、第439条和第441条）。

第67条 在报告员宣读报告之后，各当事人的律师可以陈述口头意见；每个案件得由一名稽核长（政府委员）或一名稽核员（助理委员）发表意见。

第9分节 最高行政法院的判决

第68条 除所得税方面的案件外，一切判决都公开宣读。

判决书内容包括各当事人的姓名和住所、结论、主要文件材料的证词和所适用的法律；判决书由审判长、报告员和秘书签署，并记在审议记录上，参加审议的人员记入其中。

第69条 审判记录应指出已履行本法令第35条、第36条、第38条、第39条、第66条第1款、第67条、第68条等的规定。

第70条 判决书由秘书以下列有执行力的格式发出：

“共和国兹通知××部（及判决书指明的司、处）及所有的执达员执行本判决。”

第71条 如果是最高行政法院的律师代理强判性的案件，最高行政法院的判决只有在先行通知律师后方得执行。

第10分节 对错误判决的申诉

第72条 对最高行政法院有错误的判决可以提出异议。这种异议除另有专门命令外，无停止判决执行的效力。异议得在判决通知之日起2个月内提出，逾期异议无效。

第73条 接受异议的裁决，必要时重新将诉讼当事人置于原来的状态。在指定由最高行政法院的律师充当诉讼代理人的案件中，在该裁决后8天内通知另一方当事人的律师。

第74条 未出庭当事人对判决提出异议，如涉及对审另一同等利益的当事人，则不予受理。

第11分节 对自相矛盾的判决提出的申请

一、申请再审

第75条 在下列3种情况下，最高行政法院律师必须对自相矛盾的判决提出申诉，否则处以罚款；若为重犯，得停职或解职：①判决是根据错误的材料作出的；②一方当事人受处罚，但缺乏对当事人提出的决定性材料；③作出的判决不符合本法令第35条、第36条、第38条、第39条、第66条第1款、第67条和第68条的规定。

第76条 申请再审必须在和对错误判决的异议同样的期限内，以同样的方式提出。

再审的请求必须由最高行政法院的律师提出，即使受控告的判决是对一个无须律师代理的上诉案件亦是如此。

第77条 对同一个判决只能提出一次再审的请求，第二次提出将不予受理。律师如不遵守上述规定，将受到本法令第75条所规定的处罚。

二、申请纠正事实及物证错误

第78条 如果最高行政法院的判决书中存在事实及物证错误，使人怀疑影响对案件的判决，有利害关系的一方当事人可以向最高行政法院申请改正。

请求改正的申请必须以和原来的诉状同样的形式，在判决书送达或通知之日起2个月内提出。

三、第三者异议

第79条 对最高行政法院的判决持有异议的第三者，无论是谁未被传到庭，必须以普通诉状的形式提出申请。

该种申请须呈交最高行政法院的秘书处，根据本节的规定进行。

屈服于第三者异议攻击的一方当事人得被处以罚款，这不影响该当事人必要时受到损害赔偿的处罚。

第12分节 诉讼费用

第80条 最高行政法院得在判决书中指明承担诉讼费用的当事人。

国家可以被判处承担诉讼费用。

第81条~第83条 由1978年1月20日第78-62号法令第31条废止。

第84条 诉讼费用由一名稽核长或一名稽核员结算和核定收费。

诉讼费用由诉讼组组长审定后即予执行。

对诉讼费用有异议在执行送达后3天内提出，由诉讼组组长作出裁决。

第四章 附 则

第85条 （过渡性条款）

第86条 本法的执行办法将另行制定一个公共行政条例来作出规定（该参见1963年7月30日第63-766号法令）。

（徐鹤林译）

■［德国］1960年行政法院法（VwGO）

（1960年1月21日，由联邦议会通过。最后一次于1997年12月22日修改。联邦法律公报第3224页）

联邦议会已通过下列法律：

第一章　法院之组织

第一节　法　　院

第1条　［法院独立］

行政审判管辖权由与行政当局分离的法院独立行使。

第2条　［法院］

在普通行政审判管辖权范围内：

各州设立行政法院和高级行政法院；

联邦设立联邦行政法院位于柏林。

第3条　［组织］

1. 由法律规定：

（1）一所行政法院或一所高级行政法院的设立或撤销；

（2）法院所在地迁移；

（3）法院管辖区区划的变更；

（4）对于设有多所行政法院的一个管辖区内，指定一所行政法院个别案件管辖范围；

（5）在另一地点设立行政法院个别法庭或者高等行政法院个别审判团；

（6）对于已受理的诉讼，如不能按照迄今有效的规定确定管辖权时，按照（1）、（3）和（4）规定办法，移送另一法院。

2. 几个州可以协议决定设立一所共同的法院，或者一所法院的共同审判团，或者法院管辖区扩大越过州界，也可以为了个别案件进行管辖。

第4条①　［领导与业务分配］

行政审判管辖权的法院相应地适用法院组织法第二章规定。

第5条　［行政法院的构成和组织］

1. 行政法院由院长、审判长以及其他必要名额法官组成。

---

① 参见1972年9月19日的关于法院领导的选举规则（联邦法律公报Ⅰ第1821页）。

2. 行政法院内组成若干法庭。

3. 行政法院法庭由三名法官及两名名誉法官组成进行审判。除言词辩论外，名誉法官不参与决议及裁定（第84条）。

第6~8条 （已废除）

第9条 ［高级行政法院的构成和组织］

1. 高级行政法院由院长、审判长以及其他必要名额法官组成。

2. 高级行政法院内组成若干审判团。

3. 高级行政法院审判团由三名法官组成进行审判，各州立法可以规定审判团由五名法官进行审判，其中也可以有两名名誉法官。

4. （废除）

第10条 ［联邦行政法院构成与组织］

1. 联邦行政法院由院长、审判长以及其他必要名额法官组成。

2. 联邦行政法院内组织若干审判团。

3. 联邦行政法院审判团由五名法官组成进行审判，除言词辩论外，进行裁决。由三名法官组成。

4. （废除）

第11条 ［联邦行政法院的大审判团］

1. 联邦行政法院内组成一个审判团。

2. 大审判团由院长及六名法官组成。任命的法官及其职务上临时代理人都经过两年领导职务。在大审判团内院长的职务代理人因故缺席时，院长任审判长职位。在第3款情况下，各有关审判团在第4款情况下，正在进行裁决的审判团，可以派送一名有表决权的法官参与大审判团的评议。如果双方票数相等，则以审判长的投票决定。

3. 如果联邦行政法院的一个审判团对其他一个审判团或者大审判团的裁判，在一项法律问题上意见分歧时，由大审判团裁决。

4. 正在进行裁决的审判团在一项原则性的法律问题上。如果大审判团认为为了法律的完善或者确保司法判决的统一性，必要时可能引起大审判团的裁判。

5. 大审判团就有关法律问题根据口头审理作出裁判。它的裁判在当前案件中对于正在进行判决的审判团是决定性的。

第12条 ［高级行政法院的大审判团］

1. 高级行政法院就一项州的法律问题进行决定性的裁判时，适用第11条的规定。

2. 一所高级行政法院只由两个审判团组成联合审判团，不设大审判团。

第13条 ［办事处］

各法院设立一个办事处，任用必要名额的书记官。

第14条 ［法律协助和职务协助］

所有法院和行政官厅对行政管辖的法院提供法律协助和职务协助。

第二节 法 官

第15条 ［法官之任命］

1. 在不违反第16、17条规定范围内，法官终身任职。

2. （废除）

3. 联邦行政法院法官必须年满35周岁。

第16条 ［法官的兼职］

高级行政法院与行政法院内终身职法官可以在一定时期内兼任其他法院法官、或兼任法学正教授，任期最短两年，最长为其主职持续期间。

第17条 ［试用法官，受委托的法官］

行政法院内可以使用试用法官、或受委托的法官。

第18条 ［非主职法官参与的工作］

兼职法官、试用法官、受委托的法官和代理法官均不能担任审判长，此等法官参与一个法庭（审判团），不得多于一人。

第三节 名誉法官

第19条 ［职责］

名誉法官享有与法官同样的权限，参与口头审理和判决。

第20条 ［个人的先决条件］

名誉法官必须是德国人，年满30周岁，当选前的一年其任所在该法院管辖区内。

第21条 ［排除任职者］

下列人等不得担任名誉法官职务：

1. 经判决不具有担任公职能力或者由于一项故意行为被判处监禁6个月以上的人；

2. 因一项行为遭控诉，以致可能丧失担任公职能力的人；

3. 经法院规定限制处理其财产的人；

4. 不具备州立法机关选举权的人。

第22条 ［不能任命者］

不能受任命为名誉法官的人为：

1. 联邦议会、州立法机关、联邦政府或者州政府的成员；

2. 法官；

3. 担任公职而非名誉性职务的官员和职员；

4. 职业军人和现役军人；

4a. 民间防卫军团的职业性成员和现职成员；

5. 律师、公证人和以承办涉外法律事务为业的人。

第23条 ［拒绝原因］

1. 可以拒绝任命为名誉法官职务的人为：

（1）神职人员和宗教人员；

（2）陪审官和其他名誉法官；

（3）在普通行政审判管辖法院内任名誉法官已有8年的人；

（4）医生、医务护理人员、助产士；

（5）没有助手的药剂师；

（6）年满65周岁的人。

2. 在特殊困难情况下，可以根据申请免予担任此项职位。

第24条 ［解除职务］

1. 如有下述情况，应解除名誉法官职务：

（1）按照第20~22条规定不能委任，或者不能够再委任的人；

（2）已经粗暴违反其职责的人；

（3）根据第23条第1款的规定适用一项拒绝原因的人；

（4）已不再具有执行其职务所必需的精力或者体力的人；

（5）已放案在法院管辖区内任所的人。

2. 在特殊困难情况下可以根据申请解除继续执行职务。

3. 在第1款第（1）、（2）、（4）项规定的情况下，根据行政法院工长的申请，在第1款第（3）、（5）项和第2款规定的情况下，根据名誉法官的申请，由高级行政法院的一个审判团作出决定。在名誉法官听讯后通过决议发布决定。该决定不得抗辩。

4. 本条第3款的规定和第23条第2款的情况。

5. 如果控诉系根据第21条第2款提起，但对被告人停止追究，已确定决定，或者已宣告无罪时，根据名誉法官的申请高级行政法院审判团按照第3款所作的决定，可以撤销。

第25条 ［选期时限］

名誉法官每四年选举一次。

第26条 ［选举委员会］

1. 各行政法院设立名誉法官选举委员会。

2. 委员会由行政法院工长担任主席，由州政府指定一名行政官员和七名受托人担任委员。这些受托人今后将由州议会或由州指定的州议会委员会，或者按照一项州法律，从该行政法院管辖区居民中选出，成为七名代表。他们必须具备担任名誉法官职务的先决条件。州政府被授权，通过法规作出不同于第一句的关于行政官员规定的职权规定。州政府可以将此项授权委托给州最高行政官厅。

3. 委员会至少有主席、行政官员和三名受托人行席，才有决议能力。

第27条 ［名誉法官名额］

各行政法院所需名誉法官名额，由院长根据每人每年至多出席12个正式开庭日而确定。

第28条 ［推荐名单］

各县（Kreise）及直辖市（Kreisfreien Stadte）每四年提出一份名誉法官的推荐名单。选举委员会规定各县和各直辖市在推荐名单上收录的人数。在数系按照第27条所需名誉法官人数的加倍。在名单上列名至少必须获得该县、或该直辖市代表机构法定成员三分之二的同意。推荐名单上除被推荐人姓名外，并须记载其出生地、出生年月和职业。名单应送交主管的行政法院院长。

第29条 ［选举］

1. 选举委员会至少必须以三分之二的多数票从推荐名单中选出必需名额的名誉法官。

2. 现任名誉法官任职至新选举为止。

第 30 条 ［应召顺序，代理］

1. 行政法院领导在业务年度开始之前规定名誉法官应召出庭的顺序。应向各法庭提供一份名单，其中至少须有 12 人姓名。

2. 在发生意外故障的情况下，可以从住在法院所在地或者法院附近的名誉法官中提出一份辅助名单，供代理应召之用。

第 31 条 ［已删］

第 32 条 ［报酬］

名誉法官和受委托人按照名誉法官报酬法获得报酬。

第 33 条 ［违反秩序罚金］

1. 如果名誉法官没有充分的正当理由不准时出席会议或者以其他方式逃避自己的职责时，可以对其确定一种违反秩序的罚金。同时可以使其承担由于其行为所付代价。

2. 由审判长作出决定。事后补充说明理由，可以全部或部分撤销决定。

第 34 条 ［高级行政法院的名誉法官］

如果州立法已规定高级行政法院内有名誉法官参与工作时第 19 ~33 条规定适用于高级行政法院的名誉法官。

第四节 公共权益代理人

第 35 条 ［检察长在联邦行政法院］

1. 在联邦行政法院内任命一名检察长。他可以参与联邦行政法院的每件诉讼，以维护公共权益。这点不适用于惩戒审判团及军队审判团的诉讼。检察长应遵守联邦政府指令。①

2. 联邦行政法院对检察长给予发言机会。

第 36 条 ［高级行政法院及行政法院内的公共权益代理人］

1. 高级行政法院及行政法院内按照州政府的一个法规②指定一名公共权益代理人。在普通案件或指定案件中，可以委托他作为州或者州政府的代表参加。

---

① 参阅 1967 年 1 月 11 日关于联邦行政法院内检察长职务指令。

② 参阅巴登 - 符腾堡、拜恩、北莱茵、威斯特福、莱茵和石勒苏益格 - 荷尔斯泰因等州的行政法。

2. 适用第35条第2款的规定。

第37条 ［具备法官职务能力］

1. 检察长以及在重要公务上他的首职助手必须具有担任法官职务的能力或者具备德国法官法第110条第1句的先决条件。

2. 高级行政法院和行政法院内的公共权益代理人，必须根据《德国法官法》具有担任法官职务的能力，第174条的规定不受影响。

第五节 法院的行政管理

第38条 ［职务监督）

1. 法院院长执行对法官、官员，雇员及工人的职务监督。

2. 行政法院的上级职务监督官署为高级行政法院院长。

第39条 ［行政事务］

除了法院行政管理外，法院不得从事行政行为。

第六节 行政的法律程序与管辖权

第40条 ［行政法律程序之准许］

1. 一切非宪法性质的公法上争议，如根据联邦法律，该争议没有明确分配给其他法院处理时，应采取行政法律程序。州法律领域内的公法上争议也可以根据州法律分配给其他法院处理。

2. 由于为公共福利所作的牺牲以及由于公法上保管而提出财产权方面要求，还有由于不遵守公法合同，违反公法上的责任而提出的损害赔偿要求，可以采取普通的法律程序。公务员法的特别规定，以及关于为撤销违法的行政行为而提出的财产损害补偿的法律程序的特别规定，不受影响。

第41条 ［关于准许法律程序的裁定］

1. 普通行政审判管辖法院就向其提起的诉讼的准许问题进行裁决。如果一所普通行政审判管辖法院在法律生效前宣告不准许诉讼，其他法院对同一案不能因此否定其审判管辖权，因为向普通行政审判管辖法院提出诉讼已有承认其为事实的表示。

2. 如果一所普通民事审判管辖法院，或劳动审判管辖法院，财政审判管辖法院、社会审判管辖法院，对于向其提起的诉讼，在法律生效之前，宣告准许或不准许，则普通行政审判管辖法院应受此裁定约束。

3. 如果一所普通行政审判管辖法院，对于向其提起的诉讼未曾作出承认其为事实表示，则在宣告不准许提起的诉讼判决中，同时根据告诉人的请求将该案移交第一审级法院作承认诉讼事实的表示。告诉人请求移送仅能在宣告判决的口头审理结束之前提出。随着判决在法律上生效，在判决所指定的法院，该案可作为诉讼未决。如果由于提起诉讼经历一个期间，其效力则从提起诉讼之时已经开始。这点同样适用于通过程序法规定以外的其他规定同未决诉讼相关联的效力。

4. 在法院对于提出的诉讼尚未作出承认其为事实表示之时，如果被告宣告同意告诉人的请求3，则法院可以通过决议移送该案。

第 42 条 [撤销之诉，职责之诉]

1. 通过告诉可以要求撤销一项行政行为（撤销之诉），以及对于宣告拒绝或者不履行一项行政行为加以谴责（职责之诉）。

2. 告诉人由于一项行政行为损害其权益，或者由于拒绝或者不履行一项该行政行为损害其权益，因而提出告诉，在法律无其他规定范围内，告诉应予准许。

第 43 条 [确认之诉]

1. 通过告诉可以要求确认一项法律关系的存在或不存在，或者确认一项行政行为无效，如果告诉人对于迅速确认享有正当的利益(确认之诉)。

2. 如果告诉人，通过形成之诉或给付之诉，可以或者可能谋求实现其权利，则不能请求确认。这点不适用于请求行政行为无效之确认。

第 44 条 [诉的客体合并]

如果一名告诉人在一件控诉中，对同一被告，提出多项互有关连的要求，并在同一法院管辖权内，则多种诉讼要求可以合并追究。

第 45 条 [法律救助]

针对官署的诉讼行为提出的法律救助，仅能与针对案件裁判所准许提出的法律救助同时提出。如果官署的诉讼活动有执行可能，或者针对非当事人宣告时，不适用上述规定；

第 46 条 [行政法院的管辖权]

行政法院在第一审级中裁决一切向行政诉讼开放的争端。

第47条 ［高级行政法院对法律手段的管辖权］

高级行政法院裁决有关的上诉为：

1. 对行政法院判决的上诉；

2. 对行政法院其他裁判的申诉；

3. 按照第145条对行政法院判决的复审。

第48条① ［高级行政法院对普通监督程序的管辖权］

1. 高级行政法院在其审判管辖权范围内根据请求就下述各项的有效性进行裁决：

（1）按照建筑法典的规定发布的规章，以及以建筑法典第246条第2款为根据的法规；

（2）其他在级别上附属于州法律所规定的法规。

2. 每一个自然人或者每一法人，以及官署，如果由于法规或者由于法规的适用，蒙受了一项损失，或者有理由预料不久将蒙受损失，就可以提出请求。针对那些发布该法规的法人团体，机关或者单位，提出申请。高级行政法院可以根据该法规要求该州，或其他公法上法人主管负责。为表示给予机会，规定期限。

3. 如果法律上预先规定，该法规专由州宪法法院审核，则高级行政法院不审查该法规是否同州的法律一致。

4. 如果关于一项法规有效性审查的诉讼，在一所宪法法院进行尚未终结，则高级行政法院可以命令该项审理暂时中止直到在宪法法院的诉讼终结时。

5. 高级行政法院在下述情况下根据他的法律观点，将案件送交联邦行政法院以便作出关于修订法律的解释的决定：

（1）诉讼案件具有原则性的意义；

（2）高级行政法院对于另一高级行政法院或者联邦行政法院的裁判或者联邦最高法庭联合审判团的裁判，有不同意见时。

关于将案件提交的决定权，应告知有关的人。

---

① 参见1986年12月8日通过的建筑法典（联邦法律公报I第219页）第47页1.（1）已修改，已插入新的（7），原（7）现作（8），自1987年7月1日生效。

联邦行政法院仅就法律问题作出裁决。

6. 高级行政法院通过判决进行裁决，或者如认为无需进行口头审理时，通过决议进行裁决。高级行政法院如确信法规已无效，则宣告其无效；遇有此等情况，该裁判具有普遍的约束力，裁判书应向申请对方公告，如同法规之公告一样。裁判的生效，适用第 183 条。

7. 按照第 5 款案件可以不提交，通过申诉提出异议。申诉程序适用第 132 条第 3 款第 1、2 句，第 4 款以及第 5 款第 3 句。申诉状中必须写明阐述该诉讼案件具有原则性的意义，或者写明与该受攻击的裁判不同意见的裁判。联邦行政法院通过决议作出裁判。如果申诉确立，或者高级行政法院已为之作出补救，则联邦行政法院就法律问题进行裁决。如果高级行政法院对该法律问题已有不同的答案，并且裁判以此项不同观点为根据，则联邦行政法院应将该案退回高级行政法院，令其废弃其裁判，重新裁判。

8. 如果为防止重大损失，或者由于其他重要原因紧急需要时，法院可以根据请求发布一项暂时指令。

第 49 条 ［高级行政法院对结社禁令的管辖权］

1. 关于由于州最高行政当局根据结社法第 3 条第 2 款第 1 点所发布的结社禁令，以及根据结社法第 8 条第 2 款第 1 句所公布的规定，提出的诉讼，高级行政法院在第一审级中进行裁判。

2. 关于针对［西］柏林市政府根据结社法第 5 条第 2 款作出确认，提出的诉讼。［西］柏林高级行政法院在第一审级中进行裁判。

第 50 条 ［联邦行政法院对法律程序的管辖权］

联邦行政法院就下述法律程序进行裁决：

1. 根据第 132、133 条对高级行政法院判决的重审；

2. 根据第 134、135 条对行政法院判决的重审；

3. 根据第 99 条第 2 款，第 125 条第 2 款以及第 132 条第 3 款的提出申诉。

第 51 条 ［联邦行政法院第一审级与终审级的管辖权］

1. 下述案件由联邦行政法院在第一审级与终审中进行裁判：

（1）在联邦与州之间，以及各州之间有关公法上争议而不属宪法性质者；

（2）针对联邦内政部长根据结社法第 3 条第 2 款第 2 点发布的结

社禁令，以及根据结社法第8条第2款第1句公布的规定，因而提出的告诉；

(3) 在涉及德意志联邦共和国的外国外交及领事代表机构的管辖权领域，针对联邦提出的告诉；

(4) 联邦根据联邦新闻通讯业务范围定出的业务权先例，由此针对联邦提出的告诉。

2. 对于属第1款，第3款情况的案件，联邦行政法院在听取利害关系人陈述后，如该案无普遍意义或原则性的意义，即将该案移交联邦政府所在地管辖区的行政法院。

3. 如果联邦行政法院对于属于第1款第1点的争议，认为属宪法方面者，则将该案移交联邦宪法法院裁判。

第52条 ［有关结社禁令诉讼的推迟］

1. 如果按照结社法第5条第3款对总社禁令作为对一个分社的禁令而执行，则该分社为针对它发布的禁令所提控诉，必须推迟至针对总社禁令的诉讼宣判的。

2. 如果对柏林市政府根据结社法第5条第2款作出的确认，提出异议，其理由为根据结社法第8条第2款第1句该禁令或规定是不合法的，则高级行政法院对这项诉讼必须推迟至有关结社法第8条第2款第1句的禁令或规定的诉讼宣判时。结社法第16条第4款不受影响。

3. 联邦行政法院的裁判，对高级行政法院在第1、2款的情况下有约束力。

4. 关于一个社团根据第50条第1款第2点所提出的告诉，联邦行政法院应告知高级行政法院。

第53条 ［行政法院的地区管辖］

地区管辖，适用如下：

1. 凡争议涉及不动产，涉及与地方相连结的权利或者法律关系，只能属于财产或地方所在的管辖区内行政法院管辖。

2. 针对一个联邦官署的行政行为，或针对一个联邦直属的社团、机构或者财团的行政行为，提出的撤销之诉，以该联邦官署、社团、机构、财团所在地区内的行政法院管辖以第1项和第4项的情况为限。

根据庇护程序法并且由于外国官署对待庇护请求人的行政行为而发生的争议，由庇护申请人的下述管辖地区内的行政法院取得主管的外国官署同意管辖，在该管辖区申请人有其住所、或者在其地无住所的情况下有其居所，或者在该管辖区曾经有其最后住所或居所。如果由此不能得出一个地区管辖权，则按照第3项第1句规定。

3. 以第1款和第4款规定为先决条件，一切其他撤销之诉，均由该行政行为发布所在的管辖区的行政法院进行地区管辖。如果发布行政行为的官厅的管辖权包括若干行政法院管辖区、或者系由若干州或所有州的一个共同官厅所发布，则以申诉人所在地或住所地的管辖区的行政法院管辖。如果在该官厅的管辖领域内未能实现上述规定管辖，则按照第5款规定管辖。关于针对各州为提供研究场所而设立的中心所作的行政行为提出撤销之诉，由该中心所在的管辖区的行政法院进行地区管辖。这点也适用于在第1、2和4项情况下的职责之诉。

4. 凡针对公法上的法人或针对官署的告诉，由于现任或前任公务员法官、兵役、军职、文职的雇佣关系，或者在居民保护团内的雇佣关系，以及与这项关系的形成有关的争议，则以告诉人的办公处所，或者在没有此办公处所时则以其住所所在区的管辖区的行政法院进行地区管辖。如在发布原始行政行为的官厅的管辖范围内，告诉人没有办公处所或住所，则由该官厅所在地的管辖区的法院进行地区管辖。第1句和第2句适用于《根据法律关系调整法》第79条，属于基本法第131条规定的人所提起的告诉。

5. 所有其他案件均以被告所在地、住所或者在没有住所时以其曾逗留地、或者最近的住所或最近逗留地的管辖区的行政法院进行地区管辖。

第54条　［主管法院的指定］

1. 在下述情况下，在行政审判管辖权范围内的管辖法院，由上一级法院指定：

（1）当管辖法院在个别场合行使审判管辖权在法律上或事实上受阻障时；

（2）由于几个法院管辖区的范围不能肯定管辖诉讼管辖法院时；

（3）当按照第52条确定法院管辖权限而有几个法院均在考虑之列时；

（4）当几个法院已经作出有法律效力的管辖权时；

（5）包括该项诉讼的管辖法院在内的几个法院，已作出有法律效力的不负管辖责任的声明时。

2. 如不能根据第52条确定一个地区管辖时，由联邦行政法院指定管辖法院。

3. 每个诉讼参与人，或者每个办理诉讼的法院，都可以向较高审级法院上诉，或者向联邦行政法院上述。上述法院无需口头审理就可以裁决。

第二章　诉讼程序

第七节　普通程序规则

第55条　［审判人员回避］

1. 对于审判人员的回避与拒绝，参照适用民事诉讼法第41条至第49条。

2. 凡已参与该行政诉讼程序之先行部分者；如作为法官或者名誉法官以执行职务时，也应回避。

3. 如果法官或者名誉法官属于一个团体法人的代表机构的成员而通过诉讼会涉及其权益时，必须根据民事诉讼法第42条证明偏袒的忧虑。

第56条　［公开审判，法警，法庭语言，评议及投票决定］

法院组织法第169条，第171a条至第198条有关公开审判、法警、法庭语言、评议以及投票决定的规定应参照适用。

第57条　［送达］

1. 命令和裁判以及日期的确定和传唤，如有明确规定时，必须在规定日期内依通告送达。

2. 送达按照行政送达法的规定，根据职务执行。

3. 不住在国内的人，应依要求选任一个送达全权委托人。

第58条　［期日］

1. 如无其他规定，期限的进行从送达时开始，如对送达并无规定，则从通知或者通告时开始。

2. 对于期限适用民事诉讼法第 222 条，第 224 条第 2 款和第 3 款，以及第 225 条和第 226 条的规定。

第 59 条 ［期限与法律上的临时措施的指示］

1. 对于上诉或者其他法律救助的期限的进行，应从参与人获知向其请求法律救助的行政官署或者法院，其处所和书面规定应遵守的期间之时开始。

2. 如果指示没有发出，或者不正确地给予，则应允许自送达，通知或者通告起一年之内提出法律救助，如果在一年期限到期之前由于不可抗力而不能提出法律救助，或者有一项书面指示说明不给予法律救助时不在此限。第 60 条第 2 款适用于有不可抗力的情况。

第 60 条 ［授予法律救助指示之责任］

如果联邦官厅公布一项书面的行政行为遭到反对，则应增补一项声明，告知参与人关于针对该行政行为所给予的法律救助，关于向其提出法律救助的处所，以及有关期限。

第 61 条 ［恢复状态］

1. 如果参与人并非因过失受阻碍，不能遵守法定期限时，应依请求允许其恢复以前状态。

2. 请求应在阻碍消失后两星期内提出。作为请求理由的事实，应在提出请求中或者在关于请求的程序中予以证实。在请求期限内应补办延误的法律行为。如能实现这点，虽无请求，也可允许恢复原状。

3. 自延误的期间终止一年之后，不得请求，除非因一年期限到期之前，由于不可抗力而不能提出请求。

4. 对于恢复原状的请求，由应就延误的法律行为作出判断的法院进行裁决。

5. 恢复原状不得抗辩。

第 62 条 ［当事人能力］

有参与诉讼能力者为：

1. 自然人和法人；

2. 具有此项权利的团体；

3. 符合州法律规定的官署。

第 63 条 ［诉讼能力］

1. 有从事诉讼行为能力者为：

(1) 根据民法为具有行为能力者；

(2) 根据民法为限制行为能力者，如果通过民法或公法的规定，被承认就诉讼标的而言作为有行为能力者。

2. 团体以及官署的法定代理人、董事或者特别的全权代表。

3. 参照适用民事诉讼法第53条至第98条。

第64条 [参与人]

诉讼参与人为：

1. 告诉人；

2. 被告；

3. 有关第三者（第65条）；

4. 行使其参与职权的检察长或者公共利益代理人。

第65条 [共同诉讼]

参照适用民事诉讼法第59条至第63条有关共同诉讼的规定。

第66条 [参加诉讼]

1. 在诉讼尚未作出有法律效力的终结之前，或者在上一审级系属中，法院根据职务需要，或由于该案裁判可能涉及其合法利益的另一方申请，可以传唤参加诉讼。

2. 如果第三者参与争议的法律关系，能够统一地也对他作出裁决，则应传唤参加诉讼（必要的传唤参加诉讼）。

3. 传唤参加诉讼的决议必须向全体诉讼参与人送达，其中并应说明案件状况，以及传唤参加诉讼的原因。对参加诉讼不得抗辩。

第67条 [参加诉讼的第三者在诉讼上的权利]

参加诉讼的第三者可以在其作为参与人的申请内，独立行使攻击和辩护手段，有效地从事一切诉讼行为。如果提出必需的参加诉讼时，所提出的只能是不同的事件的申请。

第68条 [强制聘用律师，全权代表，辩护人]

1. 在联邦行政法院的诉讼参与人，每人必须由一名律师或者德国高等院校的一位法学教师作为全权代表代理。这点也适用于提出重审，以及针对不允许而提出的申诉，与在第99条第2款、第125条第2款的情况下提出的申诉。

2. 在行政法院与高级行政法院的诉讼参与人，在诉讼程序进行中的每一环节，每人可以由一名全权代表代理，在口头审理中可以使用一名辩护人。可以通过决定命令必须委托全权代表或延请辩护人。在行政法院与高级行政法院的诉讼中，凡有适当的阐述能力的人，都可以作为全权代表或辩护人出庭。

3. 全权证书应以书面授予，也可事后补交，法院可以为此规定期限。如果一个全权代表已受委托，则法院的送达或通知应向其递交。

第八节　关于撤销之诉和职责之诉的特别规定

第 69 条　［异议程序］

1. 在撤销之诉提起之前，对于行政行为的合法性和适当性，应在一次预审程序中进行审核。如果有一项法律对此作为特殊情况予以规定，或在下述情况下，则不需要作出这样的审核。

（1）行政行为系一个联邦最高官署或者州的最高官署所发布，除非有一项法律规定审核；

（2）第三者根据一份异议决定初次进行申诉。

2. 如果关于请求采取行政行为的申请遭拒绝时，职责之诉参照适用第 1 款规定。

第 70 条　［异议］

预审以异议提出而开始。

第 71 条　［异议期限］

1. 异议应在行政行为向申诉人发布之后一个月内，以书面或者以记录向发布行政行为的官署提出。期限将通过必须作出异议裁决的官署提出异议而获得保持。

2. 适用第 58 条和第 60 条第 1 款至第 4 款。

第 72 条　［对第三者的听讯］

如果在异议裁决中行政行为的撤销或改变，可能使第三者申诉时，第三者必须在异议裁决宣告前听讯。

第 73 条　［补救］

如果该官署认为异议有理由，即对异议给予补救，并就费用作出裁决。

第 74 条　［异议裁决］

1. 官署对于异议如不予以补救，则发出一份异议裁决。公布该项裁决者为：

（1）如果法律并未规定其他上级官署时，上一级官署；

（2）如果上一级官厅是一个联邦最高官署，或者州的最高官署时，曾发布行政行为的官署；

（3）如果法律无其他规定时，在自治事务上为自治官署。

2. 在第 1 款的预审程序中，以委员会或咨询团代替官署时，规定不受影响，也可以不同第 1 款第 1 项规定，委员会或咨询团在发布行政行为的官厅内组成。

3. 异议裁决必须说明理由，提供法律手段，并送达。异议裁决也规定费由谁负担。

第 75 条　［告诉期限］

1. 撤销之诉必须在异议裁决送达后一个月之内提出。如果按照第 68 条不需要异议裁决时，告诉必须在该行政行为公布后一个月内提出。

2. 如果一项请求采取行政行为的申请遭拒绝时，提起职责之诉，适用第 1 款。

第 76 条　［无异议裁决之诉，不作为之诉］

如果对一项异议或对一项请求采取行政行为的申请，在适当的期限内并无充分理由、不在实质上作出裁决时，允许提出不同于第 68 条的告诉。这项告诉，自提出异议起或者自提出请求采取行政行为的申请起，三个月届满之前不得提出，除非由于该案件的特殊情况，必需在较短期间者不在此限。如果为此，对于异议尚未裁决，或者对于请求采取行政行为的申请尚未公布，提出充分理由，法院可以将这项诉讼延迟到可予以延展的一定期限届满时。如果在法院规定期限内，异议得到接受，或者行政行为给予公布，法院应宣告本案结束。

第 77 条　（已删）

第 78 条　［以异议程序代替沿用至今的规定］

1. 在其他法律上有关抗告程序或者申诉程序的所有联邦法律规定，均以本节规定替代。

2. 对于作为行政法院告诉先决条件的抗告程序及申诉程序的州的法律规定，同样适用。

第 79 条 ［被告］

1. 联邦、州或者法人，由于它们的官署曾发布受抗议的行政行为，或者置受请求的行政行为于不顾；该官厅应详细报告被告的名称、番号。

2. 针对并发布受抗议的行政行为或者置受请求的行政行为于不顾的官署本身，如果州法律有此项规定时。

如果一项异议裁决公布后引起第三者初次申诉（第 68 条第 1 款第 2 项），则官厅在第 1 款的含义是指异议的官署。

第 80 条 ［撤销之诉的标的］

1. 撤销之诉标的为：

（1）异议裁决中已经出现的该行政行为的原始形态；

（2）由此使第三者初次申诉的异议裁决。

2. 如果异议裁决与最原始行政行为相比，包含有一种附加的独立的申诉，异议裁决也可以成为撤销之诉唯一标的。作为一种附加的申诉，也适用于违反主要的程序规则，只要该异议裁决涉及这种违反时。适用第 78 条第 2 款。

第 81 条 ［延缓期效，立即执行的命令］

1. 异议乃撤销之诉具有延缓效力。这点也适用于创设权利的行政行为。

2. 延缓效力仅适用于：

（1）征收公共税金及费用；

（2）公安机关执行人员的紧急命令及措施；

（3）联邦法律所规定的其他情况；

（4）关于公共利益的立即执行，或者由发布行政行为的官署或者就异议进行裁决的官署作为一个参与人占主要利益的立即执行，有特别规定的情况。

3. 在第 2 款第 4 项的情况下，对于立即执行行政行为的特别利益，应以书面说明理由。如果官署在延缓中有危险，特别是有不利于生命、健康或财产的威胁时，为公共利益防备性地采取一种所谓紧急措施，不需要特别理由。

4. 在第 2 款的情况下，异议提交后，异议官署可以延缓执行，只要联邦法律无其他规定。在征收公共税金及费用时，也可以凭保证金延缓执行。如果受攻击的行政行为在合法性方面具有严重的疑问，或者这项税金或者费用义务的执行产生一种不公平的，不是由于占优势的公共利益所必需的严峻状态，则在公共税金及费用方面必须实现延缓。

5. 法院依请求可以在第2款第1项至第3项的情况中命令本案全部或部分延缓发生效力，在第2款第4项情况中可以全部或部分复原。此项请求可以在撤销之诉提起之前提出。如果在裁决时行政行为已执行，则法院可以命令中止执行。延缓效力的恢复，取决于保证金之提供，或者其他承担的义务，它们也都可以规定期限。

6. 关于根据第5款请求的决定，可以随时予以变更或撤销。

7. 在紧急情况下，审判长可以裁决。对其裁决，在公布后两星期内可以向该法院上诉。

第九节　第一审级程序

第82条　［起诉］

1. 告诉应以书面向法院提出，也可由办事处书记官的记录中向行政法院提出。

2. 告诉以及一切书状必须为其他参与人附加副本。

第83条　［诉状］

1. 告诉必须写明告诉人、被告以及诉讼标的，并且载明确定的请求。必须说明为告诉理由的事实与证据，还必须在原本或副本上附录被攻击的命令和异议决定。

2. 如果告诉不能全部实现上述要求，审判长应向告诉人提出要求，在一定期限内进行必要的补充。

第84条　［非主管的移交］

1. 如果法院认为在地区上或案件上不属其管辖，而行政审判管辖权的管辖法院可以确定时，则该法院应依告诉人的请求通过决定，宣告无管辖权，并且以将诉讼移交有行政审判管辖权的管辖法院。

2. 该决定不得抗辩。决定对其中指定法院有约束力。诉讼系属继续有效。

第85条　［临时决定］

1. 如果告诉表现不能准许，或明显缺乏理由，则法院对该项告诉可以在规定的口头审理日期，通过临时决定，附具原因，拒绝受理。

2. 参与人可以在临时决定送达后一个月之内请求口头审理。如果请求适时提出，临时决定即作为未曾发布，否则可以作为有法律效力的判决。在临时决定中应向参与人说明允许的法律救助。

第 86 条 [告诉送达]

审判长命令将告诉送达被告。与送达同时，应要求被告以书面表态，参照适用第 81 条第 1 款第 2 句。对此可以规定期限。

第 87 条 [调查原则，解释责任，准备诉讼书状]

1. 法院依职权调查案情，同时传唤参与人。其时，法院对于参与人发表的意见和证据要求，均不受其约束。

2. 在口头审理中提出的证据要求，只有通过一项必须提出理由的法庭决定，才能够予以拒绝。

3. 审判长应促使消除形式缺陷，阐明含糊的请求，提出有关的请求，补充不充分的事实陈述，以及作出其他一切有关案情确认及判断的重要解释。

4. 参与人必须为口头审理的准备提交诉讼书状。对此审判长可以要求在一定的期限内。诉讼书状依职权送达参与人。

5. 凡提及的一切证明文书，应在诉讼书状的原本或副本上全部或摘要附录。如果证明书状准备向对方公布，或其内容很广，则必须详尽完备、称谓准确，足供法院查阅。

第 88 条 [准备的安排]

审判长，或者由审判长指定的一名法官，必须在口头审理之前，即已作出一切必要的安排，以便诉讼有可能在口头审理中解决。他有权传唤参与人，为诉讼进行，并使他们接受和解。其余适用民事诉讼法第 273 条第 2 款、第 3 款第 1 句和第 4 款第 1 句。

第 89 条 [受诉讼要求的约束]

法院不能超越诉讼要求的范围，但不受请求的文本措辞所约束。

第 90 条 [反诉]

1. 向法院提出的告诉可以受到反诉，如果反要求与告诉中主张的要求互相关联，或者反要求与针对他发表的辩护论点互相关联者。

这点不适用第52条第1项情况下，如果由于反要求诉讼由另一法院管辖。

2. 对于撤销之诉与职责之诉排除反诉。

第91条 ［诉讼未终结］

1. 通过起诉，争议事项即在诉讼系属中。

2. 如果争议事项已经系属于一般行政审判管辖权的法院，或者一所普通法院，或者劳动，财政或者社会等审判管辖权法院，则在诉讼系属期间，不得提起新的诉讼。

3. 在诉讼系属后，虽改变作为诉讼理由的情况，但不影响法院的管辖权与准许权限。第3条第1款第6项不受影响。

第92条 ［诉讼变更］

1. 如果其他参与人一致同意或者法院认为变更有益时，准许诉讼变更。

2. 如果被告在诉讼书状中或者口头审理中，已经参与已变更的诉讼，未曾提出反诉，即认为被告同意诉讼变更。

3. 关于一项诉讼变更不予考虑或者不准许的裁定，不能独立抗辩。

第93条 ［告诉人撤诉］

1. 告诉人可以一直到判决发生法律效力之时，撤回他的诉讼。撤诉在口头审理中提出请求后取得被告同意，并且，如果公共利益代理人参加口头审理，也应事先取得他的同意。

2. 如果诉讼撤回，法院通过决定停止诉讼程序，并且宣告按照这项法律所产生的撤回诉讼的法律效果。

第94条 ［诉讼的合并与分离］

法院可以通过决定将向它提出的关于相同标的的多项诉讼，合并后共同审理和裁决，并且再行分离。它可以命令在一项诉讼中提出多种要求，在分离的诉讼中进行审理并裁决。

第95条 ［延期审理］

如果一项争议的裁决，全部或部分取决于一项法律关系的存在与否，使诉讼标的由另一项未决的诉讼构成，或者应由一个行政官署作出确定，法院可以命令审理延期到另一件争议解决或者延期到行政官署作出裁决之时。

第 96 条 ［亲自出庭］

1. 法院可以命令一个参与人亲自出席。对于缺席，可以警告将以审讯期内不出席的证人相待，处以秩序罚金。对于负有责任的缺席，法院通过决定确定所警告秩序罚金。秩序罚金的警告与确定，可以是多次的。

2. 如果参与人为法人或社团，按照法律或规定，应向有代理权人提出警告并确定罚金。

3. 法院可以命令参与诉讼的公法上法人或者官署，派遣一名官员或者一名成员出席口头审理，他必须备有代理权的书面证明，并且应使他获知案情及诉讼情况。

第 97 条 ［证据收集］

1. 法院在口头审理中收集证据。它可以进行勘验，听取证人，鉴定人以及参与人，收集证明文件。

2. 法院可以在适当场合，于口头审理之前，通过一名成员作为受委托法官由其收集证据，或者以个别证据问题的说明，请求另一法院收集证据。

第 98 条 ［举证日期］

应以全部举证日期通知参与人，并且在证据收集时参与人可以在场。参与人可以向证人及鉴定人提出与案件有关的问题。如果一项问题遭受抗议时，由法院裁决。

第 99 条 ［关于证据收集可以适用的规定］

除本法另有不同的规定外，证据收集可以适用民事诉讼法第 358 条至第 444 条和第 450 条至第 494 条的规定。

第 100 条 ［官署对案卷原本询问的答复责任］

1. 官署有责任出示文书或者案卷，并提供情况。如果公布这项文书或者案卷的内容以及情况的提供，将有损于联邦或一个德国州的利益，或者如果按照一项法律，或按照一项法律，或按照其性质，档案必须保密者，则由主管的最高监督官署可以拒绝出示这项文书或者案卷以及提供情况。

2. 法院根据各参与人的请求通过决定主要是裁决是否证实具备关于拒绝出示文书或者案卷和提供情况的法律先决条件。在此项诉讼中应附带传唤按照第 1 款作出宣告的最高监督官署。① 对于该决定可以独立地以申诉抗议。如果高级行政法院系首次办理该案件时，该申诉由联邦行政法院裁决。

第 101 条 ［案件查阅，副本］

1. 参与人可以查阅审判案卷，以及向法院递交的案卷。

2. 参与人通过办事处，交付费用、可以要求提供文件，摘录以及抄件。如果审判案卷已缩小复制在图像载体上以代原本，则参照适用民事诉讼法第 299a 条。按照审判长斟酌决定，案卷可以交付受全权委托的律师带回其住所，或者办事处内。

3. 凡判决、决定、命令的草案，以及为它们的准备而作的工作，还有涉及表决的书面文件，既不出示，亦不以抄件散布。

第 102 条 ［口头审理］

1. 如无其他规定，法院裁决以口头审理为根据。

2. 如果得到参与人同意，法院可以不经口头审理而裁决。

3. 如无其他规定，法院所作的并非判决的裁决，可以不经口头审理发布。

第 103 条 ［传唤，开庭外的评议］

1. 口头审理日期一经规定，就应在规定的至少两周的传唤期限内传唤参与人。联邦行政法院的传唤期限至少四周。在紧急情况下，审判长可以缩短期限。

2. 传唤期时应指明，在一个参与人缺席的情况下也能审理，并能裁决。

3. 如果为了适当解决诉讼有必要时，行政审判管辖权法院也可以在开庭之外举行评议。

第 104 条 ［口头审理程序］

1. 审判长宣布开始，并主持口头审理。

2. 说明案由后，审判长或报告员报告案卷主要内容。

3. 之后由参与人发言，提出要求理由。

第 105 条 ［法庭上的提问与辩论责任］

---

① 对此请参见 1964 年 4 月 28 日制定的、1967 年 11 月 14 日规定修订的《汉堡对行政法院第 99 条执行规定》。

1. 审判长必须同参与人就争议在事实上及法律上进行辩论。

2. 审判长因请求必须允许法庭的每一成员提出问题。如果一项问题受到反驳时，由法庭进行裁决。

3. 争议辩论后，审判长宣布口头审理结束。法院可以决定再次召开。

第 106 条 [笔录]

对于笔录参照适用民事诉讼法第 159 条至第 165 条。

第 107 条 [法庭和解]

参与人为了全部或部分解决所提出的要求，可以在法院，受委托的或者所请求的法官做成的笔录中，在他能够支配的诉讼标的范围内，达成一项和解。

第十节 判决与其他裁决

第 108 条 [终结判决]

如无其他规定，关于告诉以判决裁决。

第 109 条 [自由的证据判决]

1. 法院根据他的自由的。从全部诉讼程序的最终结果中获得的确信进行裁决。在判决中应说明指导法官确信的根据。

2. 判决只允许根据参与人所能够表明的事实与证据结论。

第 110 条 [中间判决]

关于告诉的准许，可以通过中间判决先进行裁决。

第 111 条 [部分判决]

如果部分诉讼标的裁决，已经具备条件，法院可以宣告部分判决。

第 112 条 [关于理由的中间裁判]

在一项给付之诉中，如果为理由及金额而争执，法院可以通过中间判决就理由先进行裁决。如果已宣告要求有理由，法院可以命令就金额进行审理。

第 113 条 [作判决的法官]

判决只能由曾参与作为判决基础的审理的法官及名誉法官作出。

第 114 条 [判决要旨]

1. 如果行政行为违法，并且告诉人的权利因此受到侵害时，则法院撤销该行政行为和可能发出的异议裁决。如果行政行为已执行，法院也可以依请求宣告该行政官署应如何撤回执行。这项宣告只限于该行政官署有此能力，并且这个问题已可作出判断之时。如果该项行政行为早先已通过撤销或其他方式了结，而告诉人对于法院的确认享有合理的利益时，法院依请求通过判决宣告该行政行为过去是违法的。

2. 如果受抗辩的行政行为有关一项金钱给付或者其他代替物，或者有关一项确认时，法院可以规定比另一数额给付或者以另一项确认代替原来的确认。

3. 如果除了要求行政行为的撤销之外，还可以要求一项给付时，允许在同一程序中还就给付标出判决。

4. 如果违法地拒绝采取行政行为或者不作为，因此使告诉人的权利受侵害，当案件已可作出判断之时，则法院宣告行政官署有责任从事受请求的职务行为。不如此，法院宣告该官署应重视法院的法律见解，向告诉人作出答复。

第 115 条　［对于根据裁量权所作的决定的审核］

如果行政官署被授权按照自己的斟酌决定进行审理，其斟酌决定超越法定限度或者以下符合授权目的之方法运用斟酌决定权，法院也应审查该行政行为是否违法，或者该行政行为的拒绝或不作为是否违法。

第 116 条　［异议裁决作为撤销之诉的标的］

如果按照第 79 条第 1 款第 2 项和第 2 款，撤销之诉的标的异议裁决时，参照适用第 113 条和第 114 条。

第 117 条　［宣判，送达］

1. 如果已经进行举口头审理，通常在口头审理已结束的日期内，宣告判决，特殊情况下在立即确定的日期宣告，此项日期不得超出两星期。判决应向参与人送达。

2. 准许以判决送达代替宣判，判决于口头审理后两星期内交付办事处。

3. 如果法院未经口头审理而进行裁决，应向参与人送达以代替宣告。

第 118 条　［判决的形式与内容］

1. 判决（以人民名义）发布。它必须书面写成，并且由参与裁判的法官签署。如果一名法官因故障未能签署，则由审判长替代并说明故障原因，如果审判长发生故障，则由资历最长的陪席法官在判决中注明。名誉法官无需签署。

2. 判决内容包含：

（1）参与人的称谓，他们的法定代理人与全权代表，其姓名、职业、住址、在诉讼中所处住地；

（2）法院的名称，参与裁判的成员姓名；

（3）判决书主文；

（4）事实；

（5）裁判理由；

（6）关于法律手段诉讼的指示。

3. 在事实内，应简单扼要叙述案情与争议，突出所提要求的主要内容。在足以说明案情与争议的范围内，关于细节必须在诉讼文件，记录以及其他资料上指明。

4. 在宣判时尚未完整作成的判决，必须自宣判之日算起，在两星期之内完整作成，交付办公室。如果在例外情况下不能实现，在这两周内，由法官签署的判决缺乏事实，缺乏裁判理由，缺乏关于采取法律手段（上诉）的指示，交付办公室，则事后必须立即记载事实、裁判理由，关于采取法律手段的指示，尤其必须由法官签署并交付办公室。

5. 办公室的书记官必须在判决送达之日，作出记载，在第116条第1款第1句的情况下则于宣判之日作出记载，并在上面签字。

第119条　［判决的更正］

1. 在判决上有书写错误，计算错误以及类似的明显不正确处，应随时由法院予以更正。

2. 就更正进行裁决无需先行口头审理。更正决定应在判决上及判决抄件上注明。

第120条　［事实的更正］

1. 如果判决的事实含有其他不正确或不清楚之处，可以在判决送达后两星期内申请更正。

2. 法院通过决定裁决，无需听讯证人。决定是不可抗辩的。参与裁决仅限于曾经参与判决的法官。如果一名法官发生故障，在表决票数相等时，以审判长投票为定。更正决定应在判决及其抄件上注明。

第121条 ［判决的补充］

1. 如果在裁决上全部或部分参与人根据事实所提出的一项请求，或者关于费用结果，应依请求通过追加裁决对判决加以补充。

2. 申请此项裁决必须在判决送达后两星期内。

3. 口头审理限于争议标的未了结部分。

第122条 ［实质上的法律效力］

当争议标的已经裁决，有法律效力的判决，对参与人及其权利继承人一般有约束力。

第123条 ［决定，临时性决定］

1. 第88条，第108条第1款第1句，第118条，第119条，第120条比照适用于决定与临时性决定。

2. 如果决定可能通过法律手段被撤销，或者就一项法律手段进行裁决时，此种决定必须提出理由。对于根据第80条所作的命令作出决定时，必须随时提出理由。

第十一节　临时命令

第124条 ［发布临时命令］

1. 如果存在下述危险，由于改变现状将使申请人的权利的实现受到阻障，或者在实质上增加困难，法院也可以依申请，在诉讼提起之前，作出一项关于争议标的临时命令。如果为了避免重大损害或者暴力威胁或者由于其他原因看来有必要提前对持续中的法律关系作出调整时，此项临时命令也可以调整一项有争议的法律关系的当前状态。

2. 关于临时命令的发布，属于本案的法院管辖范围内。此是初审法院，如果本案已系属于上诉程序，上诉法院可以比照适用第80条第7款。

3. 关于临时命令的发布，比照适用民事诉讼法第920条、第921条、第923条、第926条、第928条至第932条、第938条、第939条、第941条。

4. 可以针对临时命令提出关于口头审理的请求。比照适用民事诉讼法第 924 条、第 925 条。

5. 本条第 1 款至第 4 款规定，不适用于受抗议的行政行为之执行，或一项法律救助延迟生效之排除。

第三章 法律手段与再审程序

第十二节 上 诉

第 125 条 ［准许，期限，形式］

1. 如果不服结局判决，包括按照第 110 条所作的部分判决，或者不服按照第 109 条与第 111 条所作的中间判决，有权向高级行政法院提起上诉。

2. 上诉，必须在完备的书面判决或者办公室书记官的笔录送达后一个月内在对不服其裁判的法院中提出。如果在期限内高级行政法院已接受上诉，也保持上诉期限。

3. 上诉状必须指明所受反对的判决，并且载有确定的要求。应当陈述作为根据的事实与证据。

第 126 条 ［程序，通过决定拒绝］

1. 在本章没有其他规定时，关于上诉程序比照适用第二章的规定。

2. 高级行政法院应审查上诉是否应予允许，并且是否按照法律规定的方式和期限提出。如果缺少这些要件之一，应认为上诉不是得允许的而不予受理。这项裁决可以通过决定宣布，事先应听取参与人意见。如不服相同内容的判决允许重审，即允许不服该决定而提出的申诉。在此种情况下，不适用关于临时决定的规定。

第 127 条 ［撤诉］

1. 上诉可以在直到判决生效之时撤回。在口头审理中提出请求后撤诉，以取得被告的同意为前提条件，并且，如果公共利益代理人已经参加口头审理，以取得他的同意为前提条件。

2. 撤诉形成提起法律手段的损失。其费用后果由法院通过决定裁决。

第128条 ［附带上诉］

上诉之被告以及其他参与人，虽已放弃上诉，但在口头审理的过程中也可附带上诉。如果附带上诉在上诉期限到期后才提出，或者参与人已放弃上诉，当上诉已撤回或者被认为是不能允许的而不予受理时，则附带上诉不发生效力。

第129条 ［审核范围］

高级行政法院对审查在上诉申请之内的争议，其范围与行政法院审查范围相同。它也考虑新提出的事实与证据。

第130条 ［行政法院判决之更改］

行政法院的判决，仅限于在申请更改的范围内更改。

第131条 ［发回］

1. 在下述情况下，高级行政法院可以通过判决，撤销受异议的裁决，并将该案退回行政法院：

（1）行政法院对案件本身尚有未经裁决者；

（2）在程序上有严重缺陷者；

（3）已披露的新事实或证据对判决有重大意义者。

2. 上诉裁判在法律上的判断，对行政法院有约束力。

第132条 ［上诉之限制］①

1. 对于特别法律领域，可以通过联邦法律，使上诉取决于一项特别准许。在上诉不受联邦法律限制的范围内，也可以通过州法律，对于州法律的个别领域的上诉加以限制上诉的限制仅准许一次最高不超过五年的持续期。

2. 在第1款情况下，如有下述情况之一的上诉，必须给予准许：

（1）诉讼案件具有原则性的意义；

（2）判决同联邦行政法院或者高级行政法院的裁决有分歧，并且以这种分歧为基础。

3. 上诉不获准许，可以在判决送达后一个月内，通过申诉独立提出异议。申诉向行政法院提出。申诉提出，即阻止行政法院判决在法律上生效。申诉状内必须写明诉讼案件的原则性的意义，或者同行

---

① 此为公布的1960年1月21日的关于上诉限制的法律（联邦法律公报Ⅰ第44页），已于1965年3月31日失效。

政法院判决分歧的联邦行政法院或者高级行政法院的裁决。

4. 如果高级行政法院不接受申诉时，应通过决议进行裁决。在一致同意不予受理或驳回申诉时，此项决定无需提出任何理由，在这种情况下，应事先以不同意准许或者不同意申诉理由的考虑通知申诉人，并且向其提示可以在通知送达后一个月内表态。在高级行政法院不受理申诉时，判决随即发生法律效力。如果准许申诉，上诉期限的进程在申诉的决定送达时开始。

第十三节　重　　审

第133条　［准许，不服不准许提出的申诉］

1. 当事人不服高级行政法院的判决（第49条第1款）的有权向联邦行政法院重审。如果重审已为前述高级行政法院准许，仅能在第133条规定条件下提起。

2. 重审之准许，仅限于：

（1）诉讼案件具有原则性的意义；

（2）判决同联邦行政法院的裁决有分歧，并且建立在这种分歧之上；

（3）关于所提出的一项程序的瑕疵，该受抗辩的裁决可能建立在程序上的瑕疵之上。

3. 重审未获准许，可以在判决送达后一个月内通过申诉独立作出抗辩。申诉应向作出受抗辩裁判的法院提出。申诉状必须写明诉讼案件具有原则性的意义，或者同高级行政法院判决有分歧的联邦行政法院的裁决，或者程序上的瑕疵。

4. 提出申诉，即阻止判决在法律上生效。

5. 如果联邦行政法院不接受申诉，应通过决议进行裁决。如果一致同意不受理或驳回申诉时，此项决定无需提出任何理由。在这种情况下，应事先以不同意准许申诉或者不同意申诉理由的考虑通知申诉人，并且向其提示可以在通知送达后一个月内表态。在联邦行政法院不受理申诉时，判决随时发生法律效力。如果准许申诉，重审期限的进程在申诉的决定送达时开始。

第134条　［无需准许的重审］

为不服高级行政法院判决而提出重审，如果被指责为重大的程序上的瑕疵，属于下述情况的，无需经过准许：

1. 作出判决的法院不按照法律规定配置工作；

2. 参与裁判的法官中，有依法应回避执行法官职务者，或因考虑产生偏见而应拒绝其执行法官职务者；

3. 代理在诉讼程序上当事人不符合法律规定，除非他已明示或者默示后同意诉讼之进行；

4. 判决之宣布依据一项违反公开审判规定的口头辩论；

5. 判决缺乏根据。

第135条 ［越级重审］

1. 一方当事人不服一个行政法院的判决时（第49条第2款），如果要求救济的对方同意，并且行政法院在判决中或者根据附有重审诉状的特别请求通过决议表示准许时，当事人有权越过上诉审级向联邦行政法院请求重审。重审的诉状中应附有同意的文书。

2. 如果行政法院拒绝准许重审的特别请求，则重审作为上诉处理，除非在送达决定后两星期内放弃法律救济。拒绝准许不可抗辩。

3. 按照第1款的重审，不能以程序上的瑕疵为根据。此项重审之准许仅限于具备第132条第2款第1、2项的先决条件。

4. 如果行政法院已准许重审，则重审之提出与同意，视为放弃上诉。

第136条 ［重审之排除］

一方当事人不服一个行政法院的判决（第49条第2款）如果根据联邦法律不可能上诉时，当事人有权向联邦行政法院请求重审。重审之提出仅限于已获该行政法院准许，或者具备第133条的先决条件。对于准许，比照适用第132条第2款至第5款规定。

第137条 ［不得准许重审］

按照第47条第123条第4款，不服判决要求重审，不得准许。

第138条 ［重审理由］

1. 重审理由，仅限于受抗辩的判决违反下列事项：

（1）联邦法律；

（2）其条文与联邦行政程序法一致的一项州行政程序法规定。

2. 在受抗辩的判决中涉及的事实的确认，对联邦行政法院有约束力，除非所涉及的这项确认，已提出获准的和有根据的重审理由。

3. 如果根据程序上的瑕疵的重审，同时并不具备第132条第2款第1、2项的先决条件，则仅就所提出的程序上的瑕疵进行裁决。此外，联邦行政法院不受所提出的重审理由所约束。

第139条 [绝对的重审理由]

如有下述情况，一项判决以应视为违反联邦法律为根据的判决：

1. 作出判决的法院不符合法律规定；

2. 参与裁判的法官中，有依法应回避执行法官职务者，或者因考虑产生偏见应拒绝其执行者；

3. 曾经拒绝一个当事人合法的听讯者；

4. 诉讼中代理当事人未按照法律规定，除非该当事人已明示或者默示同意诉讼之行为；

5. 判决之宣布根据一项违反公开审判规定的口头审理；

6. 判决缺乏理由。

第140条 [重审期限，陈述重审理由]

1. 重审应在判决送达后，或者有关准许重审的决定送达后（第132条第5款或者第135条）一个月内，向作出受抗辩的判决的法院书面提出，并且最迟应在下一个月内陈述理由。关于陈述重审理由的期限，审判长可以根据在期满前提出的请求，予以延长。

2. 重审必须指明受抗辩的判决。重审理由或者重审内容，必须具有一项确定的请求，指出违反的法律规范，并且如果指出程序瑕疵时，必须说明构成瑕疵的事实。

3. 接受重审提出的法院，或者接受重审不准而提出申诉的法院，以重审状或申诉状连同案卷上交联邦行政法院。

第141条 [撤诉]

1. 重审可以直到判决产生法律效力之时撤回。在口头审理中提出请求后撤回，以重审被告人同意为其前提条件，如果联邦检察长已参与口头审理，并且以他的同意为前提条件。

2. 撤诉导致所提起的法律手段失败。由法院通过决定裁决有关费用。

第142条 [适用的规定]

如果在本章没有其他规定时，重审比照适用关于上诉的规定。

第143条 ［不得变更诉讼和参加诉讼］

重审程序中不准许变更诉讼和参加诉讼。

第144条 ［审核准许］

联邦行政法院审核重审是否准许的，或者是否依法定方式和期限提出并且陈述理由，如果这些必要事项之一有瑕疵时，重审是不允许的。

第145条 ［重审裁判］

1. 如果重审是不允许的，联邦行政法院应通过决定不予受理。

2. 如果重审理由不足，则联邦行政法院对重审驳回。

3. 如果重审具有理由，则联邦行政法院可以：

（1）就该案件自行作出裁决；

（2）撤销受抗辩判决，并且以案件发回另作审理与裁判。

4. 如果裁判的根据虽然构成违反现行法律的，但从其他根据看来裁判本身是正确的，则重审应予驳回。

5. 如果联邦行政法院按照第49条第2项和第134条，对越级重审案件发回另作审理与裁判，则按照其自由裁量，也可以发回到主管上诉高级行政法院。在高级行政法院的程序中，适用于法律争端按照规定向高级行政法院提起上诉所适用的同样的基本原则。

6. 接受发回案件另作审理与裁判的法院，他的裁判应根据重审法院在法律上的批示。

第146条 ［高级行政法院的重审］

在州法律按照第131条规定上诉限制的范围内，州的立法可以认可在高级行政法院重审，并且规定比照适用联邦行政法院重审程序的规定。

第十四节 申　诉

第147条 ［准许］

1. 凡不服行政法院的既非判决亦非临时决定的裁决，以及不服行政法院审判长的裁定，在本法无其他规定的情况下，当事人以及其他与裁决有关系的人，有权向高级行政法院提出申诉。

2. 凡指导诉讼的命令、解释的规定、关于确定期限或者延期的决定、关于证据的决定、关于拒绝证据请求的决定、关于诉讼与要求的合并与分离的决定均不能随同申诉提出抗辩。

3. 此外，关于支出费用，应付费用，贷款的争议如果申诉标的价值不超过 100 马克，则不符合不服上诉或重审未获准许而提出申诉的法定条件。

第 148 条 [方式，期限]

1. 申诉，应在裁决公布后两星期内向公布受抗辩的裁决的法院或者该法院审判长。以书面方式或者以办公室书记官的笔录提出。第 67 条第 1 款第 2 句不受影响。

2. 如果申诉在期限内已为申诉法院接受，也维持申诉期限。

第 149 条 [补救或者向高级行政法院上交]

1. 其裁决受抗辩的法院或者审判长，如果认为申诉有理由，应对之作出补救，否则应立即提交高级行政法院。

2. 该行政法院应将申诉提交高级行政法院事宜，通知当事人。

第 150 条 [延期作用]

1. 申诉具有延期作用，仅限于申诉具有一项对标的的顺序方式或以强制手段的确认。此外，其裁决受抗辩的法院或审判长也可以规定暂时中止执行受抗辩的裁决。

2. 法院组织法第 178 条和第 181 条第 2 款不受影响。

第 151 条 [通过决定进行裁决]

高级行政法院通过决定就申诉进行裁判。

第 152 条 [受委托的或受嘱托的法官，书记官]

不服受委托的或者受嘱托的法官的裁决，或者书记官的裁决，可以在法院裁决通知后两星期内提出申请。申请应以书面、或以法院办公室书记官的笔录提出。比照适用第 147 条至第 149 条。

第 153 条 [向联邦行政法院申诉]

1. 除具有第 99 条第 2 款、第 125 条第 2 款和第 132 条第 3 款的条件外，对于高级行政法院的裁决不能随同申诉向联邦行政法院提出抗辩。按照第 125 条第 2 款的申诉程序，比照适用第 137 条至第 142 条相应规定，联邦行政法院通过决议就申诉进行裁决。

2. 在联邦行政法院的诉讼程序中，适用第 151 条对受委托的或受嘱托的法官或者办公室书记官的裁决的规定。

第十五节 再审程序

第154条 ［再审程序］

1. 一项在法律上有效地终结的诉讼，可以按照民事诉讼法第四篇的规定再次审理。

2. 在联邦行政法院第一审与终审级诉讼中，同样也在高级行政法院诉讼中，公共利益代理人，还有联邦检察长，都有权提出无效之诉和恢复之诉。

第四章 费用与执行

第十六节 费用

第155条 ［承担费用之责］

1. 败诉一方承担诉讼费用。

2. 提出一项无效果的法律手段的费用，由提出法律手段者承担。

3. 参加诉讼的人仅承担他所提出的请求的费用或者提出法律手段的费用。

4 如果取得成果的再审程序，并非由于某一当事人的过错而形成的，则其费用由国库开支。

第156条 ［部分胜诉的费用分摊，撤诉，恢复，移送与过失的费用责任］

1. 如果一名当事人一部分胜诉，一部分败诉，则费用彼此互相抵消或者按比例分摊。如果费用互相抵消，则诉讼费用各方承担一半。如果一方当事人仅在极小部分败诉，则另一当事人可能承担全部费用。

2. 凡撤回请求，诉讼，法律手段或者其他法律救助的人，应负担费用。

3. 由于申请恢复原有状态而产生的费用，由申请提出人负担。

4. 如果一件法律争议按照第41条和第83条，移送另一法院，则在开始阶段的法院的诉讼费用，作为在受移送法院产生的费用的一部分计算。

5. 由于一名当事人的过错而产生的费用，可以使此人负担。

第 157 条 ［立即承认的费用］

如果被告并无任何引起提出诉讼之行为，当被告立即承认对方权利要求时，告诉费用由告诉人负担。

第 158 条 （已删）

第 159 条 ［对费用裁决的抗辩］

1. 关于费用问题的裁决的抗辩，如果并非不服裁决，主要为提出一项法律手段时，除第 2 款情况外，不得准许。

2. 在第 156 条情况下，关于费用问题的裁决，可以按照第 146 条独立抗辩。

第 160 条 ［共同诉讼的费用责任］

由多人组成的费用责任之分担，适用民事诉讼法第 100 条。如果争讼的法律关系对于费用责任之分担，仅能从统一地进行裁决，则费用可以由多人作为全体债务人承担。

第 161 条 ［和解费用］

如果法律争议通过和解结案，而当事人对于费用未曾确定，则诉讼费用由两方各承担一半。法庭外费用由各当事人自理。

第 162 条 ［费用的裁决，基本结案］

1. 法院以判决，或者以其他方式结束诉讼时，就费用问题通过决定进行裁决。

2. 除第 113 条第 1 款第 4 句情况外，如果法律争讼基本结案，则法院应以公平的裁量，通过决定，就诉讼费用进行裁决，应考虑到当时为止的案情及争议状况。

3. 在第 75 条情况下，如果告诉人的提起诉讼决定属于应有权利，则费用由被告负担。

第 163 条 ［有偿还权利的费用）

1. 费用指诉讼费用（应纳费用及垫款），以及当事人为有利于达到目的之法律起诉或法律上辩护所必需的花费，包括预审费用在内。

2. 一名律师，或者一名法律顾问，或在税务事件中的税务顾问，他们的酬金与垫款应予偿还。在预审悬而未决的情况下，如果法院声明延聘一名全权代理人为预审所必需时，则酬金与垫款应予偿还。

3. 诉讼参与人的法庭外费用的偿还，仅限于由法院公正裁量，由败诉一方或国库承担。

第164条 （已撤销）

第165条 （费用确定）

第一审级法院的书记官由申请而确定应予偿还的费用金额。

第166条 ［对费用确定的抗辩］

当事人对于应予偿还的费用的确定，可以抗辩。适用第151条。

第167条 ［诉讼费用救助］

适用民事诉讼法有关诉讼费用救助之规定。

第十七节 执 行

第168条 ［比照适用民事诉讼法，执行法院，暂时可执行］

1. 在本法无其他规定情况下，关于执行比照适用民事诉讼法第八篇。执行法院为第一审级法院。

2. 对于撤销之诉与职责之诉的判决，仅能为费用作出假执行的声明。

第169条 ［执行项目］

1. 应予执行的为：

（1）根据法律上有效的和假执行的法院的裁决；

（2）根据假处分；

（3）根据法院和解；

（4）根据费用确定决定；

（5）根据公法上仲裁法院与仲裁法院法官的和解作出的可执行声明的仲裁裁定，限于法律上有效的可执行裁定，或可以假执行的声明。

2. 对于执行，因参与人请求，可以授予参与人不具事实，不具裁判根据的判决抄本。这份抄本的送达，与一份完备的判决的送达一样生效。

第170条 ［维护官方利益的执行］

1. 如果执行为维护联邦、州、乡镇联区、乡镇，或公法上社团，机构，财团等利益，则执行应按照行政执行法。在行政执行法上的执行官方，含义为初审级法院审判长为执行的实施，可以使用其他执行官方，或一名法院执行官员。

2. 如果执行属行为的强制，但已先行州机关法律救助进程中的宽容与不行为，则应按照州法律规定实行。

第 171 条 ［反对官方的执行］

1. 如果为一项债权的执行，针对联邦、州、乡镇联区、乡镇、公法上社团、机构、财团，则初审级法院因债权人申请而命令执行。这项执行应规定必须采取的执行措施，并为其规划恳求主管职位。这项恳求的职位，按照为其适用的执行规定，应担负实现其恳求的责任。

2. 法院在公布执行命令之前，应以所规划的执行通知被执行的官厅，或被执行的公法人社团、机构、财团的法定代理人，同时并要求在法院限定时期内执行时，对方应予避让。期限不超过一个月。

3. 对于实现官方公务不可缺少的物，或该物的出让将违反官方权益时，不准执行。法院在听取主管的监督官厅意见后，或听取最高联邦官厅的主管部长、或州最高官厅的主管部长意见后，对有关抗议作出裁判。

4. 对于公法上的信用机构，不适用第 1 款至第 3 款。

5. 如果涉及一项假处分的实行，则执行不得预告，并不得作期限之等待。

第 172 条 ［执行之附加条款］

在第 169 条、第 170 条第 1 款至第 3 款情况下，执行不得附加条款。

第 173 条 ［针对官厅的强制罚金］

如果官厅处于第 113 条第 1 款第 2 句与第 4 款以及第 123 条情况下，而不履行在判决中或者假处分中应承担的义务，则初审级法院可以因请求通过决议，规定期限向官厅警告将以强制罚金 2000 以下德国马克。在期限到期确认无效后，根据职权而执行。强制罚金可以重复地警告，确认，执行。

第四章 最终决议与暂行条例

第 174 条 ［民事诉讼法与法院组织法之应用］

限于本法对诉讼程序无规定时，可以应用法院组织法与民事诉讼法相应规定，如果该规定并不排除两种程序在原则上区别。

第175条 ［担任法官职务能力］

1. 高等行政法院与行政法院的公方权益代理人，按照德国法官法，应具备的担任法官职务之能力，与担任高等行政职务之能力相同：应在一所高等院校至少学习三年法律科学，在公职中实习三年之后，并应通过法律上规定的考试。

2. 现役军人如已具有对其适用的特别规定，第1款的先决条件作为已经实现。

第176条 ［法官的法律地位］

到法官法的公布时为止，适用下列规定：①

1. 对于行政审判管辖权法院法官，其个人的法官地位，适用法院组织法相应规定。在本法生效时通行的对于法官的在职年龄期限规定，仍保留不受影响。

2. 联邦内政部长在任命一个审判团团长之前，或聘用一名联邦行政法院法官之前，应听取该法院领导意见。

3. 在巴登－威斯特堡州，拜恩州与黑森州，于高等行政法院全体会议上任命高等行政法院的一名审判团工长或法官时，应听取该高等行政法院全体会议意见。全体会议由高等行政法院的正式成员组成。它必须有三分之二的成员出席，才有决议权力。

第177条 ［已废除］

第178条 ［行政法律顾问］

1. 至1960年9月30日为止，行政法律顾问作为全权代理人与辩护人，全体允许出席联邦行政法院，与律师地位相同。

2. 本法律中行政法律顾问含义为：凡具有担任高级行政职务能力的，一般允许其出席行政审判管辖权法院的人。

第179条 ［法院组织法修改所涉及的关于准许起诉的裁定］

法院组织法修订如下：

1. 第17条保存以下文辞：

（1）普通法院裁定有关向他们提出的法律手段的准许。如果一个普通法院对于向它提出的法律手段，在发生法律效力之前作出不准

---

① 参见德国法官法。

许声明，由于法律手段向该普通法院提出，已作为已知事实，因此，其他法院对于同一案件的审判管辖权并不为之失效。

（2）如果一个普通行政管辖权法院，或财政、社会审判管辖权法院，对于向它们提出的法律手段，在发生法律效力之后作出准许或不准许声明，则普通法院受这项裁定约束。

（3）如果一个普通法院对于向它提出的法律手段，不作已知事实的表示，则应在判决中对法律手段作不准许的声明，同时，因告诉人请求，以该案交初审级法院，使对法律手段作已知事实的表示。告诉人请求移送，仅能等到用以发布判决的口头审理结束时提出。随着判决生效，在判决指定法院中，该案诉讼未终结作为有理由成立。如果通过告诉人提出维持一个期限，则自提起诉讼之时开始生效。这点同样适用于通过另一法院的，程序法上连接未终结案件规定的生效。

（4）法院对于向它们提起的法律手段，如果被告声明同意告诉人请求（3），可以不作已知事实的表示，通过决议对该案作出指导。

（5）关于普通法院与劳动法院之间关系，适用劳动法院第 48 条（1）。

2. 第 17 条（2）成为独立一条：第 17a 条。

第 180 条　［法院组织法执行法修订所涉及的由法院裁判申请］

法院组织法执行法补充如下：

第 23～30 条插入：

第 23 条

1. 由于由司法当局调整民法领域内包括商法、诉讼法的个别事件，涉及自由意愿的审判权与刑事司法的规设、命令或其他措施的合法性，普通法院因请求作出裁判。同样适用司法当局执行对青年罪犯刑罚、青少年罪犯拘留，以及在司法执法之外的具有感化性与预防性的诸如自由刑与处分的拘押复审，有关的规定、命令或其他措施。①

2. 随同由法院裁判的申请，也可以要求司法当局或执行当局负责公布一项拒绝的、或不作为的行政行为。

3. 如果基于其他规定，有向普通法院上诉可能，则申请到结束。

---

① 第 23 条第 1 款第 2 句，复述 1976 年 3 月 16 日的刑事执行法中第 180 条文辞（联邦法律公报 I 第 581 页）。

第24条

1. 由法院裁判的申请，其准许仅限于请求人认为因措施、或措施的拒绝或不作为而损害其权利时。

2. 如果司法当局或执行当局的措施，使申诉，或行政诉讼中其他形式的法律救助失败，必须在先行的申诉程序之后，才能提出由法院裁判的申请。

第25条

1. 关于申请，由民事审判团裁判，如果为一项涉及刑事司法者涉及执行的事件申请，则由司法当局或执行当局所在地区内的地区上诉法院的刑事审判团裁判。如果一项申诉程序（第24条第2款）已先行，则由申诉官厅所在地区的地区上诉法院管辖。

2. 没有多所地区上诉法院的州，可以通过行律，按照第1款，对于属民事审判团主管的裁判，与属刑事审判团主管的裁判作出分配。但属地区上诉法院或地区最高法院的裁判除外。

第26条

1. 由法院裁判的申请，其提出必须在决定的书面通知送达之后，或者，在一项申诉程序（第24条第2款）已先行情况下，以书面的申诉决定、或地区上诉法院、地区初级法院办事处的笔录送达后一个月之内。

2. 如果申请人并非因过失而受阻，不能遵守期限时，可以请求允许恢复原有状态。

3. 恢复的请求应在阻障消失后两星期内提出。请求理由的事实，在提出请求时，以及对请求审理时，作为可信根据。在请求期限内，应补足延误的法律行为，如能实现这点，恢复虽未请求也能准许。

4. 自延误的期限结束一年之后，不准请求恢复，除非在一年期限之前，由于不可抗拒而不能提出申请。

第27条

1. 如果请求涉及一项措施，或者涉及一项申诉，或是一项无充分理由，在三个月之内未曾裁判的其他形式法律救助，也可以提出由法院判决的申请。该案如有特殊情况出现，可以在期限到期前向法院上诉。

2. 如果有充分理由说明有关的申诉，或是尚未裁判的形式完备的法律救助，或是尚未公布的受请求措施，则法院对这件诉讼可以因请求而延长规定期限。如果在法院规定期限内申诉已获准，或行政行为已公布，则应作出基本结案的声明。

3. 按照第 1 款的申请，仅准许自申诉提出后，或自采取措施请求提出后，一年为期满。除非在一年期满之前，因不可抗拒而不能提出，或处于特殊的个别情况下而停顿。

第 28 条

1. 在措施违法，因而损害申请人权利情况下，法院撤销该措施，并且，在申诉程序（第 24 条第 2 款）已先行范围内，法院撤销该申诉决定。如果措施已执行，则法院因请求可以宣布：司法当局或执行当局应该、并且如何撤回执行。这项宣告仅准于该官厅有此能力，并已到裁判时间。如果措施在此以前通过撤回，或以其他方式解决，当申请人的权利已得确认时，则法院因请求宣告该措施属于违法。

2. 在措施的拒绝或不作为属于违权、因而损害申请人权利的范围内，如果案件已到裁判时间，则法院宣布：司法当局或执行当局有责任应采取受请求的职权行为。否则，宣布当局应遵照法院的法律解释，有责任向申请人作出答复。

3. 在司法当局或执行当局按照其推定作出授权行为的情况下，因其推定逾越法律规定为限，或从推定中产生与授权目的不符的方式时，法院也应审核措施，或措施的拒绝或不作出是否属于违法。

第 29 条

1. 地区上诉法院作终审裁判。但是，如果一个地区上诉法院与另一地区上诉法院或联邦最高法院根据第 23 条公布的裁判有不同意见时，则案件应上交联邦最高法院。联邦最高法院代替地区上诉法院作出裁判。

2. 此外，民事审判团的诉讼，可以参照帝国法律关于申诉程序对自由意愿的审判管辖权事件规定的含义而应用，刑事审判团诉讼，可以参照刑事诉讼法关于申诉程序规定的含义而应用。

3. 对于贫民诉讼救济权的同意，可以应用民事诉讼法的相应规定。

第 30 条

1. 地区上诉法院诉讼费用适用费用法相应规定。但与费用法第

130条不同的是：不受最高金额的限制。在诉讼驳回时征收全部酬金的两倍，在申请人撤诉时征收全部酬金。

2. 地区上诉法院可以根据公正推定，对于申请人为达到诉讼目的所必要的法庭外费用，决定其全部或部分由国库给付，适用民事诉讼法第91条第1款第2句，与第102～107条相应规定。地区上诉法院裁定，不得抗辩。

3. 事务代价按照费用法第30条规定，由地区上诉法院通过不得抗辩的决议确定。

第181条 ［按照行政诉讼法听取或宣誓］

按照行政诉讼法，或按照社会法典第十篇，通过行政法院实现对证人与专家的听取或由他们宣誓，都应在事务计划中所指定法官面前举行。对于一项按照行政诉讼法、或按照社会法典第十篇的作证、鉴定或宣誓的拒绝，其合法性由行政法院通过决议裁定。

第182条 ［行政送达法的修订］

行政送达法第8条于1952年7月3日（联邦法律公报Ⅰ第379页）保留下列第4款……

第183条 ［收费条例对律师部分的修订］

在联邦收费条例中对律师部分，第66条作第66a条插入（不再通用）

第184条 ［关于州法律的无效声明］

如果一个州的宪法法院对于州法律作出无效之确认，或者对于州法律规定，作出否定声明，如此，除非通过州的特殊法律规定，由行政审判管辖权法院，根据无效声明标准，作出不可抗辩的裁判，才能保留不受影响。根据这样一种裁判，不准许执行。适用民事诉讼法第77条相应规定。

第185条 ［“高等行政法院”的拼写方式］

各州可以决定，对于高等行政法院继续使用沿用至今的拼写方式。①

第186条 ［对个别州的特殊规则］

1. 在柏林与汉堡州内，第28条的区域含义法地区。

① 参见巴登—威斯特堡州、拜恩州、黑森州的执行法。

2. 柏林、不来梅、汉堡、萨尔与许雷威斯－荷尔斯太因等州内，可以允许不同于第73条第1款第2句的规定。

第187条 在柏林、不来梅与汉堡等州内，也可以应用第22条第3款标准：凡任官方行政上名誉职务的人，不能受任名誉法官。

第188条①

1. 各州对于纪律审判管辖权与公法上团体在财产调停上的仲裁管辖权方面职责，可以授予行政审判管辖权法院。专门法院则并入这些法院，并在其间调整编制及程序。

2. 之后各州准许行政法院与高等行政法院的编制与程序，可以不同于个人代理权方面的法律规定。

3. 如果法律救助所针对的措施，已进入行政执行之中，则各州也可以规定法律救助延期无效。

第189条 ［社会福利事件，免费］

凡社会救助、青少年救助、战时伤残救济、严重残废救济，以及进修之促进等范围内案件，应由一个合议庭或审判团集中处理。在这类诉讼中免收诉讼费用（酬金与垫款）。第1句也适用于海难调查范围内案件。

第190条 ［已撤销］

第191条 ［特别规定继续适用］

1. 下列法律与本法有分歧，仅限于具有第2、3款的规定条件，才不受影响：

（1）1952年8月14日的赔款承担法（联邦法律公报Ⅰ第446页），在补充的修订法文本中。②

（2）1951年7月31日关于为保险与住房储金事宜设立联邦监督机关的法律，在补充的1954年12月22日的关于为保险与住房储金事宜设立联邦监督机关的法律（联邦法律公报Ⅰ第501页）文本。

（3）（已撤销）

（4）1953年7月14日耕地计算法（联邦法律公报Ⅰ第591页）。

---

① 参见各执行规定。

② 赔款承担法现有1969年10月1日文本（联邦法律公报Ⅰ第1909页），最近通过1986年12月19日的1987年财政法第29条，已修订。

附件 3：参考文献

一、著作类

1 Adriaan Bedner, *Administrative Courts in Indonesia, A Social-Legal Study*, Kluwer Law International, 2001.

2 Gregory A. Fossedal, *Direct Democracy in Switzerland*, Transaction Publishers, 2002.

3 Jurgen Schwarze, *European Administrative Law*, Sweet and Maxwell, 1992.

4 L. Neville Brown, J. F. Garner, Jean-Michel Galabert, *French Administrative Law*, 3rd. edn., London: Butterworths, 1983.

5 ［德］弗里德赫尔穆·胡芬著，莫光华译：《行政诉讼法》，法律出版社 2003 年版。

6 ［德］哈贝马斯著，童世骏译：《在事实与规范之间：关于法律和民主法治国的商谈理论》，三联书店 2003 年版。

7 ［德］哈特穆特·毛雷尔著，高家伟译：《行政法学总论》，法律出版社 2000 年版。

8 ［德］汉斯·J·沃尔夫、奥托·巴霍夫、罗尔夫·施托贝尔著，高家伟译：《行政法》，商务印书馆 2002 年版。

9 ［德］拉德布鲁赫著，米健、朱林译：《法学导论》，中国大百科全书出版社 1997 年版。

10 ［法］德尼兹·加亚尔等著，蔡鸿滨、桂裕芳译：《欧洲史》，海南出版社 2000 年版。

11 ［法］古斯塔夫·佩泽尔著，廖坤明、周杰译：《法国行政法》，国家行政学院出版社 2002 年版。

12 [法] 孟德斯鸠著，张雁深译：《论法的精神》，商务印书馆 1987 年版。

13 [法] 莫里斯·奥里乌著：《行政法与公法精要》，辽海出版社、春风文艺出版社 1999 年版。

14 [美] 汉密尔顿等著，程逢如等译：《联邦党人文集》，商务印书馆 1997 年版。

15 [葡] 吉列尔梅·德·奥利维拉·马丁斯著，黄徽现译：《葡萄牙的机构及实事》，中国文联出版公司 1998 年版。

16 [日] 博文馆编辑：《日本维新三十年史·第六编》，广智书局译印。

17 [日] 铃木义男等著，陈汝德等译，杨成炬点校：《行政法学方法论之变迁》，中国政法大学出版社 2004 年版。

18 [日] 小岛武司等著，汪祖兴译：《司法制度的历史与未来》，法律出版社 2000 年版。

19 [日] 信夫清三郎著，吕万和等译：《日本政治史》，上海译文出版社 1988 年版。

20 [瑞典] 本特·维斯兰德尔著，程洁译：《瑞典的议会监察专员》，清华大学出版社 2001 年版。

21 [意] 莫诺·卡佩莱蒂等著，徐昕译：《当事人基本程序保障权与未来的民事诉讼》，法律出版社 2000 年版。

22 [印] M·P·赛夫著，周伟译：《德国行政法——普通法的分析》，台湾五南图书出版公司 1991 年版。

23 [英] 阿克顿勋爵著，侯健、范亚峰译：《自由与权力》，商务印书馆 2001 年版。

24 《费巩文集》编委会编：《费巩文集》，浙江大学出版社 2005 年版。

25 北京大学法律系国外法学研究室编：《外国少年司法制度与日本保护青少年条例选》，北京大学出版社 1982 年版。

26 蔡志方：《行政救济法新论》，台湾元照出版公司 1995 年初版。

27 蔡志方：《行政救济与行政法学》（一），台湾元照出版公司 1993 年初版。

28 陈计男：《行政诉讼法释论》，台湾三民书局股份有限公司 2000

年初版。
29 陈新民：《行政法学总论》，台湾三民书局1997年版。
30 陈新民：《中国行政法学原理》，中国政法大学出版社2002年版。
31 城仲模：《行政法之基础理论》，台湾三民书局1984年版。
32 方立新：《西方五国司法通论》，人民法院出版社2000年版。
33 何勤华：《西方法学史》，中国政法大学出版社1996年版。
34 胡建淼主编：《外国宪法：法规及评述》，北京大学出版社2004年版。
35 胡建淼主编：《行政诉讼法学》，高等教育出版社2003年版。
36 胡建淼：《比较行政法：20国行政法评述》，法律出版社1998年版。
37 胡建淼：《十国行政法——比较研究》，中国政法大学出版社1992年版。
38 姜明安主编：《外国行政法教程》，法律出版社1993年版。
39 姜世林等主编：《世界宪法全书》，青岛出版社1997年版。
40 金丽馥、石宏伟：《社会保障制度改革研究》，中国经济出版社2000年版。
41 刘庆瑞：《比较宪法》，大中国图书公司1982年版。
42 马怀德主编：《行政诉讼原理》，法律出版社2003年版。
43 皮纯协、胡建淼主编：《中外行政诉讼词典》，东方出版社1989年版。
44 史庆璞：《法院组织法新论》，台湾三民书局股份有限公司1999年版。
45 司法部外事司编：《欧洲十国司法制度概况》，法律出版社1987年版。
46 宋冰编：《美国与德国的司法制度及司法程序》，中国政法大学出版社1998年版。
47 王名扬：《法国行政法》，中国政法大学出版社1988年版。
48 王绳祖主编：《国际关系史（十七世纪中叶——一九四五年）》，法律出版社1986年版。
49 王世洲主编：《欧洲共同体法律的制定与执行》，法律出版社

2000 年版。
50 王学辉主编:《行政诉讼制度比较研究》,中国检察出版社 2004 年版。
51 翁岳生编:《行政法》(上下册),中国法制出版社 2002 年版。
52 吴庚:《行政法之理论与适用》,台湾三民书局 2003 年版。
53 吴庚:《行政争讼法》,台湾三民书局 1999 年版。
54 吴志成:《当代各国政治体制——德国和瑞士》,兰州大学出版社 1998 年版。
55 肖扬主编:《当代司法体制》,中国政法大学出版社 1998 年版。
56 肖扬主编:《各国宪法关于司法体制的规定》,人民法院出版社 2003 年版。
57 徐宝华编著:《哥伦比亚》,社会科学文献出版社 2004 年版。
58 杨栋梁等著:《近代以来日本经济体制变革研究》,人民出版社 2003 年版。
59 杨建顺:《日本行政法通论》,中国法制出版社 1998 年版。
60 应松年主编:《比较行政程序法》,中国法制出版社 1999 年版。
61 应松年主编:《外国行政程序法汇编》,中国法制出版社 2004 年版。
62 张步洪:《中国行政法学前沿问题报告》,中国法制出版社 1999 年版。
63 张福森主编:《各国司法体制的宪法性规定》,法律出版社 2005 年版。
64 周汉华主编:《外国政府信息公开制度比较》,中国法制出版社 2003 年版。
65 蓝天主编:《“一国两制”法律问题研究》(澳门卷),法律出版社 1999 年版。
66 蓝天主编:《“一国两制”法律问题研究》(总卷),法律出版社 1997 年版。
67 肖蔚云著:《澳门与澳门基本法》,中国检察出版社 1998 年版。
68 米健等著:《澳门法律》,中国友谊出版公司 1996 年版。
69 吴志良著:《澳门政制》,中国友谊出版公司 1996 年版。
70 杨贤坤主编:《澳门法律概论》,中山大学出版社 1994 年版。

71 许昌著：《澳门过渡期重要法律问题研究》，北京大学出版社1999年版。

72 王叔文主编：《澳门特别行政区基本法导论》，中国公安大学出版社1994年版。

73 许崇德主编：《港澳基本法教程》，中国公安大学出版社1994年版。

二、论文类

1 Bernard Michael Ortwein Ⅱ, *The Swedish Legal System: An Introduction*, 13 Ind. Int'l & Comp. L. Rev. 405 (2002).

2 Jaakko Husa, *Guarding the Constitutionality of Laws in the Nordic Countries: A Comparative Perspective*, 48 Am. J. Comp. L. 345 (2000).

3 Leszek Garlicki, *Constitutional and Administrative Courts as Custodians of the State Constitutions—The Experience of East European Countries*, 61 Tul. L. Rev. 1285 (1986).

4 Luis Alberto Moreno, *Judiciary Reform in Colombia*, 13Fla. J. Int'lL. 75 (2000).

5 Mark F. Brzezinski and Leszek Garlicki, *Judicial Review in Post-Communist Poland: The Emergence of a Rechtsstaat?* 31Stan. J. Int'l L. 1995.

6 Nils Herlitz, *Legal Remedies in Nordic Administrative Law*, 15 Am. J. Comp. L. 687 (1966).

7 Paul B. Stephan, *Courts with Income Tax Jurisdiction: An International Comparison*, 8 Va. Tax Rev. 233 (1988-1989).

8 Per Henrik Lindblom, *Individual Litigation and Mass Justice: A Swedish Perspective and Proposal on Group Actions in Civil Procedure*, 45 Am. J. Comp. L. 805 (1997).

9 Robert S. Lorch, *German Administrative Courts*, 58 Judicature 293 (1974).

10 Rolf Sturner, *Suing the Sovereign in Europe and Germany*, 35 Geo. Wash. J. Int'l L. & Econ. 663 (2003).

11 [瑞典] Claes Eklundh 著，刘小楠译：《瑞典议会监察专员对法院的监督》，载《华东政法学院学报》2004 年第 1 期。
12 陈林林：《“正义科学”之道德祭品——极权统治阴影下的法实证主义》，载《中外法学》2003 年第 4 期。
13 段书臣、杨成：《试论我国行政法院制度建构》，载《广东行政学院学报》2003 年第 12 期。
14 蒋立山：《中国法治道路初探》（上），载《中外法学》1998 年第 3 期。
15 林文学：《芬兰司法体制概况及启示》，载《中国司法》2004 年第 2 期。
16 刘诚：《德国法院体系探析》，载《西南政法大学学报》2004 年第 11 期。
17 刘飞：《建立独立的行政法院可为实现司法独立之首要步骤——从德国行政法院之独立性谈起》，载《行政法学研究》2002 年第 3 期。
18 马怀德、解志勇：《行政诉讼案件执行难的原因及对策》，载《行政诉讼案件执行难的现状及对策——兼论建立行政法院的必要性与可行性》，载《法商研究》1999 年第 6 期。
19 马怀德：《芬兰的行政法制度》，载《法学杂志》1999 年第 2 期。
20 马怀德：《行政审判体制重构与司法体制改革》，载《国家行政学院学报》2004 年第 1 期。
21 殷明胜：《法德两国的司法行政体制》，载《中国司法》2004 年第 2 期。
22 张鹏飞：《简述德国司法制度》，载《中国司法》2004 年第 2 期。
23 张文静：《中芬“法官的地位与职责”研讨会综述》，载《中国司法》2004 年第 11 期。
24 朱林译，张娴校：《葡萄牙行政程序法典》，载《行政法学研究》1997 年第 1 期。
25 邓伟平：《论澳门法律的特征》，载《中山大学学报（社科版）》1999 年第 6 期。
26 邓伟平：《略论澳门法律体系的建立和过渡》，载《法学评论（双月刊）》2000 年第 1 期。
27 赵国强：《澳门法院组织架构概述》，载《法律科学》1994 年第 5 期。

28 杨海坤：《香港和澳门行政法的比较研究》，载《法学家》1997年第1期。

29 廖奕：《“一国两制”原则下的澳门法制转型》，载《重庆社会科学》1999年第4期。

30 焦洪昌：《澳门特别行政区基本法若干问题研究》，载《政法论坛》（中国政法大学学报）1999年第1期。

31 郭天武、朱雪梅：《澳门法律本地化问题研究》，载《中山大学学报（社科版）》1999年第2期。

32 何超明：《澳门检察制度概况及展望》，载《学术研究》2000年第6期。

33 苏保荣（B. de. S. Santos）《论司法与澳门社会——过渡时期的社会问题、行政当局与社会组织》，载《行政》（澳门政府主办）第13/14期。